Matthäus Uitz (Hg.)

Casebook Internationale Aspekte des Privatrechts

Übungsfälle zum Einheitsprivatrecht und IPR

2., vollständig überarbeitete Auflage

Wien 2025

facultas

Zitiervorschlag: *Autor:in* in *Uitz* (Hrsg), Casebook Internationale Aspekte des Privatrechts[2] (2025) [Seite].

Bibliografische Information der Deutschen Nationalbibliothek

Die Deutsche Nationalbibliothek verzeichnet diese Publikation in der Deutschen Nationalbibliografie; detaillierte bibliografische Daten sind im Internet über http://dnb.d-nb.de abrufbar.

2., vollständig überarbeitete Auflage 2025
facultas Universitätsverlag, 1050 Wien, Österreich

Satz: Wandl Multimedia-Agentur
Printed in the EU
ISBN 978-3-7089-2579-0

Vorwort zur Zweitauflage

Sehr geehrte Leserinnen und Leser,
liebe Studierende,

seit der Publikation der Erstauflage des vorliegenden Werks ist viel geschehen. Diese Einschätzung betrifft zunächst die Rechtslage: Mit der Platform-to-Business-VO (2020), dem Sterbeverfügungsgesetz (2021), der Unterbringungsgesetz-IPRG-Novelle (2022), der Brüssel IIb-VO über das Internationale Zivilverfahrensrecht des Ehe- und Kindschaftsrechts (2022) und dem EU-Umgründungsgesetz 2023 (BGBl I 2023/78) erlangten zwischenzeitlich neue unionseuropäische und österreichische Quellen des Einheitsprivatrechts und Kollisionsrechts Geltung. Ihrer Veranschaulichung dienen neue Übungsfälle. Wichtige Entwicklungen in der Judikatur des OGH und EuGH, die Erhebliches zur Klarstellung scholastischer Rechtsstreitigkeiten beitrugen, spiegeln die aktualisierten Fallbeispiele ebenfalls wider.

Erforderlich wurde die Neuauflage des Casebooks auch durch krisenhafte Veränderungen der weltpolitischen Lage, deren Ausstrahlungseffekte auf die privatrechtliche Erfassung zwischenmenschlicher Konflikte mit grenzüberschreitenden Sachverhaltselementen nicht zu unterschätzen sind. Zuvörderst sind hiermit das Wiedererstarken der Taliban in Afghanistan (August 2021), der Beginn der russischen Invasion in das souveräne Territorium der Ukraine (Februar 2022), das gewaltvolle Aufflammen des Nahostkonflikts (Oktober 2023) und der Sturz des langjährigen syrischen Machthabers (Dezember 2024) angesprochen. Das humanitäre Leid in diesen Regionen drängt viele Menschen zur Flucht in fremde Staaten, in denen fremde Rechtsordnungen gelten. Hieraus können unzählige Kollisionsrechtsprobleme resultieren: Welche Bedeutung haben Familienrechtsakte nichtanerkannter Regierungen in Österreich? Wie haben österreichische Gerichte mit internationalprivatrechtlichen Verweisungen auf Gebiete umzugehen, die – unter Verletzung völkerrechtlicher Grundprinzipien – der faktischen Herrschaftsgewalt einer fremden Besatzungsmacht unterstehen? Kollisionsrechtliche Brisanz könnten schließlich auch die völkerrechtswidrig anmutenden Expansionsbestrebungen der USA erlangen, die ihr amtierender Präsident gegenüber Grönland, Kanada und Panama öffentlich ventilierte (Jänner 2025). Diesen Schlüsselfragen unserer Zeit stellt sich die Zweitauflage des vorliegenden Werkes.

Wenngleich die Aktualisierung des Casebooks materiell notwendig war, ist ihre formelle Umsetzung letztlich nur Ihrem Zuspruch, sehr geehrte Leserinnen und Leser, zu verdanken. Dass die Erstauflage des vorliegenden Lehrbehelfs kurzzeitig vergriffen war, weshalb sie nachgedruckt werden musste, ist keine Selbstverständlichkeit, sondern erfreulicher Ausdruck eines hohen Grades an Marktakzeptanz. Ungewöhnlich ist auch die positive Rezeption der ersten Auflage dieses Casebooks in etablierten Lehrbüchern und Nachschlagewerken, die sich an ihrer wiederholten Zitierung zeigt (etwa in *Kalss/Schauer/Winner*, Allgemeines Unternehmensrecht und Wertpapierrecht[4] [2022]; *Rummel/Lukas/Geroldinger* [Hrsg], ABGB-Kommentar[4] IPR Band I+II [2023]; *Laimer* [Hrsg], IPR-Praxiskommentar = *Schwimann/Kodek* [Hrsg], ABGB-Praxiskommentar[5] Band IX [2023]; *Leithold*, Der Erwerb von Todes wegen mittels US-amerikanischer *will substitutes* [2023]).

Veränderungen erfuhr nicht bloß der Fallbestand, sondern auch das Team der Autorinnen und Autoren, dem *Mag. Paul Lorenz Eichmüller, B.A.* und *Mag. Verena Wodniansky-Wildenfeld* beitraten. Ihnen ist die Abfassung neuer Übungsfälle zum unionseuropäischen Insolvenzkollisionsrecht der EuInsVO sowie die Identifikation von allgemeinem Ergänzungspotenzial zu verdanken, wofür ihnen besonderer Dank gebührt. Ferner danke ich *Gerald Scheuchenegger* für sein kritisches Lektorat, das Wesentliches dazu beitrug, die Nachvollziehbarkeit der kompakten Falllösungen sicherzustellen, um den Lernbedürfnissen der Studierenden auf diese Weise bestmöglich entsprechen zu können.

Dem Rückblick auf die Genese der Zweitauflage dieses Casebooks soll zu guter Letzt eine Zukunftsbetrachtung folgen. Derzeit arbeitet die EU an einer AbstammungsVO und einer ErwachsenenschutzVO, deren Inkraftsetzung das Internationale Zivilverfahrensrecht und Internationale Privatrecht des Abstammungs- und Erwachsenenschutzrechts grundlegend reformieren könnte. Es ist jedoch zu erwarten, dass diese Kollisionsrechtsquellen frühestens in einigen Jahren in Kraft treten werden, weshalb die Zweitauflage dieses Lehrbehelfs die geltende Rechtslage weiterhin ruhigen Gewissens abbilden kann. Getragen sind diese Ausführungen von der Hoffnung, dass das Inkrafttreten dieser bevorstehenden Reformen seinen Niederschlag in einer künftigen Drittauflage des vorliegenden Casebooks finden wird. Bis sich dieser Wunsch in die Wirklichkeit verwandelt, darf ich Sie, liebe Studierende, in Ihrem akademischen Interesse dazu ermuntern, den Stand der genannten Reformvorhaben bei Ihrer Prüfungsvorbereitung eigenständig zu erheben.

Für inhaltliche Anregungen, Verbesserungsvorschläge, Lob und Kritik an meine E-Mail-Adresse (matthaeus.uitz@univie.ac.at) bin ich Ihnen auch weiterhin stets zu Dank verbunden.

Wien, am 22. Mai 2025 *Matthäus Uitz*

Vorwort zur Erstauflage

Sehr geehrte Leserinnen und Leser,
liebe Studierende,

zuerst darf ich mich bei Ihnen im Namen aller Autorinnen und Autoren sowie im eigenen Namen recht herzlich für Ihr Vertrauen bedanken, das Sie dem vorliegenden Werk *Casebook Internationale Aspekte des Privatrechts* durch seinen Erwerb bzw seine Lektüre entgegenbringen.

„*Imagine there's no countries*", sang *John Lennon* in dem von ihm mit seiner Ehefrau *Yoko Ono* verfassten Song „*Imagine*" vor knapp einem halben Jahrhundert. Obzwar sich diese Wunschvorstellung *Lennons* nicht im völkerrechtlichen Sinn realisiert hat, so ist seine Vision von einer stärker vernetzten Welt doch zumindest insoweit Wirklichkeit geworden, als sich zwischenmenschliche Interaktionen und damit auch privatrechtlich relevante Lebenssachverhalte immer öfter über die Grenzen eines einzelnen Staates hinaus ereignen. Das liegt insbesondere an technologischen Fortschritten, stark gesunkenen Mobilitätskosten und dem Abbau von Reise- und Migrationsbeschränkungen, die wir auf dem europäischen Kontinent vor allem den Grundfreiheiten der EU verdanken. Allerdings führt diese Globalisierungstendenz auch zu einer Häufung von Rechtsstreitigkeiten mit Auslandsbezug, weshalb für die praktische Rechtsanwendung von „*living life in peace*", wie es sich *John Lennon* im besagten Lied ebenfalls ersehnte, nicht immer die Rede sein kann. Im Lichte dieser stetig zunehmenden Praxisrelevanz des Einheitsprivatrechts und des Kollisionsrechts sollten alle Juristinnen und Juristen zumindest über Grundkenntnisse dieser Rechtsgebiete verfügen.

Dieses Casebook verfolgt den Anspruch, Ihnen im Rahmen der Vorbereitung auf Ihre mündlichen und schriftlichen Prüfungen durch kurze Fälle dasjenige Wissen rasch wieder in Erinnerung zu rufen, das Sie zuvor durch die Konsultation der gängigen Lehrbücher erworben haben. Demnach will es diese Werke nicht ersetzen, sondern vielmehr ergänzen.

Gleichwohl zielt dieses Casebook darauf ab, den Blick auf die wesentlichen Aspekte des Lernstoffes und die zielgerichtete Falllösung zu schärfen, die Sie bei der Prüfung jedenfalls beherrschen sollten. Auch strebt es danach, Ihnen Fachkenntnisse zu vermitteln, die bisweilen über den üblicherweise geprüften Lernstoff hinausgehen, um Ihr kollisions- und einheitsprivatrechtliches Gespür zu schulen und Ihr Interesse an diesen Fragestellungen zu wecken.

Vergessen Sie beim Lernen nicht, überdies Lehrbücher und Casebooks zum materiellen österreichischen Zivilrecht zu konsultieren, denn auch diese Lerninhalte sind nicht primär Gegenstand des vorliegenden Buches, sondern werden nur inzident erörtert, wenn dies für die kollisionsrechtliche Falllösung erforderlich oder zumindest ihrer besseren Veranschaulichung zweckdienlich ist.

Entsprechende Empfehlungen finden Sie im Verzeichnis der abgekürzt zitierten Literatur auf Seite 17.

Damit die effiziente Prüfungsvorbereitung gewährleistet ist, beschränken sich die Übungsfälle zumeist auf ausgewählte Pointen. Beachten Sie aus diesem Grund bitte unbedingt die Benützungsanleitung auf Seite 25, um Unklarheiten vorzubeugen, die aus der Fokussierung der Falllösung auf das Wesentliche resultieren könnten. Querverweise im Fließtext sollen Ihnen dabei helfen, auch auf jene Fälle in diesem Casebook sowie in vergleichbaren Werken aufmerksam zu werden, die mit dem behandelten Thema im engen sachlichen Zusammenhang stehen. Am Ende eines Themenblocks finden Sie Verweise auf die einschlägige Lehrbuchliteratur sowie ausgewählte wissenschaftliche Beiträge, die Ihnen etwa als Ausgangspunkt für eine weiterführende Recherche für Ihre Qualifikationsarbeiten dienen können.

Meinen aufrichtigen Dank darf ich meinem akademischen Lehrer *Univ.-Prof. Dr. Martin Schauer* für seine kontinuierliche Unterstützung aussprechen, die sich im Anfangsstadium dieses Projekts zunächst in Ermunterung zu seiner Inangriffnahme und im Verlauf seiner Realisierung in geduldigen Anregungen zur inhaltlichen Verbesserung des Werks manifestiert hat.

Für hilfreiche Hinweise aus Sicht der Praxis danke ich meiner Mutter *RA Dr. Karin Keppert*, die hierdurch erheblich dazu beigetragen hat, dass das vorliegende Casebook Lösungsansätze für einige der in der juristischen Beratungsrealität besonders virulenten Rechtsfragen bietet.

Dem Team der *Facultas Verlags- und Buchhandels AG*, vertreten durch Herrn *Peter Wittmann* und Frau *Carina Glitzner, MA*, zolle ich für die hervorragende Betreuung des Casebooks und den Vertrauensvorschuss in das Gelingen des Projekts ebenfalls meinen herzlichen Dank.

Für inhaltliche Anregungen, Verbesserungsvorschläge, Lob und Kritik an meine E-Mail-Adresse (matthaeus.uitz@univie.ac.at) bin ich Ihnen stets verbunden, damit eine etwaige Neuauflage des vorliegenden Werks Ihren Bedürfnissen noch besser entsprechen kann.

Mögen alle Ihre Prüfungen gelingen!

Wien, am 1. August 2021 *Matthäus Uitz*

Inhaltsverzeichnis

Übungsfälle

Anhang

Verzeichnis der Autorinnen und Autoren

Dr.in Agnes Balthasar-Wach
– Juristische Referentin in der Abteilung für Rechtspolitik der Wirtschaftskammer Österreich und Lehrbeauftragte für Internationales Kinderschutzrecht am Institut für Europarecht, Internationales Recht und Rechtsvergleichung der Universität Wien.

Dr. Simon Drobnik
– Rechtsanwalt in Wien und ehemaliger Universitätsassistent am Institut für Unternehmens- und Wirtschaftsrecht der Universität Wien.

Mag. Gernot Ehgartner
– Ehemaliger Universitätsassistent am Institut für Zivilrecht der Universität Wien und vormaliger wissenschaftlicher Mitarbeiter im Evidenzbüro des Obersten Gerichtshofes.

Mag. Paul Lorenz Eichmüller, B.A.
– Universitätsassistent am Institut für Europarecht, Internationales Recht und Rechtsvergleichung der Universität Wien.

Stella Galehr, MLaw, LL.M. (UC Berkeley)
– Universitätsassistentin am Lehrstuhl für Handels-, Wirtschafts- und Europarecht der Universität Zürich.

Assoz.-Prof. Dr. Florian Heindler
– Assoziierter Professor an der Fakultät für Rechtswissenschaften der Sigmund-Freud-Privatuniversität Wien.

Ass.-Prof. Dipl.-Ing. (FH) Dr. Lukas Klever, LL.M. (Cambridge)
– Assistenzprofessor am Institut für Zivilrecht der Johannes-Kepler-Universität Linz.

Dr.in Marina Murko, B.A. (UCL)
– Rechtsanwaltsanwärterin in Wien und ehemalige Universitätsassistentin am Institut für Unternehmens- und Wirtschaftsrecht der Universität Wien.

Dr. Clemens Nigsch
– Richteramtsanwärter im Sprengel des Oberlandesgerichts Wien und ehemaliger Universitätsassistent am Institut für Zivilrecht der Universität Wien.

Mag. Elias Pock
– Doktorand und ehemaliger Universitätsassistent am Institut für Zivilrecht der Universität Wien sowie M.Jur.-Kandidat an der Universität Oxford.

Mag. Jonathan Pock, LL.M. (Harvard)
– Doktorand und ehemaliger Universitätsassistent am Institut für Unternehmens- und Wirtschaftsrecht der Universität Wien.

Dr.in Claudia Sessa-Jahn

– Juristische Referentin in der Rechtsabteilung des Vereins „VertretungsNetz – Erwachsenenvertretung, Patientenanwaltschaft, Bewohnervertretung“ und Lehrbeauftragte für Internationales Erwachsenenschutzrecht am Institut für Europarecht, Internationales Recht und Rechtsvergleichung der Universität Wien.

Mag. Sebastian Sieber

– Fachreferent für Zivilrecht im Kabinett der Bundesministerin für Justiz und ehemaliger Universitätsassistent am Institut für Zivilrecht der Universität Wien.

Dr. Matthäus Uitz, LL.B., M.Sc., LL.M. (Yale)

– Wissenschaftlicher Mitarbeiter (post doc) am Institut für Unternehmens- und Wirtschaftsrecht der Universität Wien.

Mag.a Vera Vogelauer, B.A., M.A.

– Strategische Beraterin in der österreichischen Präsidentschaftskanzlei und ehemalige Universitätsassistentin am Institut für Unternehmens- und Wirtschaftsrecht der Universität Wien.

Dr. Markus Weichbold, B.A.

– Rechtsanwaltsanwärter in Wien und ehemaliger Universitätsassistent am Institut für Zivilrecht der Universität Wien.

Mag.a Konstanze Winkler-Ricaurte

– Ehemalige Universitätsassistentin am Institut für Zivilrecht der Universität Wien.

Mag.a Verena Wodniansky-Wildenfeld

– Wissenschaftliche Mitarbeiterin am International Institute for the Unification of Private Law (UNIDROIT) in Rom und ehemalige Universitätsassistentin am Institut für Europarecht, Internationales Recht und Rechtsvergleichung der Universität Wien.

Abkürzungsverzeichnis

aA	andere(r) Ansicht
ABGB	Allgemeines Bürgerliches Gesetzbuch
Abs	Absatz
AEUV	Vertrag über die Arbeitsweise der Europäischen Union
AG	Aktiengesellschaft (in Ö / DE / CH)
AGB	Allgemeine Geschäftsbedingungen
AktG	Aktiengesetz (in Ö)
Art	Artikel
AtomHG	Atomhaftungsgesetz (in Ö)
AußStrG	Außerstreitgesetz (in Ö)
BGB	Bürgerliches Gesetzbuch (in DE)
BGH	Bundesgerichtshof (in DE)
BlgNR	Beilagen zu den stenographischen Protokollen des (ö) Nationalrats
Brüssel IIa-VO	Verordnung (EG) Nr. 2201/2003 des Rates vom 27. November 2003 über die Zuständigkeit und die Anerkennung und Vollstreckung von Entscheidungen in Ehesachen und in Verfahren betreffend die elterliche Verantwortung und zur Aufhebung der Verordnung (EG) Nr. 1347/2000
Brüssel IIb-VO	Verordnung (EU) 2019/1111 des Rates vom 25. Juni 2019 über die Zuständigkeit, die Anerkennung und Vollstreckung von Entscheidungen in Ehesachen und in Verfahren betreffend die elterliche Verantwortung und über internationale Kindesentführungen
B.V.	besloten venootschap (niederländische und belgische Kapitalgesellschaft, die funktional mit der ö GmbH vergleichbar ist)
B-VG	Bundes-Verfassungsgesetz (in Ö)
BWG	Bankwesengesetz (in Ö)
CIM	Einheitlichen Rechtsvorschriften für den Vertrag über die internationale Eisenbahnbeförderung von Gütern (= Anhang B zu COTIF)
CISG	Convention on the International Sale of Goods (= UN-Kaufrecht)
CIV	Einheitlichen Rechtsvorschriften für den Vertrag über die internationale Eisenbahnbeförderung von Personen (= Anhang A zum COTIF)
CMR	Übereinkommen über den Beförderungsvertrag im internationalen Straßengüterverkehr
COTIF	Übereinkommen über den internationalen Eisenbahnverkehr (Anhang A = CIV; Anhang B = CIM)
d.o.o.	unter anderem družba z omejeno odgovornostjo (slowenische Kapitalgesellschaft, die funktional mit der ö GmbH vergleichbar ist)
DVEheG	Durchführungsverordnung zum Ehegesetz (in Ö)
ECG	E-Commerce-Gesetz (in Ö)
EFTA	European Free Trade Association (Europäische Freihandelsassoziation)
EGBGB	Einführungsgesetz zum Bürgerlichen Gesetzbuch (in DE)
EGMR	Europäischer Gerichtshof für Menschenrechte
EheG	Ehegesetz (in Ö)
EKHG	Eisenbahn- und Kraftfahrzeughaftpflichtgesetz (in Ö)

EMRK	Europäische Menschenrechtskonvention
EO	Exekutionsordnung (in Ö)
EPG	Eingetragene Partnerschaft-Gesetz (in Ö)
ErwGr	Erwägungsgrund bzw Erwägungsgründe
ErwSchVG	Erwachsenenschutzvereinsgesetz (in Ö)
EU	Europäische Union
EuErbVO	Verordnung (EU) Nr. 650/2012 des Europäischen Parlaments und des Rates vom 4. Juli 2012 über die Zuständigkeit, das anzuwendende Recht, die Anerkennung und Vollstreckung von Entscheidungen und die Annahme und Vollstreckung öffentlicher Urkunden in Erbsachen sowie zur Einführung eines Europäischen Nachlasszeugnisses
EuGH	Europäischer Gerichtshof
EuGüVO	Verordnung (EU) 2016/1103 des Rates vom 24. Juni 2016 zur Durchführung einer Verstärkten Zusammenarbeit im Bereich der Zuständigkeit, des anzuwendenden Rechts und der Anerkennung und Vollstreckung von Entscheidungen in Fragen des ehelichen Güterstands
EuInsVO	Verordnung (EU) 2015/848 des Europäischen Parlaments und des Rates vom 20. Mai 2015 über Insolvenzverfahren (Neufassung)
EuPartVO	Verordnung (EU) 2016/1104 des Rates vom 24. Juni 2016 zur Durchführung der Verstärkten Zusammenarbeit im Bereich der Zuständigkeit, des anzuwendenden Rechts und der Anerkennung und Vollstreckung von Entscheidungen in Fragen güterrechtlicher Wirkungen eingetragener Partnerschaften
EuUntVO	Verordnung (EG) Nr. 4/2009 des Rates vom 18. Dezember 2008 über die Zuständigkeit, das anwendbare Recht, die Anerkennung und Vollstreckung von Entscheidungen und die Zusammenarbeit in Unterhaltssachen
EWR	Europäischer Wirtschaftsraum
FinSG	Finanzsicherheiten-Gesetz (in Ö)
FluggastrechteVO	Verordnung (EG) Nr. 261/2004 des Europäischen Parlaments und des Rates vom 11. Februar 2004 über eine gemeinsame Regelung für Ausgleichs und Unterstützungsleistungen für Fluggäste im Fall der Nichtbeförderung und bei Annullierung oder großer Verspätung von Flügen und zur Aufhebung der Verordnung (EWG) Nr. 295/91
Fn	Fußnote
FS	Festschrift
Geoblocking-VO	Verordnung (EU) 2018/302 des Europäischen Parlaments und des Rates vom 28. Februar 2018 über Maßnahmen gegen ungerechtfertigtes Geoblocking und andere Formen der Diskriminierung aufgrund der Staatsangehörigkeit, des Wohnsitzes oder des Ortes der Niederlassung des Kunden innerhalb des Binnenmarkts und zur Änderung der Verordnungen (EG) Nr. 2006/2004 und (EU) 2017/2394 sowie der Richtlinie 2009/22/EG
GesbR	Gesellschaft bürgerlichen Rechts
GFK	Genfer Flüchtlingskonvention
GmbHG	GmbH-Gesetz (in Ö)

hA	herrschende Ansicht
HAÜ	Haager Adoptionsübereinkommen 1993
HESÜ	Haager Erwachsenenschutzübereinkommen 2000
HiNBG	Hass-im-Netz-Bekämpfungs-Gesetz (in Ö)
HKÜ	Haager Kindesentführungsübereinkommen 1980
hL	herrschende Lehre
hM	herrschende Meinung
HStVÜ	Haager Straßenverkehrsübereinkommen 1975
HTFÜ	Haager Testamentsformübereinkommen 1963
HUP	Haager Unterhaltsprotokoll 2007
idS	in diesem Sinn
ieS	im engeren Sinn
IPR	Internationales Privatrecht
IPRG	Internationales-Privatrecht-Gesetz (in Ö)
iVm	in Verbindung mit
iwS	im weiteren Sinn
IZVR	Internationales Zivilverfahrensrecht
JN	Jurisdiktionsnorm (in Ö)
Kft	Korlátolt felelösségü társaság (ungarische Kapitalgesellschaft, die funktional mit einer ö GmbH vergleichbar ist)
KSchG	Konsumentenschutzgesetz (in Ö)
KSÜ	Haager Kinderschutzübereinkommen 1996
leg cit	legis citatae (meint eine zuvor genannte Rechtsquelle)
lit	litera
Ltd	Limited Company (britische Kapitalgesellschaft, die funktional mit einer ö GmbH vergleichbar ist)
MRG	Mietrechtsgesetz (in Ö)
mwN	mit weiteren Nachweisen
OGH	Oberster Gerichtshof (in Ö)
P2B-VO	Verordnung (EU) 2019/1150 des Europäischen Parlaments und des Rates vom 20. Juni 2019 zur Förderung von Fairness und Transparenz für gewerbliche Nutzer von Online-Vermittlungsdiensten
PatVG	Patientenverfügungsgesetz (in Ö)
PGR	Personen- und Gesellschaftsrecht (in Liechtenstein)
PHG	Produkthaftungsgesetz (in Ö)
PLC	public limited company (ua britische und irische Kapitalgesellschaft, die funktional mit der ö AG vergleichbar ist)
Rom I-VO	Verordnung (EG) Nr. 593/2008 des Europäischen Parlaments und des Rates vom 17. Juni 2008 über das auf vertragliche Schuldverhältnisse anzuwendende Recht
Rom II-VO	Verordnung (EG) Nr. 864/2007 des Europäischen Parlaments und des Rates vom 11. Juli 2007 über das auf außervertragliche Schuldverhältnisse anzuwendende Recht
Rom III-VO	Verordnung (EU) Nr. 1259/2010 des Rates vom 20. Dezember 2010 zur Durchführung einer Verstärkten Zusammenarbeit im Bereich des auf die Ehescheidung und Trennung ohne Auflösung des Ehebandes anzuwendenden Rechts

Rs	Rechtssache
Rsp	Rechtsprechung
RV	Regierungsvorlage
Rz	Randzahl
SA	Sociedad anónima (ua spanische und mexikanische Kapitalgesellschaft, die funktional mit der ö AG vergleichbar ist)
s.à r.l.	Société à responsabilitée limitée (ua französische Kapitalgesellschaft, die funktional mit der ö GmbH vergleichbar ist)
SE	Societas Europaea (Europäische Aktiengesellschaft)
s.r.l.	Società a responsabilità limitata (italienische Kapitalgesellschaft, die funktional mit der ö GmbH vergleichbar ist)
StbG	Staatsbürgerschaftsgesetz (in Ö)
StVfG	Sterbeverfügungsgesetz (in Ö)
TEG	Todeserklärungsgesetz (in Ö)
TKG	Telekommunikationsgesetz (in Ö)
UGB	Unternehmensgesetzbuch (in Ö)
UN-K	Übereinkommen der Vereinten Nationen über Verträge über den Internationalen Warenkauf (= CISG).
UWG	Unlauterer-Wettbewerb-Gesetz (in Ö)
VfGH	Verfassungsgerichtshof (in Ö)
VGG	Verbrauchergewährleistungsgesetz (in Ö)
VwGH	Verwaltungsgerichtshof (in Ö)
WEG	Wohnungseigentumsgesetz (in Ö)
W-KJHG	Wiener Kinder- und Jugendhilfegesetz 2013
WucherG	Wuchergesetz (in Ö)
ZGB	Zivilgesetzbuch (in CH)

Verzeichnis der abgekürzt zitierten Literatur

I. Lehrbücher und Casebooks

P. Bydlinski, Allgemeiner Teil des Bürgerlichen Rechts, 10. Auflage (2024); wird zitiert: *P. Bydlinski*, AT[10] [Rz].

Coester-Waltjen/Mäsch, Übungen in Internationalem Privatrecht und Rechtsvergleichung, 5. Auflage (2017); wird zitiert: *Coester-Waltjen/Mäsch*, IPR und RVgl[5] [Seite].

Dellinger/Oberhammer/Koller, Insolvenzrecht, 5. Auflage (2023); wird zitiert: *Dellinger/Oberhammer/Koller*, Insolvenzrecht[5] [Rz].

Egglmeier-Schmolke/Graf-Wintersberger, Internationales Privatrecht (2024); wird zitiert: *Egglmeier-Schmolke/Graf-Wintersberger*, IPR [Seite].

Faber/Heidinger/Nemeth, Bürgerliches Recht. Übungs- und Diplomprüfungsfälle mit Lösungen, 4. Auflage (2019); wird zitiert: *Faber/Heidinger/Nemeth*, BR[4] [Seite].

Graf-Schimek/Koller (Hrsg), Casebook Zivilverfahrensrecht, 5. Auflage (2022); wird zitiert: *Bearbeiter:in* in *Graf-Schimek/Koller*, CB ZVR[5] [Seite].

Kalss/Schauer/Winner, Allgemeines Unternehmensrecht, 4. Auflage (2022); wird zitiert: *Kalss/Schauer/Winner*, UR[4] [Seite].

Karollus/Huemer/Haglmüller, Casebook Allgemeines Unternehmens- und Gesellschaftsrecht[7] (2023); wird zitiert: *Karollus/Huemer/Haglmüller*, CB UR[7] [Seite].

Kerschner/Wagner/Aigner, Zivilrecht VIII: Internationales Privatrecht, 6. Auflage (2022), in *Riedler* (Hrsg), Studienkonzept Zivilrecht; wird zitiert: *Kerschner/Wagner/Aigner*, IPR[6] [Rz].

Krejci, Unternehmensrecht mit Wertpapierrecht von *J. Aicher/F. Schuhmacher*, 5. Auflage (2013); wird zitiert: *Krejci*, UR[5] [Seite].

Lurger/Melcher, Internationales Privatrecht, 4. Auflage (2024); wird zitiert: *Lurger/Melcher*, IPR[4] [Rz].

Maier/Nitsch/Reidinger, Bürgerliches Recht II: Familienrecht, Allgemeiner Teil Schuldrecht (ASR), Rechtsvereinheitlichung, 9. Auflage (2016); wird zitiert: *Maier/Nitsch/Reidinger*, BR II[9] [Seite].

Perner/Spitzer/Kodek, Bürgerliches Recht, 7. Auflage (2022); wird zitiert: *Perner/Spitzer/Kodek*, BR[7] [Seite].

Perner/Spitzer/Kodek (Hrsg), Österreich-Casebook Bürgerliches Recht, 3. Auflage (2023); wird zitiert: *Bearbeiter:in* in *Perner/Spitzer/Kodek*, Ö-CB[3] [Seite].

Rabl/Herndl/Riedler, Bürgerliches Recht Band III: Schuldrecht. Besonderer Teil, 7. Auflage (2021), in *P. Bydlinski/Kerschner* (Hrsg), Lehrbuchreihe Bürgerliches Recht (ab 2000); wird zitiert: *Rabl/Herndl/Riedler*, BR III: SchR BT[7] [Rz].

Rauscher, Klausurenkurs im Internationalen Privat- und Verfahrensrecht, 4. Auflage (2019); wird zitiert: *Rauscher*, Klausurenkurs[4] [Fall] [Rz].

Verschraegen, Internationales Privatrecht (2012); wird zitiert: *Verschraegen*, IPR [Rz].

Welser/Kletečka, Bürgerliches Recht I, 15. Auflage (2018); wird zitiert: *Welser/Kletečka*, BR I[15] [Rz].

Welser/Zöchling-Jud, Bürgerliches Recht II, 14. Auflage (2015); wird zitiert: *Welser/Zöchling-Jud*, BR II[14] [Rz].

Windisch-Graetz, Arbeitsrecht II. Sachprobleme, 12. Auflage (2023); wird zitiert: *Windisch-Graetz*, AR II[12] [Seite].

Zankl, Bürgerliches Recht, 10. Auflage (2023); wird zitiert: *Zankl*, BR[10] [Seite].
Zankl, Casebook Bürgerliches Recht, 11. Auflage (2022); wird zitiert: *Zankl*, CB BR[11] [Seite].
Zöchling-Jud/Aspöck, Internationales Privatrecht, 3. Auflage (2015); wird zitiert: *Zöchling-Jud/Aspöck*, IPR[3] [Seite].

II. Weitere wissenschaftliche Literatur

Achilles, Kommentar zum UN-Kaufrechtsübereinkommen[2] (2019); wird zitiert: *Achilles*, UN-K[2] [Art] [Rz].
Adensamer/Eckert, Umzug von Gesellschaften in Europa, insbesondere Wegzug österreichischer Gesellschaften ins Ausland, GeS 2004, 52.
Alexander, Anwendungsbereich, Regelungstechnik und einzelne Transparenzvorgaben der P2B-Verordnung, WRP 2020, 945.
Arnold/Laimer (Hrsg), Internationales Ehe- und Partnergüterrecht, 2. Auflage (2025); wird zitiert: *Bearbeiter:in* in *Arnold/Laimer*, IntEhePartGüR[2] [Rz].
Bachner, Publizität und stärkste Beziehung bei Mobiliarsicherheiten im deutsch-österreichischen Rechtsverkehr, ÖJZ 2020, 35.
Bajons, OGH (contra EuGH): (Kein) Amtshaftungsanspruch bei Verletzung von Aufsichtspflichten durch einen beamteten Lehrer, ZfRV 2019, 196.
Baldovini, Die europäischen Güterrechtsverordnungen. Anwendungsbereich, Abgrenzung und Kollisionsrecht, iFamZ 2018, 39.
Balthasar, Internationale Zuständigkeit in Unterhaltsangelegenheiten, ÖJZ 2015, 12.
Balthasar-Wach, Die Justizielle Zusammenarbeit in Zivilsachen am Beispiel von Kindesentführungsfällen innerhalb der Europäischen Union (2020); wird zitiert: *Balthasar-Wach*, Kindesentführungsfälle [Seite].
Balthasar-Wach, Kinder bekommen und auch behalten in der EU – Überlegungen zum heute und morgen des EU-Kindesentführungsrechts in *Lanser/Potocnik-Manzouri/Safron/Tilian/Wieser* (Hrsg), Social Europe? (2018) 1.
Balthasar-Wach, Rechtsprechungsübersicht Europäische Gerichte, ecolex 2020, 1034.
Balthasar-Wach/Wodniansky-Wildenfeld, Zur Bedeutung der Gründe für die Bestimmung des gewöhnlichen Aufenthalts, ZfRV 2024, 153.
Barnreiter, Einführung in die IPR-Anknüpfung. Ein Grundriss für die kollisionsrechtliche Fallprüfung, JAP 2013/14, 239.
Barth/Ganner (Hrsg), Handbuch des Erwachsenenschutzrechts, 3. Auflage (2019); wird zitiert: *Bearbeiter:in* in *Barth/Ganner*, HB ErwSchR[3] [Seite].
Beig/Graf-Schimek/Grubinger/Schacherreiter (Hrsg), Rom II-VO. Neues Kollisionsrecht für außervertragliche Schuldverhältnisse (2008); wird zitiert: *Bearbeiter:in* in *Beig/Graf-Schimek/Grubinger/Schacherreiter*, Rom II-VO [Seite].
Budzikiewicz, Internationales Familienrecht: Ein Blick auf die jüngsten Reformen im österreichischen IPR-Gesetz, ZfRV 2020, 37.
Busch, Mehr Fairness und Transparenz in der Plattformökonomie? Die neue P2B-Verordnung im Überblick, GRUR 2019, 788.
P. Bydlinski/Perner/Spitzer (Hrsg), Kurzkommentar zum ABGB, 7. Auflage (2023); wird zitiert: *Bearbeiter:in* in KBB[7] [§/Art] [Rz].
Cap, Erwachsenenschutzrecht im grenzüberschreitenden Kontext, ÖZPR 2023, 82.

Cap, Novellierung des IPRG in den Bereichen Erwachsenenschutz und Adoption, iFamZ 2022, 209.
Çataltepe, Türkisches Eherecht. Verlöbnis, Ehe, Scheidung, Scheidungsfolgen und Güterrecht (2014); wird zitiert: *Çataltepe*, Türkisches Eherecht [Seite].
Christandl/Eccher/Gallmetzer/Laimer/Schurr, Handbuch Italienisches Internationales Privatrecht (2019); wird zitiert: *Bearbeiter:in* in *Christandl/Eccher/Gallmetzer/Laimer/Schurr*, HB Ital IPR [Rz].
Croon-Gestefeld, Der gewöhnliche Aufenthalt an Demenz erkrankter Personen, IPRax 2024, 184.
Deixler-Hübner (Hrsg), Handbuch Familienrecht, 2. Auflage (2020); wird zitiert: *Bearbeiter:in* in *Deixler-Hübner,* HB $FamR^2$ [Seite].
Deixler-Hübner/Schauer (Hrsg), Kommentar zur EU-Erbrechtsverordnung, 2. Auflage (2020); wird zitiert: *Bearbeiter:in* in *Deixler-Hübner/Schauer*, $EuErbVO^2$ [Art] [Rz].
Deixler-Hübner/Schauer (Hrsg), Handbuch Erwachsenenschutzrecht (2018); wird zitiert: *Bearbeiter:in* in *Deixler-Hübner/Schauer*, HB ErwSchR [Rz].
Dokalik (Hrsg), Sterbeverfügungsgesetz (2022); wird zitiert: *Bearbeiter:in* in *Dokalik*, StVfG [§] [Rz].
Drobnik, Die britische Limited post Brexit, ZfRV 2023, 37.
Dukic, Die europäischen Güterrechtsverordnungen. Ein Überblick, NZ 2019, 121.
Dutta, Entwicklungen im internationalen Familien- und Erbrecht der Europäischen Union bis Gogova, ZEuP 2016, 427.
Eccher/Schurr/Christandl (Hrsg), Handbuch italienisches Zivilrecht (2009); wird zitiert: *Bearbeiter:in* in *Eccher/Schurr/Christandl*, HB IT-ZR [Rz].
Eckert, Internationales Gesellschaftsrecht (2010); wird zitiert: *Eckert*, Internationales Gesellschaftsrecht [Seite].
Ehgartner/Uitz, Scheinvaterregress im IPR. Qualifikationsfragen im Internationalen Unterhalts-, Bereicherungs- und Schadenersatzrecht, ZfRV 2021, 170.
Faber, In Deutschland publizitätslos begründetes Sicherungseigentum nach Grenzübertritt doch nicht unwirksam? Kritisches zu OGH 3 Ob 249/18s und Vorschlag einer alternativen Lösung, ÖBA 2019, 401.
Faber/Grünberger, Vorschlag der EU-Kommission zu einer Erbrechts-Verordnung, NZ 2011, 110.
Fenyves/Kerschner/Vonkilch (Hrsg), Großkommentar zum ABGB. 3. Auflage des von Heinrich Klang begründeten Kommentars (ab 2000); wird zitiert: *Bearbeiter:in* in *Fenyves/Kerschner/Vonkilch*, $Klang^3$ [§] [Rz].
Fenyves/Perner/Riedler (Hrsg), VersVG – Versicherungsvertragsgesetz, 13. Lieferung (2023); wird zitiert: *Bearbeiter:in* in *Fenyves/Perner/Riedler* (Hrsg), VersVG [§] [Rz].
Ferrari/Kieninger/Mankowski/Otte/Saenger/Schulze/Staudinger, Internationales Vertragsrecht. Rom I-VO, CISG, CMR, FactÜ, 3. Auflage (2018); wird zitiert: *Bearbeiter:in* in *Ferrari et al*, IVR^3 [Art] [Rz].
Fischer-Czermak, Das Erbrecht des Kindes nach artifizieller Insemination, NZ 1999, 262.
Fötschl, Sorgerecht und internationale Kindesentführung, Ein Beitrag zur Systematik der Sorgerechte nach HKÜ bei Verbringung von Kindern aus und nach Österreich, EF-Z 2014, 100.
Fötschl, Erbensuche Made in Austria: ein Exportschlager? ecolex 2014, 405.

Foglar-Deinhardstein/Aburumieh/Hoffenscher-Summer (Hrsg), Kommentar zum GmbHG mit Branchenvorschriften, dGmbHG und Wirtschaftsstrafrecht, 2. Auflage (2024); wird zitiert: *Bearbeiter:in* in FAH, GmbHG² [§] [Rz].

Fridgen/Geiwitz/Göpfert (Hrsg), Beck'scher Online-Kommentar zum Insolvenzrecht, 38. Edition (Stand: 01.02.2025); wird zitiert: *Bearbeiter:in* in BeckOK-Insolvenzrecht³⁸ (Stand: 01.02.2025) [Art] [Rz].

Fucik, Das neue Haager Unterhaltsprotokoll – Globales Einheitskollisionsrecht gezeichnet, iFamZ 2008, 90.

Fucik, Checkliste für Entführungsfälle, EF-Z 2017, 285.

Fucik, Die Verordnung Brüssel IIb, Ein erster Überblick zu Anwendungsbereich, internationaler Zuständigkeit und Kindesrückführung, iFamZ 2022, 94.

Galligan, US Expatriate Persons and Property Owners, the European Union Succession Regulation and the Choice of New York Law, Trust & Trustees 2017, 325.

Garber, Zu den Begriffen „Ehe" und „eingetragene Partnerschaft" iS der Europäischen Güterrechtsverordnungen, EF-Z 2020, 106.

Gitschthaler (Hrsg), Internationales Familienrecht. EU-Verordnungen und Haager Übereinkommen zum Ehe-, Partner- und Kindschaftsrecht (2019), wird zitiert: *Bearbeiter:in* in *Gitschthaler*, Internationales Familienrecht [Art/ §] [Rz].

Gitschthaler/Höllwerth (Hrsg), Kommentar zum Außerstreitgesetz, 2. Auflage (2019); wird zitiert: *Bearbeiter:in* in *Gitschthaler/Höllwerth*, AußStrG [Band]² [§] [Rz].

Gössl, IPR und Smart Contracts, in *Voß* (Hrsg), Recht der Fintechs (2022) 587.

Grundmann/Habersack/Schäfer (Hrsg), Staub. Handelsgesetzbuch: HGB. Großkommentar, 6. Auflage (ab 2021); wird zitiert: *Bearbeiter:in* in *Staub*, HGB⁶ [Art] [Rz].

Handig, „Steine statt Brot". Transparenz als Unternehmerschutz gegenüber Plattformen, ÖBl 2020, 100.

Hau/Poseck (Hrsg), Beck'scher Online-Kommentar zum BGB, 73. Edition (Stand: 01.02.2025); wird zitiert: *Bearbeiter:in* in BeckOK-BGB⁷³ (Stand: 01.02.2025) [Art] [Rz].

Heindler, Das auf Rechte an Finanzinstrumenten anwendbare Recht, ZFR 2019, 212.

Heindler, Die Durchbrechung der Nachlasseinheit nach Artikel 12 EuErbVO. Entscheidungsanmerkung zu OGH 2 Ob 124/18a, JEV 2019, 59.

Heindler, Schuldrecht – was bleibt für das IPRG übrig? ZfRV 2019, 264.

Heindler, Die Faustpfandpublizität im IPR, ÖBA 2020, 395.

Heindler, Vermögensnachfolge im internationalen Kontext: Die erbrechtliche Anknüpfung im Spannungsfeld von Schuld- und Verbandsstatut, JEV 2020, 40.

Heindler (Hrsg), Festschrift 40 Jahre IPRG (2020); wird zitiert: *Bearbeiter:in* in *Heindler*, FS 40 Jahre IPRG [Seite].

Heindler, Kollisionsrechtliche Aspekte des Sterbeverfügungsgesetzes, RdM 2022, 299.

Heiss/Loacker, Die Vergemeinschaftung des Kollisionsrechts der außervertraglichen Schuldverhältnisse durch Rom II, JBl 2007, 613.

Henrich (Hrsg), J. von Staudingers Kommentar zum Bürgerlichen Gesetzbuch mit Einführungsgesetz und Nebengesetzen – Einführungsgesetz zum Bürgerlichen Gesetzbuche / IPR, Art 19-24 EGBGB; ErwSÜ: (Internationales Kindschaftsrecht, Erwachsenenschutzübereinkommen) (2022); wird zitiert: *Bearbeiter:in* in *Staudinger*, BGB [§ / Art] [Rz].

Herndl, Die Abstammung des Kindes einer Leihmutter und ihre Auswirkungen im internationalen Erbrecht, NZ 2014, 253.

Honsell (Hrsg), Kommentar zum UN-Kaufrecht, 2. Auflage (2010); wird zitiert: *Bearbeiter:in* in *Honsell*, UN-K[2] [Art] [Rz].

Hüßtege/Mansel (Hrsg), Bürgerliches Gesetzbuch: BGB, Band 6: Rom-Verordnungen – EuGüVO – EuPartVO – HUP – EuErbVO, 4. Auflage (2024); wird zitiert: *Bearbeiter:in* in *Hüßtege/Mansel*, BGB VI[4] [Art] [Rz].

Koller/Lovrek/Spitzer (Hrsg), Kommentar zur Insolvenzordnung mit ReO, EKEG und EuInsVO, 2. Auflage (2023); wird zitiert: *Bearbeiter:in* in *Koller/Lovrek/Spitzer*, IO[2] [§/Art] [Rz].

Konecny (Hrsg), Kommentar zu den Insolvenzgesetzen (80. Lieferung, 2021); wird zitiert: *Bearbeiter:in* in *Konecny*, Insolvenzgesetze [§ / Art] [Rz] [Stand].

Krist, Unterliegt die Anwachsung nach § 14 Abs 1 Z 1 WEG der EuErbVO? NZ 2016, 363.

Laimer (Hrsg), IPR-Praxiskommentar (2023); wird zitiert: *Bearbeiter:in* in *Laimer*, IPR-Praxiskommentar [§ / Art] [Rz].

Lehmann/Eichel, Globaler Klimawandel und Internationales Privatrecht. Zuständigkeit und anzuwendendes Recht für transnationale Klagen wegen klimawandelbedingter Individualschäden, RabelsZ (83) 2019, 93.

Lehmann/Duczek, Grundfälle zur Rom II-Verordnung (Teil 1), JuS 2012, 681.

Lehmann/Duczek, Grundfälle zur Rom II-Verordnung (Teil 2), JuS 2012, 789.

Leible/Lehmann, Die neue EG-Verordnung über das auf außervertragliche Schuldverhältnisse anzuwendende Recht („Rom II"), RIW 2007, 721.

Leible/Lehmann, Die Verordnung über das auf vertragliche Schuldverhältnisse anzuwendende Recht („Rom I"), RIW 2008, 528.

Leitl, Die VO (EG) Nr. 261/2004. Die Rechte der Fluggäste – Ein Leitfaden für die Praxis, NZ 2012, 170 (Teil I) und NZ 2012, 190 (Teil II).

Leitner, Instrumente zur Selbstbestimmung sowie Erwachsenenvertretung und ihre Besonderheiten bei migrantischen PatientInnen, ZfG 2019, 118.

Lovrek, Des Erbensuchers Finderlohn – Der „Erbschaftsenthüllungsvertrag" auf dem Prüfstand des Wucherverbots, in *Gitschthaler/Pierer/Zöchling-Jud* (Hrsg), Festschrift Constanze Fischer-Czermak (2024) 449.

Lurger/Melcher, Handbuch Internationales Privatrecht mit Hinweisen auf das Internationale Zivilverfahrensrecht, 2. Auflage (2021); wird zitiert: *Lurger/Melcher*, HB IPR[2] [Rz].

Meissel, Die Erbensucher und der OGH. Anmerkungen zu 3 Ob 228/13w, NZ 2014, 397.

Miernicki/Scharl, Kollisionsrechtliche Fragen des „digitalen Euro", ZfRV 2023, 169.

Moser, Das Kollisionsrecht für Unterhaltssachen nach der EuUnterhaltsVO und dem Haager Unterhaltsprotokoll, JAP 2013/2014, 108.

S. Müller/U. Schreiner, Die Bedeutung des Kollisionsrechts für das Asylrecht, migraLex 2018, 62 (Teil I) und migraLex 2019, 16 (Teil II).

Nademleinsky, Haager Kinderschutzübereinkommen in Kraft, EF-Z 2011, 85.

Nademleinsky, Die neue EU-Unterhaltsverordnung samt dem neuen Haager Unterhaltsprotokoll, EF-Z 2011, 130.

Nademleinsky, Das Kollisionsrecht der gesetzlichen Erwachsenenvertretung. Nach welcher Rechtsordnung beurteilt sich ein solches Vertretungsrecht? iFamZ 2018, 314.

Nademleinsky/Neumayr, Internationales Familienrecht, 3. Auflage (2022); wird zitiert: *Nademleinsky/Neumayr*, Internationales Familienrecht[3] [Rz].

Neumayr/Resch/Wallner (Hrsg), Gmundner Kommentar zum Gesundheitsrecht, 2. Auflage (2022); wird zitiert: *Bearbeiter:in* in *Neumayr/Resch/Wallner*, GmundKomm[2] [§] [Rz].

Nitsch, Internationales Scheidungsrecht nach der Rom III-VO, JAP 2012/13, 42.

Nitsch, Mobiliarsicherheiten im österreichischen Internationalen Privatrecht – gestern und heute. Judikaturwende des österreichischen OGH hinsichtlich publizitätslosen Sicherungseigentums, ZfRV 2019, 250.

Nitsch, Gleichgeschlechtliche Ehen im IPR – vom Personalstatut zum Begründungsstatut, iFamZ 2019, 400.

Ofner, Die Rom II-Verordnung – Neues Internationales Privatrecht für außervertragliche Schuldverhältnisse in der Europäischen Union, ZfRV 2008, 13.

Ofner, Regeln zur Anwendung „fremden" Rechts, ZfRV 2015, 123.

Rauscher (Hrsg), Europäisches Zivilprozess- und Kollisionsrecht (EuZPR/EuIPR) Band III: Internationales Schuldrecht. Rom I, Rom II, 5. Auflage (2023); wird zitiert: *Bearbeiter:in* in *Rauscher*, EuZPR/EuIPR[5] [Art] [Rz].

Reich-Rohrwig, Grundsatzfragen der Kapitalerhaltung (2004); wird zitiert: *Reich-Rohrwig*, Kapitalerhaltung [Seite].

Richter/Monteiro, Passagierrechte bei Flugverspätungen, GPR 2012, 199.

Rieck/Lettmaier (Hrsg), Ausländisches Familienrecht (Stand: Mai 2024); wird zitiert: *Bearbeiter:in* in *Rieck/Lettmaier*, Ausländisches Familienrecht [Stand] [Rz].

Ring/Süß (Hrsg), Eherecht in Europa, 4. Auflage (2021); wird zitiert: *Bearbeiter:in* in *Ring/Süß*, Eherecht in Europa[4] [Rz].

Rosenberg, Revision der Verordnung Brüssel IIa – Neues zum Rückführungsverfahren nach dem HKÜ 1980, iFamZ 2017, 289.

Rosenberg/Nagl, Statistische Auswertung aller Kindesentführungsverfahren mit Österreichbezug – Rückgabeanträge nach dem HKÜ in den Jahren 2018 bis inklusive 2020, iFamZ 2022, 59.

Rudolf, Europäisches Kollisionsrecht für Ehescheidungen – Rom III-VO. Erster Rechtsakt im Rahmen der „Verstärkten Zusammenarbeit" nach Art 326 ff AEUV, EF-Z 2012, 101.

Rudolf, Die Erbrechtsverordnung der Europäischen Union. VO zum Internationalen Erb- und Erbverfahrensrecht in Kraft – ein Überblick, NZ 2013, 225.

Rudolf, Die Europäischen Güterrechtsverordnungen, EF-Z 2017, 244.

Rudolf, Die Europäischen Güterrechtsverordnungen: Anwendungsbereich und anwendbares Recht ab 29.1.2019, Zak 2019, 5.

Rudolf, Vorschlag einer EU-Verordnung für das Internationale Abstammungsrecht – Elternschafts-VO: Parent in one country, parent in every country, EF-Z 2023, 153.

Rummel (Hrsg), Kommentar zum Allgemeinen bürgerlichen Gesetzbuch, 3. Auflage (ab 2003); wird zitiert: *Bearbeiter:in* in *Rummel*, ABGB[3] [§ /Art] [Rz].

Rummel/Lukas/Geroldinger (Hrsg), Kommentar zum Allgemeinen bürgerlichen Gesetzbuch. Internationales Privatrecht Band I + II, 4. Auflage (2023); wird zitiert: *Bearbeiter:in* in *Rummel/Lukas/Geroldinger*, ABGB[4] [§/Art] [Rz].

Säcker/Rixecker/Oetker/Limperg (Hrsg), Münchener Kommentar zum Bürgerlichen Gesetzbuch Band 12: IPR I, Europäisches Kollisionsrecht, Art. 1-26 EGBGB, 9. Auflage (2023) und Band 13: IPR II, Internationales Wirtschaftsrecht, Art. 50-253 EGBGB, 9. Auflage (2024); wird zitiert: *Bearbeiter:in* in MüKoBGB[9] [§ / Art] [Rz].

Schacherreiter, Leading Decisions zum Internationalen Privatrecht (2008); wird zitiert: *Schacherreiter*, Leading Decisions [Rz].
Schäfer, Wesentliche Vertragsverletzung und Behebbarkeit einer Vertragswidrigkeit iRd Art 25 CISG, ecolex 2012, 864.
Schauer, Worauf bezieht sich das Formgebot bei der Abtretung von GmbH-Anteilen? RdW 1986, 358.
K. Schmidt/Ebke (Hrsg), Münchener Kommentar zum Handelsgesetzbuch Band 5: §§ 343-406 HGB, CISG, 6. Auflage (2025), und Band 7: §§ 407-619 HGB, Transportrecht, 5. Auflage (2023); wird zitiert: *Bearbeiter:in* in MüKoHGB[Auflage] [Bearbeitung / § / Art] [Rz].
Schwemmer, Das Tokensachstatut: Zur kollisionsrechtlichen Behandlung der Übertragung von Bitcoin, Kryptowertpapieren und anderen Kryptotoken, IPRax 2022, 331.
Schwimann, Zu den allgemeinen Bestimmungen des österreichischen IPR-Entwurfes 1975, JBl 1978, 1.
Schwimann, Probleme des Haager Straßenverkehrsabkommens, ZVR 1978, 161.
Schwimann, Internationales Privatrecht, 3. Auflage (2001); wird zitiert: *Schwimann*, IPR[3] [Seite].
Schwimann/Kodek (Hrsg), ABGB-Praxiskommentar – Band 6. §§ 938-1089 ABGB, UN-Kaufrecht (Besonderes Vertragsrecht I), 5. Auflage (2021); wird zitiert: *Bearbeiter:in* in *Schwimann/Kodek*, ABGB[5] [§ / Art] [Rz].
Schwimann/Neumayr (Hrsg), ABGB-Taschenkommentar mit EheG, EPG, KSchG, ASVG, EKHG und IPRG, 6. Auflage (2023); wird zitiert: *Bearbeiter:in* in *Schwimann/Neumayr*, ABGB[6] [§] [Rz].
Straube/Ratka/Rauter, Wiener Kommentar zum GmbHG (Stand 15.10.2024); wird zitiert: *Bearbeiter:in* in *Straube/Ratka/Rauter*, WK GmbHG [§] [Rz].
Stürner/Eidenmüller/Schoppmeyer (Hrsg), Münchener Kommentar zur Insolvenzordnung. Band 4. EGInsO, EUInsVO, Länderberichte, 4. Auflage (2021); wird zitiert: *Bearbeiter:in* in MüKoInsO[4] [§ / Art] [Rz].
Süß (Hrsg), Erbrecht in Europa, 5. Auflage (2024); wird zitiert: *Bearbeiter:in* in *Süß*, Erbrecht in Europa[5] [Rz].
Süß/Wachter (Hrsg), Handbuch des internationalen GmbH-Rechts, 4. Auflage (2021); wird zitiert: *Bearbeiter:in* in *Süß/Wachter*, HB GmbH[4] [Rz].
Thiele, Platform-to-Business Verordnung der EU in Geltung: Neues Recht für Intermediäre, ZIIR 2020, 262.
Thomale, Mietmutterschaft. Eine international-privatrechtliche Kritik (2015); wird zitiert: *Thomale*, Mietmutterschaft [Seite].
Thomale, Anlegerschutz bei treuhänderischen Auslandsinvestitionen. Österreichische Konsumententreuhand an deutschen Kommanditgesellschaften, VbR 2019, 204.
Thomale, Der gewöhnliche Aufenthalt im Europäischen Kindschaftsrecht, GPR 2019, 173.
Thomale, Die international-privatrechtliche Behandlung von Wohnungseigentumsgemeinschaften, IPRax 2020, 18.
Thomale, Herstellerhaftungsklagen – Internationaler Deliktsgerichtsstand und anwendbares Recht bei reinen Vermögensschäden wegen versteckter Produktmängel, ZVglRWiss 119 (2020) 59.
Thomale, Die Scheinauslandsgesellschaft in der Krise – Gläubigerschutz zwischen Gesellschafts- und Insolvenzstatut, JBl 2021, 14.

Traar, Die Haftung bei der Beförderung von Postsendungen – eine Übersicht, ZVR 2008, 375.
Traar, Das Haager Kinderschutzübereinkommen, iFamZ 2011, 44.
Traar, Bevorstehende Neuordnung des internationalen Kinderschutzes durch das KSÜ – Internationales Privatrecht – Anerkennung und Vollstreckung – grenzüberschreitende Zusammenarbeit – Übersicht für die Praxis, iFamZ 2011, 97.
Traar, Das Erwachsenenschutz-Gesetz und das Haager Erwachsenenschutzübereinkommen. Neuordnung des internationalen Erwachsenenschutzes, iFamZ 2013, 233.
Traar, Internationale Aspekte des 2. Erwachsenenschutz-Gesetzes. Neue Fragestellungen in internationalen Sachverhalten, iFamZ 2017, 407.
Traar, Internationale Aspekte der PatVG-Novelle 2018. Wie sind Patientenverfügungen in Fällen mit Auslandsbezug zu beurteilen? iFamZ 2019, 55.
Traar, Das IPR in der Praxis aus Sicht des Richters, ZfRV 2019, 270.
Traar/Pesendorfer/Lagger-Zach/Fritz/Barth, Erwachsenenschutzrecht, 2. Auflage (2023); wird zitiert: *Bearbeiter:in* in *Traar/Pesendorfer/Lagger-Zach/Fritz/Barth*, Erwachsenenschutzrecht[2] [§ / Art] [Rz].
Trenker, Anwendbares Recht bei der Insolvenzanfechtung der Tilgung fremder Verbindlichkeiten, ZIK 2021, 145.
Uitz, Die gewählte Erwachsenenvertretung im Kollisionsrecht. Zugleich ein Beitrag zur Auslegung des HESÜ, iFamZ 2019, 134.
Uitz, Das Kollisionsrecht der EU-Güterrechtsverordnungen. Ein didaktischer Überblick samt Übungsfall und Musterlösung, JAP 2019/20, 48.
Uitz, Kontroversen im europäischen Güterkollisionsrecht, ZfRV 2019, 213.
Uitz, Die Abgeltung der Mitwirkung im Erwerb des Ehegatten (§§ 98 ff ABGB): Privatrechtliche Abgrenzungsfragen, sozialversicherungsrechtliche Einordnung, JAS 2020, 1.
Uitz, Die IPRG-Novelle 2021 – Neuregelung des Internationalen Erwachsenenschutzrechts und Adaption des Internationalen Adoptionsrechts im autonomen IPR, iFamZ 2021, 94.
Uitz, Die EU-Platform-to-Business-VO (P2B-VO). Europäische Regulierung der internetbasierten Plattformwirtschaft (2023); wird zitiert: *Uitz*, P2B-VO [Seite].
Uitz, Decisions on the European Succession Regulation in Austria, in *Bonomi/Pretelli* (Hrsg), Yearbook of Private International Law. Volume XXV – 2023/2024 (2024), 347.
Verschraegen, Gedanken zur Erbensuche und Geschäftsführung ohne Auftrag, in *Perner/Rubin/Spitzer/Vonkilch* (Hrsg), Festschrift für Attila Fenyves (2013), 379.
Weber, Erb- und Pflichtteilsverzichtsverträge im Spiegel der EuErbVO, ZEV 2015, 503.
Weber, Der gewöhnliche Aufenthalt in der Rechtsprechung von EuGH und OGH, EF-Z 2019, 196.
Wegen/Spahlinger/Barth (Hrsg), Gesellschaftsrecht des Auslands in Einzeldarstellungen, 9. Ergänzungslieferung (2024); wird zitiert: *Bearbeiter:in* in *Wegen/Spahlinger/Barth*, [Staat], GesR des Auslands [Stand] [Rz].
Welser (Hrsg), Fachwörterbuch zum bürgerlichen Recht, 2. Auflage (2022); wird zitiert: *Bearbeiter:in* in *Welser*, Fachwörterbuch[2] [Seite].
Zehetbauer/Motter, Nationales und Internationales Transportrecht, 2. Auflage (2023); wird zitiert: *Zehetbauer/Motter*, Transportrecht[2] [Seite].

Benützungsanleitung und Prüfungstipps

I. Prämissen und Struktur der Übungsfälle

Aus didaktischen Gründen beschränken sich die Übungsfälle mit Ausnahme der bunt gemischten Sachverhalte im Anhang auf **wenige Pointen**, die **thematisch miteinander verknüpft** sind. Querverweise auf andere Übungsfälle dienen demnach der Ergänzung der Falllösung, um die gebotenen Musterlösungen nicht zu überfrachten. Dies gilt insbesondere für die Prüfung des Anwendungsbereiches der einschlägigen Kollisionsrechtsquelle, wenn seine Eröffnung unproblematisch zu bejahen ist. Bei **schriftlichen Prüfungen** kann es ebenfalls sinnvoll sein, mit **Querverweisen** zu arbeiten, um Zeit zu sparen und unergiebige Wiederholungen zu vermeiden (zB wie folgt: „*Siehe zu den sachlichen, räumlichen und zeitlichen Anwendungsbereichen der Rom I-VO die Ausführungen zu Anspruch I*").

Die Übungsfälle dieses Casebooks beruhen auf der **Prämisse**, dass ein **österreichisches Gericht** für die Beurteilung des geschilderten Lebenssachverhalts **international zuständig** ist, sofern der Sachverhalt keine gegenteiligen Angaben oder Aufforderungen zur eigenständigen Prüfung der Zuständigkeit enthält. Dieser didaktische Ansatz beruht auf der Überlegung, dass die Frage nach der internationalen Zuständigkeit eines angerufenen Gerichts dem internationalen Zivilverfahrensrecht (IZVR) zuzuordnen ist, das bei schriftlichen Prüfungen aus materiellem Privatrecht (Zivilrecht, Unternehmensrecht, Arbeitsrecht) und IPR in aller Regel nicht abgefragt wird. In der Praxis spielt das Recht der internationalen Zuständigkeit, das den Streitparteien gewisse Möglichkeiten zur Wahl eines vorteilhaften Gerichtsstands eröffnet, für den Ausgang eines Zivilverfahrens aufgrund seiner Reflexwirkungen auf das anzuwendende Kollisionsrecht, das wiederum das anzuwendende Sachrecht determiniert (Stichwort: „***forum shopping***"), jedoch eine enorme Rolle, weshalb es in seiner Bedeutung keinesfalls zu unterschätzen ist.

Wenn sich das anzuwendende Sachrecht ausschließlich aus **weitgehend flächendeckend anwendbaren Kollisionsrechtsquellen** des unionseuropäischen Sekundärrechts ergibt (Rom I-VO, Rom II-VO, EuUntVO, EuErbVO), sind dieselben Verweisungsergebnisse auch von international zuständigen Gerichten von beinahe allen anderen Mitgliedsstaaten zu gewinnen (beachte aber die primärrechtlichen Sonderstellungen Dänemarks und Irlands). Anders gesagt: In diesen Fällen spielt es für die Falllösung keine Rolle, ob ein österreichisches, deutsches, portugiesisches oder rumänisches Gericht international zuständig ist. Erfordert die Falllösung jedoch die Anwendung einer Kollisionsnorm, die **territorial stärker fragmentiertem Unionssekundärrecht** (Rom III-VO, EuGüVO, EuPartVO) oder **Völkervertragsrecht** (HStVÜ, KSÜ, HKÜ, HAÜ, HESÜ, HTFÜ) entstammt, ist die Ermittlung der internationalen Zuständigkeit auch innerhalb der Europäischen Union von erheblicher Bedeutung für die Identifikation der anzuwendenden Kollisionsrechtsquelle, die ihrerseits das maßgebliche Sachrecht bestimmt. Noch stärker tritt dieser Effekt der Beeinflussung des anzuwendenden Sachrechts durch die Bestimmung der internationalen Zuständigkeit zum Vorschein, wenn es um die kollisionsrechtliche Beantwortung von Rechtsfragen geht, für deren Beurteilung keine supranationalen oder internationalen Kollisionsrechtsquellen existieren, weshalb ihre Anknüpfung mithilfe jener Bestimmungen des IPR durchzuführen ist, die **nationalen Kodifikationen** entstammen, wie dem österreichischem IPRG oder dem deutschen EGBGB.

Gegenteilige Sachverhaltsangaben, die von Ihnen abverlangen, die internationale Zuständigkeit des angerufenen Gerichts nicht einfach in Österreich zu verorten, sondern eigenständig zu prüfen, dienen besonderen didaktischen Zwecken, wie Ihrer Sensibilisierung für die soeben erläuterte Bedeutung des *forum shopping* durch **einseitige Wahl eines vorteilhaften Gerichtsstandes** für die Ermittlung des letztlich anzuwendenden Sachrechts oder der Illustration des Regelungszwecks des Gleichklangs von *forum* und *ius*.

Lösen Sie die Übungsfälle in **zeitlicher Hinsicht**, sofern der Sachverhalt keine gegenlautenden Angaben enthält, immer unter der Prämisse, dass das international zuständige österreichische Gericht über den festgestellten Lebenssachverhalt **im Zeitpunkt des Erscheinens** dieser Zweitauflage des vorliegenden Casebooks abzusprechen hat (Mai 2025). Bei schriftlichen Prüfungen wird üblicherweise auf die Rechtslage am Tag ihrer Abhaltung abgestellt. In den nachfolgenden Lernhinweisen finden Sie bisweilen die Anmerkung, dass eine **Reform** des falllösungsrelevanten Rechtsgebiets in absehbarer Zeit nach dem Erscheinen dieser Zweitauflage des Casebooks möglich ist. Derzeit steht der potenzielle Hinzutritt neuer unionseuropäischer Kollisionsrechtsquellen des **Erwachsenenschutzrechts** und **Abstammungsrechts** im Raum. Prüfen Sie daher vor Ihrem Prüfungsantritt eigenständig, ob sich die Rechtslage zwischenzeitlich veränderte oder nicht!

Auf das materielle österreichische Recht (Sachrecht) geht die Lösung der IPR-Fälle dieses Casebooks nur dann ein, wenn dessen Erörterung für die kollisionsrechtliche Fallprüfung unbedingt erforderlich ist, wie etwa für die Beantwortung von Vorfragen, von deren Klärung die Hauptfrage abhängt. Das vorliegende Werk ist daher **kein Casebook zum materiellen österreichischen Zivilrecht**. Beachten Sie hierfür die Empfehlungen Ihrer Universität sowie die Buchtipps im obigen Verzeichnis abgekürzt zitierter Literatur. Dafür enthalten die Fallangaben bisweilen Hinweise auf das **ausländische Sachrecht oder IPR**, dessen Kenntnis bei einer schriftlichen Prüfung an einer österreichischen Universität nicht erwartet werden kann. Sie finden diese Hinweise in den Sachverhalten, wenn ihre Beachtung für die Falllösung nötig ist. Dies ist etwa dann der Fall, wenn das IPR, das ein international zuständiges österreichisches Gericht anzuwenden hat, eine Gesamtverweisung ausspricht (§ 5 Abs 1 IPRG, Art 34 EuErbVO) oder einen Günstigkeitsvergleich zwischen zwei Sachrechtsordnungen anordnet (§ 13a Abs 1 KSchG, § 8 IPRG, § 16 Abs 2 IPRG, Art 6 Abs 2 Rom I-VO, Art 8 Abs 1 Rom I-VO, Art 1 HTFÜ).

II. Prüfungstipps und Falllösungsschema

Bei schriftlichen Prüfungen ist die Einhaltung des nachfolgenden Prüfschemas empfehlenswert, um keine einfach zu erzielenden Punkte aus Nachlässigkeit zu versäumen. Um Zeit zu sparen, ist es ratsam, manche Aspekte der Falllösung zu Beginn der Arbeit besonders sorgfältig zu prüfen, damit Sie hierauf in den nachfolgenden Ausführungen **verweisen** können. Diese Vorgangsweise kann etwa dann sinnvoll sein, wenn Sie verschiedene Ansprüche, die allesamt als vertraglich zu qualifizieren sind, nach der Rom I-VO anknüpfen wollen, wobei Sie der Ansicht sind, dass ihr Anwendungsbereich jedes Mal vollumfänglich eröffnet ist.

Tipp: Bei schriftlichen Prüfungen ist es oftmals zulässig, eine **Gesetzesausgabe** zu verwenden, die **reine Paragraphenverweise als ergänzende Notizen** enthält. Ein entsprechend vorbereiteter Gesetzestext kann Ihnen viel Mühe ersparen. Beispielsweise ist es sinnvoll, in Ihrer gedruckten Gesetzesausgabe handschriftlich auf jene Quelle des IPR zu verweisen, unter die sich ein Anspruch, der nach österreichischem Zivilrecht bestehen könnte, subsumieren lässt.

Beispiel: Schreiben Sie neben den Gesetzestext zu §§ 98 ff ABGB die Wortfolge „*Art 3 Abs 1 lit a EuGüVO*" sowie „*§ 18 IPRG*". Dieser Hinweis erinnert Sie bei der Prüfung daran, dass eherechtliche Ansprüche aus der Mitarbeit im Erwerb des Ehegatten unter den sachlichen Anwendungsbereich der EuGüVO fallen oder im Falle ihrer zeitlichen Nichtanwendbarkeit dem autonomen österreichischen Ehewirkungsstatut (§ 18 IPRG) unterliegen.

Erkundigen Sie sich rechtzeitig vor der Prüfung unbedingt nach der Zulässigkeit von Anmerkungen, um sich nicht dem Verdacht des Erschleichens einer Prüfungsleistung auszusetzen.

Falllösungsschema:

1. Erkennen eines relevanten Auslandsbezugs bei jedem Anspruch

Grundsätzlich müssen Sie jeden denkbaren Anspruch kollisionsrechtlich gesondert einordnen. Querverweise sind der Effizienz der Falllösung zuträglich.

Tipp: Vergessen Sie im Prüfungsstress nicht, dass reine Inlandssachverhalte keiner zeitraubenden IPR-Prüfung zu unterziehen sind.

2. Erörterung des Anwendungsbereichs der richtigen Kollisionsrechtsquelle

Faustregel: Völkervertragsrecht > Unionsrecht > nationales Recht. Erörtern Sie insbesondere bei Kollisionsnormen des Völkervertragsrechts und Unionsrechts die räumlichen, zeitlichen und sachlichen Anwendungsbereiche der jeweiligen Kollisionsrechtsquelle. Diese Vorgangsweise gilt nicht bloß für das Kollisionsrecht (zB HESÜ, HStVÜ, Rom III-VO), sondern gleichermaßen für das Einheitsprivatrecht (zB UN-K, MÜ, P2B-VO, FluggastrechteVO).

Tipp: Wenn Sie zunächst mit einer Rechtsquelle des Einheitsprivatrechts arbeiten, die der Heranziehung von Kollisionsrecht wesensmäßig vorgeht, sollten Sie Ihr Augenmerk auf die Reichweite ihres sachlichen Anwendungsbereiches richten. Denn jene Rechtsfragen, die diese vorrangig anzuwendende Rechtsquelle des Einheitsprivatrechts nicht behandelt, sind nach den Kollisionsnormen der einschlägigen Rechtsquelle des IPR anzuknüpfen.

Beispiel I: Zwar geht das UN-K als Einheitsprivatrechtsquelle dem Kollisionsrecht der Rom I-VO vor, doch sind deren Kollisionsnormen (Art 10, 11 Rom I-VO außerhalb der Art 14 ff UN-K) auch dann für die Prüfung der Gültigkeit eines Warenkaufvertrags maßgeblich, wenn dieser grundsätzlich dem UN-K unterliegt, weil dessen sachlicher Anwendungsbereich diese Rechtsfragen explizit ausklammert (Art 4 lit a UN-K). Dabei ist zu beachten, dass die subsidiär anwendbare Kollisionsrechtsquelle womöglich ebenfalls nicht alle Antworten auf alle Rechtsfragen des internationalen Rechtsstreits bereitstellt, weshalb auf einen anderen Rechtsakt zu rekurrieren ist, der im Stufenbau der Rechtsordnung einen geringeren Rang bekleidet.

Beispiel II: Hat das aufgrund einer wirksamen Gerichtsstandsvereinbarung (Art 25 Abs 1 EuGVVO 2012 [Brüssel Ia-VO]) international zuständige Handelsgericht Wien einen per E-Mail abgeschlossenen Kaufvertrag über 100 Tablets zwischen einem österreichischen Elektronikhändler und einem japanischen Computerhersteller zu beurteilen, unterliegt dieses Vertragsverhältnis zwar grundsätzlich dem UN-K (Art 1 Abs 1 lit a UN-K), nicht aber die Frage nach seiner Gültigkeit (Art 4 lit a UN-K), wenn der japanische Computerhersteller die materielle Wirksamkeit des Kaufvertrages mit der rechtlichen Argumentation bestreitet, dass sein vertretungsbefugter Organwalter im Zeitpunkt der Vertragsverhandlungen wegen erheblichen Alkoholkonsums situativ geschäftsunfähig war. Welches Sachrecht über die materielle Wirksamkeit eines Kaufvertrages über Waren zwischen Unternehmern entscheidet, ist zwar grundsätzlich nach Art 10 Rom I-VO zu bestimmen, doch gilt dies nicht für die behauptete Vertragsunwirksamkeit wegen Geschäftsunfähigkeit (Art 1 Abs 2 lit a Rom I-VO), die aufgrund der sachlichen Unanwendbarkeit der Rom I-VO (einschließlich Art 13 Rom I-VO) auf diesen Aspekt einer Vertragsbeziehung nach § 12 IPRG iVm § 9 IPRG dem Personalstatut des angetrunkenen Organwalters – unter Berücksichtigung von Rück- und Weiterverweisungen des ausländischen Kollisionsrechts (§ 5 Abs 1 IPRG) – zu unterwerfen ist. Hier gilt also: UN-K > Rom I-VO > IPRG.

3. Eingriffsnormen

Achtung: Eingriffsnormen gehen der IPR-Anknüpfung nach allgemeinen kollisionsrechtlichen Regeln vor. Wenn Sie bei der Prüfung mit einer österreichischen Eingriffsnorm konfrontiert sind, ist die nachfolgende kollisionsrechtliche Einordnung ihres Regelungsgehalts demnach entbehrlich. Weisen Sie auf diese

Rechtsfolge unter Erwähnung der passenden Rechtsnorm, wie Art 9 Rom I-VO, Art 16 Rom II-VO oder Art 30 EuGüVO, unbedingt hin. Übersehen Sie dabei nicht, dass alle weiteren Rechtsfragen des festgestellten Lebenssachverhalts, die nicht dem sachlichen Anwendungsbereich einer vorrangig anzuwenden Eingriffsnorm unterliegen, mithilfe der einschlägigen Kollisionsnormen anzuknüpfen sind.

4. IPR-Anknüpfung: Ermittlung des anzuwendenden Sachrechts

Zunächst ist die passende Kollisionsnorm zu ermitteln (primäre Qualifikation). Schenken Sie hierbei Vorfragen Ihre Aufmerksamkeit. Beachten Sie, dass eine wirksame Rechtswahl als subjektive Anknüpfung der objektiven Anknüpfung im Umfang ihrer rechtskonform vereinbarten Reichweite vorgeht. Nach der Identifikation der einschlägigen Kollisionsnorm müssen Sie überprüfen, ob es sich bei ihrem Verweisungsbefehl um eine Sachnormverweisung oder eine Gesamtverweisung handelt.

Im erstgenannten Fall (Sachnormverweisung) ist die formelle IPR-Prüfung abgeschlossen, weil die Kollisionsnorm direkt auf das anzuwendende Sachrecht verweist. Dann ist der Rechtsstreit durch unmittelbare Anwendung des ermittelten Sachrechts, wie der Normen des österreichischen ABGB, deutschen BGB, französischen Code civil oder liechtensteinischen PGR inhaltlich zu lösen. Zuletzt ist das gewonnene Ergebnis auf seine Vereinbarkeit mit dem *ordre public* des Forumstaates zu überprüfen.

Diese Regelungstechnik der Sachnormverweisung kennzeichnet vor allem das Kollisionsrecht der Europäischen Union (ausgenommen Art 34 EuErbVO) sowie der meisten völkerrechtlichen Verträge (explizit etwa Art 19 HESÜ). Nicht zu übersehen ist, dass manche Kollisionsrechtsquellen, die Sachnormverweisungen aussprechen (Art 32 EuGüVO/EuPartVO), dennoch die Bezugnahme auf das innerstaatliche Verweisungsrecht eines Staates verlangen, dessen Privatrecht nicht gesamtstaatlich für alle Bevölkerungsschichten vereinheitlicht, sondern in einzelne Gebietseinheiten untergliedert (Art 33 EuGüVO/EuPartVO) oder nach Personengruppen getrennt ist (Art 34 EuGüVO/EuPartVO).

Achtung: Bei schriftlichen Prüfungen ist es aus Vereinfachungsgründen oftmals üblich, dass die Falllösung auch dann nach österreichischem Sachrecht fortzusetzen ist, wenn die Anknüpfung auf ausländisches Kollisionsrecht (bei Gesamtverweisungen) oder Sachrecht (bei Sachnormverweisungen) verweist, weil die Kenntnis ausländischen Privatrechts nicht den Kern des Prüfungsstoffes bildet, weshalb seine Anwendung jedenfalls nicht ohne Beigabe eines entsprechenden Gesetzestextes erwartet werden kann. Zur Vergewisserung, welches Wissen von Ihnen verlangt ist, erkundigen Sie sich vorab beim zuständigen Institut und lesen die konkrete Fragestellung in der Prüfungsangabe. Im vorliegenden Casebook wird das ausländische Privatrecht in seinen Erscheinungsformen als Kollisionsrecht und Sachrecht sinngemäß wiedergegeben oder übersetzt abgedruckt, um Sie an die Anwendung fremder Rechtsvorschriften – wie es ein international zuständiges österreichisches Gericht können muss (§ 3 IPRG) – zu gewöhnen.

Im zweitgenannten Fall (Gesamtverweisung) ist die formelle IPR-Anknüpfung nicht abgeschlossen, sondern durch Anwendung des ausländischen IPR zu prüfen, ob die ausländische Rechtsordnung die österreichische Gesamtverweisung annimmt, weshalb in weiterer Folge das ausländische Sachrecht anzuwenden ist, oder durch seine eigenen Kollisionsnormen auf die österreichische Rechtsordnung zurückverweist, wodurch in weiterer Folge österreichisches Sachrecht anzuwenden ist (§ 5 Abs 2 Halbsatz 1 IPRG), oder auf das Recht eines Drittstaates weiterverweist, wodurch dessen Kollisionsrecht anzuwenden ist (§ 5 Abs 2 Halbsatz 2 IPRG), um das finale Ziel der österreichischen Gesamtverweisung zu ermitteln.

Für Kollisionsnormen des österreichischen IPRG bilden Gesamtverweisungen die Grundregel (§ 5 Abs 1 IPRG). Im Kollisionsrecht der Europäischen Union ist diese Art des Verweisungsbefehls hingegen selten (Art 34 EuErbVO).

Tipp: Zur Annahme einer inländischen Gesamtverweisung durch die ermittelte ausländische Rechtsordnung, die im Ergebnis zur Anwendung ihrer Sachnormen führt, kommt es vor allem dann, wenn das ausländische Kollisionsrecht und das inländische Kollisionsrecht dieselben Anknüpfungsmomente verwenden. Als Gedankenstütze hilft die Vorstellung, dass das ausländische Kollisionsrecht dem inländischen Verweisungsbefehl auf die ausländische Rechtsordnung in diesen Fällen der übereinstimmenden Anknüpfungspunkte gestattet, die ausländischen Sachnormen extraterritorial anzuwenden.

Beispiel I: Ein international zuständiges österreichisches Gericht hat die Vorfrage zu beantworten, ob ein siebzigjähriger Vertragspartner mit ungarischer Staatsbürgerschaft und gewöhnlichem Aufenthalt in Wien im Vertragsabschlusszeitpunkt geschäftsfähig oder geschäftsunfähig war. Nach § 12 IPRG ist diese Frage nach dem Personalstatut der natürlichen Person zu beurteilen, das nach § 9 Abs 1 Satz 1 IPRG per Gesamtverweisung (§ 5 Abs 1 IPRG) auf ungarisches Recht verweist, weil der siebzigjährige Mann ungarischer Staatsbürger ist. Das ungarische Kollisionsrecht (§ 15 Abs 1-2 ungarisches IPRG), das nunmehr zu konsultieren ist, um die Wirkungen der österreichischen Gesamtverweisung zu ermitteln, bedient sich desselben Anknüpfungsmoments wie das österreichische Kollisionsrecht (§ 12 IPRG iVm § 9 IPRG), indem es Rechtsfragen der Handlungsfähigkeit ebenfalls dem Recht jenes Staates unterwirft, dessen Staatsbürgerin die natürliche Person ist. Deshalb sind diejenigen ungarischen Sachnormen anzuwenden, die regeln, unter welchen Umständen ein Erwachsener geschäftsfähig ist.

Beispiel II: Ein international zuständiges österreichisches Gericht hat die Vorfrage zu beantworten, ob ein siebzigjähriger Vertragspartner mit deutscher Staatsbürgerschaft und gewöhnlichem Aufenthalt in Wien im Vertragsabschlusszeitpunkt geschäftsfähig oder geschäftsunfähig war. Nach § 12 IPRG ist diese Frage nach dem Personalstatut der natürlichen Person zu beurteilen, das nach § 9 Abs 1 Satz 1 IPRG per Gesamtverweisung (§ 5 Abs 1 IPRG) auf deutsches Recht verweist, weil der siebzigjährige Mann deutscher Staatsbürger ist. Das deutsche Kollisionsrecht (Art 7 Abs 2 Satz 1 EGBGB), das nunmehr zu konsultieren ist, um die Wirkungen der österreichischen Gesamtverweisung zu ermitteln, bedient sich nicht desselben Anknüpfungsmoments wie das österreichische Kollisionsrecht (§ 12 IPRG iVm § 9 IPRG), sondern unterwirft Rechtsfragen der Geschäftsfähigkeit dem Recht jenes Staates, in dem die natürliche Person ihren gewöhnlichen Aufenthalt hat. Da Art 4 Abs 1 Satz 1 EGBGB den Grundsatz der Gesamtverweisung aufstellt, verweist Art 7 Abs 2 Satz 1 EGBGB damit auf österreichisches Kollisionsrecht zurück. Gäbe es § 5 Abs 2 Halbsatz 1 IPRG nicht, drohte dem international zuständigen österreichischen Gericht ein unendliches Verweisungskarussell, weil beide Kollisionsrechtsordnungen auf den jeweils anderen Staat verweisen. § 5 Abs 2 Halbsatz 1 IPRG durchbricht diesen Rechtszustand jedoch, indem er anordnet, dass das österreichische Kollisionsrecht die deutsche Rückverweisung nunmehr anzunehmen hat. Deshalb sind diejenigen österreichischen Sachnormen anzuwenden, die regeln, unter welchen Umständen ein Erwachsener geschäftsfähig ist.

Tipp: Wenn Sie bei der Falllösung auf einen Meinungsstreit stoßen, ist es bei der Prüfung zwar ratsam, beide Lösungsansätze zu beschreiben, aber letztlich erforderlich, die weitere Falllösung auf eine der genannten Auffassungen zu stützen. Vermeiden Sie Doppel- und Alternativlösungen!

5. *Ordre-public*-Vorbehalt und Anpassung

Ist der Fall nach ausländischem Sachrecht zu lösen, sei es, weil eine Kollisionsnorm des Forumstaates eine Sachnormverweisung ausspricht, sei es, weil eine Kollisionsnorm des Forumstaates per Gesamtverweisung eine ausländische Rechtsordnung für maßgeblich erklärt, deren Kollisionsnormen den Verweisungsbefehl annehmen, ist nach der Identifikation und Anwendung der passenden ausländischen Sachnormen anschließend zu überprüfen, ob das gewonnene Ergebnis aus inhaltlicher Sicht mit den Grundwertungen der inländischen Rechtsordnung des Forumstaates vereinbar ist. Grundsätzlich gebietet das Prinzip der Staatensouveränität, das materielle Recht eines ausländischen Staates im Inland vorbehaltlos anzuwenden. Gehen Sie mit dem *Ordre-public*-Vorbehalt demnach restriktiv um. Dies gilt insbesondere für die IPR-Prüfung nach Unionsrecht, das einen *Ordre-public*-Einwand nur dann gestattet, wenn das Falllösungsergebnis „*offensichtlich*" gegen die Grundwertungen der Rechtsordnung des Forumstaates verstößt (Art 21 Rom I-VO; Art 26 Rom II-VO; Art 12 Rom III-VO; Art 35 EuErbVO; Art 31 EuGüVO / EuPartVO).

Wenn Sie sich dafür entscheiden, einen *Ordre-public*-Einwand gelten zu lassen, hinterlässt die Nichtanwendung des ermittelten ausländischen Sachrechts oftmals eine Verweisungslücke, die sachrechtlich aufzufüllen ist. Fraglich ist dann, welches Sachrecht hierfür anzuwenden ist. § 6 Satz 2 IPRG befiehlt die Anwendung der entsprechenden Bestimmungen des österreichischen Sachrechts.

Da das unionseuropäische und völkervertragliche Kollisionsrecht zur Frage nach der Lückenfüllung schweigen, sind die Rechtsfolgen der Anwendung seiner *Ordre-public*-Vorbehalte umstritten. Im Lichte der Grundsätze der Staatensouveränität und des Schutzes des Vertrauens der Normadressaten auf die anzuwendende Sachrechtsordnung ist der richterliche Versuch, die ermittelte ausländische Sachrechtsordnung weitestmöglich anzuwenden, stets vorzugswürdig, sei es durch teleologische Reduktion ihrer materiellen Anordnungen auf ein Ausmaß, dessen Anwendung aus der Sicht des Forumstaates als gerade noch erträglich erscheint, sei es durch Heranziehung einer ihrer subsidiär anwendbaren Sachnormen, die nicht gegen die Grundwertungen des Forumstaates verstößt.

Manchmal kommt es vor, dass das ausländische Sachrecht, dessen Anwendung sich aus der kollisionsrechtlichen Fallprüfung ergibt, ein Rechtsinstitut kennt, das im Forumstaat unbekannt ist. Problematisch sind diese Konstellationen insbesondere nach einem Statutenwechsel. In diesen Fällen hat das international zuständige Gericht die möglichst einzelfallgerechte Lösung zu erarbeiten. Diese Vorgangsweise heißt Anpassung. Denkbar ist die Anwendung der sachrechtlichen Vorschriften eines funktional vergleichbaren Rechtsinstituts der inländischen Rechtsordnung (siehe auch Fall 132).

Literatur: Konsultieren Sie auch die folgenden Falllösungsschemata: *Zöchling-Jud/Aspöck*, IPR[3] 18; *Lurger/Melcher*, IPR[4] Rz 1/1 ff; *Kerschner/Wagner/Aigner*, IPR[6] Rz 12/2; *Verschraegen*, IPR Rz 1540; *Barnreiter*, JAP 2013/14, 239 (239 ff); *Rauscher*, Klausurenkurs[4] Rz 11 ff; ein besonders genaues Falllösungsschema zum materiellen Zivilrecht finden Sie bei *P. Bydlinski*, AT[10] (2024) Rz 3/49 ff und *Palten*, Lern- und Prüfungsmanager[3] (2020) 185 ff.

III. Recherche für wissenschaftliche Arbeiten

Wenn Sie Ihre Qualifikationsarbeit im Bereich des Einheitsprivatrechts oder Kollisionsrechts verfassen, ist eine sorgfältige internationale Recherche von Judikatur und Literatur zu Ihrer Forschungsfrage unerlässlich.

Kommentierungen der Rechtsquellen des Einheitsprivatrechts und IPR finden sich zahlreich in der österreichischen Fachliteratur. Das **UN-K** wurde von *Posch/Terlitza* im „*Schwimann/Kodek*" kommentiert (*Posch/Terlitza* in *Schwimann/Kodek* [Hrsg], ABGB-Praxiskommentar VI, 5. Auflage [2021] Art 1 ff CISG). Eine konzise Darstellung des Regelungsgehalts der Kollisionsnormen der **Rom I-VO, Rom II-VO und Rom III-VO** sowie des IPRG bietet Ihnen der „*KBB*" (*P. Bydlinski/Perner/Spitzer* [Hrsg], Kurzkommentar zum ABGB, 7. Auflage [2023]). Eine vertiefte Auseinandersetzung mit **allen wesentlichen Rechtsquellen des IPR** bieten Ihnen die Kommentierungen im „*Rummel/Lukas/Geroldinger*" (*Rummel/Lukas/Geroldinger* [Hrsg], Kommentar zum Allgemeinen bürgerlichen Gesetzbuch. Internationales Privatrecht Band I + II, 4. Auflage [2023]) sowie im Werk von *Laimer* (Hrsg), IPR-Praxiskommentar (2023). Als österreichische Fachzeitschrift, die regelmäßig kollisionsrechtliche Aufsätze veröffentlicht, ist etwa die „*Zeitschrift für Rechtsvergleichung*" (ZfRV) zu benennen.

Die Konsultation von **Literatur aus Deutschland** ist ebenfalls zu empfehlen. Das **unionseuropäische Kollisionsrecht** finden Sie – unter anderem – kommentiert im „*MüKoBGB*" (*Säcker/Rixecker/Oetker/Limperg* [Hrsg], Münchener Kommentar zum Bürgerlichen Gesetzbuch Band 12: IPR I, Europäisches Kollisionsrecht, Art. 1-26 EGBGB, 9. Auflage [2023] und Band 13: IPR II, Internationales Wirtschaftsrecht, Art. 50-253 EGBGB, 9. Auflage [2024]) sowie im „*BeckOK-BGB*" (*Hau/Poseck* [Hrsg], Beck'scher Online-Kommentar zum BGB, 73. Edition [Stand: 01.02.2025]). Als **Großkommentar** genießt der deutsche „*Staudinger*"-Kommentar internationales Ansehen. Die **einheitsprivatrechtlichen Rechtsquellen des Transportrechts** (zB CIM, MÜ) wurden insbesondere im „*MüKoHGB*" kommentiert (*K. Schmidt/Ebke* [Hrsg], Münchener Kommentar zum Handelsgesetzbuch Band 5: §§ 343-406 HGB, CISG, 6. Auflage [2025], und Band 7: §§ 407-619 HGB, Transportrecht, 5. Auflage [2023]). Das **UN-K** bildet den Gegenstand **vielzähliger deutscher Kommentare** (siehe hierzu die Nachweise in den Literaturangaben der Fälle 21 ff).

Die genannten Werke können Studierende in der Datenbank „*Beck-Online*" mit ihren universitären Zugangsdaten abrufen. Den „*Staudinger*"-Großkommentar – sowie die Fachzeitschrift IPRax („*Praxis des Internationalen Privat- und Verfahrensrechts*") – finden Sie in der Datenbank „*Juris*".

Wie Sie **Datenbanken** sinnvoll verwenden, kann an dieser Stelle nicht vertiefend erörtert werden. Konsultieren Sie hierfür unter anderem *Uitz/Winkler*, Einführung in die juristische Recherche, in *Kerschner/Schauer* (Hrsg), Falllösungstechnik im Privatrecht[9] (2021) 149 (160 ff). Dort finden Sie weitere Hinweise auf diejenigen Datenbanken, die Ihnen die – für das EU-Kollisionsrecht zentrale – **Judikatur des EuGH** liefern (EUR-Lex, Curia).

Übungsfälle

A. Personenrecht

I. Personalstatut als Anknüpfungsmoment

Fall 1 *(Uitz)*
Schwerpunkt: Mehrere Staatsbürgerschaften

Sonny ist US-amerikanischer und österreichischer Staatsbürger. Er ist grundbücherlicher Eigentümer einer Liegenschaft in Wien (Österreich). Dort verbringt er jedoch lediglich wenige Tage pro Jahr, um an Wahlen teilzunehmen und Behördengänge zu erledigen. Im Rahmen seiner beruflichen Tätigkeit als Musikproduzent hält sich *Sonny* jährlich bis zu vier Monate lang in Kalifornien (USA) auf. Die restliche Zeit des Jahres verbringt er in Palermo (Italien), wo er eine Villa mit seiner neuen Lebensgefährtin bewohnt.

Seit Mai 2025 führt er vor einem international zuständigen österreichischen Gericht ein Außerstreitverfahren über die nacheheliche Vermögensauseinandersetzung gegen seine Ex-Ehefrau *Cherilyn*. Die Ehe wurde 1974 geschlossen und im Dezember 2024 geschieden.

Cherilyn ist schweizerische und armenische Staatsbürgerin. Den Mittelpunkt ihrer Lebensführung hat sie seit der Heimtrennung im Jahr 2020 in Kalifornien (USA). Sie ist Eigentümerin einer Luxusvilla in Genf (Schweiz), in der sie sich rund drei Monate im Jahr zu Erholungszwecken aufhält. In Armenien war sie bisher noch nie.

Cherilyn und *Sonny* haben im Ergebnis jeweils eine Naheverbindung zu drei verschiedenen Staaten. Im Rahmen der Ermittlung des auf die nacheheliche Vermögensauseinandersetzung anzuwendenden Rechts (§ 20 IPRG iVm § 18 Abs 1 IPRG) fragt sich die international zuständige österreichische Richterin daher zunächst, welches Personalstatut die Prozessparteien jeweils haben. Weiter ist vorerst nicht zu prüfen (zum Scheidungsfolgenrecht unten Fälle 103 ff).

Das Personalstatut einer natürlichen Person ist nach § 9 IPRG zu ermitteln. Nach § 9 Abs 1 Satz 1 IPRG richtet sich das Personalstatut nach dem Recht jenes Staates, dem die natürliche Person angehört (Staatsbürgerschaft). Natürliche Personen können immer nur einem Personalstatut unterstehen, weshalb bei **Doppel- und Mehrfachstaatsbürgern** zu prüfen ist, welche Staatsbürgerschaft maßgeblich ist. Im Übrigen verfügen auch juristische Personen nur über ein einziges Personalstatut (hierzu näher Fälle 38, 145 ff).

Aus dem Anknüpfungsmoment der Staatsbürgerschaft, das aufgrund der Bezugnahme von § 20 IPRG und § 18 Abs 1 IPRG auf das Personalstatut der natürlichen Personen zur Anwendung gelangt (§ 9 IPRG), ist zunächst abzuleiten, dass der jeweilige **gewöhnliche Aufenthalt** *Cherilyns* und *Sonnys* in den USA und in Italien für die Ermittlung ihres Personalstatuts schon dem Grunde nach **unerheblich** ist.

Sonnys Personalstatut ergibt sich aus § 9 Abs 1 Satz 2 IPRG. Diese Norm ordnet die **Privilegierung der österreichischen Staatsbürgerschaft** für den Fall an, dass die natürliche Person über weitere Staatsbürgerschaften verfügt. Bemerkenswert ist, dass es hierbei auf eine faktische Nahebeziehung zur Republik Österreich nicht ankommt. Keine rechtliche Bedeutung entfaltet daher die Tatsache, dass sich *Sonny* jährlich weitaus länger in den USA als in Österreich aufhält. Für *Sonnys* Personalstatut ist demnach die österreichische Staatsbürgerschaft maßgeblich.

Das Personalstatut *Cherilyns* ergibt sich aus § 9 Abs 1 Satz 3 IPRG, weil sie keine österreichische Staatsbürgerschaft hat, die zu bevorzugen wäre. Nunmehr ist jener Staatsbürgerschaft entscheidende Bedeutung zuzumessen, zu der *„die stärkste Beziehung besteht*". Erst auf dieser Ebene spielt die **faktische Lebensführung** der natürlichen Person eine rechtliche Rolle. Da *Cherilyn* zu Armenien überhaupt keine gelebte Nahebeziehung hat, aber sich regelmäßig in der Schweiz aufhält, determiniert ihre schweizerische Staatsangehörigkeit ihr Personalstatut.

Lernhinweis: Die Anknüpfung an die Staatsbürgerschaft ist für das IPRG typisch, während die unionsrechtlichen und völkervertraglichen Kollisionsnormen üblicherweise auf den gewöhnlichen Aufenthalt der natürlichen Person abstellen. Da Menschen heutzutage über eine Mobilität verfügen, die im Zeitpunkt des Inkrafttretens des IPRG am Jahresbeginn 1979 nicht in vergleichbarem Ausmaß bestand, sorgt das Anknüpfungsmoment des gewöhnlichen Aufenthalts mittlerweile oftmals für lebensnähere Verweisungsergebnisse als die starre Anknüpfung an die Staatsbürgerschaft. Aus diesem Grund fordert die hL mit Recht eine diesbezügliche Anpassung des IPRG (so bereits vorausblickend *Schwimann*, JBl 1978, 1 [7 f]).

Dem Personalstatut kommt nur insoweit rechtliche Bedeutung zu, als die Kollisionsnormen des IPRG hierauf als Anknüpfungsmoment abstellen. Dies ist vor allem im Personen- und Familienrecht der Fall. Achten Sie bei der Anknüpfung unbedingt auf Rück- und Weiterverweisungen der ausländischen Kollisionsrechtsordnung (§ 5 IPRG). Übersehen Sie nicht, dass auch juristische Personen über ein Personalstatut verfügen (§ 10 IPRG).

Literatur: zum Personalstatut siehe *Zöchling-Jud/Aspöck*, IPR^3 19 f; *Lurger/Melcher*, IPR^4 Rz 1/26 ff; *Lurger/Melcher*, HB IPR^2 Rz 1/27 ff; *Perner/Spitzer/Kodek*, BR^7 731; *Kerschner/Wagner/Aigner*, IPR^6 Rz 16/2 ff; *Zankl*, BR^{10} Rz 603 ff; *Verschraegen*, IPR Rz 1393 ff; *Verschraegen* in *Rummel/Lukas/Geroldinger*, ABGB^4 § 9 IPRG Rz 1 ff; *Neumayr* in KBB^7 § 9 IPRG Rz 1 ff; vgl auch den Reformvorschlag bei *Lurger* in FS 40 Jahre IPRG 79 (97 ff).

Fall 2 (*Uitz*)

Schwerpunkt: Völkerrechtliche Souveränität und Staatsbürgerschaft

Ying-wen ist Angehörige der Republik China (Taiwan). Sie führt mit dem ukrainischen Staatsangehörigen *Wolodymyr* eine Beziehung. Beide wohnen seit Jahrzehnten in Salzburg (Österreich). Nunmehr will das Paar in Österreich heiraten. Nach § 17 Abs 1 IPRG sind die materiellen Voraussetzungen der Eheschließung nach dem Personalstatut jedes Ehewilligen individuell zu beurteilen. Welche Rechtsordnungen hat der Standesbeamte hierfür heranzuziehen?

Variante: *Wolodymyr* lebte bis März 2022 auf der ukrainischen Halbinsel Krim, wo er geboren wurde. Er ist ukrainisch-russischer Doppelstaatsbürger. Die russische Staatsbürgerschaft wurde ihm jedoch ohne sein Zutun von den russischen Behörden verliehen. Auf der Halbinsel Krim hat er die Taiwanerin *Ying-wen*, die dort im Rahmen eines humanitären Einsatzes als Ärztin arbeitete, unter Einhaltung der für die Eheschließung maßgeblichen Formvorschriften des russischen Familienrechts unter Mitwirkung eines russischen Standesbeamten geheiratet, bevor die Eheleute nach Salzburg (Österreich) umzogen.

Die international zuständige österreichische Richterin prüft anlässlich eines Scheidungsverfahrens als Vorfrage, ob die Ehe aus Sicht des Forumstaats Österreich wirksam geschlossen wurde (§ 16 Abs 2 IPRG). Was meinen Sie?

In aller Regel bestimmt die Staatsbürgerschaft einer natürlichen Person ihr Personalstatut (§ 9 Abs 1 IPRG). Im Grundfall bereitet die Ermittlung des Personalstatuts *Ying-wens* Probleme, weil die völkerrechtliche Souveränität der Republik China (Taiwan) international umstritten ist. Diese Anerkennung verweigert ihr auch die Republik Österreich. Fraglich ist demnach, ob eine Bezugnahme auf *Ying-wens* Personalstatut zu einer Gesamtverweisung (§ 5 Abs 1 IPRG) auf taiwanisches Recht oder das Recht der Volksrepublik China führt.

Nach hA hat das international zuständige Gericht der **völkerrechtlichen Anerkennung einer Region**, auf die das Kollisionsrecht des Forumstaats verweist, **keine rechtliche Bedeutung** beizumessen. Dieser Grundsatz gilt auch für das österreichische Standesamt. Maßgeblich ist einzig und allein, ob in jenem Ortsgebiet, auf das eine Kollisionsnorm verweist, eine Rechtsordnung existiert, die innerhalb des von ihr beanspruchten Territoriums **faktische Geltung** entfaltet.

Dies trifft auf Taiwan zu. Auf der von Taiwan beanspruchten Insel gibt es eine Rechtsordnung, die auf die Rechtsverhältnisse ihrer Normadressaten von Judikative und Exekutive effektiv angewendet und vollstreckt wird (*Eberl-Borges*, Einführung in das chinesische Recht[2] [2025] § 1 Rz 120).

Sohin verfügt *Ying-wen* – ungeachtet der fehlenden völkerrechtlichen Anerkennung Taiwans durch die Republik Österreich – nach § 9 Abs 1 Satz 1 IPRG über ein Personalstatut, das auf taiwanisches Recht einschließlich seiner Kollisionsnormen (§ 5 Abs 1 IPRG) verweist.

Für die in Österreich angestrebte Eheschließung folgt hieraus, dass sich ihre materiellen Voraussetzungen (zB Mindestalter, Ehehindernisse) für *Ying-wen* nach taiwanischem Recht und für *Wolodymyr* nach ukrainischem Recht richten. Zu prüfen wäre nunmehr, ob das autonome Kollisionsrecht Taiwans oder der Ukraine Rück- oder Weiterverweisungen anordnen, die nach § 5 IPRG beachtlich wären.

Variante: Das Personalstatut von *Wolodymyr* ist nach § 9 Abs 1 Satz 3 IPRG zu bestimmen, weshalb dieses Anknüpfungsmoment auf ukrainisches Recht verweist, weil er zur Ukraine eine faktisch engere Beziehung als zur Russischen

Föderation pflegt. Anknüpfungen an das Personalstatut *Ying-wens* verweisen nach § 9 Abs 1 Satz 1 IPRG weiterhin auf das Recht Taiwans (siehe hierzu die Ausführungen im Grundfall).

Nach § 16 Abs 2 IPRG richtet sich die Wirksamkeit einer im Ausland geschlossenen Ehe aus der Sicht des international zuständigen österreichischen Gerichts nach dem Personalstatut jedes Verlobten, wobei alternativ die Einhaltung der oftmals weniger strengen Ortsform genügt (hierzu Fälle 89 ff). Fraglich ist, nach welcher Rechtsordnung diese Ortsform nunmehr zu bestimmen ist:

Nach unionseuropäischer Auffassung wurde die Halbinsel Krim von Russland völkerrechtswidrig annektiert. Obzwar dieses Gebiet aus der Sicht des Forumstaats Österreich völkerrechtlich weiterhin zur Ukraine gehört, ändert dies nichts daran, dass die russische Rechtsordnung auf dem annektierten Territorium derzeit effektive Geltung entfaltet, weil die ukrainischen Behörden über das besetzte Gebiet aktuell keine staatliche Kontrolle ausüben können.

Im Lichte der im Grundfall erörterten **Unbeachtlichkeit des völkerrechtlichen Status eines Gebiets**, das über ein (eigenes oder fremdes) effektives Rechtssystem verfügt, genügt die Einhaltung der Formvorschriften der russischen Familienrechtsordnung anstelle der Parallelnormen der ukrainischen Familienrechtsordnung für die Wirksamkeit der auf der Halbinsel Krim geschlossenen Ehe nach § 16 Abs 2 IPRG (Sachnormverweisung). Diese Erkenntnis betrifft insbesondere den Umstand, dass die Trauung auf ukrainischem Staatsgebiet von einem russischen Standesbeamten und nicht von einem ukrainischen Standesbeamten vollzogen wurde, weil ohne diesen IPR-Grundsatz der Unbeachtlichkeit völkerrechtlicher Konfliktsituationen nach ukrainischem Familienrecht keine wirksame Zivilehe vorläge (*Himmelreich*, Ukraine, in *Ring/Süß*, Eherecht in Europa[4] Rz 9).

Dieses IPR-Prinzip soll vermeiden, dass völkerrechtliche Streitigkeiten im Wege des Kollisionsrechts zulasten der Bevölkerung des betroffenen Gebiets gehen. Das ist sachgerecht: Denn wer auf der Halbinsel Krim lebt, die Russland im Jahr 2014 völkerrechtswidrig annektierte, hat vor Ort seit geraumer Zeit keine andere Wahl, als eine Ehe vor einem russischen Standesbeamten zu schließen. Deshalb ist es nicht angebracht, solche Ehen wegen der Nichteinhaltung der ukrainischen Formvorschriften aufgrund der fehlenden Beiziehung eines ukrainischen Standesbeamten für unwirksam anzusehen.

Lernhinweis: Zur Nichtanerkennung der proklamierten Souveränität Taiwans durch Österreich siehe https://www.bmeia.gv.at/reise-aufenthalt/reiseinformation/land/taiwan-chinesisches-taipei/ (unter dem Abschnitt „*Besondere Bestimmungen*"; Stand: April 2025).

Zur Nichtanerkennung der Gebietsgewinne der Russischen Föderation infolge ihrer völkerrechtswidrigen Invasion in das souveräne Territorium der Ukraine durch die Europäische Union siehe zuletzt den Beschluss (GASP) des Rates vom 24. Februar 2025 zur Änderung des Beschlusses 2014/512/GASP über restriktive Maßnahmen angesichts der Handlungen Russlands, die die Lage in der Ukraine destabilisieren, ABl L 1/266.

Eine Liste der von Österreich anerkannten Staaten ist abrufbar unter https://www.bmeia.gv.at/themen/voelkerrecht/staatenliste (Stand: April 2025).

Literatur: zur Irrelevanz des völkerrechtlichen Status eines Ortsgebiets siehe *von Hein* in MüKoBGB[9] Art 5 EGBGB Rz 20 (mit dem Beispiel einer Eheschließung); *von Bar/Mankowski*, IPR I[2] § 3 Rz 28 ff; *Kegel/Schurig*, IPR[9] 21; aA *Bausback* in *Staudinger*, BGB Anh I zu Art 5 EGBGB Rz 41 mwN.

Fall 3 *(Uitz)*
Schwerpunkt: Staatenlosigkeit

Bis 1998 war *Janko* österreichischer Staatsbürger. Dann nahm er die deutsche Staatsbürgerschaft an, wobei er den deutschen Behörden verschwieg, dass gegen ihn bereits ein strafrechtliches Ermittlungsverfahren in Österreich eingeleitet worden war. Aufgrund der freiwilligen Annahme der deutschen Staatsbürgerschaft verlor *Janko* die österreichische Staatsangehörigkeit *ex lege* (§ 27 Abs 1 StbG).

Als die deutschen Behörden vom laufenden Ermittlungsverfahren gegen *Janko* erfuhren, widerriefen sie den Einbürgerungsbescheid rückwirkend, weil er sich die Verleihung der deutschen Staatsbürgerschaft durch das vorsätzliche Verschweigen seiner österreichischen Strafverfolgung betrügerisch erschlichen habe. Eine automatische Rückerlangung der Staatsangehörigkeit ist dem österreichischen Staatsbürgerschaftsrecht fremd (beachte § 10 Abs 4 StbG zum Erfordernis der Antragstellung zur Wiedererlangung einer früheren österreichischen Staatsbürgerschaft).

Janko und seine Ehefrau *Magdalena* (österreichische Staatsbürgerin) haben ihren Lebensmittelpunkt seit diesen Vorkommnissen in Graz (Österreich). Im Rahmen eines Außerstreitverfahrens über die gerichtliche Genehmigung der Adoption eines vierjährigen Kindes mit polnischer Staatsangehörigkeit ist fraglich, nach welchem Recht sich das Personalstatut *Jankos* richtet (§ 26 IPRG).

Sachverhalt inspiriert von EuGH 02.03.2010, C-135/08, *Janko Rottmann*.

Dem Sachverhalt ist zu entnehmen, dass *Janko* im Zeitpunkt der Prüfung seines Personalstatuts keinem Staat der Erde im völkerrechtlichen Sinne angehört. Diesen Zustand bezeichnet man als **Staatenlosigkeit**. Obwohl ein völkerrechtliches Übereinkommen zur Verminderung von Staatenlosigkeit existiert, das 81 Staaten (darunter auch Österreich: BGBl 1974/538) unterzeichnet haben, befinden sich aktuell 4.982 Staatenlose auf österreichischem Territorium (Stand: 01.01.2025).

Für diese Fälle hält § 9 Abs 2 IPRG eine Lösung bereit. Nach dieser Gesetzesstelle ist der **gewöhnliche Aufenthalt** des Staatenlosen für die Bestimmung seines Personalstatuts maßgeblich. Nach einem verbreiteten Definitionsansatz hat eine natürliche Person ihren gewöhnlichen Aufenthalt am Mittelpunkt ihrer sozialen und wirtschaftlichen Beziehungen (*K. Huber* in *Laimer*, IPR-Praxiskommentar § 9 IPRG Rz 57 ff). Da *Janko* seinen Lebensmittelpunkt in Graz hat, verweist die Anknüpfung an sein Personalstatut (§ 26 IPRG) trotz des Verlustes seiner österreichischen Staatsbürgerschaft auf österreichisches Sachrecht.

Literatur: zum Personalstatut Staatenloser siehe *Zöchling-Jud/Aspöck*, IPR[3] 19; *Lurger/Melcher*, IPR[4] Rz 1/29; *Lurger/Melcher*, HB IPR[2] Rz 1/30; *Kerschner/Wagner/Aigner*, IPR[6] Rz 16/3; *Zankl*, BR[10] Rz 603; *Verschraegen*, IPR Rz 1398; *Verschraegen* in *Rummel/Lukas/Geroldinger*, ABGB[4] § 9 IPRG Rz 61 ff; *Neumayr* in KBB[7] § 9 IPRG Rz 3; zur Adoption unten Fälle 116 ff.

Nachweis der Anzahl der Staatenlosen in Österreich: *Statistik Austria*, Bevölkerung zu Jahresbeginn nach detaillierter Staatsangehörigkeit seit 2002, abrufbar unter https://www.statistik.at/fileadmin/pages/407/Bev_Staatsangeh_Bundesland_Zeitreihe.ods (zuletzt abgerufen am 15.03.2025).

Fall 4 (*Uitz*)

Schwerpunkte: Flüchtlingseigenschaft, subsidiäre Schutzberechtigung, Unmöglichkeit der Feststellung der Staatsangehörigkeit

Leyla ist österreichische Staatsbürgerin mit gewöhnlichem Aufenthalt in Salzburg (Österreich). Beim international zuständigen österreichischen Pflegschaftsgericht beantragt sie die Übertragung der Obsorge für ihren fünfzehnjährigen Neffen *Hashim* auf ihre Person, der bereits bei ihr wohnt. Nach § 27 Abs 1 IPRG sind die Voraussetzungen für diesen Vorgang nach dem Personalstatut der schutzberechtigten Person zu beurteilen.

Hashim ist syrischer Staatsbürger. Er konnte den Wirren des Bürgerkriegs allein entfliehen. Das Pflegschaftsgericht stellt fest, dass *Hashim* ein Flüchtling iSd Art 1 GFK ist, weil er wegen der Tätigkeit seiner getöteten Eltern, die oppositionelle Lokalpolitiker waren, staatlicher Verfolgung ausgesetzt ist. Seine syrische Staatsangehörigkeit kann *Hashim* durch seinen Reisepass nachweisen.

Variante 1: *Hashim* ist Staatsbürger des südostasiatischen Sultanats Brunei Darussalam. Er bringt vor, in seiner Heimat wegen der angeblichen Überlassung von Suchtmitteln an einen Bekannten zum Tode durch Steinigung verurteilt worden zu sein. Das Pflegschaftsgericht stellt fest, dass zwar kein Fluchtgrund iSd Art 1 GFK vorliegt, aber die Voraussetzungen für die Zuerkennung eines subsidiären Schutzes nach § 8 AsylG und Art 3 EMRK erfüllt sind.

Variante 2: *Hashim* gibt gegenüber dem Pflegschaftsgericht an, mauretanischer Staatsangehöriger zu sein und wegen immer öfter auftretender Dürrekatastrophen in seiner Heimat zu seiner Tante *Leyla* gezogen zu sein, weil er in Mauretanien keine Lebensgrundlage mehr vorfinde. Einen Reisepass kann *Hashim* nicht vorweisen, weil er diesen auf seiner beschwerlichen Reise nach Europa verloren habe. Über die Staatsbürgerschaft *Hashims* kann das Pflegschaftsgericht schließlich keine Feststellungen treffen, weil eine entsprechende Anfrage bei den mauretanischen Behörden unbeantwortet bleibt.

Die Prüfung der vom Pflegschaftsgericht selbstständig zu beurteilenden Vorfrage (RIS-Justiz RS0110397) hat ergeben, dass *Hashim* anerkannter **Flüchtling** iSd Art 1 GFK ist. Nach Art 12 GFK und § 9 Abs 3 IPRG richtet sich das Personalstatut *Hashims* sohin nicht nach dem Recht seiner Staatsangehörigkeit (Syrien), sondern nach dem **Recht seines Wohnsitzes** (Österreich). Verweisungen auf syrisches Recht sind nach diesen Gesetzesstellen unbeachtlich.

Diese Vorschriften sind sinnvoll, weil ein Flüchtling nicht dem Recht jenes Staates unterstehen soll, dem er aufgrund einer hoheitlichen oder hoheitlich gebilligten Verfolgung entfliehen musste. *Hashims* Personalstatut bewirkt, dass die Voraussetzungen der Übertragung der Obsorge (§ 27 Abs 1 IPRG) nach österreichischem Sachrecht zu beurteilen sind (§§ 204 ff ABGB).

Variante 1: *Hashim* ist kein Flüchtling iSd Art 1 GFK, weil die Verhängung der Todesstrafe wegen der Begehung eines nach bruneiischem Scharia-Strafrecht verbotenen Delikts keinen Fluchtgrund im Sinne dieser Bestimmung darstellt. Dennoch ist *Hashim* selbstverständlich nicht schutzlos: Er erfüllt die Voraussetzungen für **subsidiären Schutz** nach § 8 AsylG und Art 3 EMRK.

Nach § 9 Abs 3 IPRG ist einem Flüchtling iSd Art 1 GFK kollisionsrechtlich gleichgestellt, wer die Beziehungen zu seinem Heimatstaat „*aus vergleichbar schwerwiegenden Gründen abgebrochen*" hat. Dies trifft auf Personen, welche die Voraussetzungen für die Zuerkennung subsidiären Schutzes nach § 8 AsylG erfüllen, im Regelfall zu, wobei diese Beurteilung für die Zwecke des Privatrechts abermals dem international zuständigen ordentlichen Gericht zusteht. Folglich richtet sich das Personalstatut *Hashims* – wie im Grundfall – nach österreichischem Recht, weil sich sein **Wohnsitz** in Österreich befindet.

Variante 2: *Hashims* Staatsangehörigkeit kann nicht festgestellt werden. Es kommt ihm **keine Flüchtlingseigenschaft** nach Art 1 GFK zu, weil er nach eigenen Angaben keiner staatlichen oder staatlich gebilligten Verfolgung ausgesetzt ist, sondern seine Heimat wegen existenzbedrohender Naturkatastrophen, die jedoch keinen Fluchtgrund nach der GFK begründen, verlassen musste.

Somit ist sein Personalstatut nach § 9 Abs 2 IPRG zu beurteilen, weil seine **Staatsangehörigkeit nicht geklärt** werden kann. Maßgeblich für die Beurteilung der Voraussetzungen der Übertragung der Obsorge (§ 27 Abs 1 IPRG) ist wiederum österreichisches Sachrecht (§§ 204 ff ABGB), weil *Hashim* aufgrund seines **gewöhnlichen Aufenthalts** in Österreich über ein österreichisches Personalstatut verfügt.

Lernhinweis: In Österreich sind derzeit 16.807 Personen aufhältig, deren Staatsbürgerschaft unbekannt oder ungeklärt ist; hierzu *Statistik Austria*, Bevölkerung zu Jahresbeginn nach detaillierter Staatsangehörigkeit seit 2002, abrufbar unter https://www.statistik.at/fileadmin/pages/407/Bev_Staatsangeh_Bundesland_Zeitreihe.ods (zuletzt abgerufen am 15.03.2025).

Literatur: zum Personalstatut von Flüchtlingen siehe *Zöchling-Jud/Aspöck*, IPR[3] 19; *Lurger/Melcher*, IPR[4] Rz 1/29; *Lurger/Melcher*, HB IPR[2] Rz 1/30a; *Kerschner/Wagner/Aigner*, IPR[6] Rz 16/3; *Zankl*, BR[10] Rz 603; *Verschraegen*, IPR Rz 1399; *Verschraegen* in *Rummel/Lukas/Geroldinger*, ABGB[4] § 9 IPRG Rz 66 ff; *Neumayr* in KBB[7] § 9 IPRG Rz 4; *S. Müller/U. Schreiner*, migraLex 2018, 62 (62 ff) und migraLex 2019, 16 (16 ff); siehe zur bloßen Indizwirkung der asylrechtlichen Flüchtlingseigenschaft, die einer eigenständigen Prüfung durch das Zivilgericht nicht entgegensteht, etwa OGH 02.09.2020, 3 Ob 71/20t.

II. Rechtsfähigkeit

Fall 5 *(Uitz)*
Schwerpunkte: Rechtsfähigkeit (Erbfähigkeit Ungeborener)

Die österreichische Staatsbürgerin *Dagmar* wird von ihrem Lebensgefährten *Vytautas*, der litauischer Staatsbürger ist, schwanger. Beide haben ihren gewöhnlichen Aufenthalt in Wien (Österreich).

Noch vor der Geburt des Kindes stirbt *Vytautas* bei einem Verkehrsunfall. Um das Ungeborene nach dem unerwarteten Tod seines Vaters finanziell abzusichern, plant *Dagmar*, in dessen Namen eine Erbantrittserklärung nach *Vytautas* abzugeben. Hierzu kommt es vor seiner Geburt jedoch nicht.

Dagmar bevorzugt eine Hausgeburt, bei der das Kind leider verstirbt. Ob sein Tod noch im Mutterleib oder kurz nach seiner vollendeten Lebendgeburt eingetreten ist, kann medizinisch nicht festgestellt werden.

Die Eltern von *Vytautas* bezweifeln, dass das Kind lebend zur Welt gekommen ist. Hat *Dagmar* als überlebende Lebensgefährtin Ansprüche gegen die Verlassenschaft nach *Vytautas*?

Bereits geborenen Menschen kommt in beinahe allen Rechtsordnungen der Erde uneingeschränkte Rechtsfähigkeit zu. Ein gegenteiliges Verweisungsergebnis verstößt mit Sicherheit gegen den österreichischen ***ordre public*** iSd § 6 IPRG (*Lurger/Melcher*, IPR[4] Rz 2/2; im Kontext des indischen Kastensystems und des Status eines Menschen als Paria auch *von Bar/Mankowski*, IPR II[2] § 6 Rz 19; beachte im Übrigen nur das Versprechen des § 16 ABGB).

Anders verhält es sich mit **Ungeborenen**, denen nicht alle Rechtsordnungen der Erde schon im Mutterleib Rechtsfähigkeit zuerkennen. Hinzu kommt, dass das Ausmaß der Rechtsfähigkeit Ungeborener innerhalb jener Rechtsordnungen, die ihnen dem Grunde nach Rechtsfähigkeit zusprechen, erheblich divergiert. Dies betrifft etwa die Frage, ob der *nasciturus* schon im Mutterleib vollumfänglich rechtsfähig ist oder nur berechtigt, nicht aber verpflichtet werden kann. In Österreich gilt die zweitgenannte Regelungsvariante (§ 22 ABGB). Es ist daher zu prüfen, nach welcher Sachrechtsordnung die Fähigkeit des *nasciturus*, das Erbe nach *Vytautas* anzutreten, zu beurteilen ist.

Die Anknüpfung der **Rechtsfähigkeit** einer natürlichen Person ist nach Art 1 Abs 2 lit b EuErbVO vom sachlichen Anwendungsbereich der EuErbVO ausgenommen, nicht aber die Frage nach ihrer **Erbfähigkeit**, die sich nach Art 23 Abs 2 lit c EuErbVO nach dem Erbstatut richtet. Dieses ist mithilfe der subjektiven Anknüpfung durch Rechtswahl (Art 22 EuErbVO) oder der objektiven Anknüpfung (Art 21 EuErbVO) zu ermitteln (zum Anwendungsbereich der EuErbVO und ihren Anknüpfungsmomenten ausführlich unten Fälle 129 ff).

Was gilt nun für die Rechtsstellung des *nasciturus*? Nach hA wirft das Erbstatut, das die Erbfähigkeit erfasst, eine kollisionsrechtlich gesondert anzuknüpfende Rechtsfrage auf, wenn es auf eine Sachrechtsordnung verweist, welche die Erbfähigkeit an die **allgemeine Rechtsfähigkeit** koppelt (*Dutta* in MüKoBGB[9] Art 23 EuErbVO Rz 20). Um die Frage zu klären, ob diese gesonderte Anknüpfung erforderlich ist, ist zunächst zu prüfen, welches Sachrecht nach dem Erbstatut auf den Erbgang anzuwenden ist.

Der litauische Staatsbürger *Vytautas* hatte seinen **gewöhnlichen Aufenthalt** im Zeitpunkt seines Todes in Österreich, weshalb auf seine **Rechtsnachfolge von Todes wegen** nach der objektiven Anknüpfung (Art 21 Abs 1 EuErbVO) österreichisches materielles Erbrecht zur Anwendung berufen ist. Da das Erbstatut den Aspekt der Erbfähigkeit erfasst (Art 23 Abs 2 lit c EuErbVO), ist zunächst österreichisches Sachrecht zur Klärung der Frage heranzuziehen, in welchem Umfang die Rechtsfähigkeit einer natürlichen Person vorliegen muss, um ihre Erbfähigkeit bejahen zu können. Ihre Beantwortung entscheidet darüber, ob eine gesonderte Anknüpfung der allgemeinen Rechtsfähigkeit (Art 1 Abs 2 lit b EuErbVO) nach dem nationalen IPR des Forumstaates Österreich notwendig oder entbehrlich ist.

Nach § 538 ABGB folgt die Erbfähigkeit eines Erbprätendenten aus seiner allgemeinen Rechtsfähigkeit. Deshalb ist nunmehr wieder in die **kollisionsrechtliche Fallprüfung** einzusteigen, weil Art 1 Abs 2 lit b EuErbVO diesen spezifischen Aspekt der Erbfähigkeit, die grundsätzlich dem Erbstatut unterliegt (Art 23 Abs 2 lit c EuErbVO), von der sachlichen Reichweite des erbrechtlichen Verweisungsbefehls ausnimmt.

Die Rechtsfähigkeit eines Menschen ist nach § 12 IPRG iVm § 9 IPRG zu ermitteln. Da ein Ungeborener noch keine **Staatsbürgerschaft** hat (§ 9 Abs 1 Satz 1 IPRG), ist nach hA für die Ermittlung seines Personalstatuts diejenige Staatsbürgerschaft maßgeblich, die er **im Zuge seiner Geburt erwürbe** (*von Bar/Mankowski*, IPR II[2] § 6 Rz 9, 11). Da die Mutter *Dagmar* österreichische Staatsbürgerin ist, würde das Kind nach seiner vollendeten Lebendgeburt österreichischer Staatsbürger sein (§ 7 Abs 1 Z 1 StbG). Eine zusätzliche litauische Staatsbürgerschaft, die sich vom Vater *Vytautas* ableitete, wäre im Lichte des § 9 Abs 1 Satz 2 IPRG unbeachtlich.

Im vorliegenden Fall ergibt die kollisionsrechtliche Anknüpfung die vollumfängliche Anwendung österreichischen Sachrechts auf die entscheidungsrelevanten Rechtsfragen, weil sowohl Art 21 Abs 1 EuErbVO als auch § 12 IPRG iVm § 9 IPRG diesen Verweisungsbefehl aussprechen. Deshalb ist die Erbfähigkeit des Ungeborenen aufgrund der Maßgeblichkeit seiner allgemeinen Rechtsfähigkeit (§ 538 ABGB) nach § 22 ABGB zu beurteilen. Nach dieser Gesetzesstelle ist seine **Rechtsfähigkeit** mit seiner **Lebendgeburt aufschiebend bedingt**, wenn ihn die Erbfolge nur vorteilhaft berechtigt, wie etwa aufgrund der Abgabe einer bedingten Erbantrittserklärung in seinem Namen (§ 802 ABGB).

Überdies vermutet das österreichische Sachrecht die Lebendgeburt des Kindes, woraus eine Vermutung seiner vollen Rechtsfähigkeit resultiert (§ 23 ABGB).

Deshalb kann es zu einer **Transmission** des erworbenen Erbrechts an seine überlebende Mutter *Dagmar* kommen (§ 809 ABGB), wenn der Beweis des Gegenteils (§ 270 Satz 2 ZPO) der Totgeburt des Kindes nicht zu führen ist. Dies ist für die Vermögensposition *Dagmars* insoweit bedeutsam, als sie wegen des Umstandes, dass die Eltern von *Vytautas* als seine gesetzlichen Erben (§ 730 ABGB) noch leben, kein eigenes Erbrecht hat (§ 748 Abs 1 ABGB).

Literatur: zur Rechtsfähigkeit im Allgemeinen siehe *Zöchling-Jud/Aspöck*, IPR[3] 22; *Lurger/Melcher*, IPR[4] Rz 2/2 ff; *Lurger/Melcher*, HB IPR[2] Rz 2/3 ff; *Perner/Spitzer/Kodek*, BR[7] 723, 731; *Kerschner/Wagner/Aigner*, IPR[6] Rz 16/2; *Zankl*, BR[10] Rz 607; *Verschraegen*, IPR Rz 4 ff; *Heindler* in *Rummel/Lukas/Geroldinger*, ABGB[4] § 12 IPRG Rz 1 ff; *Neumayr* in KBB[7] § 12 IPRG Rz 1; zur Erbfähigkeit siehe *Mankowski* in *Deixler-Hübner/Schauer*, EuErbVO[2] Art 1 EuErbVO Rz 28; *Mankowski* in *Deixler-Hübner/Schauer*, EuErbVO[2] Art 23 EuErbVO Rz 39, 41 (Befürwortung der Beurteilung der Rechtsfähigkeit des *nasciturus* nach dem Erbstatut); *Zöchling-Jud/Aspöck*, IPR[3] 64 f; *Lurger/Melcher*, IPR[4] Rz 3/14; *Lurger/Melcher*, HB IPR[2] Rz 3/71; zur Rechtsfähigkeit des *nasciturus* instruktiv *von Bar/Mankowski*, IPR II[2] § 6 Rz 9 ff.

Fall 6 *(Uitz)*
Schwerpunkt: Todeserklärung

Corazón ist österreichische Staatsbürgerin. Ihren gewöhnlichen Aufenthalt hat sie seit fünfzehn Jahren wieder in Quezón City (Philippinen), wo sie geboren wurde. Mit ihren Verwandten in Österreich hält sie regelmäßig per Videochat und Telefon Kontakt. Bei ihrem letzten Gespräch berichtet *Corazón* von einer bevorstehenden Flugreise.

An ihrer Zieldestination kommt *Corazón* nie an. Wie ihre Verwandten aus den Medien erfahren müssen, ist ihr Inlandsflug an einer nur schwer zugänglichen Stelle in den philippinischen Regenwäldern abgestürzt. Zwar können die philippinischen Behörden einige Überlebende retten und zahlreiche Leichen bergen, doch bleibt *Corazóns* Schicksal auch vier Monate nach dem Flugzeugunglück ungeklärt. Was geschieht mit ihrer Rechtsfähigkeit?

Da *Corazón* über einen längeren Zeitraum ohne Nachricht und unter gefährlichen Umständen verschwunden ist, könnten ihre österreichischen Verwandten vor allem aus erbrechtlicher Sicht ein Interesse daran haben, sie per Gerichtsbeschluss für tot erklären zu lassen. Die EuErbVO ist auf diesen Aspekt der Rechtsnachfolge von Todes wegen nicht anwendbar (Art 1 Abs 2 lit c EuErbVO).

Nach § 14 IPRG richtet sich das auf die Todeserklärung anzuwendende Recht nach dem **letzten bekannten Personalstatut der verschollenen Person**. Da *Corazóns* Personalstatut von ihrer österreichischen Staatsbürgerschaft determiniert wird (§ 9 Abs 1 Satz 1 IPRG), ist auf die materiellrechtlichen Voraussetzungen ihrer Todeserklärung österreichisches Sachrecht anzuwenden. Für

Flugzeugabstürze ist insbesondere § 6 TEG bedeutsam, der eine dreimonatige Verschollenheit genügen lässt (zu alldem auch Fall 131).

Literatur: zur Todeserklärung siehe *Zöchling-Jud/Aspöck*, IPR[3] 22; *Lurger/Melcher*, IPR[4] Rz 2/3; *Lurger/Melcher*, HB IPR[2] Rz 2/4; *Kerschner/Wagner/Aigner*, IPR[6] Rz 16/8 (Grafik); *Verschraegen*, IPR Rz 6 f; *Verschraegen* in *Rummel/Lukas/Geroldinger*, ABGB[4] § 14 IPRG Rz 1 ff; *Neumayr* in KBB[7] § 14 IPRG Rz 1.

III. Handlungsfähigkeit (Geschäfts-, Prozess- und Deliktsfähigkeit)

Fall 7 *(Uitz)*

Schwerpunkte: Geschäftsfähigkeit Minderjähriger, Vertrauensschutz des Vertragspartners, Statutenwechsel

Die 16-jährige *Sirikit* ist österreichisch-thailändische Doppelstaatsbürgerin mit gewöhnlichem Aufenthalt in Feldkirch (Vorarlberg, Österreich). Da sich die sportliche *Sirikit* über die Sommerferien etwas dazuverdienen möchte, schließt sie mit der ortsansässigen *Erlebnisbad Feldkirch GmbH* einen zweimonatigen Dienstvertrag ab, der vorsieht, dass sie im örtlichen Freibad täglich Wassergymnastikkurse abzuhalten hat.

Sirikits obsorgeberechtigte Eltern sind gegen dieses Vorhaben, weil sie sich wünschen, dass sich ihre Tochter in den Sommermonaten auf das kommende Schuljahr vorbereitet. Ist der Dienstvertrag wirksam? Kann er von *Sirikits* Eltern beseitigt werden?

Variante 1: *Sirikit* hat nur die thailändische Staatsbürgerschaft. Dieser Umstand ist dem Geschäftsführer der *Erlebnisbad Feldkirch GmbH* bekannt, weil *Sirikit* in ihren Bewerbungsunterlagen ausdrücklich darauf hingewiesen hat. Alle erforderlichen öffentlich-rechtlichen Bewilligungen für die angestrebte Tätigkeit sind vorhanden.

Variante 2: *Sirikit* hat im Zeitpunkt des Vertragsabschlusses die österreichisch-thailändische Doppelstaatsbürgerschaft. Noch vor Antritt ihres Dienstes, aber nach Abschluss des Dienstvertrages, legt *Sirikit* die österreichische Staatsbürgerschaft zurück.

Hinweis: Nach materiellem thailändischem Recht gilt eine unverheiratete natürliche Person in zivilrechtlichen Angelegenheiten erst mit der Vollendung ihres 20. Lebensjahres als volljährig. Zuvor abgeschlossene Rechtsgeschäfte sind anfechtbar, wenn sie ohne Zustimmung des gesetzlichen Vertreters eingegangen wurden und den Jugendlichen nicht nur berechtigen, sondern auch verpflichten. Hiervon ausgenommen sind nur jene Rechtshandlungen, die den Lebensverhältnissen entsprechen und zur Befriedigung seiner angemessenen Bedürfnisse erforderlich sind (Sec. 19 ff Thai Civil and Commercial Code;

hierzu *Schäfke*, Thailand, in *Rieck/Lettmaier*, Ausländisches Familienrecht [Stand: Oktober 2024] Rz 2).

Nach thailändischem IPR richtet sich die Geschäftsfähigkeit einer natürlichen Person nach ihrem Heimatrecht, sofern nicht die Wirksamkeit eines Kaufes einer Liegenschaft zu beurteilen ist, die der *lex rei sitae* (Rechtsordnung am Belegenheitsort) untersteht. Das Heimatrecht ist das Recht der Staatsangehörigkeit (*Hausmann* in *Staudinger*, BGB Anh zu Art 4 EGBGB Rz 1013 f).

Die Beantwortung der Frage, ob *Sirikit* eigenständig einen **Dienstvertrag** abschließen kann, der nicht ohne Weiteres anfechtbar ist, ist zunächst durch Anknüpfung ihrer **Geschäftsfähigkeit** zu erörtern.

Mit der Rom I-VO, die auf die Anknüpfung der arbeitsvertragsrechtlichen Aspekte des Sachverhalts anzuwenden ist (Art 8 Rom I-VO; hierzu Fall 48), ist vorläufig keine Antwort auf diese Frage zu gewinnen, weil Art 1 Abs 2 lit a Rom I-VO die Anknüpfung der Geschäftsfähigkeit von natürlichen Personen (mit Ausnahme einer Sonderregel in Art 13 Rom I-VO) ausdrücklich von ihrem sachlichen Anwendungsbereich ausnimmt (hierzu Fall 36).

Vielmehr ist § 12 IPRG heranzuziehen, der die „*Handlungsfähigkeit*" einer Person an ihr Personalstatut knüpft. Nach § 9 Abs 1 Satz 2 IPRG sind die Geschäftsfähigkeit (als Ausprägung der Handlungsfähigkeit) sowie die hierfür erforderliche Entscheidungsfähigkeit der österreichisch-thailändischen Doppelstaatsbürgerin *Sirikit* nach österreichischem Sachrecht zu beurteilen (hierzu Fall 1).

Im Lichte des § 171 Satz 1 ABGB ist *Sirikit* für den Abschluss des auf zwei Monate beschränkten Dienstvertrags geschäftsfähig, weil es sich hierbei um keinen Lehr- oder Ausbildungsvertrag handelt, sie als über Vierzehnjährige bereits mündig ist (§ 21 Abs 2 ABGB) und dem Sachverhalt keine Anhaltspunkte für die Annahme einer ihre Entscheidungsfähigkeit (§ 24 ABGB) situativ beeinträchtigenden Erkrankung zu entnehmen sind.

Ebenfalls von der Anknüpfung nach § 12 IPRG erfasst ist das subjektive Recht des gesetzlichen Vertreters zur **vorzeitigen Kündigung des Dienstvertrags aus wichtigem Grund** (in Österreich: § 171 Satz 2 ABGB), weil es sich hierbei um eine altersbedingte Beschränkung der Geschäftsfähigkeit *Sirikits* handelt. Ein wichtiger Grund nach österreichischem Sachrecht liegt gegenständlich aber nicht vor, weil von einer etwaigen Gefährdung ihres schulischen Fortkommens durch den Ferialjob im Sachverhalt keine Rede ist.

Variante 1: Die Beurteilung von *Sirikits* Geschäftsfähigkeit ist nach § 12 IPRG iVm § 9 Abs 1 Satz 1 IPRG nunmehr nach thailändischem Recht vorzunehmen. Nach § 5 Abs 1 IPRG handelt es sich bei diesem Verweisungsbefehl um eine **Gesamtverweisung**, die das thailändische IPR laut den Angaben im Sachverhalt annimmt, weil dieses ebenfalls auf das Heimatrecht der natürlichen Person abstellt, das sich nach *Sirikits* thailändischer Staatsbürgerschaft richtet.

Als unverheiratete Person unter 20 Jahren ist *Sirikit* nach thailändischem Zivilrecht lediglich **beschränkt geschäftsfähig**, weil sie ohne Einwilligung ihrer gesetzlichen Vertreter agiert und durch den Dienstvertrag nicht ausschließlich berechtigt, sondern auch zur Erbringung einer Arbeitsleistung verpflichtet wird. Ferner dient das Rechtsgeschäft nicht der Deckung angemessener Lebensbedürfnisse. Insbesondere liegt kein Alltagsgeschäft von geringfügiger Bedeutung vor.

Können die gesetzlichen Vertreter *Sirikits* ihren Dienstvertrag nunmehr ohne Vorliegen eines wichtigen Grundes beseitigen, wie es nach thailändischem Zivilrecht möglich ist, nicht aber nach § 171 Satz 2 ABGB?

Die Antwort auf diese Frage hängt davon ab, ob sich die *Erlebnisbad Feldkirch GmbH* auf Art 13 Rom I-VO berufen kann. Dies wäre dann der Fall, wenn sie die **Einschränkungen der Geschäftsfähigkeit** *Sirikits* nach dem anwendbaren thailändischen Sachrecht **nicht gekannt**, sondern gutgläubig darauf vertraut hätte, dass sie nach dem österreichischen Ortssachrecht keiner altersbedingten Beschränkung ihrer Geschäftsfähigkeit unterliegen würde. Hierfür ist zu erörtern, ob man in der Unkenntnis der ausländischen Rechtslage trotz positiver Kenntnis von der ausländischen Staatsbürgerschaft der Vertragspartnerin eine Fahrlässigkeit des Geschäftsführers der *Erlebnisbad Feldkirch GmbH* erblicken kann, die dieser den Schutz des Art 13 Rom I-VO entzöge. Hier bestehen Argumentationsspielräume (zur Einzelfallbezogenheit auch *Thomale* in Beck-OGK Art 13 Rom I-VO Rz 35 [Stand: 01.11.2020]). Nach wohl hA (*Leible* in *Hüßtege/Mansel*, BGB VI[4] Art 13 Rom I-VO Rz 16 mwN) genügt die positive Kenntnis von der ausländischen Staatsbürgerschaft des Gegenübers für sich allein nicht, um dem anderen Vertragspartner einen schutzbeseitigenden **Fahrlässigkeitsvorwurf** machen zu können (aA jedoch vertretbar bei entsprechender Begründung; zu alldem auch weiter unten bei Fall 8).

Folgt man der hier vertretenen Ansicht, dass Art 13 Rom I-VO anwendbar ist, gilt dasjenige Sachrecht, das die Geschäftsfähigkeit des Gegenübers weniger stark einschränkt. Diese Rechtsfolge schützt das Vertrauen des gutgläubigen Vertragspartners (*Leible* in *Hüßtege/Mansel*, BGB VI[4] Art 13 Rom I-VO Rz 17). Somit ist *Sirikit* nach dem österreichischen Sachrecht, bei dem es sich um das Ortssachrecht handelt, als geschäftsfähig anzusehen (§ 171 Satz 1 ABGB), weshalb ihren gesetzlichen Vertretern das Kündigungsrecht – anders als nach thailändischem Sachrecht – nur aus wichtigem Grund zusteht (§ 171 Satz 2 ABGB). Denn hierbei handelt es sich um das Sachrecht der geringeren Beschränkung.

Vertritt man hingegen die Gegenmeinung, dass die *Feldkirch Erlebnisbad GmbH* aufgrund des Verhaltens ihres Geschäftsführers fahrlässig handelte, weshalb sie sich nicht auf Art 13 Rom I-VO berufen kann, ist zu prüfen, wie die **Folgen der fehlenden Geschäftsfähigkeit** zu beurteilen sind. Dies ist abermals umstritten. Während manche diese Frage gemeinsam mit dem (nach der Rom I-VO zu ermittelnden) Vertragsstatut anknüpfen wollen (hier: Art 8 Rom I-VO, weil es um den Abschluss eines Dienstvertrages geht), spricht sich die hA zur Vermeidung einer *dépeçage* für eine Anknüpfung gemeinsam mit dem Geschäftsfähigkeitsstatut nach § 12 IPRG aus (*Lurger/Melcher*, IPR[4] Rz 2/10 mwN). Diese Ansicht ist vorzugswürdig, weil sie verhindert, dass mehrere Rechtsordnungen auf ein Rechtsverhältnis zur Anwendung gelangen.

Sohin sind die Folgen der fehlenden Geschäftsfähigkeit *Sirikits* nach § 12 IPRG iVm § 9 Abs 1 Satz 1 IPRG nach thailändischem Recht zu beurteilen, das die österreichische Gesamtverweisung (§ 5 Abs 1 IPRG) laut den Angaben im Sachverhalt annimmt, weshalb ihre gesetzlichen Vertreter von ihrer Befugnis Gebrauch machen können, den abgeschlossenen Dienstvertrag nach thailändischem Sachrecht auch ohne wichtigen Grund anzufechten.

Variante 2: Nach dem Abschluss des Dienstvertrags verliert *Sirikit* ihre österreichische Staatsbürgerschaft. Fraglich ist daher, ob die Geschäftsfähigkeit *Sirikits*, die über die Wirksamkeit des Dienstvertrags entscheidet, nachträglich nach thailändischem Sachrecht zu beurteilen ist.

Dies ist nach § 7 IPRG zu verneinen. Diese Norm regelt den Grundsatz des **fixen Statuts**. Sofern eine Kollisionsnorm des IPRG nichts anderes anordnet, betrifft eine Änderung des anzuwendenden Rechts nach der **Vollendung des maßgeblichen Tatbestands** das bereits ermittelte Statut nicht. Anders gesagt: Im Zeitpunkt des Vertragsabschlusses war *Sirikits* Geschäftsfähigkeit aufgrund der Anwendung des österreichischen Sachrechts (§ 12 IPRG iVm § 9 Abs 1 Satz 2 IPRG) zu bejahen (§ 171 ABGB). Deshalb führt die nachträgliche Änderung ihres Personalstatuts nach § 7 IPRG nicht dazu, dass die materielle Wirksamkeit des Dienstvertrages nunmehr nach thailändischem Sachrecht zu beurteilen wäre, das seine Anfechtung ohne wichtigen Grund gestattete (**kein Statutenwechsel**).

Literatur: zur Handlungsfähigkeit siehe *Zöchling-Jud/Aspöck*, IPR[3] 22; *Lurger/Melcher*, IPR[4] Rz 2/4; *Lurger/Melcher*, HB IPR[2] Rz 2/5; *Perner/Spitzer/Kodek*, BR[7] 723, 731; *Kerschner/Wagner/Aigner*, IPR[6] Rz 16/2; *Zankl*, BR[10] Rz 607; *Verschraegen*, IPR Rz 9 ff; *Neumayr* in KBB[7] § 12 IPRG Rz 2; zur fahrlässigen Unkenntnis der Geschäftsunfähigkeit siehe *Thomale* in Beck-OGK Art 13 Rom I-VO Rz 34 ff (Stand: 01.11.2020); *Leible* in *Hüßtege/Mansel*, BGB VI[4] Art 13 Rom I-VO Rz 16.

Fall 8 *(Uitz)*

Schwerpunkte: Vertrauensschutz bei fehlender oder beschränkter Geschäftsfähigkeit, Prozessfähigkeit

Die 19-jährige *Sirikit* ist thailändische Staatsbürgerin mit gewöhnlichem Aufenthalt in Chiang Mai (Thailand). Gemeinsam mit ihren Eltern ist *Sirikit* derzeit auf Urlaub in Pörtschach am Wörthersee (Österreich).

Im Schaufenster eines Juweliers entdeckt *Sirikit* einen goldenen Ring um € 2.000,–, für dessen Erwerb sie ihre gesamten Ersparnisse aufwenden will. Auf Nachfrage des Juweliers, wie alt sie sei, antwortet *Sirikit* wahrheitsgemäß, dass sie vor drei Monaten ihren 19. Geburtstag gefeiert habe. Da *Sirikits* Mutter aus Kärnten stammt, erteilt sie ihm diese Antwort in fließendem Deutsch. Sie leistet eine Anzahlung von € 1.000,– und verspricht dem Juwelier, den restlichen Kaufpreis binnen zweier Wochen zu begleichen.

Eine Woche nach Abschluss des Vertrags erhält der Juwelier einen Anruf von *Sirikits* Vater, der ihm mitteilt, mit dem Kauf des goldenen Ringes nicht einverstanden zu sein. Nach thailändischem Sachrecht sei *Sirikit* nicht geschäftsfähig, um einen unanfechtbaren Kaufvertrag über den Erwerb von Goldschmuck zu schließen, weil sie ihr 20. Lebensjahr noch nicht vollendet habe. Stimmt diese Behauptung?

Variante: Schließlich klagt der Juwelier *Sirikit* vor einem international zuständigen österreichischen Gericht auf Zahlung des ausständigen Kaufpreises. Während des Verfahrens fragt sich die Richterin, nach welchem Recht sie die Frage nach den Wirkungen der von *Sirikit* inzwischen eigenmächtig vorgenommenen Prozesshandlungen beurteilen soll.

Hinweis: Nach materiellem thailändischem Recht gilt eine unverheiratete natürliche Person in zivilrechtlichen Angelegenheiten erst mit der Vollendung ihres 20. Lebensjahres als volljährig. Zuvor abgeschlossene Rechtsgeschäfte sind anfechtbar, wenn sie ohne Zustimmung des gesetzlichen Vertreters eingegangen wurden und den Jugendlichen nicht nur berechtigen, sondern auch verpflichten. Hiervon ausgenommen sind nur jene Rechtshandlungen, die den Lebensverhältnissen entsprechen und zur Befriedigung seiner angemessenen Bedürfnisse erforderlich sind (Sec. 19 ff Thai Civil and Commercial Code; hierzu *Schäfke*, Thailand, in *Rieck/Lettmaier*, Ausländisches Familienrecht [Stand: Oktober 2024] Rz 2).

Nach thailändischem IPR richtet sich die Geschäftsfähigkeit einer natürlichen Person nach ihrem Heimatrecht, sofern nicht die Wirksamkeit eines Kaufes einer Liegenschaft zu beurteilen ist, die der *lex rei sitae* (Rechtsordnung am Belegenheitsort) untersteht. Das Heimatrecht ist das Recht der Staatsangehörigkeit (*Hausmann* in *Staudinger*, BGB Anh zu Art 4 EGBGB Rz 1013 f).

Weiter oben (Fall 7 Variante 1) wurde bereits gezeigt, dass die Geschäftsfähigkeit *Sirikits* nach § 12 IPRG iVm § 9 Abs 1 Satz 1 IPRG nach **thailändischem Sachrecht** zu beurteilen ist. Sohin ist *Sirikit* für den unanfechtbaren Kauf des Rings nicht geschäftsfähig, weil ihr gesetzlicher Vertreter dem Vertragsabschluss nicht zugestimmt hat und kein ausschließlich berechtigendes und ihren Lebensverhältnissen entsprechendes Rechtsgeschäft zur Deckung ihrer angemessenen Bedürfnisse vorliegt. Sie kann den Kaufvertrag daher nach thailändischem Sachrecht zwar abschließen, doch kann er von ihren gesetzlichen Vertretern grundlos angefochten werden.

In Hinblick auf die **Rechtsfolgen der Geschäftsunfähigkeit** *Sirikits* zum Abschluss eines unanfechtbaren Kaufvertrags ist abermals näher auf Art 13 Rom I-VO einzugehen. Nach dieser Norm kann sich eine natürliche Person nicht auf die Beurteilung ihrer Geschäftsfähigkeit nach dem Sachrecht eines anderen Staates berufen, wenn sie sich im gleichen Staat wie ihr Vertragspartner aufhält, sie nach diesem Ortssachrecht ausreichend geschäftsfähig wäre und ihre Geschäftsunfähigkeit, die sich aus dem anderen Sachrecht ergibt, ihrem Vertragspartner weder bekannt noch fahrlässig unbekannt war.

Mit anderen Worten: Art 13 Rom I-VO **schützt den gutgläubigen Vertragspartner** zulasten des Geschäftsunfähigen vor überraschenden Verweisungen auf ein ausländisches Recht, nach dessen Sachnormen diese natürliche Person nicht die notwendige Geschäftsfähigkeit aufweist, obwohl sie über diese Kompetenz nach dem Sachrecht des Ortes des Vertragsabschlusses verfügte. Diese Konstellation liegt hier vor, weil *Sirikit* nach österreichischem Zivilrecht nach der Vollendung des 18. Lebensjahres keinen altersbedingten Beschränkungen ihrer Geschäftsfähigkeit mehr unterliegt, während dies in Thailand noch bis zur Vollendung ihres 20. Lebensjahres der Fall ist.

Für den Juwelier ist dieses Ergebnis überraschend, weil *Sirikit* ihm wahrheitsgemäß mitgeteilt hat, bereits über 19 Jahre alt zu sein. Auch ihre profunden Kenntnisse der deutschen Sprache waren für den Juwelier zumindest ein Indiz, auf die Anwendbarkeit österreichischen Sachrechts vertrauen zu dürfen.

Fraglich ist hingegen, ob der Juwelier seiner **Schutzwürdigkeit** verlustig geht, weil er *Sirikit* nicht nach ihrer Staatsangehörigkeit gefragt hat. Teile der Lehre bejahen bei Kenntnis der ausländischen Staatsbürgerschaft eine Obliegenheit des Vertragspartners, anlässlich des Abschlusses eines nicht alltäglichen Bargeschäfts weitere Nachforschungen anzustellen, widrigenfalls er seines Gutglaubensschutzes verlustig geht (*Kleinschmidt* in MüKoBGB[9] Art 13 Rom I-VO Rz 67 ff; hierzu auch oben Fall 7). Dieser Lösungsansatz beantwortet aber nicht die vorgelagerte Frage, ob bei sonstigem Verlust des Gutglaubensschutzes überhaupt nach der Staatsbürgerschaft zu fragen ist.

Hier besteht bei der Falllösung wiederum ein Argumentationsspielraum. Im Lichte des Schutzzwecks des Art 13 Rom I-VO ist dem Juwelier wohl kein Fahrlässigkeitsvorwurf zu machen, weil er in Ermangelung kollisionsrechtlichen Fachwissens selbst bei Kenntnis von der thailändischen Staatsbürgerschaft *Sirikits* wohl kaum wissen muss, dass thailändisches Sachrecht zur Anwendung kommt, und überdies nicht weiterführend in dieser berufenen Sachrechtsordnung zu recherchieren hat, unter welchen Umständen eine natürliche Person ihre volle Geschäftsfähigkeit erlangt (ähnlich *Leible* in *Hüßtege/Mansel*, BGB VI[4] Art 13 Rom I-VO Rz 2 mwN). Sohin ist der Kaufvertrag wegen der nach österreichischem Sachrecht zu beurteilenden Geschäftsfähigkeit der 19-jährigen *Sirikit* als vollumfänglich wirksam und nicht – wie nach thailändischem Zivilrecht – als grundlos durch ihre gesetzlichen Vertreter anfechtbar anzusehen. Bei entsprechender Begründung ist die gegenteilige Ansicht aber zumindest vertretbar (zur Anknüpfung der Folgen der Geschäftsunfähigkeit *Sirikits* siehe dann oben Fall 7).

Variante: Nach hA ist die **Prozessfähigkeit** als verfahrensrechtliche Handlungsfähigkeit einer Partei, die eine Prozessvoraussetzung (Sachentscheidungsvoraussetzung) ist, nach dem Prozessrecht der *lex fori* zu beurteilen. Ein international zuständiges österreichisches Gericht hat daher zur Beantwortung dieser Rechtsfrage österreichisches Prozessrecht zu konsultieren. Nach § 3 ZPO ist die

Prozessfähigkeit eines Ausländers nach dem Prozessrecht seiner Staatsangehörigkeit zu beurteilen, es sei denn, dass ihm nach dieser ausländischen Prozessrechtsordnung die erforderliche Prozessfähigkeit fehlt. In diesem Fall ist die Prozessfähigkeit des Ausländers nach den inländischen Bestimmungen zu beurteilen (§ 3 ZPO). Prozessfähig ist nach § 1 ZPO, wer situativ geschäftsfähig ist und in jenen Angelegenheiten, die den Gegenstand des Prozesses bilden, keiner Vertretung durch einen Vorsorgebevollmächtigten oder Erwachsenenvertreter unterliegt (zu alldem *Cap* in *Laimer*, IPR-Praxiskommentar § 12 IPRG Rz 6).

Sohin ist *Sirikit* – unabhängig von der im weiteren Verfahrensverlauf kollisionsrechtlich anzuknüpfenden Frage, ob sie für den Kauf des Rings materiell geschäftsfähig war oder nicht – als 19-Jährige, die nach österreichischem Verständnis als Volljährige keinen statushaften Beschränkungen ihrer Geschäftsfähigkeit unterliegt, zur Gänze prozessfähig, weshalb sie alle verfahrensrechtlichen Rechtshandlungen autonom vornehmen kann, selbst wenn dies nach thailändischem Prozessrecht anders wäre. Art 13 Rom I-VO ist auf die Frage nach der Prozessfähigkeit einer natürlichen Person keinesfalls anzuwenden (*Leible* in *Hüßtege/Mansel*, BGB VI[4] Art 13 Rz 5 mwN).

Literatur: zu Art 13 Rom I-VO siehe *Thomale* in Beck-OGK Art 13 Rom I-VO Rz 1 ff (insb Rz 29 ff); *Zöchling-Jud/Aspöck*, IPR[3] 22; *Lurger/Melcher*, IPR[4] Rz 2/6; *Lurger/Melcher*, HB IPR[2] Rz 2/7; *Perner/Spitzer/Kodek*, BR[7] 723; *Verschraegen*, IPR Rz 14 f; *Kleinschmidt* in MüKoBGB[9] Art 13 Rom I-VO Rz 1 ff; zur Prozessfähigkeit siehe *Zöchling-Jud/Aspöck*, IPR[3] 22; *Lurger/Melcher*, IPR[4] Rz 2/5; *Lurger/Melcher*, HB IPR[2] Rz 2/6; *Verschraegen*, IPR Rz 5; *Heindler* in *Rummel/Lukas/Geroldinger*, ABGB[4] § 12 IPRG Rz 4; *Neumayr* in KBB[7] § 12 IPRG Rz 1.

Fall 9 *(Uitz)*
Schwerpunkt: Deliktsfähigkeit

Giacomo ist 13 Jahre alt und italienischer Staatsbürger mit gewöhnlichem Wohnsitz in Bergamo (Italien). Während der Sommerferien besucht er seine Großmutter *Hedwig* (österreichische Staatsbürgerin), die in Imst (Österreich) lebt. Auf dem Rückweg vom örtlichen Fußballplatz ist *Giacomo* sehr verärgert, weil seine Lieblingsmannschaft das Match verloren hat. Vor lauter Wut tritt *Giacomo* die Seitenspiegel zweier PKW ab. Die Geschädigten sind jeweils in Imst (Österreich) wohnhaft.

Nach welchem Sachrecht bestimmt sich die Deliktsfähigkeit *Giacomos*?

Diesem Sachverhalt liegt die zentrale Rechtsfrage zugrunde, ob *Giacomo* für sein eigenes Fehlverhalten haftbar gemacht werden kann. Aus kollisionsrechtlicher Sicht stellt sich die Frage, welche Rechtsquelle für die Anknüpfung der **Deliktsfähigkeit** *Giacomos* heranzuziehen ist.

Im Unterschied zur Rom I-VO enthält die Rom II-VO, die das Kollisionsrecht der außervertraglichen Schuldverhältnisse regelt (Fälle 60 ff), keinen Ausschlusstatbestand für die Anknüpfung der Handlungsfähigkeit einer Person, weshalb die Deliktsfähigkeit als Erscheinungsform der Handlungsfähigkeit nach hA dem **Deliktsstatut** zu unterstellen ist (Art 15 lit a Rom II-VO; hierzu *Lurger/Melcher*, IPR[4] Rz 2/7). Diese Auffassung bietet den Vorteil, dass sie die Aufsplitterung des anzuwendenden Sachrechts auf mehrere Rechtsordnungen (*dépeçage*) vermeidet.

Sohin ist die Deliktsfähigkeit *Giacomos* nach richtiger Ansicht dem Deliktsstatut zu unterstellen. Seine Schadenersatzpflicht ist nach österreichischem Sachrecht zu beurteilen, weil der **Ort des Schadenseintritts** (*lex loci damni*) in Österreich liegt (Art 4 Abs 1 Rom II-VO; ausführlich hierzu unten Fälle 60 ff). Bei der materiellrechtlichen Falllösung ist das Augenmerk auf §§ 176, 1310 ABGB zu richten, wobei sich insbesondere die Frage stellt, ob ein Dreizehnjähriger das Unrecht seiner Tat bereits einsehen kann oder nicht (§ 1310 Fall 1 ABGB).

Literatur: zur Deliktsfähigkeit siehe *Zöchling-Jud/Aspöck*, IPR[3] 22; *Lurger/Melcher*, IPR[4] Rz 2/7; *Lurger/Melcher*, HB IPR[2] Rz 2/8; *Perner/Spitzer/Kodek*, BR[7] 723 (zwischen Alter und Geisteszustand differenzierend); *Kerschner/Wagner/Aigner*, IPR[6] Rz 16/8 (Grafik); *Verschraegen*, IPR Rz 16 ff; *Heindler* in *Rummel/Lukas/Geroldinger*, ABGB[4] § 12 IPRG Rz 11, 39; *Neumayr* in KBB[7] § 12 IPRG Rz 2.

IV. Persönlichkeitsrechte

Fall 10 *(Uitz)*
Schwerpunkt: Namensrecht (Adelstitel)

Isabella ist österreichische Staatsbürgerin. Sie hat ihren Partner, einen spanischen Staatsbürger, wirksam geheiratet. Nunmehr möchte *Isabella* den Nachnamen ihres Ehegatten führen. Bei der österreichischen Passbehörde beantragt *Isabella* daher, dass ihr ein Reisepass auf den Vornamen „*Isabella*" und den Nachnamen „*Eugeny de Borbon Escasany Duque de Sevilla*" ausgestellt werde, weil es sich hierbei um den Nachnamen ihres Ehegatten handelt, den die Ehegatten nach § 93 Abs 1 Satz 1 ABGB als Familiennamen wählen wollen.

Die Passbehörde lehnt dieses Ansuchen ab. Vielmehr teilt sie *Isabella* mit, dass sie ihren Reisepass auf den Nachnamen „*Eugeny Borbon Escasany*" auszustellen gedenkt. Kann sich *Isabella* hiergegen wehren?

Variante: *Isabella* ist spanische Staatsbürgerin und erwirbt in Wien eine Liegenschaft. Das österreichische Grundbuchsgericht verweigert die Eintragung ihres vollen Namens („*Isabella Eugeny de Borbon Escasany Duquesa de Sevilla*"), weil es die Rechtsmeinung vertritt, dass nur die Eintragung des Namens „*Isabella Eugeny Borbon Escasany*" zulässig sei. Stimmt diese Ansicht?

Hinweis: Nach spanischem IPR richtet sich das Recht der Namensführung nach dem Personalstatut der natürlichen Person, das vor allem durch ihre Staatsbürgerschaft determiniert wird (*Hausmann* in *Staudinger*, BGB Anh zu Art 4 EGBGB Rz 281 f). Nach Art 1 Abs 3 der Constitución Española (spanischen Verfassung) ist Spanien eine parlamentarische Monarchie.

Grundfall nach VwGH 23.02.1995, 93/18/0509 ZfVB 1996, 468 = *Schacherreiter*, Leading Decisions Rz 490. Variante inspiriert von OGH 13.12.1990, 6 Ob 632, 633/89 IPRE 3/158 = *Schacherreiter*, Leading Decisions Rz 488.

Nach § 13 Abs 1 IPRG ist das Recht einer Person zur Führung eines bestimmten Namens – ungeachtet des Grundes für den Namenserwerb – nach ihrem Personalstatut zu beurteilen. Da *Isabella* österreichische Staatsbürgerin ist, verfügt sie nach § 9 Abs 1 Satz 1 IPRG über ein österreichisches **Personalstatut**.

Die Eintragung des Namensbestandteils „*Duque de Sevilla*" verstößt gegen den nach Art 149 Abs 1 B-VG im Verfassungsrang stehenden § 2 AdelsaufhebungsG 1919, weil es sich bei dieser Wortfolge um eine **Adelsbezeichnung** handelt („*Herzog von Sevilla*"). Die Unzulässigkeit der Führung dieses Namensbestandteils durch eine österreichische Staatsbürgerin ergibt sich aus § 2 Z 4 der Vollzugsanweisung zum AdelsaufhebungsG (StGBl 1919/237), die ihr die Berühmung ihrer Person mit ausländischen Standesbezeichnungen untersagt.

Dies gilt jedoch nicht für die spanische Präposition „*de*", die keine Adelszugehörigkeit zum Ausdruck bringt, sondern einen schlichten Namensbestandteil bildet. § 2 AdelsaufhebungsG 1919 kommt hierauf folglich nicht zur Anwendung, weil die in Spanien verbreitete Präposition „*de*" nicht der im deutschsprachigen Raum vormals gebräuchlichen und nach österreichischem Verständnis eine Adelszugehörigkeit ausdrückenden Vorsilbe „*von*" entspricht. Auch die Vollzugsanweisung, die diese Verfassungsbestimmung konkretisiert, enthält kein explizites Verbot der Führung der spanischen Präposition „*de*". Deshalb ist *Isabella* ein Reisepass auszustellen, der ihren Namen als „*Isabella Eugeny de Borbon Escasany*" ausweist.

Variante: Nach § 13 Abs 1 IPRG iVm § 9 Abs 1 Satz 1 IPRG ist das subjektive Recht *Isabellas* zur Führung ihres Nachnamens wegen ihrer spanischen Staatsbürgerschaft nach spanischem Recht zu beurteilen, das die österreichische Gesamtverweisung (§ 5 Abs 1 IPRG) aufgrund seiner parallelen Bezugnahme auf *Isabellas* Staatsangehörigkeit annimmt und auf der Ebene des materiellen Rechts die Führung von Adelstiteln im Namen einer natürlichen Person zulässt, weil es sich bei Spanien um ein Königreich handelt. Daher ist *Isabella* mit ihrem vollen Nachnamen „*Eugeny de Borbon Escasany Duquesa de Sevilla*" in das österreichische Grundbuch einzutragen.

Ein Verstoß gegen den österreichischen ***ordre public*** ist in diesem Fall nicht anzunehmen (§ 6 IPRG). Vielmehr verpflichten das **allgemeine Diskriminierungsverbot** (Art 18 AEUV) und die **Personenfreizügigkeit** (Art 21 AEUV) die EU-Mitgliedsstaaten nach Ansicht des EuGH dazu, die Namensführung von Unionsbürgern so zuzulassen, wie es ihrem Heimatrecht entspricht (EuGH

02.10.2003, C-148/02, *Garcia Avello*; ähnlich zum Fall der unionsrechtswidrigen Nichtanerkennung des im Wohnsitzstaat der Person erfolgten Namenserwerbs durch ihren Heimatstaat: EuGH 14.10.2008, C-353/06, *Grunkin* und *Paul*).

Lernhinweise zum Grundfall: Dieser Sachverhalt zeigt, dass kollisionsrechtliche Normen nicht nur in der ordentlichen Gerichtsbarkeit, sondern auch in Verwaltungsverfahren eine Rolle spielen können.

Ferner verdeutlicht der Grundfall, dass nicht jeder mehrgliedrige Nachname, der Vorsilben beinhaltet, auf der Ebene des materiellen Namensrechts eine Adelszugehörigkeit ausdrückt. Denken Sie an den österreichischen Bundespräsidenten *Alexander van der Bellen*.

Im Allgemeinen enthüllt eine rechtsvergleichende Betrachtung der materiellen Namensrechtsordnungen der Staaten dieser Erde, dass diese Rechtsmaterie aus kulturellen Gründen von einem bemerkenswert hohen Diversitätsgrad geprägt ist. Manche Sachrechtsordnungen kennen beispielsweise keine Nachnamen. Prominente Träger solcher Mononyme sind die indonesischen Staatsoberhäupter *Sukarno* (1901-1970) und *Suharto* (1921-2008).

Lernhinweise zur Variante: Ein ähnlicher Lebenssachverhalt hat sich in Österreich bereits zugetragen. In einem erbrechtlichen Zivilverfahren zwischen Streitparteien mit französischer und spanischer Staatsbürgerschaft bezeichnete der OGH die Streitparteien als „*Prinz*" und „*Prinzessin*", weil diese Titulierung nach dem materiellen französischen und spanischen Namensrecht geboten war, auf das § 13 Abs 1 IPRG iVm § 9 Abs 1 Satz 1 IPRG im Zusammenhang mit dem französischen und spanischen Kollisionsrecht (§ 5 Abs 1 IPRG) verwiesen (OGH 13.12.1990, 6 Ob 632, 633/89).

Anders ist der Fall gelagert, wenn die Person, die einen Adelstitel führt, österreichische Staatsbürgerin ist. Im Jahr 2010 erkannte der EuGH in der Rechtssache *Sayn-Wittgenstein* (22.12.2010, C-208/09), dass die Anwendung des österreichischen AdelsaufhebungsG auf österreichische Staatsbürger nicht gegen die unionsrechtlichen Grundfreiheiten verstößt, wenn sie im Ausland einen Adelstitel erwerben und diesen in Österreich führen wollen.

Literatur: zum Namensrecht siehe *Zöchling-Jud/Aspöck*, IPR[3] 23; *Lurger/Melcher*, IPR[4] Rz 2/18 ff; *Lurger/Melcher*, HB IPR[2] Rz 2/22 ff; *Perner/Spitzer/Kodek*, BR[7] 731 f; *Kerschner/Wagner/Aigner*, IPR[6] Rz 16/8 (Grafik); *Verschraegen*, IPR Rz 19 ff; *Zankl*, BR[10] Rz 607; *Verschraegen* in *Rummel/Lukas/Geroldinger*, ABGB[4] § 13 IPRG Rz 1 ff; *Neumayr* in KBB[7] § 13 IPRG Rz 1 ff.

Fall 11 *(Uitz)*
Schwerpunkt: Verletzung postmortaler Persönlichkeitsrechte

In einer Radiosendung eines österreichischen Rundfunksenders behauptet der Kärntner Landeshauptmann *Jörg H.* (österreichischer Staatsbürger), dass der im Rahmen eines Abschiebungsvorganges von österreichischen Polizisten getötete *Marcus O.* (nigerianischer Staatsbürger) ein Drogenhändler gewesen sei, der Kindern Suchtmittel überlassen und ihnen hiermit das Leben zerstört habe. Zu keinem Zeitpunkt kann festgestellt werden, dass dieser Vorwurf der Wahrheit entspricht.

Franziska (deutsche Staatsbürgerin) ist die Tochter des getöteten *Marcus O.* Sie begehrt, dass das international zuständige österreichische Gericht den Beklagten *Jörg H.* schuldig erkennen möge, die Äußerung unwahrer ehrenrühriger

Tatsachenbehauptungen über ihren verstorbenen Vater zu unterlassen. Das Unterlassungsbegehren stützt *Franziska* auf die Verletzung der postmortalen Persönlichkeitsrechte ihres getöteten Vaters *Marcus O.*

Überdies begehrt *Franziska*, dass in einer österreichweit beziehbaren Tageszeitung sowie im Rundfunk ein Widerruf der streitgegenständlichen Behauptungen veröffentlicht werde. Ist ihrem Begehr stattzugeben?

Sachverhalt gekürzt nach OGH 29.08.2002, 6 Ob 283/01p JBl 2003, 114 = *Schacherreiter*, Leading Decisions Rz 298.

Art 1 Abs 2 lit g Rom II-VO nimmt außervertragliche Schuldverhältnisse aus der **Verletzung der Privatsphäre** oder der **Persönlichkeitsrechte** einschließlich derjenigen Ansprüche, die aus einer **Verleumdung** resultieren, vom sachlichen Anwendungsbereich der Rom II-VO aus.

Daher ist auf die Kollisionsnormen des IPRG zu rekurrieren. Mit Ausnahme der Beeinträchtigung des Namensrechts (§ 13 Abs 2 IPRG) ist die Anknüpfung von Ansprüchen aus behaupteten Verletzungen von Persönlichkeitsrechten (hier: **Recht auf Achtung der Ehre**) im IPRG nicht geregelt.

Nach stRsp und hL sind **Unterlassungs- und Widerrufsbegehren**, die sich auf behauptete Ehrverletzungen gründen, als außervertragliche Schadenersatzansprüche zu qualifizieren und in Analogie zu § 48 IPRG anzuknüpfen, wobei bisweilen auch eine Analogie zum inhaltlich gleichen § 13 Abs 2 IPRG befürwortet wird (*Lurger/Melcher*, IPR[4] Rz 5/87 ff).

Da es im gegenständlichen Fall an einer vorrangig zu berücksichtigen Rechtswahl (§ 48 Abs 1 IPRG analog) fehlt, ist objektiv anzuknüpfen. Nach dem Wortlaut des § 48 Abs 2 Satz 1 IPRG ist das Recht desjenigen Staates maßgeblich, in dem das schädigende Verhalten gesetzt wurde (**Handlungsort**; *lex loci delicti commissi*). Demgegenüber befürworten Rsp und hL die Anknüpfung nach dem **Erfolgsortprinzip**:

Die Lehre gelangt zu diesem Schluss, indem sie sich auf den Ausweichtatbestand des § 48 Abs 2 Satz 2 IPRG stützt und eine stärkere Beziehung zum Erfolgsort bejaht, wenn der Schadenseintritt an ebendiesem Ort für den Schädiger vorhersehbar war (*Lurger/Melcher*, IPR[4] Rz 5/87). Nach Ansicht der Judikatur (OGH 30.03.2016, 6 Ob 26/16s) sei zwar der Handlungsort maßgeblich, doch verortet sie diesen ebenfalls – gegen den eindeutigen Wortlaut des § 48 Abs 2 Satz 1 IPRG – am Ort des Schadenseintritts (= Erfolgsort).

Die Verletzung der postmortalen Persönlichkeitsrechte des getöteten *Marcus O.* und die Stichhaltigkeit des **Unterlassungs- und Widerrufsbegehrens** sind in jedem Fall nach österreichischem Sachrecht zu beurteilen (§ 17a Abs 3 ABGB iVm § 20 Abs 1 ABGB iVm § 1330 Abs 2 ABGB), weil sowohl der Handlungsort (= Ort der Äußerung des ehrenrührigen Vorwurfs) als auch der Erfolgsort (= Ort der Wahrnehmbarkeit dieser kreditschädigenden Äußerungen am Mittelpunkt der Interessen des Verstorbenen) in Österreich liegen.

In der Sache selbst entschied der OGH bezüglich der **Verletzung der postmortalen Persönlichkeitsrechte** von *Marcus O.* zugunsten der Klägerin.

Lernhinweis: Im gegenständlichen Fall erwog der OGH auch eine Anknüpfung des Unterlassungs- und Widerrufsbegehrens nach § 13 Abs 2 IPRG (Verletzung des Namensrechts). Letztlich ließ er aber offen, ob das Unterlassungs- und Widerrufsbegehren nach § 13 Abs 2 IPRG oder § 48 Abs 2 IPRG anzuknüpfen ist, weil der Ort der schadensbegründenden Handlung nach beiden Kollisionsnormen den maßgeblichen Anknüpfungspunkt bildet.

Mittlerweile ist die Judikaturlinie eindeutig. Sie befürwortet eine kollisionsrechtliche Beurteilung des Unterlassungs- und Widerrufsbegehrens aus der Verletzung von nicht das Namensrecht betreffenden Persönlichkeitsrechtsverletzungen – wie von der hL befürwortet – nach § 48 IPRG (per analogiam).

Literatur: zum Persönlichkeitsrechtsschutz außerhalb des Namensrechts siehe *Zöchling-Jud/Aspöck*, IPR³ 23 (Befürwortung von § 13 Abs 2 IPRG analog); *Lurger/Melcher*, IPR⁴ Rz 5/87 ff (überwiegende Befürwortung von § 48 IPRG [analog]); *Lurger/Melcher*, HB IPR² Rz 5/145 ff (überwiegende Befürwortung von § 48 IPRG [analog]); *Kerschner/Wagner/Aigner*, IPR⁶ Rz 16/8 (Grafik); *Verschraegen*, IPR Rz 32 ff; *Verschraegen* in *Rummel/Lukas/Geroldinger*, ABGB⁴ § 13 IPRG Rz 66 ff; *Neumayr* in KBB⁷ § 13 IPRG Rz 4; zum Erfolgsort als Ort des Mittelpunkts der Interessen des Geschädigten auch *Thomale*, ZVglRWiss 119 (2020) 59 (101 f).

Fall 12 *(Uitz)*
Schwerpunkt: Verletzung von Persönlichkeitsrechten (Bildnisschutz)

Günter ist deutscher Staatsbürger, wohnt in Frankfurt am Main (Deutschland) und ist Mitglied der in Deutschland als Religionsgemeinschaft anerkannten Verbindung „*Scientology*".

Eine Dokumentationssendung über „*Scientology*", die vom in Deutschland niedergelassenen *WDR* (Anstalt öffentlichen Rechts) produziert, von der *Telekabel Wien GmbH* mit Sitz in Wien an österreichische Fernsehsender weitergeleitet und von diesen öffentlich ausgestrahlt wird, stellt *Günter* dem Fernsehpublikum als Mitautor des Ratgebers „*Macht und Magie der Public Relations*" vor. Zu diesem Zweck werden Videoclips von *Günter* ausgestrahlt, die ihn bei Pressekonferenzen und Interviews zeigen.

Die Dokumentationssendung stellt die Behauptung auf, dass der Ratgeber „*Macht und Magie der Public Relations*" bisweilen auf Gedankengut der „*Scientology*"-Bewegung rekurriere, die eine Verächtlichmachung ihrer Gegner durch Diffamierungskampagnen billige, was an die Verunglimpfungsstrategien des nationalsozialistischen Unrechtsstaats erinnere.

Unter Berufung auf sein Recht am eigenen Bild (§ 78 UrhG) klagt *Günter* den deutschen *WDR* und die österreichische *Telekabel Wien GmbH* vor einem international zuständigen österreichischen Gericht und begehrt, die unautorisierte Veröffentlichung von Bildern seiner Person im Zusammenhang mit einer Berichterstattung über ihn zu unterlassen, die den unrichtigen Eindruck erweckt, er habe als Mitautor des Ratgebers „*Macht und Magie der Public Relations*" zumindest indirekt die Propagandamethoden des nationalsozialistischen Unrechtsregimes empfohlen oder gebilligt. Trifft *Günters* Behauptung zu, dass österreichisches Sachrecht (§ 78 UrhG) anwendbar ist?

Sachverhalt basierend auf OGH 10.11.1992, 4 Ob 89/92 ZfRV 1993, 151 = *Schacherreiter*, Leading Decisions Rz 306.

Auf den vorliegenden Sachverhalt ist die Rom II-VO nicht anwendbar (Art 1 Abs 2 lit g Rom II-VO; hierzu bereits oben Fall 11).

Fraglich ist, welche Kollisionsnorm für die Anknüpfung des im gegenständlichen Fall auf das **Recht am eigenen Bild** (in Österreich: § 78 UrhG) gestützten Unterlassungsbegehrens heranzuziehen ist. Naheliegend sind § 48 Abs 2 IPRG (außervertraglicher Schadenersatz) und § 13 Abs 2 IPRG (Schutz des Namensrechts; zu diesen Kollisionsnormen bereits oben Fälle 9 f). Aufgrund der systematischen Verankerung des Rechts am eigenen Bild im Urheberrechtsgesetz sei nach der Ansicht des OGH zumindest auf den ersten Blick auch eine Anknüpfung nach § 34 IPRG denkbar (Immaterialgüterrechte).

Eine eigenständige Kollisionsnorm für die Anknüpfung des Rechts am eigenen Bild, das materiellrechtlich in § 78 UrhG geregelt ist, existiert in Österreich nicht. Der OGH hielt eine analoge Anwendung von § 13 Abs 2 IPRG (Schutz des Namensrechts) für angezeigt.

Maßgeblich ist sohin der Ort, an dem das Recht des Klägers *Günter* an seinem Bild durch die unbefugte Verbreitung von Filmaufnahmen seiner Person missachtet wurde. Der OGH verortete den **Begehungsort** iSd § 13 Abs 2 IPRG auch in Österreich, weil die Dokumentation durch die österreichische *Telekabel Wien GmbH* an österreichische Fernsehsender weitergeleitet und von diesen öffentlich ausgestrahlt wurde (zur allgemeinen Debatte um den Erfolgsort als Anknüpfungsmoment siehe auch den vorherigen Fall 11).

Die Ausstrahlung der Filmaufnahmen beurteilte der OGH sohin nach **österreichischem Sachrecht** (§ 78 UrhG). In der Sache selbst gab er dem Unterlassungsbegehren statt.

Lernhinweis: Die Anknüpfung von Ansprüchen aus behaupteten Persönlichkeitsrechtsverletzungen ist weder unionsweit vereinheitlicht noch – mit Ausnahme des Namensrechts – im IPRG explizit geregelt, weshalb die Wahl der adäquaten Kollisionsnorm durch die österreichischen Gerichte bisweilen willkürlich anmutet. Vorschläge aus dem Schrifttum, diesen Missstand durch eine Novellierung des IPRG zu beheben, um für ein höheres Maß an Rechtsklarheit zu sorgen, wurden vom Gesetzgeber bislang nicht aufgegriffen (zuletzt in einer das HiNBG betreffenden Stellungnahme *Uitz*, 23/SN-48/ME [2020], abrufbar unter https://www.parlament.gv.at/PAKT/VHG/XXVII/SNME/SNME_17827/index.shtml; zu alldem auch *Heindler*, ZfRV 2019, 264 [266 f]).

Literatur: siehe die Nachweise zum vorigen Fall; zum Immaterialgüterrecht siehe unten Fall 144.

B. Rechtsgeschäftliche Stellvertretung

Fall 13 *(Sieber)*
Schwerpunkte: Innenverhältnis und Außenverhältnis der gewillkürten Stellvertretung, Rechtswahl

Der österreichische Staatsbürger *Anton* mit gewöhnlichem Aufenthalt in Wien beschließt, Parmesan für seinen Eigengebrauch zu erwerben. Dazu erteilt er dem in Salzburg lebenden *Martin* (österreichischer Staatsbürger), der gerade in Bologna (Italien) auf Urlaub ist, den Auftrag, dort in seinem Namen ein Parmesanrad vom lokalen Käsehändler *Riccardo* (italienischer Staatsbürger) zu kaufen. In einer E-Mail an *Riccardo* meint *Anton*, dass *Martin* für ihn verhandeln dürfe, und besteht auf die Anwendung österreichischen Rechts. Kurze Zeit nach Erhalt des Parmesans entdeckt *Anton* zu seinem Missfallen, dass das Parmesanrad an Wurmbefall leidet, weshalb der Käse ungenießbar ist.

Variante 1: Wie der Grundsachverhalt, aber *Martin* lebt in der Schweiz.

Variante 2: Wie der Grundsachverhalt, aber in seiner E-Mail an *Riccardo* schreibt *Anton* lediglich, dass sein Vertreter *Martin* für ihn Besorgungen in Italien erledigen dürfe.

Variante 3: Wie der Grundsachverhalt, nur gibt es zwischen *Anton* und *Riccardo* im Vorfeld überhaupt keine Kommunikation. *Martin* legt gegenüber *Riccardo* lediglich offen, für *Anton* Käse kaufen zu dürfen.

Variante 4: Wie Variante 3, nur hat *Anton Martin* schon über die letzten Jahre hinweg regelmäßig zu *Riccardo* geschickt, um für ihn Parmesan zu kaufen.

Variante 5: Wie der Grundsachverhalt. Kurz bevor *Martin* den Parmesan von *Riccardo* kauft, schreibt *Anton* eine weitere E-Mail an *Riccardo*, in der er angibt, doch nicht von *Martin* vertreten werden zu wollen. *Riccardo* sieht die Mail jedoch erst, als *Martin* nach dem Abschluss des Kaufvertrages bereits aufgebrochen ist.

Variante 6: Wie der Grundsachverhalt, allerdings ist *Martin* erst 17 Jahre alt.

Es liegt ein Sachverhalt mit Auslandsbezug vor, weil *Anton* als österreichischer Staatsbürger seinen Vertreter *Martin* zum in Bologna lebenden Italiener *Riccardo* schickt, um im fremden Namen Parmesan zu kaufen.

Im Rahmen der Anknüpfungskette, der die **gewillkürte Stellvertretung** unterliegt, ist im ersten Schritt zu fragen, ob eine gültige allseitige Rechtswahl getroffen wurde. Dafür bedürfte es nach allgemeinen Regeln des IPR grundsätzlich der Zustimmung aller involvierten Parteien (*Laimer/Schwartze* in *Laimer*, IPR-Praxiskommentar § 49 IPRG Rz 11 ff). Da es im konkreten Fall jedoch lediglich eine E-Mail von *Anton* an *Riccardo* gibt, liegt jedenfalls keine von allen Parteien gebilligte Rechtswahl vor.

Mangels wirksamer Rechtswahl zwischen allen drei beteiligten Akteuren erfolgt die Anknüpfung der Stellvertretung nach § 49 IPRG. Diese Kollisionsnorm erfasst alle Formen der rechtsgeschäftlichen Stellvertretung, sofern es hierfür keine ***lex specialis*** gibt (zB Art 15 HESÜ für die Vorsorgevollmacht; siehe dazu unten Fälle 17 f). Das **Vollmachtstatut** erfasst dabei jedoch lediglich das stellvertretungsrechtliche Außenverhältnis. Im Innenverhältnis liegt zwischen *Anton* und *Martin* ein Auftragsvertrag vor. Dieser ist mangels Auslandsbezugs jedenfalls nach innerstaatlichem Recht zu beurteilen (§§ 1002 ff ABGB), weil er keiner gesonderten Anknüpfung bedarf.

Nach § 49 Abs 1 IPRG ist jenes Recht maßgeblich, das der Geschäftsherr einseitig und in einer für den Dritten erkennbaren Weise bestimmt. Da *Anton* in seiner E-Mail gegenüber *Riccardo* eindeutig zu erkennen gibt, dass er die Anwendung von österreichischem Recht wünscht, kommt dieses zur Anwendung. Die Anknüpfung nach § 49 IPRG umfasst dabei grundsätzlich alle Rechtsfragen im Außenverhältnis zwischen dem Geschäftsherrn und seinem Vertreter gegenüber dem Dritten. Im gegenständlichen Fall ist die Beurteilung der Voraussetzungen und Wirkungen der Ausübung von Vertretungsmacht von Relevanz.

Davon getrennt zu beurteilen ist die Frage nach der Anknüpfung des Kaufvertrags zwischen *Anton* und *Riccardo*, der eine Folge der Stellvertretung ist. Dieser unterliegt gem Art 4 Abs 1 lit a Rom I-VO italienischem Sachrecht (siehe weiter unten auch die Fälle 36 ff sowie zum Verbraucherstatut und den Gründen für seine Nichtanwendung unten Fälle 39 f). Dasselbe gilt auch für die Fragen der Schlechterfüllung (Art 12 Abs 1 lit c ROM-I). UN-K kommt nicht zur Anwendung (siehe zum Privatgebrauch nach UN-K unten Fall 23).

Variante 1: Da *Martin* in der Schweiz lebt, weist nunmehr auch das **Innenverhältnis** der Stellvertretung einen Auslandsbezug auf. Da § 49 IPRG jedoch nur das **Außenverhältnis** regelt, ist der Auftrag im Innenverhältnis selbstständig anzuknüpfen. Beim Auftrag handelt es sich um ein vertragliches Schuldverhältnis, weshalb die Rom I-VO sachlich anwendbar ist. Auch ihre örtlichen und zeitlichen Anwendungsbereiche sind eröffnet (Fälle 36 ff). Nach Art 4 Abs 1 lit b Rom I-VO ist das Recht jenes Staates anwendbar, in dem der Beauftragte *Martin* seinen gewöhnlichen Aufenthalt hat. Der Auftrag im Innenverhältnis ist daher nach schweizerischem Sachrecht zu beurteilen (Art 20 Rom I-VO).

Variante 2: In der Variante bestimmt *Anton* gegenüber *Riccardo* kein anwendbares Recht (§ 49 Abs 1 IPRG). Daher kommt gem § 49 Abs 2 IPRG das Recht jenes Staates zur Anwendung, in dem der Stellvertreter für den Dritten erkennbar nach dem Willen des Geschäftsherrn tätig werden soll. *Anton* schreibt in seiner E-Mail an *Riccardo*, dass *Martin* für ihn gewisse Besorgungen in Italien erledigen dürfe. Somit kommt es in der Variante zur Anwendung von italienischem Recht, weil es für *Riccardo* erkennbar ist, dass *Martin* in Italien als *Antons* Vertreter agieren soll. Da es sich bei diesem Verweisungsbefehl nach hA um eine **Sachnormverweisung** handelt (*Neumayr* in KBB[7] § 49 IPRG Rz 2 mwN), sind allfällige Rück- und Weiterverweisungen des italienischen Kollisionsrechts unbeachtlich (Ausnahme von der allgemeinen Regel des § 5 IPRG).

Variante 3: Dem Sachverhalt kann hinsichtlich des **Bestimmungsstaates** nicht entnommen werden, dass die relevanten Umstände für *Riccardo* erkennbar wären. Denn hierfür müsste für *Riccardo* zweifelsfrei erkennbar sein, dass *Martin* für *Anton* gerade in Italien tätig werden soll. Dies ist laut Sachverhalt nicht der Fall, weshalb nach § 49 Abs 3 IPRG vorzugehen ist, wodurch die Anknüpfung durch Bezugnahme auf den Gebrauchsort erfolgt. Mangels einseitiger Rechtswahlerklärung (§ 49 Abs 1 IPRG) oder eines dem Dritten erkennbaren Bestimmungsstaats des Vertreters (§ 49 Abs 2 IPRG) ist gem § 49 Abs 3 IPRG an das Recht jenes Staates anzuknüpfen, in dem der Stellvertreter tatsächlich tätig wird. *Martin* schließt den Kaufvertrag für *Anton* mit *Riccardo* im **Gebrauchsort** Bologna (Italien) ab, weshalb italienisches Sachrecht zur Anwendung kommt (**Sachnormverweisung**; siehe *Neumayr* in KBB[7] § 49 IPRG Rz 2 mwN).

Variante 4: Da *Martin* in der Variante über mehrere Jahre hinweg regelmäßig für *Anton* Parmesan bei *Riccardo* kauft, ist es für *Riccardo* (zumindest schlüssig) erkennbar, dass es sich bei Italien um den **Bestimmungsort** handeln soll, in dem der Vertreter (*Martin*) für den Geschäftsherrn (*Anton*) tätig wird. Nach § 49 Abs 2 IPRG wird somit auf italienisches Recht verwiesen. Da es sich bei diesem Verweisungsbefehl nach hL um eine **Sachnormverweisung** handelt, sind allfällige Rück- und Weiterverweisungen unbeachtlich (Durchbrechung von § 5 IPRG).

Variante 5: Das Vollmachtstatut des § 49 IPRG entscheidet über die „*Voraussetzungen und Wirkungen*" der Vollmacht. Diese Wendung erfasst auch das Erlöschen der Vollmacht im Außenverhältnis. Die Frage nach der Rechtzeitigkeit und der Gültigkeit des **Widerrufs der Vollmacht** ist demnach wie im Grundsachverhalt ebenfalls nach österreichischem Sachrecht zu beurteilen.

Variante 6: In dieser Sachverhaltsvariante ist *Martin* erst 17 Jahre alt. Daher stellt sich die **Vorfrage** seiner Geschäftsfähigkeit. Da das Vollmachtstatut nach § 49 IPRG jedoch nur das Außenverhältnis der beteiligten Parteien zueinander regelt, muss diese Frage getrennt angeknüpft werden.

Dabei ist nach § 12 IPRG vorzugehen. Die **Rechts-** und **Handlungsfähigkeit** einer Person bestimmt sich nach dieser Kollisionsnorm nach ihrem **Personalstatut** (§ 9 IPRG). Da *Martin* laut Sachverhalt österreichischer Staatsbürger ist, ist seine Rechts- und Handlungsfähigkeit nach österreichischem Sachrecht zu bestimmen (ausführlich zu alldem bei den Fällen 7 ff). Da dasselbe für das anzuwendende Vollmachtrecht gilt (§§ 1002 ff ABGB; hierzu im Grundfall), ist in der materiellrechtlichen Falllösung auf § 1018 ABGB einzugehen.

Lernhinweis: Das Vollmachtstatut nach § 49 IPRG regelt (als *lex generalis*) alle Arten der gewillkürten Stellvertretung. Diese Kollisionsnorm erfasst jedoch ausschließlich das Außenverhältnis zwischen dem Geschäftsherrn und seinem Vertreter zum Dritten. Sowohl das Innenverhältnis zwischen dem Geschäftsherrn und seinem Vertreter als auch das „*Hauptgeschäft*" zwischen dem Geschäftsherrn und dem Dritten (zB die Wirkungen eines im Stellvertretungswege abgeschlossenen Kaufvertrags) sind gesondert nach den allgemeinen kollisionsrechtlichen Regeln anzuknüpfen.

Bei der einseitigen Rechtswahl nach § 49 Abs 1 IPRG hat der Geschäftsherr nach § 11 Abs 1 IPRG im Zweifel lediglich das Sachrecht der bezeichneten Rechtsordnung gewählt.

Nach nunmehr hA handelt es sich auch bei den Verweisungen auf das Recht des erkennbaren Bestimmungsstaates (§ 49 Abs 2 IPRG) sowie das Recht des tatsächlichen Tätigkeitsorts (§ 49 Abs 3 IPRG) um Sachnormverweisungen. *Heindler* (in *Rummel/Lukas/Geroldinger*, ABGB[4] § 49 IPRG Rz 19) begründet diese Auffassung mit der Erwägung, dass die Anknüpfung von Fragen der gewillkürten Stellvertretung den Verkehrsschutz sicherzustellen habe. Käme man über Rück- und Weiterverweisungen zum Ergebnis, ein anderes Sachrecht als jenes anwenden zu müssen, das am Bestimmungs- oder Gebrauchsort herrscht, würde der eigentlich bezweckte Verkehrsschutz ausgehölt.

Literatur: *Lurger/Melcher*, IPR[4] Rz 2/25 ff; *Kerschner/Wagner/Aigner*, IPR[6] Rz 16/9 ff; *Zöchling-Jud/Aspöck*, IPR[3] 25 ff; *Zankl*, BR[10] Rz 625; *Perner/Spitzer/Kodek*, BR[7] 724; *Heindler* in *Rummel/Lukas/Geroldinger*, ABGB[4] § 49 IPRG Rz 1 ff; *Neumayr* in KBB[7] § 49 IPRG Rz 1 ff.

Fall 14 *(Sieber)*
Schwerpunkt: Gewillkürte Stellvertretung in Bezug auf Liegenschaften

Die Innsbruckerin *Christl* (österreichische Staatsbürgerin) beauftragt ihre in Italien lebende Schwester *Heidi* (italienische Staatsbürgerin), für sie ein Ferienhäuschen in der Südtiroler Gemeinde St. Jakob (Italien) zu kaufen, wofür sie ihr eine schriftliche Vollmacht erteilt. *Heidi* wird rasch fündig. Unter Vorweis der Vollmachtsurkunde erwirbt sie von der Italienerin *Gianna* eine Liegenschaft im Namen ihrer Schwester *Christl*.

Hinweis: Das italienische internationale Sachenrecht unterstellt den Erwerb und den Verlust dinglicher Rechte der *lex rei sitae* (*Eccher* in *Christandl/Eccher/Gallmetzer/Laimer/Schurr*, HB Ital IPR Rz 7/3, 7/11 ff).

Im Innenverhältnis liegt zwischen *Christl* und *Heidi* ein Dienstleistungsvertrag vor, der nach Art 4 Abs 1 lit b Rom I-VO wegen *Heidis* gewöhnlichen Aufenthalts in Italien nach italienischem Sachrecht zu beurteilen ist (Art 20 Rom I-VO).

Der Kaufvertrag über die Liegenschaft unterliegt nach Art 4 Abs 1 lit c Rom I-VO ebenfalls italienischem Sachrecht (siehe unten Fall 42).

Im Außenverhältnis ist die Vollmacht nach § 49 IPRG zu beurteilen. Bei fehlender allseitiger Rechtswahl und fehlender einseitiger **Rechtswahlerklärung** ist nach § 49 Abs 2 IPRG nach dem **Bestimmungsortsprinzip** auf das Sachrecht jenes Staates abzustellen, in dem die Vertreterin *Heidi* für die Dritte *Gianna* erkennbar tätig werden soll. Da in der schriftlichen Vollmacht vom Kauf einer Liegenschaft in einer italienischen Gemeinde die Rede ist, ist für *Gianna* zweifelsfrei erkennbar, dass *Heidi* in Italien tätig werden soll. Für die Außenwirkung der Stellvertretung ist somit italienisches Sachrecht maßgeblich (Sachnormverweisung; siehe den vorherigen Fall 13).

Für den sachenrechtlichen Aspekt des Erwerbs der Liegenschaft ist nach §§ 31 f IPRG die ***lex rei sitae*** maßgeblich, weshalb ebenfalls italienisches Sachrecht anwendbar ist, weil das italienische IPR die ausgesprochene Gesamtverweisung (§ 5 IPRG) durch parallele Bezugnahme auf den Belegenheitsort annimmt.

Lernhinweis: Teile der Lehre leiten aus der Entscheidung OGH 26.06.1984, 5 Ob 34/84 SZ 57/118 ab, dass die Vollmacht bei Verfügungen über Liegenschaften immer der *lex rei sitae* unterliegen soll. Nach der hier vertretenen Ansicht ergibt sich aus dem zitierten Urteil jedoch lediglich, dass sich die Anknüpfung der Stellvertretung in liegenschaftsbezogenen Angelegenheiten nach § 49 IPRG richtet. In der genannten Entscheidung war mangels anderer Anknüpfungspunkte nach § 49 Abs 3 IPRG am Gebrauchsort anzuknüpfen, wie der OGH unter Zustimmung zur Rechtsansicht des Rekursgerichts festhielt. Das ist jedoch nicht zwingend der Fall, weil eine einseitige Rechtswahlerklärung nach § 49 Abs 1 IPRG – wie das Rekursgericht in seiner vom OGH nicht beanstandeten rechtlichen Beurteilung betont – Vorrang genösse.

Zu betonen ist für die Zwecke Ihres Studiums vor allem, dass als schuldrechtlich und sachenrechtlich zu qualifizierende Fragestellungen kollisionsrechtlich stets voneinander getrennt zu beurteilen sind.

Literatur: *Lurger/Melcher*, IPR[4] Rz 2/25 ff; *Kerschner/Wagner/Aigner*, IPR[6] Rz 16/9 ff; *Zöchling-Jud/Aspöck*, IPR[3] 25 ff; *Perner/Spitzer/Kodek*, BR[7] 724; *Heindler* in *Rummel/Lukas/Geroldinger*, ABGB[4] § 49 IPRG Rz 1 ff; *Neumayr* in KBB[7] § 49 IPRG Rz 1 ff.

Fall 15 *(Sieber)*

Schwerpunkte: Rechtswahl, Scheinvertretung (*falsa procuratio*), nachträgliche Genehmigung einer gewillkürten Stellvertretung

Der Spanier *David* überlässt seiner Enkeltochter *Nadine* (spanische Staatsbürgerin) seinen VW-Käfer für eine Reise durch Europa. Da *Nadine* nach dem Abschluss ihrer Reise plant, sich längerfristig in Österreich niederzulassen, gestattet ihr *David*, den Oldtimer dort möglichst gewinnbringend, aber zumindest um € 10.000,– zu verkaufen, und sich hiervon selbst € 1.000,– als Startkapital zu behalten. In Linz lernt *Nadine* die österreichische Autoliebhaberin *Johanna* kennen. Da sie *Johanna* überaus sympathisch findet, überlässt sie ihr das Auto im Namen ihres Großvaters *David* um € 5.000,–. Als *David* davon erfährt, ist er erzürnt, weshalb er sein Auto zurückverlangt.

Variante 1: Wie der Grundsachverhalt, nur sind sich *Johanna* und *David* nachträglich einig, dass allen Beteiligten geholfen wäre, wenn alle Rechtsverhältnisse nach spanischem Recht beurteilt werden würden.

Variante 2: Wie der Grundsachverhalt, allerdings befindet *David*, dass er sich in seinem Alter nicht mehr mit solchen Ärgernissen herumschlagen will. Er lässt es daher bei der Überlassung des Autos um € 5.000,– bewenden.

Es liegt ein Sachverhalt mit Auslandsbezug vor, weil der spanische Staatsbürger *David* seiner Enkelin *Nadine* gestattet, sein Auto in seinem Namen in Österreich zu verkaufen. *Nadine* verkauft das Auto schließlich in *Davids* Namen an die Österreicherin *Johanna*.

Die Rechtsverhältnisse zwischen *Johanna* und *David* und zwischen *Johanna* und *Nadine* bedürfen eigenständiger Anknüpfungen. So stellt sich im Verhältnis zwischen *Johanna* und *David* die Frage nach den Voraussetzungen und der

Wirkung der Stellvertretung im Außenverhältnis. Da alle Rechtsfragen im Außenverhältnis zwischen Geschäftsherrn und Drittem vom **Stellvertretungsstatut** erfasst sind, erfolgt die Anknüpfung einheitlich nach § 49 IPRG. Es gibt keine Anhaltspunkte im Sachverhalt für eine **einseitige Rechtswahlerklärung** (§ 49 Abs 1 IPRG). Ebenfalls ist **kein Bestimmungsstaat** zu identifizieren, der für den Dritten erkennbar wäre (§ 49 Abs 2 IPRG). Denn für *Johanna* ist nicht erkennbar, dass *Nadine* für *David* gerade in Österreich tätig werden soll. Somit ist nach § 49 Abs 3 IPRG am Ort der **tatsächlichen Vertretungshandlung** (Österreich) anzuknüpfen, weshalb die Frage der Wirksamkeit der Vollmacht gegenüber *Johanna* nach österreichischem Sachrecht zu beurteilen ist (hierzu Fall 13 Variante 3). Nach § 1016 ABGB iVm § 1019 ABGB ist die Stellvertretung wegen der Überschreitung der eingeräumten Vertretungsmacht unwirksam.

Im Verhältnis zwischen *Johanna* und *Nadine* stellt sich deshalb die Frage nach der Haftung der nicht hinreichend bevollmächtigten Vertreterin (*Nadine*) gegenüber der Dritten (*Johanna*) aus ihrer ***falsa procuratio***. Auch diese Frage ist vom Stellvertretungsstatut des § 49 IPRG erfasst, weshalb hierauf nach § 49 Abs 3 IPRG österreichisches Sachrecht zur Anwendung kommt (§ 1016 ABGB iVm § 1019 ABGB).

Variante 1: Eine nachträgliche Rechtswahl greift in die Rechte aller Beteiligten ein (Geschäftsherr, Vertreter, Dritter). Daher bedarf sie zu ihrer Gültigkeit der Zustimmung aller Parteien (*Heindler* in *Rummel/Lukas/Geroldinger,* ABGB[4] § 49 IPRG Rz 15). Die von *Johanna* und *David* getroffene Abrede begründet somit mangels Zustimmung von *Nadine* keine wirksame Rechtswahl.

Variante 2: Die **nachträgliche Genehmigung** des Geschäfts durch den (zunächst unwirksam vertretenen) Geschäftsherrn fällt ebenfalls unter das Stellvertretungsstatut des § 49 IPRG. Die Frage, ob *David* das Geschäft nachträglich gültig genehmigen kann, ist daher (wie im Grundsachverhalt) nach österreichischem Stellvertretungsrecht (§ 1016 ABGB) zu beurteilen.

Lernhinweis: Eine nachträgliche Rechtswahl bedarf der Zustimmung aller beteiligten Parteien. Das heißt im Falle der Stellvertretung, dass der Vertretene, der Vertreter und der Dritte der Rechtswahl zustimmen müssen. Für die frühere Rechtswahl ist zu differenzieren:

Eine Rechtswahl zwischen Vertreter und Drittem ist ohne Zustimmung des Geschäftsherrn unwirksam. Wird die Rechtswahl hingegen zwischen Geschäftsherrn und Vertreter getroffen, muss sie dem Dritten iSd § 49 Abs 1 IPRG zumindest erkennbar sein. Die Rechtswahl zwischen Geschäftsherrn und Drittem ist dem Vertreter für ihre Gültigkeit lediglich mitzuteilen (*Heindler* in *Rummel/Lukas/Geroldinger*, ABGB[4] § 49 IPRG Rz 15; *Laimer/Schwartze* in *Laimer*, IPR-Praxiskommentar § 49 IPRG Rz 12).

Die Anknüpfung einer nachträglichen Genehmigung durch den (unwirksam vertretenen) Geschäftsherrn erfolgt ebenfalls nach § 49 IPRG (*Laimer/Schwartze* in *Laimer*, IPR-Praxiskommentar § 49 IPRG Rz 9).

Literatur: *Lurger/Melcher,* IPR[4] Rz 2/25 ff; *Kerschner/Wagner/Aigner*, IPR[6] Rz 16/9 ff; *Zöchling-Jud/Aspöck*, IPR[3] 25 ff; *Perner/Spitzer/Kodek*, BR[7] 724; *Heindler* in *Rummel/Lukas/Geroldinger*, ABGB[4] § 49 IPRG Rz 1 ff; *Neumayr* in KBB[7] § 49 IPRG Rz 1 ff.

Fall 16 *(Sieber)*
Schwerpunkte: Ladenvollmacht, Anscheinsvollmacht

Der Engländer *Mehmet* (britischer Staatsbürger) entdeckt während seines Urlaubs in Wien die schicke Trachtenboutique der Österreicherin *Saira.* Er beschließt, sich dort einen Trachtenanzug zu kaufen. Im Geschäft wird er vom Lehrling *Alessandro* (österreichischer Staatsbürger) beraten. *Mehmet* weiß nicht, dass *Alessandro* aufgrund seines Ausbildungsstandes zwar schon Beratungsgespräche führen darf, jedoch nicht dazu befugt ist, eigenständig Geschäfte abzuschließen, ohne zuvor Rücksprache mit *Saira* gehalten zu haben. Dennoch verkauft und übergibt *Alessandro Mehmet* den Trachtenanzug seiner Wahl. Als *Saira* kurze Zeit später bemerkt, dass *Alessandro* aus Versehen die Preisschilder verwechselt hat, weshalb er den Trachtenanzug unbeabsichtigt zu günstig verkaufte, verlangt sie diesen Kaufgegenstand von *Mehmet* mit dem Argument zurück, dass *Alessandro* nie dazu befugt war, Waren zu verkaufen. Der Vertrag sei deshalb ungültig. Was meinen Sie?

Im konkreten Fall stellt sich die Frage, ob im Verhältnis zwischen *Mehmet* und *Saira* ein gültiger Kaufvertrag zustande gekommen ist. Da auch hier Aspekte einer gewillkürten Stellvertretung, womöglich in Gestalt einer **Anscheinsvollmacht** (konkret: als Ladenvollmacht), kollisionsrechtlich zu beurteilen sind, erfolgt ihre Anknüpfung nach § 49 IPRG.

Dabei ist wegen des Fehlens einer Rechtswahl nach § 49 Abs 2 IPRG objektiv auf den Bestimmungsort des Vertreters abzustellen. *Alessandro* wird nach *Sairas* Willen in ihrer Wiener Boutique tätig, was *Mehmet* zweifelsfrei erkennbar ist, weil er dort einkauft, und betätigt sich beim Abschluss des Kaufvertrages. Daher ist die Frage der Wirksamkeit der **Ladenvollmacht** nach österreichischem Sachrecht zu beurteilen (§ 56 UGB iVm § 10 KSchG).

Die Frage der Haftung für die **Vollmachtüberschreitung** des *Alessandro* im Innenverhältnis gegenüber *Saira* ist mangels Auslandsbezugs nach österreichischem Sachrecht zu beurteilen, ohne dass hierfür eine kollisionsrechtliche Fallprüfung anzustellen wäre.

Lernhinweis: § 49 IPRG umfasst grundsätzlich alle Formen der gewillkürten Stellvertretung, die nicht als gesetzliche oder organschaftliche Vertretungsformen zu qualifizieren sind. Erfasst sind dabei auch alle Varianten rechtsgeschäftlicher Vollmachten, wie etwa die Prokura, sowie Anscheinsvollmachten, wie die Ladenvollmacht und die Duldungsvollmacht (*Heindler* in *Rummel/Lukas/Geroldinger,* ABGB^4 § 49 IPRG Rz 10 f).

Literatur: *Lurger/Melcher,* IPR^4 Rz 2/25 ff; *Kerschner/Wagner/Aigner*, IPR^6 Rz 16/9 ff; *Zöchling-Jud/Aspöck*, IPR^3 25 ff; *Perner/Spitzer/Kodek,* BR^7 724; *Heindler* in *Rummel/Lukas/Geroldinger*, ABGB^4 § 49 IPRG Rz 1 ff; *Neumayr* in KBB^7 § 49 IPRG Rz 1 ff.

C. Erwachsenenschutz, Patientenverfügung und Sterbeverfügung

I. Vorsorgevollmacht

Fall 17 *(Sessa-Jahn)*
Schwerpunkte: Bestehen und Umfang der Vorsorgevollmacht

Im Jänner 2015 räumte die damals 58-jährige polnische Staatsbürgerin *Patrycja P.* ihrem Ehemann *Wiktor W.*, mit dem sie gemeinsam seit vielen Jahren in München (Deutschland) lebte, für den Fall des Verlusts ihrer Entscheidungsfähigkeit eine Vollmacht in finanziellen Angelegenheiten ein. Die Vereinbarung über die Vertretungsmacht im Vorsorgefall wurde schriftlich geschlossen. Einen Monat später zog *Frau P.* gemeinsam mit ihrem Ehemann *Herrn W.* nach Innsbruck (Österreich), da sich ihre beiden Töchter dort niedergelassen hatten und *Frau P.* näher bei ihrer Familie sein wollte.

Als *Frau P.* einige Jahre später aufgrund eines Schlaganfalls tatsächlich ihre Entscheidungsfähigkeit in finanziellen Angelegenheiten verliert, stellt sich die Frage, ob die Vorsorgevollmacht aus dem Jahr 2015 gültig ist und welche Vertretungsbefugnisse sie umfasst.

Variante 1: Die Einräumung der Vertretungsmacht für den Vorsorgefall erfolgte erst 8 Monate nach dem Umzug nach Innsbruck, als das Ehepaar dort bereits feste berufliche und familiäre Wurzeln geschlagen hatte. Die schriftliche Vereinbarung enthält eine Bestimmung, wonach auf die Frage des Bestehens, des Umfangs, der Änderung und der Beendigung der Vorsorgevollmacht deutsches Recht Anwendung finden soll.

Variante 2: Wie Variante 1. Die Vereinbarung über die Einräumung der Vorsorgevollmacht enthält jedoch keine Bestimmung über das anzuwendende Recht.

Vorbemerkungen: Da Österreich das **Haager Übereinkommen über den internationalen Schutz von Erwachsenen (HESÜ)** ratifiziert hat und dieses in seinem Anwendungsbereich den Normen des IPRG vorgeht (§ 53 Abs 1 IPRG), ist zunächst der **Anwendungsbereich** des HESÜ zu prüfen.

Gem Art 1 Abs 2 lit c HESÜ iVm Art 15 HESÜ erfasst der **sachliche** Anwendungsbereich des HESÜ eine von einem Erwachsenen entweder durch eine Vereinbarung oder ein einseitiges Rechtsgeschäft eingeräumte Vertretungsmacht, die ausgeübt werden soll, wenn dieser Erwachsene nicht in der Lage ist, seine Interessen zu schützen. Die vorliegende Vereinbarung ist unter Art 15 HESÜ zu subsumieren, da durch sie eine Vollmacht für den Fall des Verlusts der Entscheidungsfähigkeit eingeräumt wurde und die Vollmachtgeberin *Frau P.* im Zeitpunkt der Vereinbarung 58 Jahre alt und somit eine Erwachsene iSd Art 15 HESÜ iVm

Art 2 Abs 1 HESÜ war. Das HESÜ ist auch in **persönlicher** Hinsicht anwendbar: Aufgrund der Vollendung ihres 18. Lebensjahres ist *Frau P.* eine Erwachsene iSd Art 1 Abs 1 HESÜ iVm Art 2 Abs 1 HESÜ. Weiters ist sie infolge des Schlaganfalls in ihrer Entscheidungsfähigkeit beeinträchtigt, wodurch sie nicht in der Lage ist, ihre finanziellen Interessen zu schützen (Art 1 Abs 1 HESÜ).

Bei der Prüfung des **zeitlichen** Anwendungsbereiches in Hinblick auf Vertretungsmachten iSd Art 15 HESÜ ist auf den Zeitpunkt ihrer Erteilung abzustellen (Art 50 Abs 3 HESÜ). Aus der Sicht eines österreichischen Gerichts ist das HESÜ jedenfalls auf Vertretungsmachten iSd Art 15 HESÜ zeitlich anwendbar, die ab dem 01.02.2014 (= Zeitpunkt des Inkrafttretens des Übereinkommens in Österreich) erteilt wurden. Unter bestimmten Voraussetzungen ist das HESÜ außerdem auf Vorsorgevollmachten anwendbar, die vor dem Inkrafttreten errichtet wurden (siehe dazu Fall 18). Da die vorliegende Vereinbarung im Jänner 2015 getroffen wurde, ist der zeitliche Anwendungsbereich des HESÜ eröffnet. Der Sachverhalt weist schließlich einen grenzüberschreitenden Bezug auf, da *Frau P.* polnische Staatsbürgerin ist und ihren gewöhnlichen Aufenthalt in Deutschland (Grundfall) bzw Österreich (Varianten 1 und 2) hat, weshalb er vom **räumlichen** Anwendungsbereich des HESÜ (Art 1 Abs 1 HESÜ) erfasst ist. Art 15 HESÜ ist unabhängig davon anwendbar, ob der Erwachsene seinen gewöhnlichen Aufenthalt in einem Vertragsstaat oder Nichtvertragsstaat hat und welche Staatsangehörigkeit der Erwachsene besitzt.

Grundfall: Die Frage nach dem **Bestehen** und dem **Umfang** der Vorsorgevollmacht ist nach **Art 15 Abs 1 HESÜ** anzuknüpfen, wonach in Ermangelung einer Rechtswahl das Recht des Staates maßgeblich ist, in dem der Erwachsene **im Zeitpunkt der Vereinbarung seinen gewöhnlichen Aufenthalt** hatte. Das HESÜ definiert den Begriff des gewöhnlichen Aufenthalts nicht, sodass er autonom nach dem Wortlaut und dem Kontext des Übereinkommens sowie dessen Zielen auszulegen ist (LG Salzburg 21 R 52/15s EFSlg 147.110). Maßgeblich ist der tatsächliche Mittelpunkt der Lebensführung, der wirtschaftlichen Existenz und der sozialen Beziehungen des Erwachsenen (OGH 28.05.2024, 6 Ob 208/24t; zur Notwendigkeit der Integration in ein soziales und familiäres Umfeld auch OGH 23.11.2022, 7 Ob 171/22f EF-Z 2023, 175 [*Huter*]). Im Grundfall wurde die Vereinbarung über die Einräumung der Vorsorgevollmacht noch vor dem Umzug nach Innsbruck geschlossen. Zu diesem Zeitpunkt hatte *Frau P.* ihren gewöhnlichen Aufenthalt noch in München, weil sie dort laut Sachverhalt seit vielen Jahren gemeinsam mit ihrem Ehemann lebte. Alle Verweisungsnormen des HESÜ sind **Sachnormverweisungen** (Art 19 HESÜ). Es findet somit auf die Frage nach dem **Bestehen** und dem **Umfang** der Vorsorgevollmacht deutsches Sachrecht Anwendung. Da das Vorsorgevollmachtstatut nach Art 15 Abs 1 HESÜ zeitlich fixiert ist (**fixes Statut**), erfährt es durch die nachträgliche grenzüberschreitende Verlagerung des gewöhnlichen Aufenthalts keine Änderung.

Variante 1: Gem Art 15 Abs 1 HESÜ ist eine vom Vollmachtgeber getroffene **Rechtswahl vorrangig** zu beachten (zur Rechtswahl siehe auch Fall 19), sofern

ausdrücklich schriftlich eines der in **Art 15 Abs 2 HESÜ genannten Rechte** bezeichnet wurde. Im vorliegenden Fall sind durch die schriftliche Bestimmung des anwendbaren Rechts die Kriterien der Ausdrücklichkeit und Schriftlichkeit erfüllt. Des Weiteren wurde mit dem deutschen Recht das Recht des Staates eines früheren gewöhnlichen Aufenthalts iSd Art 15 Abs 2 lit b HESÜ bezeichnet und somit eine zulässige Rechtswahl getroffen. Folglich ist die Frage des Bestehens und des Umfangs der Vorsorgevollmacht **subjektiv anzuknüpfen** und entsprechend der Rechtswahl nach deutschem Sachrecht zu beurteilen.

Variante 2: Mangels Rechtswahl ist für die Frage des Bestehens und des Umfangs der Vorsorgevollmacht gem Art 15 Abs 1 HESÜ das Recht jenes Staates maßgeblich, in dem *Frau P.* im Zeitpunkt der Vereinbarung ihren gewöhnlichen Aufenthalt hatte (**objektive Anknüpfung**). Da die Vorsorgevollmacht erst 8 Monate nach dem Umzug nach Innsbruck eingeräumt wurde, als das Ehepaar bereits feste berufliche und familiäre Wurzeln in Innsbruck geschlagen hatte, lag der tatsächliche Lebensmittelpunkt und somit der gewöhnliche Aufenthalt von *Frau P.* zu diesem Zeitpunkt bereits in Innsbruck. Es kommt daher österreichisches Sachrecht zur Anwendung.

Lernhinweise: Auf unionseuropäischer Ebene gibt es derzeit noch keine Rechtsquelle auf dem Gebiet des internationalen Erwachsenenschutzrechts. Allerdings hat die EU-Kommission im Jahr 2023 zwei Vorschläge zu dieser Thematik vorgelegt: Es handelt sich hierbei um einen Verordnungsvorschlag über die Zuständigkeit, das anwendbare Recht, die Anerkennung und Vollstreckung von Maßnahmen und die Zusammenarbeit in Fragen betreffend den Schutz Erwachsener (COM(2023) 280 final) sowie um einen Beschlussentwurf des Rates zur Ermächtigung der Mitgliedstaaten, die noch nicht Vertragsparteien des HESÜ sind, diesem beizutreten (COM(2023) 281 final/2). In Deutschland wird das HESÜ bisweilen auch als ErwSÜ abgekürzt. Zur Literatur siehe die Nachweise am Ende des folgenden Falls.

Fall 18 *(Sessa-Jahn)*

Schwerpunkte: Beendigung der Vorsorgevollmacht, behördliche Genehmigung von Rechtshandlungen des Vorsorgebevollmächtigten

Der Schweizer Staatsbürger *Valentin V.* hatte seinen gewöhnlichen Aufenthalt in Luzern (Schweiz), bis er diesen im Jahr 2012 nach Salzburg (Österreich) verlegte. Als er im Jahr 2006 42 Jahre alt war, schloss er mit seinem volljährigen Sohn *Stefan S.* einen nach Schweizer Sachrecht gültigen Vorsorgeauftrag (Art 360 ff ZGB). Mit diesem beauftragte er seinen Sohn *Herrn S.*, ihn im Falle des Verlusts seiner Entscheidungsfähigkeit in Angelegenheiten der Einkommens- und Vermögensverwaltung, medizinischen Angelegenheiten sowie bei der Änderung des Wohnortes zu vertreten.

Aufgrund eines Autounfalls im Oktober 2018 erlitt *Herr V.* eine irreversible schwere Hirnschädigung, die den Verlust seiner Entscheidungsfähigkeit in den vom Vorsorgeauftrag erfassten Angelegenheiten zur Folge hatte. Entsprechend dem materiellen Schweizer Recht wurde der Vorsorgeauftrag von der Schweizer Kindes- und Erwachsenenschutzbehörde validiert und *Herr S.* nahm den Vorsorgeauftrag an.

Seit seinem Unfall wohnt *Herr V.* in einem Pflegeheim in Salzburg. Aus Kostengründen möchte *Herr S.*, dass sein Vater *Herr V.* nunmehr in einem Pflegeheim in der Tschechischen Republik untergebracht wird. Das Heim, das *Herr S.* ausgesucht hat, ist aufgrund seiner mangelhaften Ausstattung für die Pflegebedürfnisse des *Herrn V.* ungeeignet und weist laut Medienberichten gravierende Missstände auf. *Herr V.* verfügt nicht mehr über die erforderliche Entscheidungsfähigkeit, um selbst über die Wohnortänderung zu entscheiden, möchte jedoch keinesfalls umziehen.

Herr V. möchte deshalb den Vorsorgeauftrag widerrufen.

Variante 1: Die Enkelin *Elisabeth E.*, die ein gutes Verhältnis zu ihrem Großvater *Herrn V.* hat, möchte die Wohnortentscheidung des *Herrn S.* nicht einfach so hinnehmen. Sie regt daher bei österreichischen Gerichten die gerichtliche Kontrolle der geplanten Wohnortverlegung ins Ausland an.

Variante 2: Die Enkelin *Frau E.* hegt Zweifel an der Eignung des *Herrn S.* als Vertreter für *Herrn V.* und regt bei österreichischen Gerichten unter Hinweis auf eine Gefährdung des Wohles des *Herrn V.* die Einleitung eines Erwachsenenschutzverfahrens sowie die Beendigung des Vorsorgeauftrags an.

Sachverhalt der Variante 2 angelehnt an LG Augsburg 30.01.2018, 054 T 161/18.

Für die Prüfung des **persönlichen** und **räumlichen** Anwendungsbereichs des HESÜ kann auf Fall 17 verwiesen werden. Das HESÜ ist auch in **sachlicher** Hinsicht anwendbar, da der Schweizer Vorsorgeauftrag als Vertretungsmacht iSd Art 15 HESÜ zu qualifizieren ist und *Herr V.* zum Zeitpunkt seiner Erteilung das 18. Lebensjahr vollendet hatte. Die **zeitliche** Anwendbarkeit ist jedoch fraglich, da im Zeitpunkt der Erteilung des Vorsorgeauftrags (2006) das HESÜ in Österreich noch nicht in Kraft war. Gem Art 50 Abs 3 HESÜ ist das Übereinkommen ab dem Zeitpunkt seines Inkrafttretens in einem Vertragsstaat auf die Vertretungsmacht anzuwenden, die zuvor unter Bedingungen erteilt wurde, die denen des Art 15 HESÜ entsprechen. Das Übereinkommen findet demnach auf Vorsorgevollmachten, die vor seinem Inkrafttreten errichtet wurden, dann Anwendung, wenn diese nach Art 15 HESÜ wirksam wären (*Traar*; für diesen *favor validitatis* ebenso *Lurger/Melcher*; *Verschraegen*; *Heindler*; aA wohl *Lipp*; *von Hein*; *Kerschner/Wagner/Aigner*). Da auf die Frage des Bestehens des Vorsorgeauftrags gem Art 15 HESÜ Schweizer Sachrecht anzuwenden wäre (siehe zur objektiven Anknüpfung Fall 17 sowie diesen Fall weiter unten) und dem Sachverhalt zu entnehmen ist, dass der Vorsorgeauftrag nach Schweizer Sachrecht gültig erteilt wurde, ist der zeitliche Anwendungsbereich eröffnet.

Mit dem intendierten Widerruf des Vorsorgeauftrags ist die Frage seiner **Beendigung ohne Mitwirkung einer Behörde** angesprochen. Die Frage der **Be-**

endigung einer Vertretungsmacht iSd Art 15 HESÜ ist, sofern **sie nicht durch eine behördliche (zB gerichtliche) Entscheidung erfolgt** (siehe dazu Variante 2), gem **Art 15 Abs 1 HESÜ** anzuknüpfen. In Ermangelung einer Rechtswahl ist das Recht jenes Staates anzuwenden, in dem der Erwachsene im Zeitpunkt des Abschlusses der Vereinbarung oder des Rechtsgeschäfts seinen gewöhnlichen Aufenthalt hatte. Da *Herr V.* im Zeitpunkt der Erteilung des Vorsorgeauftrags in Luzern (Schweiz) lebte, findet auf die Frage der Möglichkeit und der Voraussetzungen eines Widerrufs des Vorsorgeauftrags Schweizer Sachrecht Anwendung.

Variante 1: Bei der Anknüpfung der sich in Variante 1 erhebenden Rechtsfragen ist zwischen der Frage der **Notwendigkeit der behördlichen (zB gerichtlichen) Genehmigung** und der behördlichen Entscheidung über die Genehmigung zu unterscheiden.

Ob Rechtshandlungen der bevollmächtigten Person einer **behördlichen Genehmigung bedürfen**, ist eine Frage des Umfangs der Vertretungsmacht, weshalb nach Art 15 Abs 1 HESÜ Schweizer Sachrecht maßgeblich ist (Grundfall).

Bei der **behördlichen Entscheidung über die Genehmigung einer Rechtshandlung** handelt es sich um eine **Maßnahme zum Schutz der Person oder des Vermögens des Erwachsenen** iSd Art 1 Abs 2 lit a HESÜ iVm Art 3 HESÜ. Es ist zunächst der Anwendungsbereich des HESÜ in Hinblick auf solche Maßnahmen zu prüfen. Da die Wohnortänderung unter keinen Ausnahmetatbestand des Art 4 HESÜ fällt, ist sein **sachlicher** Anwendungsbereich eröffnet. Auch in **persönlicher** Hinsicht ist das HESÜ anwendbar (vgl Fall 17). Das HESÜ ist auf Maßnahmen in **zeitlicher Hinsicht** anzuwenden, die in einem Staat getroffen werden, nachdem das Übereinkommen für diesen Staat in Kraft getreten ist (Art 50 Abs 1 HESÜ). Auf Entscheidungen österreichischer Gerichte findet das HESÜ daher Anwendung, wenn sie – wie im vorliegenden Fall – nach seinem Inkrafttreten in Österreich (01.02.2014) getroffen werden. Aufgrund der Schweizer Staatsbürgerschaft und des gewöhnlichen Aufenthalts in Österreich liegt ein internationaler Sachverhalt vor, weshalb die **räumlichen** Anwendungsvoraussetzungen ebenfalls erfüllt sind. Bei Maßnahmen iSd Art 1 Abs 2 lit a HESÜ iVm Art 3 HESÜ ist zusätzlich der **räumlich-persönliche** Anwendungsbereich zu prüfen: Da *Herr V.* seinen gewöhnlichen Aufenthalt in Österreich und somit in einem Vertragsstaat des HESÜ hat, richtet sich das auf Maßnahmen anwendbare Recht nach dem HESÜ.

Das angerufene österreichische Gericht wendet gem **Art 13 Abs 1 HESÜ** bei der Ausübung seiner Zuständigkeit nach dem Übereinkommen sein eigenes Recht an (***lex fori***; **Gleichlaufprinzip**). Da jedoch die Frage der Notwendigkeit einer behördlichen Genehmigung im vorliegenden Fall nach Schweizer Sachrecht zu beurteilen ist und *Herr V.* zudem Schweizer Staatsbürger ist, liegt eine **enge Verbindung** des Sachverhalts zum Schweizer Recht gem **Art 13 Abs 2 HESÜ** vor. Soweit es der Schutz der Person oder des Vermögens des *Herrn V.* erfordert, kann das österreichische Gericht daher Schweizer Sachrecht anwenden oder berücksichtigen.

Variante 2: Die **behördliche Entscheidung über die Beendigung einer Vertretungsmacht** ist eine **Maßnahme zum Schutz der Person oder des Vermögens des Erwachsenen** iSd Art 1 Abs 2 lit a HESÜ iVm Art 3 HESÜ. Bezüglich der restlichen Prüfung des Anwendungsbereiches des HESÜ kann auf Variante 1 verwiesen werden. **Art 16 HESÜ** stellt klar, dass eine Vertretungsmacht nach Art 15 HESÜ durch eine Maßnahme – wie eine gerichtliche Entscheidung – aufgehoben werden kann, wenn sie nicht in einer Weise ausgeübt wird, die den Schutz der Person oder des Vermögens des Erwachsenen ausreichend sicherstellt. Zudem normiert Art 16 HESÜ in Ergänzung zu Art 13 HESÜ, dass bei der Aufhebung der Vorsorgevollmacht das nach Art 15 HESÜ maßgebliche Recht soweit wie möglich zu berücksichtigen ist. Das österreichische Gericht hat daher bei seiner Entscheidung über die Beendigung des Vorsorgeauftrags gem Art 13 HESÜ die *lex fori* und somit österreichisches Sachrecht anzuwenden, wobei es gem Art 16 HESÜ iVm Art 15 HESÜ Schweizer Sachrecht zu berücksichtigen hat.

Literatur: zur Vorsorgevollmacht siehe *Cap*, ÖZPR 2023, 82 (82 ff); *Heindler* in *Deixler-Hübner/Schauer*, HB ErwSchR Rz 14.37 ff; *Heindler* in *Laimer*, IPR-Praxiskommentar Art 15 HESÜ Rz 1 ff, Art 16 HESÜ Rz 1 ff, Art 50-59 HESÜ Rz 3; *Kerschner/Wagner/Aigner*, IPR[6] Rz 16/115 f; *Leitner*, ZfG 2019, 118 (121 ff); *Lurger/Melcher*, IPR[4] Rz 2/32 ff; *Lurger/Melcher*, HB IPR[2] Rz 2/42 ff; *Neumayr* in KBB[7] § 49 IPRG Rz 1; *Traar* in *Barth/Ganner*, HB ErwSchR[3] 981 ff; *Traar*, iFamZ 2013, 233 (234); *Traar/Pesendorfer/Lagger-Zach/Fritz/Barth*, Erwachsenenschutzrecht[2] Art 15 HESÜ Rz 1 ff, Art 16 HESÜ Rz 1 ff, Art 50 HESÜ Rz 8; *Uitz*, iFamZ 2019, 134 (135 ff); *Verschraegen* in *Rummel/Lukas/Geroldinger*, ABGB[4] § 15 IPRG Anh Rz 9, 56 ff; *Lipp* in MüKoBGB[9] Art 15 ErwSÜ Rz 1 ff; *von Hein* in *Staudinger*, BGB Art 15 ErwSÜ Rz 1 ff.

II. Erwachsenenvertretung

Fall 19 *(Sessa-Jahn)*

Schwerpunkte: Gewählte, gesetzliche und gerichtliche Erwachsenenvertretung

Die 82-jährige italienische Staatsbürgerin *Giulia G.* mit gewöhnlichem Aufenthalt in Wien kann aufgrund einer fortgeschrittenen dementiellen Erkrankung ihr Einkommen und Vermögen nicht mehr ohne Nachteil für sich selbst verwalten. Auf Anregung der behandelnden Ärztin leitet daher das zuständige Wiener Bezirksgericht ein Verfahren zur Bestellung eines gerichtlichen Erwachsenenvertreters ein und beauftragt den Erwachsenenschutzverein mit der Abklärung (§ 4a ErwSchVG: „*Clearing*“). Die Abklärung durch den Erwachsenenschutzverein sowie die Erstanhörung von *Frau G.* ergeben, dass sie keine Vorsorgevollmacht errichtet hat.

Variante 1: Nach dem gerichtlich eingeholten Sachverständigengutachten kann *Frau G.* zwar keine Vorsorgevollmacht mehr errichten, ist jedoch fähig, die Bedeutung und Folgen einer Bevollmächtigung in Grundzügen zu verstehen, ihren Willen danach zu bestimmen und sich entsprechend zu verhalten. Laut Clearing-Bericht des Erwachsenenschutzvereins hat *Frau G.* ein gutes Verhältnis zu ihrer volljährigen Nichte *Nina N.*, die ihren gewöhnlichen Aufenthalt ebenfalls in Wien hat und eine gewählte Erwachsenenvertretung übernehmen würde. *Frau G.* steht der gewählten Erwachsenenvertretung durch ihre Nichte *Frau N.* positiv gegenüber.

Variante 2: Nach dem gerichtlich eingeholten Sachverständigengutachten ist *Frau G.* nicht mehr in der Lage, die Bedeutung und Folgen einer Bevollmächtigung in Grundzügen zu verstehen, ihren Willen danach zu bestimmen und sich entsprechend zu verhalten. Nach dem Clearing-Bericht des Erwachsenenschutzvereins könnte die Nichte *Frau N.* eine gesetzliche Erwachsenenvertretung mit dem erforderlichen Wirkungsbereich übernehmen.

Bei der **Bestellung eines gerichtlichen Erwachsenenvertreters** (§§ 271 ff ABGB) handelt es sich um eine **Maßnahme zum Schutz der Person oder des Vermögens des Erwachsenen** iSd Art 1 Abs 2 lit a HESÜ iVm Art 3 HESÜ. Da kein Ausnahmetatbestand des Art 4 HESÜ erfüllt ist, findet das HESÜ in **sachlicher** Hinsicht Anwendung. Der **persönliche**, **zeitliche**, **räumliche** und **räumlich-persönliche** Anwendungsbereich des HESÜ ist ebenfalls eröffnet (siehe Fall 18 Variante 1). Gem **Art 13 HESÜ** wenden die Behörden der Vertragsstaaten bei der Ausübung ihrer Zuständigkeit nach dem HESÜ ihr eigenes Recht an (***lex fori***; **Gleichlauf von *forum* und *ius***). Das österreichische Gericht hat daher bei der Beantwortung der Frage nach dem Vorliegen der Bestellungsvoraussetzungen österreichisches Sachrecht anzuwenden. Nach dem österreichischen materiellen Erwachsenenschutzrecht ist die gerichtliche Erwachsenenvertretung als *ultima ratio* konzipiert, weshalb sie subsidiär gegenüber der Vorsorgevollmacht, der gewählten Erwachsenenvertretung und der gesetzlichen Erwachsenenvertretung ist (§ 271 ABGB). Laut Sachverhalt hat *Frau G.* keine Vorsorgevollmacht erteilt. Das Gericht hat aber zu prüfen, ob die Voraussetzungen für die Errichtung einer Vorsorgevollmacht, einer gewählten Erwachsenenvertretung oder einer gesetzlichen Erwachsenenvertretung vorliegen. Vorrangig muss daher geklärt werden, nach welcher Rechtsordnung die Voraussetzungen für die Begründung der genannten Rechtsinstitute zu beurteilen sind:

Variante 1: Zur Frage der Anknüpfung der Voraussetzungen der **Vorsorgevollmacht** siehe Fall 17.

Die Frage der Anknüpfung des österreichischen Rechtsinstituts der **gewählten Erwachsenenvertretung** ist strittig. Nach **hA** (*Uitz;* zustimmend ErläutRV 1527 BlgNR 27. GP 48 sowie *Lipp*; *Neumayr*; *Lurger*; *Fritz*; ebenso *Traar*; *Leitner*; *Nademleinsky*; *Cap*; für eine analoge Anwendung von Art 15 HESÜ *von Hein*;

für eine Anwendung von Art 13 HESÜ hinsichtlich der Mitwirkung des Notars, des Rechtsanwalts oder des Erwachsenenschutzvereins bei der Errichtung und Registrierung sowie von § 1 IPRG in sonstigen Fragen: *Heindler*) ist die **gewählte Erwachsenenvertretung** als **Vertretungsmacht iSd Art 15 HESÜ** zu qualifizieren und unterfällt daher dem HESÜ. Hier wird der hL gefolgt, die daher der weiteren Fallprüfung zugrunde gelegt wird. Der Anwendungsbereich des HESÜ ist vollumfänglich eröffnet (siehe Fall 17).

Gem **Art 15 Abs 1 HESÜ** ist primär die wirksame und zulässige Rechtswahl des Erwachsenen zu beachten. Als formelle Wirksamkeitsvoraussetzungen der Rechtswahl nennt Art 15 HESÜ Schriftlichkeit und Ausdrücklichkeit. Nach welchem Recht die materiellen Wirksamkeitsvoraussetzungen – insb die für die Rechtswahl erforderliche Geschäftsfähigkeit – zu beurteilen sind, ist strittig. Dieser Meinungsstreit braucht jedoch an dieser Stelle nicht weiter vertieft werden, da die objektive Anknüpfung gem Art 15 Abs 1 HESÜ auf das Sachrecht des gewöhnlichen Aufenthalts von *Frau G.* im Errichtungszeitpunkt und somit auf österreichisches Sachrecht verweist. Die Wahl einer anderen Rechtsordnung würde die Intention, eine gewählte Erwachsenenvertretung zu errichten, konterkarieren, da das Rechtsinstitut der gewählten Erwachsenvertretung ein österreichisches Spezifikum darstellt, das in anderen Rechtsordnungen – mit Ausnahme der kanadischen Teilrechtsordnung von British Columbia („*representation agreement*") – unbekannt ist. Die Frage, ob die Voraussetzungen für eine gewählte Erwachsenenvertretung vorliegen, ist daher unter der Bedingung, dass kein ausländisches Recht gewählt wird, nach österreichischem Sachrecht zu beurteilen.

Variante 2: Die **gesetzliche Erwachsenenvertretung** unterfällt, sofern nicht behördliche Entscheidungen – wie etwa über ihre Beendigung oder über die Genehmigung von Rechtshandlungen – betroffen sind, **nicht dem Anwendungsbereich des HESÜ**. Zur Anknüpfung der Frage der Zulässigkeit und der Voraussetzungen der gesetzlichen Erwachsenenvertretung sind daher die nationalen Kollisionsnormen des IPRG heranzuziehen. Mit der **UbG-IPRG-Novelle 2022** (BGBl I 2022/147) wurde eine **eigene Kollisionsnorm für Vertretungen von schutzberechtigten Erwachsenen von Gesetzes wegen** eingeführt. Nach dem neugefassten § 15 Abs 2 IPRG, der mit 01.09.2022 in Kraft getreten ist, sind die (materiellen) Voraussetzungen, die Wirkungen und die Beendigung der Vertretung eines schutzberechtigten Erwachsenen von Gesetzes wegen, mit oder ohne Registrierungserfordernis, nach dem Recht jenes Staates zu beurteilen, in dem der **Erwachsene im Zeitpunkt der Entstehung dieser Vertretung seinen gewöhnlichen Aufenthalt hatte**. Aufgrund des Abstellens auf den Zeitpunkt der Entstehung der Vertretung handelt es sich um ein **fixes Statut**.

Das Gericht hat im Verfahren zur Bestellung eines gerichtlichen Erwachsenenvertreters aufgrund der Subsidiarität dieses Rechtsinstitutes die Fragen zu klären, ob die Voraussetzungen der gesetzlichen Erwachsenenvertretung erfüllt sind und ob eine solche registriert werden kann. Da *Frau G.* laut Sachverhalt ihren gewöhnlichen Aufenthalt in Wien hat, hat das Gericht die materiellen Voraussetzungen der gesetzlichen Erwachsenenvertretung gem § 15 Abs 2 IPRG nach österreichischem Recht zu beurteilen. § 15 Abs 2 IPRG spricht eine **Gesamtverweisung** aus, weshalb bei Verweisungen auf fremde Rechtsordnungen nach § 5 IPRG Rück- und Weiterverweisungen beachtlich sind (ErläutRV 1527 BlgNR 27. GP 49; krit *Verschraegen*). Aufgrund des Verweises auf österreichisches Recht kommt österreichisches Sachrecht zur Anwendung (§§ 268 ff ABGB). Für die **Form** der Entstehung und Beendigung der Vertretung von Gesetzes wegen, wie für die Frage der Beachtlichkeit eines Registrierungserfordernisses, ist § 8 IPRG einschlägig (ErläutRV 1527 BlgNR 27. GP 49; krit *Verschraegen*; ebenfalls krit *Heindler*). Gem § 8 IPRG ist die Form einer Rechtshandlung nach demselben Recht zu beurteilen wie die Rechtshandlung selbst (hier: österreichisches Sachrecht gem § 15 Abs 2 IPRG); es genügt jedoch stets die Einhaltung der Formvorschriften des Errichtungsortes (hierzu auch Fälle 20, 96, 101, 108, 117, 133b).

Literatur: zur gewählten Erwachsenenvertretung siehe *Uitz*, iFamZ 2019, 134 (134 ff); zust *Lipp* in MüKoBGB[9] Art 15 ErwSÜ Rz 6; *Neumayr* in KBB[7] § 15 IPRG Rz 2; *Lurger* in FS 40 Jahre IPRG 79 (117 FN 58); *Fritz* in *Fenyves/Kerschner/Vonkilch*, Klang[3] § 264 ABGB Rz 11; ebenso *Traar* in *Barth/Ganner*, HB ErwSchR[3] 988 ff; *Traar*, ZfRV 2019, 270 (274); *Traar/Pesendorfer/Lagger-Zach/Fritz/Barth*, Erwachsenenschutzrecht[2] Art 15 HESÜ Rz 2; *Leitner*, ZfG 2019, 118 (123); *Nademleinsky*, iFamZ 2018, 314 (314); *Cap*, ÖZPR 2023, 82 (82 f); für eine analoge Anwendung von Art 15 HESÜ *von Hein* in *Staudinger*, BGB Art 15 ErwSÜ Rz 12; für eine Anwendung von Art 13 HESÜ hinsichtlich der Mitwirkung des Notars, des Rechtsanwalts oder des Erwachsenenschutzvereins bei Errichtung und Registrierung sowie von § 1 IPRG in sonstigen Fragen *Heindler* in *Laimer*, IPR-Praxiskommentar § 15 IPRG Rz 8 ff, Art 1-4 HESÜ Rz 14; *Heindler* in *Rummel/Lukas/Geroldinger*, ABGB[4] § 49 IPRG Rz 5; zur gesetzlichen Erwachsenenvertretung nach Inkrafttreten der UbG-IPRG-Novelle 2022 siehe *Cap*, iFamZ 2022, 209 (209 ff); *Cap*, ÖZPR 2023, 82 (84 f); *Heindler* in *Laimer*, IPR-Praxiskommentar § 15 IPRG Rz 5 ff; *Nademleinsky* in *Schwimann/Neumayr*, ABGB[6] § 15 IPRG Rz 2; *Neumayr* in KBB[7] § 15 IPRG Rz 1 f; *Traar/Pesendorfer/Lagger-Zach/Fritz/Barth*, Erwachsenenschutzrecht[2] § 15 IPRG Rz 6 ff; *Uitz*, iFamZ 2021, 94 (94 ff); *Verschraegen* in *Rummel/Lukas/Geroldinger*, ABGB[4] § 15 IPRG Rz 10 ff; zur gerichtlichen Erwachsenenvertretung siehe *Cap*, ÖZPR 2023, 82 (83); *Heindler* in *Deixler-Hübner/Schauer*, HB ErwSchR Rz 14.1 ff; *Heindler* in *Laimer*, IPR-Praxiskommentar Art 13 HESÜ Rz 1 ff, Art 14 HESÜ Rz 1 ff; *Kerschner/Wagner/Aigner*, IPR[6] Rz 16/115a; *Lurger/Melcher*, IPR[4] Rz 2/11 ff; *Traar* in *Barth/Ganner*, HB ErwSchR[3] 999 ff; *Traar/Pesendorfer/Lagger-Zach/Fritz/Barth*, Erwachsenenschutzrecht[2] Art 13 HESÜ Rz 1 ff, Art 14 HESÜ Rz 1 ff; *Verschraegen* in *Rummel/Lukas/Geroldinger*, ABGB[4] § 15 IPRG Anh Rz 49 ff.

III. Patientenverfügung

Fall 20 *(Sessa-Jahn)*

Schwerpunkte: Bestehen, Wirkungen und Beendigung der Patientenverfügung

Der österreichische Staatsbürger *Ayaz A.* (mit gewöhnlichem Aufenthalt in Deutschland) erlitt während einer Motorradtour in Tirol (Österreich) einen Unfall mit schwerem Schädel-Hirn-Trauma. Nach unfallchirurgischer und intensivmedizinischer Behandlung im Innsbrucker Krankenhaus wird ein Apallisches Syndrom (Wachkoma) diagnostiziert und die Notwendigkeit einer künstlichen Ernährung mittels Magensonde festgestellt. Dem Krankenhauspersonal der Innsbrucker Klinik liegt eine Patientenverfügung vor, die *Herr A.* vor 7 Jahren nach ärztlicher Aufklärung in Deutschland errichtet hatte. Die Patientenverfügung entspricht den Formerfordernissen des deutschen Sachrechts für die Errichtung einer verbindlichen Patientenverfügung. Mit der Patientenverfügung hat *Herr A.* für den Fall seiner Entscheidungsunfähigkeit bei Diagnose eines Apallischen Syndroms die Legung einer Magensonde abgelehnt.

Wurde die Patientenverfügung durch *Herrn A.* gültig errichtet? Ist das Krankenhauspersonal an die Ablehnung der Legung der Magensonde laut Patientenverfügung gebunden? Ist die Patientenverfügung verbindlich, obwohl seit Errichtung 7 Jahre vergangen sind?

Eine Verfügung, mit der eine medizinische Behandlung für den Fall der Entscheidungsunfähigkeit abgelehnt wird (Patientenverfügung), fällt nach hA nicht unter den sachlichen Anwendungsbereich des HESÜ, da keine Vertretungsmacht iSd Art 15 HESÜ eingeräumt wird. Es ist daher auf nationales Kollisionsrecht zurückzugreifen.

Im Zuge der PatVG-Novelle 2018 wurde mit **§ 1 Abs 3 PatVG** eine ausdrückliche Verweisungsnorm für Patientenverfügungen geschaffen. § 1 Abs 3 PatVG normiert, dass sich die Voraussetzungen, das Bestehen, der Umfang, die Wirkungen, die Änderung und die Beendigung einer Patientenverfügung **für Behandlungen in Österreich** nach **österreichischem Sachrecht richten**, und stellt somit eine **einseitige** Kollisionsnorm dar (zu diesem Begriff *Lurger/Melcher*, IPR[4] Rz 1/99).

Da es im vorliegenden Fall um eine Behandlung in Österreich geht, ist § 1 Abs 3 PatVG anzuwenden. Am Rande sei angemerkt, dass ein Teil der Lehre auch bei Behandlungen im Ausland § 1 Abs 3 PatVG – analog oder aufgrund der Anknüpfung an die stärkste Beziehung über § 1 IPRG – anwendet und auf das Sachrecht des Behandlungsortes abstellt. In **zeitlicher** Hinsicht gilt § 1 Abs 3 PatVG für **Behandlungen ab dem 16.01.2019 (Datum des Inkrafttretens gem**

§ 18 Abs 2 PatVG). Bei § 1 Abs 3 PatVG handelt es sich um eine **Sachnormverweisung**.

Strittig ist, ob § 1 Abs 3 PatVG auch die Anknüpfung der **formellen Voraussetzungen** einer Patientenverfügung umfasst, oder ob für diese § 8 IPRG maßgeblich ist. Nach einem Teil der Lehre (*Lurger/Melcher*; *Leitner*; *Heindler*) werde § 8 IPRG durch § 1 Abs 3 PatVG verdrängt, weshalb sich auch die Frage der Form einer Patientenverfügung nach § 1 Abs 3 PatVG richte. Aufgrund des vorrangigen Zieles des PatVG, den Patientenwillen zu achten, ist jedoch mE jener Lehrmeinung zu folgen (*Traar*; *Neumayr* in KBB[6]; zweifelnd aber *Neumayr* in KBB[7]; krit *Verschraegen*), wonach die formellen Voraussetzungen einer Patientenverfügung nach dem **Günstigkeitsprinzip des § 8 IPRG** (vgl dazu auch Fälle 19 Variante 2, 96, 101, 108, 117, 133b) anzuknüpfen sind. Gem § 8 IPRG ist eine Rechtshandlung formgültig, wenn sie entweder die formellen Voraussetzungen der *lex causae* (österreichisches Sachrecht gem § 1 Abs 3 PatVG) oder jene des Errichtungsortes erfüllt. Da laut Sachverhalt die Patientenverfügung in Deutschland entsprechend den Formerfordernissen des deutschen Sachrechts für verbindliche Patientenverfügungen errichtet wurde, ist sie als verbindliche Patientenverfügung formgültig. Bezüglich der **materiellen Voraussetzungen** gelangt gem **§ 1 Abs 3 PatVG** österreichisches Sachrecht zur Anwendung.

Ob das Krankenhauspersonal an die Ablehnung der Legung der Magensonde laut Patientenverfügung gebunden ist, betrifft die **Wirkungen** der Patientenverfügung. Auf Fragen der **Wirkungen der Patientenverfügung** ist bei Behandlungen in Österreich gem § 1 Abs 3 PatVG österreichisches Sachrecht anzuwenden.

Die Frage nach einem allfälligen Verlust der Verbindlichkeit durch Zeitablauf ist eine Frage der **Beendigung oder Änderung** der Patientenverfügung und unterliegt bei Behandlungen in Österreich gem § 1 Abs 3 PatVG österreichischem Sachrecht. Sohin ist die Patientenverfügung noch verbindlich, weil der unfallbedingte Verlust der Entscheidungsfähigkeit innerhalb von 8 Jahren seit Errichtung der Patientenverfügung eingetreten ist, *Herr A.* keine kürzere Frist bestimmt hat (§ 7 Abs 1 PatVG) und keine Anhaltspunkte für die Annahme einer wesentlichen Änderung des Standes der medizinischen Wissenschaft vorliegen (§ 10 Abs 1 Z 3 PatVG).

Literatur: zur Patientenverfügung siehe *Cap*, ÖZPR 2023, 82 (83); *Heindler* in *Laimer*, IPR-Praxiskommentar § 1 PatVG Rz 1 ff; *Leitner*, ZfG 2019, 118 (121); *Lurger/Melcher*, IPR[4] Rz 2/36a; *Lurger/Melcher*, HB IPR[2] Rz 2/47 f; *Lurger* in FS 40 Jahre IPRG 79 (118 f); *Neumayr* in KBB[6] § 15 IPRG Rz 1; *Neumayr* in KBB[7] § 15 IPRG Rz 3; *Traar* in *Barth/Ganner*, HB ErwSchR[3] 1005 ff; *Traar*, iFamZ 2019, 55 (55 ff); *Traar*, ZfRV 2019, 270 (274); *Traar/Pesendorfer/Lagger-Zach/Fritz/Barth*, Erwachsenenschutzrecht[2] § 1 PatVG Rz 16 ff; *Verschraegen* in *Rummel/Lukas/Geroldinger*, ABGB[4] § 15 IPRG Rz 16, § 15 IPRG Anh Rz 64).

IV. Sterbeverfügung

Fall 20a *(Sessa-Jahn)*
Schwerpunkte: Voraussetzungen, Wirkungen und Beendigung der Sterbeverfügung

> Die 48-jährige *Corinna F.* ist österreichische Staatsbürgerin und lebt seit Jahren mit ihrer Familie in Prag (Tschechische Republik). Sie leidet an Multipler Sklerose, einer autoimmunen und chronisch-entzündlichen Erkrankung des zentralen Nervensystems. Diese Erkrankung hat einen schlechten Verlauf genommen, ist unheilbar und wird unweigerlich zum Tod führen. Für *Frau F.* ist ihre Erkrankung mit einem Leidenszustand verbunden, den sie nach ihrem Empfinden nur durch Suizid abwenden kann.
>
> *Frau F.* möchte wissen, ob sie eine Sterbeverfügung in Österreich errichten und in der Folge Sterbehilfe durch Bezug eines tödlichen Präparats von einer österreichischen öffentlichen Apotheke in Anspruch nehmen kann, obwohl sie nicht in Österreich lebt.

Unter einer „*Sterbeverfügung*" versteht das österreichische StVfG (BGBl I 2021/242) eine **höchstpersönliche Willenserklärung**, mit der eine sterbewillige Person ihren dauerhaften, freien und selbstbestimmten Entschluss festhält, ihr Leben selbst zu beenden (§ 3 Z 1 StVfG iVm § 4 StVfG). Das StVfG wurde im Jahr 2021 beschlossen und trat mit 01.01.2022 in Kraft. Es regelt die Voraussetzungen und die Wirksamkeit von Sterbeverfügungen zum Nachweis eines dauerhaften, freien und selbstbestimmten Entschlusses zur Selbsttötung (§ 1 Abs 1 StVfG).

Da *Frau F.* österreichische Staatsbürgerin ist und ihren gewöhnlichen Aufenthalt in Tschechien hat, besteht ein Auslandsbezug. Das HESÜ geht dem nationalen IPR vor, ist jedoch auf Sterbeverfügungen nicht anzuwenden. Denn es liegt weder eine Maßnahme zum Schutz der Person oder des Vermögens des Erwachsenen iSd Art 1 Abs 2 lit a HESÜ iVm Art 3 HESÜ vor noch wird durch die Sterbeverfügung eine Vertretungsmacht iSd Art 1 Abs 2 lit c iVm Art 15 HESÜ eingeräumt. Mangels unionsrechtlicher Regelungen im Zusammenhang mit grenzüberschreitenden Sterbeverfügungen ist auf **nationales IPR** zu rekurrieren.

Im Zuge der Erlassung des StVfG wurde mit § 1 Abs 3 StVfG eine explizite kollisionsrechtliche Bestimmung für Sterbeverfügungen geschaffen. In zeitlicher Hinsicht ist § 1 Abs 3 StVfG auf Sterbeverfügungen anzuwenden, die am 01.01.2022 oder später errichtet werden (§ 14 StVfG). § 1 Abs 3 StVfG sieht vor, dass sich die Voraussetzungen, die Wirkungen und die Beendigung einer Sterbeverfügung nach österreichischem Sachrecht richten. Es handelt sich um eine **einseitige Verweisungsnorm**, da nur österreichisches Sachrecht und nie ausländisches Recht berufen wird (*Neumayr/Resch*; *Traar*; aA *Heindler*; zu diesem Begriff *Lurger/Melcher*, IPR[4] Rz 1/99). Im Gegensatz zu § 1 Abs 3 PatVG sind sowohl Sachverhalte in Österreich als auch im Ausland von der Verweisung auf österreichisches Sachrecht erfasst. Ein weiterer Unterschied zu § 1 Abs 3 PatVG besteht darin, dass § 1 Abs 3 StVfG neben den **materiellen Voraussetzungen** auch die **formellen Voraussetzungen** einer Sterbeverfügung erfasst und insoweit als *lex specialis* § 8 IPRG verdrängt (ErläutRV 1177 BlgNR 27. GP 7).

Im vorliegenden Fall sind die Voraussetzungen für die Errichtung einer Sterbeverfügung gem § 1 Abs 3 StVfG nach **österreichischem Sachrecht** zu beurteilen. Gem § 1 Abs 2 StVfG kann eine Sterbeverfügung nur wirksam errichten, wer seinen gewöhnlichen Aufenthalt in Österreich hat oder österreichischer Staatsangehöriger ist. Diese Bestimmung will verhindern, dass Personen mit fremder Staatsangehörigkeit nur zur Inanspruchnahme der Regelungen über den assistierten Suizid nach Österreich reisen (ErläutRV 1177 BlgNR 27. GP 7). Es handelt sich bei § 1 Abs 2 StVfG um eine materielle Wirksamkeitsvoraussetzung, die nach § 1 Abs 3 StVfG anzuknüpfen ist (*Heindler*; dagegen ErläutRV 1177 BlgNR 27 GP 7). Da *Frau F.* laut Sachverhalt österreichische Staatsbürgerin ist, gehört sie zum Personenkreis des § 1 Abs 2 StVfG. Dass ihr gewöhnlicher Aufenthalt im Ausland liegt, schadet daher nicht. Bei der Errichtung der Sterbeverfügung hat *Frau F.* gem § 1 Abs 3 StVfG auch die sonstigen materiellen Wirksamkeitsvoraussetzungen (insb Aufklärung, Volljährigkeit, Entscheidungsfähigkeit, Vorliegen einer § 6 Abs 3 StVfG entsprechenden Erkrankung) und formellen Wirksamkeitsvoraussetzungen, die durch das österreichische StVfG normiert werden, zu beachten.

Die Frage, ob *Frau F.* nach der Errichtung einer wirksamen Sterbeverfügung nach österreichischem Sachrecht ein letales Präparat von einer österreichischen öffentlichen Apotheke beziehen kann, ist eine Frage der **Wirkung der Sterbeverfügung** (*Cap/Dokalik*; zust *Heindler*) und richtet sich daher gem § 1 Abs 3 StVfG ebenfalls nach österreichischem Sachrecht. Die Abgabe des lebensbeendenden Präparats durch öffentliche Apotheken ist in § 11 StVfG geregelt.

Lernhinweise: Bei der Sterbeverfügung handelt es sich im Unterschied zur Patientenverfügung nicht um eine Vorausverfügung für den Fall, dass die sterbewillige Person ihre Entscheidungsfähigkeit verliert. Im Gegenteil: Assistierter Suizid ist nur erlaubt, wenn die sterbewillige Person im Zeitpunkt der Tötungshandlung entscheidungsfähig ist (ErläutRV 1177 BlgNR 27. GP 7). Insofern ist eine Sterbeverfügung auch nicht dem klassischen Bereich des Erwachsenenschutzrechts zuzuordnen, das sich mit dem Schutz von Erwachsenen befasst, die in ihrer Entscheidungsfähigkeit beeinträchtigt und deshalb nicht in der Lage sind, ihre Angelegenheiten für sich selbst zu besorgen. Da die Bestimmungen des StVfG an jene des PatVG angelehnt sind (ErläutRV 1177 BlgNR 27. GP 7), erfolgt die thematische Behandlung der Sterbeverfügung dennoch an dieser Stelle des Casebooks.

Die Beantwortung der Rechtsfragen dieses Falles erfolgt aus der Sicht eines österreichischen Gerichts (siehe dazu Benützungsanleitung und Prüfungstipps I.). Die Perspektive eines tschechischen Gerichts wird nicht berücksichtigt.

Hintergrund der Erlassung des StVfG war das Erkenntnis des VfGH vom 11.12.2020, G 139/2019-71. In Hinblick auf das Recht auf Selbstbestimmung einer sterbewilligen Person beurteilte der VfGH das ausnahmslose Verbot der Hilfeleistung zum Suizid in § 78 Fall 2 StGB als verfassungswidrig. Mit der Erlassung des StVfG bezweckte der österreichische Gesetzgeber eine verfassungskonforme Neuregelung des assistierten Suizids.

Literatur: zur Sterbeverfügung siehe *Cap/Dokalik* in *Dokalik*, StVfG § 1 StVfG Rz 1 ff; *Heindler* in *Laimer*, IPR-Praxiskommentar § 1 StVfG Rz 1 ff; *Heindler* in *Rummel/Lukas/Geroldinger*, ABGB[4] § 49 IPRG Rz 6; *Heindler*, RdM 2022, 299 (299 ff); *Neumayr/Resch* in *Neumayr/Resch/Wallner*, GmundKomm[2] § 1 StVfG Rz 1 ff; *Traar/Pesendorfer/Lagger-Zach/Fritz/Barth,* Erwachsenenschutzrecht[2] § 1 StVfG Rz 1 ff; *Verschraegen* in *Rummel/Lukas/Geroldinger*, ABGB[4] § 15 IPRG Anh Rz 70 ff.

D. Vertragliches Schuldrecht

I. Einheitsprivatrecht: UN-Kaufrecht (CISG)

a. Anwendungsbereich

Fall 21 *(Weichbold)*
Schwerpunkt: Räumlicher Anwendungsbereich

Das in Niederösterreich ansässige Bauunternehmen *BauFix GmbH* erwirbt beim rumänischen Staatsbürger *Victor,* der seinen Holzhandel in Vorarlberg (Österreich) betreibt, Bauholz im Wert von € 20.000,–.

Variante 1: *Victors* Holzhandelsunternehmen ist in Bukarest (Rumänien) angesiedelt.

Variante 2: *Victors* Holzhandelsunternehmen ist in Bukarest (Rumänien) angesiedelt. Da *Victor* jedoch ohnedies hauptsächlich Kunden in Österreich beliefert, hat er auf seiner Firmenhomepage eine österreichische Geschäftsadresse angegeben, an der sich in Wahrheit aber lediglich ein Auslieferungslager befindet. Seinem Vertragspartner, der *BauFix GmbH*, hat er in den Vertragsverhandlungen mehrfach mitgeteilt, dass es sich bei seinem Holzhandel um ein „*heimisches, österreichisches Unternehmen*" handelt.

Variante 3: *Victors* Holzhandelsunternehmen ist in Vorarlberg (Österreich) angesiedelt. Dieses Mal beliefert er jedoch ein Unternehmen mit Sitz in Almaty (Kasachstan).

Das UN-K kann nach Art 1 Abs 1 UN-K nur zur Anwendung gelangen, wenn die **Vertragspartner ihre Niederlassung in verschiedenen Staaten** haben. Rein inländische Sachverhalte, bei denen die Vertragsparteien ihre Niederlassung im selben Staat haben, unterliegen sohin niemals dem Anwendungsbereich des UN-K. Da im Grundfall beide Unternehmen in Österreich niedergelassen sind, ist der räumliche Anwendungsbereich des UN-K nicht eröffnet. Die Tatsache, dass es sich bei *Victor* um einen rumänischen Staatsbürger handelt, ist in diesem Zusammenhang unerheblich, weil das UN-K nur auf die Niederlassung der Vertragsparteien abstellt (Art 1 Abs 3 UN-K).

Variante 1: Der räumliche Anwendungsbereich des Abkommens ist nach Art 1 Abs 1 lit a UN-K jedenfalls eröffnet, wenn es sich bei den Staaten, in denen die **beiden Vertragsparteien** ihre Niederlassung haben, um **Vertragsstaaten** des UN-K handelt (**autonome Anwendung**). Da sowohl Österreich als auch Rumänien das Übereinkommen ratifiziert haben, ist diese Voraussetzung erfüllt, weshalb der räumliche Anwendungsbereich des Abkommens eröffnet ist.

Variante 2: Der räumliche Anwendungsbereich des Abkommens wäre, wie in Variante 1, nach Art 1 Abs 1 lit a UN-K dem Grunde nach eröffnet, weil beide Vertragsparteien ihre Niederlassung in verschiedenen Vertragsstaaten haben. Art 1 Abs 2 UN-K nimmt jedoch solche Verträge vom Anwendungsbereich aus, bei denen der **Charakter eines Auslandsgeschäftes nicht erkennbar** ist. Damit ein Vertrag nach dieser Bestimmung vom Anwendungsbereich des UN-K ausgenommen ist, reicht es nach hA bereits aus, dass für eine der beiden Vertragsparteien der internationale Charakter des Vertrages nicht ersichtlich ist. Dies ist im vorliegenden Fall erfüllt, weil die *Baufix GmbH* sowohl aufgrund der Angaben auf der Firmenhomepage als auch aufgrund der Vertragsverhandlungen davon ausgehen durfte, dass es sich bei ihrem Vertragspartner *Victor* um einen Unternehmer mit Niederlassung in Österreich handelt.

Variante 3: In dieser Sachverhaltsvariante hat eine Partei zwar ihre Niederlassung in einem Vertragsstaat (Österreich), die andere Partei jedoch nicht (Kasachstan). Es liegt somit kein Fall der autonomen Anwendung nach Art 1 Abs 1 lit a UN-K vor. Nach Art 1 Abs 1 lit b UN-K ist der räumliche Anwendungsbereich des Abkommens dennoch eröffnet, wenn die **Regeln des internationalen Privatrechts zur Anwendung des Rechts eines Vertragsstaates** führen (**Vorschaltlösung**). Es ist also nach den Regeln des internationalen Privatrechts zu prüfen, welches Recht auf den Vertrag anzuwenden ist. Da es im Sachverhalt keinen Hinweis auf eine Rechtswahl zwischen den Parteien gibt, hätte das zuständige österreichische Gericht diese Frage nach den gesetzlichen Kollisionsnormen zu beurteilen. Art 4 Abs 1 lit a Rom I-VO (zu ihrem Anwendungsbereich siehe Fall 36) verweist für Kaufverträge über bewegliche Sachen auf das Sachrecht jenes Staates, in dem der Verkäufer seinen gewöhnlichen Aufenthalt hat. In diesem Fall hat der Verkäufer *Victor* seinen gewöhnlichen Aufenthalt in Österreich. Da es sich bei Österreich um einen Vertragsstaat des UN-K handelt, ist sein räumlicher Anwendungsbereich eröffnet.

Lernhinweis: In der Prüfungssituation müssen Sie selbstverständlich nicht auswendig wissen, ob Rumänien oder Kasachstan Vertragsstaaten des UN-K sind. Im Kodex *„Bürgerliches Recht"* (Verlag LexisNexis) findet sich am Ende des Abkommens eine Auflistung sämtlicher Vertragsstaaten. Da ihm laufend neue Staaten beitreten (zuletzt 2023: Saudi-Arabien und Ruanda), sollten Sie auf die Aktualität dieser Liste achten, indem Sie stets einen möglichst aktuellen Gesetzestext verwenden. Eine stets aktualisierte Liste der Vertragsstaaten ist abrufbar unter folgendem Link: https://uncitral.un.org/en/texts/salegoods/conventions/sale_of_goods/cisg/status. Auch das RIS bietet immer eine aktuelle Liste aller am UN-K teilnehmenden Staaten.

Literatur: *Welser/Zöchling-Jud*, BR II[14] Rz 817; *Rabl/Herndl/Riedler*, BR III: Schuldrecht BT[7] Rz 1/56; *Perner/Spitzer/Kodek*, BR[7] 703; vgl auch die Fälle (2-2.5) zum räumlichen Anwendungsbereich des Abkommens bei *Maier/Nitsch/Reidinger*, BR II[9] 236 ff.

Fall 22 *(Weichbold)*
Schwerpunkt: Sachlicher Anwendungsbereich

Die *Relax-Munich GmbH* betreibt ein großzügiges Spa-Resort nördlich von München (Deutschland). Zur Ausstattung der Zimmer beauftragt das Unternehmen den in Linz (Österreich) niedergelassenen Tischler *Gernot* mit der Herstellung von 35 Schränken. Die *Relax-Munich GmbH* besteht auf die ausschließliche Verwendung von deutschem Eichenholz, um dessen Anschaffung sich *Gernot* nach den Bestimmungen des Vertrages zu kümmern hat.

Variante: Der Rezeptionstisch des Hotels soll ebenfalls von *Gernot* angefertigt werden. Um ein Zeichen für mehr Regionalität zu setzen, stellt die *Relax-Munich GmbH* das notwendige Holz für den Tisch aus dem benachbarten Waldgebiet zur Verfügung.

Variante in Anlehnung an OGH 27.10.1994, 8 Ob 509/93.

Der räumliche Anwendungsbereich des UN-K ist nach Art 1 Abs 1 lit a UN-K unzweifelhaft eröffnet, weil es sich sowohl bei Deutschland als auch bei Österreich als Orte der jeweiligen Unternehmensniederlassung um Vertragsstaaten des UN-K handelt. Fraglich könnte im konkreten Fall hingegen sein, ob der Sachverhalt vom sachlichen Anwendungsbereich des Abkommens erfasst ist. Das UN-K ist nach Art 1 Abs 1 UN-K auf *„Kaufverträge über Waren"* anzuwenden. Da die *Relax-Munich GmbH* mit *Gernot* die Herstellung von Schränken vereinbart, ist zu erörtern, ob überhaupt ein **Warenkauf iSd Abkommens** vorliegt.

Klarheit schafft hier Art 3 Abs 1 UN-K: Danach sind Verträge über die Lieferung herzustellender oder zu erzeugender Waren Kaufverträgen über Waren gleichgestellt, sofern nicht der **Besteller einen wesentlichen Teil des für die Erzeugung notwendigen Stoffes** zur Verfügung zu stellen hat. Aus dem vorliegenden Sachverhalt ergibt sich, dass *Gernot* für die Anschaffung des zu verwendenden Holzes verantwortlich ist. Die Tatsache, dass er dabei auf Drängen der *Relax-Munich GmbH* nur auf deutsches Eichenholz zurückgreifen darf, ändert an dieser Beurteilung nichts. Der gegenständliche Vertrag ist daher nach Art 3 Abs 1 UN-K einem Kaufvertrag über Waren gleichzuhalten, weshalb der sachliche Anwendungsbereich des UN-K eröffnet ist.

Variante: Anders als im Grundsachverhalt wird in dieser Variante das **Holz** von der *Relax-Munich GmbH* – und somit vom **Besteller** – zur Verfügung gestellt. Solche Verträge sind nach dem eindeutigen Wortlaut des Art 3 Abs 1 UN-K gerade nicht als Kaufverträge iSd UN-K zu behandeln. Der sachliche Anwendungsbereich des UN-K ist daher nicht eröffnet, weshalb das Abkommen nicht zur Anwendung gelangt. Das Rechtsverhältnis ist demnach kollisionsrechtlich anzuknüpfen (siehe zum Kaufvertrag unten Fälle 36 ff).

Lernhinweis: Die in Art 3 Abs 1 UN-K getroffene Differenzierung dürfte Ihnen bereits aus dem ABGB bekannt sein: § 1166 ABGB grenzt in ganz ähnlicher Weise den grundsätzlich als Kaufvertrag zu behandelnden Werklieferungsvertrag vom klassischen Werkvertrag ab.

Beachten Sie zusätzlich, dass nach Art 3 Abs 2 UN-K solche Verträge vom Anwendungsbereich des UN-K ausgenommen sind, bei denen der überwiegende Teil der Vertragspflichten in der Ausführung von Arbeiten oder anderen Dienstleistungen besteht. Ausgenommen sind daher etwa Fälle, in denen sich der Verkäufer neben der Lieferung der Ware auch zu umfangreichen Montage- und Installationsarbeiten verpflichtet, deren Kosten den wirtschaftlichen Wert der Ware übersteigen.

Literatur: *Welser/Zöchling-Jud*, BR II[14] Rz 818; *Rabl/Herndl/Riedler*, BR III: Schuldrecht BT[7] Rz 1/56; *Perner/Spitzer/Kodek*, BR[7] 704; vgl auch die Fälle (2.8-2.11) zum sachlichen Anwendungsbereich des Abkommens bei *Maier/Nitsch/Reidinger*, BR II[9] 240 ff.

Fall 23 *(Weichbold)*
Schwerpunkt: Persönlicher Anwendungsbereich

Die Rechtsanwältin *Dr. Almut Zadig* bestellt für ihre Kanzlei in der Wiener Innenstadt einen Besprechungstisch beim spanischen Möbelhändler *Mobilario S.L.* aus dessen Katalog.

Variante 1: *Almut* möchte das Möbelstück nicht für ihre Kanzlei, sondern für ihre Privatwohnung als Esstisch nutzen. Nach Rücksprache mit dem Möbelhändler *Mobilario S.L.* bezüglich der Frage, ob der Tisch auch als Familien-Esstisch für 8 Personen geeignet sei, bestellt sie diesen mit ihrer privaten E-Mail-Adresse und lässt sich den Tisch an ihre Privatadresse liefern.

Variante 2: *Almut* möchte den Tisch, wie in Variante 1, nicht für ihre Kanzlei, sondern für ihre Privatwohnung als Esstisch nutzen. Dieses Mal hält sie jedoch vorab keine Rücksprache mit dem Möbelhändler. Bei der Bestellung verwendet sie zudem ihre Firmensignatur und gibt als Rechnungsadresse ihren Kanzleisitz an.

Variante 3: *Almut* möchte die Kanzlei, in der ihr Besprechungstisch stehen soll, erst im Monat nach dem voraussichtlichen Einlangen ihrer Bestellung eröffnen.

Örtlicher und sachlicher Anwendungsbereich des UN-K sind im vorliegenden Grundfall unzweifelhaft eröffnet: Sowohl bei Österreich als auch bei Spanien handelt es sich um Vertragsstaaten des Abkommens und der Erwerb eines serienmäßig gefertigten Tisches stellt zweifelsfrei einen Warenkauf iSd UN-K dar. Das UN-K enthält keine nähere Umschreibung seines persönlichen Anwendungsbereichs: Grundsätzlich kommt es daher nicht darauf an, dass die vertragsschließenden Parteien unternehmerisch tätig sind. Zu beachten ist jedoch, dass Art 2 lit a UN-K den **Kauf von Waren für den persönlichen Gebrauch** in der Familie oder im Haushalt **vom Anwendungsbereich des Abkommen ausnimmt**. Im vorliegenden Sachverhalt möchte *Almut* den Besprechungstisch jedoch für ihre Kanzlei – und somit nicht für ihren persönlichen Gebrauch – nützen, weshalb der Kaufvertrag nicht vom Anwendungsbereich des Abkommen ausgenommen ist.

Variante 1: Örtlicher und sachlicher Anwendungsbereich des UN-K sind (wie im Grundsachverhalt) unzweifelhaft eröffnet. Dieses Mal ist jedoch die Ausnahme des Art 2 lit a UN-K einschlägig, da *Almut* den Tisch zweifelsfrei für den **persönlichen Gebrauch** in ihrer Familie nutzen möchte und dies auch gegenüber dem Vertragspartner offenlegt. Der Vertrag ist somit nach Art 2 lit a UN-K vom Anwendungsbereich ausgenommen.

Variante 2: In dieser Fallvariante möchte *Almut* den Tisch ebenfalls für private Zwecke nützen, weshalb wiederum die in Art 2 lit a UN-K enthaltene Ausnahme zur Anwendung gelangen könnte. Diese greift jedoch dann nicht, wenn der **Vertragspartner weder wusste noch wissen musste**, dass die Ware zum **persönlichen Gebrauch** gekauft wurde. Im vorliegenden Fall konnte die *Mobilario S.L.* wohl nicht mit einem persönlichen Gebrauch rechnen, weil *Almut* den Tisch unter Beifügung ihrer Firmensignatur bestellt und ihren Kanzleisitz als Rechnungsadresse angegeben hat. Der Vertrag ist daher mangels Erkennbarkeit der privaten Nutzung nicht nach Art 2 lit a UN-K vom Anwendungsbereich ausgenommen.

Variante 3: Obwohl *Almut* die Kanzlei erst eröffnen wird, wird der Tisch zweifelsfrei zu geschäftlichen Zwecken angeschafft. Österreichische Rechtsanwenderinnen und Rechtsanwender könnten hier womöglich versucht sein, zu einem falschen Ergebnis zu gelangen, weil es sich aus der Sicht des nationalen Unternehmensrechts um ein typisches **Gründungsgeschäft** handelt, womit im innerstaatlichen Recht bestimmte Privilegierungen der erwerbenden Person verbunden sind (beachte § 343 Abs 3 UGB und § 1 Abs 3 KSchG). Das UN-K enthält jedoch keine vergleichbare Sonderregelung, weshalb der Vertrag nicht nach Art 2 lit a UN-K vom Anwendungsbereich des Abkommens ausgenommen ist.

Lernhinweis: In Prüfungsarbeiten wird manchmal versucht, aus dem nationalen Recht Rückschlüsse auf das UN-K zu ziehen (zB: „*Das UN-K kommt zur Anwendung, weil der Käufer Unternehmer iSd UGB ist*“). Davon ist jedenfalls abzuraten: Zum einen kommt es für die Anwendung des UN-K gerade nicht auf das Verständnis von begriffsverwandten nationalen Regelungen an. Zum anderen entsteht dadurch sehr schnell der Eindruck, dass die beiden Regelungsebenen nicht voneinander abgegrenzt werden können.

Literatur: *Welser/Zöchling-Jud*, BR II^{14} Rz 818; *Rabl/Herndl/Riedler*, BR III: Schuldrecht BT^{7} Rz 1/56; *Perner/Spitzer/Kodek*, BR^{7} 704; vgl auch die Fälle (2.6-2.7) zum persönlichen Anwendungsbereich des Abkommens bei *Maier/Nitsch/Riedinger*, BR II^{9} 238 f.

Fall 24 *(Weichbold)*
Schwerpunkt: Dispositivität

Die deutsche Fahrzeugherstellerin *WV AG* kauft beim in Österreich niedergelassenen Zulieferbetrieb *Automotoren-Salzburg GmbH* 10.000 Kfz-Motoren. Der Kaufvertrag enthält folgende Klausel: „*Der Vertrag unterliegt nicht den Vorschriften des UN-K*".

Variante 1: Der Vertrag enthält folgende Klausel: „*Der Vertrag unterliegt deutschem Recht*".

Variante 2: Der Vertrag enthält folgende Klausel: „*Der Vertrag unterliegt dem Kaufrecht des BGB*".

Variante 1 angelehnt an OGH 22.10.2001, 1 Ob 77/01g ZfRV 2002, 74.
Variante 2 angelehnt an OGH 04.07.2007, 2 Ob 95/06v JBl 2008, 191.

Festzuhalten ist zunächst, dass der Grundsachverhalt grundsätzlich dem Anwendungsbereich des UN-K unterliegen würde: Es handelt sich um einen Kaufvertrag über Waren, beide Vertragspartner haben ihre Niederlassung in Vertragsstaaten des Abkommens (Österreich und Deutschland) und auch eine Ausnahme von seinem Anwendungsbereich ist nicht erfüllt. Gemäß Art 6 UN-K steht es den Parteien jedoch frei, **die Anwendung des Abkommens auszuschließen**. Dies ist durch die gegenständliche Klausel ausdrücklich geschehen. Das UN-K ist daher auf den vorliegenden Kaufvertrag nicht anzuwenden, weshalb das anwendbare Sachrecht nach allgemeinen kollisionsrechtlichen Regeln zu ermitteln ist. Im gegenständlichen Fall führt Art 4 Abs 1 lit a Rom I-VO (zu ihrem Anwendungsbereich siehe Fall 36) zur Anwendung österreichischen Sachrechts, weil der Verkäufer seinen gewöhnlichen Aufenthalt in Österreich hat. Daher ist der Kaufvertrag nach den innerstaatlichen Vorschriften des österreichischen Sachrechts (insb ABGB und UGB) zu beurteilen.

Variante 1: Die Vertragsparteien können die Anwendung des UN-K nicht nur ausdrücklich, sondern auch **stillschweigend ausschließen**. Voraussetzung dafür ist freilich, dass durch die Vereinbarung der Wille der Parteien, von den Vorschriften des UN-K abgehen zu wollen, hinreichend deutlich zum Ausdruck gelangt. Nach **hM und Rsp reicht der pauschale Verweis auf das Recht eines Vertragsstaates** grundsätzlich **nicht** für die Annahme eines stillschweigenden Ausschlusses des UN-K **aus**: Denn das UN-K wird durch seine Ratifikation zum Bestandteil des jeweiligen (nationalen) Rechtssystems, weshalb der Verweis auf das Recht eines Vertragsstaates stets auch das UN-K erfasst. Im vorliegenden Fall inkludiert der Verweis auf das deutsche Recht daher auch die Vorschriften des UN-K, die durch ihre völkerrechtliche Ratifikation durch die Bundesrepublik Deutschland Teil des deutschen Rechtsbestandes wurden. Daher unterliegt der vorliegende Kaufvertrag im Ergebnis den Regeln des UN-K.

Variante 2: Im Unterschied zur ersten Fallvariante enthält die vereinbarte Rechtswahlklausel keinen Pauschalverweis auf die Rechtsordnung eines Vertragsstaates, sondern **verweist auf eine konkrete Rechtsquelle** dieses Staates. In diesem Fall handelt es sich hierbei um das Kaufrecht des deutschen BGB. Anders als in der ersten Fallvariante wird somit gerade nicht auf das UN-K mitverwiesen. Die hM und Rsp gehen daher davon aus, dass durch einen solchen Verweis auch **stillschweigend** der Wille der Vertragsparteien zum Ausdruck gebracht wird, die **Anwendung des UN-K auszuschließen**. Im vorliegenden Fall haben die Vertragsparteien daher die grundsätzlich anzuwendenden Vorschriften des UN-K konkludent ausgeschlossen, weshalb diese nicht zur Anwendung gelangen. Daher ist der Kaufvertrag nach den innerstaatlichen Vorschriften des deutschen Sachrechts (insb des gewählten BGB) zu beurteilen.

Literatur: *Welser/Zöchling-Jud*, BR II[14] Rz 816; *Rabl/Herndl*/Riedler, BR III: Schuldrecht BT[7] Rz 1/58; *Perner/Spitzer/Kodek*, BR[7] 704; vgl auch die Fälle (2.14-2.16) zur Dispositivität des Abkommens bei *Maier/Nitsch/Reidinger*, BR II[9] 243 f.

Fall 25 *(Weichbold)*
Schwerpunkt: Regelungsumfang

Ein Mitarbeiter des Salzburger Unternehmens *Trachtenhaus GmbH* bestellt beim in Mailand (Italien) ansässigen Großhändler *Tessili-Italiani S.r.l.* eine große Menge eines bestimmten Kleidungsstoffes. Das italienische Unternehmen sagt im Bestätigungsschreiben die Lieferung eines ähnlichen, aber doch unterschiedlichen Stoffes zu.

Als das italienische Unternehmen die Kaufpreiszahlung nach erfolgter Lieferung einfordert, verweigert der Geschäftsführer der *Trachtenhaus GmbH* aus mehreren Gründen die Kaufpreiszahlung: Einerseits bestehe gar keine Übereinstimmung zwischen Bestellung und Lieferungsbestätigung, andererseits habe sein Mitarbeiter auch keine ausreichende Vertretungsmacht für derartige Geschäfte, weshalb gar kein Vertrag zustande gekommen sei. Schließlich sei der Kleidungsstoff ohnedies mangelhaft, weshalb er vom behaupteten Vertrag jederzeit zurücktreten könne.

Der Sachverhalt unterliegt zweifelsfrei dem Anwendungsbereich des UN-K. Es handelt sich um einen Kaufvertrag über Waren, die beiden Vertragspartner haben ihre Niederlassung in Vertragsstaaten des UN-K (Österreich und Italien) und auch eine Ausnahme vom Anwendungsbereich ist nicht ersichtlich.

Das **UN-K regelt** nach Art 4 UN-K **ausschließlich den Abschluss des Kaufvertrages und die aus ihm erwachsenden Rechte und Pflichten** des Verkäufers und des Käufers. Darüber hinausgehende Fragestellungen werden demgegenüber vom UN-K nicht erfasst, weshalb sie kollisionsrechtlich anzuknüpfen sind. Für die einzelnen Einwände der *Trachtenhaus GmbH* ist daher zu differenzieren:

Der **mögliche Dissens** der Vertragserklärungen betrifft den Abschluss des Kaufvertrages im engeren Sinn, weshalb er nach den **einschlägigen Regelungen des UN-K** zu beurteilen ist (Art 14 ff UN-K; insb Art 19 UN-K; siehe hierzu Fall 31). Die Voraussetzungen einer wirksamen **Stellvertretung** werden hingegen nicht vom UN-K festgelegt, sondern sind nach dem (über § 49 IPRG kollisionsrechtlich zu ermittelnden) autonomen **innerstaatlichen Recht** zu beurteilen (siehe hierzu Fälle 13 ff). Welche **Rechtsbehelfe** dem Käufer aufgrund einer mangelhaften Lieferung im Allgemeinen zustehen und unter welchen Voraussetzungen er im Besonderen eine Vertragsaufhebung begehren kann, ist wiederum **im UN-K** geregelt (Art 45 ff; siehe hierzu Fälle 33 ff).

Lernhinweis: Dieser Sachverhalt zeigt, dass Prüfungsfälle, auch wenn sie zumindest anteilig dem Anwendungsbereich des UN-K unterliegen, oftmals nicht ausschließlich mit seinen Vorschriften gelöst werden können. Selbst wenn ein Warenkauf grundsätzlich dem UN-K unterliegt, müssen Sie daher stets prüfen, welche Sachverhaltsprobleme durch das UN-K geregelt werden und welche Fragestellungen nur unter Rückgriff auf das (kollisionsrechtlich zu ermittelnde) autonome innerstaatliche Recht zu lösen sind.

Literatur: *Welser/Zöchling-Jud*, BR II[14] Rz 819; *Rabl/Herndl/Riedler*, BR III: Schuldrecht BT[7] Rz 1/57; *Perner/Spitzer/Kodek*, BR[7] 704 f; vgl auch den Fall (2.12) zum Regelungsumfang des Abkommens bei *Maier/Nitsch/Reidinger*, BR II[9] 242 f.

b. Allgemeine Bestimmungen (Auslegungs- und Formfragen)

Fall 26 *(Murko/J. Pock/Vogelauer)*

Schwerpunkte: Formfreiheit, Vorbehalte

Die österreichische Gemüsehändlerin *Katharina* wird bei einer Messe in Österreich auf das Angebot der bulgarischen Bäuerin *Valentina* aufmerksam. Die Qualität der Gurken überzeugt sie sofort, weshalb sie umgehend bei *Valentina* eine Tonne Gurken um € 2.000,– bestellt. Die Lieferung soll am 21. April bei *Katharina* eintreffen. Als *Katharina* am 23. April noch immer keine Gurken erhalten hat, erkundigt sie sich bei *Valentina*, die über den Anruf überrascht ist: Sie hatte nämlich ihr Gespräch bei der Messe vergessen und außerdem „*gar nichts unterschrieben*". Kann *Katharina* auf die Lieferung bestehen?

Variante 1: Außerdem wendet *Valentina* ein, in Bulgarien gelte für Verträge iSd UN-K das Schriftformgebot. Zu Recht?

Variante 2: *Katharina* und *Valentina* vereinbaren telefonisch, dass sie den Vertrag auflösen, weil *Katharina* keinen Bedarf mehr an den bestellten Gurken hat. Ist dieses Vorgehen möglich?

Der Anwendungsbereich des UN-K ist vollumfänglich eröffnet (siehe oben Fälle 21 ff zum Anwendungsbereich).

Art 11 UN-K statuiert den **Grundsatz der Formfreiheit**: Ein Kaufvertrag muss weder schriftlich geschlossen noch nachgewiesen werden und unterliegt auch sonst keinen Formvorschriften (beachte die authentische englische Fassung: „*A contract of sale need not be concluded in or evidenced by writing and is not subject to any other requirement as to form.*"). Mithin genügt für das Zustandekommen des Vertrages bloßer **Konsens** über die *essentialia negotii* zwischen den Vertragsparteien. *Katharina* als Käuferin und *Valentina* als Verkäuferin haben sich bereits bei der Messe über Ware, Menge und Preis geeinigt (siehe näher Fälle 30 ff zu Angebot und Annahme). Der Kaufvertrag ist sohin gültig zustande gekommen, weshalb *Katharina* auf die Lieferung bestehen kann (vgl Art 30 UN-K).

Variante 1: *Valentina* beruft sich offenbar auf eine völkerrechtliche Erklärung nach Art 96 UN-K. Danach können Vertragsstaaten, die nach ihrem nationalen Sachrecht bei Kaufverträgen Schriftlichkeit verlangen, in Bezug auf Art 11 UN-K (sowie Art 29 UN-K oder den 2. Teil des UN-K-Übereinkommens) einen entsprechenden **Vorbehalt** erklären. In diesem Fall gelten gem Art 12 UN-K die betreffenden Bestimmungen nicht, wenn (mindestens) eine Partei ihre Niederlassung in einem dieser Vertragsstaaten hat. Vielmehr kommt in diesen Fällen das nach den Vorschriften des IPR zu ermittelnde Sachrecht zur Anwendung.

Welche Formvorschriften dieses Sachrecht statuieren würde, kann jedoch dahingestellt bleiben, weil Bulgarien – im Gegensatz zu Staaten wie beispielsweise Argentinien, Russland und die Ukraine – keinen entsprechenden Vorbehalt abgegeben hat, weshalb das UN-K uneingeschränkt zur Anwendung kommt. *Valentinas* Einwand besteht nicht zu Recht, weshalb *Katharina* auf die Lieferung bestehen kann.

Variante 2: Verträge können gem Art 29 Abs 1 UN-K durch **bloße Vereinbarung** der Parteien **geändert** oder aufgehoben werden. Somit ist auch in diesem Zusammenhang keine besondere Form vorgeschrieben. Folglich ist auch die formfreie (hier: telefonische) Aufhebung des Vertrages durch Vereinbarung möglich und wirksam.

Lerntipp: Die von den Vertragsstaaten abgegebenen Vorbehalte finden Sie stets aktuell im RIS, nicht aber in Ihren Kodizes.

Literatur: *Kalss/Schauer/Winner*, UR[4] Rz 10/37, 10/53 f; *Krejci*, UR[5] 413 f; *Perner/Spitzer/Kodek*, BR[7] 706; *Posch/Terlitza* in *Schwimann/Kodek*, ABGB[5] Art 11 CISG Rz 1 ff; *Rabl/Herndl/Riedler*, BR III: SchR BT[7] Rz 1/57 ff; *Thomale/Lindemann* in Beck-OGK, Art 29 CISG Rz 1 ff (01.04.2024); *Welser/Zöchling-Jud*, BR II[14] Rz 819.

Fall 27 *(Murko/J. Pock/Vogelauer)*
Schwerpunkt: Gewillkürte Form

Um Schwierigkeiten bei zukünftigen Geschäften zu vermeiden, vereinbaren die Gemüsehänderlin *Katharina* (Niederlassung in Österreich) und die Bäuerin *Valentina* (Niederlassung in Bulgarien), dass alle Bestellungen von nun an *„schriftlich per E-Mail"* getätigt werden sollen. Die nächste Gurkenlieferung wird deshalb auf diesem Weg vereinbart. Aufgrund einer schlechten Ernte hat *Valentina* jedoch weniger Gurken geerntet als erwartet, weshalb sie versucht, aus dem Geschäft wieder auszusteigen: Es fehle die Unterschrift in der E-Mail und E-Mails entsprächen ohnehin nicht den Erfordernissen des Art 13 UN-K, der nur Telegramm oder Fernschreiben als der Schriftform entsprechende Kommunikationsmedien benenne. Zu Recht?

Der Anwendungsbereich des UN-K ist vollumfänglich eröffnet (siehe oben Fälle 21 ff zum Anwendungsbereich).

Wenngleich Art 11 UN-K im Grundsatz keine spezielle Form verlangt (dazu oben Fall 26), können die Vertragsparteien kraft der in Art 6 UN-K angeordneten **Dispositivität** des Übereinkommens (dazu oben Fall 24) auch abweichende Formvorschriften festlegen. Von dieser Möglichkeit haben *Katharina* und *Valentina* durch ihre Vereinbarung Gebrauch gemacht.

Art 13 UN-K **definiert** den Begriff ***„schriftlich"*** **nicht**, sondern stellt bloß klar, dass auch Mitteilungen durch Telegramm oder Fernschreiben darunter zu subsumieren sind. Der Begriff *„schriftlich"* ist autonom zu interpretieren. Aus dem Wortlaut der Bestimmung (*„umfasst* [...] *auch"*) geht dabei hervor, dass Telegramm und Fernschreiben bloß demonstrativ aufgezählt wurden (vgl auch die englische Fassung: *„'writing' includes telegram and telex"*). Daraus leitet die hA ab, dass eine eigenhändige Unterschrift nicht erforderlich ist, sondern ausreichend ist, dass die Mitteilung zumindest dauerhaft schriftlich abrufbar und ihr Urheber erkennbar ist. Diese Norm wurde aufgenommen, um im internationalen Handel übliche, neue Kommunikationsformen der *„Schriftlichkeit"* gleichzustellen. Vor dem Hintergrund technischer Entwicklungen seit der Schaffung des UN-K im Jahr 1980 spricht ferner eine **teleologische Auslegung** dafür, auch **modernere Kommunikationsmittel** (wie E-Mail) unter den Begriff *„schriftlich"* zu subsumieren. Wenngleich bei E-Mails die *„Unterschriftlichkeit"* in der Regel fehlt, bieten diese einen dauerhaften Nachweis für den Inhalt der Erklärung.

Ob E-Mails dem Kriterium der **Schriftlichkeit** gem Art 13 UN-K genügen, kann letztlich für den vorliegenden Fall offengelassen werden, weil die Parteien jedenfalls privatautonom E-Mails als hinreichende *„Schriftlichkeitsform"* festlegen können. Dies haben *Katharina* und *Valentina* gemacht, weshalb der Vertrag gültig abgeschlossen worden ist.

Literatur: *Kalss/Schauer/Winner*, UR[4] Rz 10/47, 10/53; *Perner/Spitzer/Kodek*, BR[7] 704; *Posch/Terlitza* in *Schwimann/Kodek*, ABGB[5] Art 13 CISG Rz 1 ff; *Rabl/Herndl/Riedler*, BR III: SchR BT[7] Rz 1/57 f; *Saenger* in *Ferrari et al*, IVR[3] Art 13 UN-K Rz 1 f; *Welser/Zöchling-Jud*, BR II[14] Rz 816.

Fall 28 *(Murko/J. Pock/Vogelauer)*
Schwerpunkte: Auslegung, Lückenfüllung, Leistungsverweigerungsrecht

Die österreichische *Recycling GmbH* erwirbt von der italienischen *Costruzione S.r.l.* eine vollautomatisierte Abfallentsorgungsanlage für Bildschirme um € 1.000.000,–. Nach deren Lieferung stellt sich heraus, dass die Anlage vereinbarungswidrig Bildschirmglas nicht automatisch, sondern nur mit aufwändiger händischer Unterstützung von anderen Komponenten trennt. Die *Costruzione S.r.l.* verlangt trotzdem die Zahlung. Die *Recycling GmbH* weigert sich mit Verweis auf § 1052 ABGB, den noch ausständigen Kaufpreis von € 1.000.000,– zu zahlen. Weigert sich die *Recycling GmbH* zu Recht?

Sachverhalt in Anlehnung an OGH 08.11.2005, 4 Ob 179/05k RdW 2006, 146.

Der Anwendungsbereich des UN-K ist vollumfänglich eröffnet (siehe oben Fälle 21 ff zum Anwendungsbereich).

Art 7 Abs 2 UN-K regelt die **Lückenfüllung** im Anwendungsbereich des UN-K. Fragen, die zwar Regelungsgegenstände des UN-K betreffen, aber von seinen Vorschriften nicht explizit geregelt sind, sind zunächst nach den allgemeinen Grundsätzen des UN-K und subsidiär nach dem kollisionsrechtlich ermittelten Sachrecht zu entscheiden.

Das fragliche Vorliegen eines **Leistungsverweigerungsrechts** berührt den Gegenstand des UN-K, jedoch regelt das UN-K ein allgemeines Leistungsverweigerungsrecht des Käufers nicht ausdrücklich. Daher kommt Art 7 Abs 2 UN-K zur Anwendung. Um allgemeine Grundsätze des UN-K zu eruieren, kann zumeist im Wege der Einzel- oder Rechtsanalogie vorgegangen und das UN-K nach verallgemeinerungsfähigen Lösungsansätzen untersucht werden.

Die **Rechtsbehelfe des Käufers** nach Art 45 UN-K (vgl Art 46-52 UN-K sowie seine Schadenersatzansprüche nach Art 74-77 UN-K; hierzu unten Fälle 33 ff) berühren die Frage der Fälligkeit des Kaufpreises nicht und schließen eine Einrede wegen nicht gehörig erfüllten Vertrages (in Ö: § 1052 Satz 1 ABGB) nicht aus. Einen Anhaltspunkt bietet Art 58 Abs 3 UN-K, nach dem der Käufer grundsätzlich nicht dazu verpflichtet ist, den Kaufpreis zu zahlen, wenn er noch keine Gelegenheit hatte, die Ware zu untersuchen. Diese Bestimmung ergäbe – so der OGH – keinen Sinn, wäre der Käufer nach erfolgter Untersuchung trotz gefundener Mängel verpflichtet, sofort zu leisten. Lehrmeinungen leiten daher ein Zurückbehaltungsrecht des Käufers aus Art 58 UN-K sowie Art 71, 80, 85, 86

UN-K ab. Mithin kann der Käufer – so der OGH in Anschluss an die hL – bei vertragswidriger Lieferung die **Einrede des nicht gehörig erfüllten Vertrages** erheben und seine Leistung auch nach Fälligkeit zurückhalten (zum Zeitraum vor Fälligkeit siehe unten Fall 34).

Die vorliegende Fragestellung lässt sich also im Wege der Lückenfüllung iSd Art 7 Abs 2 UN-K lösen. Auf das nach IPR anwendbare Sachrecht muss daher nicht zurückgegriffen werden. Die *Recycling GmbH* **weigert sich zu Recht**, weil die gelieferte Anlage nicht der Vereinbarung entspricht. Allerdings ist ihr Verweis auf § 1052 ABGB falsch, denn diese Bestimmung ist wegen des Vorrangs des UN-K nicht anwendbar.

Literatur: *Posch/Terlitza* in *Schwimann/Kodek*, ABGB[5] Art 7 CISG Rz 10 ff; *Rabl/Herndl/Riedler*, BR III: SchR BT[7] Rz 1/57, 1/68 f; *Schnyder/Straub* in *Honsell*, UN-K[2] Art 58 UN-K Rz 64 f.

Fall 29 *(Murko/J. Pock/Vogelauer)*
Schwerpunkt: Auslegung von Willenserklärungen

Die griechische Niederlassung der englischen *Sprudex Ltd* bestellt bei der *Glas GmbH* aus Deutschland 10 Millionen Glasflaschen um € 800.000,–. Damit die Abnehmer der *Sprudex Ltd* nicht erfahren, wie billig der Einkaufspreis tatsächlich ist, vereinbaren die Geschäftsführerinnen der beiden Gesellschaften eine Vertragsänderung: Der neue Preis soll € 1.000.000,– betragen, wobei die *Glas-GmbH* die Differenz iHv € 200.000,– eine Woche später als „*Marketinggebühr*" an die *Sprudex Ltd* zurücküberweisen soll. Das Glas wird geliefert und der Kaufpreis beglichen. Wegen eines Buchhaltungsfehlers steht auf der Rechnung für die „*Marketinggebühr*" nur € 20.000,–. Diesen Betrag überweist die *Glas GmbH*. Später weigert sie sich unter Verweis auf die Rechnung jedoch, mehr zu zahlen. Kann die *Sprudex Ltd* weitere € 180.000,– fordern?

Variante: Im internationalen Glasflaschenhandel gibt es laut einem Sachverständigen allgemein anerkannte Handelsbräuche, die regeln, wie Glasflaschen zu liefern sind (zB hinsichtlich ihrer Verpackung). Im Kaufvertrag zwischen der *Sprudex Ltd* und die *Glas GmbH* werden diese jedoch nicht erwähnt. Können die Handelsbräuche dennoch zur Auslegung des Vertrags herangezogen werden?

Grundsachverhalt in Anlehnung an BGH 27.11.2007, X ZR 111/04 IHR 2008, 49.

Der Anwendungsbereich des UN-K ist vollumfänglich eröffnet (siehe oben Fälle 21 ff zum Anwendungsbereich).

Nach **Art 8 Abs 1 UN-K** kommt es bei der **Auslegung von Parteierklärungen** und Parteiverhalten primär auf den subjektiven Parteiwillen an. Erklärungen und sonstiges Verhalten einer Partei sind nach deren Willen auszulegen, wenn die andere Partei diesen Willen kannte oder darüber zumindest nicht in Unkenntnis sein konnte. Die Geschäftsführerin der *Glas GmbH* wusste, dass die Kaufpreiserhöhung erfolgte, um den wahren Preis gegenüber Abnehmern der *Sprudex Ltd* geheim zu halten. Deshalb war ihr klar, dass der erhöhte Kaufpreis nicht der *Glas GmbH* zugutekommen sollte. Ferner musste sie erkennen, dass die Höhe auf der Rechnung nur ein Zehntel der „*Marketinggebühr*" ausmachte, was als Verschiebung um genau eine Dezimalstelle einen Fehler indiziert. Außerdem ist es unüblich, dass ein Käufer – wohlgemerkt: nach dem ursprünglichen Vertragsabschluss – freiwillig eine Kaufpreiserhöhung um 25% (von € 800.000,– auf € 1.000.000,–) anbietet. Über den **wahren Erklärungswillen**, die *Glas GmbH* zu einer Leistung von € 200.000,– zu verpflichten, konnte die Geschäftsführerin der *Glas GmbH* folglich nicht in Unkenntnis sein. Dieser Wille musste ihr sogar bekannt gewesen sein, weshalb die Erklärung entsprechend auszulegen ist. Im Ergebnis ist die *Glas GmbH* verpflichtet, die restlichen € 180.000,– der „*Marketinggebühr*" an die *Sprudex Ltd* zu leisten.

Da bereits Art 8 Abs 1 UN-K einschlägig ist, muss nicht auf Art 8 Abs 2 UN-K zurückgegriffen werden. Art 8 Abs 2 UN-K normiert, dass in Fällen, in denen aufgrund des Erklärungswillens der Parteien nach Art 8 Abs 1 UN-K keine Übereinstimmung erzielt wird, Erklärungen und das sonstige Parteiverhalten so auszulegen sind, wie eine vernünftige Person der gleichen Art wie die andere Partei sie unter den gleichen Umständen aufgefasst hätte. Mit „*gleicher Art*" meint das UN-K jemanden in vergleichbarer Ausgangssituation, mit ähnlicher Branchenkenntnis und Erfahrung. Im Ergebnis ähnelt dies einer Auslegung nach dem **hypothetischen Parteiwillen** nach österreichischem Verständnis (§ 914 ABGB).

Variante: **Art 9 UN-K** regelt die Bedeutung von **Handelsbräuchen** und **Gepflogenheiten** zwischen den Parteien. Diese sind autonom nach UN-K auszulegen. Gem Art 9 Abs 1 UN-K sind die Parteien an Bräuche, mit denen sie sich einverstanden erklärt haben, und an Gepflogenheiten, die zwischen ihnen entstanden sind, gebunden. Sofern die Parteien nichts Gegenteiliges vereinbaren, wird gem Art 9 Abs 2 UN-K zudem angenommen, dass die Parteien sich in ihrem Vertrag oder bei Vertragsabschluss stillschweigend auf Bräuche bezogen haben, die sie kannten oder kennen mussten und die im internationalen Handel den Parteien gleichartiger Verträge im betreffenden Geschäftszweig weithin bekannt sind und von ihnen regelmäßig beachtet werden. Auch wenn sich die *Sprudex Ltd* und die *Glas GmbH* nicht auf die im internationalen Glasflaschenhandel verbreiteten Handelsbräuche beziehen, wird iSd Art 9 Abs 2 UN-K angenommen, dass sie diese Bräuche dennoch auf ihr Vertragsverhältnis angewandt wissen wollten.

Literatur: *Achilles*, UN-K[2] Art 8 UN-K Rz 2 ff, Art 9 UN-K Rz 2 ff; *Kalss/Schauer/Winner*, UR[4] Rz 10/48; *Melis* in *Honsell*, UN-K[2] Art 8 UN-K Rz 3 ff, Art 9 UN-K Rz 3 ff; *Posch/Terlitza* in *Schwimann/Kodek*, ABGB[5] Art 8 CISG Rz 1 ff, Art 9 CISG Rz 1 ff; *Rabl/Herndl/Riedler*, BR III: SchR BT[7] Rz 1/57 f.

c. Vertragsschluss

Fall 30 *(Murko/J. Pock/Vogelauer)*
Schwerpunkte: Inhalt und Wirksamkeit des Angebots, Zugang

> Der österreichische Unternehmer *Werner* betreibt in Wien einige Restaurants. Seit mehreren Jahren bezieht er regelmäßig Olivenöl für seinen Küchenbetrieb von der griechischen Exporteurin *Xenia* aus Kreta (Griechenland). *Werner* schreibt eine E-Mail an *Xenia*: „*Hallo Xenia, ich würde gerne die übliche Menge bestellen*". *Xenia* antwortet ihm ebenfalls per E-Mail: „*Ok, ich kümmere mich darum. Preis wird zwischen 7 und 9 Euro pro Liter betragen, abhängig vom saisonalen Ertrag*". *Werner* meldet sich nicht. Liegt ein Angebot vor?
>
> **Variante**: *Xenia* sucht neue Kunden. Kurzerhand teilt sie auf ihrer öffentlich zugänglichen Facebook-Seite einen Beitrag: „*Griechisches Olivenöl zu verkaufen, 10 Euro pro Liter.*" Liegt ein Angebot vor?

Der Anwendungsbereich des UN-K ist vollumfänglich eröffnet (siehe oben Fälle 21 ff zum Anwendungsbereich).

Ob ein **Angebot** besteht, ist nach **Art 14 ff UN-K** zu bestimmen. Ein Angebot iSd Art 14 Abs 1 UN-K ist der an eine bestimmte Person oder mehrere bestimmte Personen gerichtete Vorschlag, einen Vertrag abzuschließen. Dieser Vorschlag muss den Willen des Anbietenden zum Ausdruck bringen und bestimmt genug sein. Der Anbietende kann seinen Willen **ausdrücklich oder konkludent** zum Ausdruck bringen. Im vorliegenden Fall verwendet *Werner* zwar nicht den Begriff „*Angebot*", doch zeigt sich sein Bindungswille hinreichend deutlich, weshalb eine Willenserklärung vorliegt. Auch *Xenias* E-Mail an *Werner* stellt eine Willenserklärung dar, weil *Xenias* Bindungswille konkludent zum Ausdruck kommt. Es besteht Formfreiheit. Gem Art 6 UN-K könnten *Werner* und *Xenia* für ihre Geschäftsbeziehung aber besondere Formvorschriften vereinbaren.

Für ein Angebot iSd Art 14 Abs 1 UN-K muss die Willenserklärung hinsichtlich aller wesentlichen inhaltlichen Bestandteile des Angebots, der ***essentialia negotii***, ausreichend bestimmt oder bestimmbar sein. Das UN-K stellt an diese Voraussetzung ähnlich geringe Anforderungen wie das ABGB (*Rabl/Herndl/Riedler*, BR III: SchR BT^7 Rz 1/59). Nach dem UN-K muss ein Vorschlag die Ware bezeichnen und ausdrücklich oder stillschweigend die Menge sowie den Preis festsetzen oder zumindest deren Festsetzung ermöglichen. Zur Auslegung ist insbesondere Art 8 UN-K heranzuziehen (siehe oben Fall 29). Auch das Bestimmtheitserfordernis kann gem Art 6 UN-K durch Parteienvereinbarung abgeändert werden. Vorvertragliche Gepflogenheiten, Bräuche und Rahmenvereinbarungen zwischen den Parteien sind iSd Art 9 UN-K bei der Auslegung zu berücksichtigen (siehe oben Fall 29). Aus dieser Einbeziehung der Geschäftsgebräuche zwischen *Xenia* und *Werner* folgt, dass *Werner* griechisches Olivenöl in der Menge seiner früheren Bestellungen beziehen möchte. Da jedoch Angaben zum Preis fehlen, ist *Werners*

E-Mail nicht ausreichend bestimmt. Erst *Xenias* E-Mail erfüllt die Voraussetzungen eines Angebots iSd Art 14 Abs 1 UN-K. *Xenia* bezieht sich bezüglich Ware und Menge auf *Werners* E-Mail, gibt aber keinen Preis, sondern nur eine **Preisspanne** an. Dies ist unschädlich. Art 14 Abs 1 UN-K verlangt nur Bestimmbarkeit, nicht Bestimmtheit. Der Preis ist *„abhängig vom saisonalen Ertrag"*, also einer von den Parteien unabhängigen Bezugsgröße (objektive Bestimmungsklausel). Ebenso wäre es zulässig, eine Partei, beide Parteien oder einen Dritten den Angebotspreis endgültig bestimmen zu lassen (subjektive Bestimmungsklausel). Die genaue Abgrenzung zwischen der Bestimmbarkeit des Preises nach Art 14 Abs 1 UN-K und der Zweifelsregel zur Preisbestimmung nach Art 55 UN-K, die sich am Preis der Ware im Geschäftszweig orientiert, ist in der Lehre strittig.

Gem Art 15 Abs 1 UN-K wird ein Angebot erst **wirksam**, wenn es dem Empfänger gem Art 24 UN-K **zugeht**. Eine mündliche Erklärung geht dem Empfänger in jenem Moment zu, in dem sie geäußert wird. Alle anderen Erklärungen (vor allem schriftliche Erklärungen) gehen dem Empfänger entweder zu, wenn sie ihm oder einem Vertreter persönlich übergeben werden oder sie ihm an seiner Niederlassung oder Postanschrift oder, wenn diese fehlen, an seinem gewöhnlichen Aufenthaltsort zugestellt werden. Das Angebot muss also in den Machtbereich des Empfängers gelangen. Es ist in der Art und in dem Umfang wirksam, in dem es zugeht. Der Anbietende trägt das Risiko einer falschen Übermittlung. Als *Xenias* E-Mail in *Werners* E-Mail-Postfach ankommt, gelangt ihr Angebot in seinen Machtbereich. Daher ist das Angebot *Werner* iSd Art 15 Abs 1 UN-K zugegangen und wirksam. Ob er die E-Mail auch tatsächlich liest oder antwortet, ist für das Bestehen eines Angebots unerheblich. Der Empfänger muss lediglich unter gewöhnlichen Umständen die Möglichkeit haben, vom Inhalt Kenntnis zu erlangen. *Xenias* Angebot ist wirksam iSd Art 15 Abs 1 UN-K iVm Art 14 Abs 1 UN-K. Ein Vertrag liegt aber noch nicht vor: Hierfür muss *Werner* das Angebot erst annehmen (siehe unten Fall 31).

Variante: Gem Art 14 Abs 2 UN-K gilt ein Vorschlag, der nicht an eine bestimmte Person oder mehrere bestimmte Personen, sondern an die Allgemeinheit gerichtet ist, nur als Aufforderung, ein Angebot abzugeben (***invitatio ad offerendum***), sofern die Person, die diesen Vorschlag macht, nicht das Gegenteil deutlich zum Ausdruck bringt. Mit dem Beitrag auf ihrer Facebook-Seite richtet sich *Xenia* an einen unbestimmten Personenkreis. Da sie nichts Gegenteiliges angibt, handelt es sich um kein sie bindendes Angebot iSd Art 14 Abs 1 UN-K.

Literatur: *Achilles*, UN-K^2 Art 14 UN-K Rz 2 ff, Art 15 UN-K Rz 1 f, Art 24 UN-K Rz 3 f; *Dornis* in *Honsell*, UN-K^2 Art 14 UN-K Rz 7 ff, Art 15 UN-K Rz 2, Art 24 UN-K Rz 14 ff, 27 f; *Kalss/Schauer/Winner*, UR^4 Rz 10/50, 10/53 f; *Perner/Spitzer/Kodek*, BR^7 706; *Posch/Terlitza* in *Schwimann/Kodek*, ABGB^5 Art 14 CISG Rz 2 ff, Art 15 CISG Rz 1, Art 24 CISG Rz 4; *Rabl/Herndl/Riedler*, BR III: SchR BT^7 Rz 1/59 f; *Welser/Zöchling-Jud*, BR II^{14} Rz 820; ähnlicher Fall in *Maier/Nitsch/Reidinger*, BR II^9 246 f.

Fall 31 *(Murko/J. Pock/Vogelauer)*

Schwerpunkte: Rücknahme, Widerruf und Annahme des Angebots, Vertragsabschluss

> Die US-amerikanische Stahlhändlerin *Stephanie* (Niederlassung in Texas) unterbreitet dem österreichischen Wellblechdachhersteller *Willi* (Niederlassung in Eisenerz, Österreich) per Brief ein Angebot: 50 Tonnen Stahl zu € 480,– pro Tonne. Nachdem sie den Brief abgeschickt hat, schießt der Stahlpreis dramatisch in die Höhe. *Stephanie* wird nervös, denn sie möchte keinesfalls an das für sie mittlerweile nachteilige Angebot gebunden sein. Daher ruft *Stephanie Willi* an. Sie ist erleichtert zu hören, dass er den Brief noch gar nicht erhalten hat. Wie stellt sich die Rechtslage für *Stephanie* dar?
>
> **Variante 1**: *Willi* hat den Brief bereits erhalten und möchte *Stephanies* Angebot annehmen. Seine Annahmeerklärung hat er noch nicht abgeschickt.
>
> **Variante 2**: Wie Variante 1, allerdings bezeichnet *Stephanie* ihr Angebot im eingeschriebenen Brief als „*firm offer*". In der Annahme, dass sie es daher wohl ernst meint, kontaktiert *Willi* einen Dolmetscher und lässt in Vorbereitung auf den Vertragsschluss einige Dokumente übersetzen.
>
> **Variante 3**: Wie Variante 1, mit dem Unterschied, dass *Willi* seine Annahmeerklärung schon an *Stephanie* abgeschickt hat.
>
> **Variante 4**: Wie Variante 3, jedoch benötigt *Willi* aufgrund der guten Auftragslage mittlerweile 60 Tonnen statt 50 Tonnen Stahl. In der Annahme, dass diese Abweichung wohl keinen großen Unterschied machen wird, ändert er die Mengenangabe in seiner Annahmeerklärung an *Stephanie* einfach dementsprechend und schickt sie ab.

Der Anwendungsbereich des UN-K ist vollumfänglich eröffnet (siehe oben Fälle 21 ff zum Anwendungsbereich). *Stephanies* Willenserklärung ist ein Angebot iSd Art 14 Abs 1 UN-K (siehe oben Fall 30).

Stephanies **Angebot** ist *Willi* im Grundfall jedoch **noch nicht zugegangen** (siehe oben Fall 30 zum Zugang). Es ist daher noch nicht wirksam iSd Art 15 Abs 1 UN-K und kann gem Art 15 Abs 2 UN-K vom Anbietenden zurückgenommen werden, sofern die Rücknahmeerklärung dem Empfänger vor oder gleichzeitig mit dem Angebot zugeht. Dies gilt selbst dann, wenn das Angebot nach den Erklärungen des Erklärenden unwiderruflich sein soll. *Stephanie* kann ihr Angebot telefonisch zurücknehmen, obwohl sie es per Brief gestellt hat. Sie muss sich nicht desselben Kommunikationsmittels bedienen, das der Übermittlung des Angebots diente. Durch die Rücknahme erlischt ihr Angebot. *Stephanie* ist folglich nicht mehr daran gebunden.

Variante 1: Nachdem *Stephanies* Angebot *Willi* zugegangen ist, wodurch es wirksam wurde, kann sie es nicht mehr zurücknehmen, sondern nur mehr widerrufen. Verglichen mit dem ABGB, das den **Widerruf** eines zugegangenen Angebots nur gestattet, bis sich beim Erklärungsempfänger schützenswertes Vertrauen infolge seiner Kenntnisnahme von den Inhalten der Offerte gebildet hat, sieht das UN-K, insoweit geprägt vom anglo-amerikanischen Sachrecht, eine weitreichendere Widerrufsmöglichkeit für den Angebotsteller vor. Nach Art 16 Abs 1 UN-K ist ein **Widerruf eines Angebots bis zum Vertragsabschluss** möglich, solange der Widerruf dem Empfänger zugeht, bevor er seine Annahmeerklärung abgesandt hat. Dies ist hier der Fall. *Stephanie* kann ihr Angebot telefonisch widerrufen, wodurch dieses, wie bei der Rücknahme, erlischt.

Variante 2: Art 16 Abs 2 UN-K schränkt die im UN-K weitreichenden Möglichkeiten des Widerrufs zum Schutz des Empfängers ein. Ein Widerruf ist nicht möglich, wenn der Anbietende aufgrund einer festen Annahmefrist oder auf andere Weise zum Ausdruck bringt, dass das Angebot unwiderruflich ist. Zudem ist ein Widerruf nicht mehr möglich, wenn der Empfänger vernünftigerweise auf die Unwiderruflichkeit vertrauen konnte und er bereits im Vertrauen auf das Angebot gehandelt hat. *Stephanies* Formulierung „*firm offer*" kann als Angebot mit **Widerrufsverzicht** verstanden werden. Zudem disponiert *Willi* im Vertrauen darauf, indem er bereits einen Dolmetscher engagiert. Somit kann *Stephanie* ihr Angebot nicht mehr widerrufen. Falls *Willi* es annimmt, kommt ein Vertrag zustande, obwohl *Stephanie* ihre Meinung mittlerweile geändert hat.

Variante 3: Da *Stephanies* Angebot *Willi* zugegangen ist, wird es wirksam. Im nächsten Schritt kann *Willi* es nunmehr gem Art 18 Abs 1 UN-K annehmen. Unter einer Annahme versteht das UN-K eine Erklärung oder ein sonstiges Verhalten des Empfängers, das eine Zustimmung zum Angebot ausdrückt. Die Annahme kann sohin auch konkludent erklärt werden. Schweigen oder Untätigkeit allein stellen aber keine Annahme dar, sofern nicht Vereinbarungen oder Gepflogenheiten zwischen den Parteien oder Handelsbräuche eine andere Auslegung gebieten.

Gem Art 23 UN-K gilt ein Vertrag in jenem Zeitpunkt als geschlossen, in dem ein **Angebot wirksam angenommen** wird. Dies geschieht, sobald die Annahme dem Anbietenden zugeht (zum Zugang siehe oben Fall 30), hier also in jenem Moment, in dem *Willis* Brief mit seiner Annahmeerklärung bei *Stephanie* ankommt. Geschieht dies fristgerecht iSd Art 20 ff UN-K, kommt ein Vertrag zwischen *Willi* und *Stephanie* zustande.

Variante 4: Ein Vertrag kommt nur zustande, wenn Angebot und Annahme inhaltlich deckungsgleich sind. Gem Art 19 Abs 1 UN-K gilt eine Annahmeerklärung, die Ergänzungen, Einschränkungen oder sonstige Änderungen enthält, nicht als Annahme, sondern als Ablehnung des Angebots. Gem Art 19 Abs 2 UN-K fallen aber nur **wesentliche Abweichungen** unter Art 19 Abs 1 UN-K. Abweichungen, die sich auf Preis, Bezahlung, Qualität und Menge der Ware, Ort und Zeit der Lieferung, gegenseitige Haftung der Parteien oder Beilegung von Streitigkeiten beziehen, gelten dabei gem Art 19 Abs 3 UN-K jedenfalls als wesentlich. *Willis* Annahmeerklärung unterscheidet sich *in puncto* Menge von *Stephanies* Angebot. Deshalb ist es zunächst als Ablehnung des Angebots und nicht als Annahme zu deuten.

Jedoch könnte *Willis* abweichende Annahmeerklärung gleichzeitig ein Gegenangebot darstellen, wenn sie den allgemeinen Anforderungen an ein Angebot iSd

Art 14 Abs 1 UN-K entspricht (siehe oben Fall 30). Dieses Gegenangebot müsste *Stephanie* dann wiederum annehmen, um einen Vertragsschluss herbeizuführen. Da *Stephanie* ihr Angebot eigentlich zurückziehen möchte, wird sie *Willis* konkludent gestelltes Gegenangebot aber wohl nicht annehmen.

Literatur: *Achilles*, UN-K[2] Art 16 UN-K Rz 1 f, Art 18 UN-K Rz 1 ff, Art 19 UN-K Rz 2 ff, Art 23 UN-K Rz 1; *Dornis* in *Honsell*, UN-K[2] Art 16 UN-K Rz 2 ff, Art 18 UN-K Rz 4 ff, 25, 31 ff, Art 19 UN-K Rz 10 ff, Art 23 UN-K Rz 2; *Kalss/Schauer/Winner*, UR[4] Rz 10/51 f; *Krejci*, UR[5] 413 f; *Perner/Spitzer/Kodek*, BR[7] 706; *Posch/Terlitza* in *Schwimann/Kodek*, ABGB[5] Art 16 CISG Rz 2 ff, Art 18 CISG Rz 2 f, Art 19 CISG Rz 3 ff, Art 23 CISG Rz 1; *Rabl/Herndl/Riedler* BR III: SchR BT[7] Rz 1/59 f, 1/64; *Welser/Zöchling-Jud*, BR II[14] Rz 821; ähnlicher Fall in *Maier/Nitsch/Reidinger*, BR II[9] 247 ff.

Fall 32 *(Murko/J. Pock/Vogelauer)*
Schwerpunkt: AGB

Die österreichische *Winterwarm GmbH* möchte Schals von der italienischen *Cachemire S.r.l.* kaufen. Im Zuge der Vertragsverhandlungen verweist *Massimo*, ausreichend bevollmächtigter Vertreter der *Cachemire S.r.l.*, mündlich auf deren AGB. Auch ein späteres Schreiben von *Massimo* an die *Winterwarm GmbH* enthält den Vermerk: „*AGB: Es ist ausdrücklich die ausschließliche Gültigkeit unserer Einkaufsbedingungen vereinbart.*“ Die AGB der *Cachemire S.r.l.* werden jedoch weder inhaltlich besprochen noch schriftlich an die *Winterwarm GmbH* übermittelt. Die *Winterwarm GmbH* hat allerdings auch nie verlangt, dass AGB übersandt werden. Als es nach Vertragsschluss Lieferschwierigkeiten gibt, beruft sich die *Cachemire S.r.l.* auf ihre für sie vorteilhaften AGB. Zu Recht?

Sachverhalt in Anlehnung an OGH 29.06.2017, 8 Ob 104/16a JBl 2017, 805.

Der Anwendungsbereich des UN-K ist vollumfänglich eröffnet (siehe oben Fälle 21 ff zum Anwendungsbereich).

Das UN-K sieht **keine speziellen Regelungen für AGB** vor. Daher werden die allgemeinen Regeln des UN-K über den Vertragsabschluss auf die Einbeziehungs- und Geltungskontrolle von AGB angewendet. Die Inhaltskontrolle erfolgt dagegen anhand des nach IPR zu ermittelnden nationalen Sachrechts.

Um in einen Vertrag einbezogen zu werden, müssen AGB daher zunächst Bestandteil des Angebots iSd Art 14 Abs 1 UN-K geworden sein (zum Angebot siehe oben Fall 30). Dies kann auch stillschweigend geschehen oder sich aus den Verhandlungen oder Gepflogenheiten zwischen den Parteien ergeben. Aufgrund von *Massimos* Äußerungen musste der *Winterwarm GmbH* klar sein, dass die *Cachemire S.r.l.* den Vertrag nur auf der Grundlage ihrer AGB abschließen wollte.

Allerdings gilt laut hM grundsätzlich, dass AGB nur in Verträge iSd UN-K einbezogen werden, sofern auch ihr Text dem anderen Teil übersendet oder in anderer Weise **zugänglich** gemacht wurde. Dies hat die *Cachemire S.r.l.* unterlassen. Dass die *Winterwarm GmbH* nicht von sich aus die Übersendung der AGB gefordert hat, ändert nichts an dieser Einschätzung. Eine derartige Nachforschungsobliegenheit wäre mit den Effizienzerfordernissen des internationalen Handels nicht vereinbar. Die *Cachemire S.r.l.* kann sich demnach nicht auf ihre AGB berufen, weil diese nicht zum Angebotsbestandteil wurden, weshalb sie nicht wirksam in das Vertragsverhältnis einbezogen wurden.

Inhaltliche Abweichungen zwischen Angebot und Annahme iSd UN-K können auch dann entstehen, wenn sich beide Parteien auf ihre jeweiligen AGB berufen („*battle of forms*"). Auch diese Konstellation müsste nach den allgemeinen Regeln der Art 14 ff UN-K gelöst werden.

Literatur: *Achilles*, UN-K[2] Art 14 UN-K Rz 7 f; *Dornis* in *Honsell*, UN-K[2] Art 19 CISG Rz 37 ff, Art 24 CISG Rz 38; *Kalss/Schauer/Winner*, UR[4] Rz 10/49; *Posch/Terlitza* in *Schwimann/Kodek*, ABGB[5] Art 14 CISG Rz 1, Art 19 CISG Rz 7.

d. Warenkauf

Fall 33 *(Murko/J. Pock/Vogelauer)*

Schwerpunkte: Pflichten des Verkäufers, Vertragsaufhebung, Vertragsverletzung, Mängelrüge, Rechtsfolgen der Vertragsaufhebung

Gisela ist vertretungsbefugte Geschäftsführerin der österreichischen *Frisch und G'sund Catering GmbH*. Da die Geschäfte gut laufen, kauft sie während einer Geschäftsreise in Berlin im Herbst 2023 einen teuren Unikat-Druck von *Andy Warhol* in der Galerie der deutschen *ArtHouse OHG*. Das Gemälde soll zu Dekorationszwecken in den Geschäftsräumlichkeiten der GmbH hängen. *Gisela* belässt das Werk während des gesamten Kaufvorganges in einem Glasrahmen und stellt es auch in diesem Rahmen aus. Erst als sie es im Frühjahr 2025 von einem Experten neu einrahmen lässt, muss sie feststellen, dass das Bild von Kratzern übersät ist und durch mehrere Knitterspuren und Knicke im Karton faktisch wertlos ist. *Gisela* ist entsetzt, denn diese Beschädigungen waren durch den Rahmen nicht erkennbar. Sie verlangt sofort das Geld im Namen der GmbH zurück.

Variante 1: Ändert sich etwas, wenn die österreichische GmbH im Kunsthandel tätig ist und das Werk für den Zweck des Weiterverkaufs erworben wird?

Variante 2: *Gisela* kauft anstatt des Gemäldes lediglich Farben, die sie zum Ausmalen der Geschäftsräumlichkeiten nutzen möchte. Als sie kurz nach dem Kauf jedoch die Behälter öffnet, muss sie feststellen, dass die Farben völlig vertrocknet sind. Was gilt nun?

Grundsachverhalt in Anlehnung an OGH 16.12.2015, 3 Ob 194/15y ecolex 2016, 869 (*Buchleitner*).

Der Anwendungsbereich des UN-K ist vollumfänglich eröffnet (siehe oben Fälle 21 ff zum Anwendungsbereich).

Im Falle einer Vertragsverletzung durch die Verkäuferin hat die Käuferin nach Art 46 ff UN-K die Möglichkeit, auf Erfüllung zu beharren und im Zuge dessen eine Ersatzlieferung oder Nachbesserung zu verlangen, oder die Aufhebung des Vertrags zu erwirken.

Die Verkäuferin muss gem Art 35 Abs 1 UN-K die Ware im vertragsgemäßen Zustand übergeben. Die Vertragsmäßigkeit muss nach Art 36 Abs 1 UN-K im Zeitpunkt des Gefahrenübergangs vorliegen. Die Käuferin darf den Mangel zu diesem Zeitpunkt gem Art 35 Abs 3 UN-K weder kennen noch kennen müssen. Die Käuferin *Gisela* durfte mangels Hinweise der verkaufenden *ArtHouse OHG* berechtigterweise erwarten, dass sich das Werk in mangelfreiem Zustand befindet. Das gerahmte Bild war bereits zum Zeitpunkt der Übergabe über alterstypische Gebrauchsspuren hinaus beschädigt, jedoch waren diese Mängel *Gisela* weder bekannt noch mussten sie ihr wegen seiner kaschierenden Umrahmung ins Auge springen. Somit wurde eine **vertragswidrige Ware** geliefert, weshalb eine Vertragsverletzung der Verkäuferin vorliegt.

Da der Unikat-Druck weder ersetzt noch nachgebessert werden kann, hat *Gisela* gem Art 49 Abs 1 UN-K iVm Art 26, 27 UN-K die Möglichkeit, die Aufhebung des Vertrages zu erklären. Da die **Vertragsaufhebung** als *ultima ratio* der Rechtsbehelfe zu verstehen ist, muss eine sie rechtfertigende Vertragsverletzung besonders schwerwiegend sein.

Als **Maßstab** hierfür ist die Wesentlichkeit iSd Art 49 Abs 1 lit a UN-K iVm Art 25 UN-K heranzuziehen. Die Vertragsverletzung muss für die Vertragspartnerin einen solchen Nachteil zur Folge haben, dass die wesentlichen Erwartungen an den Vertrag frustriert sind und diese Folgen für eine vernünftige Vertragspartei auch objektiv voraussehbar waren oder hätten sein müssen. Der Nachteil muss nicht dem erlittenen Schaden entsprechen. Er umfasst vielmehr alle negativen Folgen, die das Fortbestehen des Vertrages bei objektiver Betrachtung unerwünscht machen. Bei der Vertragsanfechtung wegen mangelhafter Waren muss berücksichtigt werden, dass der Käuferin eventuell mit Preisminderung und Schadenersatzansprüchen zumutbare Abhilfe geleistet werden kann oder sie die Ware mit Verlust weiterverkaufen kann, ohne den Vertrag aufzuheben. Zudem sind Art und Ausmaß der Vertragsverletzung und deren Auswirkungen auf die vertragstreue Partei in diese Erwägungen einzubeziehen. *Gisela* wollte ein teures Unikat kaufen und hat kein Interesse an einem beschädigten, wertlosen Kunstwerk. Nachbesserung oder Ersatzlieferung sind faktisch nicht möglich. Eine Preisminderung kommt mangels Wiederverkaufswertes ebenfalls nicht in Frage. Es liegt also eine wesentliche Vertragsverletzung vor.

Jedoch könnte die *ArtHouse OHG* einwenden, dass *Gisela* ihr Recht auf Vertragsaufhebung verloren hat, weil sie ihrer **Untersuchungs- und Rügeobliegenheit** gem Art 38, 39 UN-K nicht rechtzeitig nachgekommen ist. Grundsätzlich hätte *Gisela* das Bild zeitnah unter Berücksichtigung der Umstände des Einzelfalls auf angemessene Weise untersuchen und die Mängel binnen 14 Tagen nach Feststellung zur Anzeige bringen müssen. Nur wenn die Ware nicht früher untersucht werden konnte oder wenn die Vertragswidrigkeit trotz angemessener Untersuchung nicht feststellbar war, darf die **absolute Zweijahresfrist** des Art 39 Abs 2 UN-K ausgeschöpft werden.

Die Mängel des gerahmten Kunstwerkes waren ohne Entfernung des Rahmens nicht erkennbar, sondern wären erst bei einer tiefergehenden Untersuchung offenbart worden. Eine solche war *Gisela* als Geschäftsführerin eines Catering-Unternehmens jedoch nicht zumutbar. *Gisela* musste demnach keine Entrahmung des ausschließlich zu Dekorationszwecken angeschafften Bildes durchführen, zumal sie aufgrund des hohen Preises annehmen durfte, dass das Werk unbeschädigt und nicht *de facto* wertlos war.

Da die Zweijahresfrist *in casu* noch nicht verstrichen ist, kommt *Gisela* ihren Obliegenheiten nach, sofern sie die Vertragsverletzung binnen zwei Wochen nach Feststellung der Schäden anzeigt.

Infolge der Aufhebung des Vertrages werden beide Parteien von ihren Verpflichtungen befreit. Lediglich etwaige Schadenersatzansprüche bleiben aufrecht. Die Parteien haben außerdem jeweils einen Rückgabeanspruch, der Zug um Zug abzuwickeln ist (vgl Art 81 Abs 1-2 UN-K). Außerdem ist die Verkäuferin gem Art 84 Abs 1 UN-K verpflichtet, den Kaufpreis vom Tag der Zahlung an zu verzinsen. Hat die Käuferin aus der Ware Vorteile gezogen, muss sie nach Art 84 Abs 2 UN-K deren Gegenwert herausgeben.

Variante 1: Wäre die österreichische GmbH im Kunsthandel tätig, würde der Kauf des Kunstwerkes unter ihren **Unternehmensgegenstand** fallen. In diesem Fall wäre es der Geschäftsführerin jedenfalls zumutbar, eine umfassende Untersuchung der Ware durchzuführen oder allenfalls durch fachlich dazu qualifizierte Mitarbeiter durchführen zu lassen. Bei einer solchen Untersuchung hätte auch eine Ausrahmung stattfinden müssen, bei der die Schäden festgestellt worden wären. Bei unterlassener Durchführung dieser Prüfschritte wäre die Käuferin ihrer Untersuchungsobliegenheit nicht nachgekommen, weshalb sie ihr Recht zur Geltendmachung der Vertragsverletzung verloren hätte.

Variante 2: Für den Fall, dass *Gisela* den Vertag aufrechterhalten möchte, kann sie entweder gem Art 50 UN-K eine Preisminderung oder, sofern möglich, gem Art 46 UN-K Ersatz oder Nachbesserung der gelieferten Ware fordern. Während die Ansprüche auf Preisminderung und Nachbesserung bei jeder Vertragswidrigkeit zustehen, muss für den Ersatzanspruch eine wesentliche Vertragsverletzung iSd Art 25 UN-K vorliegen.

Da die Farben ausgetrocknet sind, weshalb sie für ihren intendierten Zweck nicht zu gebrauchen sind, hat die Verkäuferin ihre vertragliche Pflicht wesentlich verletzt. Eine **Ersatzlieferung** ist möglich, weil es sich um einen **Gattungskauf** handelt. *Gisela* kann also die Zusendung neuer Farben verlangen, wenn sie die bereits gelieferten Farben im Wesentlichen im selben Zustand retournieren kann, in dem sie geliefert wurden (vgl Art 82 Abs 1 UN-K). Auch hierfür hat sie rechtzeitig ihrer Rüge- und Anzeigeobliegenheit gem Art 38, 39 UN-K nachzukommen.

Literatur: *Achilles*, UN-K[2] Art 25 UN-K Rz 3 ff, Art 38 UN-K Rz 4, Art 49 UN-K Rz 2; *Kalss/Schauer/Winner*, UR[4] Rz 10/65 ff; *Krejci*, UR[5] 414 ff; *Perner/Spitzer/Kodek*, BR[7] 706 ff; *Posch/Terlitza* in *Schwimann/Kodek*, ABGB[5] Art 25 CISG Rz 7 ff, Art 38 CISG Rz 6; *Rabl/Herndl/Riedler*, BR III: SchR BT[7] Rz 1/63 ff; *Welser/Zöchling-Jud*, BR II[14] Rz 822 ff; ähnlicher Fall in *Maier/Nitsch/Reidinger*, BR II[9] 255 ff.

Fall 34 *(Murko/J. Pock/Vogelauer)*

Schwerpunkte: Rechtsbehelfe der Käuferin, wesentliche Vertragsverletzung, Nachbesserung, Befreiungsgründe, Zurückbehaltungsrecht, Zug-um-Zug-Prinzip

Die niederländische Eisdielenbetreiberin *Eva* bestellt eine Überwachungs- und Alarmanlage für ihre in Rotterdam befindlichen Geschäftsräume bei der italienischen *Securitas Italiana S.r.l.* (Sitz in Neapel). Diese liefert und montiert die Anlage fristgerecht. Jedoch muss *Eva* bei der ersten Inbetriebnahme feststellen, dass nicht genügend Kameras vorhanden sind, um alle Geschäftsflächen abzudecken. *Eva* hatte jedoch ausdrücklich eine Überwachung der gesamten Geschäftsfläche begehrt. Mit einem lückenhaften Sicherheitssystem kann sie nichts anfangen. Obwohl die fehlenden Kameras schnell und ohne Mehrkosten nachgeliefert werden könnten, möchte *Eva* den Vertrag aufheben.

Variante 1: Die *Securitas Italiana S.r.l.* bietet an, die fehlenden Teile umgehend nachzuliefern und die Fehler zu beheben. *Eva* weigert sich jedoch, diese Nachlieferung anzunehmen.

Variante 2: Der Vertrag wird wie im Grundsachverhalt abgeschlossen. Jedoch erfährt *Eva* von einem Brand in der Zulieferfabrik der *Securitas Italiana S.r.l.*, infolgedessen es zu Lieferengpässen kommt. *Eva* befürchtet, ihre Ware nicht zu erhalten, weshalb sie auf keinen Fall den Kaufpreis zahlen will, ohne die Kameras in der Hand zu halten.

Grundsachverhalt und Variante 1 in Anlehnung an OGH 22.11.2011, 4 Ob 159/11b EvBl 2012, 268 (*Rudolf*).

Der Anwendungsbereich des UN-K ist vollumfänglich eröffnet (siehe oben Fälle 21 ff zum Anwendungsbereich).

Gem Art 49 Abs 1 lit a UN-K ist eine Vertragsaufhebung durch die Käuferin möglich, wenn eine **wesentliche Vertragsverletzung** durch die Verkäuferin vorliegt. Alternativ kann gem Art 49 Abs 1 lit b UN-K der Vertrag aufgehoben werden, wenn die Verkäuferin die Ware selbst nach Setzung einer angemessenen Nachfrist gem Art 47 Abs 1 UN-K nicht liefert. Als Maßstab für die Wesentlichkeit ist Art 25 UN-K heranzuziehen. Demnach ist eine Vertragsverletzung dann wesentlich, wenn sie für die Vertragspartnerin einen solchen Nachteil zur Folge hat, dass die wesentlichen Erwartungen an den Vertrag frustriert sind. Diese Folge muss für eine vernünftige Vertragspartei auch objektiv voraussehbar gewesen sein. Da die **Vertragsaufhebung** als ***ultima ratio*** der Rechtsbehelfe zu verstehen ist, muss eine sie rechtfertigende Vertragsverletzung besonders schwerwiegend sein. Im vorliegenden Fall werden zwar zu wenige Teile geliefert, weshalb die Käuferin nicht den gewünschten Nutzen aus dem Sicherheitssystem, nämlich die komplette Überwachung ihrer Geschäftsräume, ziehen kann. Allerdings kann die Verkäuferin diesen Mangel leicht beheben.

Einerseits könnte argumentiert werden, dass Art 49 Abs 1 UN-K Vorrang gegenüber dem Recht der Verkäuferin gem Art 48 Abs 1 UN-K, die Ware in nachgebesserter Weise nachzureichen, zukommt. Letzteres steht ihr zu, sofern die Nachlieferung keine unzumutbare Verzögerung nach sich zieht und der Käuferin keine Unannehmlichkeiten oder Ungewissheit über die Erstattung seiner Auslagen entstehen. Andererseits kann der Begriff der wesentlichen Vertragsverletzung auch so ausgelegt werden, dass die Wesentlichkeit nicht vorliegt, solange der Mangel durch Nachbesserung, Nachlieferung oder Beseitigung innerhalb angemessener Frist behebbar ist.

Die Rsp stellt zur Beantwortung der Frage, wann eine wesentliche Vertragsverletzung vorliegt, eine Abwägung aller **Umstände des Einzelfalles** an. Bei dieser wird auch berücksichtigt, dass bei leicht behebbaren Mängeln die Modalitäten ihrer Behebung gegen die Schwere der Verletzung abzuwägen sind. Eine Interessenabwägung zeigt im vorliegenden Fall, dass es *Eva* durchaus zumutbar ist, die Nachlieferung der fehlenden Kameras abzuwarten, zumal ihr weiterhin ein Schadenersatzanspruch gem Art 74 ff UN-K zusteht, sollten ihr durch die Verzögerung der vertragsgemäßen Lieferung irgendwelche Schäden entstehen (zB durch einen Einbruch, der nicht aufgeklärt werden kann). Demnach liegt keine wesentliche Vertragsverletzung vor, weshalb *Eva* den Vertrag nicht gem Art 49 Abs 1 lit a UN-K aufheben kann. Die Aufhebung ist nur möglich, wenn sie der Verkäuferin gem Art 47 Abs 1 UN-K eine **angemessene Nachfrist** setzt und diese verstreicht, ohne dass die Kameras geliefert werden (Art 49 Abs 1 lit b UN-K).

Variante 1: Gem Art 80 UN-K verliert die Käuferin ihr Recht, sich auf die Nichterfüllung durch die Verkäuferin zu berufen, wenn sie diese **Nichterfüllung durch eine eigene Handlung oder Unterlassung** kausal verursacht hat. Es ist irrelevant, ob das Verhalten eine Vertragsverletzung ihrerseits begründet, schuldhaft oder schuldlos erfolgt ist.

Eva lehnt die Nachlieferung grundlos ab. Dieses Verhalten ist kausal für die Nichtlieferung der restlichen Videokameras und somit für die fortgesetzte Vertragsverletzung durch die Verkäuferin. Darum verliert *Eva* ihr Recht, sich auf die Vertragsverletzung zu berufen. Sie kann weder eine Vertragsaufhebung noch Erfüllung oder Nachbesserung geltend machen und auch keinen Schadenersatz fordern. Ausgenommen sind nur Ansprüche, die sich auf Mängel der bereits gelieferten und montierten Anlage beziehen, weil sie kein Verhalten gesetzt hat, das eine Vertragswidrigkeit der bereits gelieferten Waren verursacht haben könnte.

Variante 2: Grundsätzlich ist die Käuferin gem Art 53 UN-K verpflichtet, den Kaufpreis zu leisten. Art 71 Abs 1 UN-K erlaubt es einer Partei, die Erfüllung ihrer Pflichten auszusetzen, wenn sich nach Vertragsschluss herausstellt, dass die andere Partei einen wesentlichen Teil ihrer Pflichten aus einem der in Art 71 Abs 1 lit a UN-K und Art 71 Abs 1 lit b UN-K genannten Gründe nicht erfüllen wird. Die Gründe für diese Einrede der **vorweggenommenen Vertragsverletzung** können ein schwerwiegender Mangel der Fähigkeiten des Vertragspartners zur Vertragserfüllung oder dessen Kreditwürdigkeit (Art 71 Abs 1 lit a UN-K) oder das Verhalten des Vertragspartners bei der Vertragserfüllung oder bei deren Vorbereitung (Art 71 Abs 1 lit b UN-K) sein.

Im vorliegenden Fall liegt ein Leistungshindernis aufseiten der Verkäuferin vor. Durch den Brand ist ihre Fähigkeit, die Ware zu liefern und hiermit den Vertrag zu erfüllen, ernsthaft gefährdet. Der Tatbestand des Art 71 Abs 1 lit a UN-K ist somit erfüllt, denn es droht eine Vertragsverletzung durch die Verkäuferin nach Vertragsschluss. *Eva* kommt somit ein **Aussetzungsrecht** bezüglich ihrer eigenen Leistung zu, die in ihrer Pflicht zur Kaufpreiszahlung besteht.

Gem Art 71 Abs 3 UN-K hat sie ihrem Vertragspartner unverzüglich mitzuteilen, dass sie den Kaufpreis zurückbehält. Dies steht im Einklang mit der allgemeinen **Schadensminderungspflicht** des Art 77 UN-K. Solange dieser Aussetzungsgrund vorliegt, befindet sich der Vertrag in einem Schwebezustand. Deshalb kann die Käuferin ihre Leistung zurückhalten, bis die Lieferengpässe wegfallen, die Verkäuferin ausreichende Sicherheiten bereitstellt (Art 71 Abs 3 UN-K) oder die Kameras liefert. Geschieht dies, kann sich die Käuferin selbstverständlich nicht mehr auf den Zurückhaltungsgrund, also die antizipierte Vertragsverletzung, berufen. Kann die *Securitas Italiana S.r.l.* die Ware gar nicht oder nur mit unzumutbarer Verspätung liefern, steht *Eva* die Möglichkeit offen, die Aufhebung des Vertrages aufgrund eines antizipierten wesentlichen Vertragsbruches zu erklären (vgl Art 72 UN-K und Art 73 Abs 3 UN-K).

Ihr Aussetzungsrecht bezieht sich jedoch nur auf den Zeitraum vor Fälligkeit der Leistung. Der **Fälligkeitszeitpunkt** ist der Parteivereinbarung oder den Regeln des Art 58 UN-K zu entnehmen. Ob das UN-K auch ein allgemeines Leistungsverweigerungsrecht im Sinne des Zug-um-Zug-Prinzips enthält, ist strittig, wird aber von der allgemeinen Lehre und Rsp bejaht (hierzu im Detail oben Fall 28).

Literatur: *Achilles*, UN-K^{2} Art 25 UN-K Rz 2, 7 ff, Art 71 Rz 3 ff; *Brunner/Hurni* in *Honsell*, UN-K^{2} Art 71 UN-K Rz 19; *Kalss/Schauer/Winner*, UR^{4} Rz 10/74 f, 10/82; *Krejci*, UR^{5} 415; *Perner/Spitzer/Kodek*, BR^{7} 707 ff; *Posch/Terlitza* in *Schwimann/Kodek*, ABGB^{5} Art 25 CISG Rz 3 ff, Art 47 CISG Rz 1 ff, Art 48 CISG Rz 1 ff, Art 71 CISG Rz 1 ff; *Rabl/Herndl/Riedler*, BR III: SchR BT^{7} Rz 1/67; *Schäfer*, ecolex 2012, 864 (864 ff); *Welser/Zöchling-Jud*, BR II^{14} Rz 822 ff.

Fall 35 *(Murko/J. Pock/Vogelauer)*

Schwerpunkte: Rechtsbehelfe des Verkäufers, Erklärung der Vertragsaufhebung, Deckungsgeschäft, Schadenersatz, Befreiungsgründe

Die französische *Nouvelle Energie SA* schließt mit einem in der Schweiz ansässigen Herstellerunternehmen einen Kaufvertrag über 600 Photovoltaikanlagen, die in zwei Tranchen geliefert und bezahlt werden sollen. Nach dem Erhalt der ersten Teillieferung hat die *Nouvelle Energie SA* mit erheblichen Absatzschwierigkeiten zu kämpfen. Sie storniert deshalb die zweite Lieferung und weigert sich, den zweiten Teil des Kaufpreises zu zahlen. Sie begründet dies damit, dass die Verkäuferin die zweite Teillieferung doch an jemand anderen veräußern könne. Das Herstellerunternehmen erleidet daraufhin erhebliche Verluste, einerseits aufgrund des frustrierten Lieferaufwandes und andererseits, weil die restlichen Photovoltaikanlagen lediglich zu einem weitaus niedrigeren Preis weiterverkauft werden können. Die *Nouvelle Energie SA* soll für diese Verluste aufkommen.

Variante 1: Der Sachverhalt ereignet sich wie oben, allerdings liefert das Herstellerunternehmen die Anlagen nicht rechtzeitig, weshalb der *Nouvelle Energie SA* eine lukrative Weiterveräußerungsmöglichkeit entgeht.

Variante 2: Wie Variante 1, allerdings erfolgt die verspätete Lieferung aufgrund einer betriebsweiten behördlich angeordneten Quarantäne des Herstellerunternehmens infolge einer globalen Pandemie.

Grundsachverhalt in Anlehnung an OGH 11.08.2015, 4 Ob 131/15s.

Der Anwendungsbereich des UN-K ist eröffnet (siehe oben Fälle 21 ff zum Anwendungsbereich).

Art 53 UN-K verpflichtet die Käuferin, den **Kaufpreis zu zahlen** (Art 54 ff UN-K) und die Waren anzunehmen (Art 60 UN-K). Verletzt sie ihre Pflichten, kann die Verkäuferin ihre Ansprüche auf Erfüllung nach Art 62 UN-K durchsetzen, Vertragsaufhebung gem Art 64 UN-K begehren oder gem Art 74 ff UN-K Schadenersatz verlangen (Art 61 Abs 1 lit a-b UN-K). Die Ausübung eines der vorgenannten Rechtsbehelfe schließt die Schadenersatzforderung nicht aus (Art 61 Abs 2 UN-K).

Art 74 UN-K definiert den ersetzbaren Schaden als **Verlust** einschließlich des **entgangenen Gewinns**. Umfasst sind sowohl Sachschäden als auch Vermögensschäden, nicht jedoch Personenschäden, die gem Art 5 UN-K vom Anwendungsbereich des UN-K ausgenommen sind (siehe auch oben Fälle 21 ff zum Anwendungsbereich). Das UN-K normiert für die Schadenersatzansprüche der Art 74 ff UN-K außerdem **kein Verschuldenserfordernis**. Sie sind lediglich durch die Notwendigkeit der Vorhersehbarkeit des erlittenen Schadens bei Vertragsabschluss begrenzt. Außerdem trifft die klagende Partei eine Schadensminderungsobliegenheit nach Art 77 UN-K.

Im vorliegenden Fall liegt eine Vertragsverletzung durch die *Nouvelle Energie SA* vor, die entgegen der vertraglichen Vereinbarung die zweite Teillieferung storniert. Das Herstellerunternehmen kann jedenfalls gem Art 74 UN-K Ersatz für die Schäden in Form des **frustrierten Lieferaufwands** verlangen. Fraglich ist jedoch, ob auch die Differenz zwischen dem vereinbarten Preis und dem weniger lukrativen Weiterverkauf der zweiten Teillieferung zu ersetzen ist.

Art 75 UN-K ermöglicht der vertragstreuen Partei, **Ersatz für die Differenz** zwischen dem **vertraglich vereinbarten Preis** und dem **Preis des Deckungsverkaufs** zu verlangen. Dies ist jedoch nur möglich, wenn der Vertrag aufgehoben und der Deckungsverkauf in angemessener Weise und innerhalb eines angemessenen Zeitraums nach der Aufhebung erfolgt ist. Eine Vertragsaufhebung gem Art 64 UN-K kann bei einer wesentlichen Vertragsverletzung durch einseitige Erklärung des Verkäufers erfolgen. Diese Erklärung ist an keine bestimmte Form gebunden, weshalb sie auch konkludent erfolgen kann (Art 26, 27 UN-K). Außerdem ist gem Art 29 Abs 1 UN-K eine einvernehmliche Vertragsaufhebung möglich. Ob Art 75 UN-K ausnahmsweise auch ohne vorangegangene Vertragsauflösung zur Anwendung kommen kann, etwa bei ernstlicher und endgültiger Erfüllungsverweigerung der Vertragspartei, ist strittig, wird jedoch von der überwiegenden Lehre bejaht.

Die *Nouvelle Energie SA* storniert die zweite Teillieferung und weist das Herstellerunternehmen darauf hin, dass es die Photovoltaikanlagen doch an einen anderen Abnehmer veräußern könne. Die Tatsache, dass der Verkäufer dies auch tut, ist unter Berücksichtigung der Auslegungsregeln des Art 8 UN-K (siehe oben Fall 29) als **einvernehmliche Aufhebung** des die zweite Teillieferung betreffenden Vertragsteiles zu verstehen. Die Frage nach der Anwendbarkeit des Art 75 UN-K ohne vorhergegangene Vertragsauflösung stellt sich gegenständlich also nicht. Das Herstellerunternehmen kann jedenfalls gem Art 75 UN-K Schadenersatz in der Höhe der Differenz zwischen dem Kaufpreis der zweiten Teillieferung und dem für den **Deckungsverkauf** erhaltenen Kaufpreis verlangen.

Variante 1: Auch die **Käuferin** hat gem Art 45 Abs 1 lit b UN-K Anspruch auf **Schadenersatz**. Dieser umfasst nach Art 74 UN-K, gleich dem Anspruch des Verkäufers, auch den entgangenen Gewinn. Jedoch darf auch hier die zu ersetzende Summe jenen Verlust nicht übersteigen, der eine vorhersehbare Folge einer Vertragsverletzung ist. Ein Schaden ist dann vorhersehbar, wenn der Schuldner erkennen musste, dass seine Vertragsverletzung einen Schaden dieser Art und Höhe verursachen könnte.

Das Herstellerunternehmen hat die Waren gem Art 30, 33 UN-K zum bedungenen Zeitpunkt zu liefern. Da es dieser Verpflichtung nicht nachkommt, entgeht der *Nouvelle Energie SA* der Gewinn aus einer lukrativen Weiterveräußerungsmöglichkeit. Das Herstellerunternehmen hätte jedenfalls wissen müssen, dass die Käuferin die 600 Photovoltaikanlagen zum Zweck der Weiterveräußerung ersteht, weshalb ihr bei verspäteter Lieferung **Absatzchancen entgehen** könnten. Der Schaden war daher sowohl dem Grunde nach als auch in seiner Höhe vorhersehbar, weil von einem Verlust in Höhe der marktüblichen Gewinnaufschlagsmarge ausgegangen werden kann. Die Käuferin hat gem Art 45 Abs 1 lit b UN-K iVm Art 74 UN-K Anspruch auf Ersatz ihres **entgangenen Gewinns**.

Variante 2: Art 79 UN-K regelt die Befreiung des Schuldners von seinen Schadenersatzpflichten bei Vorliegen eines **Hinderungsgrundes außerhalb** des **Einflussbereichs** des Schuldners. Diese Entlastungsmöglichkeit kommt gem Art 79 Abs 1 UN-K in Frage, wenn er aufgrund eines für ihn unbeherrschbaren Umstandes außerhalb seiner Einflusssphäre seine Vertragspflichten nicht erfüllen kann. Dieser Umstand durfte weder bei Vertragsschluss vernünftigerweise vorhersehbar noch auf zumutbare Weise vermeidbar gewesen sein.

Der Ausbruch einer globalen Pandemie liegt nicht im Einflussbereich des Photovoltaik-Herstellers. Mangels gegenteiliger Anhaltspunkte war er zum Zeitpunkt des Vertragsschlusses weder vorhersehbar noch war die Einstellung des Betriebes wegen der Quarantäne vermeidbar. Demnach ist das Herstellerunternehmen nach Art 79 Abs 5 UN-K von seinen **Schadenersatzpflichten** – nicht jedoch von seinen Pflichten aus anderen Rechtsbehelfen der Käuferin – **befreit**. Diese Befreiung gilt nach Art 79 Abs 3 UN-K für den Zeitraum des Bestehens des Entlastungsgrundes, also für die Dauer der behördlich angeordneten Quarantäne. Der Entlastungsgrund muss jedoch dem Vertragspartner binnen angemessener Frist mitgeteilt werden (Art 79 Abs 4 UN-K).

Literatur: *Achilles*, UN-K[2] Art 74 UN-K Rz 4 ff, Art 75 UN-K Rz 2; Art 79 UN-K Rz 3 ff; *Kalss/Schauer/Winner*, UR[4] Rz 10/86 ff; *Krejci*, UR[5] 416 f; *Perner/Spitzer/Kodek*, BR[7] 709 f; *Posch/Terlitza* in *Schwimann/Kodek*, ABGB[5] Art 74 CISG Rz 8, Art 79 CISG Rz 4 ff; *Rabl/Herndl/Riedler*, BR III: SchR BT[7] Rz 1/72 ff; *Welser/Zöchling-Jud*, BR II[14] Rz 831 ff; ähnlicher Fall bei *Maier/Nitsch/Reidinger*, BR II[9] 262.

Lern- und Praxistipp: Auf www.cisg-online.org finden Sie eine Datenbank mit (internationalen) höchstgerichtlichen Entscheidungen zum UN-K.

II. Einheitsprivatrecht: P2B-VO

Fall 35a *(Uitz)*

Schwerpunkte: Sachliche, räumliche und zeitliche Anwendungsbereiche der P2B-VO, Transparenzgebot, Vertragsbeendigung

Ottokar (tschechischer Staatsbürger) lebt seit Jahrzehnten in Salzburg (Österreich), wo er ein Antiquariat für juristische Fachliteratur betreibt. Um seine Absätze zu steigern, registriert er sich im März 2024 bei einer spezialisierten Online-Vertriebsplattform, die Usern aus aller Welt gestattet, ihre antiquarischen Bücher zum Kauf zu offerieren oder ihr Interesse am Kauf vergriffener Werke zu bekunden. Betreiberin dieser Online-Vertriebsplattform ist die *Antīkushoppu KK*, deren Hauptverwaltungssitz in Kyōto (Japan) liegt. *Ottokar* veröffentlicht auf seinem eigenen Internetauftritt nunmehr einen Hinweis in deutscher, englischer, französischer, italienischer und spanischer Sprache, dass seine Waren ab sofort über die Online-Vertriebsplattform der *Antīkushoppu KK* für Kunden aus aller Welt erhältlich seien.

Die *Antīkushoppu KK* unterwirft den Kreis der potenziellen User ihrer Online-Vertriebsplattform weder geographischen Beschränkungen noch personenbezogenen Restriktionen, weshalb sich sowohl Privatpersonen als auch Gewerbetreibende aus allen Staaten der Welt registrieren können, um miteinander zu kontrahieren. Werden sich zwei User über den Preis für ein inseriertes oder gewünschtes Buch handelseinig, wofür ihnen eine digitale Chat-Funktion zur Verfügung steht, schließen sie ihre Kaufverträge gänzlich über die digitale Infrastruktur der Online-Vertriebsplattform der *Antīkushoppu KK* ab, die in weiterer Folge die Zahlungen des Käufers treuhändig in Empfang nimmt, dem Verkäufer die Zustelladresse des Käufers nennt und den eingezogenen Kaufpreis unter Abzug einer Vermittlungsgebühr in der Höhe von 40 % der erhaltenen Kaufsumme nach erfolgter Ablieferung der gekauften Bücher auf das Bankkonto des Verkäufers überweist.

Nach der Registrierung von *Ottokar* auf der Online-Vertriebsplattform der *Antīkushoppu KK* erfreut sich sein Bücherangebot großer Beliebtheit. Er vertreibt seine Bücher an Privatkunden und andere Antiquariate in Europa, Asien und Nordamerika. Eines Tages kann er jedoch nicht mehr auf seinen Account zugreifen. Da *Ottokar* den Großteil seines Umsatzes über die Online-Vertriebsplattform der *Antīkushoppu KK* erzielt, kontaktiert er unverzüglich ihren Kundenservice, um wieder Kaufverträge abwickeln zu können. Dessen Mitarbeiter teilen *Ottokar* mit, dass die Sperre seines Accounts eine Konsequenz wiederholter Verstöße gegen die wirksam vereinbarten AGB der *Antīkushoppu KK* sei. Seine Zuwiderhandlung bestehe im fortgesetzten Vertrieb mehrerer Bücher über die Aufarbeitung der Kriegsverbrechen der japanischen Besatzer an der chinesischen Zivilbevölkerung während der Zeit des Zweiten Weltkrieges.

Verwundert durchsucht *Ottokar* die digitale Version seines Plattformnutzungsvertrages, die ihm nach seiner Anmeldung auf der Online-Vertriebsplattform der *Antīkushoppu KK* per E-Mail übermittelt worden war. Dort findet er nicht bloß eine Rechtswahlvereinbarung zugunsten japanischen Sachrechts, sondern unter der Zwischenüberschrift „*Fair Use Policy*" auch folgende deutschsprachige AGB-Klausel: „*Verboten ist der Vertrieb anstößiger Werke. Verstöße gegen dieses Verbot resultieren in der permanenten Löschung des zuwiderhandelnden Accounts ohne Vorwarnung*".

Ottokar ist entsetzt, weil ihm die Löschung seines Accounts nicht nur seinen primären Vertriebskanal nimmt, wodurch er massive Umsatzverluste erleidet, sondern auch seinen Zugriff auf gespeicherte Kundendaten nimmt.

Kann sich *Ottokar* hiergegen zur Wehr setzen? Welches Sachrecht bestimmt, ob er Ersatz für entgangene Einnahmen erhält?

Zwischen *Ottokar* und der *Antīkushoppu KK* besteht ein **entgeltlicher Plattformnutzungsvertrag** über die Zugänglichmachung der digitalen Infrastruktur der Online-Vertriebsplattform. Da zwischen den Vertragsparteien kein Warenhandel erfolgt, ist das UN-K offenkundig nicht anzuwenden. Gleichwohl existiert eine andere Rechtsquelle des Einheitsprivatrechts, deren Anwendungsbereich in zeitlicher, persönlich-sachlicher und räumlicher Hinsicht zu prüfen ist.

Die Platform-to-Business-VO (P2B-VO), bei der es sich um eine unionseuropäische Sekundärrechtsquelle zur Erfassung ausgewählter Aspekte der internetbasierten Plattformwirtschaft handelt, die in allen Mitgliedsstaaten der Europäischen Union unmittelbar anwendbar ist, erlangte **zeitliche Geltung** am 12.07.2020 (Art 19 Abs 2 P2B-VO). Demnach ist die P2B-VO auf alle Stadien des Plattformnutzungsvertrages, der erst im März 2024 abgeschlossen wurde, zeitlich anwendbar.

In **persönlich-sachlicher Hinsicht** gilt die P2B-VO für Online-Vermittlungsdienste und Online-Suchmaschinen („*Platforms*“) auf der einen Seite sowie für gewerbliche Nutzer und Nutzer mit Unternehmenswebsite („*Businesses*“) auf der anderen Seite (Art 1 Abs 2 P2B-VO). Die P2B-VO bezweckt, das Schutzniveau dieser „*Businesses*“, die meist kleine und mittlere Unternehmen sind (KMU), gegenüber übermächtigen „*Platforms*“ zu verbessern (Art 1 Abs 1 P2B-VO).

Gewerblicher Nutzer ist nach der Legaldefinition des Art 2 Z 1 P2B-VO, wer Verbrauchern im Rahmen einer geschäftlichen oder beruflichen Tätigkeit Waren oder Dienstleistungen über Online-Vermittlungsdienste anbietet. *Ottokar* erfüllt diese Anforderungen, weil er seine Waren in seiner Funktion als professioneller Buchhändler über die Online-Vermittlungsplattform ihrer Betreiberin *Antīkushoppu KK* anderen Usern anpreist, bei denen es sich zumindest teilweise um Verbraucher (Art 2 Z 4 P2B-VO) handelt. Dass *Ottokar* mit seinen Inseraten über das digitale Vertriebssystem der *Antīkushoppu KK* nicht nur Verbraucher, sondern auch andere professionell organisierte User erreicht, schadet seiner Zuordnung zu den schutzwürdigen gewerblichen Nutzern nach Art 2 Z 1 P2B-VO nicht, weil es den Anbietern von Online-Vermittlungsdiensten ansonsten freistünde, das gebotene Schutzniveau durch Ausdehnung ihres nachfrageseitigen Nutzerkreises von Verbrauchern auf professionell organisierte User einseitig abzubedingen.

Nach der plattformrechtlichen Legaldefinition gelten alle digitalen Systeme als **Online-Vermittlungsdienste**, die Dienste der Informationsgesellschaft nach Art 1 Abs 1 lit b Informationsverfahren-RL (RL(EU) 2015/1535) sind (Art 2 Z 2 lit a P2B-VO), gewerblichen Nutzern durch Vermittlung direkter Transaktionen gestatten, Verbrauchern ihre Waren oder Dienstleistungen anzubieten (Art 2 Z 2 lit b P2B-VO) und ihre Vermittlungsleistungen gewerblichen Nutzern auf vertraglicher Grundlage zur Verfügung stellen (Art 2 Z 2 lit c P2B-VO). Diese Legaldefinition trifft auf die Online-Vertriebsplattform der *Antīkushoppu KK* vollumfänglich zu, weil sie als elektronisch auf individuellen Abruf der Empfängerseite operierendes System, das den Gütervertrieb im Fernabsatz gestattet, ein Dienst der Informationsgesellschaft nach Art 1 Abs 1 lit b Informationsverfahren-RL ist

(Art 2 Z 2 lit a P2B-VO), dem gewerblichen Nutzer *Ottokar* gestattet, seine Bücher zumindest auch Verbrauchern anzubieten (Art 2 Z 2 lit b P2B-VO) und ihm diesen Vertriebsweg auf Basis eines Plattformnutzungsvertrages zur Verfügung stellt (Art 2 Z 2 lit c P2B-VO). Damit ist die *Antīkushoppu KK* als Anbieterin eines Online-Vermittlungsdienstes (Art 2 Z 3 P2B-VO) Adressatin des einheitsprivatrechtlichen Pflichtenprogramms der P2B-VO.

In **räumlicher Hinsicht** ist die P2B-VO von einem international zuständigen Gericht eines EU-Mitgliedsstaates nur dann anzuwenden, wenn der gewerbliche Nutzer seine Niederlassung oder seinen Wohnsitz in der Europäischen Union hat und seine Waren über den Online-Vermittlungsdienst zumindest auch Verbrauchern anbietet, die sich im Unionsgebiet befinden (Art 1 Abs 2 P2B-VO). Auf die räumliche Verwurzelung des Anbieters des Online-Vermittlungsdienstes kommt es nach Art 1 Abs 2 P2B-VO demgegenüber nicht an, weshalb es keine Rolle spielt, dass der Hauptverwaltungssitz der *Antīkushoppu KK* in Japan liegt. Das Kriterium des Offerierens von Waren an Verbraucher im Unionsgebiet beschreibt das Erfordernis des **Ausrichtens der Geschäftstätigkeit des gewerblichen Nutzers** auf diese Personengruppe. Diese Anforderung entspricht dem Tatbestand des Art 6 Abs 1 lit b Rom I-VO (ErwGr 9 P2B-VO; hierzu ausführlich bei den Fällen 39, 40, 153). Achtung: Entscheidend ist allein, ob *Ottokar* als gewerblicher Nutzer seine Geschäftstätigkeit auf diese Weise auf Verbraucher im Unionsgebiet ausrichtet oder nicht. Demgegenüber ist das marktbezogene Verhalten der *Antīkushoppu KK* für die Auslotung des räumlichen Anwendungsbereichs der P2B-VO bedeutungslos. Da *Ottokar* auf seinem eigenen Internetauftritt einen Hinweis veröffentlicht, der die Öffentlichkeit in mehreren Amtssprachen der Europäischen Union darüber informiert, dass er nunmehr mit Kunden aus aller Welt über die Online-Vermittlungsplattform der *Antīkushoppu KK* kontrahiert, richtet er seine Geschäftstätigkeit zumindest auch auf Verbraucher im Unionsgebiet aus.

Damit ist der **Anwendungsbereich** der P2B-VO in zeitlicher, persönlich-sachlicher und räumlicher Hinsicht vollumfänglich erfüllt.

Auf der Ebene des **plattformrechtlichen Einheitsprivatrechts** erfüllt die vollständige Löschung von *Ottokars* Account den Tatbestand der **vollständigen Beendigung** der Bereitstellung der Online-Vermittlungsdienste (Art 4 Abs 2 P2B-VO). Rechtmäßig ist diese Vorgangsweise nach dieser Norm nur dann, wenn dem gewerblichen Nutzer mindestens 30 Tage vor ihrem Wirksamwerden eine genaue Begründung (Art 4 Abs 5 P2B-VO) dieser Entscheidung übermittelt wurde (Art 4 Abs 2 P2B-VO). Diese Mitteilung hat *Ottokar* laut den Angaben des festgestellten Sachverhalts nicht im Vorfeld, sondern erst nach der Löschung seines Accounts erhalten. Die *Antīkushoppu KK* könnte nunmehr argumentieren, dass sie das besagte Fristenerfordernis nicht einhalten musste, weil *Ottokar* wiederholt gegen ihre AGB verstoßen hatte (Art 4 Abs 4 lit c P2B-VO). Diese Behauptung erfordert eine Überprüfung der AGB-Klausel, auf die sich die *Antīkushoppu KK* beruft.

Nach Art 3 Abs 1 lit a P2B-VO haben AGB-Klauseln „*klar und verständlich formuliert*“ zu sein. Verletzungen dieses plattformrechtlichen **Transparenz-**

gebots bewirken die Nichtigkeit der unklar oder unverständlich abgefassten AGB-Klausel ohne **Möglichkeit der geltungserhaltenden Reduktion** ihres Regelungsgehalts auf das gerade noch rechtskonforme Ausmaß (Art 3 Abs 3 P2B-VO). Es zeigt sich, dass die wirksam einbezogene AGB-Klausel, auf die sich die *Antīkushoppu KK* beruft, wegen ihrer Intransparenz absolut nichtig ist. Denn es bleibt gänzlich unklar, was mit dem Verbot des Vertriebs „*anstößiger Werke*", das *Ottokar* mit seinem Bücherverkauf verletzt haben soll, gemeint ist. Anders gesagt: Ein durchschnittlicher gewerblicher Nutzer kann anhand der Lektüre dieser AGB-Klausel nicht in Erfahrung bringen, wer anhand welcher Kriterien bestimmt, welche Werke anstößig sind. Vielmehr gestattet diese AGB-Klausel der *Antīkushoppu KK*, nach Belieben auf ihre eigenen moralischen Maßstäbe zu rekurrieren, um sich die uneingeschränkte Befugnis zur Fällung willkürlicher Entscheidungen über den Fortbestand ihrer Plattformnutzungsvertragsverhältnisse vorzubehalten. Gegen diese Intransparenz wendet sich das plattformrechtliche Transparenzgebot (Art 3 Abs 1 lit a P2B-VO), weshalb die inkriminierte AGB-Klausel absolut nichtig ist (Art 3 Abs 3 P2B-VO).

Damit geht der Einwand der *Antīkushoppu KK*, bei der Vertragsbeendigung im Einklang mit ihren wirksam vereinbarten AGB gehandelt zu haben (Art 4 Abs 4 lit c P2B-VO), fehl. Da der festgestellte Sachverhalt keine Anhaltspunkte für die Verwirklichung der anderen Ausnahmen vom Fristenwahrungserfordernis des Art 4 Abs 2 P2B-VO bietet (Art 4 Abs 4 lit a-b P2B-VO), war die vollständige Beendigung von *Ottokars* Plattformnutzungsvertrages ohne vorherige Übermittlung einer Erläuterung der Gründe für diese Vorgangsweise rechtswidrig. Deshalb verfügt *Ottokar* über einen einheitsprivatrechtlichen Anspruch auf **Wiederherstellung seines gelöschten Accounts** einschließlich aller gespeicherten Datensätze (Art 4 Abs 3 Satz 2 P2B-VO).

Die P2B-VO enthält keine einheitsprivatrechtlichen Vorschriften über den Ersatz der **Schäden**, die gewerbliche Nutzer infolge der rechtswidrigen Löschung ihrer Accounts erleiden. Deshalb ist das Sachrecht, das diese Rechtsfrage nach der **Ersatzfähigkeit** dieser Schäden der gewerblichen Nutzer beantworten darf, kollisionsrechtlich zu ermitteln. Aufgrund der wirksamen **Rechtswahl** (Art 3 Rom I-VO) zwischen *Ottokar* und der *Antīkushoppu KK* unterstehen diese Rechtsfragen japanischem Sachrecht, weil es sich hierbei um Aspekte der Nichterfüllung des Plattformnutzungsvertrages (Art 12 Abs 1 lit c Rom I-VO) handelt (zum Anwendungsbereich der Rom I-VO näher bei den Fällen 36 ff; zur Qualifikation von Schadenersatzansprüchen als Folgen der Nichterfüllung eines Vertrages näher bei den Fällen 13, 39, 51, 55, 56, 58, 63, 153, 155).

Auf einem anderen Blatt steht schließlich, dass die *Antīkushoppu KK* im Rechtsverhältnis zu *Ottokar* **keinem Kontrahierungszwang** unterliegt. Es bleibt ihr daher unbenommen, seinen Plattformnutzungsvertrag nach der ordnungsgemäßen Erfüllung seines Anspruches auf Wiederherstellung seines unrechtmäßig gelöschten Accounts (Art 4 Abs 3 Satz 2 P2B-VO) auf ordentliche Weise aufzukündigen.

Lernhinweise: Die P2B-VO regelt nicht nur Aspekte des Rechtsverhältnisses zwischen gewerblichen Nutzern und Anbietern von Online-Vermittlungsdiensten, sondern unterwirft auch das Rechtsverhältnis zwischen Nutzern mit Unternehmenswebsite (Art 2 Z 7 P2B-VO) und Anbietern von Online-Suchmaschinen (Art 2 Z 5-6 P2B-VO) besonderen Vorschriften. Damit erfasst die P2B-VO unter anderem Airbnb, Amazon, Booking.com, eBay, Foodora, Google, Instagram und Lieferando. Bedeutungslos ist der Umstand, dass diese Plattformen nicht bloß der Umwerbung von Verbrauchern dienen, sondern auch die Nachfrage der angebotenen Waren und Dienstleistungen durch Unternehmer gestatten.

Ausgeschlossen sind demgegenüber reine C2C-Plattformen, auf denen ausschließlich Privatpersonen miteinander kommunizieren (zB Couchsurfing und Tinder), sowie reine B2B-Plattformen, auf denen ausschließlich Unternehmer miteinander interagieren (zB Alibaba). Rechtspolitisch befremdlich ist die Ausnahme des Fahrtenvermittlers Uber, die aus der gefestigten EuGH-Judikatur folgt, die Uber nicht als Dienst der Informationsgesellschaft qualifiziert (EuGH 20.12.2017, C-434/15, *Elite Taxi vs. Uber System Spain*; EuGH 10.04.2018, C-320/16, *Uber France SAS*), weil sie den Fahrern das Schutzniveau der P2B-VO nimmt.

Bemerkenswert ist schließlich, dass die Verletzung des plattformrechtlichen Transparenzgebotes (Art 3 Abs 1 lit a P2B-VO) mit der Sanktion der absoluten Nichtigkeit der intransparenten AGB-Klausel behaftet ist (Art 3 Abs 3 P2B-VO), zumal das verbraucherrechtliche Regelungsvorbild (Art 5 Klausel-RL), das Österreich in § 6 Abs 3 KSchG überschießend umgesetzt hat, diese Rechtsfolge auf unionsrechtlicher Ebene nicht vorgibt.

Literatur: *Uitz*, P2B-VO 1 ff; ferner *Alexander*, WRP 2020, 945 (945 ff); *Busch*, GRUR 2019, 788 (788 ff); *Handig*, ÖBl 2020, 100 (100 ff); *Thiele*, ZIIR 2020, 262 (262 ff).

III. Kollisionsrecht: Rom I-VO

a. Anwendungsbereich

Fall 36 *(Uitz)*

Schwerpunkte: Sachliche, räumliche und zeitliche Anwendungsbereiche der Rom I-VO, Verhältnis zum EVÜ, universelle Anwendung

Marianne ist österreichische Staatsbürgerin. Sie betreibt in ihrer Heimatgemeinde Horn (Österreich) seit Jahrzehnten ein Gasthaus. Um die kontinuierliche Versorgung ihrer Gäste mit Bier sicherzustellen, hat sie bereits am 28.07.2005 einen Vertrag mit der *Dobré-Pivo s.r.o.* mit Sitz in České Budějovice (Tschechische Republik) abgeschlossen, die ihr monatlich 20 Hektoliter Bier zum Fixpreis von 110.000 Tschechischen Kronen (CZK) zuzüglich eines an der tschechischen Inflationsrate bemessenen Wertsicherungsbetrags liefert. Das UN-K wurde damals vertraglich abbedungen.

Variante: Wie der Grundsachverhalt, doch erhält *Marianne* das Bier von der dänischen Brauerei *Ølberg A/S* zum Monatspreis von 30.000 Dänischen Kronen (DKK) plus Inflationsabgeltung. Diesen Bierbezugsvertrag haben beide Vertragsparteien am 28.07.2013 abgeschlossen.

Welchem Sachrecht unterliegt der Bierbezugsvertrag aus der Sicht des international zuständigen österreichischen Gerichts?

Der gegenständliche Sachverhalt weist einen **Auslandsbezug** auf, weil die Vertragspartner ihren gewöhnlichen Aufenthalt und ihren Hauptverwaltungssitz in verschiedenen Staaten haben.

Der **sachliche Anwendungsbereich** der Rom I-VO ist eröffnet, weil der Bierbezugsvertrag als vertragliches Schuldverhältnis in einer Handelssache zu qualifizieren ist (Art 1 Abs 1 Rom I-VO). Ein Ausnahmetatbestand des Art 1 Abs 2 Rom I-VO ist nicht erfüllt.

Unproblematisch ist auch die Beurteilung des **räumlichen Anwendungsbereichs** der Rom I-VO, weil das international zuständige österreichische Gericht an diese Kollisionsrechtsquelle gebunden ist. Nach unionsrechtlichen Grundsätzen genießt sie Vorrang vor den nationalen Kollisionsnormen (§ 53 Abs 1 IPRG).

Allerdings ist die Rom I-VO nur auf vertragliche Schuldverhältnisse anzuwenden, die am 17.12.2009 oder danach abgeschlossen wurden (Art 28 Rom I-VO). Da der Bierbezugsvertrag im Grundfall vor dem Beginn des **zeitlichen Anwendungsbereichs** der Rom I-VO abgeschlossen wurde, ist nicht diese Kollisionsrechtsquelle, sondern weiterhin das Europäische Schuldvertragsübereinkommen (**EVÜ**) anzuwenden.

Nach Art 1 Abs 1 EVÜ erfasst dieses Übereinkommen vertragliche Schuldverhältnisse, sofern – wie hier – kein Ausnahmetatbestand nach Art 1 Abs 2 EVÜ erfüllt ist. Die **objektive Anknüpfung** nach Art 4 Abs 1 EVÜ beruft das Sachrecht (Art 15 EVÜ) desjenigen Staates zur Anwendung, zu dem der Lebenssachverhalt die engste Verbindung aufweist. Art 4 Abs 2 EVÜ vermutet die engste Verbindung des Lebenssachverhalts zum Sachrecht jenes Staates, in dem derjenige Vertragspartner, der die vertragscharakteristische Leistung erbringt, seinen gewöhnlichen Aufenthalt oder seine Hauptverwaltung hat. Im gegenständlichen Fall ist diese Leistung in der wiederkehrenden Bierlieferung zu erblicken, weshalb tschechisches Sachrecht auf den Bierbezugsvertrag anzuwenden ist. Art 10 EVÜ regelt die Reichweite des Vertragsstatuts.

Variante: Zum sachlichen Anwendungsbereich der Rom I-VO siehe den Grundfall. Von international zuständigen dänischen Gerichten ist die Rom I-VO nicht anzuwenden (ErwGr 46 Rom I-VO). Der räumliche Anwendungsbereich der Rom I-VO ist im gegenständlichen Fall aber dennoch eröffnet, weil auch in dieser Variante ein österreichisches Gericht zur Beurteilung des Rechtsverhältnisses international zuständig ist. Dieses hat nach Art 2 Rom I-VO das mithilfe der Kollisionsnormen der Rom I-VO ermittelte Sachrecht ausländischer Staaten anzuwenden, wobei es keinen Unterschied macht, ob diese als teilnehmende EU-Mitgliedsstaaten unmittelbar der Rom I-VO unterliegen oder nicht („***loi uniforme***" oder „***loi universelle***"). Sohin müssen österreichische Richterinnen und Richter gegebenenfalls – bis zur in § 4 Abs 2 IPRG normierten Zumutbarkeitsgrenze – beispielweise auch georgisches, japanisches oder togolesisches Sachrecht ermitteln und anwenden können (§ 4 Abs 1 IPRG). Diese Anwendung des fremden Rechts hat „*wie in seinem ursprünglichen Geltungsbereich*" (§ 3 IPRG) zu erfolgen, weshalb österreichische Gerichte auch ausländische Judikatur und Lehrmeinungen zu berücksichtigen haben (hierzu auch unten Fälle 77, 79 f).

In dieser Variante ist auch der zeitliche Anwendungsbereich der Rom I-VO eröffnet, weil der Bierbezugsvertrag nach dem 17.12.2009 abgeschlossen wurde (Art 28 Rom I-VO).

Aufgrund der entgeltlichen Überlassung von beweglichen körperlichen Sachen ist der Bierbezugsvertrag unionsrechtlich-autonom als Kaufvertrag iSd Art 4 Abs 1 lit a Rom I-VO zu qualifizieren. Sein Charakter als Dauerschuldverhältnis steht dieser Qualifikation nicht entgegen. Maßgeblich ist das Sachrecht des Staates, in dem der Verkäufer seinen gewöhnlichen Aufenthalt hat. Der Ort der Hauptverwaltung einer juristischen Person ist dem gewöhnlichen Aufenthalt einer natürlichen Person gleichgestellt (Art 19 Rom I-VO), weshalb dänisches Sachrecht (Art 20 Rom I-VO) auf den Bierbezugsvertrag zur Anwendung kommt (beachte zur Reichweite des Vertragsstatuts Art 12 Rom I-VO sowie hierzu Fälle 53 ff).

Lernhinweis: Das EU-Kollisionsrecht enthält mit Ausnahme eines Sonderfalls der EuErbVO (Art 34 EuErbVO) Sachnormverweisungen, weshalb – anders als nach § 5 IPRG – Rück- und Weiterverweisungen im Anwendungsbereich dieser unionseuropäischen Kollisionsrechtsquellen ausgeschlossen sind.

Dieses Prinzip der Sachnormverweisung gilt folglich auch für die Rom I-VO (Art 20 Rom I-VO), weshalb in den untenstehenden Fällen zum Kollisionsrecht der vertraglichen Schuldverhältnisse sogleich von Verweisungen auf das jeweilige nationale „*Sachrecht*“ die Rede ist.

Hinweis zum EVÜ: Bisweilen ist etwas verkürzt zu lesen, dass das EVÜ im Rechtsverkehr mit Dänemark auch auf Verträge anzuwenden sei, die nach dem Inkrafttreten der Rom I-VO geschlossen wurden. Diese verknappte Formulierung vermag Missverständnisse hervorzurufen. Richtig ist, dass die dänische Justiz die Rom I-VO nicht anzuwenden hat. Hieraus folgt aber auf keinen Fall, dass jeder Sachverhalt mit Bezug zu Dänemark stets nach dem EVÜ zu beurteilen wäre. Denn das EVÜ kommt auf die genannten Verträge prinzipiell nur vor einem international zuständigen dänischen Gericht zur Anwendung. Ist hingegen ein österreichisches Gericht zur Beurteilung eines Sachverhalts international zuständig, der Berührungspunkte zu Dänemark aufweist, ist das anzuwendende Sachrecht nach Art 2 Rom I-VO nach den Kollisionsnormen der Rom I-VO zu eruieren, sofern ihr Anwendungsbereich auch in zeitlicher und sachlicher Hinsicht eröffnet ist. Anzuwenden ist das EVÜ von einem international zuständigen österreichischen Gericht – abgesehen von Fällen der zeitlichen Unanwendbarkeit der Rom I-VO – nur in jenen seltenen Sonderkonstellationen, in denen das österreichische IPRG eine Gesamtverweisung (§ 5 Abs 1 IPRG) auf dänisches Recht ausspricht, das seinerseits eine Anknüpfung nach dem EVÜ verlangt (hierzu im Kontext der sachenrechtlichen Kollisionsnorm des § 31 Abs 1 IPRG bei Fall 79).

Literatur: zum Anwendungsbereich der Rom I-VO siehe *Zöchling-Jud/Aspöck*, IPR[3] 28 f; *Lurger/Melcher*, IPR[4] Rz 4/3 ff; *Lurger/Melcher*, HB IPR[2] Rz 4/14 ff; *Perner/Spitzer/Kodek*, BR[7] 718 f; *Kerschner/Wagner/Aigner*, IPR[6] Rz 16/21 ff; *Zankl*, BR[10] Rz 626 ff; *Verschraegen*, IPR Rz 360 ff; *Leible/Lehmann*, RIW 2008, 528 (529 ff); beachte auch *Holly* in *Perner/Spitzer/Kodek*, Ö-CB[3] 585 ff; zum EVÜ siehe *Verschraegen*, IPR Rz 417 ff sowie die Kommentierung von *Verschraegen* in *Rummel*, ABGB[3] Art 1 ff EVÜ; zur Anwendung ausländischen Rechts in Österreich siehe *Ofner*, ZfRV 2015, 123 (123 f).

b. Kaufverträge

Fall 37 *(Uitz)*
Schwerpunkt: Lizenzvertrag (Download standardisierter Software)

> Die in Bruck an der Mur (Österreich) tätige Tischlerin *Karina* benötigt eine neue Software für ihre betriebliche Buchhaltung. Auf der Webseite des finnischen Entwicklers *EasyCount O.y.* wird sie fündig. Dort lädt sie das gewünschte Programm nach erfolgter Zahlung von € 500,– herunter. Die AGB der *EasyCount O.y.*, denen *Karina* wirksam zustimmte, schließen die Anwendung des UN-K aus. Welchem Sachrecht unterliegt der Software-Download?
>
> **Variante 1**: *Karina* kann wählen, ob sie die Software herunterlädt oder sich auf einer CD per Post zustellen lässt. Sie bevorzugt die physische Übersendung der CD.
>
> **Variante 2**: *Karina* kann wählen, ob sie die Software herunterlädt oder sich auf einer CD per Post zustellen lässt. Sie bevorzugt den sofortigen Download der Software.

Das UN-K kommt aufgrund seines wirksamen Ausschlusses jedenfalls nicht zur Anwendung. Der Anwendungsbereich der Rom I-VO ist vollumfänglich eröffnet (siehe hierzu oben Fall 36).

In Ermangelung einer Rechtswahl ist objektiv anzuknüpfen. Art 4 Abs 1 lit a Rom I-VO ist nicht anwendbar, weil diese Kollisionsnorm nach der unionsrechtlich-autonomen Auslegung ihres Tatbestands nach hA die **Körperlichkeit des Kaufgegenstands** voraussetzt (*Martiny* in MüKoBGB[9] Art 4 Rom I-VO Rz 32 mwN), was auf einen Software-Download gerade nicht zutrifft.

Aufgrund der **fehlenden Individualität der Leistungserbringung** handelt es sich bei dem Download einer standardisierten Software auch nicht um einen Dienstleistungsvertrag iSd Art 4 Abs 1 lit b Rom I-VO (*Martiny* in MüKoBGB[9] Art 4 Rom I-VO Rz 54).

Maßgeblich für die Anknüpfung ist daher nach Art 4 Abs 2 Rom I-VO der gewöhnliche Aufenthalt der Partei, welche die **vertragscharakteristische Leistung** erbringt (beachte Art 19 Rom I-VO). Diese liegt in der nicht exklusiven Rechteüberlassung durch den finnischen Entwickler *EasyCount O.y.* an *Karina*, weshalb finnisches Sachrecht anzuwenden ist. Die Reichweite des Vertragsstatuts ist (auch in den Varianten) nach Art 12 Rom I-VO zu beurteilen (ebenso Fall 51).

Variante 1: Unzweifelhaft ist der Kauf einer CD ein Erwerb einer beweglichen körperlichen Sache, weshalb auf diese Konstellation Art 4 Abs 1 lit a Rom I-VO zur Anwendung kommt, der abermals finnisches Sachrecht für maßgeblich erklärt, weil der Ort der Hauptverwaltung der *EasyCount O.y.* in Finnland liegt.

Variante 2: In dieser Konstellation ist strittig, ob der Softwaredownload wie im Grundfall nach Art 4 Abs 2 Rom I-VO oder – wie bisweilen in der Literatur vertreten (*Leible* in *Hüßtege/Mansel*, BGB VI[4] Art 4 Rom I-VO Rz 21) – wegen der Wahlmöglichkeit zwischen der körperlichen und unkörperlichen Leistungserbringung ausnahmsweise nach Art 4 Abs 1 lit a Rom I-VO anzuknüpfen ist, um eine kollisionsrechtliche Ungleichbehandlung der Vertriebswege zu vermeiden.

Unabhängig vom referierten Meinungsstreit ist im Ergebnis nach beiden Lösungsmöglichkeiten finnisches Sachrecht auf den Kaufvertrag anzuwenden.

Lernhinweis: Zur Streitfrage der Anwendbarkeit des UN-K auf Software siehe OGH 21.06.2005, 5 Ob 45/05m RdW 2007, 745 und hierzu einen Übungsfall von *Velisek* in *Perner/Spitzer/Kodek*, Ö-CB[3] 578 ff.

Literatur: zur Anknüpfung von Kaufverträgen im Allgemeinen siehe *Zöchling-Jud/Aspöck*, IPR[3] 30; *Lurger/Melcher*, IPR[4] Rz 4/52; *Lurger/Melcher*, HB IPR[2] Rz 4/76 ff; *Perner/Spitzer/Kodek*, BR[7] 720; *Kerschner/Wagner/Aigner*, IPR[6] Rz 16/27; *Verschraegen*, IPR Rz 414; *Leible/Lehmann*, RIW 2008, 528 (535); vgl hierzu auch *Holly* in *Perner/Spitzer/Kodek*, Ö-CB[2] 585 ff; zur kollisionsrechtlichen Einordnung des Software-Downloads siehe *Leible* in *Hüßtege/Mansel*, BGB VI[4] Art 4 Rom I-VO Rz 21 sowie zum Lizenzvertrag im Allgemeinen *Spickhoff* in BeckOK-BGB[72] Art 4 Rom I-VO Rz 73; *Martiny* in MüKoBGB[9] Art 4 Rom I-VO Rz 273 ff.

Fall 38 *(Uitz)*

Schwerpunkte: Erwerb eines Unternehmens (*asset deal*), Erwerb von Gesellschaftsanteilen (*share deal*)

Die *MöbelMaxx-AG* mit Sitz in Mattersburg (Österreich) will expandieren. Deshalb erwirbt sie das in der Form eines Einzelunternehmens betriebene Möbelhaus des slowakischen Staatsbürgers *Andrej*, das in Košice (Slowakei) belegen ist. Ihre Rechtsabteilung vergisst jedoch auf die Implementierung einer (bei grenzüberschreitenden M&A-Verträgen üblichen) Rechtswahlklausel. Dafür schließen die Vertragsparteien das UN-K rechtswirksam aus.

Veräußert wird zugleich das im Eigentum *Andrejs* stehende Grundstück, auf dem sich die Geschäftsräumlichkeiten des Einzelunternehmens befinden. Auf diese Liegenschaft entfallen 25 % des vereinbarten Gesamtkaufpreises.

Variante: Die *MöbelMaxx-AG* erwirbt kein Einzelunternehmen, sondern 51 % der Anteile an der slowakischen *Nábytok s.r.o*, die ein Möbelhaus in Košice (Slowakei) betreibt. Alle Formerfordernisse des slowakischen Sachrechts wurden bei dieser Transaktion eingehalten.

Welchem Sachrecht unterliegen diese Erwerbsvorgänge jeweils?

Hinweis 1: Die wirksame Übertragung der Gesellschaftsanteile bedarf nach slowakischem Gesellschaftsrecht neben einer entsprechenden Ermächtigung im Gesellschaftsvertrag oder der Zustimmung der Gesellschafterversammlung eines schriftlichen Vertrages zwischen Erwerber und Veräußerer samt amtlicher Beglaubigung ihrer Unterschriften sowie der Zustimmung des Finanzamts, wenn eine Mehrheitsbeteiligung den Vertragsgegenstand bildet (*Sovova*, Slowakei, in *Süß/Wachter*, HB GmbH[4] Rz 80 ff; *Kovár*, Slowakische Republik, in *Wegen/Spahlinger/Barth*, GesR des Auslands [Stand: März 2013] Rz 108 ff).

Hinweis 2: Das autonom-slowakische Gesellschaftsstatut folgt der Gründungstheorie (*Kovár*, Slowakische Republik, in *Wegen/Spahlinger/Barth*, GesR des Auslands [Stand: März 2013] Rz 319 ff). Dingliche Rechte an Sachen unterstellt das slowakische IPR dem Recht ihres Belegenheitsortes (*lex rei sitae*; hierzu § 5 slowakisches IPRG).

Variante nach OGH 23.02.1989, 6 Ob 525/89 IPRax 1990, 252.

Das UN-K kommt aufgrund seines wirksamen Ausschlusses jedenfalls nicht zur Anwendung. Der Anwendungsbereich der Rom I-VO ist vollumfänglich eröffnet (Fall 36). In Ermangelung einer Rechtswahl ist objektiv anzuknüpfen.

Umstritten ist, unter welchen Tatbestand der Rom I-VO der **Unternehmenskauf (*asset deal*)** fällt. Nach wohl hA ist beim Kauf eines Unternehmens in seiner Gesamtheit Art 4 Abs 1 lit a Rom I-VO nicht anzuwenden, weil nach dem Willen der Vertragsparteien nicht vorrangig bewegliche körperliche Sachen erworben werden (zB die im Lager befindlichen Möbelstücke), sondern das Unternehmen in seiner Eigenschaft als wirtschaftlicher Gesamtorganismus, der aus einem umfassenden Bündel von Rechten und Pflichten besteht (*Leible* in *Hüßtege/Mansel*, BGB VI[4] Art 4 Rom I-VO Rz 22 mwN).

Deshalb ist Art 4 Abs 2 Rom I-VO anwendbar. Maßgeblich ist demnach das Sachrecht am gewöhnlichen Aufenthalt desjenigen, der die **vertragscharakteristische Leistung** erbringt. Dies ist der Einzelunternehmer *Andrej*, der sein Unternehmen veräußert. Unabhängig vom referierten Meinungsstreit ist im Ergebnis jedenfalls slowakisches Sachrecht auf die schuldrechtlichen Aspekte des Unternehmenskaufs anzuwenden, weil hierauf sowohl Art 4 Abs 1 lit a Rom I-VO als auch Art 4 Abs 2 Rom I-VO verweisen.

Wegen des nicht überwiegenden Anteils des Grundstückswerts am Gesamtkaufpreis sind die schuldrechtlichen Aspekte des Liegenschaftserwerbs nach hA nicht eigenständig nach Art 4 Abs 1 lit c Rom I-VO (*Leible* in *Hüßtege/Mansel*, BGB VI[4] Art 4 Rom I-VO Rz 22 f), sondern gemeinsam mit dem Unternehmenskauf nach Art 4 Abs 2 Rom I-VO anzuknüpfen.

Auch die gegenteilige Ansicht führte bezüglich des Liegenschaftserwerbs zum identen Ergebnis, weil nach Art 4 Abs 1 lit c Rom I-VO das Sachrecht des slowakischen Belegenheitsorts (*lex rei sitae*) maßgeblich ist. In allen Fällen richtet sich die Reichweite des Vertragsstatuts nach Art 12 Rom I-VO.

Für die autonom als **sachenrechtlich zu qualifizierende Frage** nach dem Eigentumserwerb am Unternehmen und an den ihm zugehörigen Sachen samt der Liegenschaft ist der – keiner Rechtswahl zugängliche – § 31 Abs 1 IPRG zu beachten, der im Ergebnis ebenfalls slowakisches Sachrecht für maßgeblich erklärt, weil der Belegenheitsort (*lex rei sitae*) in der Slowakei liegt und das slowakische IPR die österreichische Gesamtverweisung (§ 5 Abs 1 IPRG) annimmt.

Variante: Für die Beurteilung der Wirksamkeit des **Erwerbs der Gesellschaftsanteile (*share deal*)** sind zwei grundlegende Problemstellungen voneinander zu unterscheiden. Einerseits ist – wie im Grundfall – zu prüfen, nach welcher Rechtsordnung die schuldrechtlichen Aspekte der Anteilsübertragung zu beurteilen sind. Andererseits muss nunmehr ermittelt werden, welches Recht auf die gesellschaftsrechtlichen Facetten dieser Transaktion anzuwenden ist.

Diese Differenzierung ist bedeutsam, weil Art 1 Abs 1 lit f Rom I-VO **gesellschaftsrechtliche Fragestellungen** vom sachlichen Anwendungsbereich der Rom I-VO ausnimmt.

Bevor auf die schuldrechtlichen Aspekte des Gesellschaftsanteilserwerbs einzugehen ist, muss als Vorfrage geprüft werden, nach welcher Sachrechtsordnung die **Voraussetzungen der Übertragung** von slowakischen s.r.o.-Gesellschaftsanteilen, die bei funktionaler Betrachtung ihrer Rechtsqualität österreichischen GmbH-Gesellschaftsanteilen entsprechen, zu beurteilen sind. Denn bei der Frage nach der Übertragbarkeit von Anteilen handelt es sich um eine Angelegenheit, die der internen Organisation einer Gesellschaft zuzuordnen ist, weshalb sie dem **Gesellschaftsstatut** des § 10 IPRG unterfällt (Fälle 145 ff).

§ 10 IPRG folgt der **Sitztheorie**. Demnach erklärt diese Kollisionsnorm das Recht jenes Staates für maßgeblich, in dem sich der **tatsächliche Hauptverwaltungssitz** der Gesellschaft befindet. Das Gesellschaftsstatut verweist sohin auf slowakisches Recht, weil die *Nábytok s.r.o.* operativ in der Slowakei verwaltet wird. Achtung: Nach § 5 Abs 1 IPRG gilt auch für § 10 IPRG der Grundsatz der Gesamtverweisung. Es ist sohin nach slowakischem IPR zu prüfen, welches Sachrecht zur Anwendung kommt.

Nach dem Hinweis im Sachverhalt folgt das slowakische Gesellschaftsstatut – anders als der österreichische § 10 IPRG – der **Gründungstheorie**, nicht aber der Sitztheorie. Dieser Unterschied ist für den vorliegenden Fall jedoch bedeutungslos, weil sowohl der tatsächliche Hauptverwaltungssitz als auch der Gründungsort der *Nábytok s.r.o* in der Slowakei liegen.

Demnach ist nach slowakischem Kollisionsrecht, das § 10 IPRG über § 5 Abs 1 IPRG zur Anwendung beruft, materielles slowakisches Gesellschaftsrecht auf die Beurteilung der Voraussetzungen der Anteilsübertragung anzuwenden. Diese Gesellschaftsrechtsordnung erlaubt eine rechtsgeschäftliche Übertragung der s.r.o-Gesellschaftsanteile unter Lebenden unter den in der Angabe beschriebenen Voraussetzungen. Diese wurden laut Sachverhalt eingehalten.

Nachdem die gesellschaftsrechtlichen Fragestellungen dem slowakischen Sachrecht unterstellt werden konnten, sind nun die **schuldrechtlichen Aspekte** der Anteilsübertragung kollisionsrechtlich zu beurteilen.

Für den entgeltlichen Erwerb von Gesellschaftsanteilen gilt in vertragsrechtlicher Hinsicht nichts anderes als für den entgeltlichen Erwerb eines Einzelunternehmens, weshalb auf diesen Kaufvertrag nach **Art 4 Abs 2 Rom I-VO** ebenfalls slowakisches Sachrecht anzuwenden ist. Die Reichweite des Vertragsstatuts wird von Art 12 Rom I-VO bestimmt.

Fraglich ist schließlich, welche Rechtsordnung auf die Beurteilung der **Form dieses Rechtsgeschäfts** anzuwenden ist. Nach hA ist dieser Aspekt von der vorlagerten gesellschaftsrechtlichen Frage, ob Gesellschaftsanteile überhaupt unter Lebenden durch Rechtsgeschäft übertragbar sind, zu unterscheiden. Hierbei ist zwischen dem **Verpflichtungs- und dem Verfügungsgeschäft** zu differenzieren (OGH 23.02.1989, 6 Ob 525/89 IPRax 1990, 252).

Nach Art 11 Abs 2 Rom I-VO genügt für die Wirksamkeit des schuldrechtlich zu qualifizierenden **Verpflichtungsgeschäfts**, dass entweder die Formvorschriften des slowakischen Sachrechts oder jene des österreichischen Sachrechts erfüllt sind (siehe hierzu auch unten Fall 51). Laut Sachverhalt wurden die slowakischen Formvorschriften eingehalten, weshalb das Verpflichtungsgeschäft wirksam ist.

Die Form des **Verfügungsgeschäfts** ist nicht nach den Kollisionsnormen der Rom I-VO zu beurteilen, weil diese nur auf die schuldrechtlichen Aspekte der Anteilsübertragung anwendbar sind. Nach wohl hA (*Neumayr* in KBB[7] § 10 IPRG Rz 4 mwN) unterliegt diese Fragestellung dem Gesellschaftsstatut (§ 10 IPRG). Nach § 10 IPRG ist im Ergebnis – unter Berücksichtigung der Gesamtverweisung nach § 5 Abs 1 IPRG – slowakisches Sachrecht anzuwenden, dessen Formvorschriften eingehalten wurden (hierzu oben).

Lernhinweis: Anders ist der Fall zu lösen, wenn österreichische GmbH-Anteile den Gegenstand des Kaufvertrages bilden. Dann geht § 76 Abs 2 GmbHG nach hA als Eingriffsnorm der kollisionsrechtlichen Anknüpfung vor, wobei dem österreichischen Notariatsakt eine ausländische Form dann gleichzuhalten ist, wenn diese dem Zweck der österreichischen Formvorschrift, der in der Verhinderung der freien Zirkulationsfähigkeit der Anteile liegt, genauso gut entspricht (*Lurger/Melcher*, HB IPR[2] Rz 7/8b; ferner OGH 23.02.1989, 6 Ob 525/89 zur notariellen Beurkundung in Deutschland). § 76 Abs 2 GmbHG ist auf das Verpflichtungs- und Verfügungsgeschäft anzuwenden (*Schauer*, RdW 1986, 358 [358 f]), wenn eine Substitution nicht in Frage kommt.

Welche Rechtsfragen unterliegen dem Gesellschaftsstatut? Pointiert hat *Thomale*, VbR 2019, 204 (206) die Faustregel formuliert, dass ihm jene Rechtsfragen unterliegen, „*die in der Gesellschaft wurzeln oder sie unmittelbar betreffen und dadurch so untrennbar miteinander zusammenhängen, dass zur Vermeidung von Widersprüchen nicht allein eine Anpassung im Nachhinein, sondern eine Beurteilung ex ante nach demselben Sachrecht zwingend notwendig ist*“; ihm folgend OGH 25.11.2020, 6 Ob 220/20a.

Literatur: zum Unternehmenserwerb siehe *Martiny* in MüKoBGB[9] Art 4 Rom I-VO Rz 214 f; *Spickhoff* in BeckOK-BGB[73] Art 4 Rom I-VO Rz 68; *Leible* in *Hüßtege/Mansel*, BGB VI[4] Art 4 Rom I-VO Rz 22 f; zum Erwerb von Gesellschaftsanteilen siehe *Lurger/Melcher* HB IPR[2] Rz 7/8b; *Martiny* in MüKoBGB[9] Art 4 Rom I-VO Rz 214; *Spickhoff* in BeckOK-BGB[73] Art 4 Rom I-VO Rz 68, der jedoch scheinbar das Gesellschaftsstatut für überhaupt nicht anwendbar erachtet; zum Gesellschaftsstatut im Allgemeinen siehe *Lurger/Melcher*, IPR[4] Rz 7/2 ff; *Zöchling-Jud/Aspöck*, IPR[3] 20 f; *Heindler* in *Rummel/Lukas/Geroldinger*, ABGB[4] § 10 IPRG Rz 1 ff; *Neumayr* in KBB[7] § 10 IPRG Rz 1 ff.

Fall 39 *(Uitz)*
Schwerpunkte: Verbraucherstatut, AGB, Gewährleistung, Eingriffsnorm

Vinzenz ist österreichischer Staatsbürger und hat seinen gewöhnlichen Aufenthalt in Feldkirch (Österreich). Da er sich für den Erwerb hochwertigen Tequilas interessiert, den er bei seiner nächsten Geburtstagsfeier seinen Gästen servieren will, wendet er sich telefonisch an die *Bebidas Import GmbH*, die ihren Hauptverwaltungssitz in Feldkirch (Österreich) hat, dort einen Getränkegroßhandel betreibt und ihm die Produkte der *Fiesta Mexicana S.A.* empfiehlt, deren Hauptverwaltungssitz in Guadalajara (Mexiko) liegt.

Der Geschäftsführer der *Bebidas Import GmbH* übermittelt *Vinzenz* per E-Mail eine Preisliste sowie einen Link zum Online-Shop der *Fiesta Mexicana S.A*, der in englischer Sprache abrufbar ist. Dort bestellt *Vinzenz* eine Kiste mit 6 Flaschen Tequila zum Preis von 3.000 mexikanischen Pesos inklusive Versandkosten. Die AGB, denen *Vinzenz* wirksam zugestimmt hat, sehen die Anwendung mexikanischen Zivilrechts auf das gesamte Vertragsverhältnis vor.

Nachdem seit der Ablieferung des Tequilas 8 Monate verstrichen sind, findet die Geburtstagsfeier statt. Leider erleiden *Vinzenz* und seine Gäste trotz moderaten Konsums des Tequilas schwere Magenprobleme. Ein Sachverständiger kann klären, dass der Methanolgehalt der Spirituose für den menschlichen Konsum viel zu hoch ist.

Vinzenz ist empört. Deshalb verlangt er von der *Fiesta Mexicana S.A.* unter anderem sein Geld zurück. Er findet heraus, dass die *Bebidas Import GmbH* in einer ständigen Geschäftsbeziehung zur *Fiesta Mexicana S.A.* steht, weil sie eine Provision für jeden vermittelten Kunden erhält. Nach welchem Sachrecht ist dieser Anspruch des *Vinzenz* zu beurteilen?

Hinweis: Nach mexikanischem Zivilrecht beträgt die allgemeine Gewährleistungsfrist bei beweglichen Sachen sechs Monate ab ihrer Ablieferung (Art 2149 Código Civil Federal). Art 93 des mexikanischen Verbraucherschutzgesetzes (Ley Federal de Protección al Consumidor) begünstigt den Verbraucher gegenüber dieser allgemeinen Regelung insoweit, als er seine Ansprüche nicht nur gegen den Verkäufer als seinen Vertragspartner, sondern auch gegen den Hersteller oder Importeur einer Ware richten kann, benachteiligt ihn aber auch, weil er hierfür nur zwei Monate ab Erhalt der Ware Zeit hat.

Variante: Wie der Grundsachverhalt. Die AGB der *Fiesta Mexicana S.A.* enthalten neben einer Rechtswahlvereinbarung zugunsten des mexikanischen Zivilrechts zusätzlich folgende Klauseln:

1.) Die *Fiesta Mexicana S.A.* haftet weder für Sachschäden noch für Personenschäden, die ihre Produkte verursachen.
2.) Unter der Überschrift „*Vertragsanfechtung*" enthalten die AGB eine Klausel, nach der vertragsbezogene Erklärungen des Verbrauchers nur dann wirksam sind, wenn sie schriftlich abgegeben wurden.

3.) Ansprüche aus Gutscheinen verjähren innerhalb eines Jahres ab ihrer Ausstellung.
Sind die genannten AGB-Klauseln wirksam?

Grundfall inspiriert von EuGH 07.12.2010, C-585/08, *Pammer* und C-144/09, *Hotel Alpenhof* sowie OLG Stuttgart, 18.05.2015, 5 U 147/14 IPRax 2016, 567 (zustimmend *St. Arnold*).

Das UN-K ist auf den Kauf von Tequila wegen seiner intendierten Nutzung zu Privatzwecken nicht anwendbar (Fall 23). Sohin ist das anzuwendende Sachrecht nach der Rom I-VO zu ermitteln. Ihr Anwendungsbereich ist vollumfänglich eröffnet (Fall 36).

Fraglich ist, ob der vorliegende Kaufvertrag ein B2C-Vertragsverhältnis ist, das dem **Verbraucherstatut** unterliegt. Dieses ist nach Art 6 Abs 1 Rom I-VO anzuwenden, wenn der unternehmerische Vertragspartner seine berufliche oder gewerbliche Tätigkeit entweder im Verbraucherstaat ausübt (Art 6 Abs 1 lit a Rom I-VO) oder seine Tätigkeit „*auf irgend einer Weise auf diesen Staat*" ausrichtet (Art 6 Abs 1 lit b Rom I-VO).

In persönlicher Hinsicht ist das Verbraucherstatut anwendbar, wenn die in Art 6 Abs 1 Rom I-VO enthaltenen Legaldefinitionen des Unternehmers und des Verbrauchers auf die *Fiesta Mexicana S.A.* und auf *Vinzenz* zutreffen. Die *Fiesta Mexicana S.A.* ist Unternehmerin, weil sie „*in Ausübung ihrer beruflichen oder gewerblichen Tätigkeit handelt*" (Art 6 Abs 1 Rom I-VO). *Vinzenz* gilt als Verbraucher, denn er ist eine natürliche Person und schließt den Vertrag „*zu einem Zweck, der nicht* [seiner] *beruflichen oder gewerblichen Tätigkeit zugerechnet werden kann*" (Art 6 Abs 1 Rom I-VO). Der **persönliche Anwendungsbereich** des Verbraucherstatuts ist somit eröffnet.

Dasselbe gilt für seinen **sachlichen Anwendungsbereich**, weil der vorliegende Kaufvertrag nicht von den Ausnahmebestimmungen des Art 6 Abs 4 Rom I-VO erfasst ist.

Schließlich ist der **situative Anwendungsbereich** des Verbraucherstatuts zu prüfen, der in Art 6 Abs 1 lit a-b Rom I-VO geregelt ist. Da die *Fiesta Mexicana S.A.* nicht in Österreich operativ tätig ist, ist Art 6 Abs 1 lit a Rom I-VO nicht einschlägig. Zu prüfen ist vielmehr, ob die *Fiesta Mexicana S.A.* ihre Geschäftstätigkeit auf den österreichischen Markt ausrichtet (Art 6 Abs 1 lit b Rom I-VO).

Dagegen sprechen – zumindest auf den ersten Blick – die Umstände, dass ihr Online-Shop nicht in deutscher Sprache abgerufen werden kann und die Bezahlung der bestellten Ware in der mexikanischen Landeswährung zu erfolgen hat. Zu bedenken ist aber, dass die *Fiesta Mexicana S.A.* mit der österreichischen *Bebidas Import GmbH* in einer ständigen Geschäftsbeziehung zur Anwerbung von in Österreich aufhältigen Kunden steht.

Wie vom EuGH zumindest angedeutet und in Deutschland bisweilen judiziert wurde (siehe dazu die Nachweise unterhalb der Angabe), erfüllt die **Einschaltung eines kundenzuführenden Vermittlers** im Verbraucherstaat den Tatbestand des Ausrichtens der Geschäftstätigkeit der *Fiesta Mexicana S.A.* auf diesen Ort, weshalb das Verbraucherstatut nach Art 6 Abs 1 lit b Rom I-VO den vorliegenden Kaufvertrag erfasst. Die objektive Anknüpfung, die das Verbraucherstatut gebietet, ergibt daher die Anwendbarkeit österreichischen Sachrechts, weil sich *Vinzenz* in Österreich für gewöhnlich aufhält. Die Reichweite des Vertragsstatuts folgt aus Art 12 Rom I-VO. Bezüglich der behaupteten Schlechterfüllung ist Art 12 Abs 1 lit c Rom I-VO einschlägig (Fall 56).

Welcher Stellenwert kommt nun der vereinbarten **Rechtswahl** zu? Nach Maßgabe des Art 6 Abs 2 Rom I-VO ist auch innerhalb des Anwendungsbereichs des Verbraucherstatuts eine subjektive Anknüpfung durch Rechtswahl nach Art 3 Rom I-VO zulässig, sofern dem Verbraucher hierdurch nicht der **Schutzstandard** des nach Art 6 Abs 1 Rom I-VO objektiv ermittelten Sachrechts entzogen wird. Zu prüfen ist sohin, inwieweit die Vereinbarung der Anwendung mexikanischen Zivilrechts zur Anwendung kommt. Es ist demnach ein **Günstigkeitsvergleich** mit jener Sachrechtsordnung anzustellen, die mithilfe der objektiven Anknüpfung anhand des Verbraucherstatuts zu ermitteln ist (*Leible* in *Hüßtege/Mansel*, BGB VI[4] Art 6 Rom I-VO Rz 67, 71 f).

Die Regelung des Art 6 Abs 2 Rom I-VO wird durch den in Umsetzung der Klausel-RL (Richtlinie 93/13/EWG) geschaffenen § 13a KSchG ergänzt, der den Mindestschutzstandard für manche Verbraucherverträge präzisiert. § 13a KSchG ist auf den vorliegenden Fall anwendbar, weil ein Verbrauchervertrag mit Berührung zu einem Nicht-EWR-Staat (Mexiko) zu beurteilen ist, dessen Sachrechtsordnung von den Vertragsparteien wirksam gewählt wurde (zu alldem *Donath* in *Schwimann/Neumayr*, ABGB[5] § 13a KSchG Rz 2).

Nach § 13a Abs 1 Z 1 KSchG sind die österreichischen **Gewährleistungsfristen** (§ 10 VGG) aufgrund der Durchführung des Günstigkeitsvergleichs auch dann anwendbar, wenn das ausländische Sachrecht zwar wirksam gewählt wurde, aber für den Verbraucher nachteiliger als das Sachrecht eines EWR-Staates ist, das sich aus der objektiven Anknüpfung ergibt. Dies ist hier der Fall, weil die Gewährleistungsfrist nach dem gewählten mexikanischen Zivilrecht laut Sachverhalt wesentlich kürzer als ihr österreichisches Pendant ist, das – wie soeben erörtert – nach Art 6 Abs 1 lit b Rom I-VO infolge der objektiven Anknüpfung zur Anwendung kommt und für den entgeltlichen Erwerb beweglicher Sachen eine Frist von zwei Jahren ab dem Zeitpunkt des Gefahrenübergangs vorsieht (§ 10 Abs 1 VGG).

Der Vorrang des österreichischen Sachrechts, der sich aus der objektiven Anknüpfung nach Art 6 Abs 1 lit b Rom I-VO ergibt, schlägt ebenfalls auf die Anknüpfung der **gesetzlichen Vermutungen** und der **Beweislast** für vertragliche Schuldverhältnisse durch, die Art 18 Abs 1 Rom I-VO dem Vertragsstatut unterwirft. Hieraus folgt die Anwendbarkeit des § 11 Abs 1 Satz 1 VGG, der die Beweislastregel enthält, dass das **Vorliegen eines Mangels** im Zeitpunkt des Gefahrenübergangs der Ware widerleglich **vermutet** wird, wenn er sich innerhalb eines Jahres nach diesem Ereignis manifestiert.

Sohin ist der Gewährleistungsanspruch des *Vinzenz* nach **österreichischem Sachrecht** zu beurteilen, das seine subjektiven Rechte nicht als verfristet erachtet, weil seit dem Zeitpunkt des Gefahrenüberganges durch Ablieferung der bestellten Ware erst acht Monate vergingen (§ 10 Abs 1 VGG). Da die Mangelhaftigkeit der bestellten Ware innerhalb eines Jahres nach ihrer Zustellung hervorkam, greift die gesetzliche Mängelvermutung (§ 11 Abs 1 Satz 1 VGG).

Variante: Wie im Grundsachverhalt erörtert wurde, untersteht der Kaufvertrag wegen der wirksamen Rechtswahl nach Art 6 Abs 2 Rom I-VO iVm Art 3 Rom I-VO grundsätzlich mexikanischem Sachrecht. Gleichwohl sind hiervon jene gewährleistungsrechtlichen Ansprüche ausgenommen, die das österreichische Zivilrecht für den Verbraucher *Vinzenz* vorteilhafter als das mexikanische Zivilrecht regelt.

Für die **AGB-Kontrolle** hält § 13a Abs 2 KSchG eine besondere Kollisionsnorm bereit. Sie erklärt die Vorschriften über die Geltungskontrolle (§ 864a ABGB), die Inhaltskontrolle (§ 879 Abs 3 ABGB) und die verbraucherrechtliche Kontrolle einschließlich des Transparenzgebots (§ 6 KSchG) zu **Eingriffsnormen** iSd Art 9 Abs 1 Rom I-VO, die einer kollisionsrechtlichen Anknüpfung vorgehen, sofern der Verbrauchervertrag einen hinreichenden Nahebezug zur österreichischen Rechtsordnung aufweist.

Diese Tatbestandsvoraussetzung ist aufgrund der **Einschaltung eines kundenzuführenden Vermittlers** mit Hauptverwaltungssitz in Österreich erfüllt, weshalb die genannten österreichischen sachrechtlichen Vorschriften über die AGB-Kontrolle ungeachtet der grundsätzlich wirksamen Wahl des mexikanischen Sachrechts zur Anwendung gelangen.

Klausel 1.) ist unzulässig, weil sie gegen § 6 Abs 1 Z 9 KSchG verstößt. Die Wirksamkeit von Klausel 2.) scheitert an der Geltungskontrolle nach § 864a ABGB, weil sie für den Verbraucher wegen der unpassenden Überschrift überraschend und aufgrund der Verschlechterung seiner Rechtsposition, die ihm das positive Recht verleiht, nachteilig ist, obzwar ein einfaches Schriftformgebot zulasten des Verbrauchers grundsätzlich zulässig wäre (§ 6 Abs 1 Z 4 KSchG). Schließlich ist auch Klausel 3.) im Wege der Inhaltskontrolle nach § 879 Abs 3 ABGB als nichtig einzustufen, weil diese Nebenbestimmung für den Verbraucher aufgrund der erheblichen Verkürzung der Verjährungsfrist für seinen Erfüllungsanspruch von 30 Jahren (§ 1478 ABGB) auf ein Jahr gröblich benachteiligend ist und hierfür keine sachliche Rechtfertigung existiert.

Lernhinweise: Am Europäischen Wirtschaftsraum (EWR) nehmen alle 27 EU-Mitgliedstaaten sowie Island, Norwegen und Liechtenstein teil, nicht aber das Vereinigte Königreich von Großbritannien und Nordirland oder die Schweiz.

Die Begriffe des Unternehmers und des Verbrauchers, die Art 6 Abs 1 Rom I-VO legaldefiniert, sind nicht deckungsgleich mit den nationalen sachrechtlichen Legaldefinitionen des § 1 UGB und § 1 KSchG. Vermischen Sie bei der Prüfung daher nicht die Ebenen des Kollisionsrechts und des materiellen Rechts miteinander (zu alldem auch *Lurger/Melcher*, IPR[4] Rz 4/70; *Kalss/Schauer/Winner*, UR[4] Rz 3/5).

Literatur: zum Verbraucherstatut im Allgemeinen *Zöchling-Jud/Aspöck*, IPR[3] 32 f; *Lurger/Melcher*, IPR[4] Rz 4/69 ff; *Perner/Spitzer/Kodek*, BR[7] 720 f; *Kerschner/Wagner/Aigner*, IPR[6] Rz 16/31 f; *Zankl*, BR[10] Rz 635 f; *Verschraegen*, IPR Rz 435 ff; *Leible/Lehmann*, RIW 2008, 528 (536 ff); vgl auch den Fall von *Holly* in *Perner/Spitzer/Kodek*, Ö-CB[3] 585 ff; zum Zuführen von Kunden als Ausrichten auf den Verbraucherstaat siehe *Martiny* in MüKoBGB[9] Art 6 Rom I-VO Rz 48, 54; *Rühl* in Beck-OGK Art 6 Rom I-VO Rz 192, 194 (Stand: 01.02.2023); im Kontext des Verbrauchergerichtsstands nach Art 15 Abs 1 lit c EuGVVO 2001 (Brüssel I-VO) auch OGH 15.07.2014, 10 Ob 21/14g ÖJZ 2015, 165 (mit zustimmenden Anmerkungen von *Hoch/Loacker*); zur Rechtswahlbeschränkung nach § 13a Abs 1 KSchG siehe *Zöchling-Jud/Aspöck*, IPR[3] 33; *Lurger/Melcher*, IPR[4] Rz 4/78; *Lurger/Melcher*, HB IPR[2] Rz 4/120 ff (mit Übungsfall in Rz 4/124); *Kathrein/Schoditsch* in KBB[7] § 13a KSchG Rz 1; zur AGB-Kontrolle nach § 13a Abs 2 KSchG siehe *Zöchling-Jud/Aspöck*, IPR[3] 33; *Kathrein/Schoditsch* in KBB[7] § 13a KSchG Rz 2; *Donath* in *Schwimann/Neumayr*, ABGB[6] § 13a KSchG Rz 3.

c. Dienstleistungsverträge

Fall 40 *(Uitz)*

Schwerpunkte: Verbraucherstatut, Beherbergung, Werkvertrag, Miete

Emilia ist österreichische Staatsbürgerin, lebt in Wien und sehnt sich nach Entspannung, weshalb sie über die Webseite des in Ungarn ansässigen Reiseveranstalters *ThermalRelax Kft* einen fünftägigen Urlaub in der Hotelanlage eines Partnerunternehmens in Mosonmagyaróvár (Ungarn) bucht. Dieser Internetauftritt ist in deutscher, englischer und ungarischer Sprache abrufbar.

Der Gesamtpreis von € 650,– inkludiert die An- und Abreise im Shuttle-Bus vom Wiener Hauptbahnhof zum ungarischen Hotelgelände, den Aufenthalt samt Vollpension sowie einen abendlichen Theaterbesuch in unmittelbarer Nähe zur Unterkunft. Wegen einer Frage zur angebotenen Verköstigung ruft *Emilia* vorab die auf der Webseite angegebene Hotline des Kundenservices an, die über eine Telefonnummer mit österreichischer Vorwahl erreichbar ist und eine Beratung der interessierten Anrufenden in deutscher Sprache anbietet.

Vor Ort entdeckt *Emilia*, dass sich die Zahnklinik *Mosoly Kft* in der Nähe des Hotels befindet, wo sie sich ihren abgebrochenen Eckzahn überkronen lässt. Die *Mosoly Kft* betreibt eine Webseite in ungarischer und englischer Sprache, die *Emilia* vorab zur Abschätzung der ungefähr zu erwartenden Kosten für die angebotenen Zahnbehandlungen konsultierte.

Welches Sachrecht ist auf *Emilias* Vertragsverhältnisse anzuwenden?

Variante 1: Die Webseite der *Mosoly Kft* ist überdies in deutscher Sprache abrufbar und wirbt mit vielen zufriedenen Patientinnen und Patienten aus Österreich. Vor dem Besuch der Zahnklinik hat *Emilia* diesen Internetauftritt jedoch nicht abgerufen.

Variante 2: *Emilia* bucht keinen Hotelaufenthalt, sondern mietet für zwei Wochen ein Ferienapartment bei der – auch in deutscher Sprache abrufbaren – Webplattform *HungaroBnB Kft* mit Sitz in Budapest (Ungarn). Deren Webseite enthält zu Werbezwecken ebenfalls positive Rezensionen österreichischer Kundinnen und Kunden. Ihre Anreise organisiert *Emilia* selbst.

Der Anwendungsbereich der Rom I-VO ist vollumfänglich eröffnet (Fall 36). In Ermangelung einer Rechtswahl ist objektiv anzuknüpfen.

Zu prüfen ist, ob das **Verbraucherstatut** nach Art 6 Rom I-VO vorrangig vor der objektiven Anknüpfung des Dienstleistungsvertrages nach Art 4 Abs 1 lit b Rom I-VO maßgeblich ist.

Der **persönliche Anwendungsbereich** des Verbraucherstatuts ist eröffnet, weil *Emilia* als Verbraucherin und die *ThermalRelax Kft* als Unternehmerin nach Art 6 Abs 1 Rom I-VO zu qualifizieren sind (zur Begründung bei Fall 39).

Für die Bejahung des **situativen Anwendungsbereichs** muss einer der beiden Tatbestände des Art 6 Abs 1 Rom I-VO erfüllt sein (lit a oder lit b).

Bezüglich der Reise ist Art 6 Abs 1 lit b Rom I-VO einschlägig, weil die Indizien der Abrufbarkeit der Webseite in deutscher Sprache sowie der Existenz einer Beratungshotline mit österreichischer Vorwahl und deutschsprachigem Serviceangebot stark für die Annahme sprechen, dass die *ThermalRelax Kft* ihre unternehmerische Tätigkeit zumindest auch auf den österreichischen Markt ausrichtet.

In weiterer Folge ist zu prüfen, ob der **sachliche Anwendungsbereich** des Verbraucherstatuts erfüllt ist. Die Ausnahme in Art 6 Abs 4 lit a Rom I-VO, die auf die Erbringung von Dienstleistungen im Ausland abstellt, findet keine Anwendung, weil die gebuchten Leistungen aufgrund der Anreise mit dem Shuttle-Bus, die am Wiener Hauptbahnhof beginnt, nicht ausschließlich in Ungarn, sondern auch teilweise in Österreich erbracht werden. Ferner ist diese **Buchung eines Reisepakets** aufgrund des umfassenden Leistungsangebots als Pauschalreise zu qualifizieren, weshalb die Ausnahme für reine Beförderungsverträge (Art 6 Abs 4 lit b Rom I-VO) ebenfalls nicht greift. Schließlich handelt es sich bei der Hotelbuchung aufgrund des facettenreichen Serviceangebots nicht um eine bloße Raummiete iSd Art 6 Abs 4 lit c Rom I-VO, weshalb das Verbraucherstatut auf den vorliegenden Vertrag im Ergebnis vollumfänglich anwendbar ist. Das Verbraucherstatut erklärt österreichisches Sachrecht für maßgeblich, weil die Verbraucherin *Emilia* ihren gewöhnlichen Aufenthalt in Österreich hat. Die Reichweite des Vertragsstatuts ergibt sich aus Art 12 Rom I-VO.

Auch für den Vertrag über die Vornahme einer **Zahnbehandlung** ist das anzuwendende Sachrecht zu ermitteln. Obwohl hier ein B2C-Vertragsverhältnis (Verbrauchergeschäft) iSd Art 6 Abs 1 Rom I-VO vorliegt (zur Unternehmer- und Verbrauchereigenschaft oben Fall 39), ist der situative Anwendungsbereich des Verbraucherstatuts nicht eröffnet, weil die Zahnklinik weder im Verbraucherstaat Österreich tätig wird (Art 6 Abs 1 lit a Rom I-VO) noch ihre Geschäftstätigkeit auf diesen Staat ausrichtet (Art 6 Abs 1 lit b Rom I-VO). Dieses Vertragsverhältnis ist sohin nach den allgemeinen Kollisionsregeln der Rom I-VO anzuknüpfen. In Ermangelung einer Rechtswahl ist Art 4 Abs 1 lit b Rom I-VO anzuwenden, weil der Vertrag über die Durchführung einer Zahnbehandlung unionsrechtlich-autonom als Dienstleistungsvertrag zu qualifizieren ist. Dieses Statut beruft ungarisches Sachrecht zur Anwendung, weil die *Mosoly Kft* als Dienstleisterin ihre Hauptverwaltung in Ungarn hat (Art 19 Abs 1 Rom I-VO). Die Reichweite des Vertragsstatuts ergibt sich aus Art 12 Rom I-VO.

Variante 1: Es gilt das im Grundfall Gesagte, wenngleich mit der Abweichung, dass die Abrufbarkeit der Webseite der *Mosoly Kft* in deutscher Sprache sowie die Werbung mit zufriedenen Patientinnen und Patienten aus Österreich nunmehr starke Indizien für die Annahme sind, dass die Zahnklinik ihre Geschäftstätigkeit auf den österreichischen Markt ausrichtet (Art 6 Abs 1 lit b Rom I-VO). In diesem Zusammenhang ist grundsätzlich unerheblich, ob *Emilia* die deutschsprachige Webseite vorab konsultierte oder nicht. Sohin sind die persönlichen und situativen Anwendungsbereiche des Verbraucherstatuts erfüllt.

Allerdings findet das Verbraucherstatut aus jenem Grund keine Anwendung, dass die Dienstleistung zur Gänze in Ungarn und sohin **nicht im Wohnsitzstaat der Verbraucherin** (Österreich) erbracht wird (Art 6 Abs 4 lit a Rom I-VO). Als Faustregel gilt, dass das Verbraucherstatut nicht die aktive Verbraucherin schützt, die ins Ausland reist und dort Dienstleistungen bezieht oder Güter erwirbt. Dieser Schutz geht solchen Verbraucherinnen außerhalb ihres Wohnsitzstaates selbst dann verloren, wenn der Unternehmer ihr Reisebedürfnis durch Ausrichtung seiner Geschäftstätigkeit auf den Verbraucherstaat erst hervorrief (*Leible* in *Hüßtege/Mansel*, BGB VI[4] Art 6 Rom I-VO Rz 3, 34 ff). Sohin ist auf den als Dienstleistungsvertrag zu qualifizierenden Behandlungsvertrag – trotz des Ausrichtens der Geschäftstätigkeit der Zahnklinik auf den österreichischen Markt – ungarisches Sachrecht nach Art 4 Abs 1 lit b Rom I-VO anzuwenden.

Variante 2: Es gilt das im Grundfall zu den persönlichen und situativen Anwendungsbereichen des Verbraucherstatuts Gesagte. Insbesondere sprechen die deutschsprachige Webseite sowie die Werbung mit österreichischen Kundinnen und Kunden für eine **Ausrichtung der Geschäftstätigkeit** auf den österreichischen Markt, woraus zunächst die Anwendbarkeit des Verbraucherstatuts folgt (Art 6 Abs 1 lit b Rom I-VO).

Fraglich ist jedoch, ob der Ausnahmetatbestand des Art 6 Abs 4 lit c Rom I-VO erfüllt ist, demzufolge etwa **Mietverträge über unbewegliche Sachen** vom sachlichen Anwendungsbereich des Verbraucherstatuts ausgenommen sind.

Bei der Buchung des Ferienapartments handelt es sich in Ermangelung von beherbergungstypischen Zusatzleistungen (wie Verköstigung und Zimmerreinigung) nach hA um eine **bloße Raumüberlassung gegen Entgelt**, die grundsätzlich unionsrechtlich-autonom als Miete zu qualifizieren ist. Folglich ist die Ausnahme des Art 6 Abs 4 lit c Rom I-VO auf die Miete eines Ferienapartments anwendbar (*Martiny* in MüKoBGB[9] Art 6 Rom I-VO Rz 29, 34) weshalb das Verbraucherstatut keine Anwendung findet.

Bemerkenswert ist in diesem Zusammenhang, dass die Erfüllung des Tatbestands des Art 6 Abs 4 lit c Rom I-VO **keine Mindestdauer** des Mietverhältnisses erfordert, weshalb diese Ausnahme auch bei kürzeren Urlauben Anwendung findet (beachte diesen Unterschied zu Art 4 Abs 1 lit c-d Rom I-VO).

Denkbar ist überdies, den Ausnahmetatbestand des Art 6 Abs 4 lit a Rom I-VO, der für Dienstleistungen gilt, auf dieses Vertragsverhältnis zur Anwendung kommen zu lassen, weil die entgeltliche Raumüberlassung aus der Sicht der Verbraucherin *Emilia* ebenfalls **ausschließlich im Ausland** (Ungarn) erfolgt.

Unabhängig davon, welcher Ausnahmetatbestand erfüllt ist, ist das Verbraucherstatut im gegenständlichen Fall im Ergebnis nicht anwendbar. In Ermangelung einer Rechtswahl ist deshalb objektiv nach **Art 4 Abs 1 lit c Rom I-VO** anzuknüpfen, der ungarisches Sachrecht zur Anwendung beruft, weil sich die vermietete Wohnung in Ungarn befindet (*lex rei sitae*).

Achtung: **Art 4 Abs 1 lit d Rom I-VO** ist trotz der geringen Mietdauer von weniger als sechs Monaten **nicht anwendbar**, weil Mieter und Vermieter ihren gewöhnlichen Aufenthalt und Sitz nicht in demselben Staat haben (zu Stimmen in der Literatur, die entgegen Art 4 Abs 1 lit c Rom I-VO eine Anknüpfung an die – hier ohnedies mit dem Lageort der Ferienwohnung [Ungarn] übereinstimmenden – Hauptniederlassung der vermittelnden Gesellschaft [Ungarn] befürworten, siehe *Martiny* in MüKoBGB[9] Art 4 Rom I-VO Rz 129).

Lerntipp: Bestehen Anhaltspunkte für die Annahme, dass sich das Ausrichten der geschäftlichen Tätigkeit des Unternehmers auf den Staat des gewöhnlichen Aufenthalts des Verbrauchers (Art 6 Abs 1 lit b Rom I-VO) aus seinen digitalen Vertriebskanälen ergeben könnte, ist besonderes Augenmerk auf die Geoblocking-VO zu richten. Diese EU-Sekundärrechtsquelle verbietet den Verantwortlichen von digitalen Inhalten im Wesentlichen, durch Geoblocking (= Sperre des Abrufs virtueller Informationen für bestimmte User aufgrund ihrer IP-Adresse) den Zugriff ausländischer User auf ihre Webseiten zu verhindern und untersagt Anbietern von Waren und Dienstleistungen, diskriminierende Geschäftspraktiken in Bezug auf ihre Verwendung von AGB und die Benennung akzeptabler Zahlungsmethoden online oder offline einzusetzen. Genauer: Unter gewissen Umständen sind Betreiber von Internetseiten und anderen Online-Applikationen als Anbieter (Art 2 Z 18 Geoblocking-VO) dazu verpflichtet, keine digitalen Vorrichtungen zu implementieren, die den Zugriff von Kunden auf Online-Benutzeroberflächen (Art 2 Z 16 Geoblocking-VO) aufgrund ihrer Staatsangehörigkeit, ihres gewöhnlichen Aufenthalts oder ihres Niederlassungsortes verhinderten (Art 3 Geoblocking-VO). Ferner treffen diese Anbieter die online und offline einzuhaltenden Pflichten, keine AGB einzusetzen, die nach diesen unsachlichen Kriterien differenzierten (Art 4 Geoblocking-VO), und keine derartigen Unterscheidungen zwischen den verfügbaren Zahlungsmethoden vorzusehen (Art 5 Geoblocking-VO). Zum Ausgleich für die Einhaltung dieser Verbote sieht Art 1 Abs 6 Geoblocking-VO vor, dass die bloße Erfüllung der auferlegten Verhaltenspflichten nicht als Ausrichten auf den Verbraucherstaat nach Art 6 Abs 1 lit b Rom I-VO gilt.

Literatur: Zum Verbraucherstatut siehe die Nachweise im vorigen Fall; zur Anknüpfung von Dienstleistungsverträgen sowie Miet- und Pachtverträgen siehe *Zöchling-Jud/Aspöck*, IPR[3] 30 f; *Lurger/Melcher*, IPR[4] Rz 4/53 ff; *Perner/Spitzer/Kodek*, BR[7] 720; *Verschraegen*, IPR Rz 414; *Leible/Lehmann*, RIW 2008, 528 (535, 537).

Fall 41 *(Uitz)*
Schwerpunkte: Verwahrung, Leihe, Miete, Vertragsauslegung

> *Victor* ist österreichischer Staatsbürger, lebt in Retz (Österreich) und ist Eigentümer eines Reitpferds, das aufgrund seines fortgeschrittenen Alters nicht mehr bei Turnieren an den Start gehen kann. Er möchte es daher in Znojmo (Tschechische Republik) in einem Stall mit großer Koppel unterbringen, wo es unter der Obhut des Bauern *Pavel* seinen Lebensabend im Grünen verbringen kann. Dieser verrechnet hierfür monatlich eine Gebühr von 6.500 CZK (etwa € 250,–). Welches Sachrecht ist auf diesen Vertrag anzuwenden?
>
> **Variante**: *Pavels* Schwester *Tereza*, die tschechische Staatsbürgerin ist und ihren gewöhnlichen Aufenthalt in Znojmo (Tschechien) hat, fragt *Victor*, ob ihr zwölfjähriger Sohn das sanftmütige Pferd bisweilen für Reitausflüge in den umliegenden Wäldern nutzen darf. *Victor* gestattet dies bis auf Widerruf für fünf Reitausflüge pro Monat, was *Tereza* akzeptiert.
>
> Nach dem ersten Monat vermeint *Victor* jedoch, dass für die Reitausflüge ein marktübliches Entgelt von € 100,– geschuldet sei. *Tereza* ist verwundert, weil sie davon ausgegangen ist, dass ihr Sohn das Pferd unentgeltlich für die Waldausflüge nützen dürfe. Nach welchem Sachrecht ist dieser Disput zu lösen?

Der Anwendungsbereich der Rom I-VO ist vollumfänglich eröffnet (Fall 36). In Ermangelung einer Rechtswahl ist objektiv anzuknüpfen. Es bestehen keine Anhaltspunkte für die Anwendbarkeit des Verbraucherstatuts (Art 6 Rom I-VO).

Auf die Rechtsbeziehung zwischen *Pavel* und *Victor* ist sohin nach Art 4 Abs 1 lit b Rom I-VO tschechisches Sachrecht anzuwenden, weil der Vertrag über die Versorgung des Pferdes unionsrechtlich-autonom als **Dienstleistungsvertrag** zu qualifizieren ist und *Pavel* als Dienstleister seinen gewöhnlichen Aufenthalt in der Tschechischen Republik hat. Die Reichweite des Vertragsstatuts ergibt sich aus Art 12 Rom I-VO.

Variante: Der Disput zwischen *Victor* und *Tereza* betrifft die Frage, welcher Vertrag über die Nutzung des Reitpferdes abgeschlossen wurde. Aus kollisionsrechtlicher Sicht ist zu fragen: Welche Sachrechtsordnung bestimmt, ob es sich bei ihrer Rechtsbeziehung auf inhaltlicher Beurteilungsebene um eine unentgeltliche Leihe oder eine entgeltliche Miete handelt?

Nach Art 12 Abs 1 lit a Rom I-VO richtet sich die **Auslegung eines Vertrags** nach dessen Statut. Nach diesem Sachrecht, das sich aus der Anwendung des Vertragsstatuts ergibt, ist auch das **Ausmaß der eingegangenen vertraglichen Verpflichtungen** zu beurteilen (Art 12 Abs 1 lit b Rom I-VO), wozu die Frage nach den Parametern einer allfällig bestehenden Vertragspflicht zur Leistung eines Entgelts zählt. Diese Bestimmungen treffen jedoch keine Aussage über die Beantwortung der vorgelagerten Frage, nach welcher Kollisionsnorm der Rom I-VO das Vertragsstatut überhaupt zu ermitteln ist, sondern umschreiben lediglich die inhaltliche Reichweite der ausgesprochenen Sachnormverweisung. Für die Ermittlung der passenden Kollisionsnorm der Rom I-VO, die das anzuwendende Sachrecht bestimmt, ist vielmehr zu fragen, welchem unionsrechtlich-autonom legaldefinierten Vertragstyp die vorliegende Rechtsbeziehung zuzuordnen ist. Hierbei handelt es sich um eine **Qualifikationsfrage**, die nicht auf der Ebene des Sachrechts, sondern auf der Ebene des unionseuropäischen Kollisionsrechts zu beantworten ist.

Unter die Tatbestände des Art 4 Abs 1 Rom I-VO, die besonders geregelte Vertragstypen aufzählen, lässt sich die vorliegende Rechtsbeziehung nicht subsumieren. Insbesondere liegt kein Dienstleistungsvertrag iSd Art 4 Abs 1 lit b Rom I-VO vor, weil *Victor* keine Tätigkeit ausführt (zB Reitstunden erteilt), sondern bloß eine bewegliche Sache in der Form seines Pferdes zum Gebrauch überlässt. Daher ist auf Art 4 Abs 2 Rom I-VO abzustellen. Maßgeblich ist somit das Sachrecht am gewöhnlichen Aufenthalt desjenigen, der die **vertragscharakteristische Leistung** erbringt. Hierbei handelt es sich um *Victor*, weil er sein Pferd, das den Gegenstand des Vertrages bildet, zur Verfügung stellt. Zur Klärung der Auslegungsfrage nach dem Bestehen seines Entgeltanspruches ist sohin österreichisches Sachrecht heranzuziehen, weil diese Aspekte der Vertragsbeziehung dem ermittelten Vertragsstatut unterliegen (Art 12 Abs 1 lit a-b Rom I-VO).

Tipp: Auf der Ebene der materiellrechtlichen Fallprüfung ist besonderes Augenmerk auf § 914 ABGB zu legen, weil die Unklarheitenregeln des § 915 ABGB nicht auf die Klärung der Frage nach der Entgeltlichkeit oder Unentgeltlichkeit eines Vertrages anzuwenden sind, sondern Klarheit über diese Fragestellung tatbestandsmäßig voraussetzen (*Rummel* in *Rummel/Lukas*, ABGB[4] § 915 ABGB Rz 4). Ob eine Miete oder Leihe vorliegt, lässt sich anhand der Angaben im Sachverhalt auf der Ebene des österreichischen Sachrechts nicht abschließend beurteilen, weshalb insoweit Argumentationsspielraum besteht.

Allenfalls kann mit entsprechender Begründung auf der Ebene der kollisionsrechtlichen Fallprüfung argumentiert werden, dass das Verbringen des Pferdes in die Tschechische Republik eine **engere Verbindung der Vertragsparteien** zum Recht dieses Staates nach Art 4 Abs 3 Rom I-VO begründet, weil sich der Vertragsgegenstand nicht im Staat des gewöhnlichen Aufenthalts seines Eigentümers befindet, weshalb tschechisches Sachrecht zur Anwendung kommt (*Köhler* in Beck-OGK Art 4 Rom I-VO Rz 168 [Stand: 01.12.2024]).

Lernhinweis: Art 10 Abs 1 Rom I-VO, der die Anknüpfung der Einigung und der materiellen Wirksamkeit eines Vertrages regelt, ist in der Variante nicht zu thematisieren, weil hier nicht die Frage zu lösen ist, ob die Parteien überhaupt einen Vertrag abschließen wollen oder nicht. Denn es entspricht ihren übereinstimmenden Willenserklärungen, dass der Sohn *Terezas* das Reitpferd für fünf Ausflüge pro Monat bis auf Widerruf nutzen darf. Die Frage nach dem Entgeltanspruch betrifft demgegenüber die Rechtsnatur und den Inhalt des Vertrages, weshalb nach der Ermittlung des adäquaten Vertragsstatuts auf die Reichweite der Sachnormverweisung nach Art 12 Abs 1 lit a-b Rom I-VO einzugehen ist. Im Ergebnis brächte die Anwendung des Art 10 Abs 1 Rom I-VO gleichwohl keine unterschiedlichen Verweisungsergebnisse hervor, weil diese Kollisionsnorm ebenfalls auf das Vertragsstatut abstellt, das maßgeblich wäre, wenn die Rechtswirksamkeit des Vertragsverhältnisses bereits bejaht werden könnte.

Literatur: zur Anknüpfung von Verträgen über die Verwahrung, Leihe und Miete beweglicher Sachen siehe *Martiny* in MüKoBGB[9] Art 4 Rom I-VO Rz 88 (Verwahrung), Rz 217 (Miete beweglicher Sachen), Rz 218 (Leihe); *Spickhoff* in BeckOK-BGB[72] Art 4 Rom I-VO Rz 28 (Verwahrung), Rz 72 (Leihe); zur Reichweite des Vertragsstatuts im Allgemeinen siehe *Zöchling-Jud/Aspöck*, IPR[3] 29; *Lurger/Melcher*, IPR[4] Rz 4/15; *Perner/Spitzer/Kodek*, BR[7] 722 f; *Kerschner/Wagner/Aigner*, IPR[6] Rz 16/23; *Verschraegen*, IPR Rz 360 ff; zur Ermittlung des Vertragstyps siehe (jeweils die Anwendung von Art 12 Abs 1 lit b Rom I-VO befürwortend) *Kleinschmidt* in MüKoBGB[9] Art 12 Rom I-VO Rz 45; *Spickhoff* in BeckOK-BGB[72] Art 12 Rom I-VO Rz 5; zum Lageort des Vertragsgegenstandes als Indiz für eine engere Verbindung (Art 4 Abs 3 Rom I-VO) siehe *Köhler* in Beck-OGK Art 4 Rom I-VO Rz 168 (Stand: 01.12.2024).

d. Verträge über Rechte an unbeweglichen Sachen

Fall 42 *(Uitz)*
Schwerpunkte: Abgrenzung von Schuld- und Sachenrecht, Rechtswahl

Die Landwirtin *Elfriede* betreibt in Jungholz (Österreich) einen Bauernhof. Ferner ist sie Eigentümerin eines Rapsfelds im angrenzenden Wertach (Deutschland). Um rascher von ihrem Bauernhof zu ihrem Rapsfeld zu gelangen, vereinbart *Elfriede* mit dem in Wertach (Deutschland) wohnhaften *Gilbert*, gegen eine jährliche Zahlung von € 5.000,– mit ihrem Traktor über den privaten Feldweg auf seinem Grundstück fahren zu dürfen. Diese Befugnis wird in das deutsche Grundbuch eingetragen. Welches Sachrecht gilt?

Variante: Die Wohnverhältnisse entsprechen dem Grundfall. *Elfriede* legt nunmehr ihre landwirtschaftliche Tätigkeit nieder und zieht zu ihrer Tochter nach Innsbruck. Die Bewirtschaftung ihres Bauernhofs überlässt sie für eine monatliche Zahlung von € 3.000,– ihrem deutschen Nachbarn *Gilbert*. Das Rapsfeld veräußert ihm *Elfriede* wenig später um € 30.000,–, wobei sie nach einer Beratung durch ihre Rechtswissenschaften studierende Tochter darauf besteht, dass das „*gesamte Rechtsverhältnis*" österreichischem Sachrecht unterstehen soll, was *Gilbert* akzeptiert. Welches Sachrecht ist anwendbar?

Hinweis: Art 43 Abs 1 EGBGB lautet: „*Rechte an einer Sache unterliegen dem Recht des Staates, in dem sich die Sache befindet*".

Der Anwendungsbereich der Rom I-VO ist im Hinblick auf die schuldrechtlich zu qualifizierenden Aspekte des Sachverhalts vollumfänglich eröffnet (Fall 36). In Ermangelung einer Rechtswahl ist objektiv anzuknüpfen.

Der Vertrag über die Einräumung einer Grunddienstbarkeit ist ein **Vertrag über ein dingliches Recht an einer unbeweglichen Sache** iSd Art 4 Abs 1 lit c Rom I-VO, weshalb die objektive Anknüpfung auf das deutsche Sachrecht als Recht des Belegenheitsorts der Immobilie verweist (***lex rei sitae***). Die Reichweite dieses Vertragsstatuts ergibt sich aus Art 12 Rom I-VO. Achtung: Von der Anknüpfung des schuldrechtlichen Vertragsverhältnisses ist die kollisionsrechtliche Beurteilung seiner **sachenrechtlichen Wirkungen** zu unterscheiden, die gesondert nach § 31 IPRG anzuknüpfen sind. Im Grundfall kommt es im Ergebnis allerdings zu einem Gleichklang der Sachrechtsordnungen, die auf die schuld- und sachenrechtlich zu qualifizierenden Rechtsfragen zur Anwendung gelangen, weil § 31 IPRG wie Art 4 Abs 1 lit c Rom I-VO auf die *lex rei sitae* abstellt, weshalb auf die sachenrechtlichen Facetten des Rechtsverhältnisses ebenfalls deutsches Sachrecht anzuwenden ist. Denn das autonome deutsche IPR (Art 43 Abs 1 EGBGB) nimmt die österreichische Gesamtverweisung (§ 5 Abs 1 IPRG) des § 31 IPRG an, weil es ebenfalls auf den Belegenheitsort der Immobilie in Deutschland abstellt.

Variante: Grundsätzlich unterliegen nicht bloß Verträge über die Einräumung eines dinglichen Rechts an einer unbeweglichen Sache der Kollisionsnorm des Art 4 Abs 1 lit c Rom I-VO, sondern auch die **Vermietung** und – wie hier – **Verpachtung** einer Immobilie (beachte hierzu Fall 40).

Elfriede vereinbart mit *Gilbert*, dass auf den gesamten Vorgang der Veräußerung des Rapsfelds österreichisches Sachrecht zur Anwendung kommen soll. Insoweit diese Vereinbarung den unionsrechtlich-autonom als schuldrechtlich zu qualifizierenden Kaufvertrag betrifft, ist sie nach **Art 3 Rom I-VO** uneingeschränkt zulässig (Fall 54). Deshalb ist österreichisches Sachrecht im Wege der subjektiven Anknüpfung anwendbar. Dasselbe gilt für den Pachtvertrag.

Anders verhält es sich mit den **sachenrechtlichen Aspekten** des Eigentumserwerbs, weil § 31 IPRG **keine Rechtswahl** zulässt (§ 11 Abs 1 IPRG *e contrario*). Auf diese Facetten des Erwerbsvorgangs ist somit deutsches Sachrecht – wie im Grundfall – zwingend anzuwenden (hierzu auch Fälle 77 ff).

Literatur: zu Verträgen über dingliche Rechte an unbeweglichen Sachen siehe *Zöchling-Jud/Aspöck*, IPR[3] 31; *Lurger/Melcher*, IPR[4] Rz 4/54 ff; *Perner/Spitzer/Kodek*, BR[7] 720; *Kerschner/Wagner/Aigner*, IPR[6] Rz 16/30; *Verschraegen*, IPR Rz 414; *Leible/Lehmann*, RIW 2008, 528 (537).

e. Franchise- und Vertriebsverträge

Fall 43 *(Uitz)*

Schwerpunkte: Franchise, Auslegung einer Rechtswahlvereinbarung, Bezugnahme auf Mehrrechtsstaaten

Die österreichische Staatsbürgerin *Marija* lebt in Salzburg (Österreich). Während einer Geschäftsreise durch Kalifornien (USA) lernt sie das Unternehmen *Burrito-Bonanza Inc.* kennen, das Fast-Food-Speisen aus der Tex-Mex-Küche anbietet. Da *Marija* das Potenzial dieser Geschäftsidee erkennt, möchte sie in Salzburg eine Filiale dieser Restaurantkette eröffnen. Mit der Unternehmensleitung der *Burrito-Bonanza Inc.* mit Sitz in Kalifornien vereinbart sie, gegen eine jährliche Zahlung von $ 50.000,– in Salzburg eine Filiale betreiben zu dürfen. *Marija* verpflichtet sich überdies, dieses Geschäftslokal im typischen Stil der Filialen der Restaurantkette einzurichten und dort nur eine standardisierte Palette von Speisen anzubieten, die urheberrechtlich geschützte Namen tragen und nach einer einzigartigen und der Öffentlichkeit unbekannten Rezeptur zuzubereiten sind.

Variante: In einer Rechtswahlklausel wird „*US-amerikanisches Recht*" für anwendbar erklärt. Aus einem E-Mail-Schriftwechsel mit *Marija* geht hervor, dass die Unternehmensleitung der *Burrito-Bonanza Inc.* darauf besteht, dass ihre Verträge mit den weltweit angesiedelten Restaurantbetreibern allesamt derselben Sachrechtsordnung unterliegen sollen, weil diese Vorgangsweise die Transaktionskosten der konzerninternen Verwaltung minimiere. Bisher habe man jedes Mal die Anwendung des am Sitz der *Burrito-Bonanza Inc.* geltenden Sachrechts vereinbart.

Hinweis: In den USA existiert kein gesamtstaatlich vereinheitlichtes Vertragsrecht, weil dessen Ausgestaltung in die Kompetenz der einzelnen Bundesstaaten und Territorien sowie des föderalen Bundesdistrikts Washington, D.C. fällt (*Reimann*, Einführung in das US-amerikanische Privatrecht[2] [2004] 1, 24 f; *Spickhoff* in BeckOK-BGB[72] Art 22 Rom I-VO Rz 2).

Der Anwendungsbereich der Rom I-VO ist vollumfänglich eröffnet (Fall 36). In Ermangelung einer Rechtswahl ist objektiv anzuknüpfen.

Für unionsrechtlich-autonom als Franchiseverträge zu qualifizierende Vertragsverhältnisse enthält Art 4 Abs 1 lit e Rom I-VO eine eigene Kollisionsnorm, die den gewöhnlichen Aufenthalt des Franchisenehmers zum maßgeblichen Anknüpfungspunkt erklärt. Nach der unionsrechtlich-autonomen Auslegung des Begriffs „*Franchising*" ist hierunter ein Vertragsmodell zu verstehen, bei dem der Franchisegeber einem Franchisenehmer gegen Entgelt ein **standardisiertes Geschäftskonzept** überlässt, dessen Realisierung innerhalb eng vorgegebener Grenzen zu erfolgen hat.

Das vorliegende Vertragsverhältnis verfügt über diese Eigenschaften, weil das weltweite „*corporate image*" der *Burrito-Bonanza Inc.* offenkundig gewahrt werden soll, indem das Speisensortiment sowie dessen Benennung und Zubereitung streng festgelegt sind und die Einrichtung der Filiale einer vorgegebenen Optik zu entsprechen hat. Anzuwenden ist somit österreichisches Sachrecht, weil *Marija* als **Franchisenehmerin** ihren **gewöhnlichen Aufenthalt** in Salzburg hat. Die Reichweite des Vertragsstatuts ergibt sich aus Art 12 Rom I-VO.

Variante: Grundsätzlich ist eine Rechtswahlklausel nach wohl hA – ebenso wie eine mehrdeutige Klausel im Hauptvertrag – nach Art 12 Abs 1 lit a Rom I-VO nach dem Recht jenes Staates auszulegen, das die Parteien für maßgeblich erklärten (*lex causae*). Diese Vorgangsweise ergibt etwa dann Sinn, wenn lediglich die sachliche Reichweite einer Klausel, die eine bestimmte Rechtsordnung unmissverständlich für anwendbar erklärt, unklar ist. Dies gilt beispielsweise für die Beantwortung der Frage, ob der gesamte Vertrag oder nur ein Teilbereich des Vertragsverhältnisses dem zweifelsfrei gewählten Recht unterliegen soll.

Anderes gilt nach hA für die Konstellation, in der nicht eindeutig ist, ob überhaupt eine Rechtswahl getroffen wurde, sowie für den hier interessierenden Problemfall, in dem **nicht klar** ist, **welches Recht die Parteien wählten**. Denn das Vertragsrecht der USA ist nicht gesamtstaatlich vereinheitlicht, sondern unterscheidet sich zwischen den einzelnen Gebietseinheiten dieses territorial gespaltenen Mehrrechtsstaats. In diesen Situationen ist ein Vorgriff auf das anzuwendende Recht (*lex causae*) unmöglich, weil unklar ist, ob überhaupt eine Rechtswahl getroffen wurde, oder zweifelhaft ist, welche Rechtsordnung die Vertragsparteien wählen wollten (*Leible* in *Hüßtege/Mansel*, BGB VI[4] Art 12 Rom I-VO Rz 12).

Der bloße Verdacht, die Vertragsparteien könnten aufgrund ihres E-Mail-Wechsels kalifornisches Sachrecht gemeint haben, genügt auf der Ebene des Kollisionsrechts nicht, um die mehrdeutige Rechtswahlvereinbarung nach den kalifornischen Auslegungsregeln zu beurteilen, oder gar den Schritt der Vertragsauslegung zu überspringen und sogleich auf die Anwendung kalifornischen Sachrechts auf den gesamten Hauptvertrag zu schließen. Vielmehr ist das gewählte Recht nach wohl hA durch Auslegung dieser Rechtswahlvereinbarung, aus der die gewählte Rechtsordnung nicht eindeutig hervorgeht, nach den materiellrechtlichen Vorschriften des Gerichtsstaats (***lex fori***) zu ermitteln (*Leible* in *Hüßtege/Mansel*, BGB VI[4] Art 12 Rom I-VO Rz 12 mwN).

Das international zuständige österreichische Gericht hat daher nach §§ 914, 915 ABGB vorzugehen. Hierbei ist dem hypothetischen Parteiwillen, der sich aus dem dokumentierten E-Mail-Verkehr ergibt, besonderes Gewicht beizumessen. Die Auslegung der Rechtswahlvereinbarung wird daher – erst auf dieser materiellrechtlichen Ebene der Fallprüfung – zur Anwendung kalifornischen Sachrechts auf das Franchise-Verhältnis zwischen den Parteien führen.

Nach einer anderen Ansicht (*Kleinschmidt* in MüKoBGB[9] Art 12 Rom I-VO Rz 13; *Weller* in Beck-OGK Art 12 Rom I-VO Rz 28 [Stand: 01.09.2023]) soll nicht das materielle Recht der *lex fori* zur Auslegung der Rechtswahlvereinbarung zur Ermittlung der gewählten Rechtsordnung berufen sein, sondern nach dem Gedanken des Art 4 Abs 4 Rom I-VO geprüft werden, zu welcher der möglicherweise gewählten Teilrechtsordnung der Vertrag die **engste Verbindung** aufweist. Folgt man dieser Ansicht, ist kalifornisches Sachrecht anwendbar, ohne für die Ermittlung dieses Auslegungsergebnisses in einem Zwischenschritt auf das Sachrecht des Forumstaates (§§ 914, 915 ABGB) rekurrieren zu müssen.

Im vorliegenden Beispiel führen beide Lösungswege zum selben Ergebnis.

Lernhinweis: Führte die Auslegung der Rechtswahlvereinbarung zu keinem eindeutigen Ergebnis, wäre sie als nichtig anzusehen. Dann wäre der Hauptvertrag nach allgemeinen Regeln objektiv anzuknüpfen. Dies ist hier aber nicht der Fall.

Literatur: zu Franchiseverträgen siehe *Martiny* in MüKoBGB[9] Art 4 Rom I-VO Rz 144 f; *Spickhoff* in BeckOK-BGB[72] Art 4 Rom I-VO Rz 43; *Zöchling-Jud/Aspöck*, IPR[3] 31; *Lurger/Melcher*, IPR[4] Rz 4/59; *Verschraegen*, IPR Rz 414; *Leible/Lehmann*, RIW 2008, 528 (535, 543); zur umstrittenen Auslegung einer Rechtswahlvereinbarung und der Vielzahl an denkbaren Rechtsproblemen siehe *Kleinschmidt* in MüKoBGB[9] Art 12 Rom I-VO Rz 8 ff; *Spickhoff* in BeckOK-BGB[72] Art 12 Rom I-VO Rz 4; *Leible* in *Hüßtege/Mansel*, BGB VI[4] Art 12 Rom I-VO Rz 12; zur objektiven Anknüpfung bei Berührungspunkten des Sachverhalts zu Mehrrechtstaaten siehe die Nachweise im nächsten Fall.

Fall 44 *(Uitz)*
Schwerpunkte: Vertriebshandel, objektive Anknüpfung bei Mehrrechtsstaaten

Die Produkte der österreichischen Getränkeherstellerin *BigBull AG*, deren Hauptverwaltungssitz in Salzburg (Österreich) liegt, erfreuen sich unter anderem in den USA großer Beliebtheit, weshalb ihr Vorstand beschließt, in Kalifornien (USA) einen neuen Merchandise-Shop zu eröffnen. Dieser Store soll im bekannten Markenstil des Unternehmens gestaltet werden und dort Fan-Artikel sowie Getränke in originellen Geschmacksrichtungen zum Kauf anbieten.

Die US-amerikanische Geschäftsfrau *Colleen*, die in Kalifornien lebt und arbeitet, bekundet ihr Interesse an diesem Geschäftsmodell, willigt in die Vorgaben ein und verpflichtet sich dazu, monatlich eine gewisse Mindestmenge der von der *BigBull AG* erzeugten Produkte zu erwerben und diese auf eigene Rechnung und wirtschaftliche Gefahr an die Kundschaft weiterzuverkaufen.

Hinweis: In den USA existiert kein gesamtstaatlich vereinheitlichtes Vertragsrecht, weil dessen Ausgestaltung in die Kompetenz der einzelnen Bundesstaaten und Territorien sowie des föderalen Bundesdistrikts Washington, D.C. fällt (*Reimann*, Einführung in das US-amerikanische Privatrecht[2] [2004] 1, 24 f; *Spickhoff* in BeckOK-BGB[72] Art 22 Rom I-VO Rz 2).

Der Anwendungsbereich der Rom I-VO ist vollumfänglich eröffnet (Fall 36). In Ermangelung einer Rechtswahl ist objektiv anzuknüpfen.

Unionsrechtlich-autonom als **Vertriebsverträge** zu qualifizierende Vertragsverhältnisse unterliegen nach der Kollisionsnorm des Art 4 Abs 1 lit f Rom I-VO dem Sachrecht jenes Staates, in dem der Vertriebshändler seinen gewöhnlichen Aufenthalt hat. Ein Vertriebsvertrag ist nach dem unionsrechtlich-autonomen Verständnis der Rom I-VO ein Vertragsverhältnis, bei dem sich der Vertriebshändler dazu verpflichtet, die **Produkte seines Vertragspartners im eigenen Namen zu veräußern** und dabei das **Unternehmerwagnis selbst zu tragen.** Das vorliegende Vertragsverhältnis verfügt über diese Eigenschaften, weil *Colleen* eine Abnahmeverpflichtung eingeht und die erworbenen Produkte der *BigBull AG* im eigenen Namen verkaufen, wobei sie vom bekannten „*corporate image*" ihres Vertriebspartners profitiert.

Wie schon im vorigen Fall 43 erörtert wurde, sind die USA auch in vertragsrechtlicher Hinsicht ein territorial gespaltener **Mehrrechtsstaat**. Für die objektive Anknüpfung enthält Art 22 Abs 1 Rom I-VO die Vorschrift, dass innerhalb eines Mehrrechtsstaats jede Gebietseinheit als „*Staat*" im Sinne der territorialen Anknüpfungsmomente der Kollisionsnormen der Rom I-VO gilt, sofern alle Gebietseinheiten dieses Mehrrechtsstaates über ein eigenes Vertragsrecht verfügen. Diese Voraussetzung trifft auf die USA zu, weil nach hA für den kollisionsrechtlich erforderlichen Grad der territorialen Rechtsspaltung bereits **unterschiedliches Richterrecht** nach den Grundsätzen des *common law* genügt (*Spickhoff* in BeckOK-BGB[72] Art 22 Rom I-VO Rz 2). Da die Vertriebshändlerin *Colleen* ihren gewöhnlichen Aufenthalt in Kalifornien hat, ist kalifornisches Sachrecht auf den Vertriebsvertrag nach Art 4 Abs 1 lit f Rom I-VO iVm Art 22 Rom I-VO anzuwenden. Die Reichweite des Vertragsstatuts ergibt sich aus Art 12 Rom I-VO.

Literatur: zum Vertriebsvertrag siehe *Martiny* in MüKoBGB[9] Art 4 Rom I-VO Rz 146 ff; *Spickhoff* in BeckOK-BGB[72] Art 4 Rom I-VO Rz 44 f; *Zöchling-Jud/Aspöck*, IPR[3] 31; *Lurger/Melcher*, IPR[4] Rz 4/59; *Verschraegen*, IPR Rz 414; zur objektiven Anknüpfung bei Mehrrechtsstaaten siehe *Lurger/Melcher*, HB IPR[2] Rz 4/26; *Kerschner/Wagner/Aigner*, IPR[6] Rz 16/26; *Martiny* in MüKoBGB[9] Art 22 Rom I-VO Rz 1 ff; *Leible/Lehmann*, RIW 2008, 528 (535, 543) mit ähnlichem Beispiel.

f. Beförderungsverträge (mit Exkursen zum Einheitsprivatrecht)

Fall 45 *(Uitz)*
Schwerpunkt: Postversand

Gilles ist französischer Staatsbürger. Für Studienzwecke verbringt er ein Auslandssemester in Wien (Österreich). Nachdem *Gilles* am Flohmarkt am Wiener Naschmarkt eine Brosche um € 200,– erworben hat, verpackt er sie in einen kleinen Karton, den er von der *Österreichischen Post AG* gegen eine Zahlung von € 8,20 an seine Großmutter in der Bretagne (Frankreich) transportieren lässt. Er entscheidet sich für unversicherten Versand.

Leider kommt das Paket nie an. Die Umstände des Verschwindens seiner Postsendung lassen sich nicht feststellen. *Gilles* verlangt Wertersatz für die Brosche und die Rückzahlung der Kosten ihrer misslungenen Beförderung.

Variante 1: Die *Österreichische Post AG* kann nachweisen, dass das Paket bei einem Autounfall, der nicht von der Fahrerin des verunfallten Postwagens verursacht wurde, zerstört wurde.

Variante 2: *Gilles* versendet keine goldene Brosche, sondern eine Geburtstagskarte mit einer Beigabe von € 100,– in einem Brief zum Standardtarif.

Variante 3: *Gilles* bedient sich nicht der Dienstleistungen der *Österreichischen Post AG*, sondern versendet die goldene Brosche mit der *QuickEx GmbH*, die private Kurierdienste gegen Entgelt anbietet. Das Paket soll mit einem Flugzeug der *QuickEx GmbH* nach Frankreich transportiert werden. Während des Fluges wird die Brosche zerstört, weil ein schweres Paket auf sie fällt.

Nach Art 25 Abs 1 Rom I-VO gehen internationale Übereinkommen, denen ein EU-Mitgliedsstaat angehört, den Kollisionsnormen der Rom I-VO vor. In Angelegenheiten der grenzüberschreitenden Postbeförderung existiert mit dem **Weltpostvertrag** (BGBl III 2008/53) ein solches Übereinkommen des Völkervertragsrechts, das der Forumstaat Österreich ratifizierte. Auf das Rechtsverhältnis zwischen Postkunden und der Postverwaltung ist das Montrealer Übereinkommen (MÜ), das einheitsprivatrechtliche Vorschriften über die Beförderung im internationalen Luftverkehr enthält, nicht anzuwenden (Art 2 Abs 2-3 MÜ).

Nach § 18 Abs 1 PMG iVm § 12 Abs 1 Satz 1 PMG ist die *Österreichische Post AG* die einzige österreichische Organisation, die aus den Bestimmungen des Weltpostvertrages gegenüber ihren Kunden und anderen Postverwaltungen berechtigt und verpflichtet ist. Sie gilt sohin als „***Universaldienstleister***“. Deshalb richtet sich das Haftungsregime, dem die *Österreichische Post AG* unterliegt, nach Art 21 ff Weltpostvertrag.

Grundsätzlich hat die *Österreichische Post AG* für den Verlust einer Postsendung **verschuldensunabhängig** zu haften (*Traar*, ZVR 2008, 375 [377]), wobei für einfache Paketsendungen eine Haftungshöchstgrenze greift (Art 21 Punkt 1.5 Weltpostvertrag iVm seinen Ausführungsbestimmungen; zur komplizierten Berechnung der Haftungshöchstgrenzen siehe *Teutsch* in MüKoHGB^4 Beförderung durch Universalpostdienstleister Rz 86 ff). Die Versandkosten sind ebenfalls zu erstatten (Art 21 Punkt 7. Weltpostvertrag).

Variante 1: Bei **höherer Gewalt** haftet die *Österreichische Post AG* nicht für die Zerstörung des Pakets. Der unverschuldete Autounfall einer Postzustellerin ist ein solches Ereignis höherer Gewalt. *Gilles* kann demnach lediglich das Beförderungsentgelt zurückverlangen (Art 21 Punkt 1.4. Weltpostvertrag).

Variante 2: Für den **Verlust einer einfachen Briefsendung** hat die *Österreichische Post AG* überhaupt nicht zu haften (Art 21 Punkt 1.2 Weltpostvertrag). *Gilles* hätte das Bargeld besser als Wertsendung verschickt (Art 21 Punkt 1.1.1. Weltpostvertrag), weil die *Österreichische Post AG* in diesem Fall für den deklarierten Wert gehaftet hätte (Art 21 Punkt 5.1. Weltpostvertrag).

Variante 3: Der Weltpostvertrag ist nach § 18 Abs 1 PMG iVm § 12 Abs 1 Satz 1 PMG nur auf die *Österreichische Post AG* anwendbar, nicht aber auf Dienstleistungen von Drittanbietern wie der *QuickEx GmbH.*

Die Vorschriften der Rom I-VO werden in dieser Konstellation durch das MÜ verdrängt, weil das **Paket per Luftfracht gegen Entgelt** versendet wird (Art 1 Abs 1 MÜ) und Frankreich und Österreich Mitgliedsstaaten des MÜ sind (Art 1 Abs 2 MÜ). Der Ausnahmetatbestand des Art 2 Abs 3 MÜ bezieht sich lediglich auf jene Postsendungen, die dem jeweiligen Träger der Rechte und Pflichten aus dem Weltpostvertrag zur Übermittlung übergeben wurden. Aus österreichischer Sicht handelt es sich hierbei ausschließlich um die *Österreichische Post AG*. Sohin richtet sich die Ersatzpflicht der *QuickEx GmbH* als Luftfrachtführerin nach Art 18 Abs 1 MÜ, weil die Brosche während der Luftbeförderung zerstört wurde und keine Ausnahme von dieser Haftungsanordnung nach Art 18 Abs 2 MÜ oder Art 20 MÜ erfüllt ist.

Lernhinweis: Für die Anwendbarkeit des Weltpostvertrags genügt das Vorliegen einer grenzüberschreitenden Postsendung, die von jenem Anbieter transportiert wird, der vom jeweiligen Mitgliedsstaat nach seinen innerstaatlichen Bestimmungen den Vorschriften des Weltpostvertrags unterstellt wurde. Wenn *Gilles* österreichischer Staatsbürger wäre, würde sich an den dargelegten Lösungen somit nichts ändern. Auch das MÜ stellt nicht auf die Staatsangehörigkeit der Geschädigten ab.

Literatur: *Traar*, ZVR 2008, 375 (375 ff); zum Weltpostvertrag siehe zusätzlich *Teutsch* in MüKoHGB[4] Beförderung durch Universalpostdienstleister, insbesondere Rz 52 ff (Haftung für Briefsendungen) und Rz 86 ff (Haftung für Paketsendungen); zum MÜ siehe zusätzlich die ausführlichen Kommentierungen von *Müller-Rostin* in MüKoHGB[5] Art 1 ff MÜ sowie *Reuschle* in *Staub*, HGB[6] Art 1 ff MÜ.

Fall 46 *(Uitz)*
Schwerpunkt: Güterbeförderung (per LKW, Bahn, Flugzeug)

Farah ist österreichische Staatsbürgerin und betreibt in Wien (Österreich) einen Import-Export-Handel.

Sie importiert drei Tonnen gemahlenen Kaffee aus Turin (Italien), die von einem Fahrer der italienischen *Quattro Ruote S.r.l.* mit dem LKW nach Wien transportiert werden sollen.

Nach dem Vertragsabschluss entbrennt ein Streit über die Frage nach der Fälligkeit der Gesamtvergütung für den Transport, weil diese Thematik im Vertrag nicht geregelt wurde. Der Spediteur verlangt das Entgelt sofort nach dem Vertragsabschluss, während *Farah* erst nach erfolgreicher Ablieferung der Waren zahlen will. Welches Sachrecht regelt diesen Disput?

Variante 1: *Farah* exportiert eine Tonne Nuss-Nougat-Waffeln nach Bern (Schweiz), die im Auftrag der schweizerischen *Bongusto Trans AG* mit dem Güterzug von Wien nach Bern transportiert wird. Wiederum entbrennt der im Grundfall geschilderte Streit. Welches Sachrecht regelt diesen Disput?

Variante 2: *Farah* exportiert eine halbe Tonne Mozartkugeln nach Xi'an (Volksrepublik China), die im Auftrag der tschechischen *EasyCzech s.r.o.* mit dem Flugzeug vom Flughafen Wien nach Xi'an (Volksrepublik China) transportiert werden. Wiederum entbrennt der im Grundfall geschilderte Streit. Welches Sachrecht regelt diesen Disput?

Grundfall inspiriert von OLG München 30.12.2015, 7 U 2492/15; beachte auch AG Dippoldiswalde 14.08.2013, 5 C 87/13 (abrufbar über juris.de).

Auf die Kaufverträge zwischen *Farah* und den jeweiligen Warenhändlern ist das UN-K anwendbar (Fälle 21 ff). Im Folgenden sind nunmehr die Transportverträge zwischen *Farah* und den jeweiligen Spediteuren näher zu beleuchten:

Nach Art 25 Abs 1 Rom I-VO gehen internationale Übereinkommen den Kollisionsnormen der Rom I-VO vor. Für den Wirtschaftszweig der **grenzüberschreitenden Güterbeförderung** existieren zahlreiche internationale Übereinkommen, deren Anwendung und Zusammenspiel im Detail kompliziert sind, weshalb sie hier nur im Überblick darzustellen sind.

Im Grundfall erfolgt ein **Gütertransport per LKW**. Auf diesen Transportvertrag sind grundsätzlich die Vorschriften der **CMR** (BGBl 1961/138) anwendbar, die teils einheitsprivatrechtlicher und teils kollisionsrechtlicher Natur sind (*Jesser-Huß* in MüKoHGB[5] Einleitung CMR Rz 17, 35 ff). Die Regeln der CMR sind zwingend anzuwenden (Art 41 CMR). Sie sind nach Art 1 Z 1 CMR anwendbar, wenn der Übernahmeort und der Ablieferungsort einer im Straßenverkehr transportierten Güterlieferung in verschiedenen Staaten liegen und einer von diesen Staaten ein Vertragsstaat ist. Österreich ist Vertragsstaat der CMR.

Zu beachten ist, dass die CMR nicht alle Aspekte des grenzüberschreitenden Gütertransportes per LKW vereinheitlicht. Die hier interessierende Streitfrage nach der Fälligkeit der Gesamtvergütung kann mit den Regeln der CMR nicht gelöst werden, weil diese Rechtsquelle hierauf keine Antwort bereitstellt (*Martiny* in MüKoBGB[9] Art 5 Rom I-VO Rz 47). Vielmehr ist das Sachrecht, das auf die Auslegung des Transportvertrags zur Ermittlung der Fälligkeit des vertraglichen Erfüllungsanspruchs anzuwenden ist, mit dem IPR des Forumstaates zu ermitteln.

In Ermangelung einer Rechtswahl ist nach der objektiven Anknüpfung des Art 5 Abs 1 Satz 1 Rom I-VO italienisches Sachrecht anwendbar, weil der Beförderer seinen Sitz (Art 19 Abs 1 Rom I-VO) in Italien hat und dort der Übernahmeort der Lieferung liegt. Der Transportvertrag ist nach Maßgabe des italienischen Sachrechts auszulegen (Art 12 Abs 1 lit a Rom I-VO). Auch die Thematik der Fälligkeit der geschuldeten Gesamtvergütung unterliegt als Teilaspekt der Erfüllung des Vertrags italienischem Sachrecht (Art 12 Abs 1 lit b Rom I-VO).

Variante 1: Für den grenzüberschreitenden **Güterverkehr per Bahn** kommen die Vorschriften der **ER-CIM** in Betracht, die den Anhang B zum internationalen Übereinkommen COTIF bilden. Beachte: Anhang A dieses völkerrechtlichen Vertrages wird auch als ER-CIV bezeichnet und kommt nur auf die Personen- und Reisegepäckbeförderung zur Anwendung, während sein Anhang C, der auch als RID bekannt ist, den grenzüberschreitenden Gefahrenguttransport regelt.

Die Bestimmungen der ER-CIM sind auf den vorliegenden Transportvertrag grundsätzlich anwendbar, weil der Transport auf Eisenbahnschienen erfolgt und der Ort der Übernahme des Beförderungsgutes sowie der für die Ablieferung vorgesehene Ort in zwei verschiedenen Mitgliedstaaten (Schweiz und Österreich) des COTIF-Übereinkommens liegen (Art 1 § 1 ER-CIM). Die Normen der ER-CIM sind zwingend anzuwenden (Art 5 ER-CIM) und enthalten entweder Einheitsprivatrecht oder Kollisionsrecht (*Martiny* in MüKoBGB[9] Art 5 Rom I-VO Rz 93 f).

Die ER-CIM enthalten keine Vorschrift über die Fälligkeit der Transportvergütung, weshalb das IPR des Forumstaates zur Ermittlung des maßgeblichen Sachrechts befugt ist (*Martiny* in MüKoBGB[9] Art 5 Rom I-VO Rz 93).

In Ermangelung einer Rechtswahl ist nach der objektiven Anknüpfung des Art 5 Abs 1 Satz 1 Rom I-VO schweizerisches Sachrecht anwendbar, weil der Beförderer seinen Sitz (Art 19 Abs 1 Rom I-VO) in der Schweiz hat und dort der

Ablieferungsort der Lieferung liegt. Der Vertrag ist nach Maßgabe des schweizerischen Sachrechts auszulegen (Art 12 Abs 1 lit a Rom I-VO). Auch die Thematik der Fälligkeit der Transportvergütung unterliegt als Teilaspekt der Erfüllung des Vertrags schweizerischem Sachrecht (Art 12 Abs 1 lit b Rom I-VO).

Variante 2: *Prima vista* kommen das **Warschauer Abkommen (WA)** und das **Montrealer Übereinkommen (MÜ)** als Quellen des Völkervertragsrechts für die Beurteilung des Gütertransports per Flugzeug in Betracht. Da Österreich und die Volksrepublik China am MÜ teilnehmen, verdrängt dieses Abkommen das ältere WA innerhalb seines Anwendungsbereiches (Art 55 Z 1 MÜ).

In sachlicher Hinsicht ist das MÜ anwendbar, weil Güter mit einem Luftfahrzeug grenzüberschreitend transportiert werden (Art 1 Abs 1 MÜ). Die als einheitsprivatrechtlich einzustufenden Normen des MÜ sind zwingend (Art 49 MÜ).

Auch das MÜ enthält weder Vorschriften über die Auslegung von Transportverträgen noch über die Fälligkeit einer vereinbarten Transportvergütung, weshalb das IPR des Forumstaates zur Ermittlung des anzuwendenden Sachrechts berufen ist (*Martiny* in MüKoBGB[9] Art 5 Rom I-VO Rz 74 ff).

In Ermangelung einer Rechtswahl ist nach der objektiven Anknüpfung des Art 5 Abs 1 Rom I-VO vorzugehen. Achtung: Art 5 Abs 1 Satz 1 Rom I-VO, der an den Sitz (Art 19 Abs 1 Rom I-VO) des Beförderers anknüpft, ist nicht anwendbar, weil der tschechische Sitz der *EasyCzech s.r.o.* weder mit dem Übernahmeort (Österreich) noch dem Ablieferungsort (Volksrepublik China) noch dem gewöhnlichen Aufenthalt des Absenders (Österreich) übereinstimmt. Sohin ist nach Art 5 Abs 1 Satz 2 Rom I-VO das Sachrecht der Volksrepublik China zur Klärung der gegenständlichen Auslegungsfrage maßgeblich (Art 12 Abs 1 lit a Rom I-VO), weil sich ebendort der vereinbarte Ablieferungsort befindet. Dasselbe gilt für die Frage nach der Fälligkeit der Transportvergütung (Art 12 Abs 1 lit b Rom I-VO).

Wenn die Vertragsparteien dieses – für beide Seiten wohl überraschende und unpraktische – Verweisungsergebnis ablehnen, bleibt ihnen die Möglichkeit einer **nachträglichen Rechtswahl** nach Art 3 Abs 2 Rom I-VO unbenommen. Denn eine engere Verbindung des Sachverhalts zum österreichischen oder tschechischen Sachrecht (Art 5 Abs 3 Rom I-VO), die bereits im Rahmen der objektiven Anknüpfung bedeutsam wäre, ist gegenständlich nicht erkennbar.

Lernhinweis: Von besonderer Praxisrelevanz sind die genannten Übereinkommen zur Vereinheitlichung des Rechts der grenzüberschreitenden Beförderung von Gütern und Personen vor allem für die Beurteilung von Haftungsfragen in Bezug auf beschädigte Transportgüter oder Verletzungen beförderter Personen.

Literatur: zum Beförderungsvertrag nach der Rom I-VO siehe *Zöchling-Jud/Aspöck*, IPR[3] 31 f; *Lurger/Melcher*, IPR[4] Rz 4/64 ff; *Lurger/Melcher*, HB IPR[2] Rz 4/93 ff; *Zankl*, BR[10] Rz 634; *Verschraegen*, IPR Rz 424 ff; zum grenzüberschreitenden Gütertransport monographisch *Zehetbauer/Motter*, Transportrecht[2] 19 ff (Rechtsquellenübersicht), 59 ff (zur CMR), 208 ff (zur CIM), 263 ff (zu WA und MÜ); siehe überdies die ausführlichen Kommentierungen von *Jesser-Huß* in MüKoHGB[5] Art 1 ff CMR, *Freise* in MüKoHGB[5] Art 1 ff CIM und *Müller-Rostin* in MüKoHGB[5] Art 1 ff MÜ.

Fall 47 *(Uitz)*
Schwerpunkt: Personenbeförderung (per Flugzeug)

> *Zuzana* ist slowakische Staatsbürgerin mit gewöhnlichem Aufenthalt in Bratislava (Slowakei). Sie hat bei der Airline *ShaunAir Ltd*, deren Hauptverwaltungssitz in Dublin (Irland) liegt, eine Flugreise von Wien nach Bogotá (Kolumbien) und retour gebucht. Die Luftdistanz zwischen den Abflugs- und Ankunftsorten beträgt über 9.600 km pro Richtung.
>
> Als sie sich zeitgerecht am Flughafen Wien einfindet, teilt ihr eine Mitarbeiterin der *ShaunAir Ltd* mit, dass der Flug überbucht sei, weshalb *Zuzana* nicht nach Bogotá befördert werden könne. Erst nächste Woche gehe der nächste Flug der *ShaunAir Ltd* nach Bogotá, den *Zuzana* nehmen könne.
>
> *Zuzana* empfindet dieses Verhalten als unseriös, weshalb sie nie wieder mit einem Flugzeug der *ShaunAir Ltd* verreisen will. Überdies verlangt sie von der *ShaunAir Ltd* eine Entschädigung für das erlittene Ungemach. Auf welche Rechtsquelle kann sie diesen Anspruch stützen?

Auf den vorliegenden Sachverhalt ist die **FluggastrechteVO** anwendbar, die als Sekundärrechtsquelle des unionseuropäischen Einheitsprivatrechts in ihrem Anwendungsbereich den Kollisionsnormen der Rom I-VO vorgeht.

Zuzana wurde die Flugbeförderung an das vereinbarte Reiseziel gegen ihren Willen verweigert. Dieses Ereignis fällt unter den **sachlichen Anwendungsbereich** dieser unionseuropäischen Sekundärrechtsquelle (Art 1 Abs 1 lit a FluggastrechteVO iVm Art 4 FluggastrechteVO). In **räumlicher Hinsicht** ist der Anwendungsbereich der FluggastrechteVO ebenso eröffnet, weil der Flug in einem EU-Mitgliedstaat angetreten werden sollte (Art 3 Abs 1 lit a FluggastrechteVO). Die FluggastrechteVO ist **zeitlich anwendbar**, weil sich der Sachverhalt nach ihrem Inkrafttreten am 17.02.2005 ereignete (Art 19 FluggastrechteVO).

Vorauszuschicken ist der rechtlichen Beurteilung dieser Ereignisse, dass sich *Zuzana* laut Sachverhalt **rechtzeitig am Flughafen eingefunden** hat (Art 3 Abs 2 lit a FluggastrechteVO), weshalb sie ihrer Ansprüche nicht wegen verspäteten Erscheinens verlustig geht. Im Folgenden ist auf die Rechtsfolgen der **Nichtbeförderung** von *Zuzana* einzugehen (Art 4 FluggastrechteVO). Diese zeitigt im Wesentlichen zwei zentrale Konsequenzen. Einerseits ist zu klären, ob *Zuzana* das geleistete **Beförderungsentgelt zurückfordern** kann. Andererseits ist zu prüfen, ob sie zusätzlich einen Ausgleich für die erlittenen Unannehmlichkeiten und ihren **ideellen Schaden**, nicht auf Urlaub fahren zu können, verlangen kann.

Zunächst hat *Zuzana* gemäß Art 4 Abs 3 FluggastrechteVO iVm Art 8 Abs 1 FluggastrechteVO die Wahl zwischen der binnen sieben Tagen zu leistenden Rückerstattung der Flugscheinkosten zum Erwerbspreis (Art 8 Abs 1 lit a FluggastrechteVO) oder dem Festhalten am Vertrag bei gleichzeitigem Verlangen einer Beförderung zum Endziel unter vergleichbaren Bedingungen zum frühestmöglichen Zeitpunkt (Art 8 Abs 1 lit b FluggastrechteVO) oder – ihre Zustimmung vorausgesetzt – einem späteren Zeitpunkt (Art 8 Abs 1 lit c FluggastrechteVO). Laut Sachverhalt entscheidet sich *Zuzana* für die **Rückerstattung der Flugkosten** (Art 8 Abs 1 lit a FluggastrechteVO).

Überdies hat sie gemäß Art 4 Abs 3 FluggastrechteVO iVm Art 7 FluggastrechteVO einen Ausgleichsanspruch auf **Abgeltung ihres ideellen Ungemachs**. Wegen der Flugdistanz von über 3.500 km kann sie einen Anspruch auf € 600,– zusätzlich zur Rückzahlung ihrer Flugkosten geltend machen (Art 7 Abs 1 lit c FluggastrechteVO). Eine Kürzung ihres Ausgleichsanspruches um 50 % muss sie sich nicht gefallen lassen, weil es die *ShaunAir Ltd* versäumt hat, ihr einen Alternativflug anzubieten, der nicht später als vier Stunden nach der planmäßigen Ankunftszeit in Bogotá landet (Art 7 Abs 2 lit c FluggastrechteVO).

Betreuungsleistungen nach Art 4 Abs 3 FluggastrechteVO iVm Art 9 FluggastrechteVO verlangt *Zuzana* laut Sachverhalt nicht. Die *ShaunAir Ltd* hat *Zuzana* über ihre Rechte vollständig zu informieren (Art 14 FluggastrechteVO).

Lernhinweis: Fragestellungen, die im Zusammenhang mit einer Klage gegen eine Fluglinie aufgrund einer Beförderungsverweigerung oder Beförderungsverspätung auftreten, ohne vom Einheitsprivatrecht der FluggastrechteVO beantwortet zu werden, sind mithilfe der Kollisionsnormen des Forumstaates anzuknüpfen (hierzu *Steinrötter/Bohlsen* in BeckOGK Art 3 Fluggastrechte-VO Rz 137). Praktisch häufig sind Fälle, in denen Elternteile oder beide Eltern gegen Fluglinien Ansprüche auf Erhalt von Ausgleichszahlungen im eigenen Namen sowie in Vertretung ihrer minderjährigen Kinder erheben. Nach welchem Sachrecht die Reichweite der Vertretungsmacht der Eltern gegenüber ihren minderjährigen Kindern und die Bedingungen ihrer Ausübung – etwa im Hinblick auf ein allfälliges Erfordernis der Einholung einer pflegschaftsgerichtlichen Genehmigung – zu beurteilen sind, ist in diesen Fällen demnach kollisionsrechtlich gesondert zu beurteilen. In Österreich gilt hierfür Art 15 KSÜ (hierzu unten Fall 121).

Literatur: *Leitl*, RZ 2012, 170 (170 ff) und 190 (190 ff); *Richter/Monteiro*, GPR 2012, 199 (199 ff); monographisch *R. Schmidt*, Fluggastrechte-Verordnung (2018).

g. Arbeitsverträge

Fall 48 *(Uitz)*
Schwerpunkte: Individualarbeitsvertrag, Eingriffsnormen

Heiko ist deutscher Staatsbürger. Als LKW-Fahrer ist er für die *EuroTrans GmbH* mit Sitz in Wiener Neustadt (Österreich) tätig, wofür er kraft vertraglicher Vereinbarung ein monatliches Fixgehalt von € 2.500,– brutto erhält. Seine Zeitpläne für die Fahrten des nächsten Monats, die er verbindlich einzuhalten hat, erhält *Heiko* von einer Tochtergesellschaft der *EuroTrans GmbH* mit Sitz in Bremerhaven (Deutschland) mit jeweils zweiwöchiger Vorlaufzeit per E-Mail zugesendet. Dort wird auch sein LKW gewartet, den ihm die *EuroTrans GmbH* zur Verfügung stellt.

In zeitlicher Hinsicht finden *Heikos* Fahrten zu drei Vierteln innerhalb Deutschlands und zu einem Viertel von diversen Orten Deutschlands nach Wiener Neustadt (Österreich) und retour statt. *Heiko* hat eine Wohnung in Osnabrück (Deutschland), die er mit seiner Lebensgefährtin bewohnt. Dorthin kehrt *Heiko* zwischen jeder Fahrt zurück.

Variante 1: Wie im Grundfall, doch führt *Heiko* Fernfahrten in ganz Europa durch. Ein geographischer Schwerpunkt seiner Arbeitstätigkeit ist nicht zu ermitteln: So transportiert *Heiko* unter anderem Waren von Bulgarien nach Rumänien, von Ungarn nach Estland oder innerhalb Frankreichs. Es lässt sich jedoch feststellen, dass *Heiko* mehr als 90 % seiner beruflichen Tätigkeit außerhalb Deutschlands verbringt. Ferner ergibt das Beweisverfahren, dass *Heiko* seinen LKW bei zahlreichen Partnerunternehmen der *EuroTrans GmbH*, die über ganz Europa verstreut sind, in regelmäßigen Intervallen warten lässt.

Variante 2: Wie im Grundfall, doch führt *Heiko* fast ausschließlich grenzüberschreitende Fahrten von Österreich nach Frankreich und retour sowie Fahrten innerhalb Österreichs durch. Seinen Zeitplan überreicht ihm seine Vorgesetzte in Wiener Neustadt (Österreich) einmal pro Monat persönlich, währenddessen sein LKW vor Ort gewartet wird. Auch liegt seine Wohnung, die er mit seiner Lebensgefährtin bewohnt, in Österreich. Dort besucht *Heiko* seine Partnerin zwischen jeder Fahrt. In seinem Arbeitsvertrag wurde die Anwendung schwedischen Sachrechts vereinbart. Wegen einer Erkrankung ist *Heiko* im Jahr 2025 fünf Wochen am Stück arbeitsunfähig.

Hinweis: Die Pflicht des Arbeitgebers zur Entgeltfortzahlung im Krankheitsfall ist in Schweden auf 14 Krankentage pro Jahr begrenzt (*Häußling*, Arbeitsrecht in Schweden [2015] 24 ff; *Kurz*, Arbeitsrecht in Schweden, in *Henssler/Braun*, Arbeitsrecht in Europa³ [2011] Rz 74).

Welchem Sachrecht unterliegt der Arbeitsvertrag *Heikos* jeweils?

Grundfall inspiriert von EuGH 15.03.2011, C-29/10, *Heiko Koelzsch.*

Der Anwendungsbereich der Rom I-VO ist vollumfänglich eröffnet (Fall 36). In Ermangelung einer Rechtswahl ist im Grundfall objektiv anzuknüpfen.

Nach der unionsrechtlich-autonomen Qualifikation des Vertragsverhältnisses zwischen *Heiko* und der *EuroTrans GmbH* liegt ein **Individualarbeitsvertrag** iSd Art 8 Rom I-VO vor, weil *Heiko* durch die Überlassung des LKW als Betriebsmittel und den Grad seiner betrieblichen Eingliederung von der *EuroTrans GmbH* abhängig ist, ihr gegenüber weisungsgebunden ist und für seine Tätigkeit ein Fixgehalt erhält.

Nach Art 8 Abs 2 Rom I-VO ist das Sachrecht jenes Staates anzuwenden, in dem oder von dem aus der **Arbeitnehmer für gewöhnlich seine Tätigkeit verrichtet**. *Heiko* hat mehrere Arbeitsorte, weil er sowohl in Deutschland als auch in Österreich tätig ist. Sein gewöhnlicher Tätigkeitsort ist demnach anhand einer wertenden Gesamtschau zu ermitteln. Im Grundfall ist auf den Individualarbeitsvertrag deutsches Sachrecht anzuwenden, weil *Heikos* Transportfahrten ganz überwiegend in Deutschland stattfinden, seine Arbeit von dort aus im Wege der Erteilung von Weisungen und der Wartung seines LKW organisiert wird und er seine Freizeit zwischen den Fahrten dort verbringt (hierzu insbesondere EuGH 15.03.2011, C-29/10, *Heiko Koelzsch* Rz 49).

Variante 1: Dem Sachverhalt ist zu entnehmen, dass sich nunmehr kein Staat feststellen lässt, in dem oder von dem aus *Heiko* für gewöhnlich seinen arbeitsvertraglichen Pflichten nachkommt (Art 8 Abs 2 Rom I-VO). In diesem Fall ist österreichisches Sachrecht für die Beurteilung des Individualarbeitsvertrages maßgeblich, weil nach Art 8 Abs 3 Rom I-VO das Sachrecht jenes Staates zur Anwendung berufen ist, in dem sich die **Niederlassung des Arbeitgebers** befindet, die den **Arbeitnehmer angestellt** hat. Unerheblich ist, dass die deutsche Tochtergesellschaft der *EuroTrans GmbH* in Bremerhaven *Heikos* Dienstpläne erstellt, weil ihn diese juristische Person – anders als die österreichische Muttergesellschaft – nicht dienstvertraglich angestellt hat.

Variante 2: Art 8 Abs 1 Rom I-VO eröffnet auch für Individualarbeitsverträge die Möglichkeit, eine **Rechtswahl** nach Art 3 Rom I-VO zu treffen, sofern dem Arbeitnehmer hierdurch nicht das **Schutzniveau** entzogen wird, das auf materieller Regelungsebene ohne Rechtswahlvereinbarung bestanden hätte. Diese Regelungstechnik gleicht dem Schutzansatz des Verbraucherstatuts (Fall 39). Dass das Arbeitsverhältnis keinen objektiven Konnex zu Schweden aufweist, ist für die Zulässigkeit dieser Rechtswahl grundsätzlich irrelevant (*Leible* in *Hüßtege/Mansel*, BGB VI^4 Art 8 Rom I-VO Rz 10). Der Arbeitsvertrag unterliegt sohin dem Grunde nach schwedischem Sachrecht. Es ist allerdings nach Art 8 Abs 1 Rom I-VO ein **Günstigkeitsvergleich** vorzunehmen.

Im vorliegenden Fall wäre nach der objektiven Anknüpfung nach Art 8 Abs 2 Rom I-VO österreichisches Sachrecht zur Anwendung gekommen, weil der Ort der überwiegenden Verrichtung und Organisation der Arbeit in Österreich liegt. Deshalb bildet das Schutzniveau des materiellen österreichischen Arbeitsrechts den sachrechtlichen Mindeststandard, der kollisionsrechtlich zu beachten ist.

Für die konkrete Frage nach den Rechtsfolgen der Erkrankung *Heikos* ist jedoch nach Art 9 Rom I-VO besonderes Augenmerk auf **Eingriffsnormen** zu richten, die der kollisionsrechtlichen Anknüpfung im Allgemeinen vorgehen. Ist eine nationale Sachnorm als Eingriffsnorm einzustufen, ist sie demnach ohne Rücksicht auf das Verweisungsergebnis des Arbeitsvertragsstatuts (Art 8 Rom I-VO) anzuwenden. Dann spielt auch der Günstigkeitsvergleich keine Rolle.

Die Normen des österreichischen EFZG sind nach hA Eingriffsnormen iSd Art 9 Rom I-VO, weshalb sie von einem international zuständigen österreichischen Gericht jedenfalls anzuwenden sind. Im Allgemeinen enthält das Arbeitsrecht aufgrund seiner gesellschaftspolitischen Bedeutung viele Eingriffsnormen.

Diese Erkenntnis ist für den Arbeiter *Heiko* insoweit von Bedeutung, als ihm § 2 Abs 1 EFZG im Krankheitsfall einen Anspruch auf zumindest sechswöchige **Entgeltfortzahlung durch seinen Arbeitgeber** einräumt. Diese Regelung ist für

Heiko wirtschaftlich vorteilhafter als das schwedische Sachrecht, das lediglich eine zweiwöchige Entgeltfortzahlungspflicht anordnet. Dasselbe Schutzniveau gilt im österreichischen Arbeitssachrecht übrigens für Angestellte (§ 8 AngG).

In allen Varianten ist die Reichweite des Vertragsstatuts, insoweit keine vorrangig anzuwendenden Eingriffsnormen bestehen, nach Art 12 Rom I-VO zu beurteilen.

Literatur: *Zöchling-Jud/Aspöck*, IPR[3] 34 f; *Lurger/Melcher*, IPR[4] Rz 4/90 ff (mit einem Übungsfall in Rz 4/97); *Lurger/Melcher*, HB IPR[2] Rz 4/146 ff; *Windisch-Graetz*, AR II[12] 390 ff; *Kerschner/Wagner/Aigner*, IPR[6] Rz 16/33 f; *Zankl*, BR[10] Rz 638; *Verschraegen*, IPR Rz 471 ff; *Leible* in *Hüßtege/Mansel*, BGB VI[4] Art 8 Rom I-VO Rz 1 ff.

h. Schenkung, Tausch, Auslobung

Fall 49 *(Uitz)*
Schwerpunkte: Schenkung, gemischte Schenkung, Tausch

Hilmar ist österreichischer Staatsbürger mit gewöhnlichem Aufenthalt in Linz (Österreich), sammelt seit Jahrzehnten Briefmarken und steht zur Vervollständigung seiner Kollektion mit vielen Philatelisten in Europa in engem Kontakt. Da er weiß, dass seinem estnischen Sammlerfreund *Toomas Hendrik*, der in Tallinn (Estland) lebt, seit geraumer Zeit eine seltene österreichische Briefmarke aus dem Jahr 1970 fehlt, sendet er ihm dieses Postwertzeichen mit einer kurzen Begleitnotiz zu, dass er sich hierfür keine Gegenleistung erwarte. *Toomas Hendrik* nimmt die Briefmarke dankend an.

Variante 1: Da die Briefmarke wertvoll ist (€ 100,–), merkt *Hilmar* in seinem Begleitschreiben an, dass er ihm dieses Sammelobjekt nur im Gegenzug für eine symbolische Anerkennung seiner Zuwendung durch *Toomas Hendrik* überlässt. Da *Hilmar* auch begeisterter Numismatiker ist, würde er sich zum Dank vor allem über die Zusendung eines estnischen Euromünzen-Sets aus dem Jahr 2015 in bester Prägequalität freuen (Wert: € 20,–). *Toomas Hendrik* entspricht diesem Wunsch.

Variante 2: *Hilmar* benötigt selbst eine estnische Briefmarke für seine eigene Sammlung, die ihm *Toomas Hendrik* im Gegenzug für das österreichische Postwertzeichen zusenden möge. Die Briefmarken sind ungefähr gleich wertvoll. Die beiden Sammler sind vorab per Handy-Chat übereingekommen, dass *Hilmar* in Vorleistung treten soll, damit seine österreichische Briefmarke von einer estnischen Gutachterin in Tallinn (Estland) auf ihre Echtheit geprüft werden kann, bevor *Toomas Hendrik* die ebenfalls von dieser Expertin zertifizierte estnische Briefmarke an *Hilmar* übermittelt.

Welchem Sachrecht unterliegen diese Rechtsverhältnisse jeweils?

Das UN-K ist nicht anzuwenden, weil beide Parteien private Sammler sind. Der Anwendungsbereich der Rom I-VO ist vollumfänglich eröffnet (Fall 36). In Ermangelung einer Rechtswahl ist objektiv anzuknüpfen.

Die **Schenkung** hat in Art 4 Abs 1 Rom I-VO keine eigene Regelung erfahren, weshalb nach Art 4 Abs 2 Rom I-VO auf den gewöhnlichen Aufenthalt jener Vertragspartei abzustellen ist, deren Leistung vertragscharakteristisch ist. Da *Toomas Hendrik* keine Gegenleistung erbringt, kann die **vertragscharakteristische Leistung** nur in der Zusendung der Briefmarke durch *Hilmar* bestehen, weshalb österreichisches Sachrecht wegen seines gewöhnlichen Aufenthalts in Österreich auf den Schenkungsvertrag zur Anwendung kommt. Die Reichweite des Vertragsstatuts richtet sich (auch in den Varianten) nach Art 12 Rom I-VO.

Variante 1: Das Vertragsverhältnis zwischen *Hilmar* und *Toomas Hendrik* ist eine **gemischte Schenkung**, weil *Hilmar* zwar einen überwiegenden Schenkungswillen hat, sich aber eine symbolische Gegenleistung ausbedingt, deren Wert deutlich unter jenem der geschenkten Briefmarke liegt. Trotz des Vorliegens einer Gegenleistung von *Toomas Hendrik* ist die **vertragscharakteristische Leistung** nach Art 4 Abs 2 Rom I-VO wegen der erheblichen Wertdisparität weiterhin in der Übermittlung der Briefmarke durch *Hilmar* zu erblicken, weshalb auch in dieser Variante österreichisches Sachrecht zur Anwendung kommt (Grundfall).

Variante 2: Eine gemischte Schenkung liegt in dieser Variante nicht vor, weil keine der Leistungen erheblich wertvoller als die andere ist und niemand sein Gegenüber auch nur anteilig schenkungsweise begünstigen möchte. Sohin handelt es sich bei dem Rechtsgeschäft um einen **Tausch**. Bei einem Tausch gibt es **keine vertragscharakteristische Leistung** iSd Art 4 Abs 2 Rom I-VO. Es ist sohin auf die Hilfsanknüpfung in Art 4 Abs 4 Rom I-VO zurückzugreifen, weshalb das Sachrecht desjenigen Staates anzuwenden ist, zu dem die **engste Verbindung** besteht. Hierfür ist eine wertende Gesamtbetrachtung aller Umstände des Einzelfalles vorzunehmen. Die einvernehmliche Vereinbarung der Authentizitätsüberprüfung beider Briefmarken durch eine estnische Gutachterin spricht für eine wesentlich engere Verbindung des Sachverhalts zu Estland als zu Österreich, weshalb der Anwendung estnischen Sachrechts der Vorzug zu geben ist.

Lernhinweis: Art 4 Abs 3 Rom I-VO ist in Variante 2 nicht anzuwenden, weil sich das auf den Tausch anzuwendende Sachrecht weder nach Art 4 Abs 1 Rom I-VO noch nach Art 4 Abs 2 Rom I-VO ermitteln lässt. Es ist daher unmittelbar auf Art 4 Abs 4 Rom I-VO zu rekurrieren.

Literatur: zur (gemischten) Schenkung siehe *Lurger/Melcher*, HB IPR[2] Rz 4/85; *Martiny* in MüKoBGB[9] Art 4 Rom I-VO Rz 188 (gemischte Schenkung), Rz 216 (Schenkung); *Spickhoff* in BeckOK-BGB[72] Art 4 Rom I-VO Rz 76; zum Tausch siehe *Martiny* in MüKoBGB[9] Art 4 Rom I-VO Rz 361; *Spickhoff* in BeckOK-BGB[72] Art 4 Rom I-VO Rz 85 f; *Zöchling-Jud/Aspöck*, IPR[3] 30; *Lurger/Melcher*, HB IPR[2] Rz 4/86 f; *Lurger/Melcher*, IPR[4] Rz 4/61 f (samt Übungsfall); *Perner/Spitzer/Kodek*, BR[7] 720; *Kerschner/Wagner/Aigner*, IPR[6] Rz 16/29; *Verschraegen*, IPR Rz 419 (zum EVÜ); *Leible/Lehmann*, RIW 2008, 528 (536).

Fall 50 *(Uitz)*
Schwerpunkte: Auslobung, Formfragen

> *Engelbert* ist österreichischer Staatsbürger. Er züchtet in Arnoldstein (Österreich) Wanderfalken. Eines Tages entfliegt ihm sein wertvollstes Männchen. Nach den GPS-Daten seines mittlerweile defekten Peilsenders muss es sich zuletzt im Luftraum über Kranjska Gora (Slowenien) befunden haben. Sohin schaltet *Engelbert* auf der Webseite des Dachverbands der slowenischen Falkner eine Anzeige, in der er demjenigen eine Belohnung von € 3.000,– verspricht, der ihm seinen entflogenen Terzel zurückbringt.
>
> **Variante**: Nach vier Monaten fürchtet *Engelbert*, dass sein entflogener Terzel nicht mehr gefunden werden kann. Er beschließt daher, die Belohnung für dessen Retournierung in die Anschaffung eines Jungtieres zu investieren, das in Zukunft die Zuchtrolle des entflogenen Falkenmännchens übernehmen soll. *Engelbert* lässt auf der besagten Webseite sohin ein neues Inserat schalten, mit dem er die versprochene Belohnung widerruft.
>
> Zwei weitere Monate später meldet sich die italienische Landwirtin *Giuseppina* aus Tarvisio (Italien) bei *Engelbert*, die den vermissten Wanderfalken auf ihrem Hof gefunden und eingefangen hat. Auf die ursprünglich versprochene Belohnung hat sie ihr slowenischer Schwiegervater aufmerksam gemacht, der Ehrenmitglied im Dachverband der slowenischen Falkner ist. *Giuseppina* hat selbst weder die erste noch die zweite Veröffentlichung von *Engelbert* auf der slowenischen Webseite abgerufen.
>
> Welches Sachrecht ist jeweils anwendbar?

Die räumlichen und zeitlichen Anwendungsbereiche der Rom I-VO sind erfüllt (Fall 36). Fraglich ist jedoch, ob dies auch für ihren **sachlichen Anwendungsbereich** gilt.

Bei der versprochenen Belohnung handelt es sich um eine **Auslobung**, weil *Engelbert* einem öffentlichen Adressatenkreis eine Zuwendung von € 3.000,– zusagt, wenn ihm irgendjemand seinen Wanderfalken zurückbringt. Ob die Auslobung direkt der Rom I-VO unterfällt oder nach nationalem Kollisionsrecht anzuknüpfen ist, ist strittig. Nach Ansicht mancher, die sich für die unmittelbare Anwendbarkeit der Rom I-VO auf die Auslobung aussprechen, sei nach Art 4 Abs 2 Rom I-VO auf die **charakteristische Leistung** abzustellen, die in der öffentlichen Zusage einer Belohnung für die Erbringung einer Gegenleistung bestehe, weil Art 4 Abs 1 Rom I-VO keine eigene Kollisionsnorm für Auslobungen bereithalte (*Martiny* in MüKoBGB[9] Art 4 Rom I-VO Rz 306).

Nach einer Gegenansicht (*Lurger/Melcher*, IPR[4] Rz 4/10) sei die Rom I-VO auf Auslobungen nicht unmittelbar anwendbar, weil es sich hierbei um keinen Vertrag, sondern um ein einseitiges Rechtsgeschäft handle, das in keinem Zusammenhang mit einem bereits bestehenden oder abzuschließenden Vertrag nach Art 11 Abs 3 Rom I-VO stehe. Nach dieser Meinung sei nach § 1 Abs 1 IPRG nach dem Grundsatz der stärksten Beziehung vorzugehen, der eine – im nationalen Kollisionsrecht begründete – analoge Anwendung des Verweisungsbefehls des Art 4 Abs 2 Rom I-VO oder § 35 Abs 2 Satz 1 IPRG ermögliche, weshalb im Ergebnis ebenfalls der gewöhnliche Aufenthalt derjenigen Person, welche die charakteristische Leistung erbringe, maßgeblich sei.

Sohin ist unabhängig vom referierten Meinungsstreit österreichisches Sachrecht auf die Auslobung anzuwenden (§§ 860 ff ABGB), weil *Engelbert* als Auslobender seinen gewöhnlichen Aufenthalt in Österreich hat. Die Reichweite des hierdurch erzeugten Rechtsbandes ergibt sich aus Art 12 Rom I-VO, der nach der einen Auffassung unmittelbar und nach der Gegenansicht sinngemäß über § 1 Abs 1 IPRG anzuwenden ist.

Variante: Für die Beantwortung der Frage, ob *Giuseppina* die einstmals versprochene Belohnung noch fordern kann, ist zu klären, ob der Widerruf der Auslobung auf der Webseite des Dachverbands der slowenischen Falkner nach dem anzuwendenden Sachrecht wirksam oder unwirksam ist. Abermals ist der referierte Meinungsstreit zu beachten:

In konsequenter Fortbildung der erstgenannten Ansicht, die eine unmittelbare Subsumtion der Auslobung unter die Kollisionsnormen der Rom I-VO befürwortet, ist **Art 11 Abs 3 Rom I-VO** auf den Widerruf der Auslobung anzuwenden, weshalb österreichisches Sachrecht für die Beurteilung seiner Wirksamkeit maßgeblich ist (§ 860a ABGB).

Dieses Anknüpfungsergebnis befürworten im Ergebnis auch die Vertreterinnen der Gegenmeinung, die dafür plädieren, Art 11 Abs 3 Rom I-VO analog anzuwenden, was sich wiederum aus § 1 Abs 1 IPRG ergebe.

Literatur: zur Auslobung siehe *Lurger/Melcher*, HB IPR[2] Rz 4/22; *Lurger/Melcher*, IPR[4] Rz 4/10 (tendenzielle Ablehnung der unmittelbaren Anwendbarkeit der Rom I-VO); *Leible* in *Hüßtege/Mansel*, BGB VI[4] Art 4 Rom I-VO Rz 162; *Martiny* in MüKoBGB[9] Art 4 Rom I-VO Rz 306 (beide jeweils unter Befürwortung der unmittelbaren Anwendbarkeit der Rom I-VO); *Spickhoff* in BeckOK-BGB[72] Art 4 Rom I-VO Rz 61.

i. Interzession (Kreditsicherung)

Fall 51 *(Uitz)*

Schwerpunkte: Bürgschaft, Bankgarantie, Formfragen, Lizenzvertrag, Kaufvertrag, Konventionalstrafe

Die *PharmaFirst GmbH* mit Sitz in Brandenburg (Deutschland) produziert Medikamente nach einer Rezeptur, die sie als eine von mehreren Tochtergesellschaften, die in verschiedenen Staaten niedergelassen sind, von ihrer Muttergesellschaft *MedPro AG* mit Sitz in Linz (Österreich) erhält.

Für die Herstellung eines neuen Pharmazeutikums benötigt die deutsche *PharmaFirst GmbH* einen neuen Kessel, den sie von der *Aenum a.s.* mit Sitz in Brno (Tschechische Republik) erwirbt. UN-K wird wirksam ausgeschlossen.

Da die deutsche *PharmaFirst GmbH* derzeit nicht ausreichend liquide ist, um den Anschaffungspreis von € 200.000,– sofort zu erbringen, erklärt sich ihre österreichische Muttergesellschaft *MedPro AG* (vertreten durch ihren Vorstand) gegenüber der tschechischen *Aenum a.s.* schriftlich und unter Beisetzung der Unterschriften aller Vorstandsmitglieder dazu bereit, die ausständige Summe zu begleichen, wenn die deutsche *PharmaFirst GmbH* das Zahlungsziel von sechs Monaten ab erfolgter Lieferung des neuen Kessels verfehlen sollte. Diese Vereinbarung wird durch Hin- und Rücksendung der physischen Papierurkunde geschlossen. Persönlich treffen die Organwalter der beiden Gesellschaften einander nie. Schließlich bleibt die deutsche *PharmaFirst GmbH* trotz mehrmaliger Mahnung die Zahlung schuldig, weshalb die tschechische *Aenum a.s* die österreichische *MedPro AG* in Anspruch nehmen will.

Variante 1: Wie im Grundfall, doch vereinbart die deutsche *PharmaFirst GmbH* mit der tschechischen *Aenum a.s.*, dass im Falle einer Lieferverzögerung für jede angefangene Woche nach dem Verstreichen des Liefertermins 5 % des ursprünglich vereinbarten Anschaffungspreises abzuziehen sind. Tatsächlich liefert die tschechische *Aenum a.s.* den Kessel erst drei Wochen später als vereinbart, weshalb die deutsche *PharmaFirst GmbH* bloß 85 % des ursprünglich vereinbarten Kaufpreises zur Überweisung bringt.

Variante 2: Wie im Grundfall, doch erklärt sich die *BesteBank AG* mit Sitz in Wien (Österreich) durch einen ausreichend vertretungsbefugten Mitarbeiter per E-Mail gegenüber der tschechischen *Aenum a.s.* unter Verzicht auf Einwendungen aus dem Grundgeschäft dazu bereit, ihr auf ersten Abruf die geschuldete Summe von € 200.000,– auszubezahlen, sollte die deutsche *PharmaFirst GmbH* ihren Zahlungsverpflichtungen nicht rechtzeitig nachkommen.

Welchem Sachrecht unterstehen die Rechtsverhältnisse jeweils?

Der Anwendungsbereich der Rom I-VO ist vollumfänglich eröffnet (Fall 36). In Ermangelung einer Rechtswahl ist objektiv anzuknüpfen.

Die Überlassung der Rezeptur ist ein (nicht exklusiver) **Lizenzvertrag**, dessen vertragscharakteristische Leistung in der Rechteüberlassung durch die *MedPro AG* an die *PharmaFirst GmbH* liegt. Maßgeblich ist nach Art 4 Abs 2 Rom I-VO somit österreichisches Sachrecht, weil sich der Sitz der *MedPro AG* in Linz (Österreich) befindet (Art 19 Abs 1 Rom I-VO; zu alldem Fall 37).

Die Lieferung eines Kessels ist aufgrund des wirksamen Ausschlusses des UN-K als Kaufvertrag iSd Art 4 Abs 1 lit a Rom I-VO zu qualifizieren, weshalb hierauf tschechisches Sachrecht zur Anwendung kommt, weil die Verkäuferin *Aenum a.s.* ihren Sitz (Art 19 Abs 1 Rom I-VO) in Tschechien hat.

Bei dem Vertrag zwischen der österreichischen *MedPro AG* und der tschechischen *Aenum a.s.* handelt es sich um eine **Bürgschaft**, weil sich die österreichische Gesellschaft gegenüber ihrer tschechischen Vertragspartnerin dazu verpflichtet, die von der deutschen *PharmaFirst GmbH* geschuldete Zahlung zu erbringen, wenn diese im Zeitpunkt ihrer Fälligkeit hierzu nicht in der Lage sein sollte.

Die **Form der Bürgschaft** ist eigenständig nach Art 11 Abs 2 Rom I-VO anzuknüpfen, weil der Vertrag zwischen juristischen Personen geschlossen wird, die sich einschließlich ihrer Vertreter im Zeitpunkt des Vertragsabschlusses in unterschiedlichen Staaten befinden. Art 11 Abs 1 Rom I-VO ist sohin nicht anzuwenden. Für die Formgültigkeit der Bürgschaft ist nach Art 11 Abs 2 Rom I-VO ausreichend, dass sie bloß einer von drei Alternativen entspricht:

Entweder muss sie die Formvorschriften des Sachrechts jenes Staates erfüllen, dessen Sachrecht in inhaltlicher Hinsicht maßgeblich ist (hier: Art 4 Abs 2 Rom I-VO bestimmt österreichisches Sachrecht), den Formvorschriften des Sachrechts jenes Staates entsprechen, in dem sich zumindest eine Vertragspartei oder ihr Vertreter im Zeitpunkt des Vertragsabschlusses befindet (hier: Österreich oder Tschechien), oder den Formvorschriften des Sachrechts jenes Staates genügen, in dem eine der Vertragsparteien zu diesem Zeitpunkt ihren gewöhnlichen Aufenthalt oder Sitz hat (hier: Österreich oder Tschechien). Die vorliegende Bürgschaft ist demnach schon allein deshalb formgültig, weil sie zumindest den Formvorschriften des materiellen österreichischen Schuldrechts genügt, das für die Wirksamkeit der Bürgschaftserklärung die Schriftform im Sinne der Unterschriftlichkeit (§ 886 ABGB) verlangt (§ 1346 Abs 2 ABGB).

Da Art 4 Abs 1 Rom I-VO keine spezielle Kollisionsnorm für die Bürgschaft bereithält, ist nach Art 4 Abs 2 Rom I-VO auf die **vertragscharakteristische Leistung** abzustellen, die in der Zusage der österreichischen Bürgin *MedPro AG* liegt, die Schuld der deutschen *PharmaFirst GmbH* subsidiär zu begleichen. Sohin kommt österreichisches Sachrecht auf die Klärung der Frage zur Anwendung, unter welchen Umständen und in welchem Ausmaß die Bürgin *MedPro AG* in Anspruch genommen werden kann, weil sie ihren Sitz (Art 19 Abs 1 Rom I-VO) in Österreich hat. Die Reichweite des Vertragsstatuts bestimmt Art 12 Rom I-VO.

Variante 1: Die Vereinbarung zwischen der deutschen *PharmaFirst GmbH* und der tschechischen *Aenum a.s.*, für jede angefangene Woche, in der die Lieferung nach Verstreichen des vereinbarten Liefertermins ausbleibt, 5 % des ursprünglich vereinbarten Kaufpreises als Pönale in Abzug zu bringen, ist autonom als **Konventionalstrafe** einzustufen. Sie ist nach hA eine **Folge der „*Nichterfüllung*"** des Hauptvertrags, weshalb sie nach Art 12 Abs 1 lit c Rom I-VO dem Vertragsstatut unterliegt. Sohin kommt tschechisches Sachrecht zur Anwendung, weil dies auch für die Lieferung des Kessels nach Art 4 Abs 1 lit a Rom I-VO gilt (Grundfall).

Variante 2: Bei der Vereinbarung zwischen der österreichischen *BesteBank AG* und der tschechischen *Aenum a.s.* handelt es sich um eine **Bankgarantie**, weil die Bank ein abstraktes Leistungsversprechen ohne Möglichkeit zur Verweigerung der Auszahlung unter Berufung auf Mängel des Grundgeschäfts abgibt.

Für die **Form der Bankgarantie** gilt abermals Art 11 Abs 2 Rom I-VO. Zwar wird die E-Mail der von § 1346 Abs 2 ABGB geforderten Unterschriftlichkeit iSd

§ 886 ABGB nicht gerecht, doch schadet dies nicht, wenn ein Kreditinstitut – wie im gegenständlichen Fall – eine Haftung im Rahmen seines Geschäftsbetriebs übernimmt (§ 1 Abs 6 BWG). Sohin genügt die Bankgarantie zumindest den österreichischen Formvorschriften, weshalb sie nach Art 11 Abs 2 Rom I-VO als formwirksam anzusehen ist.

Gleich einer Bürgschaft ist die Bankgarantie nach Art 4 Abs 2 Rom I-VO nach Maßgabe der **vertragscharakteristischen Leistung** anzuknüpfen, die im abstrakten Zahlungsversprechen der österreichischen Bank gegenüber der tschechischen *Aenum a.s.* zu erblicken ist. Deshalb kommt österreichisches Sachrecht auf die Beurteilung der Frage, unter welchen Umständen die Bank zu leisten hat, zur Anwendung, weil sie ihren Sitz (Art 19 Abs 1 Rom I-VO) in Österreich hat. Die Reichweite des Vertragsstatuts bestimmt Art 12 Rom I-VO.

Für die kollisionsrechtliche Beurteilung des möglichen **Regressanspruches** der in Anspruch genommenen Garantin *BesteBank AG* gegen die Schuldnerin *PharmaFirst GmbH* nach Art 15 Rom I-VO siehe den folgenden Fall 52.

Literatur: zur Bürgschaft siehe *Martiny* in MüKoBGB[9] Art 4 Rom I-VO Rz 232 ff; *Spickhoff* in BeckOK-BGB[72] Art 4 Rom I-VO Rz 62; *Zöchling-Jud/Aspöck*, IPR[3] 31; *Lurger/Melcher*, IPR[4] Rz 4/29 ff, 4/63; *Lurger/Melcher*, HB IPR[2] Rz 4/46 ff, 4/91; zur Garantie siehe *Leible* in *Hüßtege/Mansel*, BGB VI[4] Art 4 Rom I-VO Rz 155; *Lurger/Melcher*, HB IPR[2] Rz 4/91; *Kerschner/Wagner/Aigner*, IPR[6] Rz 16/29; *Martiny* in MüKoBGB[9] Art 4 Rom I-VO Rz 239 ff; *Spickhoff* in BeckOK-BGB[72] Art 4 Rom I-VO Rz 64; zur Konventionalstrafe siehe *Kleinschmidt* in MüKoBGB[9] Art 12 Rom I-VO Rz 93 f; *Leible* in *Hüßtege/Mansel*, BGB VI[4] Art 4 Rom I-VO Rz 157.

j. Zession

Fall 52 *(Uitz)*

Schwerpunkte: Rechtsgeschäftliche Zession (Factoring), Legalzession, Irrtum

Die polnische Elektrotechnikerin *Agnieszka* betreibt ein Unternehmen mit Sitz in Katowice (Polen). Sie prüft die Funktionalität der Alarmanlage der in Schwechat (Österreich) befindlichen Lagerhalle der österreichischen *Baufix AG*, wodurch sie vereinbarungsgemäß eine Forderung von € 5.000,– erwirbt.

Variante 1: Die *Baufix AG* verweigert die Zahlung mit der Behauptung, dass sich ihr vertretungsbefugter Organwalter am Telefon versprochen habe, weshalb die Alarmanlage einer anderen Lagerhalle zu warten gewesen wäre. Dies hätte *Agnieszka* nach Ansicht der *Baufix AG* auffallen müssen, weil das Sicherheitssystem der Lagerhalle in Schwechat (Österreich) beinahe auf dem neuesten Stand gewesen sei, weshalb es gar keiner Wartung bedurft habe.

Variante 2: Als *Agnieszka* in einen finanziellen Engpass gerät, weil sie dringend liquide Mittel benötigt, tritt sie ihre offene Forderung gegen die *Baufix AG* an das Factoring-Institut *Cash s.r.o* mit Sitz in Ostrava (Tschechische Republik) gegen eine Zahlung von umgerechnet € 4.500,– ab.

Variante 3: Wegen Zahlungsschwierigkeiten der *Baufix AG* gibt die *Credit Bank* mit Sitz in Brüssel (Belgien) gegenüber *Agnieszka* für die ausständige Summe wirksam eine Bankgarantie ab. Als ihre Forderung fällig wird, ist die *Baufix AG* zu deren Begleichung außerstande, weshalb *Agnieszka* die *Credit Bank* erfolgreich in Anspruch nimmt. Diese verlangt daraufhin von der *Baufix AG* den Ersatz ihrer Kosten, nachdem diese wieder zu Geld gekommen ist.

Welchem Sachrecht unterstehen die Rechtsverhältnisse jeweils?

Der Anwendungsbereich der Rom I-VO ist vollumfänglich eröffnet (Fall 36). In Ermangelung einer Rechtswahl ist objektiv anzuknüpfen.

Das Vertragsverhältnis, dem die Entgeltforderung *Agnieszkas* entstammt, ist unionsrechtlich-autonom als Dienstleistungsvertrag nach Art 4 Abs 1 lit b Rom I-VO zu qualifizieren, weshalb es nach polnischem Sachrecht zu beurteilen ist (Fall 40), weil die Dienstleisterin *Agnieszka* ihren gewöhnlichen Aufenthalt in Polen hat. Die Reichweite des Vertragsstatuts richtet sich nach Art 12 Rom I-VO.

Variante 1: Der behauptete **Irrtum** betrifft die Frage nach der **materiellen Wirksamkeit** des Rechtsgeschäfts. Sie ist kollisionsrechtlich nach Art 10 Abs 1 Rom I-VO zu beurteilen. Nach dieser „*bootstrap rule*" (= Maßgeblichkeit des hypothetischen Vertragsstatuts) ist auf diese Fragestellung das Sachrecht anzuwenden, das im Falle der Wirksamkeit des Vertrags maßgeblich wäre. Somit erfolgt ein Vorgriff auf polnisches Sachrecht, weil dieses nach Art 4 Abs 1 lit b Rom I-VO zur Anwendung käme, wenn der Vertrag uneingeschränkt wirksam wäre.

Variante 2: Die **rechtsgeschäftliche Zession** ist nach Art 14 Rom I-VO zu beurteilen. Das Verhältnis zwischen der Zedentin *Agnieszka* und dem Zessionar *Cash s.r.o.* ist nach Art 14 Abs 1 Rom I-VO in Ermangelung einer Rechtswahl objektiv anzuknüpfen. Maßgeblich für die Ermittlung des anzuwendenden Sachrechts ist hierfür die Anknüpfung des Vertragsverhältnisses, das die Zedentin *Agnieszka* mit dem Zessionar *Cash s.r.o.* verbindet.

Fraglich ist, welche der beiden Vertragsparteien beim **Factoring**, das den gewerblichen Kauf einer offenen Forderung gegen eine Zahlung unterhalb ihres Werts bezeichnet, die vertragscharakteristische Leistung iSd Art 4 Abs 2 Rom I-VO erbringt. Nach herrschender, aber umstrittener Ansicht handelt es sich hierbei wegen der **Finanzierungsfunktion des Factorings** und der **Übernahme des Risikos der Uneinbringlichkeit der Forderung** durch den Factor um dessen Leistung, weshalb tschechisches Sachrecht zur Anwendung kommt, weil das Factoring-Institut *Cash s.r.o.* seinen Sitz (Art 19 Abs 1 Rom I-VO) in Tschechien hat.

Das Verhältnis zwischen dem Factoring-Institut *Cash s.r.o.* als Zessionar und der *Baufix AG* als Schuldnerin (*debitor cessus*) ist nach Art 14 Abs 2 Rom I-VO anzuknüpfen, der das Forderungsstatut (= Statut der zedierten Forderung) für maßgeblich erklärt. Da die Entgeltforderung – wie im Grundfall gezeigt – polnischem Sachrecht unterliegt, gilt diese Sachrechtsordnung auch im Verhältnis zwischen der österreichischen *Baufix AG* und dem tschechischen Factoring-Institut *Cash s.r.o.* An diesem Verweisungsergebnis ist bemerkenswert, dass weder die Schuldnerin noch der Neugläubiger (Zessionar) eine persönliche Verbindung zu Polen aufweisen. Dieses Resultat dient dem Schutz der Schuldnerin, die ungeachtet der Zession weiterhin auf die Anwendung polnischen Sachrechts vertrauen darf. Gleichwohl könnten die Parteien dieses Rechtsverhältnisses dazu geneigt sein, von der Möglichkeit einer **nachträglichen Rechtswahl** nach Art 3 Rom I-VO Gebrauch zu machen.

Variante 3: Die vertragscharakteristische Leistung iSd Art 4 Abs 2 Rom I-VO liegt bei einer **Bankgarantie** in der Besicherung der Einbringlichkeit der Forderung der garantiebegünstigten *Agnieszka* gegen ihre Schuldnerin *Baufix AG* durch die *Credit Bank*, weshalb auf das Rechtsverhältnis zwischen der *Credit Bank* und *Agnieszka* belgisches Sachrecht zur Anwendung kommt, weil die *Credit Bank* ihren Sitz (Art 19 Abs 1 Rom I-VO) in Belgien hat (Fall 51).

Zu prüfen ist, ob im Rechtsverhältnis zwischen der *Credit Bank* als Garantin und der *Baufix AG* als Schuldnerin eine **Legalzession** iSd Art 15 Rom I-VO stattfindet, weil die *Credit Bank* aufgrund ihrer Garantieerklärung zur Begleichung der Schuld der *Baufix AG* gegenüber der garantiebegünstigten *Agnieszka* verpflichtet war. Nach Art 15 Rom I-VO ist für die Beurteilung der Voraussetzungen und des Umfanges der Legalzession dasjenige Sachrecht maßgeblich, das auf das Rechtsverhältnis anwendbar ist, das die Zahlungspflicht des Dritten (hier: *Credit Bank*) ausgelöst hat. Es kommt somit auf das Garantiestatut an, das – wie soeben gezeigt – belgisches Sachrecht zur Anwendung beruft.

Literatur: zu Willensmängeln beim Vertragsabschluss siehe *Zöchling-Jud/Aspöck*, IPR^{3} 29; *Lurger/Melcher*, IPR^{4} Rz 4/14; *Lurger/Melcher*, HB IPR^{2} Rz 4/30; *Kleinschmidt* in MüKoBGB^{9} Art 10 Rom I-VO Rz 55 ff; *Spickhoff* in BeckOK-BGB^{72} Art 10 Rom I-VO Rz 5; *Perner/Spitzer/Kodek*, BR^{7} 722; *Zankl*, BR^{10} Rz 639; *Verschraegen*, IPR Rz 372 f; zur rechtsgeschäftlichen Zession siehe *Zöchling-Jud/Aspöck*, IPR^{3} 35 f; *Lurger/Melcher*, IPR^{4} Rz 4/98 ff; *Lurger/Melcher*, HB IPR^{2} Rz 4/158 ff; *Kerschner/Wagner/Aigner*, IPR^{6} Rz 16/39; *Verschraegen*, IPR Rz 500 ff; *Leible/Lehmann*, RIW 2008, 528 (540 f); zur Legalzession siehe *Zöchling-Jud/Aspöck*, IPR^{3} 36; *Lurger/Melcher*, IPR^{4} Rz 4/103 ff; *Lurger/Melcher*, HB IPR^{2} Rz 4/167 ff; *Kerschner/Wagner/Aigner*, IPR^{6} Rz 16/39; *Verschraegen*, IPR Rz 510 ff; *Leible/Lehmann*, RIW 2008, 528 (541); zur notwendigen Zession unten Fall 79.

k. Ausgewählte Fragen zur Reichweite des Vertragsstatuts

Fall 53 *(Uitz)*

Schwerpunkt: Vertragsabschluss (Angebot und Annahme, Rechtswirkungen des Schweigens)

Die Traktorherstellerin *Naviga AG* mit Sitz in Steyr (Österreich) bestellt bei ihrer Zulieferin *AeroClean GmbH* mit Sitz in München (Deutschland) 1.000 Feinstaubfilter. Die vertretungsbefugten Organwalter beider Gesellschaften verhandeln telefonisch, wobei sie das UN-K abbedingen. Fernmündlich vereinbaren sie schließlich, dass die 1.000 Feinstaubfilter insgesamt € 150.000,– kosten sollen und innerhalb der nächsten vier Wochen zu bezahlen sind.

Am Folgetag sendet die *Naviga AG* an die *AeroClean GmbH* folgende Mitteilung per Einschreiben aus: „*Hiermit dürfen wir den gestern telefonisch vereinbarten Vertragsabschluss schriftlich bestätigen. Wir erlauben uns jedoch, 2 % Skonto als Preisnachlass abzuziehen, wenn wir den Kaufpreis innerhalb der nächsten zwei Wochen überweisen*“.

Trotz des Einlangens des Einschreibens in ihre objektive Machtsphäre reagiert die *AeroClean GmbH* auf diese Nachricht nicht. Als die Zahlung der *Naviga AG* zwölf Tage nach telefonischem Vertragsabschluss einlangt, wundert sich die Buchhaltung der *Aero Clean GmbH*, dass deren Firmenkonto nur einen Zahlungseingang von € 147.000,– ausweist. Deshalb verlangt sie eine zusätzliche Zahlung von € 3.000,–.

Welches Sachrecht ist auf diesen Anspruch anwendbar?

Das UN-K kommt aufgrund seines wirksamen Ausschlusses jedenfalls nicht zur Anwendung. Der Anwendungsbereich der Rom I-VO ist vollumfänglich eröffnet (Fall 36). In Ermangelung einer Rechtswahl ist objektiv anzuknüpfen.

Art 10 Abs 1 Rom I-VO enthält eine Kollisionsnorm für das **Zustandekommen von Verträgen**. Nach dieser Bestimmung ist der Vertragsabschluss nach jenem Sachrecht zu beurteilen, das anwendbar wäre, wenn das wirksame Zustandekommen des Vertrags bereits bejaht werden könnte. Diesen Vorgriff auf das Sachrecht, das im Falle der materiellen Wirksamkeit des Vertrags auf ihn anzuwenden wäre, um diese Frage zu überprüfen, bezeichnet man als „*bootstrap rule*“ oder als Anknüpfung nach dem hypothetischen Vertragsstatut (Fall 52).

Der wirksame Kaufvertrag unterläge nach Art 4 Abs 1 lit a Rom I-VO deutschem Sachrecht, weil der Sitz der Verkäuferin *AeroClean GmbH* in Deutschland liegt (Art 19 Abs 1 Rom I-VO). Somit sind auch jene Rechtsfragen, die den **Vertragsabschluss durch Annahme eines Angebots** betreffen, nach Art 10 Abs 1 Rom I-VO nach deutschem Sachrecht zu beurteilen. Bei der materiellrechtlichen Falllösung ist sohin auf die in Deutschland vorherrschende **Lehre vom kaufmännischen Bestätigungsschreiben** zu achten. Diese Auffassung besagt im Wesentlichen, dass ein kaufmännisches Bestätigungsschreiben, das den ursprünglichen

Vertragsinhalt mit gewissen Abweichungen wiedergibt, dessen rechtsverbindliche Modifikation bewirken kann, wenn der angesprochene Vertragspartner diesen Veränderungen nicht zeitgerecht widerspricht. Hierin liegt ein wesentlicher Unterschied zur österreichischen Dogmatik der Rechtsgeschäftslehre.

Literatur: zum Vertragsabschluss siehe *Zöchling-Jud/Aspöck*, IPR[3] 29; *Lurger/Melcher*, IPR[4] Rz 4/14; *Lurger/Melcher*, HB IPR[2] Rz 4/30; *Perner/Spitzer/Kodek*, BR[7] 722; *Verschraegen*, IPR Rz 372 f; *Spickhoff* in BeckOK-BGB[72] Art 10 Rom I-VO Rz 3 f; *Kleinschmidt* in MüKoBGB[9] Art 10 Rom I-VO Rz 39 ff, 257 ff (zum kaufmännischen Bestätigungsschreiben); zu diesem ebenso *Maultzsch* in MüKoHGB[6] § 346 HGB Rz 142 ff.

Fall 54 *(Uitz)*

Schwerpunkte: Anfängliche Unmöglichkeit, Gesetzwidrigkeit, Eingriffsnormen

Die Großindustrielle *Gulnara* mit gewöhnlichem Aufenthalt in Taschkent (Usbekistan) sucht für ihre drei Töchter eine Unterkunft in Wien (Österreich), damit diese dort unbeschwert studieren können. Jedes Familienmitglied verfügt über die usbekische Staatsbürgerschaft. Fündig wird *Gulnara* bei einer Kleinanzeige der französischen Staatsbürgerin *Yvette*, die in Fontvieille (Monaco) lebt und ihr Penthouse in der Wiener Innenstadt zum Verkauf anbietet. An dem Mehrparteienhaus, in dem sich ihr Penthouse befindet, wurde jüngst nach der Einholung eines Nutzwertgutachtens (Parifizierung) Wohnungseigentum begründet.

Gulnara besteht darauf, dass ihre Töchter zu gleichen Teilen im österreichischen Grundbuch eingetragen werden sollen, was *Yvette* ihr verspricht. Die vereinbarte Summe von € 2.500.000,– hat *Gulnara* noch nicht beglichen.

Variante 1: Wie im Grundfall, doch will *Gulnara* das Penthouse nicht für ihre Töchter, sondern für sich selbst erwerben. Wie sie *Yvette* mitteilt, hat sie allerdings nicht vor, dort zu wohnen, sondern das Penthouse entgeltlich an Bekannte zu vermieten. Obwohl *Yvette* Medienberichte kennt, die *Gulnara* verdächtigen, im Rahmen ihrer Geschäftstätigkeit in Europa Geldwäscherei zu betreiben, schließt sie den lukrativen Vertrag mit ihr ab. Tatsächlich leiten die österreichischen Behörden gegen *Gulnara* eines Tages ein entsprechendes Strafverfahren ein, das in ihre rechtskräftige Verurteilung mündet.

Variante 2: Wie im Grundfall, doch befindet sich das Penthouse in der Innenstadt von Kitzbühel (Österreich). *Gulnara* möchte es nicht für ihre Töchter, sondern für sich selbst erwerben. Mit *Yvette* hat *Gulnara* vereinbart, dass auf den Vertrag schweizerisches Sachrecht anzuwenden sein soll, weil sie zum Zweck der Verwaltung ihrer Konten bei einer schweizerischen Bank mit einer ortsansässigen Kanzlei in regelmäßigem Kontakt steht und meint, dass sich deren Anwälte mit der gewählten Rechtsordnung bestens auskennen.

Hinweis: §§ 12, 13 Tiroler Grundverkehrsgesetz 1996 knüpfen den wirksamen Erwerb von Liegenschaften im Tiroler Landesgebiet durch Nicht-EWR-Bürger an die Genehmigung der Grundverkehrsbehörde.
Welchem Sachrecht unterliegen die Rechtsverhältnisse jeweils?

Auf den Erwerb einer Liegenschaft ist UN-K nicht anzuwenden, weil es sich hierbei nicht um eine Ware iSd Art 1 Abs 1 UN-K handelt. Der Anwendungsbereich der Rom I-VO ist vollumfänglich eröffnet (Fall 36). In Ermangelung einer Rechtswahl ist objektiv anzuknüpfen.

Der Vertrag zwischen *Gulnara* und *Yvette* betrifft den **Erwerb eines dinglichen Rechts** (Wohnungseigentums) an einer österreichischen Liegenschaft, weshalb er nach Art 4 Abs 1 lit c Rom I-VO österreichischem Sachrecht unterliegt (*lex rei sitae*).

Die hier interessierende Frage nach der potenziellen **Nichtigkeit** einer Bestimmung eines Vertrags ist nach Art 10 Abs 1 Rom I-VO ebenfalls dem Vertragsstatut zu unterstellen, weil es sich hierbei um einen Aspekt seiner **materiellen Wirksamkeit** handelt. Diesen Vorgriff auf jenes Sachrecht, das im Falle der Wirksamkeit des Vertrags auf ihn anzuwenden wäre, um diese Frage zu beantworten, bezeichnet man als *„bootstrap rule"* oder als Anknüpfung nach dem hypothetischen Vertragsstatut (hierzu bereits Fälle 52 f).

Sohin ist der Vertrag über die Übertragung von Wohnungseigentum an drei Personen nach österreichischem Sachrecht zu beurteilen. Im Lichte des § 2 Abs 10 WEG ist in diesem Versprechen eine **anfängliche rechtliche Unmöglichkeit** iSd § 878 ABGB zu erblicken, weshalb diese Abrede nichtig ist (zur bereicherungsrechtlichen Rückabwicklung, die für den vorliegenden Fall nicht relevant ist, weil *Gulnara* noch nicht gezahlt hat, siehe unten Fälle 55 f).

Variante 1: Der Systembegriff der materiellen Wirksamkeit eines Vertrags, den Art 10 Abs 1 Rom I-VO aufstellt, erfasst auch Fragen der **Gesetz- und Sittenwidrigkeit** eines Vertragsverhältnisses. Da der Kaufvertrag nach Art 4 Abs 1 lit c Rom I-VO österreichischem Sachrecht unterliegt, muss die Wirksamkeit des Vertrags am Maßstab des § 879 Abs 1 Fall 1 ABGB geprüft werden.

Achtung: Die Generalklausel in § 879 Abs 1 ABGB ist keine Eingriffsnorm. Hätte die objektive Anknüpfung die Anwendbarkeit einer ausländischen Sachrechtsordnung ergeben, wäre eine allfällige Sitten- oder Gesetzwidrigkeit nach diesem ausländischen Sachrecht zu beurteilen gewesen (letzterer Aspekt ist allerdings sehr umstritten; hierzu im Detail *Leible* in *Hüßtege/Mansel*, BGB VI[4] Art 10 Rom I-VO Rz 20 ff). Eine richterliche Korrektur der mithilfe des ausländischen Sachrechts gewonnenen Lösung wäre nur dann möglich, wenn sie mit dem österreichischen ***ordre public*** *„offensichtlich unvereinbar"* wäre (Art 21 Rom I-VO).

Variante 2: Die im Wege der objektiven Anknüpfung nach Art 4 Abs 1 lit c Rom I-VO anzuwendende *lex rei sitae* kann durch eine **wirksame Rechtswahl** nach Art 3 Rom I-VO verdrängt werden (Fall 42). Irrelevant ist hierbei, aus welchen Motiven die Vertragsparteien diese Rechtswahl treffen. Für den vorliegenden Fall ist daher grundsätzlich bedeutungslos, dass die Vertragsparteien die Sachrechtsordnung eines Staates wählten, zu der keine sonderlich intensiven Berührungspunkte bestehen, weil die unbewegliche Sache weder in der Schweiz belegen ist noch eine der Vertragsparteien über die schweizerische Staatsbürgerschaft verfügt noch ihren gewöhnlichen Aufenthalt in der Schweiz hat.

Zu bedenken ist aber, dass **Eingriffsnormen** des Forumstaats der kollisionsrechtlichen Anknüpfung vorgehen. Nach stRsp des OGH und hA des Schrifttums sind die Regelungen über die **behördliche Genehmigungsbedürftigkeit** des Liegenschaftserwerbs durch Drittstaatsangehörige Eingriffsnormen iSd Art 9 Rom I-VO, weshalb sie durch die Wahl einer ausländischen Sachrechtsordnung nicht umgangen werden können. Die Voraussetzungen des Grundstückserwerbs nach §§ 12, 13 Tiroler Grundverkehrsgesetz 1996 sind daher in jedem Fall einzuhalten.

Literatur: zur anfänglichen Unmöglichkeit siehe *Kleinschmidt* in MüKoBGB[9] Art 10 Rom I-VO Rz 123; zur Gesetz- und Sittenwidrigkeit siehe *Kleinschmidt* in MüKoBGB[9] Art 10 Rom I-VO Rz 135 ff; *Spickhoff* in BeckOK-BGB[72] Art 10 Rom I-VO Rz 5; zu Grundverkehrsnormen als Eingriffsnormen siehe OGH 18.09.1991, 1 Ob 687/90 JBl 1992, 594; OGH 27.04.2001, 7 Ob 87/01x sowie obiter OGH 20.03.2006, 3 Ob 230/05b RdW 2006, 431; *Zöchling-Jud/Aspöck*, IPR[3] 10; *Lurger/Melcher*, IPR[4] Rz 1/45 f; *Lurger/Melcher*, HB IPR[2] Rz 1/49 f (samt Übungsfall); *Kerschner/Wagner/Aigner*, IPR[6] Rz 5/12; *Verschraegen*, IPR Rz 1329.

Fall 55 *(Uitz)*

Schwerpunkte: Leistungsstörungen (Schuldnerverzug, Annahmeverzug), Leistungskondiktion

Auf einer Online-Plattform entdeckt der in Matrei (Österreich) wohnhafte österreichische Staatsbürger *Deniz* ein Inserat, mit dem die in Merano (Italien) ansässige italienische Staatsbürgerin *Vittoria* ein originalverpacktes 60-teiliges Besteckset um € 250,– anbietet. Telefonisch bekundet *Deniz* sein Interesse am Erwerb dieses Bestecksets zum genannten Preis, was *Vittoria* akzeptiert. Die beiden kommen überein, dass *Vittoria*, die geschäftlich regelmäßig in Tirol unterwegs ist, das Besteckset am Freitag, den 18. April 2025 persönlich an *Deniz* übergeben soll. Dieser hat *Vittoria* vorab mitgeteilt, dass eine spätere Lieferung für ihn nicht in Betracht komme, weil er das Besteckset seiner besten Freundin anlässlich ihrer Hochzeit am Folgetag schenken wolle.

Leider vergisst *Vittoria* zum vereinbarten Liefertermin auf die Übergabe, weshalb *Deniz* das begehrte 60-teilige Besteckset um € 350,– in einem Möbelhaus in Matrei erwerben muss. Die vereinbarte Summe von € 250,– hat *Deniz* noch nicht an *Vittoria* überwiesen.

Variante 1: *Deniz* hat *Vittoria* die vereinbarte Summe von € 250,– bereits im Vorfeld überwiesen, weshalb er diesen Betrag nunmehr zurückfordert.

Variante 2: *Vittoria* erscheint zum vereinbarten Zeitpunkt bei *Deniz* in Matrei, doch kann er das Besteckset nicht entgegennehmen, weil er sich wegen eines Verkehrsunfalls im Krankenhaus befindet. Während *Vittoria* im Anschluss an den gescheiterten Übergabeversuch ihren Geschäftstermin wahrnimmt, wird ihr Fahrzeug von Unbekannten aufgebrochen, wobei das Besteckset gestohlen wird. Den vereinbarten Preis von € 250,– hat *Deniz* noch nicht an *Vittoria* überwiesen.

Welchem Sachrecht unterliegen die Rechtsverhältnisse jeweils?

Deniz und *Vittoria* handeln als Privatpersonen, weshalb sie nicht dem persönlichen Anwendungsbereich des UN-K unterliegen. Der Anwendungsbereich der Rom I-VO ist vollumfänglich eröffnet (Fall 36). In Ermangelung einer Rechtswahl ist objektiv anzuknüpfen.

Die beiden schlossen einen **Kaufvertrag**, der nach Art 4 Abs 1 lit a Rom I-VO italienischem Sachrecht unterliegt, weil die Verkäuferin *Vittoria* in Merano (Italien) ihren gewöhnlichen Aufenthalt hat.

Art 12 Rom I-VO konkretisiert die Reichweite dieses Vertragsstatuts. Nach Art 12 Abs 1 lit c Rom I-VO unterliegen ihm auch „*die Folgen der vollständigen oder teilweisen Nichterfüllung dieser Verpflichtungen*“. Bei der Interpretation des Tatbestandsmerkmals „***Nichterfüllung***“ zeigt sich die Bedeutung der autonomen Auslegung der unionsrechtlichen Kollisionsnormen:

Denn im Unterschied zur österreichischen Dogmatik zählt zum unionsrechtlichen Begriff der „*Nichterfüllung*“ nicht bloß die dauerhafte Leistungsstörung der nachträglichen Unmöglichkeit, sondern auch das Leistungshindernis des temporären **Schuldnerverzuges**. Die Frage, ob *Deniz* die Mehrkosten in Höhe von € 100,– erfolgreich von *Vittoria* verlangen kann, die ihm im Wege des Abschlusses eines **Deckungsgeschäfts** entstanden sind, richtet sich folglich nach dem Vertragsstatut, das italienisches Sachrecht zur Anwendung beruft.

Variante 1: Die Folgen der „*Nichtigkeit*“ eines Vertrags unterliegen nach Art 12 Abs 1 lit e Rom I-VO ebenfalls dem Vertragsstatut. Art 10 Rom II-VO ist nicht anzuwenden, weil diese Kollisionsnorm nur außervertraglich begründete Bereicherungsansprüche erfasst, die nicht aus einem gescheiterten Vertrag herrühren (Fälle 73 ff). Abermals ist dieser Begriff unionsrechtlich-autonom auszulegen. Das hieraus gewonnene Begriffsverständnis kann wiederum jenen Bedeutungsgehalt übersteigen, der sich aus dem unreflektierten Rückgriff auf nationale Sachrechtsordnungen ergäbe. Eine **bereicherungsrechtliche Leistungskondiktion** ist im unionseuropäischen Kollisionsrecht sohin auch dann autonom als Folge der „*Nichtigkeit*“ eines Vertrags iSd Art 12 Abs 1 lit e Rom I-VO zu betrachten, wenn sie nach der Dogmatik nationaler Sachrechtsordnungen als Konsequenz des automatischen Zerfalls eines Vertragsverhältnisses infolge des Verstreichens eines vereinbarten Stichtages einzuordnen wäre, wie dies etwa in Österreich nach der Lehre vom Fixgeschäft (§ 919 ABGB) der Fall ist (*condictio causa finita*: § 921 ABGB iVm § 1435 ABGB). Im Ergebnis ist die Frage nach der bereicherungsrechtlichen Rückforderung des bereits geleisteten Kaufpreises ein Aspekt der gescheiterten Vertragsbeziehung zwischen *Deniz* und *Vittoria*, der über Art 12 Abs 1 lit e Rom I-VO nach dem anzuwendenden italienischen Sachenrecht zu beurteilen ist (Grundfall).

Variante 2: Aus der Sicht des international zuständigen österreichischen Gerichts stellt sich die Frage, ob sich *Deniz* im **Annahmeverzug** befand, weil er den Kaufgegenstand zum bedungenen Zeitpunkt nicht entgegennahm. Zu prüfen ist, welches Sachrecht diese Beurteilung vornehmen darf. Die Frage nach der Verletzung von Obliegenheiten, die den Gläubiger treffen, ist unter Art 12 Abs 1 lit b Rom I-VO zu subsumieren, weil es sich bei dieser Thematik nach dem autonomen Verständnis des unionseuropäischen Kollisionsrechts um einen Aspekt der **Nichterfüllung einer vertraglichen Verpflichtung** handelt. Aufgrund der alleinigen Maßgeblichkeit des unionsrechtlich-autonomen Begriffsverständnisses schadet dieser Qualifikation somit nicht, dass die Annahme einer geschuldeten Leistung durch ihren Gläubiger nach österreichischem Zivilrecht in aller Regel eine bloße Obliegenheit und keine gerichtlich durchsetzbare Rechtspflicht ist (*Welser/Zöchling-Jud,* BR II[14] Rz 282 ff). Deshalb ist italienisches Sachrecht, dem das Vertragsverhältnis unterliegt (hierzu im Grundfall), auch für die Beantwortung der Frage maßgeblich, ob *Vittoria* von *Deniz* den Kaufpreis trotz des zufälligen Untergangs des Bestecksets fordern kann.

Literatur: zum Schuldnerverzug und zur Fälligkeit siehe *Kleinschmidt* in MüKoBGB[9] Art 12 Rom I-VO Rz 71 ff, 95; *Spickhoff* in Beck-OK[72] Art 12 Rom I-VO Rz 5, 7; zur bereicherungsrechtlichen Rückforderung erbrachter Leistungen aufgrund „*nichtiger*“ Verträge siehe *Zöchling-Jud/Aspöck*, IPR[3] 29; *Lurger/Melcher*, IPR[4] Rz 4/15, 5/60; *Lurger/Melcher*, HB IPR[2] Rz 4/31, 5/96; *Verschraegen*, IPR Rz 380 f; *Kleinschmidt* in MüKoBGB[9] Art 12 Rom I-VO Rz 156 ff; *Spickhoff* in Beck-OK[72] Art 12 Rom I-VO Rz 15; zum Annahmeverzug siehe *Kleinschmidt* in MüKoBGB[9] Art 12 Rom I-VO Rz 61.

Fall 56 *(Uitz)*

Schwerpunkte: Leistungsstörungen (Gewährleistung bei Schlechterfüllung, Mängelrüge), Leistungskondiktion

Während eines Urlaubes in Bilbao (Baskenland, Spanien) erwirbt die ukrainische Staatsbürgerin *Oleksandra* mit gewöhnlichem Aufenthalt in Rust (Österreich) ein gebrauchtes baskisches Akkordeon („*Trikitixa*“) von der Sammlerin *Arantxa*, die spanische Staatsbürgerin mit gewöhnlichem Aufenthalt im Baskenland ist. Als die Hobbymusikerin *Oleksandra* dieses Akkordeon nach ihrer Rückkehr zum ersten Mal spielen will, brechen einige Tasten heraus.

Variante: Der in Mürzzuschlag (Österreich) ansässige *Musikverein ZiehHarmonie*, der bei Volksfesten im Gegenzug für ein Honorar musiziert, das dem Vereinszweck der Förderung der steirischen Volksmusik zugeführt wird, erwirbt in Vertretung durch seinen hierzu befugten Vereinsvorstand ein neuwertiges Akkordeon der *Txalaparta S.A.* mit Sitz in Bilbao (Baskenland, Spanien). Die Parteien schließen das UN-K rechtswirksam aus und vereinbaren die Anwendung österreichischen Sachrechts. Nachdem dieses Akkordeon per Post angeliefert wurde, stellt sich heraus, dass einige Tasten locker sitzen. Zwar informiert der Akkordeonspieler des *Musikvereins ZiehHarmonie* den Vereinsvorstand über diesen Umstand, doch bleibt dieser untätig. Vier Wochen später brechen einige Tasten heraus.

Hinweis: Obwohl Spanien auch in vertragsrechtlicher Hinsicht ein Mehrrechtsstaat ist, wie etwa das katalonische Zivilgesetzbuch belegt, kennt das baskische Foralrecht für die Lösung der gegenständlichen Rechtsfragen keine Sonderregelungen, die den Bestimmungen des auf gesamtem spanischem Staatsgebiet geltenden Código Civil vorgingen.

Welchem Sachrecht unterliegen die Rechtsverhältnisse jeweils?

Das UN-K kommt nicht zur Anwendung, weil *Oleksandra* das Akkordeon zu privaten Zwecken erwirbt (Fall 23). Der Anwendungsbereich der Rom I-VO ist vollumfänglich eröffnet (Fall 36). In Ermangelung einer Rechtswahl ist objektiv anzuknüpfen.

Das Verbraucherstatut ist schon allein deshalb nicht anzuwenden, weil *Arantxa* weder in Österreich eine gewerbliche Tätigkeit ausübt noch ihren – ohnedies privaten – Verkauf auf den österreichischen Markt ausgerichtet hat (Art 6 Abs 1 lit a-b Rom I-VO). Die Anwendung des Verbraucherstatuts scheitert also bereits an seinem situativen Anwendungsbereich (Fälle 39 f).

Die **objektive Anknüpfung** des Kaufvertrages nach Art 4 Abs 1 lit a Rom I-VO ergibt die Anwendung gesamtspanischen Sachrechts nach dem Código Civil, weil die Verkäuferin *Arantxa* ihren gewöhnlichen Aufenthalt im Baskenland hat und diese Provinz über kein eigenes Foralrecht verfügt, das Antworten auf die gegenständlichen Rechtsfragen bereitstellen würde.

Das Vertragsstatut erfasst nach Art 12 Abs 1 lit c Rom I-VO auch *„die Folgen der vollständigen oder teilweisen Nichterfüllung“* des Vertrages. Der unionsrechtlich-autonomen Auslegung dieser Kollisionsnorm ist geschuldet, dass sie Ansprüche und Gestaltungsrechte erfasst, die das materielle Leistungsstörungsrecht des Forumstaates Österreich strukturell dem Gewährleistungsrecht zuordnen würde (Verbesserung, Austausch, Preisminderung und Vertragsauflösung: § 932 ABGB). An dieser Begriffsdivergenz ist bemerkenswert, dass die **Gewährleistungsbehelfe** nach österreichischem Sachrechtsverständnis eine **Folge der Schlechterfüllung** eines Vertrages sind, nicht aber aus seiner Nichterfüllung resultieren, weil ihre Geltendmachung die Mangelhaftigkeit der tatsächlich erfolgten Leistungserbringung voraussetzt (§§ 922 ff ABGB). Im Ergebnis unterliegen alle Rechtsfolgen aus der mangelhaften Leistungserbringung spanischem Sachrecht.

Variante: Die Anwendung des UN-K wurde wirksam ausgeschlossen. Aufgrund der **wirksamen Rechtswahl** (Art 3 Rom I-VO) unterliegt der Kaufvertrag österreichischem Sachrecht.

Das anzuwendende Sachrecht, das sich hier aus einer wirksamen Rechtswahl ergibt, ist nach Art 12 Abs 1 lit c Rom I-VO auch zur Beurteilung der Anforderungen berufen, die an die Geltendmachung der Rechtsbehelfe zur Relevierung einer „*Nichterfüllung*" nach dem unionsrechtlich-autonomen Begriffsverständnis zu stellen sind (siehe hierzu den Grundfall).

Somit ist auf der Ebene der materiellrechtlichen Falllösung näher auf die **Mängelrügeobliegenheit** des österreichischen Sachrechts (§ 377 UGB) einzugehen, weil beide Vertragsparteien Unternehmer iSd § 1 UGB sind. Denn sowohl der *Musikverein ZiehHarmonie* als auch die Akkordeonproduzentin *Txalaparta S.A.* betreiben Unternehmen, weil sie – unabhängig von allfälligen Gewinnerzielungsabsichten – jeweils auf Dauer organisiert sind und selbstständige wirtschaftliche Tätigkeiten auf dem Markt anbieten.

Literatur: zur bereicherungsrechtlichen Rückforderung erbrachter Leistungen aufgrund „*nichtiger*" Verträge siehe die Nachweise im vorigen Fall; zur mangelhaften Leistung als „*Nichterfüllung*" siehe *Kleinschmidt* in MüKoBGB[9] Art 12 Rom I-VO Rz 72; *Leible* in *Hüßtege/Mansel*, BGB VI[4] Art 12 Rom I-VO Rz 19 ff; vgl auch *Spickhoff* in Beck-OK[72] Art 12 Rom I-VO Rz 6 ff.

I. Mehrfache Haftung

Fall 57 *(Uitz)*

Schwerpunkte: Vertragliche Solidarschuld, Regress

Anne-Marie und *Jean-Claude* sind Staatsangehörige des Großherzogtums Luxemburg. Sie verbindet eine unregistrierte Lebensgemeinschaft. Ihr Lebensmittelpunkt liegt in Innsbruck (Österreich). Dort interessiert sich das Paar für den Erwerb einer Eigentumswohnung. Mit deren Eigentümerin *Vanja*, die österreichische Staatsbürgerin ist und ebenfalls in Innsbruck (Österreich) lebt, schließen die beiden einen Kaufvertrag, in dem sie sich zur Leistung von insgesamt € 400.000,– verpflichten. Es wird vereinbart, dass *Vanja* den Kaufpreis wahlweise von *Anne-Marie* oder von *Jean-Claude* in voller Höhe einfordern kann.

Da *Anne-Marie* wesentlich vermögender als *Jean-Claude* ist, fordert *Vanja* den Kaufpreis von ihr. Nachdem *Anne-Marie* diese Schuld in voller Höhe beglichen hat, geht ihre Beziehung zu *Jean-Claude* in die Brüche. Er weigert sich nun, *Anne-Marie* die Hälfte des geleisteten Kaufpreises zu erstatten, weil er die Wohnung nach der Beendigung der Paarbeziehung nicht mehr benötige.

Hinweis: In Luxemburg entfalten unregistrierte Lebensgemeinschaften keine Rechtswirkungen (*Katzenmaier*, Luxemburg, in *Rieck/Lettmaier*, Ausländisches Familienrecht[27. EL] [Oktober 2024] Rz 23 f).

Auf den Erwerb einer Eigentumswohnung ist UN-K schon allein deshalb nicht anzuwenden, weil es sich hierbei um keine Ware iSd Art 1 Abs 1 UN-K handelt. Der Anwendungsbereich der Rom I-VO ist vollumfänglich eröffnet (Fall 36).

Der Kaufvertrag über den Erwerb der Eigentumswohnung zielt auf die **Übertragung eines dinglichen Rechts** (Wohnungseigentums) ab, weshalb er nach Art 4 Abs 1 lit c Rom I-VO österreichischem Sachrecht unterliegt, weil sich die Liegenschaft, an der Wohnungseigentum begründet wurde, in Innsbruck befindet.

Kraft vertraglicher Vereinbarung war *Vanja* dazu berechtigt, den Kaufpreis von *Anne-Marie* in voller Höhe einzufordern. Bei dieser Abrede handelt es sich um die zulässige Abbedingung der dispositiven Regel des § 889 ABGB, wonach eine teilbare Schuld von den Schuldnern nach Köpfen anteilig einzufordern ist.

Anne-Marie und *Jean-Claude* haben keine Vereinbarung darüber getroffen, nach welchem Sachrecht der **Regress innerhalb ihrer Schuldnermehrheit** zu beurteilen ist. Ferner existiert zwischen ihnen kein „*besonderes Rechtsverhältnis*" (wie ein Partnerschaftsvertrag, Gesellschaftsvertrag, Auftrag oder Dienstvertrag), an das nach hL akzessorisch anzuknüpfen wäre (*Martiny* in MüKoBGB[9] Art 16 Rom I-VO Rz 10; zur Nichtanwendbarkeit der EuGüVO und EuPartVO auf faktische Lebensgemeinschaften siehe unten Fall 102).

Maßgeblich ist sohin Art 16 Satz 1 Rom I-VO. Bei einer mehrfachen Haftung aus einem Vertragsverhältnis ist der Ausgleichsanspruch eines Schuldners gegen den anderen Schuldner nach dem Sachrecht zu beurteilen, das auf das Rechtsverhältnis zwischen der leistenden Schuldnerin (*Anne-Marie*) und der Gläubigerin der Schuldnermehrheit (*Vanja*) anzuwenden ist. Wie oben gezeigt wurde, ist das Rechtsverhältnis zwischen *Vanja* als Gläubigerin und *Anne-Marie* als Schuldnerin nach Art 4 Abs 1 lit c Rom I-VO nach österreichischem Sachrecht zu beurteilen. Sohin unterliegt auch der Regress *Anne-Maries* an *Jean-Claude* innerhalb ihrer Schuldnermehrheit österreichischem Sachrecht (§ 896 ABGB).

Sollten die Streitparteien, die beide luxemburgische Staatsbürger sind, die Anwendung österreichischen Sachrechts auf ihre Regressverhältnisse ablehnen, können sie nach Art 3 Rom I-VO eine **nachträgliche Rechtswahl** zugunsten der Anwendbarkeit luxemburgischen Sachrechts treffen. Eine Ausweichklausel, die bereits im Wege der objektiven Anknüpfung die Anwendung des Sachrechts eines Staates ermöglichte, zu dem der Lebenssachverhalt eine engere Verbindung aufweist, kennt Art 16 Rom I-VO demgegenüber nicht.

Lernhinweis: Bei mehrpersonalen Schuldverhältnissen stellt sich bisweilen die Frage, wie Art 15 Rom I-VO (gesetzlicher Forderungsübergang) von Art 16 Rom I-VO (mehrfache Haftung) abzugrenzen ist. Achten Sie bei der Falllösung darauf, wie das Rechtsverhältnis der Schuldnermehrheit zum Gläubiger oder zur Gläubigermehrheit geregelt ist: Haften die Schuldner gegenüber dem Gläubiger oder der Gläubigermehrheit gleichrangig, ist Art 16 Rom I-VO anzuwenden. Ist hingegen ein Schuldner nur subsidiär zu einem anderen Schuldner belangbar, wie es bei einer Bürgschaft der Fall ist, kommt Art 15 Rom I-VO zur Anwendung (weiterführend zu alldem *Martiny* in MüKoBGB[9] Art 15 Rom I-VO Rz 6, Art 16 Rom I-VO Rz 4 f).

Literatur: *Zöchling-Jud/Aspöck*, IPR³ 36; *Zankl*, BR¹⁰ Rz 641; *Verschraegen*, IPR Rz 5/16 f; *Lurger/Melcher*, HB IPR² Rz 4/169 ff; *Martiny* in MüKoBGB⁹ Art 16 Rom I-VO Rz 1 ff; *Leible/Lehmann*, RIW 2008, 528 (541 f).

m. Aufrechnung

Fall 58 *(Uitz)*
Schwerpunkte: Aufrechnungseinrede, verjährte Forderungen

Vor mehr als vier Jahren hat die *Debitum GmbH* mit Sitz in Bremerhaven (Deutschland) der *Pecunia AG* mit Sitz in Bruck an der Mur (Österreich) unter Ausschluss des UN-K und Vereinbarung österreichischen Sachrechts zwar Waren zum Preis von insgesamt € 5.000,– veräußert und geliefert, aber die offene Forderung aufgrund eines nachlässigen Buchhalters nie geltend gemacht.

Am heutigen Tag kauft die *Pecunia AG* abermals Waren von der *Debitum GmbH*, die binnen zweier Monate bei sonstiger Konventionalstrafe in Höhe von € 2.000,– geliefert werden sollen. Die Vertragsparteien schließen wiederum das UN-K aus, treffen dieses Mal aber keine Rechtswahl. Dieses Lieferziel verfehlt die *Debitum GmbH* schließlich, weshalb die *Pecunia AG* die vereinbarte Konventionalstrafe einfordert.

Die Begleichung dieser Forderung der *Pecunia AG* lehnt die *Debitum GmbH* ab, indem sie sich auf ihre vor vier Jahren fällig gewordene Kaufpreisforderung in der Höhe von € 5.000,– beruft. Zugleich verlangt sie die Zahlung der verbleibenden € 3.000,–. Diesem Ansinnen widersetzt sich die *Pecunia AG* mit der Behauptung, dass diese Forderung der *Debitum GmbH* bereits verjährt sei, weshalb sie keine rechtliche Bedeutung mehr habe.

Welches Sachrecht ist auf diesen Disput anwendbar?

Das UN-K kommt aufgrund seines wirksamen Ausschlusses nicht zur Anwendung. Der Anwendungsbereich der Rom I-VO ist vollumfänglich eröffnet (Fall 36). In Ermangelung einer Rechtswahl ist das zweite Rechtsverhältnis zwischen der *Pecunia AG* und der *Debitum GmbH* objektiv anzuknüpfen.

Die Forderung der Begleichung der **Konventionalstrafe** ist nach hA als Teil des Hauptvertrags dessen Vertragsstatut zu unterstellen (Art 12 Abs 1 lit c Rom I-VO; hierzu bereits Fall 51). Hierbei handelt es sich um einen Kaufvertrag (Art 4 Abs 1 lit a Rom I-VO), der deutschem Sachrecht unterliegt, weil die Verkäuferin *Debitum GmbH* ihren Sitz (Art 19 Abs 1 Rom I-VO) in Deutschland hat. Sohin ist auch auf die Vereinbarung der Zahlung einer Konventionalstrafe nach Art 4 Abs 1 lit a Rom I-VO deutsches Sachrecht anzuwenden.

Die *Debitum GmbH* gibt durch ihre Berufung auf die unbeglichene Forderung aus dem ersten Kaufvertrag in Höhe von € 5.000,– zu erkennen, dass sie ihre Verpflichtung zur Leistung einer Konventionalstrafe in Höhe von € 2.000,–, die sich aus dem zweiten Kaufvertrag ergibt, durch Erhebung einer **Aufrechnungseinrede** erfüllen will und von der *Pecunia AG* Zahlung der restlichen € 3.000,– begehrt.

Das Aufrechnungsstatut ergibt sich aus Art 17 Rom I-VO. Nach dieser Kollisionsnorm sind die Voraussetzungen der Aufrechnung nach dem **Sachrecht** zu beurteilen, **das auf diejenige Forderung anzuwenden ist, gegen die aufgerechnet wird** (Achtung: gegen ≠ mit).

Da die *Debitum GmbH* die Aufrechnungseinrede erhebt, richten sich ihre Voraussetzungen und Wirkungen nach dem Sachrecht, das auf die Forderung der *Pecunia AG* gegen die *Debitum GmbH* aus der kaufvertraglichen Vereinbarung der Leistung einer Konventionalstrafe anzuwenden ist (= **Hauptforderung**), weil es sich hierbei um diejenige Forderung handelt, gegen die aufgerechnet werden soll. Oben wurde gezeigt, dass diese Konventionalstrafe als Hauptforderung deutschem Sachrecht unterliegt. Deshalb gilt dasselbe für die Beurteilung der Voraussetzungen und Wirkungen der Aufrechnungseinrede (Art 17 Rom I-VO).

Hiervon ist die Frage zu unterscheiden, nach welchem Sachrecht die Behauptung der **Verjährung** der Forderung der *Debitum GmbH* gegen die *Pecunia AG* auf Zahlung eines Kaufpreises, mit der gegen die Konventionalstrafe als Hauptforderung iSd Art 17 Rom I-VO aufgerechnet werden soll, zu beurteilen ist.

Die Frage nach der **Verjährung dieser Aufrechnungsforderung** ist nach Art 12 Abs 1 lit d Rom I-VO nach **ihrem eigenen Vertragsstatut** zu beantworten. Da die *Debitum GmbH* und die *Pecunia AG* diese Kaufpreisforderung einstmals einer wirksamen Rechtswahl unterwarfen, ist ihre Rechtsqualität nach Art 3 Rom I-VO nach österreichischem Sachrecht zu beurteilen. Die Kaufpreisforderung ist der Sicht des österreichischen Verjährungsrechts bereits verjährt, weil mehr als drei Jahre seit ihrer Fälligkeit verstrichen sind (§ 1486 Z 1 ABGB). Hieraus folgt zunächst, dass die *Debitum GmbH* die Kaufpreisforderung nicht mehr einklagen kann.

Von dieser Komponente der Fallprüfung ist jedoch die Frage zu trennen, ob mit einer verjährten Forderung trotzdem gegen eine nicht verjährte Hauptforderung aufgerechnet werden kann. Nach hA unterliegt dieser Aspekt, der unionsrechtlich-autonom als **Aufrechnungsvoraussetzung** zu qualifizieren ist, dem Aufrechnungsstatut des Art 17 Rom I-VO, das für die Beantwortung dieser Rechtsfrage – wie soeben gezeigt – auf deutsches Sachrecht verweist.

Lernhinweis: Verwiese das Aufrechnungsstatut auf österreichisches Sachrecht, wäre bei der materiellrechtlichen Falllösung auf die Streitfrage einzugehen, ob die *Debitum GmbH* mit ihrer verjährten Forderung aus dem Kaufvertrag (§ 1486 Z 1 ABGB) gegen die unverjährte Forderung der *Pecunia AG* auf Leistung der Konventionalstrafe aufrechnen kann (*Welser/Zöchling-Jud*, BR II[14] Rz 491).

Literatur: zum Aufrechnungsstatut im Allgemeinen siehe *Zöchling-Jud/Aspöck*, IPR[3] 36; *Lurger/Melcher*, HB IPR[2] Rz 4/173 ff (mit teilweise ähnlichem Fall in Rz 4/177 f); *Zankl*, BR[10] Rz 642; *Verschraegen*, IPR Rz 521 ff; *Leible/Lehmann*, RIW 2008, 528 (542); zur Verjährung im Kontext der Aufrechnung siehe *Kleinschmidt* in MüKoBGB[9] Art 17 Rom I-VO Rz 21, 26.

E. Außervertragliches Schuldrecht

I. Haager Straßenverkehrsübereinkommen (HStVÜ)

Fall 59 *(E. Pock)*
Schwerpunkte: Anwendungsbereich und Kollisionsnormen des HStVÜ

Der in Österreich wohnhafte *Oskar* (deutscher Staatsbürger) unternimmt mit seinem in Deutschland zugelassenen Auto einen Tagesausflug von Mönchengladbach (Deutschland) nach Liège (Belgien). Begleitet wird er dabei von seinem Freund *Klaus*, der wie *Oskar* in Österreich lebt und ebenfalls deutscher Staatsbürger ist. *Oskar* sucht gerade nach einem Parkplatz in der Nähe der Altstadt von Liège (Belgien), wodurch er abgelenkt ist, als die ebenso unachtsame Fußgängerin *Antje* (deutsche Staatsbürgerin) aus Aachen (Deutschland) in *Oskars* Fahrspur gerät. Er muss sein Fahrzeug verreißen, streift *Antje* dabei am Arm und kracht dann in die Schaufensterscheibe der in Liège (Belgien) wohnhaften Einzelunternehmerin *Inés* (spanische Staatsbürgerin), die neben dem Sachschaden auch Verletzungen erleidet. *Klaus* bricht sich aufgrund des Aufpralls das Nasenbein, *Antje* prellt sich den Unterarm.

Prüfen Sie die Ansprüche aller Beteiligten gegen *Oskar*.

Variante 1: Wie im Grundsachverhalt. *Antje* wohnt jedoch in Maastricht in den Niederlanden.

Variante 2: Wie in Variante 1. *Antje* ist aber nicht Fußgängerin, sondern a) Autofahrerin bzw b) Radfahrerin. *Antjes* Auto ist in den Niederlanden zugelassen und ihr Fahrrad hat dort seinen gewöhnlichen Standort.

Der Rom II-VO gehen bestimmte internationale Übereinkommen über das Kollisionsrecht für außervertragliche Schuldverhältnisse vor, sofern diesen ein oder mehrere Mitgliedsstaaten sowie zumindest ein Drittstaat angehören und sie bereits vor der Annahme der Rom II-VO ratifiziert wurden (Art 28 Rom II-VO). Diese Kriterien erfüllt das **Haager Straßenverkehrsübereinkommen** vom 04.05.1971 (HStVÜ), das von Österreich ratifiziert wurde.

Das HStVÜ sieht eigene Kollisionsnormen für Haftungsansprüche infolge von Straßenverkehrsunfällen vor (Art 1 Abs 1 HStVÜ). Straßenverkehrsunfälle iSd Übereinkommens sind nach Art 1 Abs 2 HStVÜ solche, die sich unter Beteiligung eines oder mehrerer Fahrzeuge im Zusammenhang mit dem Verkehr auf öffentlicher Straße ereignen. Ob die Fahrzeuge motorisiert sind, ist dabei (anders als beim Anwendungsbereich des materiellen österreichischen EKHG) irrelevant. Im vorliegenden Fall ist der Anwendungsbereich des HStVÜ somit sowohl im Grundsachverhalt als auch in den Varianten eröffnet, weil immer zumindest ein Fahrzeug am Unfallgeschehen beteiligt ist und sich dieses im Zusammenhang mit dem Verkehr auf öffentlicher Straße ereignet. Das nach Art 3 ff HStVÜ bestimmte

Sachrecht ist dabei unabhängig davon anzuwenden, ob es das Sachrecht eines Vertragsstaates des HStVÜ ist oder nicht (*loi uniforme*; Art 11 HStVÜ). Alle Verweisungen des HStVÜ sind Sachnormverweisungen. Unabhängig vom anwendbaren Sachrecht sind jedoch immer die **Straßenverkehrsregeln des Unfallorts** maßgeblich (Art 7 HStVÜ).

Das anwendbare Recht ist grundsätzlich das Sachrecht des **Unfallstaates** (Art 3 HStVÜ). Art 4 HStVÜ normiert aber für bestimmte Fälle Abweichendes: Danach ist unter bestimmten Zusatzvoraussetzungen am **Zulassungsstaat** des beteiligten Fahrzeugs (Art 4 lit a HStVÜ) oder der beteiligten Fahrzeuge (Art 4 lit b HStVÜ) anzuknüpfen. Haben den Unfall aber neben den beteiligten Fahrzeugen noch andere Personen mitverursacht, ist ein Vorgehen nach Art 4 lit a HStVÜ oder Art 4 lit b HStVÜ nur dann möglich, wenn auch diese Mitverursacher ihren gewöhnlichen Aufenthalt im Zulassungsstaat des Fahrzeugs oder der Fahrzeuge haben (Art 4 lit c HStVÜ).

Im Grundsachverhalt ist nur ein Fahrzeug (nämlich *Oskars* Auto) am Unfall beteiligt. Daher ist nach Art 4 lit a HStVÜ vorzugehen, der am Zulassungsstaat des Fahrzeugs anknüpft. Dem steht nach Art 4 lit c HStVÜ die Mitverursachung durch *Antje* nicht entgegen, weil sie ihren gewöhnlichen Aufenthalt in Deutschland (= dem Zulassungsstaat von *Oskars* Auto) hat. Für eine Anknüpfung am Zulassungsstaat müssen aber bestimmte zusätzliche Voraussetzungen erfüllt sein. Das anwendbare Sachrecht ist dabei für jede:n der Geschädigten gesondert zu bestimmen (Art 4 lit a letzter Satz HStVÜ). *Klaus* ist zum Unfallzeitpunkt im Fahrzeug und damit Fahrgast. Nach Art 4 lit a Gedankenstrich 2 HStVÜ kommt daher das Sachrecht des Zulassungsstaats des beteiligten Fahrzeugs (also deutsches Sachrecht) zur Anwendung, weil *Klaus* in einem anderen Staat als dem Unfallstaat (Belgien) seinen gewöhnlichen Aufenthalt hat (Österreich). *Antje* befand sich dagegen außerhalb des Fahrzeugs, weshalb nach Art 4 lit a Gedankenstrich 3 HStVÜ vorzugehen ist: Sie hat ihren gewöhnlichen Aufenthalt im Zulassungsstaat (Deutschland), womit auch ihr Schadenersatzanspruch nach deutschem Sachrecht zu beurteilen ist. Auch *Inés* befindet sich zum Unfallzeitpunkt außerhalb des Fahrzeugs. Eine Anknüpfung am Zulassungsort des beteiligten Fahrzeugs (Deutschland) scheidet aber aus, weil *Inés'* gewöhnlicher Aufenthaltsort (Belgien) nicht mit diesem übereinstimmt. Damit ist nach der Grundregel des Art 3 HStVÜ das Sachrecht des Unfallstaates (Belgien) auf *Inés'* Anspruch anwendbar. Auch über Art 5 Abs 3 Satz 1 HStVÜ, der für Sachschäden teilweise Abweichendes normiert, gelangt man zur Anwendung belgischen Sachrechts.

Nachbemerkungen zum Grundfall: Vom Anwendungsbereich des HStVÜ ausgenommen sind (unter anderem; siehe Art 2 HStVÜ) bestimmte Legalzessionen und Rückgriffsansprüche zwischen mehreren Schädigern. War der Schadenersatzanspruch des einen Schädigers gegenüber dem Geschädigten nach dem HStVÜ anzuknüpfen, ist umstritten, ob sich der **Regressanspruch** gegen den anderen Schädiger nach dem Deliktsstatut des HStVÜ oder nach dem (hypothetischen) Deliktsstatut der Rom II-VO richtet. Will sich *Oskar* im vorliegenden Fall nach der Befriedigung von *Klaus'* Anspruch an *Antje* anteilig regressieren, ist also unklar, ob sein Rückgriffsanspruch nach deutschem Sachrecht (Deliktsstatut nach HStVÜ) oder österreichischem Sachrecht (hypothetisches Deliktsstatut nach Art 4 Abs 2 Rom II-VO) zu beurteilen ist. Bei einer schriftlichen Prüfung sind beide Lösungsansätze zu nennen; einer von ihnen ist mit entsprechender Begründung der weiteren Falllösung zugrunde zu legen.

Variante 1: In der Variante steht *Antjes* gewöhnlicher Aufenthalt in den Niederlanden einem Vorgehen nach Art 4 lit a HStVÜ entgegen: *Antje* ist eine außerhalb des Fahrzeugs befindliche **Mitverursacherin** und hat ihren gewöhnlichen Aufenthalt nicht im Zulassungsstaat Deutschland (Art 4 lit c HStVÜ). Daher ist nach der **Grundregel** des Art 3 HStVÜ vorzugehen, die belgisches Sachrecht als das Recht am Unfallort für die Ansprüche aller Berechtigten für maßgeblich erklärt.

Variante 2: Hier ist neben *Oskars* Auto ein zweites Fahrzeug am Unfall beteiligt. Denn sowohl *Antjes* Auto (Variante 2a) als auch ihr Fahrrad (Variante 2b) sind vom Fahrzeugbegriff des HStVÜ erfasst, weil hierfür – anders als im österreichischen EKHG – keine Motorisierung erforderlich ist. Da nicht motorisierte Fahrzeuge aber regelmäßig keiner Zulassung bedürfen, knüpft Art 6 HStVÜ ersatzweise an den **gewöhnlichen Standort des Fahrzeugs** an.

Aufgrund der Beteiligung mehrerer Fahrzeuge am Unfallgeschehen ist nun Art 4 lit b HStVÜ heranzuziehen, der ein Vorgehen nach Art 4 lit a HStVÜ normiert, sofern die beteiligten Fahrzeuge ihren Zulassungsort (oder gewöhnlichen Standort) im selben Staat haben. Art 4 lit b HStVÜ ist in dieser Variante jedoch nicht erfüllt, weil *Antjes* Fahrzeug in den Niederlanden zugelassen ist (bzw dort seinen gewöhnlichen Standort hat) und *Oskars* Fahrzeug in Deutschland zugelassen ist. Somit ist wie in Variante 1 belgisches Sachrecht als das Recht am Unfallort für die Ansprüche aller drei Berechtigten maßgeblich (Art 3 HStVÜ). Wäre *Antjes* Fahrzeug in Deutschland zugelassen (bzw hätte dort seinen gewöhnlichen Standort), käme man über Art 4 lit b HStVÜ iVm Art 4 lit a HStVÜ zu denselben Ergebnissen wie im Grundsachverhalt.

Literatur: *Zöchling-Jud/Aspöck*, IPR[3] 43 f; *Lurger/Melcher*, IPR[4] Rz 5/77 ff; *Perner/Spitzer/Kodek*, BR[7] 727; *Kerschner/Wagner/Aigner*, IPR[6] Rz 15/3 ff, 16/45; *Verschraegen*, IPR 702 ff.

II. Schadenersatzrecht nach der Rom II-VO

a. Anwendungsbereich

Fall 60 *(E. Pock)*
Schwerpunkte: Sachlicher und räumlicher Anwendungsbereich

Der deutsche Staatsbürger *Damian* mit gewöhnlichem Aufenthalt in Kopenhagen (Dänemark) ist Hobbykletterer und verbringt den Sommer in den Lechtaler Alpen (Österreich). Dort schläft er in einer rustikalen Berghütte, in der auch die Schweizerin *Simone* untergebracht ist, die in Bern (Schweiz) wohnt. Nach einem langen Tag in der Felswand hängt *Damian* seine Kletterausrüstung zum Trocknen auf das Balkongeländer, befestigt diese aber nicht ausreichend, wodurch sie von einem leichten Windstoß erfasst wird und auf den Geländewagen von *Simone* fällt. Die Motorhaube des Wagens wird dadurch eingedellt. *Simone* verlangt von *Damian* den Ersatz der Reparaturkosten.

Variante 1: Wie im Grundsachverhalt. *Damians* unerlaubte Handlung besteht aber nicht im unsorgfältigen Aufhängen seiner Kletterausrüstung, sondern in einer derben Beleidigung gegenüber *Simone*, die *Damian* beim Abendessen in der Gaststube vor den übrigen Gästen ausspricht. *Simone* will sich das nicht gefallen lassen und verlangt von *Damian* in der Folge Schadenersatz für die erlittene Kränkung sowie Unterlassung zukünftiger Beleidigungen.

Variante 2: Wie im Grundsachverhalt. *Damian* und *Simone* sind miteinander verheiratet.

Durch die Beteiligung einer Schweizerin als Geschädigte sowie eines Deutschen mit gewöhnlichem Aufenthalt in Dänemark als Schädiger liegt unzweifelhaft ein Fall mit Auslandsbezug vor. Da kein einschlägiges einheitliches Sachrecht existiert, ist zunächst jene Kollisionsrechtsquelle zu finden, nach der das anwendbare Sachrecht bestimmt wird. Für den Bereich der außervertraglichen Schuldverhältnisse in Zivil- und Handelssachen verdrängt die VO (EG) Nr 864/2007 über das auf außervertragliche Schuldverhältnisse anzuwendende Recht („*Rom II-VO*") in ihrem Anwendungsbereich das nationale IPR. Sohin ist es **vorrangig anzuwenden**. Daher ist zu prüfen, ob der räumliche, sachliche und zeitliche Anwendungsbereich der Rom II-VO eröffnet ist:

Räumlich ist die Rom II-VO in allen Mitgliedsstaaten der EU (außer Dänemark; vgl Art 1 Abs 4 Rom II-VO) anzuwenden, und zwar auch dann, wenn beteiligte Personen ihren gewöhnlichen Aufenthalt in Drittstaaten (hier: der Schweiz und bezüglich des räumlichen Anwendungsbereiches der Rom II-VO auch Dänemark) haben. Ebenso kann die Anknüpfung ergeben, dass das Sachrecht eines Drittstaats anzuwenden ist („*loi uniforme*", Art 3 Rom II-VO). Die Verweisungen der Rom II-VO sind **Sachnormverweisungen**, lassen also keine Rück- oder Weiterverweisungen durch das IPR jenes Staates zu, auf dessen Rechtsordnung verwiesen wird (Art 24 Rom II-VO). Der **sachliche Anwendungsbereich** erfasst alle außervertragliche Schuldverhältnisse in Zivil- und Handelssachen, wobei einige Bereiche ausgenommen sind (Art 1 Abs 2 lit a-g Rom II-VO). Mit der Geltendmachung einer Schadenersatzklage stützt sich *Simone* klar auf ein solches Schuldverhältnis, das dem sachlichen Anwendungsbereich der Rom II-VO unterfällt (zu ihrem zeitlichen Anwendungsbereich siehe Fall 62).

Ist wie im vorliegenden Fall der Anwendungsbereich der Rom II-VO zur Gänze eröffnet, empfiehlt sich folgende Prüfungsreihenfolge: Zuerst ist auf eine **Rechtswahl** Bedacht zu nehmen (subjektive Anknüpfung: Art 14 Rom II-VO). Liegt keine Rechtswahl vor oder ist diese ungültig, ist objektiv anzuknüpfen: Dann ist zu prüfen, ob einer der **Spezialtatbestände** für Delikte (Art 5-9 Rom II-VO) erfüllt ist. Kommt keiner dieser Tatbestände zur Anwendung, ist in einem weiteren Schritt auf die **Generalnorm des Art 4 Rom II-VO** zurückzugreifen.

Da gegenständlich keine der Spezialnormen (Art 5-9 Rom II-VO) anwendbar ist, ist der vorliegende Fall nach Art 4 Rom II-VO zu lösen. Nach Art 4 Abs 2 Rom II-VO ist bei gewöhnlichem Aufenthalt von Schädiger und Geschädigtem im selben Staat das Sachrecht dieses Staates anzuwenden. Trifft das nicht zu, verweist Art 4 Abs 1 Rom II-VO auf das Sachrecht jenes Staates, in dem der Schaden eintritt (**Erfolgsort**: *lex loci damni*; vgl dagegen § 48 IPRG, der nach seinem Wortlaut auf den Handlungsort abstellt: *lex loci delicti commissi*). Korrigierend wirkt Art 4 Abs 3 Rom II-VO, nach dem nicht nach Art 4 Abs 1 Rom II-VO oder Art 4 Abs 2 Rom II-VO vorzugehen ist, wenn der Fall eine offensichtlich engere Verbindung zu einem anderen Staat aufweist (**Ausweichklausel**). Im Grundsachverhalt haben *Simone* (Schweiz) und *Damian* (Dänemark) ihren jeweiligen gewöhnlichen Aufenthalt nicht im selben Staat. Der Erfolgsort ist Österreich, womit gemäß Art 4 Abs 1 Rom II-VO österreichisches Sachrecht zur Anwendung kommt. Für die Anwendung von Art 4 Abs 3 Rom II-VO gibt es keine Anhaltspunkte.

Variante 1: In dieser Variante sind im Zusammenhang mit dem Anwendungsbereich der Rom II-VO zwei Aspekte problematisch:

Erstens verlangt *Simone* neben Schadenersatz auch die **Unterlassung** zukünftiger Beleidigungen. Auf die Frage, ob auch solche Abwehransprüche vom sachlichen Anwendungsbereich der Rom II-VO erfasst sind, geben Art 2 Abs 2-3 Rom II-VO eine Antwort: Danach gilt die Rom II-VO auch für außervertragliche Schuldverhältnisse, deren Entstehen bloß wahrscheinlich ist. Auch eine Unterlassungsklage, wie *Simone* sie zur Verhinderung weiterer Schädigungen erheben will, ist damit grundsätzlich nach der Rom II-VO zu beurteilen. Unterlassungs- und Beseitigungsansprüche können aus materieller Sicht bisweilen auch aus dem Sachenrecht resultieren (zB aus dem nachbarrechtlichen Immissionsschutz), wodurch sich Abgrenzungsprobleme zwischen der Rom II-VO und §§ 31, 32 IPRG ergeben können (siehe dazu Fall 87).

Zweitens hat in der Variante die Art des verletzten Rechtsgutes die Unanwendbarkeit der Rom II-VO zur Folge: Aufgrund politischer Divergenzen im VO-Entstehungsprozess sind außervertragliche Schuldverhältnisse aus der Verletzung der **Privatsphäre** oder der **Persönlichkeitsrechte** vom sachlichen Anwendungsbereich der Rom II-VO ausgenommen (Art 1 Abs 2 lit g Rom II-VO). Da sich *Simone* auf die Verletzung eines Persönlichkeitsrechts (nämlich ihres Rechts auf Ehre) stützt, kann der Anspruch nicht nach der Rom II-VO angeknüpft werden, sondern ist nach dem IPR der *lex fori* des Forumstaates Österreich, also dem IPRG zu beurteilen. § 48 IPRG als allgemeine nationale Kollisionsregel für Schadenersatzansprüche und § 13 Abs 2 IPRG, der Namensrechtverletzungen betrifft, aber vor allem von der älteren Rsp analog auf Ehrverletzungen angewendet wurde, verweisen per Gesamtverweisung (§ 5 IPRG) auf das Recht des Handlungsortes, womit grundsätzlich österreichisches Sachrecht zur Anwendung kommt (näher zur Anknüpfung bei Persönlichkeitsrechtsverletzungen sowie zur Auslegung des § 48 IPRG durch die Judikatur, die sich dem Erfolgsortprinzip zuwendet, oben Fälle 11 f).

Variante 2: Fraglich ist, ob ein aufrechtes Eheverhältnis zwischen Schädiger und Geschädigter eine Auswirkung auf die sachliche Anwendbarkeit der Rom II-VO hat. Denn außervertragliche Schuldverhältnisse, die aus **Familienverhältnissen** einschließlich Unterhaltspflichten (Art 1 Abs 2 lit a Rom II-VO) und dem Ehegüterrecht (Art 1 Abs 2 lit b Rom II-VO) herrühren, sind vom sachlichen Anwendungsbereich der Rom II-VO ausgenommen. Diese Ausnahme gilt aber dann nicht, wenn Schadenersatz- oder Bereicherungsansprüche nur zufällig zwischen Ehegatten bestehen, weil sie genauso gut zwischen anderen Personen bestehen könnten. Im vorliegenden Fall hat *Damian* keine eheliche Pflicht verletzt, sondern die allgemeine Pflicht, die Rechtsgüter anderer Personen zu achten. Somit ist die Rom II-VO sachlich anwendbar. Die Anknüpfung ist daher grundsätzlich wie im Grundsachverhalt vorzunehmen: Nach Art 4 Abs 1 Rom II-VO kommt österreichisches Sachrecht zur Anwendung.

Zu überlegen wäre allenfalls, ob die unerlaubte Handlung wegen des persönlichen Naheverhältnisses zwischen Geschädigter und Schädiger eine offensichtlich engere Verbindung zum Sachrecht eines anderen Staates aufweist (Ausweichklausel des Art 4 Abs 3 Rom II-VO; ausführlich zu dieser bei Fall 63). Das wird aber mangels der geforderten engen, inneren Verbindung zwischen dem familienrechtlichen Verhältnis und der unerlaubten Handlung zu verneinen sein. Überdies ist unklar, zu welchem Staat diese offensichtlich engere Verbindung bestehen könnte (Dänemark oder Schweiz).

Literatur: *Zöchling-Jud/Aspöck*, IPR[3] 37 f; *Lurger/Melcher*, IPR[4] Rz 5/2 ff; *Perner/Spitzer/Kodek*, BR[7] 725 f; *Kerschner/Wagner/Aigner*, IPR[6] Rz 16/43 f; *Verschraegen*, IPR Rz 598, 607 ff.

Fall 61 *(E. Pock)*

Schwerpunkte: Sachlicher Anwendungsbereich, Anwendungsvorbehalt

> *Thomas* (deutscher Staatsbürger) ist Sportlehrer an einer deutschen Schule und agiert als Begleitperson für einen Schulskikurs in Vorarlberg (Österreich). Sein Dienstgeber ist ein deutsches Bundesland. Am ersten Tag des Skikurses ist *Thomas* mit vier anderen Skilehrern auf einer (verpflichtenden) Erkundungstour durch das Skigebiet. Diese dient der Besichtigung des Skigebiets sowie der Einschätzung der Pistenverhältnisse, um anschließend die Schüler:innen je nach Fahrkönnen in Gruppen aufzuteilen. Während der Erkundungstour verursacht *Thomas* einen Unfall mit dem Grazer *Martin* (österreichischer Staatsbürger), der dadurch schwere Schulterverletzungen erleidet.

Sachverhalt nach OGH 30.04.2019, 1 Ob 33/19p ZVR 2021, 15 (*Kathrein*).

Die Voraussetzungen des Vorliegens eines Auslandsbezugs und des räumlichen Anwendungsbereichs der Rom II-VO sind erfüllt (dazu soeben Fall 60). Da *Thomas* Bediensteter eines deutschen Bundeslandes ist, könnte der Schadenersatzanspruch des *Martin* aber möglicherweise nicht unter die Rom II-VO fallen. Gem Art 1 Abs 1 Satz 2 Rom II-VO sind neben bestimmten öffentlich-rechtlichen Rechtsverhältnissen nämlich auch **Amtshaftungsansprüche** vom sachlichen Anwendungsbereich ausgenommen. Ansprüche gegen staatliche Rechtsträger sowie gegen deren Organe (vgl ErwGr 9 Rom II-VO), die aus **hoheitlichen Handlungen oder Unterlassungen** („*acta iure imperii*") entstehen, werden nicht nach der Rom II-VO angeknüpft, sondern sind nach dem nationalen IPR der *lex fori* zu beurteilen. Aus der Einschränkung auf *acta iure imperii* wird freilich geschlossen, dass außervertragliche Schuldverhältnisse, die auf privatwirtschaftlichem Handeln der öffentlichen Hand („*acta iure gestionis*") basieren, sehr wohl von der Rom II-VO erfasst sind.

Hier ist also zu beurteilen, ob *Thomas* auf der Erkundungstour hoheitlich handelt oder ob vielmehr kein Zusammenhang mit der Ausübung staatlicher Hoheitsgewalt besteht. Der OGH bejahte ein hoheitliches Handeln und nahm eine Anknüpfung nach dem (nationalen) IPRG vor, weil die Anwendung der Rom II-VO nach Art 1 Abs 1 Satz 2 Rom II-VO ausgeschlossen sei. Mit der hM zur Anknüpfung von Amtshaftungsansprüchen (zu diesen siehe Fall 71) befand er mit Blick auf den deutschen Rechtsträger deutsches Sachrecht auf die Amtshaftungsklage für anwendbar. Als Hilfsargument betonte der OGH außerdem, dass aufgrund der Parteivorbringen im Prozess auch im Falle der Anwendbarkeit der Rom II-VO von einer schlüssigen Rechtswahl deutschen Sachrechts nach Art 14 Rom II-VO (zur Rechtswahl siehe Fall 65) auszugehen gewesen wäre.

Die Qualifikation des Verhaltens des Skilehrers als hoheitliches Handeln wurde von der Lehre mit Blick auf die EuGH-Rechtsprechung zum IZVR, wo ebenfalls ein Anwendungsvorbehalt der einschlägigen Rechtsquellen bei Amtshaftungsansprüchen besteht, kritisiert. Der EuGH hat nämlich in der Rs *Sonntag* (EuGH 21.04.1993, C-172/91) eine vergleichbare Konstellation als nicht unter *acta iure imperii* fallend beurteilt: Dort verstarb ein deutsches Schulkind auf einer Schulwanderung in Italien, weil sein deutscher Schullehrer es nicht hinreichend beaufsichtigt hatte. Überträgt man diese Überlegungen auf den vorliegenden Fall, was ErwGr 7 Rom II-VO nahelegt, wäre wohl nach der Rom II-VO vorzugehen gewesen. Dann käme man über Art 4 Abs 1 Rom II-VO (Anknüpfungspunkt: Erfolgsort) zur Beurteilung des Falles nach österreichischem Sachrecht. Bei Prüfungen sollten beide Lösungswege genannt und mit entsprechender Begründung einem dieser Ansätze gefolgt werden.

Literatur: *Zöchling-Jud/Aspöck*, IPR[3] 37 f; *Lurger/Melcher*, IPR[4] Rz 5/2 ff; *Perner/Spitzer/Kodek*, BR[7] 725; *Kerschner/Wagner/Aigner*, IPR[6] Rz 16/43; *Verschraegen*, IPR Rz 614 ff; zur Kritik an dieser E des OGH siehe *Bajons*, ZfRV 2019, 196 (196 ff) und *Heindler*, ZfRV 2019, 264 (268 f).

Fall 62 *(E. Pock)*

Schwerpunkte: Zeitlicher Anwendungsbereich, Distanzdelikt, Umwelthaftung

Die österreichische Industrielle *Heidi* wohnt in Lavamünd (Österreich) und betreibt dort eine Stahlproduktionsfabrik. Um Kosten zu sparen, lässt *Heidi* im Herbst 2007 ohne behördliche Genehmigung Giftstoffe aus ihrer Stahlproduktion in die Drau leiten. Einige Kilometer flussabwärts werden dadurch vom slowenischen Landwirt *Filip* bewirtschaftete Agrarflächen nahe Dravograd (Slowenien) kontaminiert. Die Giftstoffe im Boden führen dazu, dass die gesamte Saat vom Frühjahr 2008 zerstört ist und *Filip* ein Ernteausfall im Wert von € 20.000,– entsteht. Weil *Heidi* die dubiose Praktik im Herbst 2008 und 2009 wiederholt, erleidet *Filip* auch in den Jahren 2009 und 2010 Missernten, die ebenfalls zu einem Verlust von jeweils € 20.000,– führen. Erst im Sommer 2010 gelingt es *Filip* mithilfe eines Privatdetektivs, der Sache auf den Grund zu gehen. Er deckt die Machenschaften von *Heidi* auf und klagt sie in der Folge auf Schadenersatz für die Ernteausfälle der drei Jahre (2008, 2009, 2010).

Ist die Rom II-VO zeitlich anwendbar? Welche Besonderheiten ergeben sich in Bezug auf das anwendbare Recht?

Vor der Untersuchung des zeitlichen Anwendungsbereiches empfiehlt sich eine Erläuterung der vom Verordnungsgeber verwendeten Begriffe. Aus Art 4 Abs 1 Rom II-VO lässt sich eine Differenzierung zwischen dem Ort des Schadenseintritts und dem Ort des Eintritts des „*schadensbegründenden Ereignisses*" ableiten. Während mit dem ersten Begriff der **Erfolgsort** gemeint ist (*lex loci damni*: Anknüpfungspunkt des Art 4 Abs 1 Rom II-VO), beschreibt die zweite

Wendung den **Handlungsort** (*lex loci delicti commissi*). Im vorliegenden Sachverhalt fallen Handlungs- und Erfolgsorte auseinander (**Distanzdelikt**).

Außerdem liegen mehrere schädigende Handlungen vor, wobei die dadurch jeweils verursachten Erfolge erst zeitlich nachgelagert eintreten. In Art 31, 32 Rom II-VO ist ihr **zeitlicher Anwendungsbereich** geregelt. Die Zusammenschau der beiden Bestimmungen mag auf den ersten Blick verwirrend erscheinen: Nach Art 31 Rom II-VO ist diese Kollisionsrechtsquelle auf „*schadensbegründende Ereignisse*“ (= Handlungen) anzuwenden, die nach ihrem Inkrafttreten eintreten. Der Zeitpunkt des Inkrafttretens ist nicht näher definiert. Nach der allgemeinen Regel des Art 297 AEUV treten Rechtsakte der EU jedoch 20 Tage nach deren Veröffentlichung im Amtsblatt der Europäischen Union in Kraft. Aufgrund dieser Veröffentlichung der Rom II-VO am 31.07.2007 ist von ihrem Inkrafttreten am 20.08.2007 auszugehen. Art 32 Rom II-VO normiert aber, dass der Geltungsbeginn der Rom II-VO, also der „*Zeitpunkt des Beginns der Anwendung*“, der 11.01.2009 ist. In der Rs *Homawoo* (EuGH 17.11.2011, C-412/10) hat der EuGH klargestellt, dass die Rom II-VO auf **Handlungen** anzuwenden ist, die **nach dem 11.01.2009** gesetzt wurden. Auf den Zeitpunkt des Schadenseintritts, also des Erfolgs, oder auf den Zeitpunkt der Klageerhebung kommt es dagegen nicht an.

Im vorliegenden Fall ist also zwischen den (drei) verschiedenen schädigenden Handlungen durch *Heidi* zu differenzieren: Die Schadenersatzansprüche wegen der Ernteausfälle der Jahre 2008 und 2009 können nicht nach der Rom II-VO angeknüpft werden, weil *Heidi* die dafür kausalen Handlungen jeweils vor dem 11.01.2009 gesetzt hatte. Der zeitliche Anwendungsbereich der Rom II-VO ist für diese Ansprüche somit nicht eröffnet. Vielmehr ist das nationale IPR anzuwenden, also das IPRG in der damals geltenden Fassung (§ 50 Abs 4 IPRG). Danach ist nach § 48 IPRG grundsätzlich das Recht des Handlungsortes maßgebend (Gesamtverweisung nach § 5 Abs 1 IPRG). Auch § 48 IPRG kann aber zu einer Anknüpfung am Erfolgsort führen, weil die diesbezügliche Judikatur bei Distanzdelikten vom Handlungsortprinzip abweicht, sofern der Schädiger typischerweise mit einem Schadenseintritt jenseits der Grenze rechnen musste. Ein Unterschied im anwendbaren Sachrecht könnte sich aber auch dann noch ergeben, wenn das slowenische IPR auf das österreichische Recht zurückverweist oder auf das Recht eines dritten Staates weiterverweist: Verweisungen der Rom II-VO sind nämlich stets Sachnormverweisungen (Art 24 Rom II-VO), während das IPRG Rück- und Weiterverweisungen zulässt (§ 5 Abs 1 IPRG).

Für die Anknüpfung des Anspruchs auf Schadenersatz für den Ernteausfall aus 2010 ist der zeitliche Anwendungsbereich der Rom II-VO aber eröffnet, weil die schädigende Handlung nach dem 11.01.2009 (nämlich im Herbst 2009) gesetzt wurde. Nach dem Erfolgsortprinzip des Art 4 Abs 1 Rom II-VO wäre slowenisches Sachrecht anwendbar. Allerdings ist vorrangig die besondere Anknüpfungsregel des Art 7 Rom II-VO zu beachten: Dort ist einerseits die Anknüpfung von Ansprüchen geregelt, die direkt aus einer **Umweltschädigung** resultieren (zB Ansprüche wegen einer Kontaminierung). Andererseits greift diese Sonderregel auch bei der Anknüpfung von Personen- und Sachschadenersatzansprüchen, die aus solchen Umweltschädigungen entstehen.

Den Begriff „*Umweltschaden*" erläutert ErwGr 24 Rom II-VO näher. Die Kontaminierung des Flusses durch *Heidi* entspricht dieser Definition („*nachteilige Veränderung einer natürlichen Ressource*"; hier: Wasser), und der Sachschaden, den *Filip* erlitten hat, ist durch diese Umweltschädigung entstanden. Die Besonderheit des Art 7 Rom II-VO besteht nun darin, dass dem Geschädigten ein (einseitiges) **Wahlrecht** bezüglich des anzuwendenden Sachrechts eingeräumt wird. *Filip* kann sich daher entweder für österreichisches Sachrecht (Handlungsort) oder slowenisches Sachrecht (Erfolgsort) entscheiden. Bis wann er diese Wahl zu treffen hat, wird gem ErwGr 25 Rom II-VO der *lex fori* überlassen. In Österreich ist der spätestmögliche Zeitpunkt nach hA der Schluss der Verhandlung erster Instanz.

Schließlich ist wegen der Zeit, die zwischen den schädigenden Handlungen und der gerichtlichen Geltendmachung verstrichen ist, auf die Frage nach der **Verjährung** einzugehen. Diese untersteht ebenfalls dem Deliktsstatut (Art 15 lit h Rom II-VO; beachte in Ö: § 1489 Satz 2 Fall 2 ABGB iVm § 180 Abs 1 StGB [Vorsätzliche Beeinträchtigung der Umwelt: Strafausmaß von bis zu drei Jahren Freiheitsstrafe]; siehe zur Verjährung auch unten Fall 64). Dasselbe gilt für das Deliktsstatut nach § 48 IPRG (*Heindler* in *Rummel/Lukas/Geroldinger*, ABGB^4 § 48 IPRG Rz 4).

Literatur: *Zöchling-Jud/Aspöck*, IPR^3 38, 40; *Lurger/Melcher*, IPR^4 Rz 5/4, 5/47 ff; *Kerschner/Wagner/Aigner*, IPR^6 Rz 16/46, 16/69; *Verschraegen*, IPR Rz 598, 649 ff; ähnlicher Umwelthaftungsfall bei *Lurger/Melcher*, IPR^4 Rz 5/49.

Fall 63 *(E. Pock)*

Schwerpunkte: Abgrenzung zwischen Rom I-VO und Rom II-VO, Vertrag mit Schutzwirkung zugunsten Dritter, Ausweichklausel

Veronika (österreichische Staatsbürgerin) lebt in einer Villa in den Bergen über Innsbruck (Österreich). Dort hat sie sich ein stattliches Homeoffice eingerichtet, wo sie ihrer Arbeit als selbstständige Unternehmensberaterin nachgeht. Einer von *Veronikas* Aktenschränken ist instabil geworden, weshalb sie ihn reparieren lassen will. Dafür wendet sie sich an den italienischen Handwerker *Ulrich* (ansässig in Italien), der *Veronika* von Freunden empfohlen worden ist.

Ulrich arbeitet allerdings schlampig. Der von ihm reparierte Aktenschrank hält dem (durchschnittlichen) Gewicht von *Veronikas* Aktenmappen noch immer nicht stand, weshalb er zusammenbricht. Die Überreste des Schranks sind gänzlich unbrauchbar. Ebenso liegt eine prunkvolle Gipsstatue, die *Veronika* daneben platziert hatte, in Trümmern.

Ulrich verhält sich auch noch bei seiner Abfahrt von *Veronikas* Grundstück ungeschickt: Er trägt seinen Werkzeugkoffer unsorgfältig zurück zu seinem Kleinlaster, wodurch er sowohl *Veronikas* Motorrad als auch den Sportwagen ihres Ehemannes *Karl* (deutscher Staatsbürger), der in *Veronikas* Villa lebt, zerkratzt.

Veronika will sämtliche Ansprüche auf die vertragliche Grundlage ihrer Rechtsbeziehung zu *Ulrich* stützen, während *Karl* gegen *Ulrich* aus Vertrag mit Schutzwirkungen zugunsten Dritter vorgehen will.

Hier ist die Anknüpfung nach der Rom I-VO von jener nach der Rom II-VO abzugrenzen, zumal die Schädigungen in (mal näherer, mal weiterer) Verbindung mit einem Vertrag und dessen Erfüllung stehen. Ob sich die hieraus resultierenden Schadenersatzansprüche nun nach der Rom I-VO oder der Rom II-VO richten, ist dabei nicht aufgrund eines nationalen Begriffsverständnisses von Vertrag und Delikt zu bestimmen. Vielmehr ist eine **autonome Auslegung** dieser Unionsrechtsakte geboten (vgl auch ErwGr 11 Rom II-VO). In Entscheidungen zum IZVR hatte sich der EuGH bereits mit der Frage zu beschäftigen, wann ein Schuldverhältnis als vertraglich zu qualifizieren ist und wie sich dieses von einem außervertraglichen Schuldverhältnis (aus unerlaubter Handlung) unterscheidet. Denn im IZVR ergeben sich bei der Abgrenzung zwischen dem Vertragsgerichtsstand des Art 7 Z 1 EuGVVO 2012 (Brüssel Ia-VO) und dem Deliktsgerichtsstand des Art 7 Z 2 EuGVVO 2012 (Brüssel Ia-VO), die vormals in Art 5 Z 1 EuGVVO 2001 (Brüssel I-VO) und Art 5 Z 3 EuGVVO 2001 (Brüssel I-VO) geregelt waren, ähnliche Probleme (zum gebotenen Gleichklang zwischen dem unionseuropäischen IZVR und IPR siehe ErwGr 7 Rom I-VO und ErwGr 7 Rom II-VO sowie Fall 61). Dabei geht der EuGH von einer vertraglichen Verpflichtung aus, wenn diese freiwillig eingegangen wurde (vgl etwa EuGH 05.12.2019, C-421/18, *Ordre des avocats du barreau de Dinant*). In der Rechtssache *Brogsitter* (EuGH 13.03.2014, C-548/12, Rz 24 f) nahm der EuGH einen vertraglichen Ersatzanspruch an, insoweit „*eine Auslegung des Vertrags* [...] *unerlässlich erscheint, um zu klären, ob das* [...] *vorgeworfene Verhalten rechtmäßig oder vielmehr widerrechtlich ist*". Die zum IZVR ergangenen Entscheidungen lassen sich grundsätzlich auch auf das unionseuropäische IPR übertragen.

Für den vorliegenden Fall bietet es sich zunächst an, das Statut des zwischen *Veronika* und *Ulrich* geschlossenen Vertrags zu bestimmen. Der Anwendungsbereich der Rom I-VO ist in Bezug auf den Vertrag jedenfalls eröffnet (Fall 36). Mangels Rechtswahl und Anwendbarkeit speziellerer Anknüpfungstatbestände (*Veronika* agiert im vorliegenden Fall insbesondere nicht als Verbraucherin, womit Art 6 Rom I-VO ausscheidet), ist nach der Grundregel des Art 4 Rom I-VO vorzugehen. Der vorliegende Werkvertrag ist dabei vom autonom auszulegenden Begriff „*Dienstleistungsvertrag*" iSd Art 4 Abs 1 lit b Rom I-VO erfasst (Fall 40). Diese Qualifikation führt zu einer Anknüpfung an *Ulrichs* Niederlassung, weil er diejenige Vertragspartei ist, welche die Dienstleistung erbringt: Das Vertragsstatut erklärt demnach italienisches Sachrecht für anwendbar.

Im nächsten Schritt ist zu klären, welche der vier Schadenspositionen von dem mithilfe der Rom I-VO ermittelten Vertragsstatut erfasst sind und welche Schadensposten nach der Rom II-VO zu beurteilen sind (zum **Umfang des Vertragsstatuts** Fälle 53 ff). Hierüber gibt Art 12 Rom I-VO Auskunft. Von besonderer Bedeutung für die Beantwortung der Frage, welche Schadensposten unionsrechtlich-autonom als Ursachen für die Entstehung von vertraglichen Schadenersatzansprüchen zu qualifizieren sind, sind insbesondere Art 12 Abs 1 lit b-c Rom I-VO: Denn die Erfüllung der vertraglich begründeten Verpflichtungen (Art 12 Abs 1 lit b Rom I-VO) sowie die Folgen seiner vollständigen oder teilweisen Nichterfüllung (Art 12 Abs 1 lit c Rom I-VO) richten sich nach dem auf den Vertrag anzuwendenden Sachrecht. Ob die Reparatur des Aktenschranks vertragswidrig war und inwieweit Veronika hieraus Ersatzansprüche ableiten kann, richtet sich somit nach dem Vertragsstatut (Art 4 Rom I-VO iVm Art 12 Abs 1 lit c Rom I-VO). Auf diesen Schaden, der in der mangelhaften Errichtung des Aktenschranks selbst besteht (**Mangelschaden**), ist daher italienisches Sachrecht anzuwenden. Anders gesagt: Der Schaden aus der mangelhaften Erfüllung der vertraglich geschuldeten Hauptleistung ist stets vertraglich zu qualifizieren.

Die Grenzziehung zum Vertragsstatut ist schwierig, sobald das Integritätsinteresse des Geschädigten infolge oder gelegentlich der Erfüllung verletzt wird. Angesprochen sind hiermit **Mangelfolgeschäden** und **Begleitschäden**.

Die Beschädigung der Statue geschieht infolge der Erfüllung einer vertraglichen Hauptleistungspflicht durch *Ulrich* (**Mangelfolgeschaden**). Im Lichte der EuGH-Judikatur ist entscheidend, worauf der Ersatzanspruch basiert. Stützt sich *Veronika* auf die Verletzung der vertraglichen Hauptleistungspflicht durch *Ulrich*, dürfte die Anwendung des Abgrenzungsmerkmals aus der EuGH-Rechtssache *Brogsitter* (13.03.2014, C-548/12, Rz 24 f) dazu führen, dass das Vertragsstatut maßgeblich ist. Anders verhält es sich mit konkurrierenden deliktischen Ansprüchen, die sich nach der Rom II-VO richten (*Koch* in *Laimer*, IPR-Praxiskommentar Art 4 Rom II-VO Rz 53). Für die Anwendung der Rom II-VO ist Folgendes zu beachten: *Ulrich* stellt bei der Reparatur des Aktenschranks kein Produkt her, sondern führt eine bloße Reparatur durch, weshalb kein Fall des Art 5 Rom II-VO vorliegt, sondern nach der allgemeinen Regel des Art 4 Rom II-VO anzuknüpfen ist. Mangels gemeinsamen Sitzstaats der beiden Parteien des Rechtsverhältnisses ist grundsätzlich am Erfolgsort anzuknüpfen (Art 4 Abs 1 Rom II-VO), der in Österreich belegen ist. Zu prüfen – und im Einklang mit der hM bei Mangelfolgeschäden zu bejahen – ist jedoch die **vertragsakzessorische Anknüpfung** über die Ausweichklausel des Art 4 Abs 3 Rom II-VO. Nach dieser Bestimmung ist ein gemeinsamer Aufenthaltsort (Art 4 Abs 2 Rom II-VO) oder der Erfolgsort (Art 4 Abs 1 Rom II-VO) außer Acht zu lassen, wenn eine offensichtlich engere Verbindung zu einem anderen Staat besteht. Als Anwendungsbeispiel nennt die Rom II-VO ein bereits bestehendes Rechtsverhältnis zwischen den Parteien, das mit der unerlaubten Handlung in enger Verbindung steht (Art 4 Abs 3 Satz 2 Rom II-VO). Der erforderliche innere Zusammenhang mit dem bestehenden Rechtsverhältnis, das im Vertragsverhältnis zu erblicken ist, ist in Bezug auf die Beschädigung der Statue wohl zu bejahen, weshalb auch für diesen Ersatzanspruch vertragsakzessorisch italienisches Sachrecht maßgeblich ist (Art 4 Abs 3 Rom II-VO iVm Art 4 Abs 1 lit b Rom I-VO).

Anders können Ersatzansprüche wegen **Begleitschäden**, also bloß gelegentlich der Vertragserfüllung verursachter Schäden zu beurteilen sein, zu denen die Schäden an *Veronikas* Motorrad zählen. Solche Ersatzansprüche sind nicht vom Vertragsstatut erfasst und daher grundsätzlich nach Art 4 Abs 1 Rom II-VO am Erfolgsort anzuknüpfen. Die Anwendung der Ausweichklausel des Art 4 Abs 3 Rom II-VO fällt hier schwieriger: Insbesondere der innere Zusammenhang zwischen dem Vertrag und der unerlaubten Handlung scheint fraglich zu sein. Eine Klärung dieser Frage durch den EuGH ist noch ausständig. Nicht zuletzt weil die Ausweichklausel des Art 4 Abs 3 Rom II-VO restriktiv anzuwenden ist, ist aber mit einem Teil der Lehre (*Koch* in *Laimer*, IPR-Praxiskommentar Art 4 Rom II-VO Rz 53 und *Pabst* in *Rauscher*, EuZPR / EuIPR III[5] Art 4 Rom II-VO Rz 92 ff mwN) bei solchen Begleitschäden nicht nach der Ausweichklausel vorzugehen. Daher ist nach Art 4 Abs 1 Rom II-VO, der auf den Erfolgsort abstellt, österreichisches Sachrecht auf die Schäden an *Veronikas* Motorrad anwendbar.

Ein weiteres Qualifikationsproblem stellt sich im Zusammenhang mit der Schädigung von *Veronikas* Ehemann *Karl*. Er will seine Ansprüche laut Sachverhalt auf der Ebene des Sachrechts auf einen **Vertrag mit Schutzwirkung zugunsten Dritter** (VmSzD) stützen. Solche Ansprüche werden im deutschsprachigen Raum zwar auf sachrechtlicher Ebene als vertraglich eingestuft, sind in autonomer Auslegung der Rom I-VO und der Rom II-VO aber mit der hA als **deliktisch** zu qualifizieren (*Neumayr* in KBB[7] Art 1 Rom II-VO Rz 5 und OGH 05.08.2021, 2 Ob 130/20m). Damit ist der VmSzD ein weiteres Beispiel für jene Fälle, in denen die autonome Auslegung der Unionsrechtsakte vom nationalen Begriffsverständnis abweicht (siehe Fälle 55 f zum Begriff der Nichterfüllung sowie Fall 70 zur *culpa in contrahendo*). Eine Rechtswahl zwischen *Ulrich* und *Karl* liegt gegenständlich nicht vor. Ferner ist keine der Sonderkollisionsregeln (Art 5-9 Rom II-VO) einschlägig. Daher kommt nach dem Erfolgsortprinzip materielles österreichisches Deliktsrecht zur Anwendung (Art 4 Abs 1 Rom II-VO), weil der Erfolgsort in Österreich liegt. Ein Vorgehen nach Art 4 Abs 3 Rom II-VO scheidet aus, weil zwischen *Ulrich* und *Karl* kein bestehendes Rechtsverhältnis existiert, an das akzessorisch angeknüpft werden könnte, und auch sonst keine Umstände auf eine nähere Verbindung zu einem anderen Staat schließen lassen.

Literatur: *Zöchling-Jud/Aspöck*, IPR[3] 28, 39; *Lurger/Melcher*, IPR[4] Rz 4/6, 5/28; *Perner/Spitzer/Kodek*, BR[7] 722, 725 f; *Kerschner/Wagner/Aigner*, IPR[6] Rz 16/62; *Verschraegen*, IPR Rz 630 ff, 716 f.

b. Sachliche Reichweite der Verweisung

Fall 64 *(E. Pock)*
Schwerpunkte: Beweisrecht, Verjährung, Deliktsfähigkeit

Die französische Managerin *Amélie,* die für gewöhnlich in Nizza (Frankreich) lebt, erwarb im Jahr 2014 ein Strandhaus in der englischen Region Cornwall, wo sie seither drei bis vier Wochen im Jahr verbringt. Im Mai 2015 hatte sie dorthin ihren Bekannten *Gerhard* und dessen 13-jährigen Sohn *Stefan,* beide österreichische Staatsbürger und wohnhaft in Österreich, eingeladen. Während *Amélie* und *Gerhard* ihren Nachmittagstee genießen, spielt *Stefan* im Garten Fußball. Als er mit voller Wucht gegen ein Rohr schießt, verschiebt sich dieses, woraufhin es immer stärker zu tropfen anfängt. Den Erwachsenen erzählt *Stefan* davon aber nichts.

Zwei Wochen später bemerkt *Amélie* den inzwischen erheblichen Wasserschaden, der teure Reparaturen notwendig macht. Aufgrund des guten Verhältnisses zu *Gerhard* spricht *Amélie* ihn jedoch nicht darauf an. Erst als es 2020 zu einem Zerwürfnis zwischen den beiden kommt, verlangt *Amélie* von *Stefan* doch noch den Ersatz der Kosten aus dem Jahr 2015. Vor Gericht gelingt ihr jedoch bloß der Beweis, dass der Schaden überwiegend wahrscheinlich (zu über 50 %), nicht aber mit hoher Wahrscheinlichkeit von *Stefan* verursacht wurde.

Die sachlichen, räumlichen und zeitlichen Anwendungsbereiche der Rom II-VO sind vollumfänglich eröffnet (Fälle 60 ff). Mangels einschlägiger Spezialnormen ist nach Art 4 Rom II-VO anzuknüpfen. Da *Amélie* und *Stefan* ihren gewöhnlichen Aufenthalt in verschiedenen Staaten haben (Art 4 Abs 2 Rom II-VO), ist nach Art 4 Abs 1 Rom II-VO der Erfolgsort maßgebend. Die Beschädigung des Rohrs ist in *Amélies* Haus in England eingetreten, weshalb sich ihr Schadenersatzanspruch nach englischem Sachrecht richtet (beachte Art 25 Abs 1 Rom II-VO zum Mehrrechtstaat Großbritannien sowie hierzu Fall 67).

Fraglich ist aber, wie weit die Verweisung auf englisches Sachrecht reicht, also welche Aspekte vom Deliktsstatut erfasst sind. Dessen Reichweite regelt vor allem **Art 15 Rom II-VO**, der eine demonstrative Aufzählung seiner Komponenten enthält. Im vorliegenden Fall bedürfen vor allem die Fragen nach der Deliktsfähigkeit des in Anspruch genommenen *Stefan,* der Verjährung der erhobenen Ansprüche und dem Beweisrecht einer näheren Erläuterung.

Nach Art 15 lit a Rom II-VO ist nach dem Deliktsstatut zu beurteilen, welche Personen für ihre Handlungen haftbar gemacht werden können. Demnach ist die **Deliktsfähigkeit** des damals 13-jährigen *Stefan* im vorliegenden Fall nach englischem Sachrecht als *lex causae* zu bestimmen (Fall 9).

Außerdem liegt zwischen dem Schadenseintritt und der Geltendmachung des Schadenersatzanspruchs durch *Amélie* ein Zeitraum von fünf Jahren, womit sich die Frage stellt, ob der Anspruch nicht bereits verjährt ist (in Ö: grundsätzlich drei Jahre ab Kenntnis von Schaden und Schädiger nach § 1489 ABGB). Auch die **Verjährung** ist nach Art 15 lit h Rom II-VO nach dem Deliktsstatut und somit in diesem Fall nach englischem Sachrecht zu beurteilen.

Letztlich stellt sich noch der Problemkreis des **Beweisrechts**, der grundsätzlich nach Art 1 Abs 3 Rom II-VO vom Regelungsbereich der Rom II-VO ausgenommen ist. Art 22 Rom II-VO erklärt jedoch für die Beweislastverteilung und gesetzliche Vermutungen das Deliktsstatut für maßgeblich. Wer im vorliegenden Schadenersatzprozess welche Umstände beweisen muss, richtet sich demnach ebenfalls nach der *lex causae* (hier: englischem Sachrecht). Welches Sachrecht aber die Anforderungen an diesen Beweis stellt, also das Beweismaß aufstellt, wird von der Rom II-VO nicht geregelt (Art 1 Abs 3 Rom II-VO). Vielmehr ist das österreichische Beweismaß des Forumstaates Österreich anzulegen, weil dieser prozessrechtliche Aspekt von der *lex fori* bestimmt wird. Das Beweismaß in Österreich ist – anders als in England, wo die überwiegende Wahrscheinlichkeit ausreicht – die hohe Wahrscheinlichkeit nach freier Beweiswürdigung iSd § 272 ZPO. Damit wird *Amélie* der Beweis (vorbehaltlich einer etwaigen Beweislastumkehr oder gesetzlicher Vermutungen nach englischem Schadenersatzrecht) vor österreichischen Gerichten nicht gelingen.

Literatur: *Zöchling-Jud/Aspöck*, IPR[3] 43 f; *Lurger/Melcher*, IPR[4] Rz 5/11 f; *Kerschner/Wagner/Aigner*, IPR[6] Rz 16/57; *Verschraegen*, IPR Rz 615 f; zum Beweismaß im österreichischen Zivilprozessrecht siehe *Rechberger/Simotta*, Zivilprozessrecht[9] Rz 813.

c. Rechtswahl

Fall 65 *(E. Pock)*
Schwerpunkt: Rechtswahl vor der schädigenden Handlung

Grundsachverhalt von Fall 63 (zur Abgrenzung zwischen der Rom I-VO und der Rom II-VO, Anknüpfung des VmSzD und Anwendung der Ausweichklausel) mit folgender **Variante**:

Der Handwerker *Ulrich* (italienischer Staatsbürger mit gewöhnlichem Aufenthalt in Italien) sichert sich immer ab, indem er seinen Kunden eine Rechtswahlvereinbarung vorlegt. *Veronika* (österreichische Staatsbürgerin mit gewöhnlichem Aufenthalt in Österreich) und *Ulrich* nehmen daher in den Vertrag über die Reparatur des Aktenschranks folgende Klausel auf: „*Auf den Vertrag und sämtliche daraus entspringende Haftungsansprüche sowie auf sonstige zwischen den Vertragsparteien entstehende Schadenersatzansprüche ist aus-*

schließlich italienisches Sachrecht anzuwenden.“ Bevor *Ulrich* tätig wird, spricht er auch mit *Veronikas* Ehemann *Karl* (deutscher Staatsbürger mit gewöhnlichem Aufenthalt in Österreich), weil *Ulrich* auch mit *Karl* die Anwendbarkeit italienischen Sachrechts auf potenzielle Schadenersatzansprüche vereinbaren möchte. *Karl* findet das zwar übertrieben, will die Sache aber nicht weiter verkomplizieren, weshalb er einwilligt. In der Folge kommt es zu den in Fall 63 beschriebenen Schädigungen.

Welches Sachrecht ist auf die Schadenersatzansprüche von *Veronika* und *Karl* anzuwenden?

Der Unterschied zum Grundsachverhalt des Falls 63 besteht in der parteiautonomen Wahl des anwendbaren Sachrechts. Auch Schadenersatzansprüche sind im Falle der Gültigkeit der Rechtswahl nicht objektiv, sondern subjektiv anzuknüpfen.

Wie oben erläutert, richtet sich die Beurteilung der Vertragswidrigkeit von *Ulrichs* Leistung sowie des Schadenersatzanspruchs wegen der mangelhaften Erfüllung nach der Rom I-VO. Auch eine diesbezügliche Rechtswahl ist daher nach der Rom I-VO zu prüfen. Art 3 Rom I-VO gibt den Vertragsparteien grundsätzlich die Möglichkeit, das anwendbare Recht frei zu bestimmen, wovon *Veronika* und *Ulrich* mit der Wahl italienischen Sachrechts Gebrauch machen. Sofern diese Vereinbarung nach italienischem Sachrecht wirksam ist (Art 3 Abs 5 Rom I-VO), ist daher auf die Schadenersatzansprüche wegen der Mangelhaftigkeit des Aktenschranks im Wege der subjektiven Anknüpfung italienisches Sachrecht anwendbar.

Auf die restlichen Ersatzansprüche ist, wie bei Fall 63 ausgeführt, grundsätzlich die Rom II-VO anwendbar, womit sich eine diesbezügliche **Rechtswahl** nach ihren Vorschriften richtet. Auch im Bereich der außervertraglichen Schuldverhältnisse ist eine parteiautonome Wahl des anwendbaren Sachrechts – allerdings nur unter bestimmten Voraussetzungen – möglich (beachte außerdem die Ausnahmen in Art 6 Abs 4 Rom II-VO und Art 8 Abs 3 Rom II-VO). Art 14 Rom II-VO nimmt – abhängig vom Vereinbarungszeitpunkt – eine Unterscheidung vor: Nach Art 14 Abs 1 lit a Rom II-VO kann eine **nachträgliche Rechtswahl** grundsätzlich immer getroffen werden. Art 14 Abs 1 lit b Rom II-VO lässt demgegenüber eine Rechtswahl vor der schädigenden Handlung nur zu, sofern diese 1.) frei ausgehandelt wurde und 2.) alle beteiligten Parteien einer kommerziellen Tätigkeit nachgehen, die im Zusammenhang mit der unerlaubten Handlung steht. Wann eine Rechtswahl „*frei ausgehandelt*“ wurde, was die Folgefrage aufwirft, ob eine Rechtswahl mittels AGB zulässig ist, ist umstritten (*Lurger/Melcher*, HB IPR[2] Rz 5/28). Bei der Auslegung des Begriffs „*kommerzielle Tätigkeit*“ wird eine selbständige berufliche oder gewerbliche Tätigkeit verlangt und insofern Gleichklang mit dem Unternehmerbegriff des Art 6 Rom I-VO hergestellt (*Neumayr* in KBB[7] Art 14 Rom II-VO Rz 4).

Nach welcher Rechtsordnung sich das Zustandekommen sowie die Wirksamkeit einer Rechtswahl richten, ist in Art 14 Rom II-VO nicht ausdrücklich geregelt. Nach hM ist aufgrund der Parallelität der beiden Kollisionsrechtsquellen auf Art 3 Abs 5 Rom I-VO zurückzugreifen, wonach die *lex causae* (also die gewählte Rechtsordnung) maßgeblich ist (*Lurger/Melcher*, HB IPR[2] Rz 5/29).

Im vorliegenden Fall vereinbaren *Ulrich* und *Veronika* bereits bei Vertragsabschluss, also vor der schädigenden Handlung, die Anwendbarkeit italienischen Sachrechts. Daher ist zu prüfen, ob die Voraussetzungen des Art 14 Abs 1 lit b Rom II-VO für eine **antizipative Rechtswahl** erfüllt sind. Die beiden Parteien nehmen die Rechtswahlklausel bei den Vertragsverhandlungen in den Vertrag auf, womit eine freie Aushandlung anzunehmen ist. Außerdem gehen sowohl *Ulrich* als auch *Veronika* kommerziellen Tätigkeiten nach, die mit den unerlaubten Handlungen in Zusammenhang stehen: *Ulrich* wird als Handwerker tätig und die selbständige *Veronika* lässt ihren Aktenschrank im Homeoffice reparieren. Die Rechtswahl zugunsten italienischen Sachrechts ist damit gültig, womit man im Wege der subjektiven Anknüpfung zur Anwendbarkeit italienischen Schadenersatzrechts auf die Ansprüche wegen der Schäden an *Veronikas* Statue und an ihrem Motorrad kommt.

Karls Schadenersatzansprüche sind im Kontext des unionseuropäischen Kollisionsrechts deliktischer Natur (Fall 63), weshalb die Rechtswahl zwischen *Ulrich* und *Karl* ebenso nach Art 14 Rom II-VO zu beurteilen ist. Zwar hat *Ulrich* die Rechtswahl auch mit *Karl* frei ausgehandelt, doch geht *Karl* keiner kommerziellen Tätigkeit nach, die im Zusammenhang mit der unerlaubten Handlung stünde. Damit ist die Rechtswahl vor dem Zeitpunkt der schädigenden Handlung unmöglich, weshalb *Karls* Ansprüche objektiv anzuknüpfen sind (Fall 63).

Lernhinweis: Durch die Rechtswahl der Parteien wird die rechtliche Position Dritter nicht berührt (Art 14 Abs 1 letzter Satz Rom II-VO), was vor allem für Versicherer, weitere Schädiger, aber auch indirekt Geschädigte relevant ist. Art 14 Abs 2-3 Rom II-VO sehen (wie Art 3 Rom I-VO) außerdem Regeln für Rechtswahlen vor, bei denen keinerlei Zusammenhang zum gewählten Recht besteht: Wenn in einem Staat alle relevanten Sachverhaltselemente belegen sind, sind nach Art 14 Abs 2 Rom II-VO die zwingenden Normen dieses Staats trotz einer Rechtswahl zugunsten des Rechts eines anderen Staats anzuwenden. Ebenso gilt Art 14 Abs 3 Rom II-VO: Sind alle relevanten Sachverhaltselemente in einem oder mehreren EU-Mitgliedsstaaten (zu diesem Begriff siehe Art 1 Abs 4 Rom II-VO) belegen, so ist (unmittelbar anwendbares, aber auch umgesetztes) zwingendes Unionsrecht auch dann anzuwenden, wenn das Recht eines Drittstaats gewählt wurde.

Literatur: *Zöchling-Jud/Aspöck*, IPR[3] 38; *Lurger/Melcher*, IPR[4] Rz 5/15 ff; *Perner/Spitzer/Kodek*, BR[7] 727; *Kerschner/Wagner/Aigner*, IPR[6] Rz 16/49; *Verschraegen*, IPR Rz 622 ff.

d. Unerlaubte Handlung

Fall 66 *(E. Pock)*
Schwerpunkt: Erfolgsort von Folgeschäden und mittelbaren Schäden

Alexandru ist rumänischer Staatsbürger und führt eine glückliche Ehe mit der österreichischen Staatsbürgerin *Bianca*. Die beiden wohnen in Bukarest (Rumänien), wobei *Alexandru* noch studiert und *Bianca* mit ihrem Job das gemeinsame Leben finanziert. Auf einer Geschäftsreise in Linz (Österreich) ist *Bianca*, die nach der Arbeit noch auf ein Getränk mit ihren Kolleginnen gegangen ist, zur falschen Zeit am falschen Ort: In der Bar ist eine Schlägerei ausgebrochen, der *Bianca* nicht mehr entkommen kann. Sie wird von einem Beteiligten, dem in Linz-Urfahr (Österreich) wohnhaften *Sepp* (österreichischer Staatsbürger), am Kopf getroffen und mit kritischen Verletzungen ins Krankenhaus eingeliefert. Nach einiger Zeit ist *Biancas* Gesundheitsstatus einigermaßen stabil, wodurch sie nach Bukarest (Rumänien) überstellt werden kann. Dort verstirbt sie jedoch plötzlich aufgrund einer unbemerkbaren Hirnblutung, die durch die Kopfverletzung verursacht wurde.

Alexandru erleidet ob der tragischen Nachricht des Todes seiner Ehefrau einen erheblichen psychischen Schock mit Krankheitswert. Außerdem ist ihm durch den Unterhaltsausfall seine finanzielle Lebensgrundlage entzogen.

Die sachlichen, räumlichen und zeitlichen Anwendungsbereiche der Rom II-VO sind vollumfänglich eröffnet (siehe oben Fälle 60 ff). Mangels Rechtswahl (Art 14 Rom II-VO) oder gemeinsamen gewöhnlichen Aufenthalts von *Bianca* und *Sepp* (Art 4 Abs 2 Rom II-VO) ist nach Art 4 Abs 1 Rom II-VO am Erfolgsort anzuknüpfen. Aus dem Wortlaut dieser Norm lässt sich ableiten, dass für die Anknüpfung lediglich der **Ort des Schadenseintritts** (Erfolgsort), nicht jedoch der Eintrittsort indirekter Schadensfolgen relevant ist. Schwierigkeiten könnte hier allerdings die Zustandsverschlechterung von *Bianca* bereiten.

Der Erfolgsort der Kopfverletzungen ist zunächst Österreich. Nach *Biancas* Überstellung nach Rumänien verschlechtert sich jedoch ihr Zustand so drastisch, dass sie dort verstirbt. Damit stellt sich die Frage, ob *Biancas* Tod als Folgeschaden der Körperverletzung in Österreich oder als zweiter Primärschaden mit Erfolgsort in Rumänien einzustufen ist. Während manche Stimmen der Lehre aufgrund der Verletzung eines weiteren Rechtsguts (Leben statt körperlicher Unversehrtheit) von einem zweiten Erfolgsort ausgehen, ist *Biancas* Tod wohl vielmehr als **Folgeschaden** der ursprünglichen Körperverletzung anzusehen, wodurch es bei der Anwendung österreichischen Sachrechts bleibt.

Eine ähnliche Problematik birgt die Anknüpfung von *Alexandrus* Ersatzansprüchen. Die Frage, ob die Schäden sogenannter Zweitgeschädigter oder **mittelbar Geschädigter** bloße Folge der Schädigung des ursprünglichen Opfers oder doch Primärschäden der Zweitgeschädigten sind, war umstritten. In der Rs *Lazar*

(EuGH 10.12.2015, C-350/14, Rz 20 ff) entschied der EuGH diesen Meinungsstreit zugunsten der ersten Deutungsvariante. Aus Art 4 Abs 1 Rom II-VO sowie Art 2 Abs 1 Rom II-VO, der regelt, dass der „*Begriff des Schadens sämtliche Folgen einer unerlaubten Handlung*“ erfasst, und Art 15 lit f Rom II-VO, der dem Deliktsstatut auch die Frage unterwirft, welche Personen einen „*Anspruch auf Ersatz eines persönlich erlittenen Schadens*“ haben, leitete der EuGH Folgendes ab: Durch den Tod einer Person entstehende Vermögens- und Nichtvermögensschäden naher Verwandter sind als „*indirekte Schadensfolgen*“ iSd Art 4 Abs 1 Rom II-VO zu qualifizieren. Solche Ersatzansprüche richten sich folglich nach dem Sachrecht desjenigen Staates, in dem der ursprüngliche Schadenserfolg eingetreten ist. Diese objektive Anknüpfung diene einerseits der Vorhersehbarkeit des anwendbaren Sachrechts und verhindere andererseits die Zerlegung einer unerlaubten Handlung in mehrere Teile („*dépeçage*“).

Im vorliegenden Fall ist demnach sowohl auf den Ersatzanspruch von *Bianca* (bzw ihrer Rechtsnachfolger) als auch auf den Ersatzanspruch von *Alexandru* materielles österreichisches Deliktsrecht anwendbar.

Literatur: *Zöchling-Jud/Aspöck*, IPR[3] 39 f; *Lurger/Melcher*, IPR[4] Rz 5/24; *Perner/Spitzer/Kodek*, BR[7] 726; *Verschraegen*, IPR Rz 630 ff.

Fall 67 *(E. Pock)*

Schwerpunkte: Öffentliche Ordnung (*ordre public*), Mehrrechtsstaaten

Die *Seilbahn AG* mit Sitz in Oberösterreich produziert Skilifte. Sie vertreibt und installiert ihre Seilbahnen erfolgreich auf der ganzen Welt, darunter auch in mehreren Skigebieten im Norden Tschechiens. Der in Madrid (Spanien) wohnhafte *Pedro* (spanischer Staatsbürger) lernt gerade in einem dieser tschechischen Skigebiete das Snowboarden. Als *Pedro* auf einem von der *Seilbahn AG* hergestellten Sessellift sitzt, treten schwerwiegende technische Probleme auf: Die Seilbahn kommt ins Stocken, bewegt sich dann aber wieder ruckartig nach vorne und kommt schließlich abrupt zum Stillstand. *Pedro* rutscht dadurch unter dem Haltebügel durch und stürzt einige Meter tief auf die Piste. *Pedro* erleidet ein schweres Schädel-Hirn-Trauma und mehrere Knochenbrüche. Die Genesung seiner Kopfverletzung wird mehrere Jahre in Anspruch nehmen. *Pedro* hat über Monate hinweg Schmerzen. Bei der Aufarbeitung des Unfalls wird festgestellt, dass die technischen Probleme aufgetreten sind, weil die Arbeiter der *Seilbahn AG* schlampig gearbeitet und aus Gewinnoptimierungsgründen Material mit schlechter Qualität verwendet haben. Außerdem waren die Haltebügel (für die *Seilbahn AG* leicht erkennbar) zu klein, um einen Menschen vor dem Durchrutschen zu bewahren.

Nach welchem Sachrecht sind etwaige Schadenersatzansprüche des *Pedro* gegen die *Seilbahn AG* zu beurteilen? Gehen Sie bei der Falllösung davon aus, dass die Höhe eines Schmerzengeldanspruchs nach materiellem tschechischem Deliktsrecht erheblich geringer als nach österreichischem Deliktsrecht ist.

Variante: Wie im Grundsachverhalt. Die fehlerhafte Seilbahninstallation und *Pedros* Skiurlaub sind aber nicht in Tschechien, sondern in Colorado (USA) situiert. Nach dort geltendem Sachrecht steht dem Geschädigten in solchen Konstellationen unter gewissen Umständen zusätzlich zu ausgleichenden Ersatzansprüchen Strafschadenersatz („*punitive damages*") zu. Gehen Sie davon aus, dass das Schuldrecht der USA territorial nach Bundesstaaten, Territorien und dem föderalen Bundesdistrikt Washington, D.C. gespalten ist.

Die sachlichen, räumlichen und zeitlichen Anwendungsbereiche der Rom II-VO sind eröffnet (siehe oben Fälle 60 ff). Die Frage des anwendbaren Rechts ist zunächst einfach zu beantworten: Keine der Sonderkollisionsnormen der Art 5-9 Rom II-VO ist einschlägig. Art 5 Rom II-VO ist nicht anwendbar, weil es sich mangels Beweglichkeit der Seilbahn um kein Produkt nach dem Verständnis dieser Kollisionsnorm handelt. Innerhalb des Art 4 Rom II-VO ist weder Art 4 Abs 2 Rom II-VO erfüllt, weil kein gemeinsamer gewöhnlicher Aufenthalt vorliegt, noch Art 4 Abs 3 Rom II-VO (Ausweichklausel) anwendbar. Damit ist aufgrund des Erfolgsorts tschechisches Sachrecht maßgeblich (Art 4 Abs 1 Rom II-VO).

Zu prüfen ist jedoch, ob dieses Ergebnis angesichts des geringen Schmerzengeldersatzes, der sich aus der Anwendung des tschechischen Sachrechts ergibt, der österreichischen **öffentlichen Ordnung** entspricht. Wie § 6 IPRG und Art 21 Rom I-VO sieht Art 26 Rom II-VO die Möglichkeit vor, ausländisches Sachrecht unangewendet zu lassen, sofern dieses Ergebnisse produziert, die gegen den *ordre public* des Forumstaats verstoßen. Hierfür bedarf es einer gewissen Nahebeziehung zwischen Sachverhalt und Forumstaat, wobei ein Verstoß gegen den nationalen *ordre public* umso eher aufgegriffen werden kann, je stärker diese Nahebeziehung ist. Man spricht von der „*Relativität des ordre public*". Davon kann jedoch bloß dann ausgegangen werden, wenn das Ergebnis des ausländischen Sachrechts mit den Grundwertungen des nationalen Sachrechts „*offensichtlich*" unvereinbar ist. Eine restriktive Anwendung des Art 26 Rom II-VO ist daher geboten. Auch internationale Aspekte (zB: EU-Grundfreiheiten, GRC, EMRK) fließen dabei in diese Grundwertungen ein.

Bejaht man einen Verstoß gegen die öffentliche Ordnung des Forumstaats, stellt sich die Frage nach dem **ersatzweise anzuwendenden Sachrecht**. Anders als § 6 IPRG stellt Art 26 Rom II-VO diese Problemlage nicht klar. Auch in der Lehre sind die Rechtsfolgen umstritten. Nach einer Meinung ist das Sachrecht des Staates mit der (zweit-)stärksten Verbindung zum Sachverhalt ersatzweise anzuwenden (*Lurger/Melcher*, HB IPR[2] Rz 4/59, 5/26). Eine andere Auffassung will das ursprünglich berufene Sachrecht zunächst modifizieren und nur dann, wenn dies unmöglich ist, die *lex fori* heranziehen (*Neumayr* in KBB[7] Art 26 Rom II-

VO Rz 3; ebenso die hM in Deutschland: *Picht* in *Rauscher*, EuZPR / EuIPR III[5] Art 26 Rom II-VO Rz 28 mwN).

Im Grundsachverhalt ist nun zu beurteilen, ob erheblich geringere Schmerzengeldbeträge gegen die öffentliche Ordnung des österreichischen Schadenersatzrechts verstoßen. Diese Frage bietet grundsätzlich Argumentationsspielraum. Der OGH hat jedoch im Zusammenhang mit dem früher geltenden ungarischen und tschechischen Deliktsrecht ausgesprochen, dass die Anwendung dieser Sachrechte nicht allein deshalb mit der österreichischen Rechtsordnung unvereinbar ist, weil sie kein Schmerzengeld vorsahen (OGH 31.10.1974, 2 Ob 240/74 und OGH 04.11.2004, 2 Ob 237/04y, jeweils im Zusammenhang mit Verkehrsunfällen). Vor allem im gänzlichen Entfall von Schmerzengeldansprüchen wegen verschuldeter Körperverletzung sieht die Literatur aber zT einen potenziellen Verstoß gegen den österreichischen *ordre public* (*Schwimann*, ZVR 1978, 161 [163]).

Variante: Die Rom II-VO ist auch dann anzuwenden, wenn auf das Sachrecht eines Drittstaats verwiesen wird (Art 3 Rom II-VO; hierzu auch Fall 60 zum räumlichen Anwendungsbereich). Der Erfolgsort in den USA hat daher auf die Anwendbarkeit der Rom II-VO keinen Einfluss. Hier ist jedoch auf Art 25 Rom II-VO hinzuweisen. Dort wird für **Mehrrechtsstaaten**, also Staaten, deren Teilgebiete das Sachrecht der außervertraglichen Schuldverhältnisse unterschiedlich regeln (zB das Vereinigtes Königreich und die USA), eine Sonderregel normiert: Die Teilgebiete dieser Mehrrechtsstaaten (zB die Bundesstaaten der USA) sind als eigene Staaten zu behandeln. Demnach verweist Art 4 Abs 1 Rom II-VO nach dem Erfolgsortprinzip nicht generell auf das Recht der USA, sondern speziell auf das Sachrecht des US-Bundesstaates Colorado.

Wie dem Sachverhalt zu entnehmen ist, steht nach dem Schadenersatzrecht von Colorado neben bloß ausgleichendem Schadenersatz („*compensatory damages*“) unter Umständen auch **Strafschadenersatz** („*punitive damages*“) zu. Solche über den Ausgleich hinausgehenden Ansprüche werden in ErwGr 32 Rom II-VO als Beispiele für Fälle genannt, in denen die EU-Mitgliedsstaaten den *ordre-public*-Vorbehalt anwenden können. Das österreichische Schadenersatzrecht (*lex fori*) verfolgt nach ganz hA vor allem den Zweck des Ausgleichs des Geschädigten sowie – wenn auch weniger stark ausgeprägt – der Prävention. Abgelehnt wird jedoch eine Pönalfunktion des Schadenersatzrechts. Dass ein Strafschadenersatz mit der öffentlichen Ordnung in Österreich offensichtlich unvereinbar ist, haben die österreichischen Gerichte zwar noch nicht geklärt, scheint aber der herrschenden Auffassung zu entsprechen (*Heiss/Loacker*, JBl 2007, 613 [644 f] mwN). In Deutschland hat der BGH bereits im exekutionsrechtlichen Kontext ausgesprochen, dass „*punitive damages*“ gegen den deutschen *ordre public* verstoßen (BGH 04.06.1992, IX ZR 149/91 NJW 1992, 3096). Auch in Österreich würde ausländisches Sachrecht, das solche über den bloßen Ausgleich hinausgehende Beträge zuspricht, wohl nicht angewendet werden. Stattdessen könnte man das ausländische Sachrecht modifizieren, also den Ersatzanspruch auf ein *ordre public*-konformes Ausmaß herabsetzen.

Pedro wäre daher in der Praxis gut beraten, seine Ansprüche gegen die *Seilbahn AG* vor den Gerichten der USA zu erheben. Allerdings wäre er dann einem höheren Prozesskostenrisiko ausgesetzt, weil das Sachrecht der US-Bundesstaaten nur selten einen Kostenersatz durch den Verlierer des Rechtsstreits vorsieht. Bei der Wahl des US-amerikanischen Forums ist außerdem zu beachten, dass der *ordre public* auch bei Vollstreckungen ausländischer Entscheidungen in Österreich noch eine Rolle spielt.

Lernhinweis: Vom *ordre public* iSd Art 26 Rom II-VO ist das Rechtsinstitut der Eingriffsnorm iSd Art 16 Rom II-VO zu unterscheiden. Eingriffsnormen, bisweilen auch „*positiver ordre public*" genannt, sind zwingende nationale Bestimmungen von öffentlichem Interesse (Art 9 Rom I-VO), die unabhängig davon angewendet werden, welches Sachrecht zur Anwendung berufen ist. Während der (negative) *ordre public* also der Ergebniskontrolle dient, haben Eingriffsnormen gleichsam einen eigenen internationalen Anwendungswillen, wodurch sie der IPR-Anknüpfung vorgehen (siehe oben das Falllösungsschema auf Seiten 28 f). Ein Beispiel aus der Judikatur für eine solche Eingriffsnorm auf dem Gebiet des Schadenersatzrechts wäre § 9 VOEG (OGH 21.10.2015, 2 Ob 40/15v). Diese Bestimmung räumt Personen, die ihren Wohnsitz im Inland haben und im EWR-Ausland einem Verkehrsunfall zum Opfer fallen, in bestimmten Fällen einen direkten Ersatzanspruch gegen eine nationale Entschädigungsstelle ein.

Literatur: *Zöchling-Jud/Aspöck*, IPR[3] 16; *Lurger/Melcher*, IPR[4] Rz 1/35 ff, 5/13 f; *Perner/Spitzer/Kodek*, BR[7] 714 f; *Kerschner/Wagner/Aigner*, IPR[6] Rz 16/47; *Verschraegen*, IPR Rz 1310 ff.

e. Sonderanknüpfungen

Fall 68 *(E. Pock)*
Schwerpunkt: Produkthaftung (Anknüpfungsleiter)

Die belgische *H-SA* stellt Anlagen (Streckblasmaschinen) zur Produktion von PET-Flaschen aus Kunststoff-Preforms her. Diese Anlagen bestehen aus einer Kernkomponente, wo das tatsächliche Streckblasverfahren stattfindet, und einem Silo, wo die Preforms gelagert und über einen Zuführarm in die Kernkomponente eingespeist werden. Durch die Reibung zwischen den Preforms kommt es zur elektrostatischen Aufladung der Siloaußenwand, die daher mit einer Erdung versehen ist. Aus den Unterlagen der belgischen *H-SA* ergibt sich jedoch nicht, dass sich auch die Preforms selbst elektrostatisch aufladen können, wodurch das Risiko eines Stromschlags besteht.

Die belgische *H-SA* vertreibt ihre Streckblasmaschinen erfolgreich im gesamten DACH-Raum (Deutschland, Österreich, Schweiz). Ein österreichischer Getränkegroßhändler bezieht von der belgischen *H-SA* eine solche Streckblasmaschine und nimmt sie in Betrieb. Eines Tages verklemmen sich einige Preforms im Silo, sodass die Mitarbeiterin *Daria* (österreichische Staatsbürgerin und wohnhaft in Wien) auf eine Leiter steigen muss, um diese aufzulockern. Als sie die Preforms berührt, versetzt die reibungsbedingt entstandene Ladung *Daria* einen Stromschlag, wodurch sie schwere Verletzungen erleidet.

Variante: Wie im Grundsachverhalt. *Daria* ist aber ungarische Staatsbürgerin und pendelt jeden Tag von Sopron (Ungarn), wo sie lebt, nach Österreich. Außerdem hat das Silo und den Zuführarm der Streckblasmaschine nicht die belgische *H-SA* selbst, sondern deren niederländische Zulieferin *Z-BV* hergestellt. Das Logo der niederländischen *Z-BV* war auf den von ihr produzierten Maschinenteilen angebracht. Auch aus den mitgelieferten Unterlagen der niederländischen *Z-BV* ergab sich nicht, dass von den Preforms die Gefahr eines Stromschlags ausgeht.

Die belgische *H-SA* hat in der Zwischenzeit expandiert und liefert die Gesamtanlagen nun auch nach Ungarn. Die niederländische *Z-BV* durfte jedoch davon ausgehen, dass die Maschinen nur im DACH-Raum vertrieben werden. Nach welchem Recht ist ein Produkthaftungsanspruch der *Daria* gegen die niederländische *Z-BV* zu beurteilen?

Sachverhalte angelehnt an OGH 08.04.2014, 3 Ob 8/14v.

Die sachlichen, räumlichen und zeitlichen Anwendungsbereiche der Rom II-VO sind eröffnet (siehe oben Fälle 60 ff). Im vorliegenden Fall ist nach Art 5 Rom II-VO vorzugehen, weil es um Ersatzansprüche aufgrund eines fehlerhaften Produkts geht. Mit Art 5 Rom II-VO hat der Verordnungsgeber eine komplexe mehrstufige Anknüpfungsnorm für **internationale Produkthaftungsfälle** geschaffen, die nach ErwGr 20 Rom II-VO dem Ausgleich von Geschädigten- und Herstellerinteressen dienen soll. Freilich hat die Produkthaftungs-RL – zuletzt aktualisiert durch die RL (EU) 2024/2853 – das Produkthaftungsrecht der EU-Mitgliedsstaaten weitgehend aneinander angenähert. Vor allem für jene Bereiche, in denen die alte und neue Produkthaftungs-RL den nationalen Gesetzgebern Spielraum in der Umsetzung belassen, hat die Frage des anwendbaren nationalen Sachrechts aber weiterhin Bedeutung.

Der Begriff des Produktes ist zwar in der Rom II-VO nicht näher definiert, ein Gleichklang mit der Produkthaftungs-RL liegt aber nahe. Dies entspricht auch der Ansicht der Kommission (KOM [2003] 427 final 14 ff). Insgesamt ist der **Anwendungsbereich des Art 5 Rom II-VO** jedoch weiter als jener der Produkthaftungs-RL: Art 5 Rom II-VO erfasst nicht nur Ansprüche gegen Produzenten und Teilproduzenten, sondern auch gegen weitere Personen, die in den Herstellungs- und Vertriebsprozess involviert sind (im Detail umstritten; zu alldem *Junker* in MüKoBGB[9] Art 5 Rom II-VO Rz 29). Außerdem ist Art 5 Rom II-VO ebenso auf Ansprüche wegen fehlerhafter Produkte anzuwenden, die sich auf verschuldensabhängige Anspruchsgrundlagen stützen.

Zunächst ist eine allfällige Rechtswahl (Art 14 Rom II-VO) zu berücksichtigen. Subsidiär ist das Sachrecht eines etwaigen gemeinsamen gewöhnlichen Aufenthalts von Hersteller und Geschädigtem berufen (Art 5 Rom II-VO iVm Art 4

Abs 2 Rom II-VO). Erst danach ist in die **Anknüpfungsleiter** des Art 5 Abs 1 Rom II-VO einzusteigen, die (in dieser Reihenfolge) am gewöhnlichen Aufenthaltsort des Geschädigten (Art 5 Abs 1 lit a Rom II-VO), dann am Erwerbsort des Produkts (Art 5 Abs 1 lit b Rom II-VO) und zuletzt am Schadenseintrittsort (Art 5 Abs 1 lit c Rom II-VO) anknüpft, sofern das Produkt im jeweils genannten Staat in Verkehr gebracht wurde. Der Ort des Inverkehrbringens ist (insb in den Fällen des Art 5 Abs 1 lit a Rom II-VO und des Art 5 Abs 1 lit c Rom II-VO) nicht auf das letztendlich fehlerhafte Produkt zu begrenzen, sondern vielmehr auf die Produktgattung zu erstrecken, denn andernfalls würde es immer auf eine Anknüpfung am Erwerbsort hinauslaufen. Subsidiär ist am Herstellersitz anzuknüpfen, sofern dem Hersteller der Beweis gelingt, dass er ein Inverkehrbringen des Produkts, das wiederum als Gattung zu verstehen ist (arg: *„oder eines gleichartigen Produkts“*), in den von Art 5 Abs 1 lit a-c Rom II-VO genannten Staaten vernünftigerweise nicht voraussehen konnte (Art 5 Abs 1 aE Rom II-VO). Ferner enthält Art 5 Abs 2 Rom II-VO eine eigene Ausweichklausel, nach der vor allem vertragsakzessorisch angeknüpft werden kann, wenn zwischen Hersteller und Geschädigtem ein Vertragsverhältnis besteht. Art 5 Abs 2 Rom II-VO kann in der Prüfungsreihenfolge vorgezogen werden, um sich ein (möglicherweise nicht notwendiges) Durchprüfen der Anknüpfungsleiter zu ersparen.

Im vorliegenden Fall gibt es für eine Rechtswahl zwischen der belgischen *H-SA* und *Daria* keine Anhaltspunkte. Auch ein gemeinsamer gewöhnlicher Aufenthalt (Art 23 Abs 1 Rom II-VO) liegt nicht vor. Daher ist nach Art 5 Abs 1 lit a-c Rom II-VO anzuknüpfen. Bereits Art 5 Abs 1 lit a Rom II-VO ist erfüllt: *Daria* hat laut Sachverhalt ihren gewöhnlichen Aufenthalt in Österreich. Dort wurde das Produkt auch in Verkehr gebracht, weil es an einen österreichischen Getränkegroßhändler geliefert wurde. Dafür, dass die belgische *H-SA* ein Inverkehrbringen ihrer Streckblasmaschinen in Österreich vernünftigerweise nicht voraussehen konnte, gibt es keine Anhaltspunkte. Auch die Ausweichklausel des Art 5 Abs 2 Rom II-VO ist mangels bestehenden Vertragsverhältnisses zwischen der belgischen *H-SA* und *Daria* oder anderer Umstände, die auf eine offensichtlich engere Verbindung zu einem anderen Staat hindeuteten, nicht erfüllt. *Darias* Produkthaftungsanspruch gegen die belgische *H-SA* richtet sich daher nach österreichischem Sachrecht.

Variante: In der Variante steht die Haftung der niederländischen *Z-BV* als Herstellerin eines Teilprodukts in Frage, die auch nach Art 5 Rom II-VO zu beurteilen ist. Die niederländische *Z-BV* und *Daria* haben weder eine Rechtswahl getroffen noch ihren gewöhnlichen Aufenthalt im selben Staat. Es ist wieder nach Art 5 Abs 1 lit a-c Rom II-VO vorzugehen: Art 5 Abs 1 lit a Rom II-VO ist zwar grundsätzlich erfüllt, weil *Daria* in Ungarn ihren gewöhnlichen Aufenthalt hat und das Produkt dort auch in Verkehr gebracht wurde. Allerdings ist noch Art 5 Abs 1 Satz 2 Rom II-VO zu prüfen: Konnte der Hersteller ein Inverkehrbringen des Produkts im Aufenthaltsstaat des Geschädigten vernünftigerweise nicht vorhersehen, kann nicht am Aufenthaltsort angeknüpft werden. Die Beweislast bezüglich der Vorhersehbarkeit obliegt dem potenziell haftenden Hersteller (OGH

08.04.2014, 3 Ob 8/14v). Dem Sachverhalt kann entnommen werden, dass die niederländische *Z-BV* von einem Inverkehrbringen bloß im DACH-Raum, nicht aber in Ungarn rechnen musste. Eine Beurteilung nach materiellem ungarischem Deliktsrecht nach Art 5 Abs 1 lit a Rom II-VO scheidet daher aus.

Die nächste Stufe der Anknüpfungsleiter orientiert sich am **Erwerbsort** des Produkts (Art 5 Abs 1 lit b Rom II-VO). Vom EuGH bislang noch ungeklärt und in der Literatur unterschiedlich beantwortet ist in diesem Zusammenhang die Frage, ob nach Art 5 Abs 1 lit b Rom II-VO nur vorzugehen ist, wenn das Produkt vom Geschädigten selbst erworben wurde. Im vorliegenden Fall ist vom Erwerb in Österreich auszugehen, wo das Produkt auch (für die niederländische *Z-BV* vorhersehbar) in Verkehr gebracht wurde. Allerdings hat nicht die geschädigte *Daria*, sondern ihr Arbeitgeber das Produkt erworben. Nach einer Meinung, die den weiten Wortlaut der Bestimmung ins Treffen führt, ist Art 5 Abs 1 lit b Rom II-VO erfüllt und österreichisches Sachrecht zur Anwendung berufen. Die Gegenmeinung plädiert für eine einschränkende Auslegung der Norm und schließt eine Anknüpfung nach Art 5 Abs 1 lit b Rom II-VO aus, wenn (wie hier) das Produkt nicht durch die geschädigte Person erworben wurde (*Lurger/Melcher*, HB IPR[2] Rz 5/53 mwN zu beiden Auffassungen). Im vorliegenden Fall wird diese Differenzierung freilich nicht schlagend: Denn Art 5 Abs 1 lit c Rom II-VO knüpft als nächste Stufe am Schadenseintrittsort an, sofern das Produkt dort (vorhersehbar) in Verkehr gebracht wurde. Diese Voraussetzung ist in Bezug auf den Erfolgsort Österreich erfüllt, womit man spätestens auf diesem Wege zur Beurteilung des Produkthaftungsanspruchs der *Daria* gegen die niederländische *Z-BV* nach österreichischem Sachrecht kommt. Auch hier ist die Ausweichklausel des Art 5 Abs 2 Rom II-VO unanwendbar.

Literatur: *Zöchling-Jud/Aspöck*, IPR[3] 39 f; *Lurger/Melcher*, IPR[4] Rz 5/32 ff; *Kerschner/Wagner/Aigner*, IPR[6] Rz 16/65; *Verschraegen*, IPR Rz 637 ff.

Fall 69 *(E. Pock)*
Schwerpunkt: Arbeitskampfmaßnahmen

Die österreichische *Airline AG* (Sitz in Schwechat, Österreich) betreibt eine Fluglinie, die mehrere Flughäfen in ganz Europa anfliegt. Die meisten Angestellten sind von Österreich aus tätig. Darüber hinaus verfügt die *Airline AG* aber auch über Personal in London (England, Vereinigtes Königreich).

Aufgrund vermeintlicher wirtschaftlicher Einbußen verkündet die *Airline AG* Gehaltskürzungen für alle Mitarbeiter außer für ihre Vorstandsmitglieder. Die österreichische *Gewerkschaft Fliga*, die die Interessen der Arbeitnehmer:innen von Fluglinien vertritt, versucht die *Airline AG* zunächst in Verhandlungen von diesen Maßnahmen abzubringen. Als diese scheitern, droht die *Gewerkschaft*

Fliga der *Airline AG*, das gesamte von ihr vertretene Personal zur Niederlegung ihrer Arbeit aufzufordern. Die Arbeitnehmer:innen befinden sich zu diesem Zeitpunkt auf Flughäfen über ganz Europa verteilt. Sie würden dort jeweils am Streik teilnehmen. Dieser Drohung schließt sich die englische *Gewerkschaft FlightSafe* für Fluglinienpersonal an.

Die *Airline AG* will einen Streik mit allen Mitteln verhindern, zumal dies einen ruinösen finanziellen Schaden bedeuten würde. Daher verlangt die *Airline AG* nun von der *Gewerkschaft Fliga* und der *Gewerkschaft FlightSafe* die Unterlassung der Durchführung der Arbeitskampfmaßnahmen.

Die sachlichen, räumlichen und zeitlichen Anwendungsbereiche der Rom II-VO sind eröffnet (siehe oben Fälle 60 ff). Hier ist Art 9 Rom II-VO als Sonderkollisionsregel für die Haftung aus **Arbeitskampfmaßnahmen** einschlägig. Dabei ist der Begriff „*Arbeitskampfmaßnahme*" ausnahmsweise nicht autonom, sondern nach nationalem Verständnis auszulegen, nämlich nach dem Recht jenes Staates, in dem Maßnahmen gesetzt werden (ErwGr 27 Rom II-VO, wo beispielhaft Streik und Aussperrung genannt werden). Wie auch sonst (Fall 60) sind von dieser Anknüpfungsregel nicht bloß die Ansprüche infolge ausgeführter schädigender Handlungen, sondern auch Abwehransprüche bezüglich drohender Maßnahmen erfasst (Art 2 Abs 2-3 Rom II-VO iVm Art 9 Rom II-VO).

Liegt nun nach nationalem Recht eine Arbeitskampfmaßnahme vor und ist der (potenziell) Haftende eine der in Art 9 Rom II-VO genannten Personen oder Organisationen, ist das anwendbare Sachrecht nach einer dreistufigen Anknüpfungsleiter zu bestimmen: Zunächst ist zu prüfen, ob die Parteien eine (nachträgliche) Rechtswahl geschlossen haben (Art 14 Rom II-VO). Danach kann gegebenenfalls am gemeinsamen gewöhnlichen Aufenthalt der Parteien angeknüpft werden (Art 9 Rom II-VO iVm Art 4 Abs 2 Rom II-VO). Im dritten und letzten Schritt verweist Art 9 Rom II-VO auf das Sachrecht jenes Staates, in dem die Arbeitskampfmaßnahmen durchgeführt wurden oder in dem ihre Durchführung bevorsteht. Art 9 Rom II-VO weicht somit durch die Anknüpfung am **Durchführungsort** der Arbeitskampfmaßnahme erheblich von der Grundregel des Art 4 Abs 1 Rom II-VO ab, die sich dem Erfolgsortprinzip verschreibt.

In Bezug auf den Unterlassungsanspruch gegen die österreichische *Gewerkschaft Fliga* ist daher (mangels Rechtswahl) am gemeinsamen Sitz der Parteien in Österreich anzuknüpfen. Damit ist gem Art 9 Rom II-VO iVm Art 4 Abs 2 Rom II-VO österreichisches Sachrecht anwendbar, obwohl die Arbeitsniederlegungen in verschiedenen Staaten stattgefunden hätten. Mangels gemeinsamen Sitzes wären die Ansprüche im Sinne einer **Mosaikbetrachtung** für jede einzelne Arbeitskampfmaßnahme nach dem Sachrecht am jeweiligen Ausführungsort zu beurteilen. Eine Schwerpunktbildung über die Ausweichklausel wäre in solchen Fällen mangels Verweises auf Art 4 Abs 3 Rom II-VO nicht möglich.

Mit der englischen *Gewerkschaft FlightSafe* hat die *Airline AG* keinen gemeinsamen Sitz. Daher ist auf den Ort der bevorstehenden Arbeitskampfmaßnahmen zu rekurrieren: Der Unterlassungsanspruch gegen die englische *Gewerkschaft FlightSafe* ist somit nach englischem Sachrecht zu beurteilen (Art 25 Abs 1 Rom II-VO), weil dort der Streik durchgeführt worden wäre. Dass der Erfolgsort der drohenden Handlungen aufgrund der Niederlassung der *Airline AG* wohl Österreich gewesen wäre, spielt damit – anders als bei der Anknüpfung nach Art 4 Abs 1 Rom II-VO – keine Rolle. Die Anwendbarkeit materiellen englischen Deliktsrechts entspricht dem vom Verordnungsgeber beabsichtigten Ziel, dass (aus Sicht der englischen Gewerkschaft) auf inländische Streiks kein ausländisches Sachrecht angewendet werden soll (ErwGr 27 Rom II-VO).

Lernhinweis: Art 9 Rom II-VO erfasst auf der Seite des Anspruchsberechtigten auch die Geltendmachung durch Dritte. Auf der Seite der Verpflichteten können hingegen nur Ansprüche gegen in der Bestimmung genannte Personen (Arbeitnehmer:innen, Arbeitgeber:innen und deren jeweilige Interessenvertretungsorganisationen) nach Art 9 Rom II-VO angeknüpft werden. Ansprüche gegen dritte Personen, wie etwa Trittbrettfahrer, die Arbeitskampfmaßnahmen zum Anlass für Schädigungen nehmen, sind daher nach den allgemeinen Regeln (insb Art 4 Rom II-VO) zu beurteilen. Ebenso wenig sind etwaige arbeitsvertragliche Konsequenzen der Teilnahme an einer Arbeitskampfmaßnahme nach Art 9 Rom II-VO anzuknüpfen (zur kollisionsrechtlichen Beurteilung von Individualarbeitsverträgen nach Art 8 Rom I-VO siehe Fall 48).

Literatur: *Zöchling-Jud/Aspöck*, IPR[3] 41; *Lurger/Melcher*, IPR[4] Rz 5/57 ff; *Kerschner/Wagner/Aigner*, IPR[6] Rz 16/72; *Verschraegen*, IPR Rz 657 ff; weiterführend *Neumayr* in KBB[7] Art 9 Rom II-VO Rz 1 ff und *Uitz* in *Laimer*, IPR-Praxiskommentar Art 9 Rom II-VO Rz 1 ff.

Weitere Sonderanknüpfungen: Zur Umwelthaftung iSd Art 7 Rom II-VO siehe Fälle 62, 87. Zur Anknüpfung von außervertraglichen Schuldverhältnissen infolge wettbewerbswidrigen Verhaltens (Art 6 Rom II-VO) und Immaterialgüterrechtsverletzungen (Art 8 Rom II-VO) siehe Fälle 141 ff.

f. *Culpa in contrahendo*

Fall 70 *(E. Pock)*

Schwerpunkte: Vorvertragliche Aufklärungs-, Schutz- und Sorgfaltspflichten

Die erfolgreiche polnische Unternehmerin *Natalia* mit gewöhnlichem Aufenthalt in Warschau (Polen) investiert ihr angespartes Vermögen, das sich vorwiegend auf polnischen Bankkonten befindet, in Immobilien in ganz Europa. Sie stößt auf ein großzügiges Landgut in Tschechien, das von der österreichischen *Estate GmbH* mit Sitz in Wien zum Verkauf angeboten wird. Aufgrund des stattlichen Listenpreises iHv € 10.000.000,– nimmt *Natalia* auch die Strapazen von persönlichen Vertragsverhandlungen in den Räumlichkeiten der *Estate GmbH* auf sich, weshalb sie nach Wien fliegt.

Dort wird *Natalia* aber gleich doppelt enttäuscht. Zuerst gibt der Geschäftsführer der *Estate GmbH* zu, dass man an einem Vertragsabschluss mit *Natalia* von Anfang an gar nicht interessiert war. Vielmehr sollte ihr Interesse nur den Verkaufspreis gegenüber dem tatsächlichen Käufer in die Höhe treiben. Ohnehin schon gekränkt wird *Natalia* beim Verlassen des Büros noch dazu vom sonst sorgfältigen Sommerpraktikanten der *Estate GmbH* mit heißem Kaffee angeschüttet, wodurch sie Verbrennungen am Oberschenkel erleidet.

Die ***culpa in contrahendo*** (cic) ist gem Art 1 Abs 1 lit i Rom I-VO ausdrücklich vom sachlichen Anwendungsbereich der Rom I-VO ausgenommen. Sie hat dafür in Art 12 Rom II-VO eine eigene Regelung erfahren. Damit ist die kollisionsrechtliche Beurteilung der *culpa in contrahendo* neben dem Vertrag mit Schutzwirkung zugunsten Dritter (Fall 63) ein weiteres Beispiel einer von der nationalen Begriffsdeutung abweichenden autonomen Auslegung: Nach österreichischem Verständnis sind beide Rechtsinstitute vertraglicher Natur, während die unionseuropäischen Rechtsakte sie als deliktisch qualifizieren.

Unter „*Verschulden bei Vertragsverhandlungen*" iSd Art 12 Rom II-VO fallen aber nicht sämtliche denkbaren Ansprüche, sondern nur solche, die infolge **bestimmter vorvertraglicher Pflichtverletzungen** entstehen. ErwGr 30 Rom II-VO fordert einen „*unmittelbare[n] Zusammenhang mit den Verhandlungen vor Abschluss eines Vertrags*" und zählt beispielhaft die Verletzung von Aufklärungspflichten und den Abbruch von Vertragsverhandlungen auf. Dagegen sind Personen- und Sachschäden, die bloß während der Vertragsverhandlungen unter Missachtung **allgemeiner Schutz- und Sorgfaltspflichten** zugefügt werden, nicht nach Art 12 Rom II-VO, sondern nach den allgemeinen Regeln (also insb Art 4 Rom II-VO) anzuknüpfen.

Hier ist daher zwischen dem Vermögensschaden, der *Natalia* durch die Verletzung der Aufklärungspflicht über die wahren Absichten der *Estate GmbH* entstanden ist, und ihrem Personenschaden, der aus der Sorgfaltspflichtverletzung rührt, zu differenzieren. Der Ersatzanspruch bezüglich ihres Vermögensschadens (hier: vor allem aufgrund ihrer Flugkosten) richtet sich gem Art 12 Abs 1 Rom II-VO nach dem **hypothetischen Vertragsstatut**: Wäre der Immobilienkaufvertrag zustande gekommen, wäre auf diesen nach Art 4 Abs 1 lit c Rom I-VO das Sachrecht am Lageort der unbeweglichen Kaufsache anzuwenden gewesen (siehe oben die Fälle 40, 42, 54, 57). Daher ist für diesen Anspruch tschechisches Sachrecht maßgeblich, weil sich das Landgut, das den Vertragsgegenstand gebildet hätte, in Tschechien befindet.

Anders als die Flugkosten stehen jene Schäden, die durch die Unachtsamkeit des Sommerpraktikanten entstanden sind, nicht im unmittelbaren Zusammenhang mit den Verhandlungen, weshalb sie nach den allgemeinen Regeln zu beurteilen sind. Mangels Rechtswahl oder gemeinsamen Aufenthalts der Streitparteien im selben Staat ist daher nach Art 4 Abs 1 Rom II-VO am **Erfolgsort** anzuknüpfen, womit materielles österreichisches Schadenersatzrecht anwendbar ist.

Beachte: Die autonome Qualifikation von Ansprüchen aus *culpa in contrahendo* als deliktische Schuldverhältnisse (Art 12 Rom II-VO) bedeutet keineswegs, dass deswegen bloß die deliktischen Regeln des berufenen Sachrechts anzuwenden wären. *Natalia* würden bei einer solchen Verweisung auf österreichisches Sachrecht neben der Ersatzfähigkeit bloßer Vermögensschäden auch die Gehilfenzurechnung nach § 1313a ABGB und grundsätzlich auch die Beweislastumkehr nach § 1298 ABGB zugutekommen (Art 22 Abs 1 Rom II-VO), die das österreichische Schadenersatzrecht für vertragliche Schuldverhältnisse vorsieht. Trennen Sie daher die kollisionsrechtliche Qualifikationsebene stets von der verweisungsbedingt ermittelten Sachrechtsebene!

Lernhinweis: Art 12 Abs 2 Rom II-VO sieht eine Art 4 Rom II-VO ähnelnde Anknüpfungsleiter für jene Fälle vor, in denen das auf den hypothetischen Vertrag anzuwendende Sachrecht nicht ermittelt werden kann. Danach wäre, wenngleich diese Reihenfolge dem Wortlaut der Bestimmung nicht entnommen werden kann, zunächst am gemeinsamen gewöhnlichen Aufenthalt (Art 12 Abs 2 lit b Rom II-VO) und dann am Erfolgsort (Art 12 Abs 2 lit a Rom II-VO) anzuknüpfen. Auch hier ist eine Ausweichklausel der offensichtlich engeren Verbindung vorgesehen (Art 12 Abs 2 lit c Rom II-VO). Könnte man das hypothetische Vertragsstatut hier nicht ermitteln, würde die Bestimmung des Erfolgsorts des Vertrauensschadens schwierig fallen, weil es sich bei den Flugkosten um einen reinen Vermögensschaden handelt. Der EuGH musste die Frage nach dem Erfolgsort reiner Vermögensschäden schon mehrmals im Kontext des IZVR klären, wobei sich für das Kollisionsrecht bislang noch keine klare Linie herausbilden lässt. Allgemein kommen der Belegenheitsort des betroffenen Vermögenswertes, hilfsweise der Ort des Hauptvermögens des Geschädigten, aber auch der Ort des Vertragsschlusses (bei nachteiligen Verträgen) in Betracht. In Bezug auf die Flugkosten wäre hier die Bestimmung des Erfolgsorts in Polen argumentierbar, weil *Natalia* dort ihr Hauptvermögen hat.

Literatur: *Zöchling-Jud/Aspöck*, IPR[3] 41 f; *Lurger/Melcher*, IPR[4] Rz 5/69 ff; *Kerschner/Wagner/Aigner*, IPR[6] Rz 16/80; *Verschraegen*, IPR Rz 682 ff.

III. Schadenersatz nach nationalem Kollisionsrecht

a. Amtshaftung

Fall 71 *(E. Pock)*

Schwerpunkt: Anknüpfung von Schäden aus hoheitlichem Handeln

Matej ist slowakischer Staatsbürger, Weinhändler in der Slowakei und dort der größte Anbieter österreichischer Weine. Aufgrund einzelner Stichproben, die er seinen Flaschen österreichischen Weins entnimmt, die er in die Slowakei importierte, bemerkt er, dass viele der Weine gepantscht sind, also weinfremde Zusatzstoffe aufweisen.

Es stellt sich heraus, dass viele österreichische Winzer ihre Produkte entgegen dem österreichischen Weinrecht mit solchen Substanzen manipulierten.

Für die diesbezügliche Aufsicht ist die Bundeskellereiinspektion zuständig, die dem Landwirtschaftsministerium der *Republik Österreich* unterstellt und dem Landwirtschaftsminister gegenüber weisungsgebunden ist. Es zeigt sich, dass die Kontrollen durch die Organwalter der Bundeskellereiinspektion unsorgfältig waren, weshalb sie diese Manipulationen nicht bemerkten.

Matej erleidet aufgrund des darauffolgenden Skandals erhebliche Geschäftseinbußen und will von den verantwortlichen staatlichen Stellen Ersatz erhalten.

Sachverhalt angelehnt an OGH 11.05.1993, 1 Ob 2/93 ZfRV 1993, 248.

Wie bereits bei Fall 61 erläutert, sind Ansprüche gegen staatliche Einrichtungen und deren Organwalter wegen **hoheitlicher** Handlungen oder Unterlassungen nicht vom Anwendungsbereich der Rom II-VO erfasst (Art 1 Abs 1 Rom II-VO und ErwGr 9 Rom II-VO). Besteht ein einschlägiger Staatsvertrag zwischen den streitbeteiligten Staaten, richtet sich die Suche nach dem anwendbaren Recht in Amtshaftungssachen primär nach dessen Kollisionsnormen. Fehlen solche Bestimmungen, wie es in der vorliegenden Konstellation der Fall ist, ist nach dem IPR der *lex fori* vorzugehen.

Nach der österreichischen Judikatur ist in grenzüberschreitenden Amtshaftungsfragen immer das Sachrecht jenes Staates anzuwenden, dessen **hoheitliches Handeln** in Frage steht (OGH 30.04.2019, 1 Ob 33/19p mwN aus der Lehre). Auf die Handlungs- oder Erfolgsorte, die hier in Österreich und der Slowakei anzusiedeln sind, kommt es hierbei nicht an. Hier stützt *Matej* seine Ansprüche auf schädigende Hoheitshandlungen von Organwaltern der *Republik Österreich*. Daher sind seine Ansprüche gegen die *Republik Österreich* nach österreichischem Amtshaftungsrecht (also nach dem AHG) zu beurteilen. Eine direkte Haftung des Organs gegenüber dem Geschädigten schließt das österreichische Recht aus (§ 1 Abs 1 Satz 1 aE AHG).

Literatur: *Zöchling-Jud/Aspöck*, IPR[3] 43; *Lurger/Melcher*, IPR[4] Rz 5/90; *Kerschner/Wagner/Aigner*, IPR[6] Rz 16/66.

b. Atomhaftung

Fall 72 *(E. Pock)*
Schwerpunkt: Anknüpfung von Schäden aus Kernenergie

Die in Tschechien ansässige *Curie Energy a.s.* betreibt im Süden Tschechiens an der Grenze zu Österreich ein Kernkraftwerk. Weil ihre Mitarbeiter bei der Wartung der Anlage unsorgfältig vorgehen, fällt die Reaktorkühlung kurzfristig aus, was zum Austritt radioaktiver Gase führt. Ungünstige Windverhältnisse wehen die kontaminierten Luftpartikel in den Norden Österreichs, wo der Landwirt *Otto* (österreichischer Staatsangehöriger) eine Pilzzucht betreibt.

Durch die schnelle Reaktion der Kraftwerkmitarbeiter und der zuständigen Behörden wird der weitere Austritt der radioaktiven Gase rasch gestoppt und die Bevölkerung der betroffenen Gebiete evakuiert. *Ottos* Pilze müssen aber wegen ihrer potenziellen Kontaminierung auf behördliche Anordnung entsorgt werden, wodurch ihm ein Ernteausfall im Wert von € 150.000,– entsteht.

Dieser Fall betrifft die Haftung für Schäden, die durch Kernenergie entstehen (Atomhaftung). Solche Schädigungen sind vom Anwendungsbereich der Rom II-VO ausgenommen (Art 1 Abs 2 lit f Rom II-VO), weshalb nach dem nationalen IPR der *lex fori* vorzugehen ist. In Österreich sind solche Ersatzansprüche grundsätzlich nach § 48 IPRG zu beurteilen, wobei diese Bestimmung durch § 23 AtomHG modifiziert wird.

Nach § 48 IPRG ist grundsätzlich am Handlungsort anzuknüpfen. Bei einer hier auch in Betracht kommenden **Gefährdungshaftung** ist jedoch jener Ort maßgeblich, an dem sich die Gefahr verwirklichte oder die Kontrolle über die gefährliche Sache verloren ging (*Neumayr* in KBB[7] § 48 IPRG Rz 2). Im vorliegenden Fall handelt es sich bei diesem Ort um den Standort des Kernkraftwerks in Tschechien, womit grundsätzlich tschechisches Recht per Gesamtverweisung (§ 5 Abs 1 IPRG) zur Anwendung berufen ist. Beachte: Die Judikatur erachtet im Anwendungsbereich des § 48 IPRG auch eine Anknüpfung am Erfolgsort für möglich, sofern der Schädiger typischerweise mit einem Schadenseintritt außerhalb des Handlungsstaats rechnen musste (siehe hierzu oben Fälle 11 f). Ob man dies für den vorliegenden Fall annehmen kann, ist unklar. Darauf kommt es aber nicht an, wie sogleich zu zeigen ist.

Die Modifikation dieses Verweisungsergebnisses durch § 23 AtomHG besteht nun darin, dass einem durch ionisierende Strahlung Geschädigten bei Schadenseintritt in Österreich ein (einseitiges) **Wahlrecht** zugunsten materiellen österreichischen Deliktsrechts offensteht. *Otto* kann daher seine Ersatzansprüche (selbst bei grundsätzlicher Anwendbarkeit der tschechischen Gesamtrechtsordnung) auf österreichisches Sachrecht einschließlich des materiellen Rechts des AtomHG stützen.

Beachte: Neben dieser Begünstigung von Geschädigten auf österreichischem Staatsgebiet (§ 23 Abs 1 AtomHG) normiert § 23 Abs 2 AtomHG eine weitere Besonderheit: Werden Schäden durch ionisierende Strahlung, die im Ausland eingetreten sind, nach österreichischem Sachrecht beurteilt, ist der Ersatz umfangmäßig mit jenem Betrag begrenzt, der dem Geschädigten nach jenem Sachrecht zustünde, das sich aus der Anwendung seines Personalstatuts (§§ 9, 10 IPRG) ergäbe. Aufgrund dieser Ungleichbehandlung potenziell Geschädigter allein aufgrund ihrer Staatsangehörigkeit wird im Schrifttum die Unionsrechtskonformität dieser Norm bezweifelt (*Lurger/Melcher*, HB IPR[2] Rz 5/150 mwN).

Literatur: *Zöchling-Jud/Aspöck*, IPR[3] 43; *Lurger/Melcher*, IPR[4] Rz 5/90; *Verschraegen* IPR Rz 721.

IV. Bereicherungsrecht und GoA nach der Rom II-VO

a. Außervertragliches Bereicherungsrecht

Fall 73 *(Ehgartner)*
Schwerpunkte: Ungerechtfertigte Bereicherung, Abgrenzung zwischen Rom I-VO und Rom II-VO

Die österreichische Staatsbürgerin *Carina*, wohnhaft in Wien, fährt am 27.06.2025 mit ihrem Auto nach München (Deutschland). Kurz nach Passau (Deutschland) erleidet ihr Fahrzeug einen Reifenplatzer, wodurch es fahruntüchtig wird. Die ortsansässige Kfz-Meisterin *Gertrude* (deutsche Staatsbürgerin) ist sofort zur Stelle und schleppt das Fahrzeug in ihre Werkstatt ab, wo sie das Auto gegen ein Entgelt von € 300,– repariert.

Variante 1: Bei der Überweisung des Entgelts via Online-Banking vertippt sich *Carina* bei der Eingabe des IBAN, weshalb das Geld nicht bei *Gertrude*, sondern am Konto des völlig überraschten deutschen Staatsbürgers *Jochen* (wohnhaft in Berlin) einlangt, der sich über diese Überweisung von der ihm unbekannten *Carina* freut. Sein Konto hat *Jochen* bei einem Bankinstitut in Berlin (Deutschland).

Variante 2: Auf dem Heimweg nach Wien wird *Carina* in Passau (Deutschland) von einem in Deutschland zugelassenen LKW gerammt, wobei ihr Auto einen Totalschaden erleidet. Dieser LKW ist – in Erfüllung seiner Versicherungspflicht (§§ 1 ff PflVG) – bei der deutschen Kfz-Haftpflichtversicherung *Reni AG* mit Sitz in Frankfurt (Deutschland) versichert. Die *Reni AG* überweist *Carina* für den Unfall irrtümlich € 1.000,– zu viel, weil der Restwert von *Carinas* Fahrzeug tatsächlich höher ist als ursprünglich von der *Reni AG* angenommen.

Gehen Sie bei der Lösung dieser Variante von einem international zuständigen deutschen Gericht aus und berücksichtigen Sie, dass das deutsche materielle Versicherungsrecht einen Direktklageanspruch von Geschädigten gegen den Haftpflichtversicherer des Schädigers vorsieht, insoweit es um Ansprüche geht, die eine Kraftfahrzeug-Pflichthaftpflichtversicherung deckt (§ 115 Abs 1 VVG).

Variante 3: In der Werkstatt von *Gertrude* entdeckt *Carina* einen zum Verkauf stehenden Citroën C3, in den sie sich sofort verliebt. Sie erwirbt das Auto um einen Preis von € 7.000,–. Zwei Wochen nach Übergabe entdeckt *Carina* jedoch per Zufall, dass die Kilometeranzeige des Fahrzeuges manipuliert wurde. Anstatt der vereinbarten 50.000 km hat das Auto bereits mehr als 150.000 km zurückgelegt. *Carina* verlangt daraufhin von *Gertrude* ihr Geld zurück.

Sachverhalt der Variante 2 angelehnt an LG Saarbrücken 09.03.2012, 13 S 51/11.

Die im Grundsachverhalt offene Entgeltforderung (in Ö: Werklohnforderung nach §§ 1151 ff ABGB iVm § 1170 ABGB) ist nach Art 4 Abs 1 lit b Rom I-VO als Forderung aus einem Dienstleistungsvertrag nach deutschem Sachrecht zu beurteilen, weil sich der gewöhnliche Aufenthalt *Gertrudes* in Deutschland befindet. Der Sachverhalt bietet keine Anhaltspunkte dafür, dass *Gertrude* ihre Tätigkeit auch in Österreich ausübt oder diese auf irgendeine Weise auf Österreich ausrichtet, weshalb die Anwendbarkeit von Art 6 Rom I-VO (Verbraucherstatut) auszuschließen ist (siehe oben Fälle 39 f).

Variante 1: *Carina* hat irrtümlich eine **Nichtschuld** an *Jochen* erbracht (in Ö: *condictio indebiti* nach § 1431 ABGB), der sohin durch die Zahlung ungerechtfertigt bereichert wird. Die Rom I-VO findet keine Anwendung, weil *Carina* und *Jochen* in keinerlei vertraglichem Schuldverhältnis zueinander stehen.

Stattdessen unterliegt dieser außervertragliche Rückforderungsanspruch der Rom II-VO, deren Anwendungsbereich vollumfänglich eröffnet ist (Fälle 60 ff).

Ansprüche aus **außervertraglicher ungerechtfertigter Bereicherung** sind objektiv nach **Art 10 Rom II-VO** anzuknüpfen, wenn keine Rechtswahl (Art 14 Rom II-VO) getroffen wurde. Der Begriff *„ungerechtfertigte Bereicherung"* ist dabei autonom auszulegen: Nach hM sind darunter Ansprüche aus Vermögensverschiebungen zu verstehen, die sich aus rechtsgrundlosen Zuwendungen des Bereicherungsgläubigers, aus dem Verhalten des Bereicherungsschuldners oder zufällig (ohne zielgerichtetes Verhalten einer der beiden Personen) ergeben. Aus österreichischer Sicht umfasst sind insb Leistungskondiktionen nach § 1431 ABGB (*condictio indebiti*) und § 1435 ABGB analog (*condictio causa data causa non secuta*) sowie Verwendungsansprüche (§ 1041 ABGB; § 1042 ABGB [hM]). Zur Abgrenzung zwischen Rom I- und Rom II-VO siehe Variante 3.

Art 10 Rom II-VO sieht eine **mehrstufige Anknüpfungsleiter** vor: An erster Stelle ist zu prüfen, ob der Bereicherungsanspruch eine enge Verbindung zu einem bereits bestehenden Rechtsverhältnis (zB aus Vertrag oder unerlaubter Handlung) zwischen den Parteien aufweist. In diesem Fall unterliegt der Bereicherungsanspruch jenem Sachrecht, das auf das bestehende Rechtsverhältnis Anwendung findet (akzessorische Anknüpfung nach Art 10 Abs 1 Rom II-VO). Fehlt es an einer solchen Verbindung, so ist das Sachrecht jenes Staates anzuwenden, in dem beide Parteien ihren gewöhnlichen Aufenthaltsort haben (Art 10 Abs 2 Rom II-VO). Kann das maßgebliche Sachrecht nach diesen ersten beiden Stufen nicht bestimmt werden, so gilt subsidiär das Sachrecht jenes Staates, in dem die ungerechtfertigte Bereicherung eingetreten ist (Art 10 Abs 3 Rom II-VO). Schlussendlich sieht Art 10 Abs 4 Rom II-VO noch eine Ausweichklausel vor, falls die ungerechtfertigte Bereicherung offensichtlich eine engere Verbindung mit einem anderen als dem in Art 10 Abs 1-3 Rom II-VO bezeichneten Staat aufweist (Variante 2).

In der vorliegenden Variante wurde keine Rechtswahl getroffen, weshalb der Bereicherungsanspruch von *Carina* gegen *Jochen* objektiv nach Art 10 Rom II-VO anzuknüpfen ist. Zwischen den beiden Streitparteien besteht bislang kein Rechtsverhältnis. Zudem haben *Carina* und *Jochen* ihren gewöhnlichen Aufenthaltsort jeweils in unterschiedlichen Staaten. Es ist somit das Sachrecht jenes

Staates anzuwenden, in dem die ungerechtfertigte Bereicherung eingetreten ist (Art 10 Abs 3 Rom II-VO). Die Bereicherung wird nach wohl hM dort zu verorten sein, wo die ungerechtfertigte Begünstigung stattgefunden hat. Im Falle einer fehlerhaften Überweisung ist dies der Sitz jener Bank, die das Empfängerkonto führt. Da *Jochen* sein Konto bei einer Berliner Bank hat, ist somit deutsches Sachrecht auf den Bereicherungsanspruch *Carinas* anwendbar.

Variante 2: Vorweg ist anzumerken, dass das Haager Straßenverkehrsübereinkommen (HStVÜ) auf die Frage der Haftung aus dem Verkehrsunfall **keine Anwendung** findet. Das liegt daran, dass Deutschland als international zuständiger Gerichtsstaat das HStVÜ nicht ratifiziert hat. Auf das außervertragliche Schuldverhältnis (in Ö: §§ 1295 ff ABGB) zwischen dem Fahrer des LKW und *Carina* ist somit nach Art 4 Abs 1 Rom II-VO – mangels Hinweise auf einen gemeinsamen gewöhnlichen Aufenthaltsort oder einer offensichtlich engeren Verbindung zu einem anderen Staat – das Sachrecht am Unfallort anwendbar, weshalb deutsches Sachrecht maßgeblich ist (Deliktsstatut; hierzu Fälle 66 f).

Der außervertragliche Rückforderungsanspruch der *Reni AG* unterliegt unzweifelhaft der Rom II-VO, deren Anwendungsbereich wiederum vollumfänglich eröffnet ist. Mangels Hinweises auf eine Rechtswahl ist der Herausgabeanspruch der von der *Reni AG* irrtümlich zu viel geleisteten € 1000,– (in Ö: § 1431 ABGB) nach Art 10 Rom II-VO objektiv anzuknüpfen.

Gemäß der mehrstufigen Anknüpfungsleiter des Art 10 Rom II-VO ist zuerst zu prüfen, ob zwischen der *Reni AG* und *Carina* ein **Rechtsverhältnis** besteht (zB ein Vertragsverhältnis oder Rechtsverhältnis aus unerlaubter Handlung), das eine **enge Verbindung** zum geltend gemachten Bereicherungsanspruch aufweist. Wenn dies zu bejahen ist, gilt jenes Sachrecht, das auf das bereits bestehende Rechtsverhältnis Anwendung findet, auch für den Anspruch aus der ungerechtfertigten Bereicherung (Art 10 Abs 1 Rom II-VO).

In dieser Variante besteht bereits ein Rechtsverhältnis zwischen *Carina* und der *Reni AG*, weil *Carina* durch den Verkehrsunfall, dessen Folgen deutschem Sachrecht unterliegen, direkt einen Anspruch (§ 115 Abs 1 VVG) gegen die *Reni AG* – als Pflichthaftpflichtversicherer des Schädigers – erworben hat (Art 18 Rom II-VO; hierzu näher Fall 140). Die zweite Bedingung (**enge Verbindung** des bestehenden Rechtsverhältnisses mit dem Bereicherungsanspruch der *Reni AG*) ist ebenso erfüllt, weil die *Reni AG* erst aufgrund des Verkehrsunfalls zur Überweisung des Geldes veranlasst wird. Im Ergebnis ist der Anspruch der *Reni AG* auf Rückerstattung des irrtümlicherweise zu viel geleisteten Betrages nach Art 10 Abs 1 Rom II-VO akzessorisch an das bestehende Rechtsverhältnis anzuknüpfen. Da die Rechtsbeziehungen der Parteien aus dem Verkehrsunfall nach Art 4 Abs 1 Rom II-VO iVm Art 18 Rom II-VO – wie bereits gezeigt – deutschem Sachrecht unterliegen (hierzu auch Fälle 66 f und 140), ist dieses auch für den bereicherungsrechtlichen Rückforderungsanspruch der *Reni AG* maßgebend.

Auch ein anderer Lösungsweg erscheint in dieser Variante vertretbar zu sein. In schriftlichen Prüfungen sind beide Lösungsansätze vorzustellen und ein Lösungsweg der weiteren Falllösung zugrunde zu legen. Da sich der Verkehrsunfall zwischen dem Fahrer des LKW und *Carina* ereignete, kann argumentiert werden, dass kein unmittelbares Rechtsverhältnis zwischen der *Reni AG* und *Carina* nach dem Verständnis des Art 10 Abs 1 Rom II-VO besteht. Nach dieser Argumentation sind dessen Voraussetzungen für eine akzessorische Anknüpfung somit nicht erfüllt. Der Anspruch der *Reni AG* ist dann – mangels gemeinsamen gewöhnlichen Aufenthaltsorts – nach Art 10 Abs 3 Rom II-VO anzuknüpfen (Ort des Bereicherungseintritts), weshalb diesfalls österreichisches Sachrecht Anwendung findet. Jedoch könnte auch hier eine Anknüpfung an das Deliktsstatut über die **Ausweichklausel** des Art 10 Abs 4 Rom II-VO erreicht werden: Ergibt sich aus der Gesamtheit der Umstände, dass die ungerechtfertigte Bereicherung eine offensichtlich engere Verbindung zu einem anderen als dem in Art 10 Abs 1-3 Rom II-VO bezeichneten Staat aufweist, so ist das Sachrecht dieses anderen Staates maßgebend. Da die Behauptung vertretbar ist, dass der Bereicherungsanspruch eine offensichtlich enge Verbindung zum Verkehrsunfall in Deutschland aufweist, ist auch nach diesem Lösungsweg deutsches Sachrecht auf den Bereicherungsanspruch der *Reni AG* anwendbar. Es besteht Argumentationsspielraum.

Variante 3: Von besonderer Bedeutung für die Anknüpfung von bereicherungsrechtlichen Rückforderungsansprüchen ist die **Abgrenzung der Rom I-VO** von der **Rom II-VO**. Denn nach Art 12 Abs 1 lit e Rom I-VO umfasst das Vertragsstatut auch die „*Folgen der Nichtigkeit*“ eines Vertrages (siehe dazu Fall 55). Zu diesen vertragsrechtlich zu qualifizierenden Folgen gehören Bereicherungsansprüche, die der Rückabwicklung eines (aus österreichischer Sicht) nichtigen, aufgehobenen, gewandelten, durch Rücktritt beseitigten oder später angefochtenen Vertrages dienen. Wird daher ein Bereicherungsanspruch (idR eine Leistungskondiktion) geltend gemacht, mit dem ein Vertrag im Anwendungsbereich der Rom I-VO rückabgewickelt werden soll, wird dieser unmittelbar – aufgrund der *lex specialis*-Regelung des Art 12 Abs 1 lit e Rom I-VO – dem Vertragsstatut unterstellt. Dann ist **Art 10 Rom II-VO unanwendbar**.

Die vorliegende Variante soll die konkrete Abgrenzung zwischen der Rom I-VO und der Rom II-VO veranschaulichen. Der Anwendungsbereich der Rom I-VO ist nunmehr vollumfänglich eröffnet (siehe Fall 36). Aufgrund des manipulierten Kilometerzählers begehrt *Carina* die Rückzahlung der bereits geleisteten € 7.000,–. Der geltend gemachte Bereicherungsanspruch dient der Rückabwicklung des aufgelösten oder angefochtenen Kaufvertrages, weshalb er nach Art 12 Abs 1 lit e Rom I-VO dem Vertragsstatut unterliegt. Maßgeblich ist also das Sachrecht jenes Staates, das auf den Kaufvertrag Anwendung findet. Dieses ergibt sich im vorliegenden Sachverhalt – mangels Rechtswahl und aufgrund der Unanwendbarkeit des Verbraucherstatuts (siehe Grundfall) – objektiv aus Art 4 Abs 1 lit a Rom I-VO, der zur Anwendbarkeit von deutschem Sachrecht führt, weil der gewöhnliche Aufenthaltsort der Verkäuferin in Deutschland liegt. Im Ergebnis ist der Rückforderungsanspruch von *Carina* somit nach deutschem Sachrecht zu beurteilen.

Lernhinweis: Dient ein Bereicherungsanspruch der Rückabwicklung von nichtigen, aufgelösten, durch Rücktritt beseitigten, angefochtenen oder aufgehobenen Verträgen, so findet Art 10 Rom II-VO keine Anwendung. Der Bereicherungsanspruch unterliegt in diesen Fällen nach Art 12 Abs 1 lit e Rom I-VO dem jeweiligen Vertragsstatut.

Literatur: *Zöchling-Jud/Aspöck*, IPR[3] 29, 41; *Lurger/Melcher*, IPR[4] Rz 5/60 ff; *Perner/Spitzer/Kodek*, BR[7] 727 f; *Kerschner/Wagner/Aigner*, IPR[6] Rz 16/73 ff; *Verschraegen*, IPR Rz 671 ff; *Schacherreiter* in *Beig/Graf-Schimek/Grubinger/Schacherreiter*, Rom II-VO 69 ff; *Lurger/Melcher*, HB IPR[2] Rz 5/93 ff.

Fall 74 *(Ehgartner)*
Schwerpunkt: Ungerechtfertigte Bereicherung (Scheinvaterregress)

Der belgische Staatsbürger *Clemente* (wohnhaft in Brüssel, Belgien) überweist als rechtlicher Vater bereits seit Jahren den Unterhalt für seine siebenjährige Tochter *Zola* (geboren 2017), die österreichische Staatsbürgerin ist und gemeinsam mit ihrer österreichischen Mutter *Veronika* in Österreich lebt, auf deren Bankkonto bei einer österreichischen Bank. Im Oktober 2024 erfährt *Clemente*, dass *Zola* biologisch nicht von ihm, sondern von *Bernd* (deutscher Staatsbürger; wohnhaft in Antwerpen, Belgien) abstammt, der bis heute keinen Unterhalt geleistet hat. Er lässt die rechtliche Vaterschaft rückwirkend beseitigen.

Variante 1: *Clemente* möchte den irrtümlich bezahlten Unterhalt von *Zola* zurückverlangen, weil *Bernd* kurz vor der Insolvenz steht, weshalb er vor dem international zuständigen österreichischen Gericht Klage einbringt.

Variante 2: *Bernd* hat aufgrund der irrtümlichen Zahlungen von *Clemente* jahrelang keinen Unterhalt leisten müssen. *Clemente* verlangt nun von *Bernd*, der ebenfalls in Belgien lebt, den Ersatz seiner irrtümlich geleisteten Zahlungen.

Nach österreichischem Verständnis handelt es sich in der vorliegenden Konstellation um den klassischen Fall eines **Scheinvaterregresses**. *Clemente* hat irrtümlich Unterhaltsleistungen an *Zola* erbracht, zu der er mangels (rückwirkend beseitigter) Vaterschaft nicht verpflichtet war (in Ö: Anwendung von § 1431 ABGB in Variante 1; zur Beseitigung der rechtlichen Vaterschaft siehe Fälle 108 ff). Zudem hat *Clemente* einen Aufwand getätigt, den eigentlich *Bernd* als wahrer Vater hätte tätigen müssen (in Ö: Anwendung von § 1042 ABGB in Variante 2).

Variante 1: Es liegt im vorliegenden Fall unzweifelhaft ein Auslandsbezug vor. Wie bereicherungsrechtliche Rückforderungsansprüche von unrechtmäßig geleistetem Unterhalt im IPR einzuordnen sind, ist strittig. In der Literatur werden zu dieser Problematik zwei Lösungsansätze vertreten.

Nach einem Teil der Lehre ist das anzuwendende Recht nach dem **Haager Unterhaltsprotokoll (HUP)** zu bestimmen (zum HUP näher Fälle 107, 125 ff), weil sein sachlicher Anwendungsbereich auch die Rückzahlung von unrechtmäßig geleistetem Unterhalt erfassen soll. Der räumliche und zeitliche Anwendungsbereich des HUP ist in der vorliegenden Variante unzweifelhaft erfüllt. Dem Sachverhalt ist zu entnehmen, dass zwischen *Clemente* und *Zola* keine Rechtswahl getroffen wurde, weshalb sich das anwendbare Recht nach dieser Auffassung nach der Grundregel des Art 3 HUP bestimmt. Nach Art 3 Abs 1 HUP ist das Sachrecht jenes Staates maßgeblich, in dem die unterhaltsberechtigte Person (Art 2 Z 10 EuUntVO) ihren gewöhnlichen Aufenthaltsort hat. Im vorliegenden Fall lebt *Zola* in Österreich, weshalb auf den Rückforderungsanspruch von *Clemente* österreichisches Sachrecht Anwendung findet (§ 1431 ABGB).

Nach dem wohl **überwiegenden Teil der Lehre** ist der bereicherungsrechtliche Rückforderungsanspruch von *Clemente* hingegen nach der **Rom II-VO** anzuknüpfen. Der zeitliche und räumliche Anwendungsbereich der Rom II-VO ist in der vorliegenden Variante jedenfalls eröffnet (hierzu Fälle 60 ff). Der Ausnahmetatbestand des Art 1 Abs 2 lit a Rom II-VO ist nach dieser Ansicht nicht einschlägig, weil es sich bei *Clementes* Rückforderungsanspruch um ein außervertragliches Schuldverhältnis handelt, das – in Ermangelung einer bestehenden rechtlichen Vaterschaft – eben nicht aus einem Familienverhältnis stammt. Da keine Rechtswahl getroffen wurde, erfolgt eine objektive Anknüpfung diesfalls nach Art 10 Rom II-VO. Art 10 Abs 1 Rom II-VO ist nicht anzuwenden, weil zwischen *Clemente* und *Zola* kein bestehendes Rechtsverhältnis existiert. Insbesondere ist aufgrund der fehlenden Vaterschaft ein bestehendes familienrechtliches Rechtsverhältnis zu verneinen. Zudem haben beide Parteien ihren gewöhnlichen Aufenthaltsort in unterschiedlichen Staaten. Es ist somit das Sachrecht jenes Staates anzuwenden, in dem die ungerechtfertigte Bereicherung eingetreten ist (Art 10 Abs 3 Rom II-VO). Die Bereicherung tritt nach wohl hM dort ein, wo die unrechtmäßige Begünstigung stattfand. In vielen Fällen – wie hier – wird dies jener Ort sein, an dem das kontoführende Kreditinstitut des Bereicherungsschuldners seinen Sitz hat. Da *Zola* ein österreichisches Bankkonto hat, ist österreichisches Sachrecht auf den Rückforderungsanspruch anwendbar (§ 1431 ABGB).

Bei der Falllösung sollten Studierende beide Lösungsansätze erörtern und sich mit entsprechender Begründung für einen von beiden entscheiden.

Variante 2: Der Anwendungsbereich der Rom II-VO ist eröffnet (siehe oben Fälle 60 ff). Eine Rechtswahl wurde nicht getroffen.

Clemente unterliegt der irrigen Vorstellung, eine eigene Verbindlichkeit zu begleichen. Daher erbringt er irrtümlich Zahlungen, obwohl ihn hierzu keine gesetzliche Verpflichtung trifft. Zahlungspflichtig aufgrund einer gesetzlichen Unterhalsschuld ist in Wahrheit *Bernd*, der sich deren Begleichung durch die Zahlungen von *Clemente* erspart, wodurch er sich ungerechtfertigt bereichert. Da *Clemente* nicht bewusst im fremden Interesse von *Bernd* tätig wird, weshalb **keine GoA** vorliegt, die objektiv nach Art 11 Rom II-VO anzuknüpfen wäre (hierzu Fälle 75 f), ist abermals eine objektive Anknüpfung nach Art 10 Rom II-VO vorzunehmen. Da kein Rechtsverhältnis zwischen *Clemente* und *Bernd* besteht, ist subsidiär nach Art 10 Abs 2 Rom II-VO am gemeinsamen gewöhnlichen Aufenthaltsort der Parteien zum Zeitpunkt des Eintritts jenes Ereignisses, das die ungerechtfertigte Bereicherung zur Folge hat, anzuknüpfen. Laut Sachverhalt leben *Clemente* und *Bernd* in Belgien, weshalb sie denselben gewöhnlichen Aufenthaltsort haben. Auf den bereicherungsrechtlichen Rückforderungsanspruch ist demnach grundsätzlich belgisches Sachrecht anzuwenden.

Allerdings ist in dieser Variante eine Bezugnahme auf die **Ausweichklausel** des Art 10 Abs 4 Rom II-VO argumentierbar: Aus der Gesamtheit der Umstände ergibt sich, dass der Bereicherungsanspruch von *Clemente* eine offensichtlich enge Verbindung zum gesetzlichen Unterhaltsanspruch von *Zola* aufweist. Da auf diesen Unterhaltsanspruch österreichisches Sachrecht Anwendung findet (Art 3 Abs 1 HUP), könnte dasselbe für den Bereicherungsanspruch von *Clemente* gelten. Im Ergebnis ist somit nach dieser Ansicht österreichisches Sachrecht auf den bereicherungsrechtlichen Rückforderungsanspruch von *Clemente* anwendbar.

Lernhinweis: Dieser Fall zeigt, dass es im Einzelfall oft schwierig sein kann, einen Anspruch dem richtigen Tatbestand einer mehrstufigen Anknüpfungsleiter zuzuordnen. In Prüfungssituationen ist wichtig, dass Sie ausreichend begründen, warum Sie einen Anspruch an einer bestimmten Stufe objektiv anknüpfen.

Literatur: *Zöchling-Jud/Aspöck*, IPR[3] 29, 41; *Lurger/Melcher*, IPR[4] Rz 5/60 ff; *Perner/Spitzer/Kodek*, BR[7] 727 f; *Kerschner/Wagner/Aigner*, IPR[6] Rz 16/73 ff; *Verschraegen*, IPR Rz 671 ff; *Schacherreiter* in *Beig/Graf-Schimek/Grubinger/Schacherreiter*, Rom II-VO 69 ff; *Lurger/Melcher*, HB IPR[2] Rz 5/93 ff; *Ehgartner/Uitz*, ZfRV 2021, 170 (170 ff).

b. Geschäftsführung ohne Auftrag (GoA)

Fall 75 *(Ehgartner)*
Schwerpunkt: Rechtswahl bei einer Geschäftsführung ohne Auftrag

Die beiden Freunde *Juan* und *Amigo*, beide spanische Staatsangehörige, leben seit 15 Jahren in Österreich. Im Sommer 2019 erwarben die beiden ein Einfamilienhaus in Mödling (Österreich), das seither jeweils im Hälfteeigentum von *Juan* und *Amigo* steht. Im Winter 2024 zieht es *Amigo* zu seiner Liebe nach Tirol. Er bleibt jedoch Hälfteeigentümer der Liegenschaft in Mödling.

Rund ein Jahr nach *Amigos* Auszug beauftragt *Juan* ein österreichisches Unternehmen zur Behebung dringender Reparaturen an der Hausterrasse des Einfamilienhauses. Er begehrt daraufhin von *Amigo* die Übernahme der Hälfte der Reparaturkosten.

Variante: Wie im Grundfall. Allerdings vereinbaren die beiden unmittelbar nach *Amigos* Auszug, dass alle Ansprüche, die das Einfamilienhaus in Mödling betreffen, spanischem Sachrecht unterliegen sollen.

Sachverhalt der Variante 1 angelehnt an OGH 27.05.2015, 6 Ob 29/15f; auf derselben Entscheidung aufbauender Fall auch bei *Lurger/Melcher*, IPR[4] Rz 5/68.

Es liegt unzweifelhaft ein Sachverhalt mit Auslandsbezug vor. Zudem ist der Anwendungsbereich der Rom II-VO vollumfänglich eröffnet (siehe Fälle 60 ff).

Eine Rechtswahl wurde laut Sachverhalt im Grundfall nicht getroffen. Der behauptete Ersatzanspruch *Juans* (in Ö: § 1037 ABGB) betrifft die Frage einer Geschäftsführung ohne Auftrag (nachstehend: „*GoA*") und ist eigenständig nach **Art 11 Rom II-VO** objektiv anzuknüpfen. Auch der Begriff der GoA ist vertragsautonom auszulegen. Charakteristika sind das Tätigkeitwerden in einem fremden Geschäftskreis im Interesse des Geschäftsherrn (**objektives Element**) sowie der Wille zur Fremdgeschäftsführung (**subjektives Element**). Das GoA-Statut des Art 11 Rom II-VO umfasst sämtliche Folgen einer GoA, wie allfällige Aufwandersatz-, Schadenersatz-, Herausgabe- und Entlohnungsansprüche.

Art 11 Rom II-VO sieht eine **mehrstufige Anknüpfungsleiter** vor, die im Wesentlichen der Anknüpfungsreihenfolge des Art 10 Rom II-VO entspricht. Primär unterliegt die GoA somit jenem Sachrecht, das auf **bestehendes Rechtsverhältnis** zwischen den Parteien, das eine **enge Verbindung zur GoA** aufweist, Anwendung findet (Art 11 Abs 1 Rom II-VO). Existiert kein solches Rechtsverhältnis (zB aus Vertrag oder unerlaubter Handlung), so ist auf den **gemeinsamen gewöhnlichen Aufenthaltsort** abzustellen (Art 11 Abs 2 Rom II-VO). Gibt es diesen nicht, gilt das Sachrecht jenes Staates, in dem die **Geschäftsführung erfolgte** (wohl hM: Handlungsort; Art 11 Abs 3 Rom II-VO). Abschließend sieht Art 11 Abs 4 Rom II-VO eine **Ausweichklausel** vor, falls die GoA eine offensichtliche engere Verbindung zum Sachrecht eines von Art 11 Abs 1-3 Rom II-VO abweichenden Staates aufweist.

Im Grundfall wird *Juan* durch die dringend vorgenommenen Reparaturarbeiten sowohl in seiner Sphäre als auch im Geschäftskreis und Interesse von *Amigo* als Hälfteeigentümer tätig (objektives Element der GoA). Zudem ist auch der Fremdgeschäftsführungswille in Hinblick auf *Amigos* Hälfteanteil (subjektives Element der GoA) zu bejahen. Die zeitgleiche Verfolgung eigener Interessen schadet nicht. Mangels Rechtswahl ist die **objektive Anknüpfung** nach Art 11 Rom II-VO vorzunehmen. Es ist also primär zu prüfen, ob zwischen den Parteien bereits ein Rechtsverhältnis besteht, zu dem die GoA eine enge Verbindung aufweist (Art 11 Abs 1 Rom II-VO). Zwischen *Juan* und *Amigo* liegt ein bestehendes Rechtsverhältnis in Form einer Miteigentumsgemeinschaft (in Ö: §§ 825 ff ABGB) vor, das wiederum in einer engen Verbindung zur GoA steht, weil diese gerade die Verwaltung des gemeinsamen Miteigentums betrifft. Die Miteigentumsgemeinschaft beurteilt sich aufgrund der Lage der Liegenschaft in Österreich nach österreichischem Sachrecht (§ 31 IPRG: *lex rei sitae*). Aufgrund der akzessorischen Anknüpfung ist auf alle Ansprüche aus der GoA somit österreichisches Sachrecht anwendbar.

Variante: *Juan* und *Amigo* haben eine **Rechtswahl** „*vor Eintritt des schadensbegründenden Ereignisses*" (hier: Vornahme der Geschäftsführungshandlung ohne Auftrag in Form der Terrassenreparatur) getroffen (Art 14 Abs 1 lit b Rom II-VO). Zur Gültigkeit einer solchen Rechtswahl müssen zwei Voraussetzungen erfüllt sein: Die Rechtswahl muss 1.) frei ausgehandelt worden sein und ihre Parteien müssen 2.) einer kommerziellen Tätigkeit nachgehen, was bedeutet, dass die Parteien zum Zeitpunkt des Abschlusses der Rechtswahlvereinbarung in Ausübung ihrer selbständigen beruflichen oder gewerblichen Tätigkeit handeln müssen (hierzu bereits Fall 65). Die Rechtswahlvereinbarung wurde zwar frei ausverhandelt, allerdings fehlt im Sachverhalt jeglicher Hinweis zugunsten der Annahme, dass *Juan* und *Amigo* zum Zeitpunkt des Abschlusses der Rechtswahlvereinbarung und in Bezug auf die Verwaltung der Liegenschaft einer kommerziellen Tätigkeit nachgingen. Es wurde im Ergebnis keine gültige Rechtswahl getroffen, weshalb der Anspruch nach Art 11 Rom II-VO objektiv anzuknüpfen ist (siehe dazu den Grundfall).

Juan und *Amigo* können allenfalls nach der Vornahme der Geschäftsführung ohne Auftrag eine neue Rechtswahlvereinbarung schließen (Art 14 Abs 1 lit a Rom II-VO).

Lernhinweis: Die Anknüpfungsleiter in Art 11 Rom II-VO ist hinsichtlich ihrer Struktur und Formulierung nahezu ident zu Art 10 Rom II-VO.

Literatur: *Zöchling-Jud/Aspöck*, IPR[3] 41; *Lurger/Melcher*, IPR[4] Rz 5/65 ff; *Perner/Spitzer/Kodek*, BR[7] 727 f; *Kerschner/Wagner/Aigner*, IPR[6] Rz 16/79 ff; *Verschraegen*, IPR Rz 678 ff; *Schacherreiter* in *Beig/Graf-Schimek/Grubinger/Schacherreiter*, Rom II-VO 85 ff; *Ofner*, ZfRV 2008, 13 (20).

Fall 76 *(Ehgartner)*

Schwerpunkte: Geschäftsführung ohne Auftrag, Rückabwicklung eines unwirksamen Vertrages

Am 31.12.2022 verstirbt die österreichische Staatsbürgerin *Gerlinde* in ihrer Wohnung in Österreich. Da kein Testament errichtet wurde und keine Erben bekannt sind, fordert der Gerichtskommissär die unbekannten Erben mittels öffentlicher Bekanntmachung dazu auf, ihre Ansprüche binnen sechs Monaten geltend zu machen. Diese öffentliche Bekanntmachung sieht die als gewerbliche Erbensucherin tätige *A-GmbH* (Hauptverwaltungssitz in Wien), die daraufhin sofort mit der Suche nach den potenziellen Erben beginnt. Nach umfangreichen Recherchetätigkeiten in Österreich (und zu geringerem Teil auch in Deutschland) kann die *A-GmbH Gerlindes* Halbschwester *Birgit* als gesetzliche Erbin ausfindig machen. *Birgit* ist deutsche Staatsangehörige und lebt seit Jahren in Hannover (Deutschland).

Die *A-GmbH* teilt *Birgit* mit, dass sie Erbin einer in Österreich verstorbenen Person sei. Gegen Abschluss einer Honorarvereinbarung iHv 40 % des Wertes der Verlassenschaft ist die *A-GmbH* bereit, nähere Informationen zur Erbschaft preiszugeben. *Birgit* schlägt das Angebot aus. Stattdessen recherchiert sie selbst, woraufhin sie die öffentliche Bekanntmachung des Gerichtskommissärs entdeckt. *Birgit* meldet sich bei ihm. Letztlich fällt ihr die gesamte Verlassenschaft zu. Die *A-GmbH* ist empört: Ohne ihre umfangreichen Recherchen und die Kontaktaufnahme unter Verweis auf eine potenzielle Erbschaft in Österreich hätte *Birgit* nie von der Verlassenschaft erfahren.

Variante: *Birgit* ist in finanziellen Schwierigkeiten, was die *A-GmbH* weiß. In der Hoffnung auf eine gut dotierte Verlassenschaft unterzeichnet *Birgit* notgedrungen die überteuerte Honorarvereinbarung und leistet sogleich eine Anzahlung von € 5.000,–. Schon wenige Stunden nach Vertragsabschluss hat der Gerichtskommissär *Birgit* selbstständig als gesetzliche Erbin ausgemacht und klärt sie über die Verlassenschaft auf. *Birgit* fühlt sich von der *A-GmbH* ausgenutzt und verlangt ihr Geld zurück, indem sie sich auf eine ungerechtfertigte Ausbeutung ihrer finanziellen Notlage beruft.

Hinweis: Die österreichische *A-GmbH* übt in allen Konstellationen ihre gewerbliche Tätigkeit in Österreich und Deutschland aus.

Grundsachverhalt und Variante 1 angelehnt an LG München I 18.04.2013, 10 O 6084/12; Variante 2 angelehnt an LGZ Wien 23.04.2020, 34 R 28/20z.

Vorbemerkung zum materiellen Recht: Das Geschäftsmodell der gewerblichen Erbensucher war bereits mehrere Male Gegenstand von höchstgerichtlichen Entscheidungen in Österreich und Deutschland. Die in der Lehre teils kritisch gewürdigte Judikatur des OGH gewährt dabei den Erbensuchern einen Aufwandersatzanspruch nach § 1037 ABGB, wenn die ausgeforschten Erben nicht bereit sind, einen Vertrag mit den Erbensuchern abzuschließen. Anders judiziert der deutsche BGH, der den Erbensuchern keinen Aufwandersatz nach den Regeln der GoA zuerkennt.

Grundfall: Es liegt ein Sachverhalt mit Auslandsbezug vor. Der Anwendungsbereich der Rom II-VO ist dabei vollumfänglich eröffnet (Fälle 60 ff).

Mangels Rechtswahl erfolgt eine objektive Anknüpfung nach **Art 11 Rom II-VO**, weil die Tätigkeiten der *A-GmbH* autonom als Geschäftsführung ohne Auftrag nach Art 11 Rom II-VO zu qualifizieren sind. Art 11 Abs 1 Rom II-VO ist nicht einschlägig: Denn zwischen *Birgit* und der *A-GmbH* existiert kein bestehendes Rechtsverhältnis, an das akzessorisch angeknüpft werden könnte. Mangels gewöhnlichen Aufenthalts im selben Staat ist auch Art 11 Abs 2 Rom II-VO unanwendbar: *Birgit* lebt in Deutschland, der Ort der Hauptverwaltung der *A-GmbH* liegt aber in Österreich (Art 23 Abs 1 Rom II-VO). Es ist somit subsidiär nach Art 11 Abs 3 Rom II-VO vorzugehen: Erfolgt die Geschäftsführung – so wie im vorliegenden Fall – sukzessiv in mehreren Staaten, ist nach wohl hM das Sachrecht jenes Staates anwendbar, an dem die Geschäftsführung begonnen hat. Laut Sachverhalt ist davon auszugehen, dass die *A-GmbH* ihre Tätigkeiten zunächst von Österreich aus ausgeführt hat, weshalb österreichisches Sachrecht auf alle erhobenen Ansprüche zur Anwendung gelangt. Zu diesem Ergebnis gelangt man auch, wenn man alternativ auf den Schwerpunkt der Geschäftsführungstätigkeiten abstellen will.

Die Bezugnahme auf die Ausweichklausel des Art 11 Abs 4 Rom II-VO ist mangels näherer Hinweise im Sachverhalt ausgeschlossen, zumal diese Bestimmung nach hL restriktiv auszulegen ist.

Variante: Der behauptete **Wucher** (in Ö: § 879 Abs 2 Z 4 ABGB) betrifft die Frage nach der materiellen Wirksamkeit des Rechtsgeschäfts, weshalb sie nach Art 10 Abs 1 Rom I-VO zu beurteilen ist. Nach dieser *„bootstrap rule“* (= dem hypothetischen Vertragsstatut) ist hierfür jenes Sachrecht heranzuziehen, das für den Fall der Wirksamkeit des Honorarvertrages maßgeblich wäre (Fälle 52 ff). Es erfolgt im konkreten Fall also ein Vorgriff auf das nach Art 6 Abs 1 lit a Rom I-VO zur Anwendung berufene deutsche Sachrecht, weil die *A-GmbH* ihre Geschäftstätigkeit auch in Deutschland entfaltet, wo die Verbraucherin *Birgit* lebt (zum Verbraucherstatut oben Fälle 39 f).

Birgits Rückforderungsanspruch (in Ö: § 877 ABGB iVm § 7 WucherG) dient der Rückabwicklung eines Vertrages, der dem Anwendungsbereich der Rom I-VO unterfällt. Deshalb unterliegt er nach Art 12 Abs 1 lit e Rom I-VO dem Vertragsstatut, also dem Sachrecht jenes Staates, das auf die Honorarvereinbarung Anwendung findet. Wie zuvor ausgeführt, beurteilt sich dieser Vertrag nach deutschem Sachrecht, weshalb dies auch für den bereicherungsrechtlichen Rückforderungsanspruch gilt. Die Anwendung der Rom II-VO ist aufgrund der *lex specialis*-Regel des Art 12 Abs 1 lit e Rom I-VO ausgeschlossen (Fall 73).

Literatur: *Zöchling-Jud/Aspöck*, IPR[3] 41; *Lurger/Melcher*, IPR[4] Rz 5/65 ff; *Perner/Spitzer/Kodek*, BR[7] 727 f; *Kerschner/Wagner/Aigner*, IPR[6] Rz 16/79 ff; *Verschraegen*, IPR Rz 678 ff; *Schacherreiter in Beig/Graf-Schimek/Grubinger/Schacherreiter*, Rom II-VO 85 ff. Zum materiellen Recht der Erbensuche *Fötschl*, ecolex 2014, 405; *Meissel*, NZ 2014, 397; *Verschraegen* in FS Fenyves 379 (379 ff); *Lovrek* in FS Fischer-Czermak 449 (449 ff).

F. Sachenrecht

I. Erwerb und Verlust dinglicher Rechte an körperlichen Sachen

Fall 77 *(Heindler/Galehr)*

Schwerpunkte: Kauflieferung über die Grenze, *res in transitu*, Zurückbehaltungsrecht, *renvoi*

Niklas bestellt bei der in Frankreich ansässigen *Biniglou Sàrl*, einer Gesellschaft französischen Rechts, technische Ausrüstungsgegenstände für sein österreichisches Unternehmen mit Sitz in Wien. Die Parteien vereinbaren die Anwendung österreichischen Rechts unter Ausschluss des UN-Kaufrechts.

Nach Abschluss des Kaufvertrags (ohne Eigentumsvorbehalt) wird die Ware im Lager in Lyon (Frankreich) verpackt und in einen LKW der *Biniglou Sàrl* verladen. Die Ware soll über Deutschland zu *Niklas* nach Wien transportiert werden. Während der LKW in Deutschland ist, erfährt *Antoine*, ein Mitarbeiter der *Biniglou Sàrl*, von einer Kollegin in der lokalen Niederlassung in Österreich, dass *Niklas* ausstehende Reparaturrechnungen noch nicht beglichen hat. *Antoine* teilt *Niklas* daraufhin mit, dass die Ware bis auf Weiteres in Deutschland zwischengelagert werden soll und instruiert den Fahrer des LKW entsprechend. Sollten Zweifel daran bestehen, dass die Ware noch im Eigentum der *Biniglou Sàrl* stehe, würde diese von ihrem unternehmerischen Zurückbehaltungsrecht Gebrauch machen.

Niklas teilt *Antoine* daraufhin mit, dass er Eigentümer der Ware sei. Auch das Zurückbehaltungsrecht könne nicht geltend gemacht werden. Er erhebt gegen die *Biniglou Sàrl* Klage auf Ausfolgung seines Eigentums beim prorogierten Handelsgericht Wien.

Welchem Recht unterliegen der dingliche Anspruch und der Anspruch auf Zurückbehaltung?

Hinweise: Nach Art 1196 des französischen Code civil geht Eigentum in Ermangelung einer anderslautenden Vereinbarung bereits im Zeitpunkt des Vertragsabschlusses über. Dingliche Rechte an Mobilien unterstehen seit einer Entscheidung der Cour de cassation vom 19.03.1872 entgegen Art 3 Code civil, der nur Immobilien erfasst, der *lex rei sitae*.

Das deutsche Kollisionsrecht unterstellt *res in transitu* der Ausweichklausel in Art 46 EGBGB (umstritten), die auf die engste Verbindung abstellt.

Der Eigentumserwerb an der Ware unterliegt dem Recht jenes Staates, in dem sich die Sachen bei Vollendung des dem Erwerb zugrunde liegenden Sachverhalts befinden (§ 31 Abs 1 IPRG). Ungeachtet des gemäß Art 3 Rom I-VO für den Kaufvertrag wirksam gewählten Rechts unterliegt die Anknüpfung sachenrechtlicher Fragen dem nationalen IPR. Nach französischem Sachrecht geht Eigentum an Sachen bei Einigung der Parteien über, ohne dass es einer rechtlichen Erwerbsart im Sinne des ABGB bedarf. Im Zeitpunkt der Einigung befindet sich die Sache in Frankreich. Auf den Eigentumserwerb ist daher französisches Recht anzuwenden.

Nach § 5 Abs 1 IPRG umfasst die Verweisung auf eine fremde Rechtsordnung auch deren Verweisungsnormen (**Gesamtverweisung**). Demnach ist zu prüfen, ob das französische Kollisionsrecht die Verweisung annimmt, eine Weiterverweisung ausspricht, oder auf österreichisches Sachrecht zurückverweist. Für den Erwerb beweglicher Sachen ist nach französischem IPR das Recht jenes Staates anzuwenden, in dem sich die Sache befindet. Damit liegt aus österreichischer Sicht eine Annahme der Gesamtverweisung vor. Der Eigentumserwerb unterliegt somit französischem Sachrecht. Nach französischem Sachrecht hat *Niklas* Eigentum an der Ware erworben.

Die Begründung eines **Zurückbehaltungsrechts** ist ein eigenständiger Vorgang und vom Eigentumserwerb unabhängig anzuknüpfen. Infolge der zumindest beschränkten *erga omnes*-Wirkung des kaufmännischen oder unternehmerischen Zurückbehaltungsrechts scheidet uE eine schuldrechtliche Qualifikation, die eine vorrangige Anwendung des unionsrechtlichen IPR zur Folge hätte, aus. Stattdessen unterliegen dinglich wirkende Zurückbehaltungsrechte mit zumindest beschränkter *erga omnes*-Wirkung dem **Sachenstatut**. Die Begründung eines Zurückbehaltungsrechts unterliegt daher dem Recht jenes Staates, in dem sich die Sachen bei Vollendung des dem Erwerb zugrunde liegenden Sachverhalts befinden (§ 31 Abs 1 IPRG). Grundsätzlich befindet sich die Sache bei Geltendmachung des Zurückbehaltungsrechts in Deutschland, womit gemäß § 31 Abs 1 IPRG deutsches Recht anzuwenden wäre. Allerdings ist Deutschland nur der vorübergehende Lageort (***res in transitu***). Für *res in transitu* besteht eine Ausnahme von der Lageortanknüpfung auf der Grundlage des § 1 IPRG. Abweichend von der *situs*-Regel ist auf den Erwerb und den Verlust dinglicher Rechte das Recht des Bestimmungsstaates anzuwenden.

Zwar ist umstritten, ob bei bloß einem **Transitland** bereits ein gleitender Lageort anzunehmen ist, allerdings bestehen ohnedies Ausnahmen für *ipso iure* eintretende Sachenrechtsänderungen, wie gesetzliche Pfand- und Zurückbehaltungsrechte, die auch bei ***res in transitu*** nach dem (flüchtigen) Belegenheitsrecht anzuknüpfen sind (vgl auch § 33 Abs 2 IPRG). Da es sich beim kaufmännischen oder unternehmerischen Zurückbehaltungsrecht um ein gesetzliches Recht handelt, greift die Ausnahme von der Anknüpfung der ***lex rei sitae*** nicht. Der Erwerb des Zurückbehaltungsrechts unterliegt demnach dem (flüchtigen) *situs*-Recht.

Somit ist deutsches Recht als das Recht jenes Belegenheitsstaates anzuwenden, in dem die Verkäuferin versucht, ein Zurückbehaltungsrecht zu begründen.

Nach § 5 Abs 1 IPRG umfasst die Verweisung auf eine fremde Rechtsordnung auch deren Verweisungsnormen (**Gesamtverweisung**). Demnach ist zu prüfen, ob das deutsche Kollisionsrecht die Verweisung annimmt.

Bei dieser Prüfung ist das deutsche Kollisionsrecht, wie es in Deutschland judiziert wird, anzuwenden (§ 3 IPRG). Die österreichischen Gerichte müssen daher insbesondere auf die Rsp der deutschen Gerichte Bedacht nehmen und, sofern es an einschlägiger Judikatur mangelt, auch jene Methoden und Quellen wie Fachliteratur heranziehen, die deutsche Gerichte ihren Urteilen zugrunde legen würden. Das deutsche Kollisionsrecht unterstellt *res in transitu* Art 46 EGBGB (strittig). Art 46 EGBGB ist eine Ausweichklausel und knüpft an die engste Verbindung an. Auch bei nur einem Transitland kommt Art 46 EGBGB zur Anwendung. Allerdings knüpft die überwiegende Ansicht in Deutschland gesetzliche Pfand- und Zurückbehaltungsrechte bei *res in transitu* ebenfalls nach dem (flüchtigen) *situs*-Recht an. Damit liegt aus österreichischer Sicht eine Annahme der Verweisung vor. Das Entstehen des kaufmännischen Zurückbehaltungsrechts unterliegt daher deutschem Sachrecht.

Lernhinweis: Nach einer anderen Ansicht ist bei Kauflieferungen über die Grenze § 31 Abs 1 IPRG auf den Eigentumserwerb (*in casu* nach französischem Recht) nicht anzuwenden und stattdessen das Recht am Bestimmungsort maßgeblich. Folgt man dieser Ansicht, ist das österreichische Sachrecht anzuwenden und, weil kein Besitzkonstitut vereinbart wurde, ein Eigentumsübergang nicht erfolgt; die Ware stünde noch im Eigentum der *Biniglou Sàrl.* Die Entscheidung des OGH 20.07.1989, 8 Ob 703/88 kann allerdings bezogen auf den Beispielfall nicht als Beleg für diese andere Ansicht herangezogen werden, weil in dem vom OGH zu beurteilenden Sachverhalt lediglich strittig war, ob österreichisches Recht nach dem erfolgten Eintritt in den Bestimmungsstaat zum Eigentumserwerb nach Maßgabe des österreichischen Rechts führen kann. Im Beispielfall ist die Ware hingegen weder einem fremden Transporteur übergeben worden, noch ist sie im fraglichen Zeitpunkt bereits in Österreich eingetroffen. Der Bejahung des Eigentumserwerbs nach dem maßgeblichen ausländischen Recht steht die Entscheidung des OGH 20.07.1989, 8 Ob 703/88 nicht entgegen.

Literatur: *Egglmeier-Schmolke/Graf-Wintersberger*, IPR 200; *Heindler* in *Rummel/Lukas/Geroldinger*, ABGB[4] § 31 IPRG Rz 65 ff; *Lurger/Melcher*, IPR[4] Rz 6/2, 6/16; *Neumayr* in KBB[7] § 31 IPRG Rz 3; *Nitsch* in *Laimer*, IPR-Praxiskommentar § 31 IPRG Rz 3; *Verschraegen*, IPR Rz 756, 775, 777 f; *Zöchling-Jud/Aspöck*, IPR[3] 47.

Fall 78 — *(Heindler/Galehr)*
Schwerpunkte: Ersitzung, *renvoi*

Laura studiert in Österreich Chemie. In der Garderobe des Labors verwechselt sie ihre Jacke mit jener ihrer Kollegin *Elena. Laura*, die sich in der Türkei eine gefälschte Markenjacke gekauft hat, nimmt die sündteure Originaljacke von *Elena* irrtümlich an sich. *Elena* bemerkt die Verwechslung nicht und verwendet nun die gefälschte Markenjacke. Vier Jahre später endet das Studium in Österreich und *Laura* übersiedelt nach Düsseldorf (Deutschland). Gleich beim ersten Heimatbesuch nach vier Wochen kommt am Weihnachtsmarkt in Wien die Verwechslung der Jacke ans Licht. Als die überraschte *Laura* sich weigert, die Jacke zurückzugeben, nimmt *Elena* die Jacke kurzerhand an sich. Nach längeren Überlegungen erhebt *Laura* Klage beim Bezirksgericht Leopoldstadt, dem Wohnsitzgericht von *Elena.* Sie möchte die Jacke zurückhaben und die Eigentumsfrage gerichtlich klären.

Variante: *Katharina* studiert in Deutschland Chemie. In der Garderobe des Labors verwechselt sie ihre Jacke mit jener ihrer Kollegin *Sophia. Katharina*, die sich in der Türkei eine gefälschte Markenjacke gekauft hat, nimmt die sündteure Originaljacke von *Sophia* irrtümlich an sich. *Sophia* bemerkt die Verwechslung nicht und nimmt die gefälschte Markenjacke an sich. Vier Jahre später endet das Studium in Deutschland. *Katharina* erhält eine Stelle als Universitätsassistentin in Barcelona und lebt fortan in Spanien. 26 Monate später erhält *Katharina* eine Anstellung in Klagenfurt (Österreich) und übersiedelt dorthin. Vier Wochen später besucht sie *Sophia* in Deutschland. Dabei kommt die Verwechslung der Jacke ans Licht. Die überraschte *Katharina* weigert sich jedoch, die Jacke zurückzugeben. Sie hatte sie die letzten Jahre immer bei sich, möchte sie behalten und reist mit ihr wieder zurück nach Klagenfurt. *Sophia* erhebt daraufhin Klage beim Bezirksgericht Klagenfurt, dem Wohnsitzgericht von *Katharina*.

Hinweise: § 872 BGB lautet: „*Wer eine Sache als ihm gehörend besitzt, ist Eigenbesitzer*".

§ 937 Abs 1 BGB lautet: „*Wer eine bewegliche Sache zehn Jahre im Eigenbesitz hat, erwirbt das Eigentum (Ersitzung)*".

Art 10 des spanischen Código Civil lautet (deutsche Übersetzung): „*Besitz, Eigentum und andere Rechte an Grundstücken sowie deren Publizität richten sich nach dem Recht des Ortes, an dem sie sich befinden. Das gleiche Recht gilt für bewegliche Sachen* (…)."

Art 1955 des spanischen Código Civil lautet (deutsche Übersetzung): „*Das Eigentum an beweglichen Sachen wird durch ununterbrochenen Besitz von drei Jahren in gutem Glauben begründet.*"

Welchem Recht unterliegen die dinglichen Ansprüche?

Der Eigentumserwerb, auch der originäre Erwerb von Eigentum durch **Ersitzung**, unterliegt dem Recht jenes Staates, in dem sich die Sachen bei Vollendung des dem Erwerb zugrunde liegenden Sachverhalts befinden (§ 31 Abs 1 IPRG). Nach österreichischem Sachrecht wird eine bewegliche Sache durch dreijährigen rechtlichen Besitz ersessen.

Da sich die Jacke während des gesamten für den Eigentumserwerb durch **Ersitzung** maßgeblichen Zeitraums in Österreich befindet, ist gemäß § 31 Abs 1 IPRG österreichisches Sachrecht auf den Eigentumserwerb durch Ersitzung anzuwenden. Das gilt auch für die übrigen Voraussetzungen der Ersitzung, wie die kontinuierliche Besitzausübung und die Qualifikation des Besitzes, hier insbesondere die fehlende Rechtmäßigkeit. Das von § 31 Abs 1 IPRG berufene Recht ist auch für die Beweislast und allfällige Hemmung der Ersitzungszeit, wie etwa bei Stillstand der Rechtspflege, maßgeblich. Nach dem anwendbaren österreichischen Sachrecht ist eine Ersitzung nicht erfolgt, weil ein gültiger Titel fehlt (§ 1461 ABGB) und die für die uneigentliche Ersitzung erforderliche Ersitzungszeit von dreißig Jahren (§ 1477 ABGB) noch nicht erreicht ist.

Variante: Da in Deutschland die Ersitzungsfrist für bewegliche Sachen zehn Jahre beträgt, ist der Erwerbstatbestand nach vier Jahren noch nicht abgeschlossen. Deutsches Recht kommt damit gemäß § 31 Abs 1 IPRG zunächst nicht zur Anwendung. In Spanien beträgt die Ersitzungsfrist für bewegliche Sachen bei Gutgläubigkeit drei Jahre. Daher ist auch der Erwerbstatbestand in Spanien nach 26 Monaten noch nicht abgeschlossen, weshalb spanisches Recht gemäß § 31 Abs 1 IPRG zunächst ebenfalls nicht anzuwenden ist. Weder spanisches noch deutsches Recht verlangen jedoch für die Ersitzung rechtmäßigen Besitz, weshalb eine Ersitzung – abgesehen vom Fristerfordernis – grundsätzlich in Frage kommen würde.

Setzt sich ein Sachverhalt aus zeitlich einander folgenden Tatsachen zusammen und hat die Sache während dieser Zeit die Lage gewechselt, entscheidet über den Erwerb des dinglichen Rechts die aktuellste ***lex rei sitae***. Die Erfordernisse dieses Rechts müssen vorliegen, es genügt aber, dass sich einige schon unter dem alten Recht erfüllt haben (ErläutRV 784 BlgNR 14. GP 47). Da sich die Sache zuletzt in Österreich befindet, könnten die Ersitzungszeiten in Deutschland und Spanien hineingerechnet werden. Da die kurze Ersitzung jedoch einen rechtmäßigen Besitz erfordert, kommt eine eigentliche Ersitzung wegen des fehlenden Titels nicht in Betracht. Die uneigentliche **Ersitzung** erfordert dreißigjährigen Besitz (§ 1477 ABGB), weshalb auch unter Einrechnung der ausländischen Ersitzungszeiten keine Ersitzung erfolgt ist.

Abweichend von der Schilderung in den Materialien zum IPRG ist es allerdings überzeugend, bereits zu prüfen, ob nicht nach spanischem Recht eine Ersitzung unter Einrechnung der Ersitzungszeit in Deutschland erfolgt ist, die in Österreich anzuerkennen wäre. Dies ist der Fall, weil die Ersitzung beweglicher Sachen nach spanischem Recht dreijährigen gutgläubigen Besitz, aber keinen Titel erfordert. Die Ersitzungszeit in Deutschland wird schlicht in absoluten Zahlen angerechnet, sodass bereits mit Verbringung der Jacke nach Spanien gemäß spanischem Recht Eigentum erworben würde, ansonsten aber jedenfalls die fehlenden zehn Monate der spanischen Ersitzungsfrist aus der Ersitzung in Deutschland angerechnet werden könnten.

Zu beachten ist noch, dass § 31 Abs 1 IPRG eine **Gesamtverweisung** bildet (§ 5 IPRG) und zu prüfen ist, ob das spanische Kollisionsrecht die Verweisung annimmt, auf eine andere Rechtsordnung weiterverweist oder eine Rückverweisung ausspricht. Art 10 des spanischen Código Civil knüpft an das Recht am Lageort an, sodass eine Annahme der Verweisung vorliegt und spanisches Sachrecht zur Anwendung kommt.

Lernhinweis: Das Beispiel zeigt, dass die Anknüpfung gemäß § 31 Abs 1 IPRG einen Zirkelschluss enthält. Die Anwendung einer Rechtsordnung ist vom Ergebnis des Sachrechts abhängig. Das kann zu Normenmängeln und Normenhäufung führen, etwa wenn sowohl nach spanischem als auch nach deutschem Sachrecht grundsätzlich die Ersitzungsfrist erfüllt wäre.

Die Anrechnung ausländischer Ersitzungszeiten ist bei näherer Betrachtung, entgegen der überwiegenden Ansicht und den Ausführungen in den Materialien und entgegen der Anordnung des Verweisungsrechts in Deutschland (Art 43 Abs 3 EGBGB), eine Frage der Auslegung des Sachrechts. Allein das materielle Verjährungsrecht kann entscheiden, ob eine ausländische Ersitzung in ihrer Wirkung einer inländischen Ersitzung gleichkommt. Ähnliche Regelungen finden sich sogar *expressis verbis* im ABGB (§ 1475). Auch der OGH hat allein unter sachrechtlichen Erwägungen entschieden, dass bei Verbringung der Sache ins Ausland keine Hemmung der Verjährungszeit eintritt (OGH 26.06.2007, 10 Ob 44/07d). Dem OGH ist dahingehend beizupflichten, dass die Beachtung ausländischer Verjährungsfristen keine kollisionsrechtliche, sondern eine sachrechtliche Beurteilung der zuständigen *lex rei sitae* erfordert. Es ist uE daher eine Frage der Auslegung des berufenen spanischen Sachrechts, ob und auf welche Weise die vorangehende Ersitzungszeit in Deutschland für das Erreichen der spanischen Frist angerechnet werden kann. Die vorab dargestellte kollisionsrechtliche Lösung der Anrechnungsfrage basiert auf der überwiegenden Ansicht, die aber uE unzutreffend ist.

Literatur: *Egglmeier-Schmolke/Graf-Wintersberger*, IPR 200; *Heindler* in *Rummel/Lukas/Geroldinger*, ABGB[4] § 31 IPRG Rz 27; *Kerschner/Wagner/Aigner*, IPR[6] Rz 16/89 f; *Lurger/Melcher*, IPR[4] Rz 6/8 f; *Neumayr* in KBB[7] § 31 IPRG Rz 1; *Nitsch* in *Laimer*, IPR-Praxiskommentar § 31 IPRG Rz 20; *Perner/Spitzer/Kodek*, BR[7] 729; *Zöchling-Jud/Aspöck*, IPR[3] 46.

Fall 79 *(Heindler/Galehr)*[1]
Schwerpunkte: Verlust von dinglichen Rechten, *renvoi*

Stefan ist Fabrikant im Pinzgau in Salzburg (Österreich). Seine *Pihapper GmbH*, deren Alleingesellschafter er ist, benötigt eine CNC-Maschine, die er bei *Karl* in Dänemark bestellt. Zu Finanzierungszwecken wird auf der Grundlage des für die Finanzierung gewählten österreichischen Rechts bestimmt, dass die *Hausa Bank* mit Sitz in Salzburg (Österreich) den Kaufpreis direkt an *Karl* bezahlt. Mit ihm hat sie die Einlösung des Kaufpreises sowie den Eintritt in die Rechtsposition von *Karl* vereinbart. Zudem wird eine wirksame Rechtswahl zugunsten österreichischen Rechts getroffen. Der zwischen der *Pihapper GmbH* und *Karl* zuvor vereinbarte Eigentumsvorbehalt soll dadurch zwischen *Stefan* und der *Hausa Bank* gelten.

Nach Durchführung dieser Transaktion liefert *Karl* die 10 Tonnen schwere Maschine in mehreren Teilen in die Pinzgauer Fabrik der *Pihapper GmbH*. Dort wird die Maschine zusammengebaut und im Werk von *Stefan* in einem gegrabenen Fundament einbetoniert. Das Werk der *Pihapper GmbH* befindet sich auf einem Pachtgrund der *Ammertal GmbH*, deren Alleingesellschafter ebenfalls *Stefan* ist.

Zwei Jahre später muss die *Ammertal GmbH* Insolvenz anmelden. Der Masseverwalter bestreitet den Aussonderungsanspruch, den die *Hausa Bank* hinsichtlich der CNC-Maschine angesichts des erst teilweise rückgeführten Kredits geltend macht.

Hinweise: Nach dänischem Recht unterliegen dingliche Rechte an Mobilien dem Recht ihres Lageortes. Bei Exportgütern knüpfen dänische Gerichte den Erwerb jedoch nach dem Recht des Bestimmungsortes an. Auch Rechtswahlvereinbarungen sind in diesem Fall zulässig.

Ein Eigentumsvorbehalt kann nach dänischem Sachrecht begründet werden, wenn dies vor Vertragsunterzeichnung vereinbart wird, die Sache individualisierbar ist und der Kaufpreis DK 2.000,– (etwa € 270,–) übersteigt.

Welchem Recht unterliegen die dinglichen Ansprüche?

Da im vorliegenden Fall ein Insolvenzverfahren eröffnet wurde, ist zu prüfen, ob die **EuInsVO** zur Anwendung kommt (hierzu auch Fälle 150 ff). Diese ent-

[1] Wir danken Professor *Kasper Steensgaard*, PhD, Aarhus University, für wertvolle Hinweise zum dänischen Recht.

hält auch Bestimmungen über das im Verfahren anzuwendende Recht. Ihre Anwendung setzt allerdings einen grenzüberschreitenden Bezug voraus. Ein solcher kann sich aus der Anwendung ausländischen Rechts auf einen Vertrag zwischen dem Schuldner und einem Gläubiger oder auf den Erwerb eines Sicherungsrechts nach ausländischem Recht, das zu einem Aussonderungsanspruch führt, ergeben. Der Umstand, dass Dänemark nicht an die EuInsVO gebunden ist, hat für die Ermittlung des anwendbaren Rechts durch die EuInsVO keine Bedeutung.

Art 7 EuInsVO beruft für insolvenzrechtliche Fragen die ***lex fori***, also österreichisches Recht. Art 8 EuInsVO und Art 10 EuInsVO sind nicht anzuwenden, weil sich die Sache bei Verfahrenseröffnung in Österreich befindet. Auch Art 11 EuInsVO ist uE nicht anzuwenden, weil jedenfalls bei Vertragsabschluss die Maschine nicht unbeweglich im Sinne des Art 11 EuInsVO war. Allerdings ist umstritten, ob die Auslegung des Begriffes „*unbeweglicher Gegenstände*" autonom-unionsrechtlich oder nach dem Belegenheitsrecht erfolgen muss und welche Sachen konkret davon erfasst sind.

Der *lex fori* unterliegt gemäß Art 7 Abs 2 lit b EuInsVO die Frage, „*welche Vermögenswerte zur Insolvenzmasse gehören*". Dazu zählt auch der allfällige Aussonderungsanspruch der *Hausa Bank* oder der *Pihapper GmbH*, weil sich diese darauf stützen, dass die Schuldnerin aufgrund des Eigentumsvorbehalts der *Hausa Bank* oder mangels Verbindung der Sache mit der Liegenschaft nicht Eigentümerin der Maschine ist. Art 7 EuInsVO ist eine Sachnormverweisung. Daher unterliegen die dinglichen Ansprüche österreichischem Sachrecht.

Nach Art 7 EuInsVO unterliegt somit zwar der Aussonderungsanspruch österreichischem Recht als *lex fori*, **Vorfragen** sind jedoch selbständig anzuknüpfen. Dazu zählt die für das Bestehen des Aussonderungsanspruchs relevante Frage, ob die für die wirksame Begründung eines Eigentumsvorbehalts maßgeblichen Titelgeschäfte rechtsgültig abgeschlossen wurden oder ob bei Begründung des Eigentumsvorbehalts den sachenrechtlichen Vorgaben der *lex rei sitae* entsprochen wurde.

Die *Hausa Bank* und *Karl* haben das auf den Rechtsübergang anwendbare Recht gewählt. Die Anknüpfung der **notwendigen Zession** im Sinne des § 1422 ABGB ist nach überwiegender Ansicht von der Rom I-VO nicht erfasst (strittig) und unterliegt gemäß § 1 IPRG dem Recht der eingelösten Forderung (vgl § 45 IPRG alte Fassung). Diese unterliegt, soweit es Anwendung findet, dem UN-K, subsidiär kommt dänisches Sachrecht zur Anwendung (Art 4 Abs 1 lit a Rom I-VO). Allerdings ist uE eine Rechtswahl zugunsten des ohnehin für das Rechtsverhältnis zwischen Leistendem und Schuldner maßgeblichen Rechts, wie sie im vorliegenden Fall vorgenommen wurde, auch im Anwendungsbereich des IPRG zulässig, weshalb österreichisches Sachrecht anzuwenden wäre. Befürwortet man stattdessen die Anwendung des Art 15 Rom I-VO auf die Einlösung (strittig), kommt ebenfalls das auf die Beziehung zwischen der *Hausa Bank* („*Dritter*") und *Karl* („*Gläubiger*") anwendbare Recht auf den Forderungsübergang zur Anwendung, also österreichisches Sachrecht.

Die von den Parteien getroffene **Rechtswahl** betrifft jedoch nur schuldrechtliche Fragen im Sinne der Rom I-VO. Für sachenrechtliche Fragen, insbesondere für die Begründung des Eigentumsvorbehalts, ist eine Rechtswahl nicht möglich. Auch der Umstand, dass die Vereinbarung zwischen der *Pihapper GmbH* und *Karl* dem **UN-K** unterliegt, ändert daran nichts, weil dieses den Eigentumsvorbehalt nicht anspricht.

Da sich die Maschine bei Durchführung der Transaktion mit der *Hausa Bank* in Dänemark befindet, ist der Eigentumserwerb durch die *Hausa Bank* zunächst nach dänischem Recht als Lageortrecht zu beurteilen (§ 31 Abs 1 IPRG; für eine andere Ansicht, nach der bei Kauflieferungen über die Grenze § 31 Abs 1 IPRG auf den Eigentumserwerb nicht anzuwenden und stattdessen das Recht am Bestimmungsort maßgeblich sein soll, siehe Fall 77). Da es sich gemäß § 5 IPRG um eine **Gesamtverweisung** handelt, ist zu prüfen, ob dänisches Recht die Verweisung annimmt oder eine Rück- oder Weiterverweisung ausspricht. Das „*tingsstatut*" im dänischen IPR knüpft dingliche Rechte zwar nach der ***lex rei sitae*** an; für Güter, die zum Export bestimmt sind, wenden dänische Gerichte allerdings hinsichtlich der *erga omnes*-Wirkung einer Transaktion das Recht des Bestimmungslandes an. Bei der Anwendung fremden Rechts haben österreichische Gerichte das fremde Recht wie in seinem ursprünglichen Geltungsbereich anzuwenden (§ 3 IPRG), und daher auch die Rsp dänischer Gerichte zu beachten. Für die wirksame Begründung des **Eigentumsvorbehalts** *erga omnes* sowie den Übergang des Eigentumsrechts von *Karl* auf die *Hausa Bank* kommt daher österreichisches Sachrecht zur Anwendung. Da das dänische IPR die *inter partes*-Wirkung von Transaktionen der *lex contractus* unterstellt, wäre noch zu prüfen, welchem Recht solche Fragen unterliegen. Für den Kaufvertrag zwischen der *Pihapper GmbH* und *Karl* gilt zwar UN-K, dieses trifft allerdings keine Aussage zur Frage, ob der gegenständliche Eigentumsvorbehalt *inter partes* begründet werden kann. Es kommt im Übrigen, also für Fragen, die aus österreichischer Sicht sachenrechtlich und aus dänischer Sicht schuldrechtlich qualifiziert werden, zum Verweis auf das dänische internationale Vertragsrecht. Für Dänemark gilt mangels Teilnahme an der Rom I-VO weiterhin das EVÜ (siehe dazu auch Fall 36). Demnach kommt es bei Fehlen einer Rechtswahl auf den gewöhnlichen Aufenthalt jener Vertragspartei an, welche die für den Vertrag charakteristische Leistung verbringt (Art 4 Abs 2 EVÜ). Im Fall eines Kaufvertrags ist somit der gewöhnliche Aufenthalt des Verkäufers maßgeblich, weshalb dänisches Recht anwendbar ist. Die Reichweite dieser Annahme des Verweises ist jedoch gering, denn sie beschränkt sich für den vorliegenden Sachverhalt auf die Frage, ob der Eigentumsvorbehalt wirksam zustande gekommen ist. Die Frage, ob eine dafür gültige Vereinbarung zwischen *Karl* und der *Pihapper GmbH* vorliegt, ist aus österreichischer Sicht vertragsrechtlich zu qualifizieren und unterliegt ebenfalls dänischem Sachrecht (Art 4 Abs 1 lit a Rom I-VO).

Auch das dänische Sachrecht kennt das Instrument des Eigentumsvorbehalts („*ejendomsforbehold*"). Voraussetzungen für sein wirksames Zustandekommen sind nach dänischem Sachrecht die Vereinbarung vor Vertragsunterzeichnung, das

Vorliegen einer individualisierbaren Sache sowie ein Gesamtbetrag des Kaufes über DK 2.000,–. Bei Erfüllung dieser Tatbestände kann nach dänischem Sachrecht ein wirksamer Eigentumsvorbehalt begründet werden. Zunächst sind diese Tatbestände im Verhältnis zwischen der *Pihapper GmbH* und *Karl* zu prüfen. Diese Voraussetzungen sind im Sachverhalt erfüllt: Der Eigentumsvorbehalt wurde vor Unterzeichnung vereinbart und auch der erforderliche Gesamtbetrag von DK 2.000,– (entspricht etwa € 270,–) ist bei einer CNC-Maschine anzunehmen. Somit konnte der Eigentumsvorbehalt zwischen der *Pihapper GmbH* und *Karl* wirksam begründet werden.

Publizitätsvorschriften, wie der Eintrag in ein Register oder die Gewahrsame durch den Vorbehaltsverkäufer, zählen zur Wirksamkeit *erga omnes* und unterliegen österreichischem Sachrecht. Für den Übergang der Forderung an die *Hausa Bank* gilt, wie oben gezeigt, ebenfalls österreichisches Sachrecht. Dieses erfasst auch die Frage, ob Nebenrechte mit der Kaufpreisforderung auf die *Hausa Bank* übergehen. Davon ist allerdings die Frage zu unterscheiden, ob das vorbehaltene Eigentum von *Karl* auf die *Hausa Bank* im Rahmen der Vereinbarung oder *ipso iure* durch die Einlösung übergangen ist. Hierbei handelt es sich abermals um eine sachenrechtliche Frage, die § 31 Abs 1 IPRG unterliegt. Die Übertragung des Vorbehaltseigentums am Exportgut teilt sich wiederum in *inter partes*- und *erga omnes*-Aspekte. Für letztere gilt österreichisches Sachrecht aufgrund des Rückverweises durch das dänische IPR auf das Recht des Exportziellandes, für den Erwerb der *Hausa Bank* von *Karl* gilt aufgrund der nach dänischem IPR wirksamen Rechtswahl ebenfalls österreichisches Sachrecht. Da das österreichische Sachrecht einen Eigentumsübergang auf die einlösende *Hausa Bank* zulässt, ist festzuhalten, dass die *Hausa Bank* gemäß dem anwendbaren österreichischen Sachrecht wirksam Vorbehaltseigentum an der CNC-Maschine von *Karl* erworben hat.

Nun ist zu prüfen, ob das Eigentumsrecht der *Hausa Bank* mit der Lieferung nach Österreich oder dem Einbau am Grundstück der *Ammertal GmbH* untergegangen ist:

§ 31 Abs 1 IPRG ist für den Erwerb und den Verlust dinglicher Rechte maßgeblich. Es handelt sich, wie auch im verwiesenen dänischen IPR (§ 5 IPRG), um ein **starres Statut**. Die nachträgliche Änderung der für die Anknüpfung maßgeblichen Sachverhaltselemente hat keinen Einfluss auf das anwendbare Recht (vgl § 7 IPRG zum **Statutenwechsel**). Der wirksam erfolgte Eigentumserwerb durch die *Hausa Bank* ist daher während des Transports durch Deutschland nicht erneut nach deutschem Recht zu beurteilen. Vielmehr gilt für den Eigentumserwerb durch die *Hausa Bank* weiterhin österreichisches Sachrecht. Da der Kredit der *Hausa Bank* und somit der Kaufpreis erst teilweise gezahlt wurde, verfügt die *Pihapper GmbH* nach wie vor nur über ein Anwartschaftsrecht an der Maschine.

Mit dem Einbau der CNC-Maschine am Grundstück der *Ammertal GmbH* könnte allerdings ein neuer selbständiger Verlusttatbestand verwirklicht sein, der nach der betreffenden *lex rei sitae* zu beurteilen ist. Da die Maschine in Österreich einbetoniert wurde, unterliegt der mögliche Verlust des Eigentums an der Maschine österreichischem Sachrecht.

Literatur: *Egglmeier-Schmolke/Graf-Wintersberger*, IPR 145,190 ff; *Heindler* in *Rummel/Lukas/Geroldinger*, ABGB[4] § 31 IPRG Rz 53 ff, Art 14 Rom I-VO Rz 13; *Kerschner/Wagner/Aigner*, IPR[6] Rz 16/84; *Lurger/Melcher*, IPR[4] Rz 6/5; *Nitsch* in *Laimer*, IPR-Praxiskommentar § 31 IPRG Rz 30 f; *Trenker* in *Koller/Lovrek/Spitzer*, IO[2] Art 7 EuInsVO Rz 15; *Verschraegen*, IPR Rz 771; *Zöchling-Jud/Aspöck*, IPR[3] 46.

Fall 80 *(Heindler/Galehr)*
Schwerpunkte: *Bona fide*-Erwerb, *renvoi*, Heilung durch Grenzübertritt

Mariella entdeckt ein Inserat für einen günstigen Sportwagen im Internet. Der Verkäufer *David* wohnt in Rosenheim (Deutschland). *Mariella* fährt daraufhin von ihrem Heimatort Enns (Österreich) nach Rosenheim. Sie übergibt *David* den Kaufpreis in Höhe von € 18.000,– und fährt mit dem Sportwagen stolz nach Hause zurück. Den Zulassungsschein lässt sich *Mariella* von *David* nicht zeigen. Das Ausbleiben der versprochenen Nachsendung des Zulassungsscheins macht sie allerdings nervös. Nach zwei Wochen erhält *Mariella* tatsächlich Post aus Deutschland, allerdings von der deutschen Polizei. Diese teilt *Mariella* mit, dass *David* in München im Gefängnis sitze und der Sportwagen im Eigentum der deutschen *Marleas Leasing GmbH* stehe, die den Wagen an *David* nur verleast hatte. Kurz darauf teilt die *Marleas Leasing GmbH Mariella* mit, dass sie das Auto durch nochmalige Zahlung von € 18.000,–, diesmal an die *Marleas Leasing GmbH*, erwerben könne. *Mariella* ist wütend und beschließt, weitere Schreiben der *Marleas Leasing GmbH* zu ignorieren. Daraufhin erhebt die *Marleas Leasing GmbH* Klage gegen *Mariella* beim Landesgericht Steyr.

Hinweise: § 929 BGB lautet: „*Zur Übertragung des Eigentums an einer beweglichen Sache ist erforderlich, dass der Eigentümer die Sache dem Erwerber übergibt und beide darüber einig sind, dass das Eigentum übergehen soll. Ist der Erwerber im Besitz der Sache, so genügt die Einigung über den Übergang des Eigentums*".

§ 932 BGB lautet: „*(1) Durch eine nach § 929 erfolgte Veräußerung wird der Erwerber auch dann Eigentümer, wenn die Sache nicht dem Veräußerer gehört, es sei denn, dass er zu der Zeit, zu der er nach diesen Vorschriften das Eigentum erwerben würde, nicht in gutem Glauben ist. In dem Falle des § 929 Satz 2 gilt dies jedoch nur dann, wenn der Erwerber den Besitz von dem Veräußerer erlangt hatte.*

(2) Der Erwerber ist nicht in gutem Glauben, wenn ihm bekannt oder infolge grober Fahrlässigkeit unbekannt ist, dass die Sache nicht dem Veräußerer gehört".

Art 43 Abs 1 EGBGB lautet: „*Rechte an einer Sache unterliegen dem Recht des Staates, in dem sich die Sache befindet*".

Welchem Recht unterliegen die dinglichen Ansprüche?

Gemäß § 31 Abs 1 IPRG ist der Erwerb dinglicher Rechte nach dem Recht jenes Staates zu beurteilen, in dem sich die Sache bei **Tatbestandsvollendung** befindet. Zunächst ist zu prüfen, ob sich ein für einen möglichen Erwerb nach deutschem Recht denkbarer Sachverhalt ereignet hat.

Da es sich gemäß § 5 IPRG um eine **Gesamtverweisung** handelt, ist zu prüfen, ob das deutsche Kollisionsrecht die Verweisung annimmt, weiterverweist oder auf österreichisches Recht rückverweist. Der Erwerb dinglicher Rechte an beweglichen Sachen unterliegt nach deutschem Recht gemäß Art 43 Abs 1 EGBGB der *lex rei sitae*. Da die für den Eigentumserwerb relevanten Sachverhaltselemente, nämlich die dingliche Einigung, der Abschluss des Titelgeschäfts und die Übernahme des Fahrzeugs zu einem Zeitpunkt erfolgt sind, als sich das Fahrzeug in Rosenheim befunden hat, kommt deutsches Recht zur Anwendung. Das deutsche Recht nimmt die Verweisung gemäß Art 43 Abs 1 EGBGB an.

Es ist noch zu prüfen, ob mit dem Grenzübertritt oder zu einem späteren Zeitpunkt in Österreich ein Eigentumserwerb stattgefunden haben könnte, für den österreichisches Recht maßgeblich wäre. Da es allerdings keine für das österreichische Sachrecht relevanten Sachverhaltselemente in jenem Zeitraum gibt, in dem sich die Sache in Österreich befindet, ändert sich am Bestand eines dinglichen Rechts nichts. Der bloße Grenzübertritt führt zu **keinem Statutenwechsel** (§ 7 IPRG). Auch aus deutscher Sicht ist das Rechtsbestandsstatut unwandelbar, sodass ein Statutenwechsel durch Rückverweis ebenfalls nicht in Betracht kommt. Es bleibt bei der Anwendung deutschen Sachrechts.

Nach deutschem Sachrecht scheidet ein Eigentumserwerb durch Übereignung aus, weil *David* weder Eigentümer noch sonst berechtigt war (§ 929 Satz 1 BGB). Auch ein *bona fide*-Erwerb kommt nicht in Betracht, weil ein solcher Gutgläubigkeit im Sinne des § 932 Abs 2 BGB voraussetzt. Nach der Rsp des BGH (Urteil vom 01.03.2013, V ZR 92/12) muss sich der Erwerber, um sich nicht dem Vorwurf der groben Fahrlässigkeit auszusetzen, die Zulassungsbescheinigung Teil II vorlegen lassen und die Eintragungen prüfen. Die deutsche oberstgerichtliche Judikatur ist bei der Prüfung des ausländischen Rechts miteinzubeziehen, weil dieses von österreichischen Gerichten „*wie in seinem ursprünglichen Geltungsbereich anzuwenden*" ist (§ 3 IPRG).

Da nach deutschem Sachrecht kein Erwerbstatbestand vorliegt, kommt der Erwerb nicht in Betracht.

Lernhinweis: Anders betrachtet der OGH den Fall, wenn im Ausland unwirksam ein publizitätsloser Eigentumsvorbehalt begründet wird. Dann soll nach dem Grenzübertritt der Eigentumsvorbehalt wirksam werden und der (im Ausland wohl bereits erfolgte) Eigentumsübergang erneut, diesmal aber nach österreichischem Sachrecht, das kein Publizitätserfordernis kennt, beurteilt werden (OGH 13.05.1987, 1 Ob 543/87; hierzu Fall 83).

Literatur: *Egglmeier-Schmolke/Graf-Wintersberger*, IPR 195; *Heindler* in *Rummel/Lukas/Geroldinger*, ABGB[4] § 31 IPRG Rz 56; *Kerschner/Wagner/Aigner*, IPR[6] Rz 16/89; *Lurger/Melcher*, IPR[4] Rz 6/10; *Neumayr* in KBB[7] § 31 IPRG Rz 3; *Zöchling-Jud/Aspöck*, IPR[3] 44 ff.

II. Mobiliarsicherheiten

Fall 81 *(Heindler/Galehr)*
Schwerpunkt: Sicherungseigentum

> *Victoria* veranstaltet im September 2020 ein internationales Tennisturnier in Tirol und schließt mit *Moritz* einen Sponsoringvertrag ab. *Moritz* leistet die vereinbarten Sponsoringbeträge jedoch nicht. Daraufhin erwirkt *Victoria* im Dezember 2020 ein Versäumungsurteil des Bezirksgerichts Kitzbühel und pfändet zwei Sportwägen und ein Reitpferd von *Moritz*, die sich bei *Moritz* in Kufstein (Österreich) befinden.
>
> Kurz darauf wendet sich *Björn* mit einer Exszindierungsklage (§ 37 EO) gegen die Pfändung und gibt bekannt, dass ihm die Sportwägen und das Reitpferd sicherungsübereignet worden wären. Er sei mit *Moritz* bereits im November 2020 nach Deutschland gefahren. Dort seien ihm mittels Besitzkonstitut das Reitpferd und die Sportwägen sicherungsweise übertragen worden. *Björn* legt zudem Fotos vor, die *Björn* und *Moritz* mit den Sportwägen sowie dem Reitpferd vor dem Ortsschild von Kiefersfelden (Deutschland) zeigen.
>
> **Hinweis**: Nach deutschem Sachrecht ist die Begründung publizitätslosen Sicherungseigentums möglich.
>
> Welchem Recht unterliegen die dinglichen Ansprüche?

Vgl OGH 23.01.2019, 3 Ob 249/18s.

Nach § 31 Abs 1 IPRG unterliegt der Erwerb dinglicher Rechte an körperlichen Sachen dem Recht jenes Staates, in dem sich die betreffende Sache bei Vollendung des dem Erwerb zugrunde liegenden Sachverhalts befunden hat.

Der OGH hat in einer Entscheidung aus dem Jahr 2019 ausgesprochen, dass das **Publizitätserfordernis** bei Begründung von Sicherungseigentum im Ausland nach § 31 Abs 1 IPRG anzuknüpfen ist und somit ausländischem Recht unterliegt (3 Ob 249/18s). Folgt man dieser Entscheidung, ist *in casu* deutsches Recht auf die Begründung eines publizitätslosen **Sicherungseigentums** anzuwenden, weil der sicherungsweise Erwerb der Sportwägen und des Reitpferds in Deutschland stattgefunden hat und der dem Erwerb zugrunde liegende Sachverhalt in Deutschland vollendet wurde. Die nachträgliche Verbringung der Sache nach Österreich stellt keine Erwerbs- oder Verlusthandlung dar. Der Bestand des dinglichen Sicherungsrechts unterliegt somit keinem **Statutenwechsel** im Sinne des § 7 IPRG.

Gemäß § 5 Abs 1 IPRG umfasst die Verweisung auf eine fremde Rechtsordnung auch deren Verweisungsnormen (**Gesamtverweisung**). Demnach ist zu prüfen, ob das deutsche Kollisionsrecht die Verweisung annimmt, eine Weiterverweisung ausspricht oder auf das österreichische Recht zurückverweist. Das deutsche Kollisionsrecht unterstellt den Erwerb dinglicher Rechte Art 43 Abs 2 EGBGB. Nach der hA in Deutschland ist zwischen dem Rechtswirkungs- und dem Rechtsbestandsstatut zu unterscheiden. Anders als der OGH in seiner Entscheidung aus dem Jahr 2019 (OGH 23.01.2019, 3 Ob 249/18s) annimmt, knüpft die hA in Deutschland das Publizitätserfordernis nach dem Rechtswirkungsstatut an und verlangt, soweit wie möglich, eine **Transposition** in ein dingliches Recht des jeweiligen Lageortes. Aufgrund der Verweisung auf das jeweilige *situs*-Recht nach dem Rechtswirkungsstatut verweist das deutsche Recht auf das österreichische Sachrecht zurück. Das publizitätslose Sicherungseigentum muss daher in das österreichische Sachrecht transponiert werden, sobald sich die Sache in Österreich befindet. Eine Transposition in ein österreichisches dingliches Recht ist allerdings nicht möglich, weil es im österreichischen Sachrecht, abgesehen vom Eigentumsvorbehalt, der lediglich die Anschaffungskosten besichern kann (kein erweiterter Eigentumsvorbehalt), keine publizitätslosen Sicherheitenrechte gibt (Faustpfandprinzip). Soweit und solange sich die Sportwägen und das Reitpferd in Österreich befinden, besteht daher kein Sicherungsrecht des *Björn*. Zu einem anderen Ergebnis kommt man, wenn das Publizitätserfordernis nicht als inhaltliches Merkmal, sondern allein als Begründungs- oder Verlusttatbestand qualifiziert wird. Dann wäre auch die Transposition in ein Sicherungseigentum des österreichischen Sachrechts möglich.

Lernhinweis: Sowohl die Anknüpfung des OGH nach § 31 Abs 1 IPRG als auch die Anknüpfung im deutschen Kollisionsrecht (Rechtswirkungsstatut) sind teilweise strittig. In einer älteren Entscheidung hat auch der OGH die Publizitätsvorschriften nach § 31 Abs 2 IPRG dem jeweiligen *situs*-Recht unterstellt, was hier nach Überschreitung der österreichischen Grenze zur Anwendung österreichischen Sachrechts führen würde (OGH 14.12.1983, 3 Ob 126/83 (3 Ob 127/83)). Diese Ansicht wurde zuletzt kaum noch vertreten. Der OGH hat in einer weiteren Entscheidung im Jahr 2022 klargestellt, dass er an seiner in OGH 23.01.2019, 3 Ob 249/18s vertretenen Auffassung festhält (OGH 24.08.2022, 7 Ob 99/22t).

Einige Autor:innen ziehen die Gesamtverweisung (§ 5 IPRG) nicht in Betracht, schlagen aber vor, die Faustpfandpublizität als international zwingende Eingriffsnorm anzuwenden, die unabhängig vom nach den Kollisionsvorschriften maßgeblichen Recht anzuwenden ist. Vereinzelt wird vertreten, dass publizitätslose Sicherheiten gegen die Vorbehaltsklausel verstoßen (§ 6 IPRG). Bei Rechtsmissbrauch, wenn ein internationaler Sachverhalt nur künstlich hergestellt wird, also nur zum Zweck der Anwendung deutschen Rechts das Besitzkonstitut in Deutschland vereinbart wird, schlagen einige Autor:innen vor, von § 31 Abs 1 IPRG abzuweichen und stattdessen österreichisches Sachrecht als jenes Recht anzuwenden, zu dem die stärkste Beziehung besteht (§ 1 IPRG). Andere Autor:innen sehen in diesen Fällen keinen Sachverhalt mit echter Auslandsberührung und kommen auf diese Weise zur Anwendung österreichischen Sachrechts, weil die Voraussetzungen für die Anwendung des IPRG nicht vorliegen (§ 1 Abs 1 IPRG).

Nach der Ansicht mancher Autor:innen geben die Grundfreiheiten vor, dass Sicherungsrechte, die in einem EWR-Staat wirksam begründet wurden, in allen anderen EWR-Mitgliedstaaten fortbestehen. Ob ein solches Herkunftslandprinzip im Binnenmarkt die kollisionsrechtliche Anknüpfung überlagert, ist derzeit nicht geklärt.

Literatur: *Bachner*, ÖJZ 2020, 53; *Faber*, ÖBA 2019, 401; *Heindler*, ÖBA 2020, 395; *Heindler* in *Rummel/Lukas/Geroldinger*, ABGB[4] § 31 IPRG Rz 37 f; *Lurger/Melcher*, IPR[4] Rz 6/13a ff; *Neumayr* in KBB[7] § 31 IPRG Rz 3; *Nitsch*, ZfRV 2019, 250; *Zehetmayer/Ronacher*, RdW 2023, 103; *Zankl*, CB BR[11] 379 f (Fall 258).

Fall 82 *(Heindler/Galehr)*
Schwerpunkt: Sicherungseigentum

> *Erich* ist Gastwirt in Tirol. Im Juli 2022 benötigt er für sein Après-Ski-Lokal eine Möblierung. Seine Schwester *Andrea* verspricht, ihm finanziell auszuhelfen. *Erich* bestellt bei einem Tiroler Unternehmen die Inneneinrichtung, die zwei Monate später auch geliefert wird. Als der LKW mit den Möbeln und der Stube eintrifft, verlangt *Andrea*, dass man gemeinsam über die Grenze nach Garmisch-Partenkirchen (Deutschland) fahren solle, um dort zu ihren Gunsten Sicherungseigentum an der gesamten Lieferung zu begründen. Die Geschwister nehmen im LKW Platz und fahren mit dem Spediteur über die Grenze. Beim Ortsschild von Garmisch-Partenkirchen wird der Spediteur von *Erich* angewiesen, fortan für *Andrea* zu besitzen. Zu Beweiszwecken lässt sich die Gruppe von einem Einheimischen mit dem Ortsschild ablichten. Außerdem wird die Anweisung von den drei beteiligten Personen schriftlich dokumentiert.
>
> Im Januar 2024 werden Kredite fällig, die *Erich* zusätzlich von seiner Ex-Frau *Erna* erhalten hat. *Erna* verfügt bereits über einen vollstreckbaren Notariatsakt und führt Exekution in die Fahrnisse von *Erich*, darunter auch die Inneneinrichtung des Après-Ski-Lokals. Das Lokal hat *Erich* bereits seiner Tochter *Theresa* überschrieben. Hinsichtlich der Inneneinrichtung gibt *Andrea* bekannt, dass diese in ihrem Eigentum stehe.
>
> Welchem Recht unterliegt die mögliche Ausnahme des Sicherungseigentums von der Fahrnisexekution?
>
> **Hinweis**: Nach deutschem Sachrecht ist die Begründung publizitätslosen Sicherungseigentums möglich.

Nach § 31 Abs 1 IPRG unterliegt der Erwerb dinglicher Rechte an körperlichen Sachen dem Recht jenes Staates, in dem sich die Sache bei Vollendung des dem Erwerb zugrunde liegenden Sachverhalts befunden hat. Der OGH hat in einer Entscheidung aus dem Jahr 2019 ausgesprochen, dass das **Publizitätserfordernis** bei Begründung von Sicherungseigentum im Ausland nach § 31 Abs 1 IPRG anzuknüpfen ist und somit ausländischem Recht unterliegt (OGH 23.01.2019, 3 Ob 249/18s). Im Jahr 2022 hat der OGH diese Argumentation nochmals gefestigt (OGH 24.08.2022, 7 Ob 99/22t). Folgt man dieser Entscheidung, ist auf den vorliegenden Erwerb unter Einschaltung des LKW-Fahrers deutsches Recht anzuwenden, weil dieser sicherungsweise Erwerb der Inneneinrichtung in Deutschland stattgefunden hat und der dem Erwerb zugrunde liegende Sachverhalt in Deutschland vollendet wurde. Die nachträgliche Verbringung der Sache nach Österreich stellt nach dem angeführten Judikat keine Erwerbs- oder Verlusthandlung dar. Der Bestand des dinglichen Sicherungsrechts unterliegt grundsätzlich keinem **Statutenwechsel** im Sinne des § 7 IPRG.

Gemäß § 5 Abs 1 IPRG umfasst die Verweisung auf eine fremde Rechtsordnung auch deren Verweisungsnormen (**Gesamtverweisung**). Demnach ist zu prüfen, ob das deutsche Kollisionsrecht die Verweisung annimmt, eine Weiterverweisung ausspricht, oder auf das österreichische Recht zurückverweist. Das deutsche Kollisionsrecht unterstellt den Erwerb dinglicher Rechte Art 43 Abs 2 EGBGB. Nach der hA in Deutschland ist zwischen dem Rechtswirkungs- und dem Rechtsbestandsstatut zu unterscheiden. Für die **Übertragung des dinglichen Rechts** an *Andrea* in Deutschland nimmt das deutsche Recht die Verweisung an, weil für das Rechtsbestandsstatut allein das im relevanten Zeitpunkt maßgebliche Belegenheitsstatut anzuwenden ist und der Erwerbstatbestand in Deutschland vollendet wurde. Für die Einhaltung der **Publizitätsvorschriften** nach dem Grenzübertritt erfolgt hingegen eine Rückverweisung durch das Rechtswirkungsstatut, weil – anders als der OGH in seiner Entscheidung aus dem Jahr 2019 (OGH 23.01.2019, 3 Ob 249/18s) – die überwiegende Ansicht in Deutschland das Publizitätserfordernis nach dem Rechtswirkungsstatut anknüpft und verlangt, soweit möglich, eine Transposition in ein dingliches Recht des jeweiligen Lageortes vorzunehmen.

Aufgrund der Verweisung auf das jeweilige *situs*-Recht nach dem Rechtswirkungsstatut verweist das deutsche Recht auf das österreichische Sachrecht zurück. Allerdings kann auch nach österreichischem Sachrecht bei Innehabung des Sicherungsgegenstands durch eine dritte Person **Sicherungseigentum** wirksam durch Besitzanweisung begründet werden. Die Begründung von Sicherungseigentum an den sich beim Spediteur befindlichen Sachen unterliegt demnach ab dem Grenzübertritt österreichischem Sachrecht und ist bis zum Einbau im Après-Ski-Lokal wirksam.

Zu den unterschiedlichen Rechtsansichten zur Frage des besitzlosen, im Ausland wirksam begründeten Sicherungseigentums siehe im Übrigen oben Fall 81.

Mit dem Einbau im Après-Ski-Lokal wird das Sicherungsgut dem Sicherungsgeber vorbehaltlos übergeben. Die Übergabehandlung erfolgt in Österreich. Ob mit dieser Handlung ein Verlusttatbestand verwirklicht wird, ist somit nach österreichischem Sachrecht zu beurteilen. Sie führt, soweit man der Rsp des OGH zur vorbehaltlosen Rückstellung sicherungsübereigneter Gegenstände auch für den Fall der Begründung durch Besitzanweisung und der Übergabe durch den Angewiesenen folgt, zum Untergang des **Sicherungseigentums** unter Anwendung österreichischen materiellen Sachenrechts.

Ebenfalls ist österreichisches Sachrecht auf die Frage anzuwenden, ob die Inneneinrichtung durch den Einbau in dem Après-Ski-Lokal mit diesem oder allenfalls mit der Liegenschaft verbunden wird und das Sicherungseigentum durch diese Verbindung untergeht (§ 415 ABGB).

Literatur: *Egglmeier-Schmolke/Graf-Wintersberger*, IPR 196 ff; *Heindler* in *Rummel/Lukas/Geroldinger*, ABGB[4] § 31 IPRG Rz 37; *Lurger/Melcher*, IPR[4] Rz 6/13 ff; *Nitsch* in *Laimer*, IPR-Praxiskommentar § 31 IPRG Rz 33.

Fall 83 *(Heindler/Galehr)*
Schwerpunkte: Eigentumsvorbehalt, *renvoi*

Der in Vorarlberg (Österreich) ansässige Importeur *Anton* bestellt im Februar 2020 10.000 hochwertige Schutzmasken bei der *Maskula AG*, einem schweizerischen Unternehmen mit Sitz in Zürich (Schweiz). Im Kaufvertrag wird ein Eigentumsvorbehalt bis zur vollständigen Zahlung des Kaufpreises vereinbart. Hinsichtlich der Lieferbedingungen gilt die Incoterms-Klausel EXW („*Ab Werk*").

Anschließend werden die Masken von einem Vorarlberger Spediteur bei der *Maskula AG* abgeholt und an Anton ausgeliefert. Die Eintragung in das öffentliche Register am Wohnort des Erwerbers, die nach schweizerischem Sachrecht für das wirksame Zustandekommen notwendig ist, wird versäumt.

Zur Bewältigung der Coronakrise werden die Masken zunächst nach Österreich übersandt und anschließend an diverse Kleinunternehmer in Österreich verteilt. *Anton* ist mit seiner Zahlung an die *Maskula AG* rückständig. Die *Maskula AG* erwägt, die Masken in Österreich zu vindizieren.

Hinweis: Art 103 des schweizerischen IPRG lautet: „*Der Eigentumsvorbehalt an einer zur Ausfuhr bestimmten beweglichen Sache untersteht dem Recht des Bestimmungsstaates.*"

Welches Recht ist von den österreichischen Gerichten auf die Eigentumsklage anzuwenden?

Vgl OGH 13.05.1987, 1 Ob 543/87, insbesondere RIS-Justiz RS0076727.

Gemäß § 31 Abs 1 IPRG unterliegt der Erwerb und Verlust dinglicher Rechte an körperlichen Sachen dem Recht jenes Staates, in dem sich die Sache bei Vollendung des dem Erwerb zugrunde liegenden Sachverhalts befunden hat.

Bei einem wirksamen **Eigentumsvorbehalt** liegt kein Erwerb vor. Vielmehr bleibt die vorbehaltene Sache im Eigentum des Verkäufers, während der Vorbehaltseigentümer mit vollständiger Kaufpreiszahlung Eigentum erwirbt und vorerst, jedenfalls nach österreichischem Sachrecht, nur über ein Anwartschaftsrecht verfügt. Zu beurteilen ist mit anderen Worten, ob trotz der Übergabe der Sache das Eigentumsrecht beim Übergeber *Maskula AG* verblieben ist.

Die Handlungen, die sich ereignet haben, als die Masken in der Schweiz belegen waren, sind somit nach schweizerischem Recht (§ 31 Abs 1 IPRG) zu beurteilen. Diese umfassen die Vereinbarung des Eigentumsvorbehalts sowie die Versendung der Masken nach Österreich. Außerdem erfolgt die Übergabe an *Anton* bereits in der Schweiz durch die Vereinbarung der **Incoterms** EXW („*ex works*"), also mit der Verpflichtung des Käufers, die Ware abzuholen. Die Übergabe erfolgt somit gegenüber dem *Anton* zuzurechnenden Vorarlberger Spediteur in der Schweiz. Somit ist nach schweizerischem Recht zu prüfen, ob Eigentum an *Anton* entgegen der Vereinbarung eines Eigentumsvorbehalts übergegangen ist, insbesondere weil eine nach schweizerischem Sachrecht erforderliche Registrierung des Eigentumsvorbehalts nicht erfolgt ist.

Zu beachten ist noch, dass § 31 Abs 1 IPRG eine **Gesamtverweisung** bildet (§ 5 IPRG), weshalb zu prüfen ist, ob das schweizerische Kollisionsrecht die Verweisung annimmt, auf eine andere Rechtsordnung weiterverweist oder eine Rückverweisung ausspricht. Art 103 des schweizerischen IPRG sieht vor, dass der Eigentumsvorbehalt an einer zur Ausfuhr bestimmten beweglichen Sache dem Recht des Bestimmungsstaates untersteht. **Bestimmungsstaat** ist Österreich. Somit verweist das schweizerische IPR auf das österreichische Recht zurück, das diese Verweisung nach § 5 Abs 2 IPRG annimmt. Auf die Begründung des Eigentumsvorbehalts, die einer Eigentumsübertragung an *Anton* entgegensteht und trotz Übergabe der Ware das Eigentumsrecht der *Maskula AG* bestehen lässt, ist somit österreichisches Sachrecht anzuwenden.

Da in Österreich die Eintragung in ein **öffentliches Register** nicht gefordert, ja gar nicht vorgesehen ist, steht ihr Fehlen dem gültigen Zustandekommen eines Eigentumsvorbehalts nicht entgegen. Sofern der **Eigentumsvorbehalt** nach österreichischem Sachrecht in Zürich wirksam begründet wurde, ist die *Maskula AG* weiterhin Eigentümerin, weshalb sie die Herausgabe der Masken in Österreich grundsätzlich einklagen kann. Ein allfälliger gutgläubiger Erwerb der Masken durch die Kunden des *Anton* ist in Österreich erfolgt und wäre gemäß § 31 Abs 1 IPRG ebenfalls nach österreichischem Sachrecht zu beurteilen (§ 367 ABGB).

Allein durch den Transport der Ware nach Österreich ändert sich am anwendbaren Recht nichts. Ein Teil der Lehre begründet das mit der Ansicht, dass mit der Entscheidung des OGH 23.01.2019, 3 Ob 249/18s (siehe dazu oben Fall 81) ein **Statutenwechsel** durch Grenzübertritt ausgeschlossen ist. Selbst wenn man allerdings die vom OGH in der Rechtssache OGH 13.05.1987, 1 Ob 543/87 vertretene Ansicht, dass es mit dem Grenzübertritt zur Heilung kommt, hier anwendet, wäre mit Grenzübertritt österreichisches Sachrecht maßgeblich, das bereits aufgrund der Rückverweisung über Art 103 des schweizerischen IPRG zuvor anwendbar gewesen ist.

Literatur: *Egglmeier-Schmolke/Graf-Wintersberger*, IPR 196 f; *Heindler* in *Rummel/Lukas/Geroldinger* ABGB[4] § 31 IPRG Rz 54; *Kerschner/Wagner/Aigner*, IPR[6] Rz 16/91; *Lurger/Melcher*, IPR[4] Rz 6/15; *Nitsch* in *Laimer*, IPR-Praxiskommentar § 31 IPRG Rz 30 f; *Verschraegen*, IPR Rz 772; *Zöchling-Jud/Aspöck*, IPR[3] 46.

III. Unkörperliche Sachen

Fall 84 *(Heindler/Galehr)*
Schwerpunkte: Verpfändung eines Wertpapierdepots, Vorfrage

Die *Rosa-Hero GmbH* ist ein erfolgreiches Recyclingunternehmen in Niederösterreich. Deren Gesellschaftergeschäftsführerin *Sandra* möchte, dass die *Rosa-Hero GmbH* eine langjährige Geschäftspartnerin in Malaysia erwirbt. Für den Erwerb ist Fremdkapital erforderlich.

Die *Hausa Bank* mit Sitz in Salzburg (Österreich) ist bereit, die Akquisition zu finanzieren. Dafür verlangt sie jedoch als weitere Sicherheit die Verpfändung des Wertpapierdepots von *Sandra.* Die in Klosterneuburg (Österreich) lebende *Sandra* hat ihr Wertpapierdepot bei der schweizerischen *UBI Bank* mit Sitz in Zürich (Schweiz). Sie wird von der unselbständigen Niederlassung der *UBI Bank* in Wien betreut. Das Depot enthält Anteile an börsengehandelten ETF-Fonds, französische Staatsanleihen, eine Wohnbauanleihe einer österreichischen Bank sowie Aktien eines schweizerischen Pharmakonzerns. Während für die Anteile der ETF-Fonds und die Staatsanleihen keine physische Urkunde existiert, besteht hinsichtlich der Aktien eine in Frankfurt (Deutschland) und hinsichtlich der Wohnbauanleihen eine in Wien hinterlegte Globalurkunde.

Sandra und die *Hausa Bank* schließen einen Pfandbestellungsvertrag ab, der eine Rechtswahlklausel für österreichisches Recht enthält („*Es gilt österreichisches Recht.*"). Die *Hausa Bank* verständigt die *UBI Bank* von der Verpfändung. Ein Jahr nach der Verpfändung verstirbt *Sandra.* Ihre entfernt verwandte Erbin *Tessa* möchte die Wertpapiere am verpfändeten Depot verkaufen. Deshalb macht sie geltend, dass diese nicht wirksam verpfändet wurden. Insbesondere sei eine von *Tessa* geforderte Interzedentenbelehrung bei *Sandra* nicht erfolgt. Da die *UBI Bank* der Veräußerung aufgrund der Verpfändung nicht zustimmt, wird sie von *Tessa* in Wien geklagt.

Welches Recht ist anzuwenden?

Für die **Verpfändung** des Wertpapierdepots ist ein wirksames Titelgeschäft erforderlich. Daher ist als **Vorfrage** (beachte: nicht **Erstfrage**, weil sich die Vorfrage aus dem materiellen Recht und nicht aus dem Kollisionsrecht ergibt) zu klären, ob ein Pfandbestellungsvertrag ohne Interzedentenbelehrung in diesem Fall wirksam zustande kommen konnte. Diese Vorfrage wird hier uE selbständig nach dem Kollisionsrecht des Forums angeknüpft, also unabhängig von dem nach § 33a IPRG auf die Hauptfrage anzuwendenden Recht.

Der Pfandbestellungsvertrag zwischen *Sandra* und der *Hausa Bank* ist vom Anwendungsbereich des Art 1 Rom I-VO umfasst. Es handelt sich um kein Verbrauchergeschäft im Sinne der Rom I-VO, weil Gesellschaftergeschäftsführer in unternehmensbezogenen Angelegenheiten keine Verbraucher im Sinne des Art 6 Rom I-VO sind. Eine Rechtswahl ist daher gemäß Art 3 Rom I-VO möglich und *in casu* ausdrücklich erfolgt. Eine akzessorische Anknüpfung an das Statut des besicherten Kreditverhältnisses kommt jedenfalls bei einer eigenständigen Rechtswahl für den Pfandbestellungsvertrag nicht in Betracht. Die Vorfrage, ob der Pfandbestellungsvertrag ohne Interzedentenbelehrung wirksam zustande gekommen ist, unterliegt somit österreichischem Sachrecht. Nach diesem ist eine Interzedentenbelehrung bei Pfandbestellungsverträgen nicht erforderlich (RIS-Justiz RS0026779).

Unter der Hauptfrage, ob ein Pfandrecht wirksam entstanden ist, werden die von den unterschiedlichen Sachrechtsordnungen verschiedentlich aufgestellten Voraussetzungen für den dinglichen Rechtserwerb betrachtet, etwa das Verfügungsgeschäft, eine rechtliche Erwerbsart, eine *causa* sowie allfällige Publizitätsvorschriften. Der Erwerb dinglicher Rechte ist nach § 33a IPRG anzuknüpfen, weil es sich bei den Pfandgegenständen um **im Effektengiro übertragbare Wertpapiere** im Sinne des § 3 Abs 1 Z 7 FinSG handelt. § 33a IPRG erfasst den Erwerb sämtlicher dinglicher Rechte an im Effektengiro übertragbaren Wertpapieren, somit auch den hier in Rede stehenden Pfandrechtserwerb.

§ 33a IPRG verweist auf das Recht jenes Staates, in dem das maßgebliche **Konto** geführt wird. Es handelt sich hierbei um eine **Sachnormverweisung** (arg: „*Sachnormen des Staates*"). Das „*maßgebliche Konto*" ist nach § 3 Abs 1 Z 8 FinSG zu bestimmen. Es handelt sich um jenes Konto, „*auf dem die Eintragung oder Buchung vorgenommen wird*". Somit ist nicht auf eines der Konten der in der Verwahrerkette beteiligten Intermediäre oder des Globalverwahrers, sondern auf das Konto von *Sandra* bei der *UBI Bank* abzustellen, weil auf diesem Konto die für die Verpfändung maßgebliche Eintragung oder Buchung vorgenommen wird oder werden kann. Die Belegenheit einer Globalurkunde ist dagegen nicht relevant.

Ob der Kontoführungsort am Sitz der kontobetreuenden **Zweigniederlassung** oder am Sitz der **Hauptniederlassung** liegt, ist umstritten. Legt man § 33a IPRG im Licht des Grundsatzes der stärksten Beziehung aus (§ 1 IPRG), ist auf jene Niederlassung abzustellen, zu der die stärkste Beziehung besteht. In einer Empfehlung hat die EU-Kommission hinsichtlich des hinter § 33a IPRG liegenden Richtlinienkollisionsrechts ausgesprochen, dass die Richtlinien die einvernehmliche Bestimmung des relevanten **Kontoführungsorts** in den Verwahrverträgen zulassen (KOM[2018] 89 final 6). Das Richtlinienkollisionsrecht steht jedoch auch anderen nationalen Umsetzungen nicht entgegen.

Stellt man auf die gegenüber der Kontoinhaberin als zuständige **kontoführende Niederlassung** auftretende Zweigniederlassung der *UBI Bank* in Wien ab, verweist § 33a IPRG in diesem Fall auch für die Hauptfrage, ob ein Pfandrecht wirksam erworben wurde, auf österreichisches Sachrecht.

Literatur: *Heindler*, ZFR 2019, 212 (212 ff); *Heindler* in *Rummel/Lukas/Geroldinger*, ABGB[4] § 33a IPRG Rz 8, 16; *Lurger/Melcher*, IPR[4] Rz 6/4; *Neumayr* in KBB[7] § 33a IPRG Rz 1; *Nitsch* in *Laimer*, IPR-Praxiskommentar § 33a IPRG Rz 14 ff; *Verschraegen*, IPR Rz 810 ff; *Zöchling-Jud/Aspöck*, IPR[3] 48.

Fall 85 *(Heindler/Galehr)*
Schwerpunkt: Verpfändung von Krypto-Assets

Maria ist Webdesignerin in Berlin (Deutschland), wo sie ihren Mann *Hermann*, der dort eine Bar betreibt, kennengelernt hat. *Maria* verfügt über eine prall gefüllte digitale Wallet mit einigen Einheiten Bitcoin Cash (BCH), Ripple (XRP) sowie mehreren anderen aus Initial Coin Offerings hervorgegangen Kryptowährungen.

Da *Maria* über kein geregeltes Einkommen verfügt, aber für sich, ihren Mann *Hermann* und die neugeborene Tochter *Anna* eine gemeinsame Wohnung in Berlin kaufen möchte, bittet sie ihren in Salzburg (Österreich) wohnhaften Freund *Gabriel* um einen Kredit. Dieser willigt ein, verlangt jedoch, dass ihm das Krypto-Vermögen als Sicherheit übergeben werden soll. *Maria* besorgt eine physische Wallet, auf die sie ihr Krypto-Vermögen überträgt und händigt sie *Gabriel* aus. Die Übergabe findet in Berlin statt.

Als *Maria* bereits mit der ersten Rate in Verzug gerät, stellt *Gabriel* den Kredit fällig, mahnt fruchtlos und übergibt schließlich *Christoph* die physische Wallet in Salzburg, der den aktuellen Kurswert des Krypto-Vermögens bezahlt. *Gabriel* deckt den Kredit ab und überweist den Übererlös auf das Konto von *Maria*. Da der Wert des Krypto-Vermögens in der Folge rasch steigt, fordert *Maria* ihre Wallet von *Christoph* heraus. Sie meint, dass sie weiterhin Eigentümerin der Wallet und des Krypto-Vermögens sei und erhebt Klage beim Landesgericht Salzburg, das als Wohnsitzgericht von *Christoph* zuständig ist.

Welches Recht ist anzuwenden?

Hinweise: Art 43 Abs 1 EGBGB lautet: *„Rechte an einer Sache unterliegen dem Recht des Staates, in dem sich die Sache befindet*“.

In Betracht kämen neben sachenrechtlichen Ansprüchen auch deliktsrechtliche Ansprüche (Rom II-VO), die allerdings in diesem Abschnitt nicht behandelt werden (ausführlich zur Rom II-VO bei den Fällen 60 ff).

Zur Beurteilung des sachenrechtlichen Herausgabeanspruchs von *Maria* ist zu prüfen, ob *Maria* ihre Wallet und das Krypto-Vermögen wirksam verpfändet hat und der Erwerb der Pfandgegenstände durch *Christoph* im Rahmen der von *Gabriel* vorgenommenen außergerichtlichen Verwertung wirksam war. Es handelt sich um sachenrechtliche Fragen, für die grundsätzlich Abschnitt 5 des IPRG maßgeblich ist.

§ 31 Abs 1 IPRG erfasst den Erwerb dinglicher Rechte an körperlichen Sachen. Nach § 31 Abs 1 IPRG ist somit jedenfalls zu beurteilen, welchem Recht der **Pfandrechtserwerb** an der physischen Wallet unterliegt und ob diese Wallet ein möglicher Pfandgegenstand ist.

Ob auf diese Weise allerdings auch die Verpfändung des mit der physischen Wallet lose verbundenen Krypto-Vermögens angeknüpft wird, ist fraglich. Grundsätzlich handelt es sich bei Krypto-Vermögen um **unkörperliche Sachen**, sodass eine Anknüpfung nach § 31 Abs 1 IPRG nicht in Betracht kommt. Bei physischen Wertpapieren ist § 31 Abs 1 IPRG als ***lex cartae sitae*** für die Anknüpfung des Wertpapiers einschließlich der darin verkörperten Rechte maßgeblich. Allerdings ist fraglich, ob eine physische Wallet gleich einem Wertpapier das Krypto-Vermögen repräsentiert.

Die Anwendung des IPRG scheidet jedenfalls aus, wenn die Übertragung von Krypto-Vermögen dem vorrangigen unionsrechtlichen IPR unterliegt. Art 14 Rom I-VO erfasst dabei nicht nur die Übertragung von Forderungen, sondern auch den Erwerb von **Forderungspfandrechten** (Art 14 Abs 3 Rom I-VO). Nicht von Art 14 Rom I-VO erfasst ist die Wirkung einer Forderungsverpfändung *erga omnes*. Diese unterliegt dem IPRG (zur Zession auch oben Fall 52).

Wendet man die Rom I-VO an, wäre mangels Rechtswahl objektiv nach einer Ansicht das Sachrecht jenes Staates anzuwenden, in dem der Pfandbesteller seinen gewöhnlichen Aufenthalt hat (Art 4 Abs 2 Rom I-VO). Ein Verbrauchervertrag (Art 6 Rom I-VO) liegt nicht vor, weil *Gabriel* das Sicherungsgeschäft nicht im Rahmen einer unternehmerischen Tätigkeit abschließt und auch für *Maria* der Kredit und damit auch der Pfandbestellungsvertrag einem privaten Zweck, nämlich dem Erwerb einer selbst genutzten Wohnung, dient. Der gewöhnliche Aufenthalt von *Maria* als Vertragspartei, die im vorliegenden Fall als Pfandbestellerin die **charakteristische Leistung** erbringt, ist in Deutschland. Schließlich lebt und arbeitet sie dort mit ihrer Familie. Somit käme nach dieser Ansicht deutsches Sachrecht auf den Pfandrechtserwerb *inter partes* gemäß Art 14 Abs 1 Rom I-VO iVm Art 4 Abs 2 Rom I-VO zur Anwendung.

Nach einer anderen Rechtsansicht unterliegen Sicherungsgeschäfte mangels Rechtswahl in **akzessorischer Anknüpfung** dem Statut jenes Vertrags, dem die zu besichernde Forderung entstammt. Das ist im vorliegenden Fall der Kreditvertrag mit *Gabriel*. Nach der Rsp des EuGH handelt es sich bei Kreditverträgen um Dienstleistungsverträge im Sinne des Art 4 Abs 1 lit b Rom I-VO, die dem Sachrecht jenes Staates unterliegen, in dem der Kreditgeber seinen gewöhnlichen Aufenthalt hat. Da *Gabriel* in Salzburg wohnt, kommt, folgt man dieser Ansicht, auf den Pfandrechtserwerb *inter partes* gemäß Art 14 Abs 1 Rom I-VO iVm Art 4 Abs 1 lit b Rom I-VO österreichisches Sachrecht zur Anwendung.

Hält man hingegen die Rom I-VO für nicht anwendbar, ist das IPRG anzuwenden. Befürwortet man die Anwendung des *lex cartae sitae*-Prinzips auf den Erwerb dinglicher Rechte an Krypto-Vermögen, dessen Bezug habende *private keys* und Transaktionshistorien auf einer physischen Wallet gespeichert sind, muss der Erwerb aufgrund der Handlungen in Deutschland nach deutschem Recht beurteilt werden, wobei allfällige Rückverweisungen des deutschen IPR zu beachten sind. Auch im deutschen IPR ist fraglich, ob für den **Erwerb des Krypto-Vermögens** die *lex rei sitae*-Regel des Art 43 EGBGB maßgeblich ist. Jedenfalls fällt der Erwerb der Wallet an sich unter Art 43 EGBGB, der somit die Gesamtverweisung durch § 31 Abs 1 IPRG annimmt. Auf die Verpfändung der Wallet und auf die Frage, ob diese ein geeigneter Pfandgegenstand ist, kommt somit deutsches Sachrecht zur Anwendung. Für das Krypto-Vermögen, dessen Bezug habende *private keys* und Transaktionshistorien auf dieser physischen Wallet gespeichert sind, gilt dies nur, sofern man entweder über Art 14 Abs 1 Rom I-VO iVm Art 4 Abs 1 lit b Rom I-VO deutsches Sachrecht anwendet oder, sofern man die Anwendung der Rom I-VO ablehnt, eine Vergleichbarkeit der Wallet mit physischen Wertpapieren sowohl nach deutschem als auch nach österreichischem Kollisionsrecht annimmt.

Durch den Transport der physischen Wallet kommt es zu keiner Änderung des für den allfälligen Pfandrechtserwerb maßgeblichen Rechts. Geht man für die weitere Fallprüfung davon aus, dass das Pfandrecht am Krypto-Vermögen und an der Wallet wirksam erworben wurde, stellt sich die Frage, nach welchem Recht die **Zulässigkeit der außergerichtlichen Verwertung** zu beurteilen ist. Verlangt das für die vorgenannte Hauptfrage maßgebliche Recht eine Vereinbarung über die außergerichtliche Verwertung, wäre die Frage, ob eine solche Vereinbarung ausdrücklich oder schlüssig wirksam getroffen wurde, als Vorfrage getrennt anzuknüpfen und unterläge der Rom I-VO. Erneut stellt sich die Frage, ob der Pfandbestellungsvertrag nach Art 4 Abs 2 Rom I-VO österreichischem Sachrecht oder nach Art 4 Abs 1 lit b Rom I-VO deutschem Sachrecht unterliegt.

Für die Hauptfrage ist wiederum zu prüfen, ob die vorrangig anzuwendende Rom I-VO auch die Frage erfasst, ob der Pfandgläubiger die Pfandsache außergerichtlich verwerten darf. Für die physische Wallet scheidet die Anwendung der Rom I-VO jedenfalls aus, für das Krypto-Vermögen kommt sie, je nach oben vertretener Ansicht, in Betracht. Befürwortet man die Anwendung der Rom I-VO auf die Verpfändung des Krypto-Vermögens, unterliegt uE auch die Befugnis zur außergerichtlichen Pfandverwertung dem **Zessionsgrundstatut**. Das ist, je nach Lesart von Art 4 Rom I-VO, österreichisches (Art 4 Abs 2 Rom I-VO) oder deutsches (Art 4 Abs 1 lit b Rom I-VO) Sachrecht. Wendet man die Rom I-VO hingegen nicht auf die Verpfändung des Krypto-Vermögens an und bejaht man die Anwendung des § 31 IPRG in sinngemäßer Übernahme des *lex cartae sitae*-Prinzips auf den Erwerb dinglicher Rechte am Krypto-Vermögen, ist die Befugnis zur außergerichtlichen Verwertung als Frage des Inhalts des nach § 31 Abs 1 IPRG erworbenen dinglichen Rechts nach § 31 Abs 2 IPRG anzuknüpfen und unterliegt dem jeweiligen Lageortrecht (**bewegliches Statut**). Gleiches gilt jedenfalls für die außergerichtliche Verwertung der physischen Wallet, sofern nach dem dafür maßgeblichen Recht ein Pfandrecht begründet werden kann. Die Befugnis zur außergerichtlichen Verwertung würde demnach österreichischem Sachrecht unterliegen.

Letztlich könnte bei Anwendung des IPRG auch auf § 1 IPRG rekurriert werden, wenn man der Ansicht ist, dass das *lex cartae sitae*-Prinzip für Krypto-Vermögen, dessen Bezug habende *private keys* und Transaktionshistorien auf einer physischen Wallet gespeichert sind, nicht greift. § 1 IPRG ermöglicht ein Eingehen auf die **Umstände des Einzelfalls**, die es auch hier nahelegen, auf die unmittelbar an der Verpfändung beteiligten Parteien abzustellen. Vereinzelt wird in Aufsätzen die unmittelbare Anwendung von § 33a IPRG gefordert. § 33a IPRG enthält eine Verweisungsvorschrift für im Effektengiro übertragbare Wertpapiere im Sinne des § 3 Abs 1 Z 7 FinSG (hierzu bereits Fall 84). Wesentliches Charakteristikum ist das von einem oder für einen Intermediär geführte Konto oder Register. Da bei dem in Rede stehenden Krypto-Vermögen Intermediäre durch die **dezentrale Organisation** ersetzt werden, können diese hinter § 33a IPRG liegenden Erwägungen für die Anknüpfung des gegenständlichen Sachverhalts nicht überzeugend herangezogen werden.

In Zusammenhang mit der Frage der Zulässigkeit der außergerichtlichen Pfandrechtsverwertung stellt sich über die bereits angeknüpfte Befugnis zur Pfandverwertung hinaus die Frage, ob *Christoph* **Eigentum** am Krypto-Vermögen und der Wallet erworben hat, mit anderen Worten, ob die Voraussetzungen für den Eigentumserwerb, wie Titel und rechtlicher Erwerbsakt, vorliegen.

Für diese Frage ist wiederum zu unterscheiden, ob die Anwendung der Rom I-VO befürwortet wird. Grundsätzlich wäre nach Art 14 Abs 1 Rom I-VO dafür österreichisches Sachrecht maßgeblich, wobei Fragen der **Drittwirksamkeit** nicht der Rom I-VO unterliegen. Selbst wenn das nationale Sachrecht einen derivativen Eigentumserwerb am Eigentumsrecht des Pfandschuldners und nicht an jenem des verwertenden Pfandgläubigers festmacht, muss die kollisionsrechtliche Anknüpfung davon losgelöst, autonom erfolgen. Für die Anknüpfung nach Art 14 Abs 1 Rom I-VO ist daher auf das Verhältnis zwischen *Gabriel* und *Christoph* abzustellen (strittig) und somit österreichisches Sachrecht anzuwenden (Art 14 Abs 1 Rom I-VO iVm Art 4 Abs 1 lit a Rom I-VO). Lehnt man die Anwendung der Rom I-VO ab, wäre bei der Anknüpfung nach § 31 Abs 1 IPRG und der Übertragung des *lex cartae sitae*-Prinzips für Krypto-Währungen österreichisches Sachrecht auf den Erwerb des Krypto-Vermögens durch *Christoph* anzuwenden, weil sich die physische Wallet im Zeitpunkt der maßgeblichen Erwerbshandlungen in Österreich befindet. Diese Anknüpfung gilt jedenfalls für den Erwerb der physischen Wallet.

Literatur: *Gössl* in *Voß*, Recht der Fintechs 587 ff; *Heindler* in *Rummel/Lukas/Geroldinger*, ABGB^4 § 33a IPRG Rz 19 ff; *Miernicki/Scharl*, ZfRV 2023, 169 (169 ff); *Schwemmer*, IPRax 2022, 331 (331 ff); *Verschraegen*, IPR Rz 788 ff.

IV. Gläubigeranfechtung (*actio pauliana*)

Fall 86 *(Heindler/Galehr)*
Schwerpunkt: Gläubigeranfechtung (*actio pauliana*)

Mehmet ist erfolgreicher Taxiunternehmer in Wien, bis er aufgrund der Corona-Maßnahmen der Bundesregierung und dem hieraus resultierenden Fernbleiben von Kunden in finanzielle Schwierigkeiten gerät. Bevor er sein Unternehmen einstellt, schenkt er seine Wohnung in Izmir (Türkei) und sein Haus in Bratislava (Slowakei) seiner Tochter *Aslı*. *Mehmet* ist zwar beruflich in Wien tätig, lebt aber den Großteil des Jahres in seinem Haus in Bratislava. Im Sommer ist er meist einige Wochen in der Türkei.

Die *Kfz-Bank AG* mit Sitz in Wien, bei der *Mehmet* seinen in Österreich zugelassenen Mercedes-Benz G-Klasse mit einem Kredit finanziert hat, möchte die Schenkungen an *Aslı* anfechten. Auch *Anna*, eine in Wien wohnhafte Radfahrerin, die im Sommer in der Nähe der Wiener Franzensbrücke einen Unfall mit *Mehmet* hatte, wodurch sie ein hohes Schmerzengeld zugesprochen erhielt, erhebt Ansprüche. Die Anträge auf Eröffnung eines Insolvenzverfahrens werden von den dafür zuständigen Gerichten abgewiesen. Die *Kfz-Bank AG* und *Anna* bringen daher jeweils eine Anfechtungsklage gegen die im 1. Wiener Gemeindebezirk lebende *Aslı* beim Bezirksgericht Innere Stadt Wien ein.

Hinweis: Gehen Sie bei der Falllösung davon aus, dass das türkische und das slowakische IPR allfällige Gesamtverweisungen annehmen.

Welches Recht ist anzuwenden?

Vgl OGH 19.09.2012, 3 Ob 147/12g.

Der Anfechtungsanspruch ist gegen *Aslı* gerichtet und bezweckt, dass die *Kfz-Bank AG* und *Anna* unbeschadet der Gültigkeit der Transaktion auf die übertragenen Vermögenswerte greifen können oder *Aslı* zur Befriedigung der Forderungen bewegt wird.

Die Qualifikation des Anspruchs ist umstritten. Charakteristisch für die **Anfechtungsklage** ist, dass stets zwei Rechtsverhältnisse involviert sind: Jenes zwischen Gläubiger und Schuldner, sowie jenes zwischen Anfechtungsgegner und Schuldner. Im Fall der *Kfz-Bank AG* sind zwei vertragliche Schuldverhältnisse betroffen. Im Fall von *Anna* liegt ein vertragliches und ein außervertragliches Schuldverhältnis vor. Außerdem kommt es bei der Übertragung der Liegenschaften an *Aslı* zum Erwerb von dinglichen Rechten an unbeweglichen Sachen.

Zunächst ist zu prüfen, ob das EU-Kollisionsrecht anwendbar ist. In Frage kommen die Rom I-VO und die Rom II-VO. Der EuGH hat sich dazu bislang nicht geäußert. Es liegt jedoch eine Entscheidung zum **internationalen Zuständigkeitsrecht** vor. Darin hat der EuGH ausgesprochen, dass ein Gläubiger, dessen Anspruch gegen den Schuldner auf einem vertraglichen Schuldverhältnis beruht, seinen Anspruch gegenüber dem Anfechtungsgegner vor den Gerichten jenes Staates geltend machen kann, in dem der Schuldner die Verpflichtung im Sinne des Art 7 Z 1 lit a EuGVVO 2012 (Brüssel Ia-VO) erfüllen muss (EuGH 04.10.2018, C-337/17, *Feniks*). Der EuGH betrachtet den Anfechtungsanspruch somit als Schuldverhältnis im Sinne der EuGVVO 2012 (Brüssel Ia-VO).

Im Sinne einer **rechtsaktübergreifenden Auslegung** (ErwGr 7 Rom I-VO und ErwGr 7 Rom II-VO) wäre die Anwendbarkeit des EU-Kollisionsrechts auf die *actio pauliana* zu befürworten und der geltend gemachte Anspruch vertraglich oder außervertraglich zu qualifizieren. Fraglich ist jedoch, ob das auch für die Anfechtung der vollzogenen dinglichen Verfügungsgeschäfte gilt.

Folgte man der Ansicht des EuGH auch im IPR, wäre für den Anfechtungsanspruch der *KfZ-Bank AG* der **Erfüllungsort** des Rechtsverhältnisses zwischen Anfechtungsgegner und Schuldner maßgeblich. Dieser liegt im Hinblick auf die Rückzahlung des Kredits am Sitz der Bank. Der Anspruch würde demnach österreichischem Sachrecht unterliegen.

Für den Anspruch von *Anna* auf Schmerzengeld ist zunächst festzustellen, dass das für den Schmerzengeldanspruch anwendbare Recht nicht durch die Rom II-VO, sondern durch das **HStVÜ 1971** zu ermitteln ist (Art 28 Abs 1 Rom II-VO; zu diesem oben Fall 59). Art 3 HStVÜ verweist zwar auf österreichisches Sachrecht, erfasst allerdings nicht den Anfechtungsanspruch von *Anna* gegen *Aslı*. Jedenfalls unterliegt aber der Anspruch des Anfechtungsgläubigers gegen den Schuldner damit österreichischem Sachrecht. Für den Anfechtungsanspruch könnte weiterhin die Rom II-VO maßgeblich sein, weil es sich um keinen vertraglichen Anspruch handelt und das HStVÜ diesen Anspruch nicht erfasst. Würde man die Rom II-VO anwenden, bleibt jedoch fraglich, auf welches Sachrecht verwiesen wird. In Frage kommt nämlich nur eine Anknüpfung nach Art 4 Rom II-VO, weil die speziellen Verweisungsvorschriften nicht anwendbar sind. Zu Art 4 Rom II-VO ist umstritten, ob er nur deliktische Ansprüche erfasst oder eine Anknüpfung für sämtliche außervertragliche Schuldverhältnisse bietet, die von Art 1 Rom II-VO erfasst sind. Folgt man letzterer Ansicht, könnte der Anspruch von *Anna* gegen *Aslı* aufgrund von Art 4 Abs 2 Rom II-VO österreichischem Sachrecht unterliegen. Denkbar ist aber auch, die offensichtlich engere Beziehung im Sinne des Art 4 Abs 3 Rom II-VO zum Sachrecht jener Staaten anzunehmen, in denen der Vermögensabfluss erfolgt ist, und somit auf türkisches und slowakisches Sachrecht abzustellen.

Knüpft man den Anspruch nach der Rom II-VO oder nach der Rom I-VO an, ist das Bestehen des Anspruchs nach dem dadurch ermittelten Sachrecht zu beurteilen. Die Frage, ob *Aslı* womöglich mangels wirksamen Titelgeschäfts kein **Eigentum** an den ausländischen Liegenschaften erworben hat, unterliegt jedoch der *lex rei sitae* (§ 31 IPRG) unter Beachtung allfälliger Rück- und Weiterverweisungen (§ 5 Abs 1 IPRG). Sowohl türkisches als auch slowakisches IPR nehmen die Gesamtverweisung nach den Informationen in der Angabe jedoch an.

Hält man die zuständigkeitsrechtlichen Erwägungen des EuGH für nicht übertragbar und lehnt man die Anwendung des EU-Kollisionsrechts ab, ist das IPRG anzuwenden. Denkbar ist auch hinsichtlich des Bestehens eines Anfechtungsanspruchs eine Anknüpfung nach § 31 IPRG, § 35 IPRG, § 48 IPRG oder § 1 IPRG. Der OGH wendet bei der Anfechtung eines Liegenschaftserwerbs das Recht jenes Staates an, „*wo sich das entzogene Vermögen befindet*". Der OGH beruft sich dafür auf § 1 IPRG und geht von einer **Gesamtverweisung** aus.

Im nächsten Schritt wäre daher türkisches und slowakisches IPR zu konsultieren, um festzuhalten, ob die Gesamtverweisung auch für Fragen, die nicht in den Bereich der *lex rei sitae* fallen, angenommen oder eine Rück- oder Weiterverweisung ausgesprochen wird.

Literatur: *Heindler*, ZfRV 2019, 264 (264 ff); *Heindler* in *Rummel/Lukas/Geroldinger*, ABGB[4] § 35 IPRG Rz 24 ff; *Lurger/Melcher*, HB IPR[2] Rz 5/152 ff.

V. Nachbarschaftsrecht

Fall 87 *(Heindler/Galehr)*
Schwerpunkt: Immissionsabwehr

Der Psychologe *Gerhard* lebt mit seiner Frau im nördlichen Weinviertel (Österreich) nahe an der Grenze zur Tschechischen Republik. Wenige hundert Meter von seinem Haus entfernt wird auf der anderen Seite der Grenze ein Tischlereibetrieb errichtet. Nach dessen Inbetriebnahme möchte *Gerhard* Maßnahmen ergreifen. Er beobachtet, dass der Tischlereibetrieb entgegen der Genehmigung durch die tschechischen Behörden auch samstags und sonntags tätig ist. *Gerhard* fühlt sich durch den Lärm in seiner Lebensführung beeinträchtigt. Er fürchtet darüber hinaus, dass die Tiere in der auf österreichischer Seite gelegenen Aulandschaft durch die hohe Lautstärke gestört werden und fordert eine Lärmschutzwand. Außerdem entdeckt er, dass immer wieder Abfälle des Betriebs in der Aulandschaft entsorgt werden.

Gerhard erhebt daher Klage beim Bezirksgericht Hollabrunn.

Welches Recht ist anzuwenden?

Zunächst ist zu prüfen, ob *Gerhard* einen Anspruch aus einem außervertraglichen Schuldverhältnis geltend macht, der unter die Rom II-VO fällt. Lediglich wenn die Anwendung der Rom II-VO verneint werden kann, kommt das IPRG in Betracht.

Der EuGH hat in der Entscheidung zur Rechtssache *ČEZ* (EuGH 18.05.2006, C-343/04, *ČEZ*) für das internationale Zuständigkeitsrecht dargelegt, dass eine **Immissionsabwehrklage** nicht als dingliches Recht an unbeweglichen Sachen im Sinne des Art 22 Z 1 EuGVVO 2001 (Brüssel I-VO), nunmehr geregelt in

Art 24 Z 1 EuGVVO 2012 (Brüssel Ia-VO), anzusehen ist, für das eine ausschließliche Zuständigkeit im Belegenheitsstaat besteht, sondern als **unerlaubte Handlung** im Sinne des Art 5 Z 3 EuGVVO 2001 (Brüssel I-VO), nunmehr Art 7 Z 2 EuGVVO 2012 (Brüssel Ia-VO), gilt. Dies wird insbesondere damit begründet, dass eine Verletzung eines dinglichen Rechts an einer unbeweglichen Sache nicht zwingend eine Streitigkeit über das dingliche Recht selbst darstellt, sondern vielmehr der Schutz vor Rechtseingriffen oder Immissionen im Vordergrund steht. Dieser Schutz, so der EuGH, ist auch bei anderen Rechten als dinglichen gegeben, etwa beim Recht auf körperliche Unversehrtheit.

Im Sinne einer **rechtsübergreifenden Auslegung** der EuGVVO 2012 (Brüssel Ia-VO) und der Rom II-VO (ErwGr 7 Rom II-VO), die insbesondere impliziert, dass ein Sachverhalt, bei dem eine besondere Zuständigkeit nach Art 7 Z 2 EuGVVO 2012 (Brüssel Ia-VO) begründet werden kann, der Rom II-VO unterliegt, ist uE die Anwendung der Rom II-VO zu bejahen (strittig).

Für *Gerhard* bedeutet dies, dass eventuelle aus diesem Schuldverhältnis resultierende Schadenersatzansprüche deliktisch zu qualifizieren sind, und der Rom II-VO unterliegen. Art 2 Abs 2 Rom II-VO betont die Anwendbarkeit der Verordnung auf **Unterlassungsansprüche** (siehe oben Fall 60).

Da keine Rechtswahl vorliegt, ist zu prüfen, ob eine der **speziellen Verweisungsvorschriften** der Rom II-VO maßgeblich, oder, falls dies nicht der Fall ist, Art 4 Rom II-VO anzuwenden ist. Aufgrund der Verschmutzung der Aulandschaft und der Bedrohung der Tiere durch den Lärm kommt Art 7 Rom II-VO (Umweltschädigung) als spezielle Verweisungsvorschrift in Betracht (hierzu oben Fall 62). Allerdings ist bei den geltend gemachten Ansprüchen zu unterscheiden. Zur Umweltschädigung zählt jede „*nachteilige Veränderung einer natürlichen Ressource, wie Wasser, Boden oder Luft, eine Beeinträchtigung einer Funktion, die eine natürliche Ressource zum Nutzen einer anderen natürlichen Ressource oder der Öffentlichkeit erfüllt, oder eine Beeinträchtigung der Variabilität unter lebenden Organismen*“ (ErwGr 24 Rom II-VO). Das schädigende Ereignis muss also stets auch einen **Umweltschaden** nach sich ziehen oder nach sich zu ziehen drohen. Das trifft auf die Bedrohung der Aulandschaft und der darin lebenden Tiere durch Verschmutzung und Lärm sowie den dagegen erhobenen Anspruch auf Errichtung einer Lärmschutzwand und Einstellung der Verschmutzungen zu. Zwar wird im Schrifttum teilweise die Anknüpfung nach Art 7 Rom II-VO bei Lärm generell abgelehnt, weil damit keine Umweltschädigung verbunden sei oder drohe, doch überzeugt das uE nicht, weil etwa durch Lärm Brutplätze von Tieren gefährdet sein können. Einen eigenen Schaden muss *Gerhard* für die Anknüpfung nach Art 7 Rom II-VO nicht erleiden. Die Nichteinhaltung der Wochenendruhe ist hingegen keine Umweltschädigung im Sinne des Art 7 Rom II-VO, weil es kein auf das Wochenende beschränktes Schutzbedürfnis von Tieren, Pflanzen und anderer natürlicher Ressourcen im Sinne des Art 7 Rom II-VO gibt, sondern diese Beschränkung ausschließlich wegen der Rücksichtnahme auf die umliegenden Bewohner des Tischlereibetriebs verordnet wurde.

Art 7 Rom II-VO verweist auf die ***lex loci damni*** als das Sachrecht jenes Staates, in dem der Schaden eintritt, unabhängig davon, in welchem Staat das schadensbegründende Ereignis erfolgt ist. Die Art 7 Rom II-VO unterliegenden Umweltschädigungen treten sowohl in Österreich als auch in Tschechien ein, weil sich die betroffene Aulandschaft über die Grenze erstreckt. Nach überwiegender Ansicht kommt es in diesem Fall zu einer **objektiven *dépeçage***. Der Anspruch unterliegt dabei nach der sogenannten **Mosaiktheorie**, soweit der Schaden in Tschechien verortet werden kann, tschechischem Sachrecht und soweit der Schaden in Österreich verortet werden kann, österreichischem Sachrecht.

In Hinblick auf den in Österreich eingetretenen Schaden liegt ein sogenanntes **Distanzdelikt** vor. Der Ort des Schadenseintritts und der Ort des schadensbegründenden Ereignisses liegen im Falle eines Distanzdelikts in verschiedenen Staaten. Art 7 Rom II-VO ermöglicht es dem Geschädigten in einem solchen Fall, das Sachrecht jenes Staates zur Anwendung zu bringen, in dem das schadensbegründende Ereignis eingetreten ist. *Gerhard* kann daher im Hinblick auf die Art 7 Rom II-VO unterliegenden Ansprüche insgesamt für tschechisches Sachrecht optieren und damit eine **objektive *dépeçage*** verhindern. Von diesem Optionsrecht kann *Gerhard* bis zum Verhandlungsschluss in erster Instanz Gebrauch machen. Diese zeitliche Schranke ergibt sich aus dem österreichischen Verfahrensrecht als *lex fori* (vgl ErwGr 25 Rom II-VO).

Für die übrigen, nicht unter Art 7 Rom II-VO fallenden Ansprüche von *Gerhard* gilt gemäß Art 4 Abs 1 Rom II-VO österreichisches Sachrecht, weil der Schaden in Österreich eintritt oder einzutreten droht. Ein gemeinsamer gewöhnlicher Aufenthalt von *Gerhard* und dem Unternehmensträger im Sinne des Art 23 Rom II-VO liegt nicht vor, sodass die vorrangige Anknüpfung des Art 4 Abs 2 Rom II-VO nicht maßgeblich ist. Auch besteht keine offensichtlich engere Verbindung zum Sachrecht eines anderen Staates nach Art 4 Abs 3 Rom II-VO.

Literatur: *Egglmeier-Schmolke/Graf-Wintersberger*, IPR 159 ff, 201; *Heindler* in *Rummel/Lukas/Geroldinger*, ABGB[4] Art 7 Rom II-VO Rz 9, 27 ff; *Kerschner/Wagner/Aigner*, IPR[6] Rz 16/85; *Lehmann/Eichel*, RabelsZ (83) 2019, 93 ff; *Lurger/Melcher*, IPR[4] Rz 6/6; *Verschraegen*, IPR Rz 779 ff; *Wagner/Ecker* in *Laimer*, IPR-Praxiskommentar Art 7 Rom II-VO Rz 64 f; *Zöchling-Jud/Aspöck*, IPR[3] 40.

Fall 88 *(Heindler/Galehr)*
Schwerpunkt: Wohnungseigentum

Rupert hat eine Wohnung in der Salzburger Altstadt erworben. Sein Nachbar ist die *Archie Suites Ltd*, eine irische Gesellschaft mit Sitz und Geschäftsleitung in Dublin (Irland). Zu seinem Entsetzen erfährt *Rupert*, dass die Nachbarwohnung über *Airbnb* vermietet wird, obwohl dem, nach Ansicht von *Rupert*, ein Passus im Wohnungseigentumsvertrag entgegensteht. *Rupert* fühlt sich durch die kurzzeitige Vermietung und die hohe Frequenz kontinuierlich ein- und ausziehender Besucher belästigt, weshalb er eine Klage gegen die *Archie Suites Ltd* beim Bezirksgericht Salzburg erhebt, die sich auf das Verfahren einlässt.

Welches Recht ist auf den Anspruch von *Rupert* anzuwenden?

Vgl EuGH 11.11.2020, C-433/19, *Ellmes Property Services Limited.*

Zunächst ist zu prüfen, ob *Rupert* einen Anspruch aus einem vertraglichen Schuldverhältnis geltend macht, der unter die Rom I-VO fällt. Lediglich wenn die Anwendung der Rom I-VO verneint werden kann, kommt die Anwendung des IPRG in Betracht.

Rupert stützt sich in seinem Vorbringen auf einen Passus im Wohnungseigentumsvertrag, der neben ihn selbst auch die *Archie Suites Ltd* bindet. Der Umstand, dass ein Vertrag zwischen mehreren Parteien abgeschlossen wird, schließt die Anwendung der Rom I-VO nicht aus.

Von der Rom I-VO sind sachenrechtliche Fragen nicht erfasst. Mit dem Wohnungseigentumsvertrag wird zwischen den verschiedenen Miteigentümern Wohnungseigentum begründet. Allerdings können auch davon unabhängige Vertragspunkte aufgenommen werden, etwa betreffend die Kurzzeitvermietung über *Airbnb*. Diese Bestimmungen sind für die Begründung von Wohnungseigentum nicht erforderlich. Deshalb ist fraglich, ob diese Aspekte der Rom I-VO unterliegen. Auch im Anwendungsbereich der Rom I-VO kann es dazu kommen, dass bestimmte Vertragsteile der Verordnung unterliegen, während andere ausgenommen sind. Maßgeblich für die Anwendung der Rom I-VO im Sinne der Rechtsprechung des EuGH ist in aller Regel, dass es sich bei dem Vertrag oder dem entsprechenden Vertragspassus um eine **freiwillig eingegangene Verpflichtung** handelt. Das ist hier der Fall. Die Miteigentümer haben diesen Vertragspassus ohne Bestehen einer diesbezüglichen Rechtspflicht in den Vertrag aufgenommen und jeweils durch Zustimmung akzeptiert. Auch neu eintretende Miteigentümer übernehmen die Verpflichtungen unter dem Vertrag durch Zustimmung, wobei in aller Regel im Wege von vertraglichen Absprachen die Voreigentümer verpflichtet sind, ihren Rechtsnachfolgern die Verpflichtungen unter dem Wohnungseigentumsvertrag zu überbinden. Eine Verdinglichung solcher Regelungen, wie dem vorliegenden Verbot kurzfristiger Vermietungen, in dem Sinne, dass sie ab dem Zeitpunkt des Abschlusses des Wohnungseigentumsvertrags jeden neuen Wohnungseigentümer *ex lege* treffen, findet nicht statt. Auch ein sonstiges *erga omnes*-Verbot, etwa gegenüber Mietern von Wohnungseigentümern, erfolgt nicht. Vielmehr sind Wohnungseigentümer verpflichtet, ihren Mietern im Wege der Überbindung die Kurzzeitvermietung an Untermieter zu untersagen. Das Verbot der Kurzzeitvermietung wird mit anderen Worten durch Aufnahme in den Wohnungseigentumsvertrag nicht inhaltlicher Bestandteil des Wohnungseigentumsrechts. Aus diesem Grund liegt hier uE ein **vertragliches Schuldverhältnis** vor, das der Rom I-VO unterliegt.

Mangels Vorliegens einer Rechtswahl ist Art 4 Rom I-VO anzuwenden. Der Wohnungseigentumsvertrag fällt unter Art 4 Abs 1 lit c Rom I-VO, weil es sich bei der Begründung von Wohnungseigentum um ein dingliches Recht an einer unbeweglichen Sache handelt. Er ist damit dem Sachrecht jenes Staates zu unterstellen, in dem die unbewegliche Sache belegen ist. Die objektive Anknüpfung nach Art 4 Abs 1 lit c Rom I-VO ist uE auf den Vertrag insgesamt anzuwenden. Zwar ist durchaus denkbar, dass ein Vertrag unter mehrere der in Art 4 Abs 1 Rom I-VO angeführten Kategorien fällt und eine **objektive *dépeçage*** vorliegt, doch folgt ein Vertrag auch im Hinblick auf nicht im Vordergrund stehende Nebenpflichten jenem Statut, das durch die Hauptleistungspflicht bestimmt wird. Dieses Anwendungsergebnis kann allerdings zusätzlich durch die Anwendung von Art 4 Abs 4 Rom I-VO gestützt werden, wonach die engste Beziehung des vereinbarten Kurzzeitvermietungsverbots zur ***lex rei sitae*** besteht.

Aufgrund der Belegenheit der Wohnung in Salzburg ist somit österreichisches Sachrecht anzuwenden.

Literatur: *Egglmeier-Schmolke/Graf-Wintersberger*, IPR 189; *Verschraegen*, IPR Rz 788 ff; *Verschraegen* in *Rummel/Lukas/Geroldinger*, ABGB[4] Art 4 Rom I-VO Rz 16 ff; *Zöchling-Jud/Aspöck*, IPR[3] 46.

G. Familienrecht

I. Eherecht und Partnerschaftsrecht

a. Eheschließung

Fall 89 *(Nigsch)*

Schwerpunkt: Form der Eheschließung (Relevanz des Personalstatuts)

Ömer (österreichischer Staatsbürger) und *Dorothea* (deutsch-österreichische Doppelstaatsbürgerin) leben in Liechtenstein und heiraten in Zürich (Schweiz) unter Einhaltung der schweizerischen Formvorschriften.

Nach welchem Sachrecht ist die Frage zu beurteilen, ob aus österreichischer Sicht eine wirksame Ehe vorliegt?

Das anwendbare Recht zur Beurteilung der Wirksamkeit einer Ehe bestimmt sich in Ermangelung einer vorrangigen Kollisionsnorm des Völker- oder Unionsrechts nach dem IPRG (§ 53 Abs 1 IPRG). Zu unterscheiden ist die Anknüpfung der **formellen Voraussetzungen** der Eheschließung (§ 16 IPRG) von der Anknüpfung der **materiellen Voraussetzungen** der Eheschließung (§ 17 IPRG).

Die Form einer Eheschließung richtet sich bei Trauungen im Inland (**Inlandstrauung**) nach österreichischem Sachrecht (**Inlandsform**; § 16 Abs 1 IPRG). Bei Eheschließungen im Ausland (**Auslandstrauung**) sind entweder die Formvorschriften des Sachrechts des Ortes der Eheschließung (**Auslandsform**) oder die Formvorschriften des Sachrechts, das sich aus der Anwendung des **Personalstatuts beider Verlobten** (unter Beachtung allfälliger Rück- und Weiterverweisungen nach § 5 Abs 1 IPRG) ergibt, maßgeblich (§ 16 Abs 2 IPRG). Haben die Verlobten nicht dasselbe Personalstatut, muss beiden ermittelten Sachrechten gleichermaßen entsprochen werden. Die Verweisung auf die Auslandsform ist eine Sachnormverweisung. Bei der Anknüpfung an das Personalstatut sind Rück- und Weiterverweisungen zu beachten (Gesamtverweisung: § 5 IPRG).

Das Personalstatut einer Person bestimmt sich primär nach ihrer **Staatsbürgerschaft** (§ 9 Abs 1 Satz 1 IPRG). Hat eine Person mehrere Staatsbürgerschaften, ist jene maßgeblich, zu der die stärkste Beziehung besteht (**effektive Staatsangehörigkeit**: § 9 Abs 1 Satz 3 IPRG), sofern nicht eine davon die österreichische Staatsbürgerschaft ist. Dann ist unabhängig von der Stärke der Beziehung auf die österreichische Staatsbürgerschaft abzustellen (§ 9 Abs 1 Satz 2 IPRG; zu alldem oben Fälle 1 ff).

Laut Sachverhalt findet die Eheschließung in der Schweiz statt. Da es sich um eine **Auslandstrauung** handelt, reicht die Einhaltung der schweizerischen materiellen Ortsformen aus österreichischer Sicht aus (§ 16 Abs 2 IPRG). Das ist im vorliegenden Fall geschehen. Alternativ können auch die Formvorschriften erfüllt sein, die sich aus den Personalstatuten beider Verlobten ergeben. *Ömer* hat als österreichischer Staatsbürger das österreichische Personalstatut (§ 9 Abs 1 Satz 1 IPRG). *Dorothea* hat als deutsch-österreichische Doppelstaatsbürgerin auch das österreichische Personalstatut, weil die österreichische Staatsbürgerschaft stets vorgeht (§ 9 Abs 1 Satz 2 IPRG). Alternativ zur schweizerischen Ortsform können daher auch die österreichischen Formvorschriften eingehalten werden.

Die materiellen Voraussetzungen (zB das Mindestalter) sind nach dem **Personalstatut beider Verlobten** getrennt zu beurteilen (§ 17 Abs 1 IPRG). Beide Verlobten haben das österreichische Personalstatut. Die materiellen Voraussetzungen sind deshalb nach österreichischem Sachrecht zu beurteilen.

Der gewöhnliche Aufenthalt (hier: Liechtenstein) ist für die Anknüpfung nach §§ 16, 17 IPRG nicht relevant.

Literatur: *Zöchling-Jud/Aspöck*, IPR[3] 51 f; *Lurger/Melcher*, IPR[4] Rz 2/41 ff; *Perner/Spitzer/Kodek*, BR[7] 732; *Verschraegen*, IPR Rz 77 ff; *Verschraegen* in *Rummel/Lukas/Geroldinger*, ABGB[4] § 16 IPRG Rz 16 ff; *Nademleinsky/Neumayr*, Internationales Familienrecht[3] Rz 2.1 ff.

Fall 90 *(Nigsch)*
Schwerpunkt: Form der Eheschließung bei Inlandstrauung

Aaron und *Esther* (beide israelische Staatsbürger:innen jüdischen Glaubens) heiraten in Wien nach jüdischem Ritus. Nach dem materiellen Recht des Staates Israel sind religiöse und zivile Eheschließungen gleichberechtigt.

Nach welchem Recht bestimmt sich die Wirksamkeit der Ehe aus österreichischer Sicht?

Die Trauung findet in Wien statt. Bei Inlandstrauungen richten sich die formellen Voraussetzungen nach **österreichischem Sachrecht** (§ 16 Abs 1 IPRG). In Österreich gilt der Grundsatz der obligatorischen Zivilehe: Eine gültige Ehe bedarf der Mitwirkung des Standesbeamten (§ 15 EheG). Eine religiös geschlossene Ehe ist zivilrechtlich demnach absolut nichtig (Nichtehe). Die nach religiösem Ritus geschlossene Ehe zwischen *Aaron* und *Esther* hat daher in Österreich keine zivilrechtlichen Folgen.

Lernhinweis: Von der kollisionsrechtlichen Wirksamkeit einer Eheschließung mit Auslandsbezug ist die Frage zu unterscheiden, ob eine nach ausländischem Sachrecht wirksame Ehe in Österreich anerkannt werden kann. Das Verfahren über die Anerkennung einer ausländischen Ehe ist in §§ 97 ff AußStrG geregelt.

Literatur: *Zöchling-Jud/Aspöck*, IPR[3] 51; *Lurger/Melcher*, IPR[4] Rz 2/41; *Perner/Spitzer/Kodek*, BR[7] 732; *Nademleinsky/Neumayr*, Internationales Familienrecht[3] Rz 2.1 ff; zum österreichischen Sachrecht *Welser/Kletečka*, BR I[15] Rz 1438; *Rosenmayr/Nigsch* in *Welser*, Fachwörterbuch[2] 733; zum israelischen Sachrecht: *Ganz*, Israel, in *Rieck/Lettmaier*, Ausländisches Familienrecht (Stand: Januar 2023) Rz 6.

Fall 91 *(Nigsch)*
Schwerpunkt: Form der Eheschließung bei Auslandstrauung

Anna und *Bertram* (beide österreichische Staatsbürger:innen) gehen in Italien eine sogenannte Konkordatsehe vor einem katholischen Priester ein. Diese entfaltet nach italienischem materiellem Familienrecht die gleichen Rechtswirkungen wie eine Zivilehe. Zurück in Österreich verlangt *Anna* von *Bertram* Unterhalt. *Bertram* wendet ein, dass die Ehe wegen der fehlenden Mitwirkung eines österreichischen Standesbeamten nicht gültig sei.

Nach welchem Sachrecht bestimmen sich die Wirksamkeit der Ehe und allfällige Rechtsfolgen bei Verletzung der hierfür erforderlichen Voraussetzungen aus österreichischer Sicht?

Variante: *Anna* und *Bertram* heiraten während eines Urlaubs in der Türkei. *Bertram* stellt die Bedingung, erst verheiratet sein zu wollen, wenn sie wieder in Österreich sind. Nehmen Sie an, dass eine bedingte Eheschließung nach türkischem materiellem Familienrecht zu einer Nichtehe führt (*Çataltepe*, Türkisches Eherecht Rz 4/126). Trotzdem wird die Ehe vom türkischen Standesbeamten getraut.

Unterhaltsansprüche zwischen Ehegatten sind nach dem HUP anzuknüpfen (im Detail dazu unten Fall 107). Als Vorfrage ist selbstständig zu klären, ob eine wirksame Ehe vorliegt (Art 1 Abs 2 HUP).

Es liegt eine Auslandstrauung vor. Die Formvorschriften bestimmen sich nach der Ortsform oder alternativ nach dem Personalstatut beider Ehegatten (§ 16 Abs 2 IPRG; hierzu Fall 89). *Anna* und *Bertram* sind österreichische Staatsbürger:innen und haben daher beide das österreichische Personalstatut (§ 9 Abs 1 Satz 1 IPRG). Nach österreichischem Familienrecht (§ 15 EheG) ist eine nach religiösem Ritus geschlossene Ehe absolut nichtig (Nichtehe). Nach dem Personalstatut von *Anna* und *Bertram* liegt daher keine wirksame Ehe vor. Ausreichend ist aber alternativ die **Einhaltung der Ortsform** (Sachnormverweisung): Nach italienischem Sachrecht entfaltet eine katholische Trauung zivilrechtliche Wirkung. Damit ist die Ortsform eingehalten, weshalb auch aus österreichischer Sicht eine wirksam geschlossene Ehe vorliegt.

Das **Unterhaltsstatut** bestimmt sich grundsätzlich nach dem Sachrecht jenes Staates, in dem die berechtigte Person ihren gewöhnlichen Aufenthalt hat (Art 3 HUP). Dieser ist laut Sachverhalt in Österreich. Der materielle Unterhaltsanspruch bestimmt sich während aufrechter Ehe nach § 94 ABGB.

Variante: Unter der Form (§ 16 IPRG) ist der gesamte **äußere Ablauf** des Eheschließungsaktes zu verstehen. Darunter fällt auch die Frage nach der Zulässigkeit bedingt abgegebener Willenserklärungen. Nach dem türkischen Ortssachrecht liegt keine Ehe vor (Nichtehe). Alternativ reicht jedoch die Einhaltung der Formvorschriften nach dem Personalstatut beider Verlobten aus. Nach österreichischem Sachrecht kommt die bedingte Ehe zwar zustande, weshalb sie keine Nichtehe ist, doch ist sie vernichtbar (Nichtigkeit iSd § 17 Abs 2 EheG iVm § 21 EheG).

In dieser Konstellation sind die Formvorschriften des Ortssachrechts und die Formvorschriften des Sachrechts der Personalstatuten beider Verlobten dem Grunde nach verletzt, denn nach keiner der anwendbaren Sachrechtsordnungen liegt eine mangelfreie Eheschließung vor. Zu fragen ist, nach welchem Sachrecht die hieraus entspringenden Rechtsfolgen zu beurteilen sind.

Bei Verletzung formeller Voraussetzungen ist auf jenes Sachrecht abzustellen, das an die Rechtsfolgen die geringeren Auswirkungen knüpft (**Prinzip des milderen Rechts**): Da nach österreichischem Sachrecht eine bedingt abgeschlossene Ehe lediglich vernichtbar ist, stellt dies im Vergleich zum türkischen Sachrecht, das zu einer Nichtehe führt, die weniger gravierende Rechtsfolge dar. Die Rechtsfolgen des Verstoßes gegen die Formvoraussetzungen sind somit nach österreichischem Sachrecht zu beurteilen. Bis zur Nichtigerklärung der Ehe kann *Anna* folglich Unterhalt begehren (Art 3 HUP iVm § 94 ABGB).

Literatur: *Zöchling-Jud/Aspöck*, IPR[3] 51; *Lurger/Melcher*, IPR[4] Rz 2/41; *Perner/Spitzer/Kodek*, BR[7] 732; *Verschraegen* in *Rummel/Lukas/Geroldinger*, ABGB[4] § 16 IPRG Rz 24 f; *Nademleinsky/Neumayr*, Internationales Familienrecht[3] Rz 2.30 ff; zum österreichischen Sachrecht *Welser/Kletečka*, BR I[15] Rz 1438 f, 1514 ff; *Rosenmayr/Nigsch* in *Welser*, Fachwörterbuch[2] 151, 237, 733; zum italienischen Sachrecht *Christandl* in *Eccher/Schurr/Christandl*, HB IT-ZR Rz 5/49; zum türkischen Sachrecht *Çataltepe*, Türkisches Eherecht Rz 4/126.

Fall 92 *(Nigsch)*
Schwerpunkt: Materielle Voraussetzungen der Eheschließung

Turgay (türkischer Staatsbürger) und *Özlem* (österreichische Staatsbürgerin) heiraten, damit *Turgay* schneller die österreichische Staatsbürgerschaft erlangen kann. Sie wollen von vornherein keine Lebensgemeinschaft eingehen, wie sie für Eheleute typisch ist. Nach materiellem türkischem Familienrecht hat eine solche Eheschließung keine Konsequenzen, sondern kann nur durch allgemeine Ehescheidung revidiert werden (*Çataltepe*, Türkisches Eherecht Rz 4/136).

Nach welchem Sachrecht bestimmen sich die Wirksamkeit der Ehe und allfällige Rechtsfolgen bei Verletzung der hierfür erforderlichen Voraussetzungen aus österreichischer Sicht?

Variante: Wie der Grundfall. *Özlem* heiratet nunmehr aber den Geschäftsmann *Václav* (tschechischer Staatsbürger), um ihm auf diese Weise die österreichische Staatsbürgerschaft zu vermitteln, weil sich *Václav* hierdurch erhofft, mit einem österreichischen Reisepass im Rahmen seiner Geschäftsreisen in weitere Staaten der Welt visumfrei einreisen zu können.

Hinweise: Die materiellen Voraussetzungen der Eheschließung unterliegen nach türkischem IPR dem jeweiligen Heimatrecht der Ehewilligen, das nach Maßgabe ihrer Staatsangehörigkeit zu bestimmen ist (*Hausmann* in *Staudinger*, BGB Anh zu Art 4 EGBGB Rz 358, 360).

Die materiellen Voraussetzungen der Eheschließung unterliegen nach tschechischem IPR dem Recht jenes Staates, dessen Staatsbürger eine ehewillige Person ist (*Frimmel*, Tschechien, in *Rieck/Lettmaier*, Ausländisches Familienrecht [Stand Oktober 2024] Rz 39).

Nach § 677 des tschechischen Bürgerlichen Gesetzbuches begründet eine Eheschließung, die nur zum Schein durchgeführt wird, keine Zivilehe, sondern ist als Nichtehe einzustufen (*Frimmel* in *Rieck/Lettmaier*, Ausländisches Familienrecht [Stand Oktober 2024] Rz 15).

Grundsachverhalt nach OGH 02.03.2005, 7 Ob 312/04i.

Die **materiellen Voraussetzungen** einer wirksamen Ehe sowie die Folgen ihres Fehlens sind nach dem Personalstatut jedes Ehegatten zu bestimmen (§ 17 Abs 1 IPRG). *Turgay* hat als türkischer Staatsbürger das türkische Personalstatut.

Özlem verfügt als österreichische Staatsbürgerin über das österreichische Personalstatut (§ 9 Abs 1 Satz 1 IPRG).

Über die **Folgen der Verletzung** materieller Ehevoraussetzungen **entscheidet das verletzte Recht**, also jenes Sachrecht, dessen Vorschriften nicht eingehalten wurden. Nach türkischem Sachrecht, das wegen der Annahme der Gesamtverweisung (§ 5 Abs 1 IPRG) durch das türkische IPR zu berücksichtigen ist, hat die Scheinehe der beiden keinerlei Konsequenzen, sondern kann lediglich – wie jede andere Ehe auch – durch Scheidung beendet werden. Nach österreichischem Sachrecht ist die Ehe zwar wirksam, aber nichtig im Sinne einer Vernichtbarkeit (§ 23 EheG). Da nur das österreichische Sachrecht verletzt wurde, richten sich die Folgen ausschließlich nach österreichischem Sachrecht: Die Ehe ist nach § 23 EheG nichtig im Sinne einer Vernichtbarkeit. Die Nichtigerklärung kann der Staatsanwalt begehren (§ 28 Abs 1 EheG).

Variante: Das tschechische IPR nimmt die Gesamtverweisung (§ 5 Abs 1 IPRG) des österreichischen IPR (§ 17 Abs 1 IPRG) an, weil es ebenfalls auf die Staatsangehörigkeit von *Václav* abstellt. Sowohl die tschechischen materiellen Voraussetzungen als auch die österreichischen materiellen Erfordernisse der Eheschließung wurden in dieser Variante verletzt. Werden beide Sachrechte, die sich aus der Anwendung der Personalstatuten beider Ehegatten (unter Berücksichtigung von Rück- und Weiterverweisungen nach § 5 Abs 1 IPRG) ergeben, bezüglich der materiellen Voraussetzungen der Eheschließung verletzt, richten sich die Rechtsfolgen – anders als bei der Verletzung der formellen Voraussetzungen (Fall 91) – nach jenem Sachrecht, das die strengeren Rechtsfolgen aufstellt (**Grundsatz des ärgeren Rechts**). Das tschechische Sachrecht ist bezüglich der materiellen Voraussetzung der Aufrichtigkeit des Eheschließungswillens strenger, weil die Scheinehe absolut nichtig ist (Nichtehe), während das österreichische Sachrecht nur eine vernichtbare Ehe vorsieht (§ 23 EheG). Die Rechtsfolgen richten sich somit nach dem strengeren tschechischen Sachrecht.

Literatur: *Zöchling-Jud/Aspöck*, IPR[3] 51; *Lurger/Melcher*, IPR[4] Rz 2/43; *Perner/Spitzer/Kodek*, BR[7] 732; *Verschraegen* in *Rummel/Lukas/Geroldinger*, ABGB[4] § 17 IPRG Rz 8 ff; *Nademleinsky/Neumayr*, Internationales Familienrecht[3] Rz 2.29; zum österreichischen Sachrecht *Welser/Kletečka*, BR I[15] Rz 1452, 1461, *Rosenmayr/Nigsch* in *Welser*, Fachwörterbuch[2] 416 f.

Fall 93 *(Nigsch)*
Schwerpunkte: Hinkende Ehen, Verbot der Doppelehe

Imelda (philippinische Staatsbürgerin) und *Dirk* (deutscher Staatsbürger) lassen sich in Salzburg (Österreich) einvernehmlich scheiden, wo sie ihren gewöhnlichen Aufenthalt haben. Dieses Scheidungsurteil ist rechtskräftig. Die

Scheidung ist zwar nach österreichischem Sachrecht wirksam, nicht aber nach philippinischem Sachrecht, weil dessen Familienrecht keine einvernehmliche Scheidung kennt. Einige Zeit später will *Imelda* in Innsbruck (Österreich) *Christoph* (österreichischer Staatsbürger) heiraten. Dem österreichischen Standesbeamten kommen Zweifel, ob die Eheschließung nicht gegen das Verbot der Doppelehe verstößt. Sind seine Zweifel berechtigt?

Hinweis: Das philippinische IPR stellt in ehe- und familienrechtlichen Angelegenheiten auf das Staatsangehörigkeitsprinzip ab. Das philippinische Sachrecht verbietet Doppelehen und Scheidungen (*Bueb,* Philippinen, in *Rieck/Lettmaier*, Ausländisches Familienrecht [Stand: Januar 2023] Rz 13, 38).

Die Ehescheidung unterlag österreichischem Sachrecht, weil *Imelda* und *Dirk* ihren gewöhnlichen Aufenthalt in Österreich haben (Art 8 lit a Rom III-VO; hierzu ausführlich bei den Fällen 98 ff).

Die **materiellen Voraussetzungen** der beabsichtigten zweiten Eheschließung *Imeldas* und die Folgen ihrer allfälligen Verletzung sind nach § 17 Abs 1 IPRG nach dem Personalstatut beider Verlobten zu beurteilen. *Christoph* hat das österreichische Personalstatut (§ 9 Abs 1 Satz 1 IPRG). Nach österreichischem Sachrecht ist eine erneute Eheschließung nach Scheidung möglich. *Imelda* hat das philippinische Personalstatut (§ 9 Abs 1 Satz 1 IPRG). Nach philippinischem Sachrecht, das wegen der Annahme der österreichischen Gesamtverweisung (§ 5 Abs 1 IPRG) durch das staatsangehörigkeitsbezogene philippinische IPR zu berücksichtigen ist, ist *Imelda* immer noch verheiratet, weshalb sie keine zweite Ehe eingehen kann. Da die Personalstatuten beider Ehegatten maßgeblich sind, ist das **Verbot der Doppelehe** nach philippinischem Sachrecht zu beachten. Nach dessen Familienrecht kann die Ehe nicht getraut werden. Ehen, die nur nach der Rechtsordnung eines Verlobten gültig sind, nennt man hinkende Ehen.

Für diesen Fall ordnet **§ 17 Abs 2 IPRG** Besonderes an: Wird eine für Österreich rechtskräftige Entscheidung über die Auflösung einer Vorehe nach dem Personalstatut eines (oder beider) Verlobten nicht anerkannt, so ist dies kein Hindernis für die Wiederverheiratung. Da nach österreichischem Sachrecht die erste Ehe als rechtskräftig beendet gilt, steht das materielle philippinische Ehehindernis der zweiten Eheschließung nicht entgegen. Die Zweifel des Standesbeamten sind nicht berechtigt, weshalb er *Imelda* und *Christoph* trauen kann.

Literatur: *Zöchling-Jud/Aspöck*, IPR[3] 52; *Verschraegen*, IPR Rz 92 ff; *Nademleinsky/Neumayr*, Internationales Familienrecht[3] Rz 2.21; *Verschraegen* in *Rummel/Lukas/Geroldinger*, ABGB[4] § 17 IPRG Rz 11 ff.

Fall 94 *(Nigsch)*
Schwerpunkt: Gleichgeschlechtliche Eheschließung

Lukas (österreichischer Staatsbürger) und *László* (ungarischer Staatsbürger) wollen in Wien heiraten. Können die beiden in Österreich die Ehe eingehen?

Hinweise: Nach ungarischem IPR richten sich die materiellen Voraussetzungen der Eheschließung nach dem Heimatrecht jedes Ehewilligen, das durch die jeweilige Staatsangehörigkeit bestimmt wird (*Hausmann* in *Staudinger*, BGB Anh zu Art 4 EGBGB Rz 579, 581).

Das ungarische Sachrecht kennt keine Eheschließung zwischen gleichgeschlechtlichen Paaren, zumal die ungarische Verfassung die Ehe verschiedengeschlechtlichen Paaren vorbehält (*Uitz*, JAP 2019/20, 48 [50]).

Die **materiellen Voraussetzungen** der Eheschließung sind nach § 17 IPRG zu beurteilen. Dazu gehört auch die Frage, ob gleichgeschlechtliche Paare eine Ehe eingehen können. Für *Lukas* ist sein österreichisches Personalstatut einschlägig (§ 9 Abs 1 Satz 1 IPRG). Es bringt österreichisches Sachrecht zur Anwendung, das die gleichgeschlechtliche Ehe erlaubt (§ 44 ABGB). Für *László* gilt demgegenüber sein ungarisches Personalstatut (§ 9 Abs 1 Satz 1 IPRG), das auf ungarisches Recht verweist, dessen Kollisionsnormen die österreichische Gesamtverweisung annehmen (§ 5 Abs 1 IPRG). Das ungarische Sachrecht kennt jedoch keine Ehe zwischen zwei Männern.

In diesen Fällen ist **§ 17 Abs 1a IPRG** heranzuziehen: Stellt allein das Geschlecht von zumindest einem der beiden Verlobten nach jenem Sachrecht, das sein Personalstatut (unter Berücksichtigung von Rück- und Weiterverweisungen nach § 5 Abs 1 IPRG) zur Anwendung beruft, ein Ehehindernis dar, so ist ersatzweise das Sachrecht des Staates anzuwenden, in dem die Ehe begründet wird (**Registerstatut**). *Lukas* und *László* können daher im Ehebegründungsstaat Österreich die Ehe eingehen (§ 44 ABGB).

Lernhinweis: § 17 Abs 1a IPRG bezieht sich nur auf ein allfälliges Ehehindernis aufgrund des Geschlechts. Ob sonstige Ehehindernisse vorliegen, bestimmt das nach Maßgabe des jeweiligen Personalstatuts unter Berücksichtigung allfälliger Rück- und Weiterverweisungen (§ 5 Abs 1 IPRG) ermittelte Sachrecht (§ 17 Abs 1 IPRG). Kennt dieses zur Beurteilung der materiellen Eheschließungsvoraussetzungen zur Anwendung berufene Sachrecht demnach etwa ein höheres Ehefähigkeitsalter als Österreich, kann diese Anforderung nicht unter Berufung auf § 17 Abs 1a IPRG ausgeblendet werden.

Literatur: *Lurger/Melcher*, IPR⁴ Rz 2/43a f (mit weiterem Beispiel), Rz 2/81; *Nitsch*, iFamZ 2019, 400 (400 f); zum österreichischen Sachrecht *Welser/Kletečka*, BR I[15] Rz 1428; *Nigsch* in *Welser*, Fachwörterbuch[2] 145; zum ungarischen Familienrecht auch *Szabó*, Ungarn, in *Rieck/Lettmaier*, Ausländisches Familienrecht (Stand: Januar 2023) Rz 4.

Fall 95 *(Nigsch)*
Schwerpunkte: Mehrehe, *talaq*-Scheidung, *ordre public*

> *Amir* ist mit *Fatima* verheiratet und möchte zusätzlich *Meral* heiraten. Alle sind ägyptische Staatsbürger:innen. Nach ägyptischem Sachrecht sind polygame Ehen, die aus einem Mann und zwei Frauen bestehen, erlaubt. Nach welchem Sachrecht bestimmt sich die Wirksamkeit dieser Mehrehe? Können *Amir* und *Meral* in Österreich heiraten?
>
> **Variante**: *Amir* reist nach Ägypten, um sich nach ägyptischem Sachrecht von *Fatima* scheiden zu lassen. Dies geschieht durch seine einseitige Erklärung, seine Ehefrau zu verstoßen (*talaq*). *Fatima* hat dieses subjektive Recht nach ägyptischem Familiensachrecht nicht. Mit der Bestätigung eines ägyptischen Gerichts, von *Fatima* geschieden zu sein, kommt er nach Österreich zurück, um dort *Meral* zu heiraten. *Fatima* ist dagegen. Ist diese Vorgangsweise möglich?
>
> **Hinweis**: Nach ägyptischem IPR richten sich die materiellen Voraussetzungen der Eheschließung nach dem jeweiligen Heimatrecht der Ehewilligen, das nach Maßgabe ihrer Staatsangehörigkeit zu ermitteln ist (*Hausmann* in *Staudinger*, BGB Anh zu Art 4 EGBGB Rz 842 f).

Die **materiellen Ehevoraussetzungen** sind für jeden der Verlobten nach seinem Personalstatut zu beurteilen (§ 17 Abs 1 IPRG). *Amir* und *Meral* sind ägyptische Staatsbürger, weshalb sie beide das ägyptische Personalstatut haben (§ 9 Abs 1 Satz 1 IPRG). Die materiellen Ehevoraussetzungen sind somit nach materiellem ägyptischem Familienrecht zu beurteilen, weil das ägyptische IPR die österreichische Gesamtverweisung (§ 5 Abs 1 IPRG) annimmt. Nach den materiellen Normen des ägyptischen Familienrechts bestehen gegen die Ehe zwischen *Amir* und *Meral* keine Einwände.

Dieses Ergebnis widerspricht jedoch dem österreichischen *ordre public* (§ 6 IPRG), weil *Amir* bereits verheiratet ist. Denn im materiellen österreichischen Familienrecht steht der weiteren Trauung von *Amir* das **Verbot der Doppelehe** entgegen (§ 8 EheG). Dies ist ein Grundpfeiler des österreichischen Familiensachrechts. Verweisungen in Sachrechtsordnungen, die Mehrehen kennen, werden daher von international zuständigen Gerichten des Forumstaates Österreich nicht berücksichtigt. Anstelle der nicht angewendeten Normen des materiellen ägyptischen Familienrechts ist österreichisches Familiensachrecht als Lückenfüller anzuwenden (§ 6 Satz 2 IPRG), was zur Folge hat, dass der österreichische Standesbeamte die Durchführung der Eheschließungszeremonie ablehnen muss. Denn der Eheschließung steht das österreichische Eheverbot der Doppelehe entgegen (§ 8 EheG). Wird die Ehe trotzdem getraut, etwa weil der Standesbeamte nichts von der ersten Ehe wusste, liegt ein Nichtigkeitsgrund vor (§ 24 EheG), den sogar die Staatsanwaltschaft aufgreifen kann (§ 28 Abs 2 EheG).

Variante: Ob die Ehe mit *Meral* in Österreich geschlossen werden kann, hängt von der Beantwortung der **Vorfrage** ab, ob *Amir* noch mit *Fatima* verheiratet ist. Es handelt sich dabei um eine materielle Voraussetzung, die nach dem Personalstatut beider Ehegatten zu bestimmen ist (§ 17 IPRG). Nach ägyptischem Sachrecht besteht kein Hindernis für die angestrebte Eheschließung (zur Annahme der österreichischen Gesamtverweisung durch das ägyptische IPR siehe oben). Dieses Ergebnis würde jedoch dazu führen, dass die **einseitige Scheidung** (*talaq*) gegen den Willen der Ehefrau *Fatima* in Österreich Wirksamkeit entfaltete, was in dieser Konstellation dem österreichischen *ordre public* widerspräche (RIS-Justiz RS0121192). Daher sind diese Bestimmungen des materiellen ägyptischen Familienrechts in Österreich unanwendbar.

Es ist damit zur Füllung der Verweisungslücke, die der Rückgriff auf den *Ordre-public*-Vorbehalt (§ 6 IPRG) hinterlässt, wieder auf das österreichische Sachrecht zurückzugreifen. *Amir* ist deshalb aus österreichischer Sicht immer noch verheiratet. Der Eheschließung mit *Meral* steht somit wiederum das österreichische Eheverbot der Doppelehe entgegen (§ 8 EheG). Die Nichtigkeitsfolge, der eine gleichwohl geschlossene Ehe unterliegt (§ 24 EheG), greift jedoch nur, wenn *Armin* und *Meral* bei ihrer Eheschließung wussten, dass die ausländische Entscheidung im Inland nicht anerkannt werden kann (§ 45 EheG).

Lernhinweis: Die verfahrensrechtliche Anerkennung und Nichtanerkennung einer Ehe oder Scheidung erfolgt im Außerstreitverfahren. Nach § 97 Abs 2 Z 1 AußStrG ist eine Anerkennung ausgeschlossen, wenn dies dem österreichischen *ordre public* widerspricht.

Literatur: *Zöchling-Jud/Aspöck*, IPR[3] 16; *Lurger/Melcher*, IPR[4] Rz 1/42 f, 2/43 ff; *Nademleinsky/Neumayr*, Internationales Familienrecht[3] Rz 2.18 ff; 5.156; zum österreichischen Sachrecht *Nigsch* in *Welser*, Fachwörterbuch[2] 136; zum ägyptischen Familienrecht *El Akrat*, Ägypten, in *Rieck/Lettmaier*, Ausländisches Familienrecht (Stand Januar 2023) Rz 16; zur fehlenden *Ordre-public*-Widrigkeit der Begrenzung des nachehelichen Unterhalts auf die ersten drei Monate nach der Scheidung durch das saudi-arabische Familiensachrecht OGH 28.02.2011, 9 Ob 34/10f und hierzu *Zankl*, CB BR[11] 376 f (Fall 256).

Fall 96 *(Nigsch)*
Schwerpunkte: Eingehung und Wirkung des Verlöbnisses

Ercan macht *Nuray* (beide türkische Staatsbürger:innen) in Wien einen Heiratsantrag. Sie veranstalten ein Verlobungsfest und fahren in die Türkei, um für *Nuray* ein Brautkleid zu kaufen. Die anfallenden Kosten übernimmt *Ercan*. Kurz vor der Hochzeit beschließt *Nuray*, doch nicht heiraten zu wollen.

Nach welchem Sachrecht sind die Wirksamkeit und Folgen der Auflösung des Verlöbnisses zu beurteilen?

Hinweis: Nach türkischem IPR richten sich die materiellen Voraussetzungen eines Verlöbnisses nach dem jeweiligen Heimatrecht der Ehewilligen, das von ihrer Staatsangehörigkeit abhängt. Die Wirkungen des Verlöbnisses sind nach dem gemeinsamen Heimatrecht der Verlobten und in Ermangelung eines solchen nach türkischem Sachrecht zu beurteilen (*Hausmann* in *Staudinger*, BGB Anh zu Art 4 EGBGB Rz 358, 360).

Sachverhalt angelehnt an OGH 21.09.1993, 1 Ob 577/93.

Die Anknüpfung des Verlöbnisses ist im IPRG nicht geregelt. Nach dem **Grundsatz der stärksten Beziehung** (§ 1 IPRG) sind die eherechtlichen Kollisionsnormen sinngemäß anzuwenden. Die materiellen Voraussetzungen des Verlöbnisses sind somit nach § 17 IPRG anzuknüpfen. Für seine Wirkungen sind §§ 18-20 IPRG sinngemäß heranzuziehen. Für seine Form ist nach hA (*Lurger/Melcher*, IPR[4] Rz 2/39 f) auf § 8 IPRG abzustellen (und nicht auf § 16 IPRG).

§ 17 IPRG verweist auf das Personalstatut der Ehegatten, weshalb im Wege des § 1 IPRG das Personalstatut der Verlobten zu ermitteln ist. *Ercan* und *Nuray* haben beide das türkische Personalstatut (§ 9 Abs 1 Satz 1 IPRG): Die **materiellen Voraussetzungen** sind daher nach türkischem Recht zu beurteilen, das die österreichische Gesamtverweisung (§ 5 Abs 1 IPRG) annimmt. Für die **Form** des Verlöbnisses sind – per Gesamtverweisung (§ 5 Abs 1 IPRG) – entweder die Formvorschriften jenes Staates einschlägig, nach dessen Sachrecht auch die Rechtshandlung selbst zu beurteilen ist, oder – per Sachnormverweisung – die materiellen Formvorschriften jenes Staates, in dem die Rechtshandlung vorgenommen wird (§ 8 IPRG). Die Formvorschriften des Verlöbnisses sind daher entweder nach türkischem Sachrecht (Sachrecht der Rechtshandlung) oder nach österreichischem Sachrecht (Sachrecht des Orts der Vornahme der Rechtshandlung) zu beurteilen. Es genügt, dass den Formvorschriften einer der genannten Rechtsordnungen entsprochen wird.

Die **Wirkungen und Auflösungsfolgen** eines Verlöbnisses sind in sinngemäßer Anwendung (§ 1 IPRG) der Kollisionsnormen der persönlichen Rechtswirkungen einer Ehe und ihrer Beendigung (§ 20 IPRG iVm § 18 IPRG) zu beurteilen. Primär ist auf das gemeinsame Personalstatut abzustellen. Die Rechtsfolgen sind daher nach türkischem Recht zu beurteilen, das die österreichische Gesamtverweisung (§ 5 Abs 1 IPRG) annimmt, weshalb türkisches Sachrecht maßgeblich ist.

Das türkische Recht nimmt im Ergebnis die österreichische **Gesamtverweisung** in allen Fällen an: Sowohl die Wirksamkeit des Verlöbnisses als auch die Rechtsfolgen seiner Auflösung sind nach türkischem Sachrecht zu bestimmen. Nach österreichischem Sachrecht wären die Wirksamkeit und Folgen seiner Auflösung nach §§ 45, 46 ABGB und § 1247 ABGB zu beurteilen.

Literatur: *Zöchling-Jud/Aspöck*, IPR[3] 52; *Lurger/Melcher*, IPR[4] Rz 2/39 f; *Nademleinsky/Neumayr*, Internationales Familienrecht[3] Rz 2.36; *Verschraegen* in *Rummel/Lukas/Geroldinger*, ABGB[4] Vor § 16 IPRG Rz 3 ff; zum türkischen Sachrecht *Çataltepe*, Türkisches Eherecht Rz 3/3 ff.

b. Ehewirkungen

Fall 97 *(Nigsch)*
Schwerpunkte: Persönliche und vermögensrechtliche Ehewirkungen

Anna (deutsche Staatsbürgerin) heiratet *Reza* (iranischer Staatsbürger) am 17.07.2017 in Berlin (Deutschland). Mit der Registrierung der Ehe durch die iranische Auslandsbehörde erhält *Anna* automatisch die iranische Staatsbürgerschaft. Die deutsche Staatsbürgerschaft geht dadurch nicht verloren (vgl § 25 Abs 1 deutsches StAG). Das Paar lebte ursprünglich zehn Jahre in Berlin, bevor es unmittelbar nach der Hochzeit nach Österreich zog. Schon bald nach dem Umzug nach Österreich entbrennt ein Streit über die gemeinsame Zukunft: *Reza* möchte unbedingt in Österreich bleiben, während *Anna* fest entschlossen ist, wieder nach Deutschland zurückzukehren, was sie schlussendlich auch tut.

Nach welchem Sachrecht ist die Rechtmäßigkeit der einseitigen Wohnortverlegung von *Anna* zu beurteilen?

Variante: 2017 vereinbarte das Ehepaar in einem Ehepakt eine Gütergemeinschaft über mehrere Liegenschaften. Auch über die zukünftige Nutzung dieser Liegenschaften entbrennt nunmehr Streit.

Nach welchem Sachrecht ist dieser Disput zu klären?

Hinweis: Der aufgehobene deutsche Art 15 EGBGB, der weiterhin auf vor dem 29.01.2019 geschlossene Ehen anzuwenden ist (Art 229 § 47 Abs 2 Z 2 EGBGB), ordnet für die güterrechtlichen Wirkungen dieser älteren Ehen die Anwendung des Statuts der allgemeinen Ehewirkungen im Eheschließungszeitpunkt an. Nach Art 14 Abs 2 Z 1 EGBGB ist hierfür in Ermangelung einer Rechtswahl primär der Ort des gemeinsamen gewöhnlichen Aufenthalts maßgeblich.

Vorbemerkung: Die Regeln über die Anknüpfung der Rechtswirkungen einer Ehe sind im IPRG, im HUP und in der EuGüVO (= EheGüVO) normiert. Nach nationalem IPR sind die **persönlichen Rechtswirkungen** der Ehe nach § 18 IPRG anzuknüpfen. **Vermögensrechtliche Wirkungen** unterfallen demgegenüber § 19 IPRG. Die Kollisionsnormen für die wichtigsten Erscheinungsformen der Ehewirkungen entstammen jedoch nicht (mehr) dem IPRG. Für den **Unterhalt** ist das HUP einschlägig (Fall 107). Für sonstige vermögensrechtliche Fragen, sofern sie bereits zeitlich anwendbar ist, gilt fast ausschließlich die EuGüVO (Fälle 103 ff). Der unmittelbare Anwendungsbereich der §§ 18, 19 IPRG wird demnach immer stärker eingeschränkt. Sie sind noch außerhalb der Anwendungsbereiche des HUP und der EuGüVO relevant, wie etwa bei der Anknüpfung der ehelichen Gemeinschaft (zB im Hinblick auf Rechtsfragen zum gemeinsamen Wohnen, zur Beistandspflicht und Treue). Oftmals ist die Anknüpfung nach § 18 IPRG im Zuge einer **Vorfrage** heranzuziehen, die sich anlässlich eines Scheidungsverfahrens stellt (Fall 98).

Die Rechtmäßigkeit einer einseitigen Wohnungsverlegung betrifft eine **persönliche Rechtswirkung** der Ehe, weshalb sie – in Ermangelung einer vorrangig anwendbaren Kollisionsrechtsquelle – nach § 18 IPRG anzuknüpfen ist. Ihre Anknüpfung ergibt sich aus einer Kaskadenanknüpfung (Stufenanknüpfung), die oftmals „*Kegel'sche Leiter*" genannt wird (nach dem Kollisionsrechtswissenschaftler *Gerhard Kegel* [1912-2006]). Ihre Ziffern müssen nacheinander geprüft werden:

Primär ist auf das **gemeinsame Personalstatut** der Eheleute abzustellen. Gibt es aktuell keines, ist ihr **letztes gemeinsames Personalstatut** einschlägig, sofern es einer der Ehegatten beibehalten hat (§ 18 Abs 1 Z 1 IPRG). *Reza* ist iranischer Staatsbürger, weshalb er das iranische Personalstatut hat (§ 9 Abs 1 Satz 1 IPRG). *Anna* hat die deutsche und kraft Eheschließung die iranische Staatsbürgerschaft. Ihr Personalstatut bestimmt sich nach der effektiven Staatsangehörigkeit (§ 9 Abs 1 Satz 3 IPRG; hierzu Fall 1). Laut Sachverhalt wohnt sie jahrelang in Deutschland, wohin sie nach kurzem Aufenthalt in Österreich auch wieder zurückzieht. Die iranische Staatsangehörigkeit hat sie nur deshalb erhalten, weil sie *Reza* geheiratet hat. Die Beziehung zur deutschen Staatsbürgerschaft ist daher deutlich stärker als zur iranischen Staatsangehörigkeit. *Anna* hat somit das deutsche Personalstatut, weshalb zu keinem Zeitpunkt ein gemeinsames Personalstatut mit *Reza* existierte.

Mangels Anknüpfung an das gemeinsame Personalstatut ist auf den **gewöhnlichen Aufenthalt** der Eheleute abzustellen. Gibt es keinen mehr, ist ihr **letzter gemeinsamer gewöhnlicher Aufenthalt** einschlägig, sofern ihn einer beibehalten hat (§ 18 Abs 1 Z 2 IPRG). Nach dem Umzug von *Anna* nach Deutschland hat das Ehepaar keinen gemeinsamen gewöhnlichen Aufenthalt mehr, weshalb auf jenen Ort abzustellen ist, wo er zuletzt vorlag, sofern dort noch ein Ehegatte lebt. Hierbei handelt es sich um Österreich, weil sich *Reza* immer noch in Österreich für gewöhnlich aufhält. Somit ist österreichisches Sachrecht anwendbar. Ob die Wohnungsverlegung gerechtfertigt ist, bestimmt sich also nach § 92 ABGB.

Nachbemerkung: Ist auch eine Anknüpfung an den letzten gemeinsamen gewöhnlichen Aufenthalt nicht möglich, erfolgt die kollisionsrechtliche Beurteilung nach Maßgabe der stärksten Beziehung unter Berücksichtigung aller Umstände des Einzelfalls (§ 18 Abs 2 IPRG iVm § 1 IPRG).

Variante: Gütergemeinschaften sind nach dem Güterrechtsstatut anzuknüpfen. Dieses bestimmt sich nach § 19 IPRG, soweit nicht die vorrangige EuGüVO anwendbar ist. Die EuGüVO ist (in Ermangelung einer auf sie gestützten Rechtswahl der Eheleute) zeitlich nur auf Ehen anwendbar, die nach dem 29.01.2019 geschlossen wurden (Art 69 Abs 3 EuGüVO; hierzu Fall 103). Diese Voraussetzung liegt hier nicht vor, weshalb die EuGüVO unanwendbar ist.

Nach § 19 IPRG sind ehegüterrechtliche Fragen primär nach der Parteienvereinbarung zu beurteilen. Mangels Rechtswahl ist an das Ehewirkungsstatut (§ 18 IPRG) im **Zeitpunkt der Eheschließung** anzuknüpfen (unwandelbares Statut). *Anna* und *Reza* besaßen nie ein gemeinsames Personalstatut (siehe oben). Im Zeitpunkt der Eheschließung hatten sie ihren gemeinsamen gewöhnlichen Aufenthalt in Berlin (§ 18 Abs 1 Z 2 IPRG). Es ist somit deutsches Recht anwendbar, das die österreichische Gesamtverweisung (§ 5 Abs 1 IPRG) annimmt, weil Art 15 Abs 1 EGBGB in seiner intertemporal maßgeblichen Fassung (Art 229 § 47 Abs 2 Z 2 EGBGB) iVm Art 14 Abs 2 Z 1 EGBGB ebenfalls auf den gemeinsamen gewöhnlichen Aufenthalt im Eheschließungszeitpunkt abstellt.

Literatur: *Zöchling-Jud/Aspöck*, IPR[3] 52 f; *Lurger/Melcher*, IPR[4] Rz 2/46 ff; *Perner/Spitzer/Kodek*, BR[7] 733 f; *Nademleinsky/Neumayr*, Internationales Familienrecht[3] Rz 2.43 ff; *Uitz*, JAP 2019/20, 48 (50). Zum ehelichen Güterrecht und (nach-)ehelichen Unterhaltsrecht siehe unten Fälle 103 ff.

c. Ehescheidung

Fall 98 *(Nigsch)*

Schwerpunkt: Anwendungsbereich der Rom III-VO

Heinrich und *Andrea* (beide mit österreichischer Staatsbürgerschaft) heiraten 2011 in Wien. Im Anschluss an ihre Eheschließung ziehen sie unverzüglich nach Kopenhagen (Dänemark), wo sie fortan leben. Anfang 2025 reicht *Andrea* in Österreich eine Klage auf Auflösung der Ehe ein. Sie macht geltend, dass ihre Ehe wegen *Heinrichs* Affären unheilbar zerrüttet sei.

Welches Sachrecht ist anwendbar?

Variante 1: *Andrea* macht zusätzlich geltend, dass sie vor der Eheschließung von *Heinrich* darüber getäuscht wurde, dass er keine Kinder habe, obwohl aus seiner ersten Ehe zwei Kinder stammen.

Variante 2: *Andrea* begehrt zusätzlich Unterhalt und die Hälfte der gemeinsamen ehelichen Ersparnisse.

Variante 3: *Andrea* ist nicht österreichische Staatsbürgerin, sondern italienischer Staatsbürger, der mit *Heinrich* in Dänemark zulässigerweise eine gleichgeschlechtliche Ehe eingegangen ist. Die Eheleute lebten stets in Kopenhagen (Dänemark).

Hinweis: Nach dänischem IPR richten sich die allgemeinen Ehewirkungen nach dem Wohnsitz der Eheleute, während für die güterrechtlichen Aspekte der Ehe der erste gemeinsame Wohnsitz nach der Eheschließung maßgeblich ist (*Hausmann* in *Staudinger*, BGB Anh zu Art 4 EGBGB Rz 108).

Scheidungen sind nach der Rom III-VO anzuknüpfen. Zuerst ist der räumliche, zeitliche und sachliche Anwendungsbereich der Rom III-VO zu prüfen. **Räumlich** erstreckt sich die Rom III-VO auf jene Mitgliedsstaaten, die freiwillig an der Verstärkten Zusammenarbeit (Art 20 EUV iVm Art 326 ff AEUV) zum Zwecke der Schaffung dieser Kollisionsrechtsquelle teilnehmen. Hierzu zählt auch Österreich (ErwGr 6 Rom III-VO). Dass Dänemark als Staat des gewöhnlichen Aufenthalts der Ehegatten nicht an der Rom III-VO teilnimmt, schadet nicht, weil die internationale Zuständigkeit nach den Prämissen der Falllösung in Österreich belegen ist. **Zeitlich** ist die Rom III-VO auf Verfahren anzuwenden, die nach dem 21.06.2012 eingeleitet werden (Art 18 Abs 1 Rom III-VO). Dass *Heinrich* und *Anna* vor 2012 heirateten, ist unerheblich. **Sachlich** ist die Rom III-VO auf Ehescheidungen und Trennungen ohne Auflösung des Ehebands anzuwenden (Art 1 Abs 1 Rom III-VO). Explizit ausgenommen sind etwa (Vor-)Fragen des Bestehens, der Gültigkeit, der Anerkennung oder der Ungültigkeitserklärung von Ehen (Art 1 Abs 2 lit b-c Rom III-VO). Laut Sachverhalt will sich *Andrea* von *Heinrich* trennen, weil er Ehebruch begangen haben soll. Dabei handelt es sich um eine „*Ehescheidung*" iSd Art 1 Abs 1 Rom III-VO. Die Rom III-VO ist also sachlich anwendbar.

Da ihr Anwendungsbereich gänzlich eröffnet ist, ist **primär subjektiv nach dem gewählten Recht anzuknüpfen** (Art 5-7 Rom III-VO; zur subjektiven Anknüpfung siehe Fall 100). Mangels Rechtswahl ist **sekundär objektiv anzuknüpfen**: Art 8 Rom III-VO sieht dafür eine Anknüpfungsleiter vor, die durchstiegen werden muss. Jener Anknüpfungstatbestand, der zuerst erfüllt ist, bestimmt das anwendbare Sachrecht (Sachnormverweisung nach Art 11 Rom III-VO). Es besteht keine Auswahlmöglichkeit: Nach Art 8 lit a Rom III-VO ist das Sachrecht jenes Staates auf die Scheidung anzuwenden, in dem die Ehegatten ihren gewöhnlichen Aufenthalt haben. *Heinrich* und *Andrea* wohnen gemeinsam in Dänemark. Es ist daher dänisches Sachrecht anzuwenden. Dass Dänemark kein teilnehmender Mitgliedsstaat ist, schadet dem Verweis auf das dänische Sachrecht nicht (Prinzip der universellen Anwendung [*loi uniforme*]: Art 4 Rom III-VO). Da die Rom III-VO **Sachnormverweisungen** enthält, sind allfällige Rückverweisungen nach dänischem Kollisionsrecht nicht zu prüfen (Art 11 Rom III-VO).

In vielen Fällen stellt das ermittelte Sachrecht auf ein bestimmtes Verhalten einer Streitpartei ab, wie etwa auf die Begehung einer Eheverfehlung. Diese Frage, ob eheliche Pflichten verletzt wurden, ist nicht nach der Rom III-VO anzuknüpfen, sondern nach dem **Ehewirkungsstatut** (§ 18 IPRG; siehe Fall 97): Primär ist auf das gemeinsame Personalstatut abzustellen. *Andrea* und *Heinrich* haben beide das österreichische Personalstatut (§ 9 Abs 1 Satz 1 IPRG). Ob eine eheliche Pflichtverletzung vorliegt, ist somit nach österreichischem Sachrecht zu beurteilen. Nach österreichischem Sachrecht wäre eine Scheidung nach § 49 EheG iVm §§ 89 ff ABGB zu prüfen.

Variante 1: *Andrea* macht zusätzlich die Auflösung der Ehe wegen Täuschung ihrer Person geltend. Es handelt sich dabei nicht um eine „*Ehescheidung*" nach Art 1 Abs 1 Rom III-VO, sondern um eine **Ungültigkeitserklärung** nach Art 1 Abs 2 lit c Rom III-VO. Ihr sachlicher Anwendungsbereich ist demnach nicht eröffnet. Die kollisionsrechtliche Anknüpfung erfolgt somit nach dem IPRG (siehe Fall 92).

Die Aufhebung einer Ehe ist nach dem Personalstatut jedes Ehegatten zu beurteilen. Es ist nicht § 20 IPRG anzuwenden, sondern § 17 Abs 1 IPRG. *Andrea* und *Heinrich* haben beide das österreichische Personalstatut. Es ist daher österreichisches Sachrecht anwendbar. Einschlägig sind die Aufhebungsgründe der §§ 37 ff EheG.

Variante 2: Ausgenommen vom sachlichen Anwendungsbereich der Rom III-VO sind auch die **vermögensrechtlichen Folgen der Ehe** und **Unterhaltspflichten** (Art 1 Abs 2 lit e und lit g Rom III-VO). Unterhaltsansprüche sind nach dem HUP anzuknüpfen (siehe Fall 107). Die vermögensrechtliche Güteraufteilung unterliegt der vorrangigen EuGüVO (EheGüVO) nur dann, wenn ihr zeitlicher Anwendungsbereich bereits eröffnet ist. Dann verdrängen ihre Kollisionsnormen die Anknüpfung nach dem IPRG (hierzu näher Fall 103).

Variante 3: Laut Sachverhalt ist *Andrea* Italiener, der mit *Heinrich* verheiratet ist. Sie verbindet nach den Angaben im Sachverhalt eine wirksam geschlossene gleichgeschlechtliche Ehe. Ob Scheidungen von Ehen **gleichgeschlechtlicher Paare** der Rom III-VO unterliegen, ist strittig. Die hA bejaht dies, weshalb sie zur Anwendung dänischen Sachrechts kommt (siehe oben). Ob eine Eheverfehlung vorliegt, ist nach § 18 Abs 1 Z 2 IPRG zu beurteilen, der wegen des gemeinsamen gewöhnlichen Aufenthalts der Eheleute in Kopenhagen dänisches Recht für maßgeblich erklärt. Das dänische IPR nimmt die Verweisung an, weil der Wohnsitz der Ehegatten in Dänemark liegt, weshalb auf diese Frage ebenfalls dänisches Sachrecht zur Anwendung berufen ist.

Lernhinweis: Die internationale Zuständigkeit für Ehescheidungen bestimmt sich nach der Brüssel IIb-VO. Ihre Anknüpfungsmomente (in der Regel der gewöhnliche Aufenthalt, gegebenenfalls die Staatsangehörigkeit) ähneln den Anknüpfungspunkten der Rom III-VO, weshalb es meist zu einem Gleichklang zwischen internationaler Zuständigkeit und anwendbarem Sachrecht kommt. Anders gesagt: Dann wendet der international zuständige Forumstaat sein eigenes Sachrecht an.

Literatur: *Zöchling-Jud/Aspöck*, IPR[3] 53 ff; *Lurger/Melcher*, IPR[4] Rz 2/46 ff, 2/64 ff; *Perner/Spitzer/Kodek*, BR[7] 734; *Nademleinsky/Neumayr*, Internationales Familienrecht[3] Rz 2.43 ff, 5.56 ff; *Verschraegen* in *Rummel/Lukas/Geroldinger*, ABGB[4] Art 2 Rom III-VO Rz 15; *Rudolf* in *Gitschthaler*, Internationales Familienrecht Art 1 Rom III-VO Rz 17 f; *Nitsch*, JAP 2012/13, 42 (42 f); *Rudolf*, EF-Z 2012, 101 (101 ff); *Uitz*, JAP 2019/20, 48 (48 f); zum dänischen Familienrecht *Reinel*, Dänemark, in *Rieck/Lettmaier*, Ausländisches Familienrecht (Stand Januar 2023) Rz 6.

Fall 99 *(Nigsch)*

Schwerpunkt: Objektive Anknüpfung (Verschuldensscheidung wegen Eheverfehlung)

Stefan (ungarischer Staatsbürger) und *Tina* (slowenische Staatsbürgerin) leben in Wien, wo sie im Jahr 2015 heiraten. Anfang 2024 geht das Paar getrennte Wege, weil *Stefan* Kinder möchte, *Tina* aber strikt dagegen ist. *Stefan* zieht nunmehr nach Budapest (Ungarn), *Tina* bleibt in Wien. Mitte 2025 reicht *Stefan* in Wien die Scheidungsklage ein.

Welches Sachrecht ist anwendbar?

Der Anwendungsbereich der Rom III-VO ist gänzlich eröffnet (hierzu Fall 98): Das Verfahren wurde nach dem 21.06.2012 eingeleitet (Art 18 Abs 1 Rom III-VO), Österreich ist teilnehmender Mitgliedsstaat (ErwGr 6 Rom III-VO) und *Tina* begehrt die Scheidung (Art 1 Abs 1 Rom III-VO).

Mangels Rechtswahl ist objektiv anzuknüpfen: Nach Art 8 lit a Rom III-VO ist das Sachrecht jenes Staates anzuwenden, in dem die Ehegatten im Zeitpunkt der Anrufung des Gerichts ihren **gewöhnlichen Aufenthalt** haben. *Stefan* und *Tina* haben laut Sachverhalt aktuell keinen gemeinsamen gewöhnlichen Aufenthalt. Nach Art 8 lit b Rom III-VO ist deshalb das Sachrecht jenes Staates anzuwenden, in dem die Ehegatten **zuletzt ihren gemeinsamen gewöhnlichen Aufenthalt hatten**, sofern dieser nicht vor mehr als einem Jahr endete und ein Ehegatte dort noch seinen gewöhnlichen Aufenthalt hat. Der letzte gemeinsame gewöhnliche Aufenthalt lag in Österreich. Dieser endete Anfang 2024, also vor mehr als einem Jahr vor Anrufung des Gerichts Mitte 2025. Daher ist Art 8 lit b Rom III-VO nicht anzuwenden und in der Anknüpfungsleiter voranzuschreiten.

Nach Art 8 lit c Rom III-VO ist das Sachrecht jenes Staates anzuwenden, dessen **Staatsangehörigkeit beide Ehegatten besitzen**. *Tina* und *Stefan* haben jedoch keine gemeinsame Staatsangehörigkeit, weil *Stefan* ungarischer Staatsbürger und *Tina* slowenische Staatsbürgerin ist. Somit ist nach Art 8 lit d Rom III-VO das **Sachrecht des angerufenen Staates** anzuwenden (*lex fori*). Zu prüfen ist demnach die Verschuldensscheidung nach § 49 EheG.

Ob eine schwere Eheverfehlung vorliegt, weil *Tina* keine Kinder möchte, ist nach dem **Ehewirkungsstatut** des § 18 IPRG zu beurteilen (siehe hierzu Fälle 97 f): Primär ist das gemeinsame Personalstatut einschlägig, gegebenenfalls das letzte gemeinsame Personalstatut, sofern es einer von ihnen beibehielt (§ 18 Abs 1 Z 1 IPRG iVm § 9 IPRG). *Stefan* und *Tina* hatten jedoch nie ein gemeinsames Personalstatut.

Sekundär ist das Recht des Staates einschlägig, in dem die beiden ihren gemeinsamen gewöhnlichen Aufenthalt haben oder zuletzt hatten, sofern ihn einer von beiden dort beibehielt (§ 18 Abs 1 Z 2 IPRG). Der letzte gemeinsame gewöhnliche Aufenthalt der Ehegatten lag in Österreich. Diesen hat *Tina* beibehalten. Ob eine schwere Eheverfehlung vorliegt, ist daher nach österreichischem Sachrecht zu beurteilen (§§ 89 ff ABGB).

Lernhinweis: Wann eine gemeinsame Staatsangehörigkeit iSd Art 8 lit c Rom III-VO vorliegt, ist mithilfe des innerstaatlichen Kollisionsrechts zu prüfen (ErwGr 22 Rom III-VO). Abzustellen ist vor einem international zuständigen österreichischen Gericht bei Mehrstaatern somit auf § 9 Abs 1 Satz 2 IPRG und § 9 Abs 1 Satz 3 IPRG: Bei Mehrstaatern mit österreichischer Staatsbürgerschaft ist ausschließlich die österreichische Staatsbürgerschaft entscheidend (§ 9 Abs 1 Satz 2 IPRG), während bei sonstigen Mehrstaatern die Staatsbürgerschaft maßgebend ist, zu der die stärkste Beziehung besteht (Effektivität der Staatsangehörigkeit nach § 9 Abs 1 Satz 3 IPRG).

Literatur: *Zöchling-Jud/Aspöck*, IPR³ 54 f, 52 f; *Lurger/Melcher*, IPR⁴ Rz 2/46 ff, 2/73 ff; *Perner/Spitzer/Kodek*, BR⁷ 734; *Nademleinsky/Neumayr*, Internationales Familienrecht³ Rz 5.56 ff; *Verschraegen* in *Rummel/Lukas/Geroldinger*, ABGB⁴ Art 8 Rom III-VO Rz 12 ff; *Rudolf* in *Gitschthaler*, Internationales Familienrecht Art 8 Rom III-VO Rz 16 ff; *Nitsch*, JAP 2012/13, 42 (44 f); *Rudolf*, EF-Z 2012, 101 (104 f).

Fall 100 *(Nigsch)*

Schwerpunkt: Subjektive Anknüpfung der Scheidung (Rechtswahl)

Urs (schweizerischer Staatsbürger) und *Sarah* (österreichische Staatsbürgerin) leben und heiraten im Jahr 2018 in Feldkirch (Österreich), wo sie kurz danach ein Einfamilienhaus erwerben. Aus beruflichen Gründen ziehen sie nach einigen Jahren nach Lindau (Deutschland). Bereits nach einem halben Jahr fühlen sie sich dort aber nicht mehr wohl. *Sarah* zieht zurück nach Feldkirch (Österreich), *Urs* nach St. Gallen (Schweiz).

Kurz darauf beschließen die beiden, sich schnellstmöglich einvernehmlich scheiden zu lassen. Aufgrund der vergleichsweisen geringen Gerichtsgebühren und der Lage des gemeinsamen Hauses vereinbaren sie, die Scheidung vor einem österreichischen Gericht durchzuführen. Es soll jedoch schweizerisches Sachrecht zur Anwendung kommen, weil es im Gegensatz zum österreichischen Sachrecht keine Aufhebung der häuslichen Gemeinschaft seit einem halben Jahr erfordert (§ 55a EheG). Diese Vereinbarung halten *Urs* und *Sarah* in einer unterschriebenen und datierten Urkunde fest.

Ist ihre Rechtswahl gültig?

Der Anwendungsbereich der Rom III-VO ist gänzlich eröffnet (hierzu Fall 98): Das Verfahren wurde nach dem 21.06.2012 eingeleitet (Art 18 Abs 1 Rom III-VO), Österreich ist teilnehmender Mitgliedsstaat (ErwGr 6 Rom III-VO) und *Urs* und *Sarah* begehren die Scheidung (Art 1 Abs 1 Rom III-VO). Für eine wirksame Rechtswahl müssen die folgenden **drei Voraussetzungen** vorliegen:

1.) Die Wahl ist auf die in Art 5 Abs 1 Rom III-VO genannten Rechtsordnungen beschränkt (**beschränkte Rechtswahl**). Im Gegensatz zur objektiven Anknüpfung muss die Anknüpfungsleiter nicht durchstiegen werden. Es reicht aus, wenn sich die Rechtswahl auf eine der vier Tatbestände stützen kann.

Nach Art 5 Abs 1 lit a Rom III-VO kann das Recht jenes Staates gewählt werden, in dem die Ehegatten im Zeitpunkt der Rechtswahl ihren **gewöhnlichen Aufenthalt** haben. Da *Urs* und *Sarah* im Rechtswahlzeitpunkt in verschiedenen Staaten wohnen, steht ihnen diese Möglichkeit nicht offen. Nach Art 5 Abs 1 lit b Rom III-VO kann das Recht jenes Staates gewählt werden, in dem die Ehegatten zuletzt **ihren gewöhnlichen Aufenthalt** hatten, sofern ihn einer dort beibehalten hat. Ihr letzter gemeinsamer gewöhnlicher Aufenthalt lag in Deutschland, wo nunmehr keiner der beiden wohnt. Somit kann ihre Rechtswahl weder auf Art 5 Abs 1 lit a Rom III-VO noch auf Art 5 Abs 1 lit b Rom III-VO gestützt werden. Nach Art 5 Abs 1 lit c Rom III-VO kann das Recht des Staates gewählt werden, dessen **Staatsangehörigkeit einer der Ehegatten** zum Zeitpunkt der Rechtswahl besitzt. *Urs* ist schweizerischer Staatsbürger, weshalb nach Art 5 Abs 1 lit c Rom III-VO schweizerisches Sachrecht vereinbart werden kann. Möglich wäre nach dieser Ziffer auch die Wahl des österreichischen Sachrechts, weil *Sarah* österreichische Staatsbürgerin ist. Nach Art 5 Abs 1 lit d Rom III-VO könnte schließlich das **Recht des angerufenen Staates** vereinbart werden (*lex fori*). Dies wäre österreichisches Sachrecht. Nach Art 5 Abs 1 lit c Rom III-VO können *Sarah* und *Urs* schweizerisches Sachrecht im Ergebnis wirksam vereinbaren.

2.) Die Rechtswahl muss zusätzlich zu den materiellen Voraussetzungen jene **Formvorschriften** erfüllen, die sich aus der Anwendung des Art 7 Rom III-VO ergeben: Jedenfalls bedarf die Rechtswahl der Schriftform, einer Datierung und der Unterschrift beider Ehegatten (Art 7 Abs 1 Rom III-VO). Weitere Formerfordernisse können sich aus jenem Recht eines teilnehmenden Mitgliedsstaats ergeben, in dem ein Ehegatte seinen gewöhnlichen Aufenthalt oder beide Ehegatten ihren gewöhnlichen Aufenthalt haben (Art 7 Abs 2-4 Rom III-VO).

Laut Sachverhalt wurde die Rechtswahlvereinbarung schriftlich abgefasst, datiert und von beiden Ehegatten unterschrieben. Vom Katalog der zusätzlichen Formvorschriften (Art 7 Abs 2-4 Rom III-VO) ist Art 7 Abs 4 Rom III-VO einschlägig: *Sarah* hat ihren gewöhnlichen Aufenthalt in Österreich, einem teilnehmenden Mitgliedsstaat (Art 3 Z 1 Rom III-VO), nicht aber *Urs*, der in der Schweiz lebt. Das österreichische Recht sieht für den Abschluss einer Rechtswahlvereinbarung außerhalb eines Gerichtsverfahrens keine strengeren Formvorschriften als Art 7 Abs 1 Rom III-VO vor, denn nach § 11 IPRG ist eine Rechtswahl sogar formfrei möglich (*Nademleinsky* in *Laimer*, IPR-Praxiskommentar Art 7 Rom III-VO Rz 2).

3.) **Einigung** (zB die Frage nach Dissens) und **materielle Wirksamkeit** (zB die Frage nach einer Sittenwidrigkeit oder Anfechtbarkeit wegen Irrtums, List oder Drohung) einer Rechtswahlvereinbarung sind nach jenem Sachrecht zu beurteilen, das auf die Vereinbarung anwendbar wäre, wenn die Vereinbarung wirksam wäre (Art 6 Rom III-VO). Vereinbart wurde schweizerisches Sachrecht. Aus dem materiellen schweizerischen Zivilrecht ergeben sich keine Hinweise, dass die Vereinbarung nicht zustande gekommen oder materiell unwirksam wäre.

Ergebnis: Die Rechtswahl ist wirksam. Die subjektive Anknüpfung geht der objektiven Anknüpfung damit vor. Es ist schweizerisches Sachrecht anzuwenden.

Literatur: *Zöchling-Jud/Aspöck*, IPR[3] 54; *Lurger/Melcher*, IPR[4] Rz 2/71 ff; *Perner/Spitzer/Kodek*, BR[7] 734; *Nademleinsky/Neumayr*, Internationales Familienrecht[3] Rz 5.78 ff; *Rudolf* in *Gitschthaler*, Internationales Familienrecht Art 8 Rom III-VO Rz 12; *Nitsch*, JAP 2012/13, 42 (43 f); *Rudolf*, EF-Z 2012, 101 (103 f); zum schweizerischen Sachrecht beachte Art 111 f ZGB sowie zu alldem *Meyer*, Schweiz, in *Rieck/Lettmaier*, Ausländisches Familienrecht (Stand: Januar 2023) Rz 49.

d. Besonderheiten eingetragener Partnerschaften und Lebensgemeinschaften

Fall 101 *(Nigsch)*
Schwerpunkte: Eingehung, Wirkung und Auflösung einer eingetragenen Partnerschaft

Maike und *Merle* (beide niederländische Staatsbürgerinnen) wollen in Wien im Frühling 2025 eine eingetragene Partnerschaft eingehen. *Maike* leidet an gelegentlich auftretenden psychischen Beeinträchtigungen, weshalb für sie in den Niederlanden ein Vormund bestellt wurde. Im Zeitpunkt der intendierten Eingehung der eingetragenen Partnerschaft ist *Maike* aber symptomfrei. Nach materiellem niederländischem Familienrecht bedarf die Eheschließung bei bestehender Vormundschaft der Zustimmung des Gerichts.

Können die beiden eine eingetragene Partnerschaft in Wien eingehen?

Variante 1: *Maike* und *Merle* sind in Amsterdam (Niederlande) im Jahr 2018 wirksam eine eingetragene Lebensgemeinschaft nach materiellem niederländischem Familienrecht eingegangen. Nachher sind sie nach Wien gezogen. Nachdem *Maikes* Affäre aufgeflogen ist, zieht sie nach Amsterdam zurück. *Merle* bleibt in Wien und will sich trennen.

Nach welchem Sachrecht ist *Merles* Trennungswunsch zu beurteilen?

Variante 2: Nach welchem Sachrecht sind güterrechtliche Fragen zu beurteilen, wenn *Maike* und *Merle* im Jahr 2018 in Amsterdam eine eingetragene Lebensgemeinschaft nach materiellem niederländischem Familienrecht begründet haben und nunmehr in Wien leben?

Hinweis: In Ermangelung einer Rechtswahl ist auf die eingetragene Partnerschaft nach niederländischem IPR das Recht jenes Staates anzuwenden, in dem sie begründet wurde (*Vinnen*, Niederlande, in *Rieck/Lettmaier*, Ausländisches Familienrecht [Stand: Januar 2023] Rz 39).

Voraussetzungen, Nichtigkeit und Auflösung wegen Begründungsmängeln sind nach dem Recht jenes Staates zu beurteilen, in dem die eingetragene Partnerschaft begründet wird (**Registerstatut** des § 27a IPRG). Bei diesem Verweisungsbefehl handelt es sich um eine Gesamtverweisung, weshalb Rück- und Weiterverweisungen beachtlich sind (§ 5 IPRG). Formfragen sind nach § 8 IPRG anzuknüpfen.

Merle und *Maike* wollen in Wien eine eingetragene Partnerschaft eingehen. Deshalb ist nach § 27a IPRG österreichisches Sachrecht anwendbar. Laut Sachverhalt ist *Maike* im Zeitpunkt der Eintragung symptomfrei, weshalb sie situativ entscheidungsfähig ist. Der Eintragung steht kein Hindernis entgegen (§§ 4 ff EPG). Dass das niederländische Sachrecht in diesem Fall die Zustimmung des Gerichts erfordert, ist nicht relevant, weil dieses auf die Voraussetzungen der **Begründung** einer eingetragenen Partnerschaft nach der Verweisung des § 27a

IPRG gerade nicht zur Anwendung kommt. Hinsichtlich ihrer **Form** sind die österreichischen Formvorschriften anzuwenden (§ 8 IPRG), weil sowohl die Rechtshandlung nach österreichischem Sachrecht zu beurteilen ist, als auch in Österreich vorgenommen wird.

Variante 1: *Merle* und *Maike* leben in einer eingetragenen Lebenspartnerschaft nach niederländischem Familiensachrecht. Diese ist als eingetragene Partnerschaft im Sinne der §§ 27a ff IPRG zu qualifizieren.

Die Beendigung einer eingetragenen Partnerschaft ist **nicht** vom sachlichen Anwendungsbereich der **Rom III-VO** erfasst. Deshalb gilt nationales Kollisionsrecht des Forumstaates. Die Voraussetzungen der Auflösung einer eingetragenen Partnerschaft aus anderen Gründen als den in § 27a IPRG genannten Ursachen sind nach dem Recht des Staates zu beurteilen, in dem die Partner zum Zeitpunkt der Auflösung ihren gewöhnlichen Aufenthalt haben, wobei in Ermangelung eines solchen der letzte gemeinsame gewöhnliche Aufenthalt greift, sofern ihn einer von ihnen beibehalten hat (§ 27d Abs 1 Z 1 IPRG). *Maike* und *Merle* haben keinen gemeinsamen gewöhnlichen Aufenthalt mehr. Der letzte gemeinsame gewöhnliche Aufenthalt lag aber in Österreich, wo *Merle* noch immer lebt. Es ist deshalb österreichisches Sachrecht anwendbar (§ 15 EPG).

Ob *Maikes* Affäre eine partnerschaftsrechtliche **Pflichtverletzung** darstellt, ist nach den persönlichen Rechtswirkungen der eingetragenen Partnerschaft zu beurteilen (§ 27b IPRG). Die Anknüpfung erfolgt (im Wesentlichen) nach der Anknüpfungsleiter des § 27d IPRG: Der letzte gemeinsame gewöhnliche Aufenthalt des Paares lag in Österreich, wo *Merle* immer noch lebt. Ob eine Pflichtverletzung vorliegt, ist deshalb nach österreichischem Sachrecht zu beurteilen (§ 8 EPG).

Variante 2: Die Anknüpfung **güterrechtlicher Fragen** bestimmt sich nach § 27c IPRG, wenn die eingetragene Partnerschaft – wie hier – vor dem 29.01.2019 eingegangen wurde. Danach eingetragene Partnerschaften sind güterrechtlich nach der EuPartVO anzuknüpfen. Zu beachten ist jedoch, dass die EuPartVO – gleich der EuGüVO – nicht alle güterrechtlichen Fragen regelt (hierzu Fall 103), weshalb es in diesen Fällen bei der Anwendung des § 27c IPRG bleibt.

Da die als eingetragene Partnerschaft zu qualifizierende eingetragene Lebensgemeinschaft im Jahr 2018 begründet wurde, sind ihre güterrechtlichen Wirkungen umfassend nach § 27c IPRG anzuknüpfen. Mangels Rechtswahl ist auf das Recht des Staates abzustellen, in dem die Partnerschaft begründet wurde (starres Begründungsstatut). Hierbei handelt es sich um niederländisches Recht, dessen Kollisionsnormen die österreichische **Gesamtverweisung** (§ 5 IPRG) annehmen, weshalb niederländisches Sachrecht auf die güterrechtlichen Wirkungen der eingetragenen Lebensgemeinschaft zur Anwendung gelangt.

Literatur: *Zöchling-Jud/Aspöck*, IPR[3] 55 f, *Lurger/Melcher*, IPR[4] Rz 2/80 ff (mit Kritik, dass gleichgeschlechtliche Ehen §§ 16 ff IPRG und nicht §§ 27a ff IPRG unterstellt sind); *Perner/Spitzer/Kodek*, BR[7] 734 f; *Nademleinsky/Neumayr*, Internationales Familienrecht[3] Rz 3.1 ff; *Uitz*, JAP 2019/20, 48 (50 f); zum niederländischen Recht *Vinnen*, Niederlande, in *Rieck/Lettmaier*, Ausländisches Familienrecht (Stand: Januar 2023) Rz 4, 38 f.

Fall 102 *(Nigsch)*
Schwerpunkte: Ausgleichsansprüche nach Beendigung einer Lebensgemeinschaft

> *Pablo* und *Camilla* (beide mit italienischer Staatsbürgerschaft) sind ein Paar und leben in Klagenfurt (Österreich). Dort renovieren sie gemeinsam die Altbauwohnung von *Pablo,* in die *Camilla* ihr ganzes Vermögen steckt. Nach einem Jahr geht die Beziehung in die Brüche. *Camilla* zieht daraufhin nach Deutschland. *Pablo* bleibt in der renovierten Wohnung in Klagenfurt.
>
> Nach welchem Sachrecht sind Ansprüche *Camillas* auf Rückzahlung ihrer Investitionen zu beurteilen?
>
> **Hinweis**: Nach italienischem IPR sind freiwillig abgeschlossene Verträge über die Eingehung von Lebensgemeinschaften vorrangig nach dem gemeinsamen Heimatrecht der Lebenspartner anzuknüpfen, das sich aus ihrer Staatsangehörigkeit ergibt (Art 30bis des italienischen IPRG). Kollisionsrechtlich ungeregelt ist demgegenüber die Anknüpfung faktischer Lebensgemeinschaften, die nicht auf freiwillig begründeten Vertragsbeziehungen beruhen (*Gallmetzer* in *Christandl/Eccher/Gallmetzer/Laimer/Schurr*, HB Ital IPR Rz 5/74 ff).

Pablo und *Camilla* führten eine faktische Lebensgemeinschaft. Das IPRG kennt hierfür **keine eigene Regelung**. Deshalb hat die Anknüpfung nach der stärksten Beziehung zu erfolgen (§ 1 Abs 1 IPRG). Je nach Ansicht wird entweder familienrechtlich nach **§§ 18 ff IPRG** oder **§ 27b IPRG** oder schuldrechtlich nach **Art 10 Rom II-VO angeknüpft**. Teilweise wird auch eine **gesellschaftsrechtliche Anknüpfung** befürwortet. Die passende Anknüpfung hängt stark vom Einzelfall ab. Je nach Qualifikation des Anknüpfungsgegenstands stehen entweder familienartige Beziehungen zwischen den Lebenspartnern oder ihre Rechtsverhältnisse zu einzelnen Vermögenswerten im Vordergrund.

Nach den (grundsätzlich auf die **Ehe** zugeschnittenen) §§ 18 ff IPRG sei primär auf das gemeinsame Personalstatut abzustellen: *Pablo* und *Camila* haben aufgrund ihrer Staatsbürgerschaft jeweils das italienische Personalstatut (§ 9 Abs 1 Satz 1 IPRG). Nach dieser Anknüpfung ist italienisches Recht anzuwenden. Wegen der **Gesamtverweisung** (§ 5 Abs 1 IPRG) des österreichischen IPR ist dann in weiterer Folge zu prüfen, wie die Lebensgemeinschaft nach autonomem italienischem Kollisionsrecht anzuknüpfen ist, um die Frage zu beantworten, ob das italienische IPR die österreichische Gesamtverweisung annimmt, den Verweisungsbefehl zurückverweist oder eine Weiterverweisung auf eine dritte Rechtsordnung ausspricht. Im italienischen IPR ist zu beachten, dass die positivierte Regelung der kollisionsrechtlichen Einordnung der faktischen Lebensgemeinschaft nur freiwillig eingegangene Vertragsverhältnisse betrifft (Art 30bis des italienischen IPRG), für deren Vorliegen der Sachverhalt keine Anhaltspunkte bietet. Deshalb stellt sich im verwiesenen italienischen IPR dasselbe **Qualifikationsproblem** der korrekten Einordnung der faktischen Lebensgemeinschaft als familienrechtliches oder schuldrechtlich geprägtes Rechtsverhältnis.

Knüpft man die Lebensgemeinschaft demgegenüber nach § 27b IPRG an, der grundsätzlich auf **eingetragene Partnerschaften** zugeschnitten ist, ist primär auf den aktuellen gemeinsamen gewöhnlichen Aufenthalt oder gegebenenfalls auf den letzten gemeinsamen gewöhnlichen Aufenthalt abzustellen (§ 27b Z 1 IPRG). *Pablo* und *Camilla* haben derzeit keinen gemeinsamen gewöhnlichen Aufenthalt mehr. Ihren letzten gemeinsamen gewöhnlichen Aufenthalt in Österreich hat *Pablo* allerdings beibehalten. Daher ist nach diesem Lösungsansatz österreichisches Sachrecht anwendbar.

Knüpft man hingegen **schuldrechtlich** nach Art 10 Rom II-VO an, weil man die beurteilungsgegenständlichen Fragen als Aspekte einer ungerechtfertigten Bereicherung *Pablos* qualifiziert (hierzu Fälle 73 f), kommt man zur Anwendung österreichischen Sachrechts. Der Eintritt der Bereicherung erfolgt mit Ende der Lebensgemeinschaft. Zu diesem Zeitpunkt hatten *Pablo* und *Camilla* ihren gewöhnlichen Aufenthalt in Österreich (Art 10 Abs 2 Rom II-VO). Gegebenenfalls kann die Anwendung österreichischen Sachrechts mit dem Eintritt der Bereicherung von *Pablo* in Österreich begründet werden (Art 10 Abs 3 Rom II-VO). Aus der Gesamtheit der Umstände ergibt sich auch keine engere Verbindung zum Sachrecht eines anderen Staates (Art 10 Abs 4 Rom II-VO), weil die gemeinsame italienische Staatsangehörigkeit von *Pablo* und *Camilla* für sich allein wohl nicht dazu ausreicht, diesen engen Konnex zum italienischen Sachrecht herzustellen. Nach österreichischem Sachrecht ist somit nach dieser Auffassung ein Anspruch nach § 1435 ABGB analog (*condictio causa data causa non secuta*) zu prüfen.

Literatur: *Lurger/Melcher*, IPR[4] Rz 2/37; *Nademleinsky/Neumayr*, Internationales Familienrecht[3] Rz 3.14 ff; *Verschraegen*, IPR Rz 62; *Schwimann*, IPR 149 f; *Verschraegen* in *Rummel/Lukas/Geroldinger*, ABGB[4] Vor § 16 IPRG Rz 6 ff; ferner RIS-Justiz RS0022382; zu den verschiedenen Meinungen zur Anknüpfung der Lebensgemeinschaft im italienischen IPR siehe *Gallmetzer* in *Christandl/Eccher/Gallmetzer/Laimer/Schurr*, HB Ital IPR Rz 5/72 ff.

e. Ehe- und partnerschaftliches Güterrecht

Fall 103 *(Uitz/Winkler-Ricaurte)*
Schwerpunkt: Anwendungsbereich der EuGüVO

Die österreichische Staatsbürgerin *Emilia* lernt in Sitges (Spanien) den dort ansässigen spanischen Staatsbürger *Aurel* kennen. Am 15.06.2019 schließen die beiden in Sitges eine formgültige Ehe. Nach ein paar gemeinsamen Monaten in Sitges kommen die Eheleute überein, ihr Leben in Spanien aufzugeben, um nach Wien zu ziehen. In Österreich kommt es allerdings immer wieder zu heftigen Streitigkeiten zwischen den Ehegatten, weshalb sie sich schließlich rechtskräftig scheiden lassen. Im anschließenden Verfahren über die nacheheliche Güteraufteilung vor dem international zuständigen österreichischen Gericht stellt sich die Richterin die Frage, ob die EuGüVO Anwendung findet.

Variante 1: Wie der Grundsachverhalt, aber *Emilia* und *Aurel* schließen ihre formgültige Ehe am 15.01.2019.

Variante 2: Wie der Grundsachverhalt, allerdings sind *Emilia* und *Aurel* ungarische Staatsbürger und schließen nicht in Sitges, sondern in Budapest (Ungarn) eine nach ungarischem Sachrecht formgültige Ehe, bevor sie zusammen nach Wien ziehen.

Variante 3: Wie der Grundsachverhalt, doch streiten sich *Emilia* und *Aurel* im Verfahren über die nacheheliche Güteraufteilung vor dem international zuständigen österreichischen Gericht nicht nur über die nacheheliche Aufteilung ihres Vermögens, sondern herrschen auch wilde Diskussionen über allfällige nacheheliche Unterhaltsleistungen. Zudem hat *Emilia* ihren Ehemann *Aurel* während aufrechter Ehe in dessen Restaurant durch Erbringung von buchhalterischen Unterstützungsleistungen tatkräftig unterstützt, weshalb sie für diese Tätigkeit nunmehr eine angemessene Abgeltung verlangt.

Es liegt ein Sachverhalt mit Auslandsbezug vor, weil *Emilia* als österreichische Staatsbürgerin den Spanier *Aurel* in Sitges heiratet und sich die Eheleute nach einem grenzüberschreitenden Umzug kurze Zeit später wieder in Österreich scheiden lassen.

Für die Anwendbarkeit der EuGüVO müssen zunächst ihr **räumlicher, zeitlicher und sachlicher Anwendungsbereich** erfüllt sein. *In casu* ist der räumliche Anwendungsbereich der EuGüVO jedenfalls eröffnet, weil der **Forumstaat Österreich** an der Verstärkten Zusammenarbeit zum Zwecke der Schaffung dieser Kollisionsrechtsquelle teilnimmt, weshalb die EuGüVO vor international zuständigen österreichischen Gerichten Anwendung findet. Das Rechtssetzungsinstrument der Verstärkten Zusammenarbeit (Art 20 EUV iVm Art 326 ff AEUV) ermöglicht einer Gruppe von Mitgliedstaaten der Europäischen Union, gemeinsame Regelungen auf unionseuropäischer Ebene treffen zu können, ohne dass sich alle Mitgliedsstaaten zwingend daran beteiligen müssten.

Die EuGüVO ist grundsätzlich auf Ehen anzuwenden, die am 29.01.2019 oder danach begründet wurden. *Emilia* und *Aurel* **schließen nach dem 29.01.2019 die Ehe**, weshalb der zeitliche Anwendungsbereich der EuGüVO nach Art 69 Abs 3 EuGüVO eröffnet ist.

Ihr **sachlicher Anwendungsbereich** umfasst nach Art 1 EuGüVO den „*ehelichen Güterstand*". Der Begriff des „*ehelichen Güterstands*" ist unionsrechtlich-autonom auszulegen. Er umfasst nach Art 3 Abs 1 lit a EuGüVO alle vermögensrechtlichen Regelungen, die zwischen den Ehegatten und in ihren Beziehungen zu Dritten aufgrund der Ehe oder der Auflösung der Ehe gelten. Eine beispielhafte

Aufzählung von Angelegenheiten, die jedenfalls dem sachlichen Anwendungsbereich der EuGüVO fallen, findet man in der **Positivliste** in Art 27 EuGüVO. Aus der Sicht des österreichischen Familienrechts umfasst die EuGüVO nicht nur das materielle Güterrecht während aufrechter Ehe, sondern auch die nacheheliche Aufteilung des ehelichen Gebrauchsvermögens und der Ersparnisse nach §§ 81 ff EheG.

Der räumliche, zeitliche und sachliche Anwendungsbereich der EuGüVO ist eröffnet, weshalb ihre Kollisionsnormen auf das Verfahren über die nacheheliche Güteraufteilung Anwendung finden.

Variante 1: Der räumliche und sachliche Anwendungsbereich der EuGüVO ist auch in der Variante unproblematisch erfüllt.

Emilia und *Aurel* schließen allerdings vor dem 29.01.2019 die Ehe, weshalb ihr zeitlicher Anwendungsbereich nach Art 69 Abs 3 EuGüVO nicht eröffnet ist. Denn auf eine Ehe, die vor diesem Stichtag begründet wurde, ist die EuGüVO nur dann anwendbar, wenn nach Art 69 Abs 3 EuGüVO eine wirksame Rechtswahl getroffen wurde. Hierfür bietet der Sachverhalt allerdings keinen Anhaltspunkt.

Auf solche Ehen, die vor dem Stichtag des 29.01.2019 geschlossen wurden, ist das **nationale Kollisionsrecht** weiterhin uneingeschränkt anzuwenden. Zu beachten ist hierbei, dass der sachliche Anwendungsbereich der EuGüVO jenen des § 19 IPRG übersteigt, weshalb einzelne Rechtsfragen, die grundsätzlich den Kollisionsnormen der EuGüVO unterstünden, im Falle ihrer zeitlichen Unanwendbarkeit nicht immer automatisch nach § 19 IPRG angeknüpft werden können. Man bezeichnet diese Rechtsfragen als **Nebengüterrecht**. Aus der Sicht des österreichischen Familienrechts fallen die Abgeltung der Mitwirkung im Erwerb (§§ 98 ff ABGB) und die Schlüsselgewalt (§ 96 ABGB) als solches Nebengüterrecht nicht unter das Güterstatut (§ 19 IPRG), sondern unter das Ehewirkungsstatut (§ 18 IPRG). Die Aufteilung des ehelichen Gebrauchsvermögens (inklusive der Ehewohnung) und der ehelichen Ersparnisse unterliegt demgegenüber dem Scheidungsstatut (§ 20 IPRG).

Im Ergebnis sind die Kollisionsnormen der EuGüVO in der Variante unanwendbar, weil ihr zeitlicher Anwendungsbereich nicht eröffnet ist. Deshalb ist das nationale Kollisionsrecht auf die nacheheliche Aufteilung des Vermögens anzuwenden (§ 20 IPRG).

Variante 2: Der zeitliche und sachliche Anwendungsbereich der EuGüVO ist unzweifelhaft erfüllt (siehe Grundsachverhalt).

Fraglich ist nunmehr, ob der **räumliche Anwendungsbereich** der EuGüVO eröffnet ist, weil beide Ehegatten ungarische Staatsbürger sind und in Ungarn eine formgültige Ehe schließen. Zwar ist Ungarn ein Mitgliedstaat der Europäischen Union, doch nimmt dieser Staat nicht an der Verstärkten Zusammenarbeit teil, weshalb die EuGüVO vor einem international zuständigen ungarischen Gericht keine Anwendung findet.

Dieser Aspekt ist *in casu* jedoch unproblematisch. Denn für die räumliche Anwendbarkeit der EuGüVO genügt die Mitwirkung des Forumstaates an der Verstärkten Zusammenarbeit. Ist demnach – wie hier – ein österreichisches Gericht international zuständig, hat es aus räumlicher Perspektive stets die EuGüVO anzuwenden, weil Österreich an der Verstärkten Zusammenarbeit teilnimmt. Demnach ist bedeutungslos, ob die Ehegatten die Staatsbürger eines Drittstaates, eines teilnehmenden EU-Mitgliedsstaates oder eines EU-Mitgliedsstaates außerhalb dieser Verstärkten Zusammenarbeit sind (***loi uniforme***: Art 20 EuGüVO).

Variante 3: Wie im Grundsachverhalt ist der räumliche und zeitliche Anwendungsbereich der EuGüVO unproblematisch erfüllt.

In dieser Variante ist der **sachliche Anwendungsbereich** der EuGüVO näher zu thematisieren. Der „*eheliche Güterstand*" (Art 3 Abs 1 lit a EuGüVO), der unionsrechtlich-autonom auszulegen ist, umfasst alle vermögensrechtlichen Angelegenheiten zwischen den Ehegatten aufgrund der Ehe oder deren Auflösung. Die Aufteilung des gemeinsamen Vermögens (siehe den Grundsachverhalt) fällt jedenfalls in den sachlichen Anwendungsbereich der EuGüVO. Überdies umfasst er Ansprüche auf angemessene Abgeltung für die Mitwirkung im Erwerb des anderen Ehegatten, die nach österreichischem Sachrecht nach § 98 ABGB zu beurteilen wären.

Hinsichtlich der erhobenen Unterhaltsansprüche ist Art 1 Abs 2 EuGüVO zu beachten. Art 1 Abs 2 EuGüVO enthält eine **Aufzählung**, die viele **Rechtsfragen** aus dem sachlichen Anwendungsbereich der EuGüVO **ausschließt**. Nach Art 1 Abs 2 lit c EuGüVO sind sämtliche Unterhaltspflichten vom sachlichen Anwendungsbereich der EuGüVO ausgenommen, weshalb ihre Kollisionsnormen auf diese Rechtsfragen nicht anwendbar sind (hierzu Fall 107). Im Ergebnis findet die EuGüVO somit Anwendung auf die nacheheliche Aufteilung des Vermögens sowie auf Ansprüche auf Abgeltung der Mitwirkungsleistung im Erwerb des anderen Ehegatten, nicht aber auf Unterhaltsansprüche.

Lernhinweis: Die EuGüVO und EuPartVO gelten nicht für alle Mitgliedsstaaten der Europäischen Union, sondern nur für die Gerichte jener Mitgliedsstaaten, die freiwillig an der Verstärkten Zusammenarbeit zur Schaffung dieser Kollisionsrechtsquellen teilnehmen. Die Mitgliedstaaten der Europäischen Union, die nicht an der Verstärkten Zusammenarbeit teilnehmen, werden in den beiden Verordnungen (EuGüVO und EuPartVO) als Drittstaaten bezeichnet. Eine Aufzählung der teilnehmenden Mitgliedstaaten ist in ErwGr 11 EuGüVO und ErwGr 11 EuPartVO nachzulesen.

Literatur: *Lurger/Melcher*, IPR[4] Rz 2/57 ff; *Kerschner/Wagner/Aigner*, IPR[6] Rz 16/107 ff; *Perner/Spitzer/Kodek*, BR[7] 733; zur EuGüVO siehe auch den Übungsfall von *Holly* in *Perner/Spitzer/Kodek*, Ö-CB[3] 612 ff; ferner *Baldovini*, iFamZ 2018, 39 (39 ff); *Dukic*, NZ 2019, 121 (122 ff); *Koch* in *Arnold/Laimer*, IntEhePartGüR[2] Rz 4/1 ff; *Rudolf*, EF-Z 2017, 244 (244 ff); *Rudolf*, Zak 2019, 5 (5 ff); *Uitz*, JAP 2019/20, 48 (49 ff); *Uitz*, JAS 2020, 1 (6).

Fall 104 *(Uitz/Winkler-Ricaurte)*
Schwerpunkt: EuPartVO (Abgrenzung zur EuGüVO)

Die österreichische Staatsbürgerin *Nina* heiratet am 15.06.2019 die französische Staatsbürgerin *Luise* in Wien. Nach ihrer wirksamen Heirat ziehen sie zusammen nach Paris (Frankreich). Nach einigen Monaten beschließen sie allerdings ihre Rückkehr nach Österreich, weil ihnen das Leben in Paris zu teuer ist. Zurück in Österreich ist *Luise* sehr unglücklich, weshalb es zwischen den Eheleuten immer wieder zu heftigen Auseinandersetzung kommt. Nach einem weiteren Streit ist die Ehe endgültig unheilbar zerrüttet, weshalb sich die beiden scheiden lassen. Im anschließenden Verfahren über die nacheheliche Güteraufteilung vor einem international zuständigen österreichischen Gericht herrscht Unklarheit darüber, welche Kollisionsrechtsquelle Anwendung findet.

Variante 1: Wie der Grundsachverhalt, allerdings schließen *Nina* und *Luise* in Österreich keine Ehe, sondern eine gültige eingetragene Partnerschaft.

Variante 2: *Nina* schließt am 15.06.2019 in Österreich eine gültige eingetragene Partnerschaft mit dem französischen Staatsbürger *Luis*. Nach einem Jahr lösen die beiden die eingetragene Partnerschaft jedoch wieder auf. Im anschließenden Verfahren über die Güteraufteilung stellt sich die Frage, welche Kollisionsrechtsquelle anwendbar ist.

Variante 3: *Nina* und der französische Staatsbürger *Luis* leben in einer faktischen Lebensgemeinschaft in Österreich. Nach fünf Jahren trennen sich die beiden. Es kommt die Frage auf, welche Kollisionsrechtsquelle darüber entscheidet, wie ihre gemeinsamen Ersparnisse aufzuteilen sind.

Es liegt ein Sachverhalt mit Auslandsbezug vor, weil die österreichische Staatsbürgerin *Nina* die Französin *Luise* in Österreich heiratet und die Eheleute einige Monate in Paris zusammenleben, bevor sie sich in Österreich scheiden lassen. Die EuGüVO ist räumlich und zeitlich anwendbar (siehe oben Fall 103).

Fraglich ist hingegen, ob ihr sachlicher Anwendungsbereich eröffnet ist, weil es sich aufgrund der geschlechtlichen Selbstidentifikation der Eheleute bei ihrer institutionalisierten Paarbeziehung um eine **gleichgeschlechtliche Ehe** handelt. Die EuGüVO enthält keine autonome Definition des Begriffs „*Ehe*", weil zwischen den Mitgliedstaaten keine Einigung über die Begriffsdefinition erzielt werden konnte. ErwGr 17 EuGüVO ist zu entnehmen, dass sich der Begriff „*Ehe*" nach dem nationalen Recht der Mitgliedstaaten bestimmt. Dabei bleibt allerdings die entscheidende Frage offen, ob die Begriffsdefinition der „*Ehe*" mithilfe des Rechts des Forumstaats oder des Rechts des Ehebegründungsstaates zu konkretisieren ist. Die besseren Gründe, die insbesondere die Gefahr des „*forum shopping*" in den Blick nehmen, sprechen dafür, das Recht jenes Mitgliedstaates heranzuziehen, in dem die **gleichgeschlechtliche Ehe rechtmäßig begründet** wurde. Folgt man diesem Lösungsansatz, so ist eine nach österreichischem Sachrecht gültig geschlossene gleichgeschlechtliche Ehe vor den international zuständigen

Gerichten eines anderen an der Verstärkten Zusammenarbeit teilnehmenden Mitgliedsstaates (unter dem Vorbehalt der Möglichkeit zur Ablehnung ihrer internationalen Zuständigkeit nach Art 9 EuGüVO) immer nach den Kollisionsnormen der EuGüVO anzuknüpfen, wobei es keinen Unterschied macht, ob die eigene Rechtsordnung des Forumstaates für gleichgeschlechtliche Paare die Möglichkeit der Eheschließung materiellrechtlich kennt oder diese kollisionsrechtlich anerkennt.

Im vorliegenden Fall heiraten *Nina* und *Luise* rechtswirksam in Österreich. Zudem ist ein österreichisches Gericht international für das Verfahren über ihre nacheheliche Güteraufteilung zuständig. Unabhängig davon, welche Meinung man zum referierten Meinungsstreit vertritt, ist der **sachliche Anwendungsbereich** der EuGüVO jedenfalls eröffnet, weil Österreich seit dem Jahresanfang 2019 die Eheschließung gleichgeschlechtlicher Paare zulässt (VfGH 04.12.2017, G 258/2017) und Österreich sowohl der Forumstaat als auch derjenige Staat ist, in dem die Ehe rechtswirksam begründet wurde. Der sachliche Anwendungsbereich der EuGüVO ist somit eröffnet, weshalb ihre Kollisionsnormen auf den vorliegenden Sachverhalt anwendbar sind.

Variante 1: In dieser Sachverhaltsvariante sind *Nina* und *Luise* nicht verheiratet, sondern gehen eine **eingetragene Partnerschaft** nach den Bestimmungen des österreichischen EPG ein. Es ist somit nicht die Anwendbarkeit der EuGüVO zu prüfen, sondern zu klären, ob die EuPartVO Anwendung findet.

Bei der **EuPartVO** handelt es sich um eine Kollisionsrechtsquelle zur Beurteilung der güterrechtlichen Wirkungen der eingetragenen Partnerschaft, deren Bestimmungen den Parallelvorschriften der EuGüVO weitgehend gleichen. Zwischen den räumlichen und zeitlichen Anwendungsbereichen der EuGüVO und EuPartVO gibt es keinen Unterschied. Wie die EuGüVO wurde die EuPartVO im Rahmen einer Verstärkten Zusammenarbeit geschaffen. Da Österreich als Forumstaat hieran teilnimmt, ist der **räumliche Anwendungsbereich** der EuPartVO jedenfalls eröffnet. Für die EuPartVO gilt ebenfalls der **29.01.2019 als Stichtag** (Art 69 Abs 3 EuPartVO). Wurde die eingetragene Partnerschaft somit – wie *in casu* – nach diesem Zeitpunkt begründet, ist der **zeitliche Anwendungsbereich** der EuPartVO erfüllt.

Zuletzt ist zu klären, ob ihr **sachlicher Anwendungsbereich** eröffnet ist. Im Gegensatz zur EuGüVO enthält die EuPartVO eine autonome Begriffsbestimmung der „*eingetragenen Partnerschaft*". Nach Art 3 Abs 1 lit a EuPartVO handelt es sich bei der „*eingetragenen Partnerschaft*" um eine rechtlich vorgesehene Form der Lebensgemeinschaft zweier Personen, deren Eintragung nach den betreffenden rechtlichen Vorschriften verbindlich ist und welche die in den betreffenden Vorschriften vorgesehenen rechtlichen Formvorschriften für ihre Begründung erfüllt. Da die eingetragene Partnerschaft zwischen *Nina* und *Luise* laut den Angaben des Sachverhalts rechtmäßig begründet wurde, ist der sachliche Anwendungsbereich der EuPartVO erfüllt, weshalb das anwendbare Sachrecht nach ihren Kollisionsnormen zu ermitteln ist.

Variante 2: Der räumliche und zeitliche Anwendungsbereich der EuPartVO sind zweifelsohne eröffnet, weil die eingetragene Partnerschaft nach dem 29.01.2019 gültig begründet wurde und der Forumstaat Österreich an der Verstärkten Zusammenarbeit mitwirkt.

Nina und *Luis* gehen als **verschiedengeschlechtliches Paar** eine **eingetragene Partnerschaft** nach dem österreichischen EPG ein. Deshalb ist der sachliche Anwendungsbereich der EuPartVO abermals näher zu untersuchen. Die Legaldefinition der „*eingetragenen Partnerschaft*" (Art 3 Abs 1 lit a EuPartVO) sieht im Wesentlichen vor, dass es sich bei der beurteilungsgegenständlichen Paarbeziehung um eine Lebensgemeinschaft zweier Personen handeln muss, deren Eintragung in einem behördlichen Register erfolgt ist. Da diese Legaldefinition nicht zwischen gleichgeschlechtlichen und verschiedengeschlechtlichen Lebensgemeinschaften unterscheidet, spielt die geschlechtliche Selbstbestimmung der Partner für die Beurteilung des sachlichen Anwendungsbereichs der EuPartVO keine Rolle. Demnach ist der sachliche Anwendungsbereich der EuPartVO auch bei einer rechtmäßig geschlossenen verschiedengeschlechtlichen eingetragenen Partnerschaft eröffnet.

Variante 3: Sowohl die EuGüVO als auch die EuPartVO erfordern nach hA, dass eine staatlich institutionalisierte Paarbeziehung vorliegt, weshalb die faktische **Lebensgemeinschaft** zwischen *Nina* und *Luis* keiner der beiden Kollisionsrechtsquellen des unionseuropäischen Sekundärrechts unterliegt.

Manche Sachrechtsordnungen (zB von Slowenien und Kroatien) wenden ihre materiellen güterrechtlichen Bestimmungen der Ehe auch auf rein faktische Lebensgemeinschaften an, weshalb ein Teil der Lehre vertritt, dass die EuGüVO auch auf solche Paarbeziehungen Anwendung finden soll. Unstrittig ist bloß, dass die EuPartVO wegen der Legaldefinition der eingetragenen Partnerschaft, die eine staatliche Registrierung voraussetzt, nicht anzuwenden ist. Selbst wenn man dieser Lehrmeinung folgte, fände die EuGüVO auf die faktische Lebensgemeinschaft zwischen *Emilia* und *Luis* keine Anwendung, weil weder die österreichische Sachrechtsordnung noch das französische Familiensachrecht die güterrechtlichen Bestimmungen der Ehe analog auf die faktische Lebensgemeinschaft Anwendung finden lassen.

Lernhinweis: Trotz der vielen inhaltlichen und strukturellen Gemeinsamkeiten der EuGüVO und der EuPartVO bestehen punktuell Unterschiede zwischen beiden Kollisionsrechtsquellen. Als wesentliche Differenz ist vor allem die objektive Anknüpfung für die Ermittlung des anwendbaren Sachrechts zu nennen (dazu Fall 105). Zu Übungszwecken bietet es sich daher an, die beiden Verordnungen aufmerksam zu lesen und – sofern Ihre Prüfungsordnung diese Vorgangsweise erlaubt – die Unterschiede im ausgedruckten Normtext farblich zu markieren, damit diese für Sie sofort ersichtlich sind.

Literatur: *Lurger/Melcher*, IPR[4] Rz 2/58; 2/83; *Kerschner/Wagner/Aigner*, IPR[6] Rz 16/108a, Rz 16/108d; *Perner/Spitzer/Kodek*, BR[7] 733; zur EuGüVO siehe auch den Übungsfall von *Holly* in *Perner/Spitzer/Kodek*, Ö-CB[3] 612 ff; ferner *Baldovini*, iFamZ 2018, 39 (40 f); *Dukic*, NZ 2019, 121 (123); *Garber*, EF-Z 2020, 106 (106 ff); *Melcher* in *Arnold/Laimer*, IntEhePartGüR[2] Rz 15/1 ff; *Rudolf*, EF-Z 2017, 244 (244 f); *Rudolf*, Zak 2019, 5 (6); *Uitz*, JAP 2019/20, 48 (49 f); *Uitz*, ZfRV 2019, 213 (213 ff).

Fall 105 *(Uitz/Winkler-Ricaurte)*
Schwerpunkt: Objektive Anknüpfung (EuGüVO und EuPartVO)

Der österreichische Staatsbürger *David* lernt während seines Auslandssemesters in Neapel (Italien) die ortsansässige italienische Staatsbürgerin *Sofia* kennen. Am 01.07.2022 schließen die beiden in Neapel eine gültige Ehe. Nach der Eheschließung verbringen die beiden ein Jahr zusammen in Neapel, wo sie jeweils einem Teilzeitjob nachgehen, bevor sie nach Österreich ziehen, damit *David* dort sein Studium abschließen kann. Nach weiteren sechs Monaten in Österreich kommt es zur unheilbaren Zerrüttung der Ehe, weshalb sich die beiden scheiden lassen. Das international zuständige österreichische Gericht stellt sich im Rahmen des Verfahrens über die nacheheliche Güteraufteilung die Frage, welche Sachrechtsordnung anzuwenden ist.

Variante 1: Wie der Grundsachverhalt, allerdings lassen sich *David* und *Sofia* nach zwei gemeinsamen Jahren in Österreich, wo beide einem Erwerb nachgehen, scheiden. Während aufrechter Ehe haben die beiden keine Vereinbarung über die nacheheliche Güteraufteilung getroffen, weil sie die österreichische Sachrechtsordnung für gut empfinden, weshalb sie hiervon nicht abweichen wollen.

Variante 2: Der österreichische Staatsbürger *David* lernt in Neapel den italienischen Staatsbürger *Antonio* kennen. Am 01.07.2022 schließen die beiden in Neapel eine gültige eingetragene Partnerschaft. Sofort nach der Zeremonie reisen die beiden nach Österreich, wo sie ein paar Monate in der Wohnung von *David* zusammenleben, bis die eingetragene Partnerschaft schlussendlich unheilbar zerrüttet ist. Nachdem ihre eingetragene Partnerschaft aufgelöst wurde, stellt sich im Rahmen des Verfahrens über ihre Güteraufteilung das international zuständige österreichische Gericht die Frage, nach welcher Sachrechtsordnung die Aufteilung des gemeinsamen Vermögens zu erfolgen hat.

Es liegt ein Sachverhalt mit Auslandsbezug vor, weil der österreichische Staatsbürger *David* die italienische Staatsbürgerin *Sofia* in Neapel heiratet und mit ihr eine Zeit lang in Italien und Österreich zusammenlebt, bis sie sich schlussendlich in Österreich scheiden lassen. Der Anwendungsbereich der EuGüVO ist vollumfänglich eröffnet (Fall 103).

Da *Sofia* und *David* **keine Rechtswahl** getroffen haben, ist das anwendbare Sachrecht nach der **objektiven Anknüpfung** des Art 26 EuGüVO zu ermitteln. Art 26 EuGüVO sieht hierfür eine **Anknüpfungsleiter** vor. Zunächst ist Art 26 Abs 1 lit a EuGüVO zu beachten, wonach das Sachrecht jenes Staates anzuwenden ist, in dem die Ehegatten ihren **ersten gemeinsamen gewöhnlichen Aufenthalt nach der Eheschließung** hatten. *In casu* verbringen *David* und *Sofia* das erste Jahr ihre Ehe zusammen in Neapel, wo sie beide einem Teilzeitjob nachgehen, bevor sie nach Österreich ziehen. *David* und *Sofia* haben daher zunächst ihren sozialen und wirtschaftlichen Lebensmittelpunkt in Neapel, weshalb sich ihr erster gemeinsamer gewöhnlicher Aufenthalt in Italien befindet. Aus diesem Grund hat das international zuständige österreichische Gericht auf die nacheheliche Güteraufteilung italienisches Sachrecht anzuwenden. Bei den Verweisungsbefehlen der Kollisionsnormen der EuGüVO handelt es sich stets um **Sachnormverweisungen** (Art 32 EuGüVO).

Variante 1: Wie im Grundsachverhalt ist auch in dieser Variante der räumliche, zeitliche und sachliche Anwendungsbereich der EuGüVO eröffnet. Deshalb geben ihre Kollisionsnormen darüber Auskunft, welches Sachrecht für die nacheheliche Güteraufteilung maßgeblich ist.

Grundsätzlich wäre nach Art 26 Abs 1 lit a EuGüVO italienisches Sachrecht auf die nacheheliche Güteraufteilung anwendbar, weil *David* und *Sofia* ihren ersten gemeinsamen gewöhnlichen Aufenthalt in Neapel haben (siehe oben). Im Unterschied zum Grundsachverhalt leben die beiden allerdings nach ihrem Umzug von Neapel nicht nur sechs Monate, sondern zwei Jahre in Österreich, wo beide einem Erwerb nachgehen. Es ist daher zu prüfen, ob die in Art 26 Abs 3 EuGüVO normierte **Ausweichklausel** zur Anwendbarkeit einer anderen Sachrechtsordnung führt. In Ausnahmefällen kann das international zuständige Gericht nach Art 26 Abs 3 EuGüVO auf Antrag eines Ehegatten entscheiden, dass nicht das Sachrecht des ersten gemeinsamen gewöhnlichen Aufenthaltes Anwendung finden soll, sondern das Sachrecht jenes Staates, in dem die Ehegatten ihren letzten gemeinsamen gewöhnlichen Aufenthalt hatten. Hierfür müssen zwei Voraussetzungen erfüllt sein: Erstens muss der letzte gemeinsame gewöhnliche Aufenthalt nach Art 26 Abs 3 lit a EuGüVO erheblich länger als der erste gemeinsame gewöhnliche Aufenthalt bestanden haben. Zweitens müssen nach Art 26 Abs 3 lit b EuGüVO beide Ehegatten bei der Regelung oder Planung ihrer vermögensrechtlichen Beziehungen auf das Sachrecht dieses anderen Staates vertraut haben.

In casu leben *David* und *Sofia* lediglich sechs Monate in Neapel. Danach ziehen sie nach Österreich, wo sie zwei Jahre ihren gemeinsamen gewöhnlichen Aufenthalt haben und einem Erwerb nachgehen. Ihr letzter gemeinsamer gewöhnlicher Aufenthalt in Österreich erstreckt sich demnach über einen erheblich längeren Zeitraum als ihr erster gemeinsamer gewöhnlicher Aufenthalt in Italien, weshalb die erste Voraussetzung der Ausweichklausel jedenfalls erfüllt ist (Art 26 Abs 3 lit a EuGüVO). Laut Sachverhalt vertrauen *David* und *Sofia* auch darauf, dass die österreichische Sachrechtsordnung auf die nacheheliche Güteraufteilung Anwendung findet, wodurch auch die zweite Voraussetzung der Ausweichklausel erfüllt ist (Art 26 Abs 3 lit b EuGüVO). Wünscht daher einer der Ehegatten, dass von der primären objektiven Anknüpfung nach Art 26 Abs 1 lit a EuGüVO, die auf ihren ersten gemeinsamen gewöhnlichen Aufenthalt abstellt, abgewichen wird, so kann jeder von ihnen nach Art 26 Abs 3 EuGüVO einen **Antrag** bei Gericht stellen, um auf diese Weise die Anwendbarkeit österreichischen Sachrechts auf ihre nacheheliche Güteraufteilung zu erwirken.

Variante 2: Es liegt ein Sachverhalt mit Auslandsbezug vor, weil der österreichische Staatsbürger *David* und der Italiener *Antonio* in Italien eine eingetragene

Partnerschaft schließen, bevor sie nach Österreich ziehen, wo sie diese wieder auflösen. Der Anwendungsbereich der EuPartVO ist vollumfänglich eröffnet (Fall 104).

Obwohl die EuGüVO und die EuPartVO an einigen Stellen inhaltlich nahezu identisch sind, besteht insbesondere bei der objektiven Anknüpfung ein erheblicher Unterschied. Denn die **EuPartVO** sieht – im Gegensatz zur EuGüVO – **keine mehrstufige Anknüpfungsleiter** vor. Haben die eingetragenen Partner keine Rechtswahl getroffen, ist nach Art 26 EuPartVO stets das Sachrecht jenes Staates anzuwenden, in dem die eingetragene Partnerschaft begründet wurde. Für den vorliegenden Sachverhalt bedeutet dies, dass das international zuständige österreichische Gericht der Vermögensaufteilung italienisches Sachrecht zugrunde zu legen hat, weil die eingetragene Partnerschaft in Neapel begründet wurde.

Ähnlich der EuGüVO kennt die EuPartVO eine **Ausweichklausel** (Art 26 Abs 2 EuPartVO). Allerdings kann das Sachrecht des Staates des letzten gemeinsamen gewöhnlichen Aufenthalts der eingetragenen Partner nur dann ersatzweise zur Anwendung gelangen, wenn diese Sachrechtsordnung an das Institut der eingetragenen Partnerschaft güterrechtliche Wirkungen knüpft. Das wäre in Österreich der Fall. Da im Sachverhalt der Variante 2 keine Hinweise auf die Anwendbarkeit der Ausweichklausel hindeuten, ist diese aber nicht näher zu prüfen, sondern nach Art 26 Abs 1 EuPartVO italienisches Sachrecht anzuwenden.

Literatur: *Lurger/Melcher*, IPR[4] Rz 2/62 f, 2/85 f; *Kerschner/Wagner/Aigner*, IPR[6] Rz 16/108c; *Perner/Spitzer/Kodek*, BR[7] 733; zur EuGüVO siehe auch den Übungsfall von *Holly* in *Perner/Spitzer/Kodek*, Ö-CB[3] 612 ff; ferner *Baldovini*, iFamZ 2018, 39 (44 ff); *Dukic*, NZ 2019, 121 (125 f); *Laimer* in *Arnold/Laimer*, IntEhePartGüR[2] Rz 13/1 ff; *Rudolf*, EF-Z 2017, 244 (248); *Rudolf*, Zak 2019, 5 (7 f); *Uitz*, JAP 2019/20, 48 (53 f).

Fall 106 *(Uitz/Winkler-Ricaurte)*
Schwerpunkt: Subjektive Anknüpfung (EuGüVO, EuPartVO)

Der österreichische Staatsbürger *Karl* lernt auf einer Geschäftsreise in Toulouse (Frankreich) die französische Staatsbürgerin *Amélie* kennen. *Karl,* der sich ein Leben ohne *Amélie* nicht mehr vorstellen kann, kündigt daraufhin seinen Job in Wien und zieht zu *Amélie* nach Toulouse. Am 01.08.2019 schließen die beiden eine gültige Ehe. Als *Karl* nach einem Jahr in Toulouse ein lukratives Jobangebot in seiner Heimatstadt erhält, zieht er zusammen mit seiner Ehefrau *Amélie* zurück nach Wien.

Nach ein paar Monaten in Österreich gehen beide zum Notar, wo sie eine schriftliche Vereinbarung in Notariatsaktsform aufsetzen lassen, wonach österreichisches Sachrecht für den Fall ihrer Scheidung auf die nacheheliche Vermögensaufteilung anzuwenden ist. Diese Vereinbarung ist datiert und wird von *Karl* und *Amélie* unterzeichnet. In weiterer Folge kommt es zwischen den Eheleuten immer öfter zu Streitigkeiten, bis die Ehe schlussendlich nach weiteren zwei Jahren in Wien unheilbar zerrüttet ist, woraufhin sich die beiden scheiden lassen.

Im Verfahren über die nacheheliche Güteraufteilung vor einem international zuständigen österreichischen Gericht stellt sich die Frage, welche Sachrechtsordnung anwendbar ist.

Variante 1: Wie der Grundsachverhalt, allerdings gehen *Karl* und *Amélie* nicht zum Notar, sondern setzten selbstständig eine schriftliche, datierte und von beiden unterzeichnete Vereinbarung auf, wonach sie während aufrechter Ehe eine Gütergemeinschaft nach österreichischem Sachrecht wünschen. Eine weitere Klausel ihrer Vereinbarung sieht vor, dass *Amélie* für den Fall der Scheidung sämtliche eheliche Ersparnisse erhalten soll, aber im Gegenzug an *Karl* einen nachehelichen Unterhalt von 10 % ihres Nettoeinkommens für die nächsten 5 Jahre zu zahlen hat. Zudem soll laut ihrer Vereinbarung die nacheheliche Güteraufteilung nach österreichischem Sachrecht erfolgen.

Variante 2: Der österreichische Staatsbürger *Karl* lernt den slowenischen Staatsbürger *Manuel* auf einer Geschäftsreise in Toulouse kennen. Bevor die beiden am 01.08.2019 noch in Toulouse eine gültige eingetragene Partnerschaft eingehen, treffen sie eine schriftliche, aber nicht unterzeichnete Vereinbarung, wonach für den Fall der Auflösung der eingetragenen Partnerschaft die Güteraufteilung nach französischem Sachrecht erfolgen soll. Unmittelbar nach Begründung der eingetragenen Partnerschaft reisen *Karl* und *Manuel* nach Österreich, wo sie sich ein gemeinsames Leben aufbauen wollen.

Nach zwei gemeinsamen Jahren in Österreich kommt es allerdings zur unheilbaren Zerrüttung ihrer eingetragenen Partnerschaft, weshalb sie diese auflösen lassen. Im Verfahren über ihre Güteraufteilung vor dem international zuständigen österreichischen Gericht äußert *Karl* den Wunsch, dass diese nach österreichischem Sachrecht erfolgen soll.

Es liegt ein Sachverhalt mit Auslandsbezug vor, weil der österreichische Staatsbürger *Karl* die Französin *Amélie* in Toulouse heiratet und sie nach einem gemeinsamen Jahr in Toulouse nach Österreich ziehen, wo sie sich nach weiteren zwei Jahren scheiden lassen. Der Anwendungsbereich der EuGüVO ist vollumfänglich eröffnet (Fall 103).

Nach der objektiven Anknüpfung (Art 26 Abs 1 lit a EuGüVO) wäre grundsätzlich französisches Sachrecht auf die nacheheliche Aufteilung anzuwenden, weil die Ehegatten in Toulouse ihren ersten gemeinsamen gewöhnlichen Aufenthalt hatten. Allerdings treffen die Ehegatten eine **Vereinbarung**, wonach österreichisches Sachrecht auf die nacheheliche Vermögensaufteilung anzuwenden sein soll. Hierbei handelt es sich um eine **Rechtswahl** nach Art 22 EuGüVO.

Eine Rechtswahl können die Ehegatten vor, während oder nach ihrer Eheschließung treffen. Die Rechtswahl nach der EuGüVO ist allerdings insoweit eingeschränkt, als die Ehegatten nur das Recht jenes Staates, in dem zumindest einer von ihnen zum Zeitpunkt der Rechtswahl seinen gewöhnlichen Aufenthalt hat, oder das Recht jenes Staates, dessen Staatsbürgerschaft zumindest einer der beiden Ehegatten zum Zeitpunkt der Rechtswahl hat, wählen können. Durch den Umzug von Toulouse nach Wien kommt es zur Verlagerung ihres gemeinsamen gewöhnlichen Aufenthalts, weshalb die anschließende Wahl österreichischen Sachrechts nach Art 22 Abs 1 lit a EuGüVO aus inhaltlicher Sicht zulässig war. Zudem ist *Karl* österreichischer Staatsbürger (Art 22 Abs 1 lit b EuGüVO).

Zu beachten ist ferner, dass Art 23 EuGüVO die Wirksamkeit einer Rechtswahl formellen **Mindestvoraussetzungen** unterwirft. Nach Art 23 EuGüVO muss die Vereinbarung schriftlich abgefasst, datiert und von beiden Ehegatten unterzeichnet sein. Dem Sachverhalt ist zu entnehmen, dass diese Formvorschriften eingehalten wurden, weil *Karl* und *Amélie* eine schriftliche und datierte Vereinbarung treffen, die von beiden unterzeichnet ist. Bei diesen Mindestvoraussetzungen handelt es sich allerdings bloß um unionsrechtliche Mindeststandards, die durch die strengeren Formvorschriften des Art 23 Abs 2 EuGüVO ergänzt werden. Sieht demnach das Sachrecht jenes Mitgliedstaates, in dem beide Ehegatten zum Zeitpunkt der Rechtswahl ihren gewöhnlichen Aufenthalt haben, zusätzliche Formvorschriften für Vereinbarungen über den ehelichen Güterstand vor, sind diese Formvorschriften ebenfalls zu beachten. Im Zeitpunkt der Rechtswahlvereinbarung hatten die Eheleute ihren gemeinsamen gewöhnlichen Aufenthalt in Österreich. Da Güterstandsvereinbarungen und Vorausvereinbarungen, die nicht bloß das von der Ehewohnung verschiedene eheliche Gebrauchsvermögen betreffen, nach österreichischem Sachrecht **notariatsaktspflichtig** sind (§§ 1217, 1233 ABGB; § 1 Abs 1 lit a NotAktsG; § 97 EheG), ist für die Wirksamkeit der Rechtswahlvereinbarung nach Art 23 Abs 2 EuGüVO auch die strengere Form des österreichischen Sachrechts zu beachten (hierzu sogleich Variante 1). Laut Sachverhalt ließen *Karl* und *Amélie* ihre Vereinbarung von einem Notar in Notariatsaktsform aufsetzen, weshalb sie auch die strengeren Formvorschriften nach Art 23 Abs 2 EuGüVO einhielten. Ihre Rechtswahl ist somit inhaltlich und formell gültig zustande gekommen. Deshalb findet auf ihre nacheheliche Vermögensaufteilung im Wege der subjektiven Anknüpfung österreichisches Sachrecht Anwendung.

Variante 1: Der räumliche und zeitliche Anwendungsbereich der EuGüVO ist – wie im Grundsachverhalt – unproblematisch eröffnet. Bezüglich ihres sachlichen Anwendungsbereichs ist näher zu differenzieren. Jene Klausel ihrer Vereinbarung, die Unterhaltszahlungen betrifft, unterliegt nicht dem sachlichen Anwendungsbereich der EuGüVO, weil Unterhaltspflichten nach Art 1 Abs 2 lit c EuGüVO explizit vom sachlichen Anwendungsbereich dieser Kollisionsrechtsquelle ausgenommen sind (siehe zum nachehelichen Unterhalt Fall 107).

Fraglich ist allerdings, ob die übrigen Klauseln ihrer Vereinbarung, die dem sachlichen Anwendungsbereich der EuGüVO unterfallen, Rechtswirksamkeit entfalten. Wie bereits im Grundsachverhalt erörtert wurde, sind die Mindestvoraussetzungen des Art 23 Abs 1 EuGüVO zu beachten, wonach die Rechtswahl schriftlich erfolgen, datiert sein und von beiden Ehegatten unterzeichnet werden muss, um formell wirksam zu sein. Diese Mindestvoraussetzungen liegen *in casu* vor, weil *Karl* und *Amélie* eine schriftliche und datierte Vereinbarung treffen, die beide unterzeichnen. Neben diesen Mindestvoraussetzungen sind nach Art 23 Abs 2 EuGüVO – wie im Grundfall – zusätzlich die strengeren Formvorschriften jener Sachrechtsordnung zu beachten, die sich aus der Anwendung dieser Kollisionsnorm ergeben.

Sieht demnach das Sachrecht jenes Staates, in dem beide Ehegatten zum Zeitpunkt der Rechtswahl ihren gemeinsamen gewöhnlichen Aufenthalt haben, **zusätzliche Formvorschriften für die Vereinbarung über den ehelichen Güterstand** vor, müssen diese Formvorschriften ebenfalls eingehalten werden. Im österreichischen Sachrecht finden sich solche strengeren Formvorschriften für Ehepakte. Diese müssen nach § 1 Abs 1 lit a NotAktG in Notariatsaktsform vereinbart werden, um formell wirksam zu sein. Zudem sieht das österreichische Sachrecht für Vorausvereinbarungen nach § 97 EheG, sofern diese nicht bloß das von der Ehewohnung verschiedene eheliche Gebrauchsvermögen betreffen, die Notariatsaktspflicht vor. Diese strengere Formvorschrift, deren Wahrung nach Art 23 Abs 2 EuGüVO für die formelle Wirksamkeit der Rechtswahl erforderlich ist, wurde *in casu* nicht eingehalten, weshalb die **Rechtswahlvereinbarung nichtig** ist.

Diese Nichtigkeitsfolge erstreckt sich nicht bloß auf die Rechtswahlvereinbarung selbst, sondern auch auf den **Ehepakt** und die **Vorausvereinbarung**. Denn Art 25 Abs 2 EuGüVO, der die Formgültigkeit einer Vereinbarung über den ehelichen Güterstand zum Inhalt hat, normiert in Anlehnung an Art 23 EuGüVO, dass neben den unionsrechtlich-autonom vorgegebenen Mindestvoraussetzungen (Schriftlichkeit, Datierung und Unterschriftlichkeit der Vereinbarung) auch die strengeren Formvorschriften des nach dieser Kollisionsnorm maßgeblichen Staates zu beachten sind. Gerade diese strengere Formvorschrift des österreichischen Sachrechts, die nach § 1 Abs 1 lit a NotAktG iVm § 97 EheG die Einhaltung der Notariatsaktsform verlangt, ist jedoch nicht erfüllt. Aus diesem Grund ist nicht nur die Rechtswahlvereinbarung ungültig, sondern sind auch der Ehepakt und die Vorwegvereinbarung als nichtig anzusehen.

Somit ist das anzuwendende Sachrecht im Wege der **objektiven Anknüpfung** zu ermitteln. Einschlägig ist bereits die erste Stufe der Anknüpfungsleiter (Art 26 Abs 1 lit a EuGüVO). Demnach ist das Sachrecht jenes Staates anzuwenden, in dem die Ehegatten ihren ersten gemeinsamen gewöhnlichen Aufenthalt haben.

Dem Sachverhalt ist zu entnehmen, dass *Karl* und *Amélie* zunächst ihren gemeinsamen gewöhnlichen Aufenthalt in Toulouse hatten, weshalb grundsätzlich französisches Sachrecht auf ihre nacheheliche Güteraufteilung anzuwenden wäre. Nach einem einjährigen Aufenthalt in Frankreich ziehen die Ehegatten jedoch nach Österreich, wo es schlussendlich nach zwei weiteren Jahren zur unheilbaren Zerrüttung ihrer Ehe kommt. Jeder Ehegatte kann daher nach Art 26 Abs 3 EuGüVO (Ausweichklausel; hierzu Fall 105) beantragen, dass nicht französisches Sachrecht, sondern österreichisches Sachrecht auf die nacheheliche Güteraufteilung Anwendung findet, weil sie in Österreich über einen erheblich längeren Zeitraum ihren gemeinsamen gewöhnlichen Aufenthalt haben (Art 26 Abs 3 lit a EuGüVO) und bei der Vermögensplanung auf die Anwendbarkeit österreichischen Sachrechts vertrauten (Art 26 Abs 3 lit b EuGüVO). Der Antrag wird erfolgreich sein, weil die Ehegatten zwei Jahre in Österreich verbrachten und ihre Rechtswahl – trotz ihrer Nichtigkeit aufgrund der Verletzung der anzuwendenden Formvorschriften – darauf hindeutet, dass sie auf die Anwendbarkeit österreichischen Sachrechts vertrauten, weil ihnen nicht bewusst war, eine nichtige Rechtswahl zu treffen.

Im Ergebnis führt die objektive Anknüpfung zur Anwendbarkeit französischen Sachrechts, doch kann ein Ehegatte dieses Verweisungsergebnis durch einen Antrag nach Art 26 Abs 3 EuGüVO zugunsten der Anwendbarkeit österreichischen Sachrechts verhindern.

Variante 2: Es liegt erneut ein Sachverhalt mit Auslandsbezug vor. Wiederum ist der räumliche und zeitliche Anwendungsbereich der EuPartVO eröffnet (Grundfall). Ihr sachlicher Anwendungsbereich ist ebenfalls erfüllt, weil *Karl* und *Manuel* rechtswirksam eine **eingetragene Partnerschaft** eingingen.

Karl und *Manuel* trafen eine Vereinbarung, wonach französisches Sachrecht auf ihre Güteraufteilung nach Beendigung ihrer Paarbeziehung Anwendung finden soll. Fraglich ist allerdings, ob diese Vereinbarung den inhaltlichen und formalen Anforderungen des unionseuropäischen Kollisionsrechts entspricht. Grundsätzlich gelten die **Rechtswahlmöglichkeiten** der Ehegatten, die ihnen nach Art 22 EuGüVO zur Verfügung stehen, in gleicher Weise für eingetragene Partner (Art 22 EuPartVO). Für die Rechtswahl eingetragener Partner ist allerdings **zusätzlich** zu beachten, dass das Sachrecht, das die eingetragenen Partner bestimmen, güterrechtliche Wirkungen an die eingetragene Partnerschaft knüpfen muss. Zudem verfügen eingetragene Partner gegenüber Ehegatten über eine zusätzliche Wahlmöglichkeit, weil sie nach Art 22 Abs 1 lit c EuPartVO auch das Recht jenes Staates wählen können, in dem die **eingetragene Partnerschaft begründet** wurde. Diese zusätzliche Wahlmöglichkeit nehmen *Karl* und *Manuel* in Anspruch, weil sie vereinbaren, dass französisches Sachrecht auf die Aufteilung ihrer Güter Anwendung finden soll. Ihre Rechtswahl ist somit aus inhaltlicher Sicht zulässig. Allerdings hat ihre Rechtswahl zusätzlich den Formvorschriften des Art 23 Abs 1 EuPartVO zu entsprechen. Dem Sachverhalt ist zu entnehmen, dass *Karl* und *Manuel* nicht einmal die Mindestvoraussetzungen des Art 23 Abs 1 EuPartVO einhielten, weil sie ihre Vereinbarung nicht unterzeichneten. Deshalb ist ihre Rechtswahl nichtig.

Demnach ist das anzuwendende Sachrecht im Wege der objektiven Anknüpfung (Art 26 EuPartVO) zu ermitteln. Die EuPartVO sieht – im Gegensatz zur EuGüVO – keine Anknüpfungsleiter vor. Vielmehr nach Art 26 Abs 1 EuPartVO stets das Sachrecht jenes Staates anwendbar, in dem die eingetragene Partnerschaft begründet wurde. Aus diesem Grund hat das international zuständige österreichische Gericht französisches Sachrecht anzuwenden. *Karl* wird zwar versuchen, einen Antrag nach Art 26 Abs 2 EuPartVO (Ausweichklausel; hierzu Fall 105) zu stellen, um die Anwendbarkeit des österreichischen Sachrechts herbeizuführen, doch wird dieses Vorhaben erfolglos sein, weil die fehlerhafte Rechtswahl zugunsten französischen Sachrechts keinen Anhaltspunkt für die Annahme bietet, dass *Karl* und *Manuel* nach Art 26 Abs 2 lit b EuPartVO auf die Anwendbarkeit österreichischen Sachrechts vertrauten.

Obwohl die Rechtswahl zugunsten französischen Sachrechts nicht gültig zustande gekommen ist, führt die objektive Anknüpfung nach Art 26 Abs 1 EuPartVO dennoch zur Anwendbarkeit französischen Sachrechts.

Lernhinweis zum Aufbau der Falllösung: Prüfen Sie zunächst, ob ein Sachverhalt mit Auslandsbezug vorliegt. Danach ist der räumliche, zeitliche und sachliche Anwendungsbereich der EuGüVO oder der EuPartVO zu untersuchen. Ist der Anwendungsbereich einer dieser unionseuropäischen Kollisionsrechtsquellen zur Gänze eröffnet, ist – nach der vorrangigen Anwendung allfälliger Eingriffsnormen – zu Beginn zu prüfen, ob die Ehegatten oder eingetragenen Partner eine inhaltlich und formal gültige Rechtswahl trafen (subjektive Anknüpfung). Liegt keine gültige Rechtswahl vor, ist das anwendbare Sachrecht im Wege der objektiven Anknüpfung zu ermitteln. Beachten Sie hierbei, dass in manchen Fällen auch die Ausweichklausel greifen kann. Zum Schluss ist das gewonnene Sachrechtsergebnis auf seine Vereinbarkeit mit dem österreichischen *ordre public* zu prüfen.

Literatur: *Lurger/Melcher*, IPR[4] Rz 2/60 ff, 2/84 ff; *Kerschner/Wagner/Aigner*, IPR[6] Rz 16/108c, Rz 16/108d; *Perner/Spitzer/Kodek*, BR[7] 733; zur EuGüVO siehe auch den Übungsfall von *Holly* in *Perner/Spitzer/Kodek*, Ö-CB[3] 612 ff; ferner *Arnold* in *Arnold/Laimer*, IntEhePartGüR[2] Rz 12/1 ff; *Baldovini*, iFamZ 2018, 39 (43 ff); *Dukic*, NZ 2019, 121 (124 ff); *Rudolf*, EF-Z 2017, 244 (247 ff); *Rudolf*, Zak 2019, 5 (7 f); *Uitz*, JAP 2019/20, 48 (52 ff).

f. Ehelicher Unterhalt

Fall 107 *(Uitz/Winkler-Ricaurte)*

Schwerpunkte: Anwendungsbereiche und Anknüpfung (EuUntVO und HUP)

Die österreichische Staatsbürgerin *Anna* ist mit dem finnischen Staatsbürger *Moritz* verheiratetet. Unmittelbar nach ihrer Eheschließung in Helsinki (Finnland) ziehen die Eheleute nach Österreich, weil *Anna* in Wien ein lukratives Jobangebot annimmt. *Anna* verdient monatlich € 5.000,– netto, während sich *Moritz* um den gemeinsamen Haushalt kümmert. *Anna* hat aufgrund ihres anspruchsvollen Jobs immer weniger Zeit für *Moritz*. Schlussendlich kommt es zur unheilbaren Zerrüttung ihrer Ehe, weshalb sich die beiden scheiden lassen.

Nach der Trennung bleibt *Moritz* noch ein weiteres Jahr in Österreich. Als er jedoch realisiert, dass er *Anna* nicht mehr zurückgewinnen kann, zieht er zurück nach Helsinki, während *Anna* in Österreich bleibt. Im Unterhaltsverfahren vor dem international zuständigen österreichischen Gericht, das am 10.04.2025 eingeleitet wird, klagt *Moritz Anna* auf die Leistung eines nachehelichen Unterhalts. Im Verfahren kommt die Frage auf, welches Sachrecht auf den erhobenen nachehelichen Unterhaltsanspruch Anwendung findet.

Variante 1: Wie der Grundsachverhalt, allerdings zieht *Moritz* nicht zurück nach Helsinki, sondern will nach der Trennung Abstand zu *Anna* gewinnen, weshalb er lediglich ein halbes Jahr in Helsinki verbringt, um seine Familie zu besuchen. Anschließend kehrt er wieder nach Wien zurück.

Variante 2: Wie der Grundsachverhalt, allerdings heiraten *Anna* und *Moritz,* der russischer Staatsbürger ist, in Moskau (Russland), wohin *Moritz* nach der Scheidung dauerhaft zurückzieht.

Variante 3: Wie der Grundsachverhalt, doch treffen *Anna* und *Moritz* während aufrechter Ehe direkt nach ihrem Umzug nach Österreich eine schriftliche Vereinbarung, wonach auf ein allfälliges nacheheliches Unterhaltsverfahren österreichisches Sachrecht anwendbar sein soll. Sie drucken diese Vereinbarung aus und heften sie ohne Unterschriften in einem Aktenordner ab.

Es liegt ein Sachverhalt mit Auslandsbezug vor, weil die österreichische Staatsbürgerin *Anna* den finnischen Staatsbürger *Moritz* in Helsinki heiratet und die beiden sodann nach Österreich ziehen. Zu prüfen ist, nach welcher Sachrechtsordnung der **nacheheliche Unterhaltsanspruch** zwischen *Anna* und *Moritz* zu beurteilen ist.

In den Mitgliedstaaten der Europäischen Union ist auf Unterhaltsverfahren, die nach dem 18.06.2011 eingeleitet werden, die **EU-UnterhaltsVO (EuUntVO)** anwendbar. Die EuUntVO enthält kein Internationales Privatrecht, sondern verweist in Art 15 EuUntVO auf das **Haager Unterhaltsprotokoll (HUP)**. Das HUP, bei dem es sich um einen von der Europäischen Union ratifizierten völkerrechtlichen Vertrag handelt, verdrängt das autonome mitgliedstaatliche Kollisionsrecht in jenen unterhaltsrechtlichen Angelegenheiten, die unter seinen sachlichen Anwendungsbereich fallen.

Die **räumlichen und zeitlichen Anwendungsbereiche** beider Rechtsakte sind eröffnet, weil ein international zuständiges österreichisches Gericht als Mitgliedstaat der EU sowohl die EuUntVO als auch das HUP anzuwenden hat und das Unterhaltsverfahren nach dem 18.06.2011 eingeleitet wurde. Ihre **sachlichen Anwendungsbereiche** sind ebenfalls eröffnet, weil nach Art 1 EuUntVO und Art 1 HUP alle Unterhaltspflichten aus Beziehungen der Familie, Verwandtschaft, Ehe oder Schwägerschaft, einschließlich der Unterhaltspflichten gegenüber einem Kind unabhängig vom Familienstand seiner Eltern, von diesem Unterhaltsstatut erfasst sind.

Der Begriff der „*Unterhaltspflicht*" ist autonom auszulegen, weshalb kein Rückgriff auf nationale Begriffsdefinitionen erfolgen darf. Die Definition des „*Unterhaltsanspruchs*" ist nach hA weit zu verstehen, weshalb sie jedenfalls den nachehelichen Unterhalt zwischen *Anna* und *Moritz* erfasst. Deshalb sind die sachlichen Anwendungsbereiche der EuUntVO und des HUP eröffnet. Das maßgebliche Unterhaltsstatut entscheidet nach Art 11 HUP über vielzählige Unterhaltsfragen, zu denen etwa die Identifizierung der unterhaltsverpflichteten Person, die Höhe des Unterhaltsanspruchs und seine Verjährung zählen. Nach Art 12 HUP sprechen die Kollisionsnormen des HUP Sachnormverweisungen aus.

Dem Sachverhalt ist zu entnehmen, dass *Anna* und *Moritz* **keine Rechtswahl** trafen, weshalb sich das anwendbare Sachrecht objektiv nach der Grundregel des Art 3 HUP bestimmt. Nach Art 3 HUP ist das Sachrecht jenes Staates maßgeblich, in dem die **unterhaltsberechtigte Person ihren gewöhnlichen Aufenthalt** hat. Da sich das anwendbare Sachrecht somit nach den Lebensverhältnissen des Anspruchswerbers *Moritz* (Art 2 Z 10 EuUntVO) richtet, ist zu prüfen, ob österreichisches oder finnisches Sachrecht über seinen nachehelichen Unterhaltsanspruch entscheidet. Diese Erkenntnis wirft eine wichtige Frage auf:

Welcher gewöhnliche Aufenthalt ist maßgeblich? Laut Sachverhalt gibt *Moritz* seinen gewöhnlichen Aufenthalt in Österreich auf, um zurück nach Finnland zu ziehen. Wechselt die anspruchsberechtigte Person ihren gewöhnlichen Aufenthalt, ist Art 3 Abs 2 HUP anzuwenden, der vorsieht, dass infolge eines Wohnortwechsels das Sachrecht des Staates des neuen gewöhnlichen Aufenthalts des Anspruchswerbers anzuwenden ist (**wandelbares Statut**). Aufgrund dieses wandelbaren Statuts hat das international zuständige österreichische Gericht auf das nacheheliche Unterhaltsverfahren zunächst österreichisches Sachrecht anzuwenden, insoweit es um Unterhaltsansprüche geht, die bis zum Umzug von Moritz nach Helsinki entstehen, und dann finnisches Sachrecht anzuwenden, insoweit seine Unterhaltsansprüche nach seinem Umzug nach Helsinki zu beurteilen sind.

Variante 1: Hinsichtlich der räumlichen, zeitlichen und sachlichen Anwendungsbereiche der EuUntVO und des HUP kann auf den Grundsachverhalt verwiesen werden. Zu prüfen ist erneut, welches Sachrecht auf die Unterhaltsansprüche des *Moritz* anwendbar sind.

Die Sachverhaltsvariante unterscheidet sich vom Grundfall durch den Umstand, dass *Moritz* nicht nach Finnland zieht, um sich dort für gewöhnlich aufzuhalten, sondern lediglich ein halbes Jahr in Helsinki bei seiner Familie verbringt, um über die Trennung von *Anna* hinwegzukommen. Im Unterschied zum Grundsachverhalt verlegt *Moritz* somit seinen Wohnort nicht mit der Absicht, dauerhaft in Finnland zu verweilen, sondern ist dort lediglich temporär aufhältig. Aus diesem Grund liegt auch – im Gegensatz zum Grundsachverhalt – **kein dauerhafter Wohnortwechsel** vor. Deshalb hat das international zuständige österreichische Gericht auf alle Unterhaltsansprüche, die *Moritz* gegen *Anna* erhebt, einheitlich österreichisches Sachrecht anzuwenden.

Variante 2: Für die Beurteilung der räumlichen, zeitlichen und sachlichen Anwendungsbereiche der EuUntVO und des HUP kann erneut auf den Grundsachverhalt verwiesen werden.

Moritz ist russischer Staatsbürger. Nach der Scheidung lebt er weiterhin ein Jahr in Österreich, bevor er dauerhaft zurück nach Moskau zieht. Nach der Grundregel des Art 3 HUP muss das international zuständige österreichische Gericht auf die Unterhaltsansprüche des *Moritz*, die sich auf den Zeitraum bis zu seinem Umzug nach Russland beziehen, zunächst österreichisches Sachrecht anwenden (hierzu Variante 1). Mit der Verlagerung seines Wohnortes nach Moskau stellt sich allerdings die Frage, welches Sachrecht vom österreichischen Gericht auf jene Unterhaltsansprüche anzuwenden ist, die ihm nach seinem Umzug nach Russland erwachsen.

Für Verweisungen auf das Sachrecht eines Drittstaats sieht Art 2 HUP vor, dass dessen Bestimmungen auch dann maßgeblich sind, wenn die Verweisung auf das **Sachrecht eines Nichtvertragsstaates** lautet. Aufgrund dieser universellen Anwendbarkeit des HUP hat das international zuständige österreichische Gericht österreichisches Sachrecht anzuwenden, insoweit es um die Unterhaltsansprüche des *Moritz* bis zu seinem Umzug nach Russland geht, und in weiterer Folge russisches Sachrecht auf seine Unterhaltsansprüche anzuwenden, die den Zeitraum nach der Verlegung seines dauerhaften Wohnorts nach Russland betreffen (Art 3 Abs 2 HUP).

Variante 3: Hinsichtlich der räumlichen, zeitlichen und sachlichen Anwendungsbereiche der EuUntVO und des HUP kann auf den Grundsachverhalt verwiesen werden.

Im Gegensatz zum Grundsachverhalt treffen *Anna* und *Moritz* in dieser Sachverhaltsvariante eine schriftliche Vereinbarung, wonach auf das Unterhaltsverfahren österreichisches Sachrecht anwendbar sein soll. Es ist somit zu prüfen, ob die **Rechtswahl** den formalen und inhaltlichen Voraussetzungen dieser Rechtsakte entspricht.

Die Ehegatten können nach Art 7 HUP entweder eine Rechtswahl für ein bestimmtes Verfahren oder eine allgemeine Rechtswahl treffen, die unabhängig von einem konkreten Verfahren gilt. Die allgemeine Rechtswahl regelt Art 8 HUP. Art 8 Abs 1 lit a-d HUP enthält eine Liste von wählbaren Rechtsordnungen (**beschränkte Rechtswahl**). Im vorliegenden Fall vereinbaren *Anna* und *Moritz* die Anwendbarkeit österreichischen Sachrechts. Diese Wahl ist inhaltlich zulässig, weil nach Art 8 Abs 1 lit a HUP nicht nur das Recht eines Staates wählbar ist, dem eine der Parteien im Zeitpunkt der Rechtswahl angehört, sondern nach Art 8 Abs 1 lit b HUP auch das Recht eines Staates gewählt werden kann, in dem eine der Parteien im Zeitpunkt der Rechtswahl ihren gewöhnlichen Aufenthalt hat.

Anna ist zum Zeitpunkt der Rechtswahl österreichische Staatsbürgerin. Überdies haben beide Parteien der Rechtswahl im Zeitpunkt ihrer Vereinbarung ihren gewöhnlichen Aufenthalt in Österreich, weshalb die Wahl österreichischen Sachrechts zulässig ist. Neben diesen inhaltlichen Anforderungen sind allerdings auch die maßgeblichen **Formvorschriften** zu beachten. Nach Art 8 Abs 2 HUP ist eine Rechtswahl schriftlich zu erstellen oder auf einem Datenträger zu erfassen, dessen Inhalt für eine spätere Einsichtnahme zugänglich ist, und von beiden Parteien zu unterschreiben. Dem Sachverhalt ist zu entnehmen, dass die Vereinbarung zwar schriftlich erfolgte, aber nicht von den Ehegatten unterzeichnet wurde. Die Formvorschriften des Art 8 Abs 2 HUP wurden somit nicht eingehalten, weshalb die Rechtswahlvereinbarung nicht gültig zustande gekommen ist. Da die subjektive Anknüpfung scheitert, bestimmt sich das anwendbare Sachrecht im Wege der **objektiven Anknüpfung** nach der Grundregel des Art 3 HUP.

Nach Art 3 HUP ist das Sachrecht jenes Staates maßgeblich, in dem der Unterhaltsberechtigte *Moritz* seinen gewöhnlichen Aufenthalt hat. Das international zuständige österreichische Gericht hat demnach zunächst österreichisches Sachrecht anzuwenden, insoweit die Unterhaltsansprüche von *Moritz* im Zeitraum vor seinem Umzug nach Helsinki zu beurteilen sind, und ab dem umzugsbedingten Zeitpunkt des Statutenwechsels finnisches Sachrecht anzuwenden (Art 3 Abs 2 HUP).

Für Unterhaltsansprüche zwischen Ehegatten enthält Art 5 HUP eine Ausnahme von dieser Grundregel. Art 5 HUP ordnet an, dass Art 3 HUP auf Unterhaltspflichten zwischen Ehegatten keine Anwendung findet, wenn sich eine der Parteien vor Gericht gegen diese Verweisung ausspricht und das Sachrecht eines anderen Staates, insbesondere des Staates ihres letzten gemeinsamen gewöhnlichen Aufenthalts, zu der betreffenden Ehe eine **engere Verbindung** aufweist. In diesem Fall ist nach Art 5 HUP das Sachrecht dieses anderen Staates anzuwenden. Der letzte gemeinsame gewöhnliche Aufenthalt der Ehegatten befand sich in Österreich, weshalb argumentiert werden kann, dass ihre Ehe zu Österreich eine engere Verbindung als zu Finnland aufweist. Nach dieser Sichtweise können sich sowohl *Anna* als auch *Moritz* gegen die Anwendbarkeit der Grundregel wehren, indem jedem Ehegatten die Möglichkeit offensteht, sich für die ausschließliche Anwendbarkeit österreichischen Sachrechts auszusprechen.

Lernhinweis: Familienrechtliche Unterhaltsansprüche aus verschiedengeschlechtlichen und gleichgeschlechtlichen eingetragenen Partnerschaften sowie aus gleichgeschlechtlichen Ehen werden ebenfalls vom sachlichen Anwendungsbereich der EuUntVO und des HUP erfasst. Umstritten ist allerdings, ob auf solche Sachverhalte Art 5 HUP ebenfalls Anwendung findet, weil diese Norm besondere Vorschriften für „*Ehegatten*" vorsieht. Fraglich ist demnach, ob eingetragene Partnerschaften und gleichgeschlechtliche Ehen als „*Ehe*" im Sinne des Art 5 HUP qualifiziert werden können.

Literatur: *Zöchling-Jud/Aspöck*, IPR[3] 60 f; *Lurger/Melcher*, IPR[4] Rz 2/112 ff; *Kerschner/Wagner/Aigner*, IPR[6] Rz 15/6 ff; Rz 16/112b; *Perner/Spitzer/Kodek*, BR[7] 732; *Verschraegen*, IPR Rz 204 ff; zur EuUntVO und dem HUP siehe auch den Übungsfall von *Holly* in *Perner/Spitzer/Kodek*, Ö-CB[3] 612 ff.

II. Kindschaftsrecht

a. Eheliche Abstammung

Fall 108 *(Balthasar-Wach)*
Schwerpunkte: Eheliche Abstammung, Bestreitung

Antonia, österreichische Staatangehörige, und *Lorenzo*, italienischer Staatsangehöriger, sind wirksam miteinander verheiratet und wohnen in Österreich. Infolge einer Beförderung ist *Lorenzo* beruflich viel im Ausland. Wenn er doch zu Hause ist, streiten *Antonia* und *Lorenzo* regelmäßig. Während aufrechter Ehe kommt *Sophie* auf die Welt. *Lorenzo* hat Zweifel, dass er der biologische Vater von *Sophie* ist, weshalb er die eheliche Abstammung des Kindes vor einem österreichischen Gericht bestreiten will. Welches Sachrecht ist anzuwenden?

Variante 1: Wie im Hauptfall. *Antonia* ist jedoch österreichisch-deutsche Doppelstaatsangehörige und *Lorenzo* hat die österreichisch-italienische Doppelstaatsbürgerschaft. Welches Sachrecht ist anzuwenden?

Variante 2: Wie im Hauptfall. *Antonia* ist jedoch deutsch-italienische Doppelstaatangehörige und *Lorenzo* hat die italienisch-portugiesische Doppelstaatsbürgerschaft. Sie wohnen zusammen mit *Sophie* in Deutschland. *Antonia* lebte schon ihr ganzes Leben in Deutschland, hat keinen Kontakt zu ihrer Familie in Italien und spricht die italienische Sprache nur gebrochen. *Lorenzo* ist hingegen in Italien eng verwurzelt. Er ist im Alter von drei Jahren von Lissabon (Portugal) nach Neapel (Italien) gezogen, dort zur Schule gegangen und hat auch seine berufliche Laufbahn in Italien begonnen. Zwar fährt er einmal im Jahr nach Lissabon, fühlt sich dort aber nicht so heimisch wie in Neapel, wo er so viele Wochenenden wie möglich verbringt. Welches Sachrecht ist anzuwenden?

Variante 3: *Antonia* und *Lorenzo* sind österreichische Staatangehörige und wohnen in Österreich. Da ihre Ehe kinderlos geblieben war, entschlossen sich die Ehegatten zur heterologen Insemination in Deutschland. Auf diese Weise kam *Sophie* auf die Welt. Später wurde die Ehe einvernehmlich geschieden. *Lorenzo* begehrt nun die Feststellung, dass *Sophie* nicht sein eheliches Kind sei. Er habe nicht nach § 152 ABGB in Form eines Notariatsakts zugestimmt. Die deutschen Formvorschriften wurden aber eingehalten. Welches Sachrecht ist anwendbar?

Hinweis: § 4 Abs 1 Satz 1 des deutschen StAG lautet: „*(1) Durch die Geburt erwirbt ein Kind die deutsche Staatsangehörigkeit, wenn ein Elternteil die deutsche Staatsangehörigkeit besitzt.*"

Art 19 Abs 1 EGBGB lautet: „*(1) Die Abstammung eines Kindes unterliegt dem Recht des Staates, in dem das Kind seinen gewöhnlichen Aufenthalt hat. Sie kann im Verhältnis zu jedem Elternteil auch nach dem Recht des Staates bestimmt werden, dem dieser Elternteil angehört. Ist die Mutter verheiratet, so kann die Abstammung ferner nach dem Recht bestimmt werden, dem die allge-*

> *meinen Wirkungen ihrer Ehe bei der Geburt nach Artikel 14 Absatz 2 unterliegen; ist die Ehe vorher durch Tod aufgelöst worden, so ist der Zeitpunkt der Auflösung maßgebend*".
>
> Art 20 EGBGB lautet: „*Die Abstammung kann nach jedem Recht angefochten werden, aus dem sich ihre Voraussetzungen ergeben. Das Kind kann die Abstammung in jedem Fall nach dem Recht des Staates anfechten, in dem es seinen gewöhnlichen Aufenthalt hat.*"

Sachverhalt in Variante 3 nach OGH 13.03.1996, 7 Ob 527/96.

Mangels unionseuropäischer oder völkerrechtlicher Vereinheitlichung des abstammungsrechtlichen Kollisionsrechts ist vor einem international zuständigen österreichischen Gericht das IPRG maßgeblich. Hinkünftig könnte sich dieser Rechtszustand jedoch verändern, wie die **aktuellen Entwicklungen** auf EU-Ebene zeigen, die sich derzeit (Stand: März 2025) in einem Vorschlag der Kommission vom 7.12.2022 für eine VO über die Zuständigkeit, das anzuwendende Recht, die Anerkennung von Entscheidungen und die Annahme öffentlicher Urkunden in Elternschaftssachen sowie zur Einführung eines europäischen Elternschaftszertifikats manifestieren (COM/2022/695 final), der in absehbarer Zukunft in eine EuAbstammungsVO münden könnte.

Das IPRG differenziert – anders als das österreichische Sachrecht – immer noch zwischen ehelicher Abstammung (§ 21 IPRG) und unehelicher Abstammung (§ 25 IPRG). Für den gegenständlichen Fall ist aufgrund der Sachverhaltslage § 21 IPRG relevant. Die Frage, ob die Eltern verheiratet sind, ist als Vorfrage nach §§ 16 ff IPRG zu beurteilen (hierzu Fälle 89 ff) und laut Sachverhalt zu bejahen.

Der Anwendungsbereich des § 21 IPRG umfasst den Eintritt der ehelichen Abstammung sowie deren Anfechtung oder Bestreitung. § 21 Satz 1 IPRG beruft das gemeinsame **Personalstatut**, das die **Ehegatten im Zeitpunkt der Geburt des Kindes** oder, wenn die Ehe vorher aufgelöst wurde, im Zeitpunkt der **Auflösung** hatten. Bei verschiedenem Personalstatut der Ehegatten ist das **Personalstatut des Kindes** zum Zeitpunkt seiner Geburt maßgeblich (§ 21 Satz 2 IPRG). Das Personalstatut einer natürlichen Person richtet sich nach § 9 Abs 1 Satz 1 IPRG nach ihrer Staatsangehörigkeit (Heimatrecht). Die in § 21 IPRG ausgesprochene Verweisung auf das Personalstatut umfasst auch die fremden Verweisungsnormen (Gesamtverweisung nach § 5 Abs 1 IPRG). Das Statut des § 21 IPRG ist nicht wandelbar (fixes Statut).

Da *Antonia* und *Lorenzo* aufgrund ihrer unterschiedlichen Staatsangehörigkeiten unterschiedliche Personalstatuten haben, kommt es gegenständlich auf das Personalstatut des Kindes zum Zeitpunkt seiner Geburt an (§ 21 Satz 2 IPRG). Nach § 7 Abs 1 Z 1 StbG erwerben Kinder die österreichische Staatsbürgerschaft mit dem Zeitpunkt ihrer Geburt, wenn in diesem Zeitpunkt die Mutter nach § 143 ABGB österreichische Staatsbürgerin ist (hierzu Fall 5). Nach § 143 ABGB ist die Mutter jene Frau, die das Kind geboren hat. Da *Antonia* österreichische Staatsbürgerin ist, ist folglich auch *Sophie* zum Zeitpunkt der Geburt österreichische Staatsbürgerin. Auf die Frage der Ehelichkeitsbestreitung kommt daher österreichisches Sachrecht zur Anwendung (§ 151 ABGB).

Variante 1: Zunächst ist nach § 21 IPRG zu prüfen, ob *Antonia* und *Lorenzo* ein gemeinsames Personalstatut haben. Hierzu bestimmt § 9 Abs 1 Satz 2 IPRG, dass die österreichische Staatsbürgerschaft maßgebend ist, wenn eine Person neben einer fremden Staatsangehörigkeit auch die österreichische Staatsbürgerschaft hat (hierzu Fall 1). Gegenständlich ist also nur die österreichische Staatsangehörigkeit von *Antonia* und *Lorenzo* beachtlich. *Antonia* und *Lorenzo* haben demnach ein gemeinsames Personalstatut. Folglich ist nach § 21 Satz 1 IPRG anzuknüpfen (Personalstatut der Ehegatten zum Zeitpunkt der Geburt des Kindes). Im Ergebnis ist österreichisches Sachrecht anwendbar.

Variante 2: Zunächst ist nach § 21 IPRG zu prüfen, ob *Antonia* und *Lorenzo* ein gemeinsames Personalstatut haben. Hierzu bestimmt § 9 Abs 1 Satz 3 IPRG, dass für andere Mehrstaater, die keine österreichische Staatsangehörigkeit haben, die Staatsangehörigkeit jenes Staates maßgebend ist, zu dem die **stärkste Beziehung** besteht (hierzu Fall 1). Um die stärkste Beziehung zu ermitteln, werden eine Reihe von Kriterien herangezogen, wie etwa „*Wohnsitz, Aufenthalt (auch der restlichen Familie), Muttersprache, nationale Einstellung, verwandtschaftliche und gesellschaftliche Bindungen, wirtschaftliche und berufliche Beziehungen, öffentliche Funktionen und die (frei gewählte) Ausübung staatsbürgerlicher Agenden wie Wahlrecht und Wehrdienstleistung*". Es gilt daher der „***Grundsatz der effektiven Staatsangehörigkeit***" (alle Zitate nach *Neumayr* in KBB[7] § 9 IPRG Rz 2). Zwar sind *Antonia* und *Lorenzo* beide auch italienische Staatsangehörige, doch hat *Antonia* im Gegensatz zu *Lorenzo* eine stärkere Beziehung zu Deutschland. *Antonia* und *Lorenzo* haben deshalb **kein gemeinsames Personalstatut**. Folglich ist nach § 21 Satz 2 IPRG anzuknüpfen, der auf das Personalstatut des Kindes zum Zeitpunkt seiner Geburt abstellt. Das Personalstatut einer natürlichen Person verweist auf das Recht jenes Staates, dem die Person angehört. *Sophie* ist deutsche Staatsangehörige, denn nach § 4 dStAG erwirbt ein Kind durch die Geburt die deutsche Staatsangehörigkeit, wenn ein Elternteil die deutsche Staatsangehörigkeit besitzt. Das deutsche IPR nimmt die Gesamtverweisung des österreichischen IPR (§ 21 Satz 2 IPRG iVm § 5 Abs 1 IPRG) nach Art 20 EGBGB iVm Art 19 Abs 1 Satz 1 EGBGB an, weil *Sophie* ihren gewöhnlichen Aufenthalt in Deutschland hat. Im Ergebnis ist demnach deutsches Sachrecht anwendbar.

Variante 3: Die Abstammung kraft medizinischer Fortpflanzungshilfe in der Ehe beurteilt sich ebenso nach § 21 IPRG, weshalb es vorrangig auf das gemeinsame Personalstatut der Ehegatten im Zeitpunkt der Geburt des Kindes ankommt (§ 21 Satz 1 IPRG). Demnach ist österreichisches Sachrecht anzuwenden, weil *Antonia* und *Lorenzo* beide österreichische Staatsbürger sind (§ 9 Abs 1 Satz 1 IPRG). Nach *Fischer-Czermak* kommt für die Zustimmungserklärung „*nun § 8 IPRG zum Tragen, der besagt, daß neben der Form der berufenen Rechtsordnung* *die Einhaltung der Formvorschriften des Staates genügt, in dem die Rechtshandlung vorgenommen wird*" (*Fischer-Czermak*, NZ 1999, 262 [262 ff]; zustimmend *Verschraegen* in *Rummel/Lukas/Geroldinger*, ABGB[4] § 8 IPRG Rz 2 und *Nademleinsky/Neumayr*, Internationales Familienrecht[3] Rz 6.39; aA OGH 13.03.1996, 7 Ob 527/96 JBl 1996, 717 [*Bernat*]). Im Ergebnis ist österreichisches Sachrecht auf die Abstammungsfragen anwendbar, wobei die Einhaltung des deutschen Sachrechts genügt, um die Formwirksamkeit der Zustimmungserklärung von *Lorenzo* bejahen zu können.

Literatur: *Fischer-Czermak*, NZ 1999, 262; *Lurger/Melcher*, IPR[4] Rz 2/91-2/95; *Nademleinsky/Neumayr*, Internationales Familienrecht[3] Rz 6.08-6.13, 6.39; *Neumayr* in KBB[7] § 9 IPRG Rz 1 ff; *Neumayr* in KBB[7] § 21 IPRG Rz 1 ff; *Verschraegen* in *Rummel/Lukas/Geroldinger*, ABGB[4] § 21 IPRG Rz 1 ff; *Verschraegen* in *Rummel/Lukas/Geroldinger*, ABGB[4] § 8 IPRG Rz 1 ff; *Uitz/Balthasar-Wach/Wodniansky-Wildenfeld*, IPR-Praxiskommentar § 21 IPRG Rz 1 ff; ferner OGH 13.03.1996, 7 Ob 527/96 JBl 1996, 717 (*Bernat*).

Fall 109 *(Balthasar-Wach)*

Schwerpunkte: Feststellung der Abstammung und Nichtabstammung, Bestreitungsrecht des Kindes, Relativität des *ordre public*

Ondrejs Mutter ist *Adela*, die zum Zeitpunkt seiner Geburt mit *Tomáš* verheiratet war. Alle drei sind tschechische Staatsangehörige und wohnen in Prag (Tschechische Republik). *Ondrej* wunderte sich während seiner Kindheit oft, wieso er mit seinem rechtlichen Vater *Tomáš* nichts gemeinsam hat. Die beiden sehen einander nicht einmal ähnlich.

Eines Tages entdeckt *Ondrej* beim Aufräumen des Dachbodens seiner Eltern Briefe aus der Zeit vor seiner Geburt. Er findet ein Foto, das seine Mutter mit einem anderen Mann zeigt. Er ist erstaunt, wie stark die optischen Ähnlichkeiten zu diesem Mann namens *Martin* sind, der österreichischer Staatsbürger ist und in Wien lebt. Als *Ondrej* seine Mutter *Adela* auf diesen Fund anspricht, fühlt er sich durch ihre geschockte Reaktion bestätigt. Sofort begehrt er vor dem zuständigen österreichischen Bezirksgericht die Feststellung der Vaterschaft von *Martin* sowie die Feststellung, dass *Tomáš* nicht sein leiblicher Vater ist. Hierzu bringt er vor, *Martin* habe seiner Mutter innerhalb von nicht mehr als 300 Tagen und nicht weniger als 180 Tagen vor seiner Geburt beigewohnt. Insbesondere sprächen eine Reihe von Indizien, wie die äußerliche Ähnlichkeit, für die Vaterschaft *Martins*. Welches Sachrecht ist anwendbar?

Variante: In der Folge weist das Bezirksgericht den Antrag mit der Begründung zurück, dass nach dem anzuwendenden tschechischen Sachrecht das Kind nicht dazu berechtigt sei, die Vaterschaft zu bestreiten. Einen solchen Antrag könne nur vom Ehemann der Mutter oder von der Mutter innerhalb bestimmter Fristen gestellt werden. Nach Ablauf dieser Frist könne nur mehr der Generalstaatsanwalt, falls dies im Interesse des Kindes erforderlich sei, den Antrag auf Bestreitung der Vaterschaft stellen (*Frimmel*, Tschechien, in *Rieck/Lettmaier*, Ausländisches Familienrecht[25. EL] [Dezember 2023] Rz 28). Ist dieses Ergebnis zu akzeptieren?

Hinweis: Nach § 54 des tschechischen IPRG 2012 richten sich die gerichtliche Feststellung und Anfechtung der Elternschaft grundsätzlich nach dem Heimatrecht des Kindes, das sich nach seiner Staatsbürgerschaft im Zeitpunkt seiner Geburt richtet. Tschechisches Sachrecht kommt aber im Interesse des Kindes dann zur Anwendung, wenn das Kind seinen gewöhnlichen Aufenthalt in der Tschechischen Republik hat (*Hausmann* in *Staudinger*, BGB Anh zu Art 4 EGBGB Rz 569 und *Frimmel*, in *Rieck/Lettmaier*, Ausländisches Familienrecht[25. EL] [Dezember 2023] Rz 43).

Sachverhalt nach OGH 12.10.2011, 3 Ob 186/11s.

Für die Abstammung des ehelichen Kindes einschließlich ihrer Bestreitung ist nach § 21 Satz 1 IPRG primär das gemeinsame Personalstatut der Ehegatten im Zeitpunkt der Geburt des Kindes maßgeblich (Fall 108). Deshalb ist der Antrag *Ondrejs* im Hinblick auf die gemeinsame tschechische Staatsangehörigkeit der Ehegatten *Adela* und *Tomáš* im Zeitpunkt der Geburt von *Ondrej* nach § 21 Satz 1 IPRG nach tschechischem Recht zu beurteilen (Gesamtverweisung: § 5 IPRG).

Das tschechische Recht nimmt die Gesamtverweisung des § 21 Satz 1 IPRG an, weil das tschechische IPR sowohl die Feststellung als auch die Bestreitung der Vaterschaft nach dem Heimatrecht des Kindes beurteilt, das sich nach seiner Staatsangehörigkeit im Zeitpunkt seiner Geburt richtet (§ 54 Abs 1 tschechisches IPRG 2012). Im Ergebnis ist tschechisches Sachrecht anzuwenden.

Variante: Nach den einschlägigen Bestimmungen des tschechischen Sachrechts steht dem Kind kein Bestreitungsrecht zu. Der österreichische Gesetzgeber führte demgegenüber im Anschluss an ein entsprechendes VfGH-Erkenntnis (VfGH 28.06.2003, G 78/00) mit 01.07.2004 ein unbefristetes Antragsrecht des Kindes ein. Das Kind kann sohin die Feststellung seiner Abstammung von einem Mann auch dann beantragen, wenn die Vaterschaft eines anderen Mannes bereits feststeht (§ 150 ABGB: „*Vätertausch*"). Diese Regelung stellt sicher, dass das Kind in einem geordneten Gerichtsverfahren Aufschluss darüber erhält, wer sein biologischer Vater ist. Gleichzeitig dient ein solches Verfahren auch dem Rechtsschutz desjenigen, der zu Unrecht als rechtlicher Vater eines Kindes feststeht (OGH 12.10.2011, 3 Ob 186/11s).

Fraglich ist nunmehr, ob das Fehlen einer Parallelregelung über ein Antragsrecht des Kindes im tschechischen Sachrecht einen Anwendungsfall der Vorbehaltsklausel des § 6 IPRG darstellt (***ordre public***): Nach § 6 IPRG ist eine Bestimmung des fremden Rechtes nicht anzuwenden, wenn ihre Anwendung zu einem **Ergebnis** führte, das mit den **Grundwertungen** der österreichischen Rechtsordnung unvereinbar wäre. An ihrer Stelle ist erforderlichenfalls die entsprechende Bestimmung des österreichischen Sachrechts anzuwenden (Fall 95).

Im Ergebnis ist diese Frage zu verneinen. Da für den OGH *„der Respekt vor anderen Rechtsordnungen es verbietet, ausländischen Lebenssachverhalten ohne Rücksicht auf ihren Binnenbezug inländische Gerechtigkeitsvorstellungen aufzuoktroyieren"*, ist *„wesentliche Voraussetzung"* für die Anwendbarkeit der Vorbehaltsklausel des § 6 IPRG unter anderem das Bestehen einer ***„ausreichenden Inlandsbeziehung"***. *„Je stärker die Inlandsbeziehung, desto weniger werden befremdliche Ergebnisse der Anwendung ausländischen Rechts hingenommen und umgekehrt"*. Was eine *„ausreichende Inlandsbeziehung"* ist, muss einzelfallbezogen geprüft werden. Anhaltspunkte für den OGH sind etwa *„gewöhnlicher Aufenthalt, Geburt, Eheschließung im Inland, oder die österreichische Staatsangehörigkeit"* (**Relativität des *ordre public***; alle Zitate nach OGH 12.10.2011, 3 Ob 186/11s).

Der vorliegende Sachverhalt weist überwiegend Berührungspunkte zu Tschechien auf. Eine Beziehung zu Österreich besteht lediglich durch die Staatsangehörigkeit und den gewöhnlichen Aufenthalt des Antragsgegners *Martin*. Somit liegt kein ausreichender Inlandsbezug vor. Dieser Inlandsbezug ist aber unabdingbare Voraussetzung für die Beurteilung der tschechischen Sachrechtslage als unvereinbar mit dem österreichischen *ordre public* (§ 6 IPRG). Durch eine andere Ansicht würde *„der internationale Entscheidungseinklang massiv gestört"* werden. Denn *„die in Tschechien bestehende rechtliche Vaterschaft würde allenfalls mit einer abweichenden Vaterschaft in Österreich kollidieren"*. Dieses Ergebnis könnte nach dem OGH ausschließlich *„durch einen besonders starken Inlandsbezug ausgeglichen werden"*, der gegenständlich nicht besteht (alle Zitate nach OGH 12.10.2011, 3 Ob 186/11s). *Ondrej* muss den Zurückweisungsbeschluss des Bezirksgerichtes also akzeptieren.

Literatur: *Lurger/Melcher*, IPR[4] Rz 2/91-2/95; *Nademleinsky/Neumayr*, Internationales Familienrecht[3] Rz 6.8-6.15; *Neumayr* in KBB[7] § 6 IPRG Rz 1 ff, § 21 IPRG Rz 1 ff; *Verschraegen* in *Rummel/Lukas/Geroldinger*, ABGB[4] § 21 IPRG Rz 1 ff; *Uitz/Balthasar-Wach/Wodniansky-Wildenfeld* in *Laimer*, IPR-Praxiskommentar § 21 IPRG Rz 1 ff; ferner OGH 12.10.2011, 3 Ob 186/11s iFamZ 2012, 45 (*Fucik*) = ZfRV-LS 2011/75, 269 (*Ofner*).

Fall 110 *(Balthasar-Wach)*

Schwerpunkte: Antragsrecht des biologischen Vaters, *ordre public*, Schutz des Privat- und Familienlebens

Daniela wurde als polnische Staatsbürgerin geboren. Sie ist das eheliche Kind von *Liana* und *Eugen*, die ebenfalls polnische Staatsangehörige sind. Die Familie ist kürzlich von Danzig (Polen) nach Wien gezogen. Der polnische Staatsbürger *Kazimierz*, mit dem *Liana* einige Male ausging, als sie von *Eugen* vorübergehend getrennt war, ist davon überzeugt, der biologische Vater von *Daniela* zu sein. Ohne Ankündigung stellt er in Österreich einen Antrag auf Feststellung seiner Vaterschaft. Das Gericht weist diesen Antrag zurück.

Wie entscheidet das Gericht? Was könnte *Kazimierz* allenfalls einwenden? Wird er damit erfolgreich sein?

Hinweis: Nach polnischem Familienrecht können die Mutter, ihr Ehemann und das volljährige Kind die Vaterschaft gerichtlich anfechten (*Margonski*, Polen, in *Süß/Ring*, Eherecht in Europa[4] Rz 134).

Nach polnischem IPR unterliegt die Anfechtung der bestehenden Vaterschaft dem Heimatrecht des Kindes im Zeitpunkt seiner Geburt. Das Heimatrecht einer natürlichen Person wird durch ihre Staatsbürgerschaft determiniert (*Hausmann* in *Staudinger*, BGB Anh zu Art 4 EGBGB Rz 491, 495).

Sachverhalt angelehnt an OGH 27.11.2014, 9 Ob 73/14x.

Das Gericht kommt in Anwendung von § 21 Satz 1 IPRG zu polnischem Recht (Fall 108). Das polnische IPR nimmt die österreichische Gesamtverweisung (§ 5 Abs 1 IPRG) an, weil sich das Recht, das auf die Bestreitung der Vaterschaft anzuwenden ist, nach den polnischen Kollisionsnormen nach *Danielas* polnischer Staatsangehörigkeit im Zeitpunkt ihrer Geburt richtet. Zur Reichweite dieses Statuts führt der OGH aus: *„Das für die sachlichen Voraussetzungen maßgebliche Sachrecht bei Vaterschaftsanerkenntnissen entscheidet auch über die Folgen fehlender Voraussetzungen, unabhängig davon, ob sie die Unwirksamkeit oder bloße Anfechtungsmöglichkeiten nach sich ziehen*“ (RIS-Justiz RS0076594).

Das österreichische Gericht weist den Antrag zurück, weil *Kazimierz* nach polnischem Sachrecht zur Anfechtung der bestehenden Vaterschaft nicht antragslegitimiert ist. *Kazimierz* könnte die Vorbehaltsklausel des § 6 IPRG (*ordre public*) einwenden (Fall 109), wird damit allerdings nicht erfolgreich sein. Denn das Ergebnis der Anwendung des polnischen Sachrechts widerspricht nicht den **Grundwerten** des materiellen österreichischen Familienrechts. Nach der Sachverhaltslage würde österreichisches Sachrecht vielmehr zum selben Ergebnis führen. Denn auch nach materiellem österreichischem Familienrecht besteht ein Schutz gegen ein **Hineindrängen des biologischen Vaters** in den sozialen Familienverband (beachte § 147 Abs 2 ABGB für die Voraussetzungen für das qualifizierte Vaterschaftsanerkenntnis sowie OGH 27.11.2014, 9 Ob 73/14x).

Für den OGH bestehen *„für Fälle, in denen ein Kind in die soziale Familie eingebettet ist* (im Hinblick auf Art 8 EMRK [Schutz des Privat- und Familienlebens]) *keine verfassungsrechtlichen Bedenken*“ gegen den Ausschluss eines solchen Antragsrechts. Zwar sind nach Art 8 EMRK die Vertragsstaaten verpflichtet, *„zu prüfen, ob es im Kindeswohl geboten ist, dem biologischen Vater eine Beziehung zu seinem Kind zu erlauben, was die Feststellung der biologischen Vaterschaft im Umgangsverfahren einschließen kann*“. Allerdings umfasst dies nicht unbedingt eine Verpflichtung der Staaten, *„dem biologischen Vater zu erlauben, den Status des rechtlichen Vaters anzufechten oder eine eigene Klage zur Feststellung der biologischen Vaterschaft vorzusehen*“ (alle Zitate nach RIS-Justiz RS0129588 und hierzu OGH 27.11.2014, 9 Ob 73/14x).

Kazimierz wird mit einem *Ordre-public*-Einwand (§ 6 IPRG) daher nicht erfolgreich sein.

Literatur: *Lurger/Melcher*, IPR[4] Rz 2/91-2/95; *Nademleinsky/Neumayr*, Internationales Familienrecht[3] Rz 6.14 f; *Neumayr* in KBB[7] § 6 IPRG Rz 1 ff, § 21 IPRG Rz 1 ff; *Uitz/Balthasar-Wach/Wodniansky-Wildenfeld* in *Laimer*, IPR-Praxiskommentar § 21 IPRG Rz 1 ff; ferner OGH 27.11.2014, 9 Ob 73/14x EF-Z 2015, 210 (*Beck*) = iFamZ 2015, 66 (*Zemanek*).

Fall 111 *(Balthasar-Wach)*

Schwerpunkte: Wirkungen der Ehelichkeit, Besuchskontakt, Eltern-Kind-Verhältnis

Hans ist der Sohn von *Jana* und *Herbert*, deren Ehe wirksam geschieden wurde. *Herbert* ist österreichischer Staatsbürger und *Jana* ist nordmazedonische Staatsangehörige. *Hans* besitzt sowohl die österreichische als auch die nordmazedonische Staatsbürgerschaft. Seit der Scheidung seiner Eltern lebt er bei seiner Mutter in Wien, die für ihn die alleinige Obsorge hat.

Nach einem Streit mit *Herbert* bringt *Jana Hans* zu ihren Eltern nach Nordmazedonien, wo er seitdem die Schule besucht. *Jana* ist vorübergehend in Österreich beschäftigt und pendelt zwischen Österreich und Nordmazedonien. *Herbert* bringt nunmehr in Österreich mehrere Anträge ein, unter anderem auf Festlegung eines sofortigen einstweiligen Kontaktrechts. Um einer weiteren Entfremdung zwischen Vater und Sohn entgegenzuwirken, sei unverzüglich ein Kontaktrecht einzuräumen. *Jana* spricht sich dagegen aus.

Welches Sachrecht ist anwendbar?

Variante: *Jana* ist deutsche Staatsangehörige. *Hans* hat die österreichische und die deutsche Staatsangehörigkeit. *Jana* bringt *Hans* nach einem Streit mit *Herbert* zu ihren Eltern nach Deutschland. Welches Sachrecht ist anwendbar?

Sachverhalt nach OGH 30.05.2011, 2 Ob 19/11z.

Die mit der Ehelichkeit verbundenen Wirkungen, also das Rechtsverhältnis zwischen Eltern und ehelichen Kindern, werden dem Statut des § 24 IPRG unterstellt. Demgegenüber ist § 21 IPRG auf diese Rechtsfragen unanwendbar. Zu den „***Wirkungen der Ehelichkeit***" zählt grundsätzlich „*der gesamte Inhalt des ehelichen Eltern-Kind-Verhältnisses*" (RIS-Justiz RS007658) wie Obsorge, Unterhalt und „*auch das* ***Recht auf persönlichen Verkehr***" (OGH 30.05.2011, 2 Ob 19/11z). Nicht erfasst von § 24 IPRG sind jedoch der Kindesname (§ 13 IPRG) und das Erbrecht (Art 1 ff EuErbVO).

Den Regelungen des IPRG gehen auf den Ausgangssachverhalt anwendbare Übereinkommen des Völkerrechts vor (§ 53 Abs 1 IPRG). Kollisionsrechtliche Bestimmungen im Bereich der elterlichen Verantwortung enthalten das Haager Minderjährigenschutzabkommen von 1961 (MSA), das für Österreich am 11.05.1975 in Kraft getreten ist, sowie dessen Nachfolgeübereinkommen, das Haager Kinderschutzübereinkommen von 1996 (KSÜ), das für Österreich am 01.04.2011 in Kraft getreten ist. Das KSÜ verdrängt in seinem Anwendungsbereich eine Anknüpfung nach dem IPRG (insbesondere nach § 24 IPRG). Das ist der Fall, wenn das Kind seinen gewöhnlichen Aufenthalt in einem KSÜ-Vertragsstaat hat (*Neumayr* in KBB[7] § 24 IPRG Rz 2). Für Nordmazedonien ist das KSÜ noch nicht in Kraft getreten, weil bislang erst die Unterzeichnung erfolgte (09.12.2019). Daher bleibt es gegenüber Nordmazedonien gegenwärtig bei der Anwendbarkeit von § 24 IPRG.

§ 24 IPRG beruft das **Personalstatut** des Kindes (§ 9 IPRG) zur Anwendung. Dieses Statut ist wandelbar. Auf bereits vollendete Tatbestände hat ein Wechsel des Personalstatuts jedoch keinen Einfluss (§ 7 IPRG).

Nach § 9 Abs 1 Satz 1 IPRG richtet sich das Personalstatut einer natürlichen Person nach ihrer Staatsangehörigkeit (Heimatrecht). Da *Hans* neben der nordmazedonischen Staatsbürgerschaft auch die österreichische Staatsangehörigkeit besitzt, ist allein diese maßgeblich (§ 9 Abs 1 Satz 2 IPRG). Demnach ist österreichisches Sachrecht auf die Frage nach dem Kontaktrecht des Vaters zu seinem Sohn anzuwenden (§§ 186 ff ABGB).

Variante: Im Verhältnis zu einschlägigen internationalen und unionsrechtlichen Rechtsquellen ist § 24 IPRG nicht anwendbar, sondern tritt zurück. So wird § 24 IPRG etwa dann verdrängt, wenn das Kind seinen gewöhnlichen Aufenthalt in einem der Vertragsstaaten des Haager Kinderschutzübereinkommens von 1996 (KSÜ) hat (siehe oben und Fälle 120 ff), zu denen Deutschland zählt. Dann bestimmt sich das auf die elterliche Verantwortung anwendbare Sachrecht nach dem KSÜ (insbesondere nach Art 15 f KSÜ). Wenn – wie gegenständlich – *Herbert* in Österreich ein Verfahren anhängig gemacht hat, richtet sich das anwendbare Sachrecht nach Art 15 Abs 1 KSÜ, wonach die international zuständigen Behörden der Vertragsstaaten ihr eigenes Sachrecht anwenden (*lex fori*). Im Ergebnis ist österreichisches Sachrecht anwendbar.

Literatur: *Lurger/Melcher*, IPR[4] Rz 2/91-2/95; *Nademleinsky*, EF-Z 2011, 85 (85 ff); *Nademleinsky/Neumayr*, Internationales Familienrecht[3] Rz 6.16-6.18, 8.76-8.88; *Neumayr* in KBB[7] § 24 IPRG Rz 1 ff; *Verschraegen* in *Rummel/Lukas/Geroldinger*, ABGB[4] § 24 IPRG Rz 1 ff; *Uitz/Balthasar-Wach/Wodniansky-Wildenfeld* in *Laimer*, IPR-Praxiskommentar § 24 IPRG Rz 1 ff; ferner OGH 30.05.2011, 2 Ob 19/11z iFamZ 2011/212 (*Fucik*).

b. Uneheliche Abstammung

Fall 112 *(Balthasar-Wach)*
Schwerpunkt: Uneheliche Abstammung (Staatsangehörigkeit)

> *Ilana* (bulgarische Staatsangehörige) und *Max* (österreichischer Staatsangehöriger) leben in Österreich. Dort kommt ihre Tochter *Vanja* zur Welt. *Ilana* und *Max* sind nicht verheiratet. *Max* erkennt jedoch die Vaterschaft an.
>
> Erhält *Vanja* die österreichische Staatsbürgerschaft? Welches Sachrecht wäre zur Klärung abstammungsrechtlicher Fragen heranzuziehen?

Da *Max* die Vaterschaft anerkennt, erhält *Vanja* die österreichische Staatsbürgerschaft mit ihrer Geburt (§ 7 Abs 1 Z 3 StbG). Denn Kinder erwerben die österreichische Staatsbürgerschaft mit dem Zeitpunkt ihrer Geburt, wenn ihr Vater in diesem Zeitpunkt österreichische Staatsbürger ist und dieser die Vaterschaft nach § 144 Abs 1 Z 2 ABGB anerkannte (§ 144 Abs 1 Z 2 ABGB: Vater des Kindes ist jener Mann, der die Vaterschaft anerkennt).

Das Personalstatut von *Vanja* im Zeitpunkt ihrer Geburt verweist aufgrund ihrer österreichischen Staatsbürgerschaft auf die österreichische Rechtsordnung (§ 9 Abs 1 Satz 1 IPRG). Rechtsfragen zu ihrer Abstammung und deren Wirkungen knüpft § 25 IPRG an dieses Personalstatut des unehelichen Kindes im Zeitpunkt seiner Geburt. Hierbei handelt es sich folglich um österreichisches Sachrecht.

Literatur: *Lurger/Melcher*, IPR[4] Rz 1/26-1/29, 2/91-2/95; *Nademleinsky/Neumayr*, Internationales Familienrecht[3] Rz 6.23-6.29; *Neumayr* in KBB[7] § 25 IPRG Rz 1 ff; *Verschraegen* in *Rummel/Lukas/Geroldinger*, ABGB[4] § 25 IPRG Rz 1 ff; *Uitz/Balthasar-Wach/Wodniansky-Wildenfeld* in *Laimer*, IPR-Praxiskommentar § 25 IPRG Rz 1 ff.

Fall 113 *(Balthasar-Wach)*
Schwerpunkt: Uneheliche Abstammung (Bestreitung der Vaterschaft)

> *Viktor* (slowakischer Staatsbürger) erkennt vor einer Behörde in Prag (Tschechische Republik) die Vaterschaft zu *Emil* an. *Emil* ist tschechischer Staatsangehöriger. Daraufhin wird *Viktor* in der Geburtsurkunde als Vater ausgewiesen. *Emil* zieht später mit seiner Mutter nach Österreich, wo er die österreichische Staatsbürgerschaft erhält. Im Dezember 2022 hegt *Viktor* erstmals begründete Zweifel an seiner Vaterschaft. Im Jänner 2023 ergeben DNA-Untersuchungen, dass *Viktor* nicht der biologische Vater von *Emil* ist. Im September 2024 beantragt Viktor beim international zuständigen österreichischen Bezirksgericht, sein Vaterschaftsanerkenntnis für unwirksam erklären zu lassen.

Welches Sachrecht ist auf diesen Antrag anwendbar?

Variante: Das Gericht geht von der Anwendbarkeit tschechischen Rechts aus. Nach tschechischem Sachrecht besteht nur eine kurze Frist von 6 Monaten für eine Bestreitung (beachte den Hinweis bei Fall 109). Diese Frist war bei Antragstellung bereits abgelaufen. *Viktor* argumentiert nunmehr, dass auf seinen Antrag österreichisches Sachrecht anwendbar sein müsse, weil sich nach dem Umzug *Emils* Personalstatut geändert hat. Worauf bezieht er sich? Wird er mit diesem Vorbringen erfolgreich sein?

Hinweis: Nach § 54 des tschechischen IPRG 2012 richten sich die gerichtliche Feststellung und Anfechtung der Elternschaft grundsätzlich nach dem Heimatrecht des Kindes, das sich nach seiner Staatsbürgerschaft im Zeitpunkt seiner Geburt richtet. Tschechisches Sachrecht kommt aber im Interesse des Kindes dann zur Anwendung, wenn das Kind seinen gewöhnlichen Aufenthalt in der Tschechischen Republik hat (*Hausmann* in *Staudinger*, BGB Anh zu Art 4 EGBGB Rz 569 und *Frimmel*, Tschechien, in *Rieck/Lettmaier*, Ausländisches Familienrecht[25. EL] [Dezember 2023] Rz 43).

Sachverhalt nach OGH 27.02.2007, 1 Ob 13/07d.

Die uneheliche Abstammung und ihre Wirkungen richten sich nach § 25 IPRG. Die **Vaterschaftsbestreitung** unterliegt jenem Recht, nach dem die Vaterschaft festgestellt oder anerkannt worden ist (§ 25 Abs 1 Satz 3 IPRG). Die Voraussetzungen der Feststellung und der Anerkennung der Vaterschaft zu einem unehelichen **Kind** sind nach dessen **Personalstatut im Zeitpunkt seiner Geburt** zu beurteilen (§ 25 Abs 1 Satz 1 IPRG iVm § 9 IPRG). Bei diesen Verweisungsbefehlen handelt es sich um Gesamtverweisungen (§ 5 Abs 1 IPRG).

Für *Viktors* Antrag, sein Vaterschaftsanerkenntnis für unwirksam zu erklären, ist tschechisches Recht maßgeblich, weil *Emil* bei seiner Geburt tschechischer Staatsbürger war. § 54 des tschechischen IPRG 2012 nimmt diese Gesamtverweisung des österreichischen Kollisionsrechts an (hierzu bei Fall 109). Deshalb kommt im Ergebnis tschechisches Sachrecht zur Anwendung.

Variante: *Viktor* bezieht sich nunmehr auf § 25 Abs 1 Satz 2 IPRG, wonach die Feststellung und die Anerkennung der Vaterschaft dann nach einem **späteren Personalstatut** des Kindes zu beurteilen sind, wenn die Feststellung oder Anerkennung der Vaterschaft nach diesem späteren Personalstatut, nicht aber nach seinem Personalstatut im Zeitpunkt seiner Geburt zulässig ist. *Viktor* behauptet nunmehr, dass diese Regelung nicht bloß für die Feststellung und Anerkennung der Vaterschaft gilt, sondern auch für ihre Bestreitung (§ 25 Abs 1 Satz 3 IPRG) gelten müsse.

Er wird mit diesem Vorbringen nicht erfolgreich sein. Nach der Judikatur des OGH kommt in § 25 Abs 1 Satz 2 IPRG der *„**favor paternitatis** in besonderem Maße zum Ausdruck“*. *„Dem festgestellten Vater die Berufung auf ein für ihn allenfalls günstigeres Recht, das ihm eine Bestreitung ermöglichte, zu gestat-*

ten, erscheint vom Sinngehalt der Regelung her nicht geboten" (alle Zitate nach OGH 27.02.2007, 1 Ob 13/07d).

Ein späteres Personalstatut des Kindes wird also nur dann berücksichtigt, wenn auf diese Weise die Feststellung oder Anerkennung einer **Vaterschaft ermöglicht** wird. Demgegenüber beruft § 25 Abs 1 Satz 3 IPRG für die Bestreitung (auch aus Gründen der Rechtssicherheit) ausschließlich jenes Recht zur Anwendung, nach dem die Vaterschaft festgestellt oder anerkannt worden ist, und zwar „*unabhängig davon, ob das Personalstatut nach § 25 Abs 1 Satz 1 oder Satz 2 IPRG der Feststellung bzw dem Anerkenntnis zu Grunde gelegt wurde*" (OGH 27.02.2007, 1 Ob 13/07d).

Ein Rückgriff auf § 6 IPRG (*ordre public*) ist ebenso ausgeschlossen. Der OGH hat sogar im Fall der bloß einmonatigen Ehelichkeitsbestreitungsfrist nach türkischem Sachrecht einen Widerspruch zum österreichischen *ordre public* verneint (OGH 25.06.1992, 8 Ob 1589/92; OGH 04.05.1995, 6 Ob 559/95).

Viktor wird mit seiner Argumentation somit nicht erfolgreich sein.

Literatur: *Lurger/Melcher*, IPR[4] Rz 2/91-2/95; *Nademleinsky/Neumayr*, Internationales Familienrecht[3] Rz 6.30; *Neumayr* in KBB[7] § 25 IPRG Rz 1 ff; *Uitz/Balthasar-Wach/Wodniansky-Wildenfeld* in *Laimer*, IPR-Praxiskommentar § 25 IPRG Rz 1 ff; ferner OGH 27.02.2007, 1 Ob 13/07d iFamZ 2007, 225 (*Fucik*).

c. Leihmutterschaft

Fall 114 *(Balthasar-Wach)*

Schwerpunkte: Anerkennung ausländischer Statusentscheidungen, *ordre public*, Interessen des Kindes

Maria (österreichische Staatsangehörige) und *Matteo* (italienischer Staatsangehöriger) sind miteinander verheiratet und wohnen in Österreich. Da sie auf natürlichem Wege keine Kinder bekommen können, versuchen sie sich ihren Kinderwunsch mit Unterstützung durch die US-amerikanische Leihmutter *Lauren* in Georgia (USA) zu erfüllen. *Lauren* wurde aus dem Samen von *Matteo* und einer Eizelle von *Maria* ein *in vitro* hergestellter Embryo eingesetzt. Sie brachte *Anna* in den USA zur Welt.

Ein Gericht des US-Bundesstaates Georgia stellt fest, dass *Matteo* genetischer und rechtmäßiger Vater von *Anna* ist, *Maria* genetische und rechtmäßige Mutter von *Anna* ist und weder die Leihmutter *Lauren* noch deren Ehemann *Ernest* genetische oder rechtmäßige Eltern des Kindes sind.

Zurück in Österreich erhält *Anna* vom Magistrat der Stadt Wien einen Staatsbürgerschaftsnachweis, aus dem hervorgeht, dass sie die österreichische Staatsangehörigkeit besitzt. Infolge der Beantragung des Kinderbetreuungsgeldes eröffnet die österreichische Behörde jedoch ein Verfahren zur Überprüfung der Staatsbürgerschaft von *Anna*. Dieses Verfahren endet mit einem Bescheid, der feststellt, dass *Anna* weder durch Abstammung noch auf andere Art die österreichische Staatsbürgerschaft erworben hat.

Ist *Maria* in rechtlicher Hinsicht die Mutter von *Anna*? Hat die österreichische Behörde richtig entschieden?

Hinweis: Die einschlägigen abstammungsrechtlichen Sachnormen des US-amerikanischen Rechts, also die Regeln des amerikanischen Uniform Status of Children of Assisted Conception Act 1988, welche die Elternschaft nach medizinisch unterstützter Fortpflanzung festlegen und diese nach erfolgreicher Umsetzung einer zulässigen Leihmuttervereinbarung ausschließlich den biologischen Wunscheltern zuweisen, erheben nach Ansicht des VfGH unabhängig von der Staatsangehörigkeit und der Domizilierung der betroffenen Personen zwingenden Geltungsanspruch (VfGH 14.12.2011, B 13/11).

Sachverhalt nach VfGH 14.12.2011, B 13/11 und OGH 27.11.2014, 2 Ob 238/13h.

Der Elternbegriff des § 7 StbG ist als „*Vater*“ oder „*Mutter*“ im Rechtssinn zu verstehen. Daher ist zu prüfen, ob *Maria* in rechtlicher (und nicht in biologischer) Hinsicht die Mutter von *Anna* ist. Nach § 7 Abs 1 Z 1 StbG erwerben Kinder die österreichische Staatsbürgerschaft mit dem Zeitpunkt ihrer Geburt, wenn ihre Mutter nach § 143 ABGB in diesem Zeitpunkt österreichische Staatsbürgerin ist. Nach § 143 ABGB ist die Mutter jene Frau, die das Kind geboren hat. Hierbei handelt es sich um die US-amerikanische Leihmutter *Lauren*.

Allerdings ist zu berücksichtigen, dass eine **Entscheidung** eines Gerichts des US-Bundesstaates Georgia über die rechtliche Elternschaft von *Maria* und *Matteo* vorliegt. Die hierfür maßgeblichen Sachnormen des US-amerikanischen Rechts erheben unabhängig von der Staatsangehörigkeit und der Domizilierung der betroffenen Personen einen zwingenden Geltungsanspruch, weshalb sie als Eingriffsnormen einzuordnen sind (VfGH 14.12.2011, B 13/11 RdM 2012/83 [*Bernat*]; *Herndl*, NZ 2014, 253 [253 ff]). Der Republik Österreich kommt nach der Auffassung des VfGH „*keine Kompetenz zu, die Rechtsfolgen von im Ausland stattgefundener medizinisch unterstützter Fortpflanzung zu regeln*“, wenn das jeweilige ausländische Sachrecht hierzu „*vergleichbare zwingende Normen enthält, die ihre Geltung für Sachverhalte, die sich auf dem Territorium des jeweiligen Staates ereignen, unabhängig von der Staatsangehörigkeit der betroffenen Personen vorrangig beanspruchen.*“ (VfGH 14.12.2011, B 13/11).

Fraglich ist daher, ob diese ausländische Entscheidung des US-Gerichts in Österreich **anerkannt** werden muss. Auf ausländische Entscheidungen in Abstammungsangelegenheiten sind die Anerkennungsregeln des § 91a AußStrG analog anzuwenden. Nach § 91a AußStrG wird eine ausländische Entscheidung über die Annahme an Kindes statt (Adoption) in Österreich anerkannt, wenn sie rechtskräftig ist und kein Grund zur Verweigerung der Anerkennung (§ 91a Abs 2

AußStrG) vorliegt. Diese Anerkennung kann als Vorfrage selbstständig beurteilt werden, ohne dass es hierfür eines besonderen Verfahrens bedarf.

Der Anerkennung der Statusentscheidung des Gerichts des US-Bundesstaates Georgia, wonach aufgrund der anzuwendenden US-amerikanischen Sachrechtsregelungen über **medizinisch unterstützte Fortpflanzung** *Maria* die rechtliche Mutter von *Anna* ist, steht der österreichische *ordre public* nach hA nicht entgegen. So heißt es: „*Eine ausländische Entscheidung, mit der die Wunscheltern eines von der Leihmutter geborenen Kindes als rechtliche Eltern festgestellt bzw eingetragen werden, stellt jedenfalls dann keinen ordre public-Verstoß dar, wenn ein Wunschelternteil mit dem Kind genetisch verwandt ist*“ (BG NN [Tirol] 21.11.2019, 2 FAM 54/19z EF-Z 2020, 45 [*Nademleinsky*]). Das restriktivere Fortpflanzungsmedizingesetz (FMedG) gehört zwar zum zwingenden österreichischen Sachrecht, ist aber nicht „*Bestandteil der österreichischen Grundrechtsordnung*“. Auch widerspräche es dem **Kindeswohl**, „*wenn ihm durch die Versagung der Anerkennung (…) für die österreichische Rechtsordnung seine biologische Mutter als Mutter im Rechtssinne genommen wird und dafür (…) die Leihmutter in die Mutterrolle gezwungen wird*“ (alle Zitate nach VfGH 14.12.2011, B 13/11). Darüber hinaus ist „*das allgemeine Interesse an der Verhinderung von Leihmutterschaften (…) gegenüber den Interessen des Kindes nachrangig*“ (BG NN [Tirol] 21.11.2019, 2 FAM 54/19z EF-Z 2020, 45 [*Nademleinsky*]).

Die österreichische Behörde hat daher unrichtigerweise angenommen, dass *Maria* nicht die rechtliche Mutter von *Anna* sei. Die Fehlbeurteilung dieser Vorfrage führte dazu, dass die österreichische Behörde zum unrichtigen Ergebnis gelangte, dass *Anna* mit ihrer Geburt nicht kraft Abstammung österreichische Staatsbürgerin sei.

Literatur: *Herndl*, NZ 2014, 253 (253 ff); *Lurger/Melcher*, IPR[4] Rz 1/63, 2/95; *Nademleinsky/Neumayr*, Internationales Familienrecht[3] Rz 6.39-6.44; *Uitz/Balthasar-Wach/Wodniansky-Wildenfeld* in *Laimer*, IPR-Praxiskommentar § 25 IPRG Rz 10 ff; monographisch zu dieser Thematik *Thomale*, Mietmutterschaft (2015) mit gewichtigen menschenrechtlichen Bedenken am Rechtsinstitut der Leihmutterschaft; ferner OGH 27.11.2014, 2 Ob 238/13h; VfGH 14.12.2011, B 13/11 RdM 2012/83 (*Bernat*).

Fall 115 *(Balthasar-Wach)*

Schwerpunkte: Anerkennung der Geburtsurkunde, Begriff der Entscheidung, Anerkennung der Vaterschaft

Lisa (österreichische Staatsangehörige) und *Paul* (deutscher Staatsangehöriger) sind verheiratet, leben in Österreich und sind schon seit Jahren ungewollt kinderlos. Daher beschließen sie, medizinisch nachzuhelfen. Schließlich kommt ihr Sohn *Tom* in der Ukraine durch die ukrainische Leihmutter *Lidia* auf die Welt. In der ukrainischen Geburtsurkunde sind *Lisa* und *Paul* als Eltern eingetragen.

Mit dem Antrag auf Ausstellung eines österreichischen Passes für *Tom* legen *Lisa* und *Paul* die mit einer Apostille (= Echtheitsbestätigung) versehene ukrainische Geburtsurkunde vor. Im Zuge des Verfahrens entsteht bei der zuständigen österreichischen Behörde der Verdacht, dass *Tom* von einer Leihmutter geboren sein könnte.

Wer sind aus österreichischer Sicht die rechtmäßigen Eltern von *Tom*?

Sachverhalt nach VfGH 11.10.2012, B 99/12; BG NN (Tirol) 21.11.2019, 2 FAM 54/19z.

Dieser Fall betrifft den Vorrang der **zivilverfahrensrechtlichen Anerkennung** einer ausländischen Entscheidung vor der Anknüpfung einer Rechtsfrage durch Anwendung einer Norm des Internationalen Privatrechts.

Zu prüfen ist demnach, ob eine vorrangig anerkennungsfähige ausländische Entscheidung vorliegt. Vor dem Hintergrund, dass die Ukraine, wie die Geburtsurkunde zeigt, die Mutterschaft von *Lisa* offenbar rechtlich akzeptiert hat, ist fraglich, ob die österreichischen Behörden diese Rechtsansicht **anerkennen** müssen. Dies hängt vom Verständnis des Begriffs ***„Entscheidung"*** ab. Dieser Begriff wird weit ausgelegt, *„sodass jedes die Abstammung betreffende gerichtliche und behördliche Verhalten umfasst ist, wenn es eine amtliche Mitwirkung an der Abstammung gegeben hat. Dabei genügt eine bloße Protokollierung oder Beglaubigung, selbst wenn dabei keine inhaltliche Kontrolle stattgefunden hat"* (BG NN [Tirol] 21.11.2019, 2 FAM 54/19z EF-Z 2020, 45 [*Nademleinsky*]; beachte auch OGH 25.06.2020, 6 Ob 7/20b). Gegenständlich hat eine solche Mitwirkung stattgefunden. Denn das ukrainische Standesamt hat durch Registrierung von *Tom* im ukrainischen Geburtsregister mitgewirkt. Die ukrainische Geburtsurkunde ist daher eine anerkennungsfähige ausländische Entscheidung nach § 91a Abs 1 AußStrG per analogiam (aA *Lurger/Melcher*, IPR[4] Rz 2/95).

Nach § 91a Abs 2 Z 1 AußStrG ist die Anerkennung jedoch zu verweigern, wenn sie im Ergebnis dem **Kindeswohl** oder anderen Grundwertungen der österreichischen Rechtsordnung (*ordre public*) offensichtlich widerspricht. Die Regelungen des FMedG sind kein Bestandteil dieser Grundwertungen. Ebenso entspricht es nicht dem Kindeswohl, wenn die ausländische Entscheidung nicht anerkannt würde, *„obwohl nach dem Recht des Geburtsorts die Leihmutter nicht rechtliche Mutter des Kindes ist und das Kind letztlich mutterlos wäre. Das konkrete Kindeswohl wiegt schwerer als das allgemeine Interesse an der Verhinderung von Leihmutterschaften"* (BG NN [Tirol] 21.11.2019, 2 FAM 54/19z EF-Z 2020, 45 [*Nademleinsky*]). Insgesamt widerspricht das Ergebnis der Anerkennungsentscheidung weder den Grundwertungen der österreichischen Rechtsordnung noch dem individuellen Kindeswohl. *Lisa* und *Paul* sind demnach auch aus Sicht des österreichischen Staates als Eltern von *Tom* anzusehen.

Lernhinweis: Selbstverständlich ist dieses Ergebnis nicht, denn in einem ähnlich gelagerten Fall entschied der deutsche BGH (20.03.2019, XII ZB 530/17), dass eine ukrainische Geburtsurkunde keine „*Entscheidung*" in dieser Hinsicht sei, weil ihre Wirkungen nicht mit der Wirkung einer Gerichtsentscheidung vergleichbar seien. Mit dem Ziel, „*Rechtssicherheit und Vorhersehbarkeit zu schaffen und die Prozesskosten und den Aufwand für Familien, einzelstaatliche Gerichte und andere zuständige Dienststellen im Zusammenhang mit Verfahren zur Anerkennung der Elternschaft in einem anderen Mitgliedstaat zu reduzieren*" (ErwGr 2), hat die Europäische Kommission den Vorschlag für eine VO über die Zuständigkeit, das anzuwendende Recht, die Anerkennung von Entscheidungen und die Annahme öffentlicher Urkunden in Elternschaftssachen sowie zur Einführung eines europäischen Elternschaftszertifikats (COM(2022) 695 final) veröffentlicht, deren sachlicher Anwendungsbereich auch Rechtsfragen erfassen soll, die im Wege einer Leihmutterschaft geborene Kinder betreffen.

Exkurs: Im Fall, dass es – anders als gegenständlich – keine anerkennungsfähige Entscheidung gibt, ist die Abstammung eines Kindes, das von einer Leihmutter geboren wird, mithilfe des IPR des Forumstaates zu beurteilen. Mangels vorrangiger Kollisionsrechtsquelle ist vor einem international zuständigen österreichischen Gericht das IPRG einschlägig. In der Literatur werden unterschiedliche Meinungen dazu vertreten, wie die Abstammung des Kindes von der Mutter angeknüpft wird. Mit Blick auf OGH 19.12.2007, 3 Ob 229/07h wird vertreten, dass § 21 IPRG oder § 25 Abs 1 IPRG analog anwendbar sei. Allerdings wird ebenso vertreten, dass nach § 1 Abs 1 IPRG die stärkste Beziehung des Sachverhalts zum „*Recht dieses Staates, auf dessen Hoheitsgebiet die Leihmutterschaft abgewickelt wird*", oder zum „*Recht des gewöhnlichen Aufenthalts der gebärenden Frau im Zeitpunkt der Geburt des Kindes*" führt (siehe *Uitz/Balthasar-Wach/Wodniansky-Wildenfeld* in *Laimer*, IPR-Praxiskommentar § 25 IPRG Rz 10 mwN). Hinsichtlich der Vaterschaft ist entweder nach § 21 IPRG (eheliche Abstammung) oder § 25 IPRG (uneheliche Abstammung) anzuknüpfen.

Literatur: *Herndl*, NZ 2014, 253 (253 ff); *Lurger/Melcher*, IPR[4] Rz 1/63, 2/95; *Nademleinsky/Neumayr*, Internationales Familienrecht[2] Rz 6.39-6.44; *Rudolf*, EF-Z 2023, 153 (153 ff); ausführlich zu den menschenrechtlichen Bedenken gegenüber der Leihmutterschaft *Thomale*, Mietmutterschaft 5 ff; zu alldem *Uitz/Balthasar-Wach/Wodniansky-Wildenfeld* in *Laimer*, IPR-Praxiskommentar § 25 IPRG Rz 10 mwN; ferner VfGH 11.10.2012, B 99/12; BG NN (Tirol) 21.11.2019, 2 FAM 54/19z EF-Z 2020, 45 (*Nademleinsky*).

d. Adoption

Fall 116 *(Balthasar-Wach)*

Schwerpunkte: Anwendungsbereich des HAÜ, Verfahren und Schutzvorschriften

Nina und *Gustav*, beide österreichische Staatsangehörige, leben seit mehreren Jahren in Österreich in einer faktischen Lebensgemeinschaft. Da ihr Kinderwunsch unerfüllt bleibt, wollen sie ein Kind adoptieren. Da *Ninas* Familie mütterlicherseits bulgarische Wurzeln hat, interessieren sie sich für die Adoption eines minderjährigen bulgarischen Adoptivkindes.

Wie müssen *Nina* und *Gustav* vorgehen? Welche Stelle beurteilt, ob *Nina* und *Gustav* dazu geeignet sind, ein bulgarisches Kind zu adoptieren? Wie ist der Heimatstaat des Kindes involviert?

Sachverhalt nach OGH 17.07.2014, 4 Ob 45/14t.

Gegenständlich ist das **Haager Adoptionsübereinkommen** vom 29.05.1993 (HAÜ) relevant. Es regelt weder die internationale Zuständigkeit noch das anwendbare Recht, sondern führt materielle und verfahrensrechtliche **Schutzvorschriften** ein, damit internationale Adoptionen zum Wohl des Kindes stattfinden. Hierfür richtet es ein System der Zusammenarbeit unter den Vertragsstaaten ein und sichert die Anerkennung der im Einklang mit seinen Bestimmungen zustande gekommenen Adoptionen (Art 1 HAÜ). Das HAÜ regelt das Adoptionsverfahren unter dem Leitgedanken des Schutzes der Minderjährigen, bezweckt aber nicht die Vereinheitlichung der anzuwendenden Sachnormen. Das HAÜ trat für Österreich am 01.09.1999 in Kraft. Es enthält zwingendes Recht. Die Abgabe völkerrechtlicher Vorbehalte ist nicht zulässig (Art 40 HAÜ).

Das HAÜ betrifft nur Adoptionen, die ein dauerhaftes Eltern-Kind-Verhältnis begründen. Das HAÜ ist anwendbar, wenn ein Kind mit gewöhnlichem Aufenthalt in einem Vertragsstaat („***Heimatstaat***") in einen anderen Vertragsstaat („***Aufnahmestaat***") gebracht worden ist, wird oder werden soll, entweder nach seiner Adoption im Heimatstaat durch Ehegatten oder eine Person mit gewöhnlichem Aufenthalt im Aufnahmestaat oder im Hinblick auf eine solche Adoption im Aufnahmestaat oder Heimatstaat (Art 2 HAÜ). Es geht also stets um eine **grenzüberschreitende Bewegung** des Kindes im Zusammenhang mit einem Adoptionsvorgang. Persönliche Anwendungsvoraussetzung des HAÜ ist, dass das Kind sein achtzehntes Lebensjahr noch nicht vollendet hat (Art 3 HAÜ).

Das Vorhaben von *Nina* und *Gustav*, ein Kind aus Bulgarien zu adoptieren, ist nach dem HAÜ zu beurteilen. In **räumlicher Hinsicht** ist erforderlich, dass beide Staaten (Bulgarien und Österreich) das HAÜ ratifiziert haben (Art 2 Abs 1 HAÜ), was zutrifft. In **sachlicher Hinsicht** erfasst das HAÜ ihr Vorhaben, weil das Kind mit gewöhnlichem Aufenthalt in Bulgarien („*Heimatstaat*") nach seiner Adoption durch *Nina* und *Gustav* mit gewöhnlichem Aufenthalt in Österreich („*Aufnahmestaat*") nach Österreich gebracht werden soll (Art 2 HAÜ). In **persönlicher Hinsicht** erfasst das HAÜ ihr Vorhaben, weil das Kind das achtzehnte Lebensjahr noch nicht vollendet hat (Art 3 HAÜ).

Das Verfahren, nach dem *Nina* und *Gustav* vorgehen müssen, ist in Art 14-22 HAÜ geregelt. Zunächst müssen sich *Nina* und *Gustav*, die ein Kind in einem anderen Vertragsstaat des HAÜ adoptieren möchten, an die Zentrale Behörde (Art 6 HAÜ) im Staat ihres gewöhnlichen Aufenthalts (Österreich) wenden (Art 14 HAÜ). Die Adoption kann nach dem HAÜ nur durchgeführt werden, wenn die zuständigen **Behörden des Aufnahmestaats** (in Österreich: die jeweiligen Landesregierungen) erstens entschieden haben, dass die künftigen Adoptiveltern für eine Adoption in Betracht kommen und dazu geeignet sind (Art 5 lit a HAÜ), sich zweitens vergewissert haben, dass die künftigen Adoptiveltern soweit erforderlich beraten worden sind (Art 5 lit b HAÜ), und drittens entschieden haben, dass dem Kind die Einreise in diesen Staat und der dortige ständige Aufenthalt bewilligt worden sind oder werden (Art 5 lit c HAÜ). Wenn sich die Zentrale Behörde des Aufnahmestaats davon überzeugt hat, dass die Antragsteller für eine Adoption in Betracht kommen und dazu geeignet sind, verfasst sie einen entsprechenden Bericht, den sie der **Zentralen Behörde des Heimatstaats** übermittelt (Art 15 HAÜ). Die Eignungsbeurteilung ist in Österreich landesgesetzlich geregelt. Für Wien gilt § 51 W-KJHG. Diese Mitwirkung des Aufnahmestaats am Adoptionsvorgang ist als hoheitliches Handeln einzustufen. Ohne positive Eignungsbeurteilung ist das Verfahren nach dem HAÜ beendet. Ein dennoch eingebrachter Antrag auf Adoptionsbewilligung wäre ohne inhaltliche Prüfung zurückzuweisen.

Anschließend ist die Zentrale Behörde des Heimatstaats am Zug. Eine Adoption kann nach dem HAÜ insbesondere nur durchgeführt werden, wenn die **Behörden des Heimatstaats** festgestellt haben, dass das Kind adoptiert werden kann (Art 4 lit a HAÜ), entschieden haben, dass eine internationale Adoption dem Wohl des Kindes dient (Art 4 lit b HAÜ) und sich vergewissert haben, dass die Zustimmung zur Adoption gewisse Mindeststandards erfüllt (Art 4 lit c HAÜ) sowie die Wünsche und Meinungen des Kindes berücksichtigt worden sind (Art 4 lit d HAÜ). Die im Heimatstaat erforderliche Prüfung ist in Art 16, 17 HAÜ geregelt. Das Kind kann nur dann in den Aufnahmestaat gebracht werden, wenn die Voraussetzungen des Art 17 HAÜ erfüllt sind (Art 19 HAÜ).

Literatur: *Fucik* in *Gitschthaler*, Internationales Familienrecht Vorbem HAÜ Rz 1 ff; *Lurger/Melcher*, IPR[4] Rz 2/96-2/100; *Nademleinsky/Neumayr*, Internationales Familienrecht[3] Rz 7.06-7.15, 7.32; ferner OGH 17.07.2014, 4 Ob 45/14t iFamZ 2014, 231 (*Fucik*).

Fall 117 *(Balthasar-Wach)*

Schwerpunkte: Voraussetzungen der Annahme an Kindesstatt, Altersunterschied, Stiefkindadoption

Luca ist serbischer Staatsangehöriger und lebt in Österreich. Seine Eltern sind *Dorian* und *Vera*. Mit der Obsorge ist der österreichische Staatsbürger *Dorian* allein betraut. *Vera* (serbische Staatsangehörige) hat zu *Luca* keinen Kontakt. Als *Luca* vier Jahre alt ist, lernt *Dorian* die achtzehnjährige *Katharina* (österreichische Staatsbürgerin) kennen. Sie ziehen zusammen und heiraten zwei Jahre später. Zwischen *Luca* und *Katharina* besteht im sozialen Sinne ein Mutter-Sohn-Verhältnis. Nunmehr wollen sie offiziell eine Familie sein, weshalb sie beim international zuständigen österreichischen Bezirksgericht als Pflegschaftsgericht die Bewilligung des Vertrags über die Annahme an Kindes statt beantragen.

Nach welchem Sachrecht beurteilt sich, ob *Katharina* das erforderliche Alter hat, um *Luca* zu adoptieren?

Hinweis: Nach serbischem IPR richten sich die Voraussetzungen der Ehegattenadoption kumulativ nach den Heimatrechten der Annehmenden und des Angenommenen. Das Heimatrecht wird nach der Staatsangehörigkeit ermittelt (*Hausmann* in *Staudinger*, BGB Anh zu Art 4 EGBGB Rz 523, 528).

Variante: Ändert sich etwas am anwendbaren Sachrecht, wenn *Dorian* den dreißigjährigen *Florian* (österreichischen Staatsangehörigen) kennenlernt und mit ihm eine eingetragene Partnerschaft eingeht?

Grundsachverhalt nach OGH 17.02.2015, 4 Ob 37/15t; Sachverhalt der Variante nach OGH 14.11.2013, 2 Ob 220/12k.

Das HAÜ ist für den vorliegenden Fall nicht relevant, weil die betreffende Adoption nicht dazu dient, ein Kind von einem Vertragsstaat in einen anderen zu verbringen. Denn es soll sich nach der Adoption nichts daran ändern, dass *Luca* weiterhin in Österreich lebt. Das auf Adoptionen anwendbare Recht ergibt sich vielmehr aus § 26 IPRG, der von den „***Voraussetzungen der Annahme an Kindesstatt***" spricht. Hierunter fallen erstens die „***Sachvoraussetzungen***" der Adoption, zu denen etwa die Fragen nach der Möglichkeit einer Adoption, Adoptionshindernissen, Alterserfordernissen, Altersunterschieden, Prüfung des Kindeswohls und Zustimmungserfordernissen zählen, und zweitens der „*erforderliche Adoptionsakt*", der die „***Art und Weise des Zustandekommens** der Adoption, zB Dekretsystem* (...) *oder Vertragssystem* (...)" umschreibt (*Lurger/Melcher*, IPR[4] Rz 2/96; *Neumayr* in KBB[7] § 26 IPRG Rz 2; *Nademleinsky* in *Schwimann/Neumayr*, ABGB[6] § 26 IPRG Rz 2). Maßgeblicher Beurteilungszeitpunkt ist der Zeitpunkt der Adoption. Ein späterer Statutenwechsel ist ohne Belang. Formerfordernisse werden nach § 8 IPRG beurteilt (*Nademleinsky/Neumayr*, Internationales Familienrecht[3] Rz 7.29). Präjudizielle Rechtsverhältnisse, wie die Frage nach dem Bestehen einer Ehe zwischen den Annehmenden, werden als Vorfragen selbständig angeknüpft (*Neumayr* in KBB[7] § 26 IPRG Rz 2). Rück- und Weiterverweisungen sind im Anwendungsbereich des § 26 IPRG beachtlich, weil diese Kollisionsnorm Gesamtverweisungen ausspricht (§ 5 IPRG).

Diese Voraussetzungen der Annahme an Kindesstatt sind nach dem **Personalstatut jedes Annehmenden** und dem Personalstatut des Kindes zu beurteilen (§ 26 Abs 1 Satz 1 IPRG iVm § 9 IPRG). Hat das Kind sein achtzehntes Lebensjahr im Zeitpunkt des Abschlusses des Adoptionsvertrages noch nicht vollendet, ist sein Personalstatut nur hinsichtlich der Zustimmung des Kindes oder eines Dritten, zu dem das Kind in einem familienrechtlichen Verhältnis steht, maßgebend (§ 26 Abs 1 Satz 2 IPRG iVm § 9 IPRG).

Folglich ist für die meisten Sachvoraussetzungen der Adoption, wie für die Frage nach der Beachtlichkeit von Alterserfordernissen und Altersunterschieden, das Personalstatut der annehmenden *Katharina* beachtlich (§ 26 Abs 1 Satz 1 IPRG). Das Personalstatut des minderjährigen *Luca* ist demgegenüber nur hinsichtlich allfälliger Zustimmungserfordernisse maßgebend (§ 26 Abs 1 Satz 2 IPRG). Das serbische IPR nimmt diese Gesamtverweisung des österreichischen Kollisionsrechts (§ 5 IPRG) laut Sachverhalt an, weil sich die Adoptionsvoraussetzungen bezüglich *Luca* als Angenommenem nach serbischem IPR nach dessen Heimatrecht richten, das aufgrund seiner serbischen Staatsbürgerschaft auf serbisches Sachrecht verweist.

Da *Katharina* österreichische Staatsangehörige ist, führt ihr Personalstatut als Anknüpfungspunkt des § 26 Abs 1 Satz 1 IPRG zur Anwendung von österreichischem Sachrecht hinsichtlich der übrigen Sachvoraussetzungen der Adoption (§ 9 Abs 1 Satz 1 IPRG). Nach diesem Sachrecht bestimmt sich demnach, ob *Katharina* die altersmäßigen Voraussetzungen erfüllt, um *Luca* zu adoptieren.

Nach österreichischem Sachrecht ist der geringe **Altersunterschied** zwischen *Katharina* und *Luca* zwar kein Hindernis mehr (VfGH 11.12.2014, G18/2014: Aufhebung der Wortfolge „*mindestens 16 Jahre*" in § 193 Abs 2 ABGB als verfassungswidrig), wohl aber ihr geringes Lebensalter. Bezogen auf das Alter müssen Wahlvater und Wahlmutter lediglich älter als das Wahlkind sein (§ 193 Abs 2 ABGB), wobei die Wahleltern überdies ihr fünfundzwanzigstes Lebensjahr vollendet haben müssen (§ 193 Abs 1 ABGB). Die zweitgenannte Voraussetzung erfüllt *Katharina* noch nicht.

Variante: Auch bei **gleichgeschlechtlichen Partnerschaften** ist nach § 26 IPRG anzuknüpfen. Im vorliegenden Fall ist der annehmende *Florian* österreichischer Staatsbürger, weshalb nach § 9 Abs 1 Satz 1 IPRG auf die Beurteilung der von § 26 Abs 1 Satz 1 IPRG erfassten Sachvoraussetzungen österreichisches Sachrecht zur Anwendung gelangt. Die Zustimmungsrechte beurteilen sich weiterhin nach § 26 Abs 1 Satz 2 IPRG nach dem Personalstatut von *Luca*, also nach serbischem Recht (§ 9 Abs 1 Satz 1 IPRG), dessen Kollisionsnormen die österreichische Gesamtverweisung – wie oben im Grundfall gezeigt – annehmen.

Nach österreichischem Sachrecht, das auf die Voraussetzungen der Adoption aufseiten der Annehmenden anzuwenden ist, ist auch bei gleichgeschlechtlichen Partnerschaften die Stiefkindadoption möglich, „*ohne dass die familienrechtlichen Beziehungen des Kindes zum eingetragenen Partner des Wahlelternteils erlöschen*" (ErläutRV 2403 BlgNR 24. GP 5). Nimmt ein eingetragener Partner somit das rechtliche Kind seines eingetragenen Partners an, erlöschen die familienrechtlichen Beziehungen lediglich zum anderen Elternteil, der verdrängt wird, und zu dessen Verwandten (§ 197 Abs 4 ABGB).

Literatur: *Lurger/Melcher*, IPR[4] Rz 2/96-2/100; *Nademleinsky/Neumayr*, Internationales Familienrecht[3] Rz 7.16-7.32; *Neumayr* in KBB[7] § 26 IPRG Rz 1 ff; *Nitsch* in *Laimer*, IPR-Praxiskommentar § 26 IPRG Rz 1 ff; *Verschraegen* in *Rummel/Lukas/Geroldinger*, ABGB[4] § 26 IPRG Rz 1 ff; ferner OGH 17.02.2015, 4 Ob 37/15t; OGH 14.11.2013, 2 Ob 220/12k EvBl 2014, 451 (*Rohrer*).

Fall 118 *(Balthasar-Wach)*

Schwerpunkte: Voraussetzungen und Wirkungen der Adoption

Sabrina (österreichische Staatsangehörige) und *Sandra* (deutsche Staatsangehörige) haben in Österreich rechtswirksam geheiratet, wo sie auch leben. Sie wollen nunmehr gemeinsam den minderjährigen *Lukas*, der österreichischer

Staatsangehöriger ist, adoptieren. *Lukas* lebt schon zwei Jahre bei ihnen als Pflegekind. Die leiblichen Eltern von *Lukas* sind hiermit einverstanden.

Welches Sachrecht ist auf die Voraussetzungen der Adoption anzuwenden?

Variante 1: Wie der Grundfall. *Sabrina* und *Sandra* haben *Lukas* bereits rechtswirksam in Österreich adoptiert. Nach welchem Sachrecht richtet sich der Inhalt des Adoptionsverhältnisses, wie etwa Rechtsfragen zur Obsorge?

Variante 2: Nach welchem Sachrecht richtet sich der Inhalt des Adoptionsverhältnisses, wenn *Sabrina* kurz nach der rechtskräftigen Genehmigung des Adoptionsvertrages durch das international zuständige österreichische Bezirksgericht als Pflegschaftsgericht an einem Herzinfarkt stirbt?

Hinweise: Art 22 Abs 1 EGBGB lautet: *„Die Annahme als Kind im Inland unterliegt dem deutschen Recht. Im Übrigen unterliegt sie dem Recht des Staates, in dem der Anzunehmende zum Zeitpunkt der Annahme seinen gewöhnlichen Aufenthalt hat.“*

Art 22 Abs 2 EGBGB lautet: *„Die Folgen der Annahme in Bezug auf das Verwandtschaftsverhältnis zwischen dem Kind und dem Annehmenden sowie den Personen, zu denen das Kind in einem familienrechtlichen Verhältnis steht, unterliegen dem nach Absatz 1 anzuwendenden Recht.“*

Art 4 Abs 1 EGBGB lautet: *„Wird auf das Recht eines anderen Staates verwiesen, so ist auch dessen Internationales Privatrecht anzuwenden, sofern dies nicht dem Sinn der Verweisung widerspricht. Verweist das Recht des anderen Staates auf deutsches Recht zurück, so sind die deutschen Sachvorschriften anzuwenden“*.

Das HAÜ ist für den vorliegenden Fall nicht relevant, weil die betreffende Adoption nicht dazu dient, ein Kind von einem Vertragsstaat in einen anderen zu verbringen. Denn *Lukas* soll nach der Adoption weiterhin in Österreich leben.

Die **Voraussetzungen** der Annahme an Kindesstatt sind von einem international zuständigen österreichischen Gericht kollisionsrechtlich nach § 26 IPRG zu beurteilen. Bei der Adoption von Minderjährigen ist das Personalstatut jedes Annehmenden maßgeblich (§ 26 Abs 1 Satz 1 IPRG). Gegenständlich haben die Annehmenden (*Sabrina* und *Sandra*) aufgrund ihrer unterschiedlichen Staatsbürgerschaft unterschiedliche Personalstatuten (§ 9 Abs 1 Satz 1 IPRG). Die Voraussetzungen der Annahme an Kindesstatt richten sich demnach **kumulativ** nach dem Personalstatut der Annehmenden *Sabrina* und dem Personalstatut der Annehmenden *Sandra*. Dies bedeutet, dass die materiellen Voraussetzungen aller Sachrechtsordnungen, die von beiden Personalstatuten unter Beachtung allfälliger Rück- und Weiterverweisungen (§ 5 IPRG) zur Anwendung berufen werden, im Zeitpunkt der Adoption kumulativ erfüllt sein müssen.

Für *Sabrina* gilt aufgrund ihrer österreichischen Staatsbürgerschaft österreichisches Sachrecht (§ 9 Abs 1 Satz 1 IPRG). Das Personalstatut der deutschen Staatsbürgerin *Sandra* verweist demgegenüber per Gesamtverweisung (§ 5 Abs 1

IPRG) auf deutsches Recht (§ 9 Abs 1 Satz 1 IPRG). Die Kollisionsnormen des deutschen Rechts nehmen die österreichische Gesamtverweisung des § 26 Abs 1 Satz 1 IPRG jedoch nicht an, sondern verweisen aufgrund ihrer Bezugnahme auf den gewöhnlichen Aufenthalt des minderjährigen *Lukas*, der nicht in Deutschland adoptiert werden soll, per Gesamtverweisung zurück auf das österreichische Recht (Art 22 Abs 1 Satz 2 EGBGB iVm Art 4 Abs 1 Satz 1 EGBGB). Das österreichische Kollisionsrecht nimmt nunmehr die **deutsche Zurückverweisung** an, indem es österreichisches Sachrecht zur Anwendung beruft (§ 5 Abs 2 IPRG).

Demnach gilt österreichisches Sachrecht insbesondere für die Frage, ob es sich bei mehreren Annehmenden um Ehegatten handeln muss (§ 191 Abs 2 ABGB). Für die Frage nach der **geschlechtlichen Selbstbestimmung** der Adoptiveltern gilt für das österreichische Sachrecht seit Jänner 2016, dass der materielle Rechtsrahmen der Adoption keine Unterscheidung zwischen gleichgeschlechtlichen und verschiedengeschlechtlichen Paaren trifft (VfGH 11.12.2014, G 119/2014).

Zusätzlich müssen alle Zustimmungen vorliegen, die sich aus dem Sachrecht jenes Staates ergeben, das im Wege der objektiven Anknüpfung an das Personalstatut des minderjährigen *Lukas* (§ 26 Abs 1 Satz 2 IPRG) unter Berücksichtigung von allfälligen Rück- und Weiterverweisungen (§ 5 IPRG) zu ermitteln ist. Wegen seiner österreichischen Staatsbürgerschaft (§ 9 Abs 1 Satz 1 IPRG) ist hierfür österreichisches Sachrecht maßgeblich (§ 195 ABGB).

Variante 1: Die „***Wirkungen der Annahme an Kindesstatt***“ sind primär nach dem Personalstatut des Annehmenden zu beurteilen (§ 26 Abs 2 IPRG). Handelt es sich um eine Annahme durch Ehegatten, gilt nach dieser Gesetzesstelle jedoch das für die persönlichen Rechtswirkungen ihrer Ehe maßgebende Recht (§ 26 Abs 2 IPRG iVm § 18 IPRG). Nach dem Tod eines der Ehegatten ist allerdings an das Personalstatut des überlebenden Ehegatten anzuknüpfen (§ 26 Abs 2 IPRG). Das Adoptionswirkungsstatut ist über den Verlauf der Zeit wandelbar. Maßgeblich ist somit der jeweilige Beurteilungszeitraum.

Die „*Wirkungen*“ der Adoption umfassen das **gesamte Familienrechtsverhältnis** zwischen dem Annehmenden oder den Annehmenden und dem Wahlkind (einschließlich der Obsorge) sowie ihre Auswirkungen auf das Rechtsverhältnis des Wahlkindes zu seinen leiblichen Verwandten. Allerdings gehen dieser Anknüpfung gegebenenfalls völkerrechtliche Übereinkommen und unionseuropäische Sekundärrechtsakte vor. Zu diesen vorrangigen Kollisionsrechtsquellen zählen das KSÜ und das MSA für das Sorgerecht (= die Obsorge), die EuUntVO und das HUP für das Unterhaltsrecht und die EuErbVO für das Erbrecht. Namensrechtliche Folgen sind nach § 13 IPRG anzuknüpfen (zu alldem *Neumayr* in KBB[7] § 26 IPRG Rz 8; zum KSÜ siehe Fälle 120 ff).

Wenn Ehegatten – wie im vorliegenden Fall – ein Wahlkind annehmen, gilt nach § 26 Abs 2 IPRG das **Ehewirkungsstatut** (§ 18 IPRG), das sich einer Kaskadenanknüpfung bedient (hierzu Fall 97). Die Kollisionsnorm des § 18 IPRG ist auch auf gleichgeschlechtliche Paare anwendbar (*Budzikiewicz*, ZfRV 2020, 37 [37 ff]). Mangels letzten gemeinsamen Personalstatuts (§ 18 Abs 1 Z 1 IPRG) wird per Gesamtverweisung (§ 5 Abs 1 IPRG) das Recht jenes Staates zur Anwendung berufen, in dem beide Ehegatten ihren gewöhnlichen Aufenthalt haben (§ 18 Abs 1 Z 2 IPRG). Da *Sabrina* und *Sandra* in Österreich leben, ist dort ihr gewöhnlicher Aufenthalt. Deshalb ergibt die objektive Anknüpfung nach § 26 Abs 2 IPRG iVm § 18 Abs 1 Z 2 IPRG die Anwendung österreichischen Sachrechts.

Variante 2: Nach dem Tod eines Ehegatten ist allein das **Personalstatut des überlebenden Ehegatten** für die Wirkungen der Annahme an Kindesstatt maßgeblich (§ 26 Abs 2 IPRG iVm § 9 IPRG), wobei gegebenenfalls wiederum der Vorrang von völkerrechtlichen Übereinkommen und unionseuropäischen Sekundärrechtsakten zu beachten ist (siehe Variante 1). Da die überlebende Ehegattin *Sandra* deutsche Staatsangehörige ist, ist infolge der objektiven Anknüpfung nach § 26 Abs 2 IPRG iVm § 9 Abs 1 Satz 1 IPRG deutsches Recht maßgeblich. Bei diesem Verweisungsbefehl handelt es sich abermals um eine Gesamtverweisung (§ 5 Abs 1 IPRG).

Nach deutschem Kollisionsrecht (Art 22 Abs 2 EGBGB) unterliegen die Folgen der Annahme als Kind dem nach Art 22 Abs 1 EGBGB – per Gesamtverweisung (Art 4 Abs 1 Satz 1 EGBGB) – zur Anwendung berufenen Recht. Art 22 Abs 1 EGBGB regelt die objektive Anknüpfung der Voraussetzungen der Adoption (hierzu im Grundfall). Da die Adoption von *Lukas* nicht im deutschen „*Inland*" erfolgte, weshalb Art 22 Abs 1 Satz 1 EGBGB unanwendbar ist, ist nach deutschem Kollisionsrecht per Gesamtverweisung (Art 4 Abs 1 Satz 1 EGBGB) das Recht jenes Staates zur Anwendung berufen, in dem der Anzunehmende (hier: *Lukas*) zum Zeitpunkt seiner Annahme seinen gewöhnlichen Aufenthalt hatte (Art 22 Abs 2 EGBGB iVm Art 22 Abs 1 Satz 2 EGBGB). *Lukas* hatte zum Zeitpunkt seiner Annahme seinen gewöhnlichen Aufenthalt in Österreich. Das deutsche IPR verweist somit per Gesamtverweisung auf das österreichische Recht zurück. Da das österreichische Kollisionsrecht diese **Rückverweisung** nunmehr annimmt (§ 5 Abs 2 IPRG), unterliegen die Wirkungen des Adoptionsverhältnisses den österreichischen Sachnormen (§§ 197 ff ABGB).

Literatur: *Budzikiewicz*, ZfRV 2020, 37 (37 ff); *Markwardt* in Beck-OGK Art 22 EGBGB Rz 19, 82 (Stand: 01.06.2024); *Lurger/Melcher*, IPR[4] Rz 2/96-2/100; *Nademleinsky/Neumayr*, Internationales Familienrecht[3] Rz 7.33-7.35; *Neumayr* in KBB[7] § 26 IPRG Rz 1 ff; *Nitsch* in *Laimer*, IPR-Praxiskommentar § 26 IPRG Rz 1 ff; *Uitz*, iFamZ 2021, 94 (94 ff); *Verschraegen* in *Rummel/Lukas/Geroldinger*, ABGB[4] § 26 IPRG Rz 1 ff.

Fall 119 *(Balthasar-Wach)*
Schwerpunkt: Beendigung der Adoption

Merve ist das Adoptivkind von *Acun* und *Azra*. Bei ihrer Adoption wurden alle Voraussetzungen eingehalten, weshalb das Adoptionsverhältnis rechtswirksam begründet wurde. *Merve* war zum Zeitpunkt ihrer Adoption im Jahr 2004 minderjährig und türkische Staatsbürgerin. Seit 08.07.2013 ist sie österreichische Staatsbürgerin. *Azra* ist bereits seit 2004 österreichische Staatsbürgerin. *Acun* ist weiterhin türkischer Staatsangehöriger. Im Jahr 2025 beantragt *Merve* beim international zuständigen österreichischen Bezirksgericht, die Adoption im Einvernehmen zwischen ihr und ihren Adoptiveltern aufzuheben. Welches Sachrecht ist anwendbar?

Hinweise: Nach Art 18 Abs 3 des türkischen IPRG unterliegen die Wirkungen der Adoption durch Ehegatten dem Ehewirkungsstatut. Dieses richtet sich nach Art 13 Abs 3 des türkischen IPRG nach dem gemeinsamen Heimatrecht der Ehegatten, das von ihrer Staatsangehörigkeit abhängt, oder in Ermangelung eines solchen nach ihrem gemeinsamen gewöhnlichen Aufenthalt, oder in Ermangelung eines solchen nach türkischem Recht. Das türkische IPR spricht nach Art 2 des türkischen IPRG grundsätzlich Gesamtverweisungen aus (*Hausmann* in *Staudinger*, BGB Anh zu Art 4 EGBGB Rz 360 ff; *Kaman Kaplan*, Türkei, in *Rieck/Lettmaier*, Ausländisches Familienrecht [Stand: Oktober 2024] Rz 42, 44).

Sachverhalt nach LG Feldkirch 20.03.2014, 3 R 80/14h.

Die Voraussetzungen der Beendigung der Adoption sind kumulativ nach dem Personalstatut jedes Annehmenden und dem Personalstatut des erwachsenen Kindes zu beurteilen (§ 26 Abs 1 IPRG iVm § 9 IPRG). Das HAÜ ist für den vorliegenden Fall nicht relevant, weil es keine Bestimmungen über die Auflösung einer ursprünglich rechtswirksam durchgeführten Adoption enthält.

Es ist zu unterscheiden, ob es sich um eine Adoptionsbeendigung aufgrund der **Verletzung von Adoptionsvoraussetzungen** („*Wurzelmangel*"; hierzu *Neumayr* in KBB[7] § 26 IPRG Rz 9) handelt, oder – wie gegenständlich – eine Adoptionsbeendigung aufgrund des Eintritts **nachträglicher Beendigungsgründe** zu beurteilen ist. Wenn das Adoptionsverhältnis aufgrund nachträglich eingetretener Gründe beendet werden soll, ist „*gemäß § 7 IPRG (Statutenwechsel) an das Personalstatut jedes Annehmenden zur Zeit der Vollendung des Beendigungstatbestands anzuknüpfen*" (LG Feldkirch 20.03.2014, 3 R 80/14h; ebenso *Neumayr* in KBB[7] § 26 IPRG Rz 9).

Hieraus folgt, dass gegenständlich österreichisches Sachrecht (aufgrund der Personalstatuten von *Azra* und der erwachsenen *Merve*) und türkisches Recht (aufgrund des Personalstatuts von *Acun*) kumulativ anwendbar sind, wobei es sich beim zweitgenannten Verweisungsbefehl um eine Gesamtverweisung handelt (§ 5 IPRG).

Nach türkischem IPR unterliegt die gemeinschaftliche Adoption durch Ehegatten jenem Recht, das die allgemeinen Wirkungen ihrer Ehe regelt. Da *Acun* und *Azra* über unterschiedliche Staatsangehörigkeiten verfügen, richten sich die allgemeinen Wirkungen ihrer Ehe nach türkischem IPR nach dem Recht jenes Staates, in dem die Eheleute ihren gemeinsamen gewöhnlichen Aufenthalt haben.

Das türkische IPR spricht hierbei Gesamtverweisungen aus. Da *Acun* und *Azra* ihren gemeinsamen gewöhnlichen Aufenthalt in Österreich haben, beruft das türkische IPR österreichisches Recht zur Anwendung. Das österreichische Kollisionsrecht nimmt diese **türkische Rückverweisung** an (§ 5 Abs 2 IPRG).

Folglich ist die von *Merve* beantragte Aufhebung der Adoption ausschließlich nach österreichischem Sachrecht zu beurteilen (§§ 201, 202 ABGB). Demnach ist dem Antrag von *Merve*, dem *Acun* und *Azra* ausdrücklich zustimmten, nach § 201 Abs 1 Z 4 ABGB stattzugeben.

Lernhinweis: Für den (hier nicht einschlägigen) Fall der Beendigung der Adoption aufgrund der Verletzung von Adoptionsvoraussetzungen ist das verletzten Recht maßgeblich, bei dem es sich entweder um das verletzte Formstatut des § 8 IPRG oder das verletzte Adoptionsstatut des § 26 Abs 1 IPRG im Zeitpunkt der Adoption handelt (*Neumayr* in KBB[7] § 26 IPRG Rz 9). Die Bezugnahme auf den Adoptionszeitpunkt erklärt sich aus der Charakterisierung dieser Verletzungen der Adoptionsvoraussetzungen als Wurzelmängel des Rechtsverhältnisses.

Literatur: *Lurger/Melcher*, IPR[4] Rz 2/96-2/100; *Nademleinsky/Neumayr*, Internationales Familienrecht[3] Rz 7.36-7.38; *Neumayr* in KBB[7] § 26 IPRG Rz 9; *Verschraegen* in *Rummel/Lukas/Geroldinger*, ABGB[4] § 26 IPRG Rz 18; LG Feldkirch 20.03.2014, 3 R 80/14h.

e. Elterliche Verantwortung

Fall 120 *(Balthasar-Wach)*

Schwerpunkte: Anwendungsbereich, Gleichlauf zwischen internationaler Zuständigkeit und anwendbarem Recht, Anwendung der *lex fori*

Nora (schwedische Staatsangehörige) und *Peter* (österreichischer Staatsangehöriger) treffen einander bei einer Konferenz in Berlin (Deutschland). Nach einigen Monaten ihrer Fernbeziehung zieht *Nora* zu *Peter* nach Wien. Dort merkt sie, dass sie schwanger ist. Nach der Geburt der gemeinsamen Tochter *Zara* kommt es jedoch vermehrt zu Streitigkeiten, weshalb *Nora* mit *Zara* auszieht und kurzfristig bei Freunden in Wien unterkommt. *Peter* ist der rechtliche Vater von *Zara*, nicht aber ihr Obsorgeberechtigter.

Peter sieht *Zara* jeden Tag mehrere Stunden. Diese Frequenz wird *Nora* zu viel. Nachdem *Nora* einige Wochen bei unterschiedlichen Freunden wohnt, mietet sie eine eigene Wohnung in Wien. Sie möchte langfristig wieder nach Schweden gehen, aber vorerst in Wien bleiben, bis sie sich sicher ist, dass ihre Beziehung zu *Peter* keine Zukunft hat. *Peter* beantragt nun bei einem österreichischen Gericht, ihm die alleinige Obsorge für *Zara*, hilfsweise die gemeinsame Obsorge mit Hauptaufenthalt des Kindes bei ihm zu übertragen. *Nora* möchte nicht, dass *Peter* an der Obsorge auch nur geringfügig beteiligt ist.

Sind österreichische Gerichte international zuständig? Welches Sachrecht ist auf den Obsorgestreit anwendbar?

Variante 1: Ändert sich etwas, wenn die Familie im Zeitpunkt der Geburt des Kindes nicht in Österreich, sondern in Dänemark wohnt?

Variante 2: Wie im Grundfall. Die österreichischen Gerichte entscheiden, dass *Nora* die alleinige Obsorge zukommen soll. Wenig später zieht sie mit *Zara* nach Schweden. Sie beabsichtigt, dort dauerhaft zu bleiben. Nach welchem Sachrecht bestimmt sich, mit welchen Rechten und Pflichten die alleinige Obsorge verbunden ist?

Sachverhalt nach OGH 18.09.2019, 7 Ob 123/19t.

Die internationale Zuständigkeit für den Obsorgestreit ergibt sich aus der **Brüssel IIb-VO**. Sie gilt für gerichtliche Verfahren, die am 01.08.2022 oder danach eingeleitet wurden. Vor diesem Stichtag gilt noch ihre Vorgängerversion, die Brüssel IIa-VO.[2] Das auf die Obsorge anzuwendende Recht ergibt sich aus dem **KSÜ** (Art 1 Abs 1 lit b KSÜ).

Das KSÜ enthält Regelungen zur internationalen Zuständigkeit, zum anwendbaren Recht und zur Anerkennung und Vollstreckung ausländischer Entscheidungen. In **persönlicher Hinsicht** ist es auf Kinder von ihrer Geburt bis zur Vollendung ihres 18. Lebensjahres anzuwenden (Art 2 KSÜ). Aus **räumlicher Sicht** sind mittlerweile alle Mitgliedsstaaten der Europäischen Union dem KSÜ beigetreten. Der **sachliche Anwendungsbereich** des KSÜ erstreckt sich auf Maßnahmen zum Schutz von Kindern (Art 1 Abs 1 lit a KSÜ). Während Art 3 KSÜ die sachlich erfassten Maßnahmen demonstrativ aufzählt, schließt Art 4 KSÜ die exkludierten Maßnahmen taxativ aus. Das KSÜ enthält **Sachnormverweisungen** (Art 21 Abs 1 KSÜ).

Das KSÜ umfasst etwa „*Maßnahmen*" hinsichtlich der Zuweisung, Ausübung und der vollständigen oder teilweisen Entziehung der elterlichen Verantwortung sowie deren Übertragung (Art 3 lit a KSÜ). Das KSÜ versteht unter dem Begriff der „*elterlichen Verantwortung*" die Obsorge und jedes andere entsprechende Sorgeverhältnis, das die Rechte, Befugnisse und Pflichten der Eltern, des Vormunds oder eines anderen gesetzlichen Vertreters in Bezug auf die Person oder das Vermögen des Kindes bestimmt (Art 1 Abs 2 KSÜ).

Gegenständlich leitet sich das anwendbare Sachrecht von der internationalen Zuständigkeit ab, die deshalb zuerst bestimmt werden muss.

Internationale Zuständigkeit: Die Brüssel IIb-VO gilt sachlich für die Zuweisung, Ausübung und Übertragung sowie die vollständige oder teilweise Entziehung der elterlichen Verantwortung (Art 1 Abs 1 lit b Brüssel IIb-VO). Nach der **Allgemeinen Zuständigkeit** (Art 7 Brüssel IIb-VO) sind für Entscheidungen, welche die elterliche Verantwortung betreffen, die Gerichte jenes Mitgliedsstaates international zuständig, in dem das **Kind** zum Zeitpunkt der Antragstellung seinen **gewöhnlichen Aufenthalt** hat.

[2] Die Zuständigkeitsregeln der Brüssel IIb-VO haben nach Art 52 Abs 2 KSÜ und Art 97 Brüssel IIb-VO in ihrem Anwendungsbereich Vorrang vor dem Zuständigkeitssystem des KSÜ.

Zara befindet sich seit ihrer Geburt in Österreich. Zur Ermittlung ihres gewöhnlichen Aufenthalts postuliert der EuGH: „*Neben der körperlichen Anwesenheit des Kindes in einem Mitgliedstaat sind andere Faktoren heranzuziehen, die belegen können, dass es sich nicht nur um eine vorübergehende oder gelegentliche Anwesenheit handelt und dass der Aufenthalt Ausdruck einer gewissen Integration in ein soziales und familiäres Umfeld ist. Zu berücksichtigen sind insbesondere die Dauer, die Regelmäßigkeit und die Umstände des Aufenthalts in einem Mitgliedstaat sowie die Gründe für diesen Aufenthalt und den Umzug der Familie in diesen Staat, die Staatsangehörigkeit des Kindes, Ort und Umstände der Einschulung, die Sprachkenntnisse sowie die familiären und sozialen Bindungen des Kindes in dem betreffenden Staat*" (EuGH 02.04.2009, C-523/07, *A*). Für **Kleinkinder** hält der EuGH fest: „*Im Allgemeinen ist das Umfeld eines Kindes von geringem Alter weitgehend ein familiäres Umfeld, das durch die Bezugsperson oder -personen bestimmt wird, mit denen das Kind zusammenlebt, die das Kind tatsächlich betreuen und die für es sorgen*" (EuGH 22.12.2010, C-497/10 PPU, *Mercredi*). Hierbei handelt es sich um *Nora* und *Peter*. Die Bezugnahme auf die Bezugspersonen des Kindes gilt in besonderem Maße, wenn es – wie *Zara* – ein Säugling ist.

Peters gewöhnlicher Aufenthalt liegt in Österreich. Auch bei *Nora* ist – unter der Berücksichtigung der Gründe für ihren Umzug nach Österreich und der Tatsache, dass sie sich dort ein gewisses soziales Umfeld aufgebaut hat – davon auszugehen, dass sich ihr gewöhnlicher Aufenthalt in Österreich befindet (EuGH 02.04.2009, C-523/07, *A*). Die Begründung eines gewöhnlichen Aufenthalts erfordert **keine Mindestdauer** (EuGH 22.12.2010, C-497/10 PPU, *Mercredi*). Daher sind österreichische Gerichte nach Art 7 Brüssel IIb-VO für den Obsorgestreit international zuständig.

Anwendbares Recht: Das auf Änderungen des Obsorgeverhältnisses anzuwendende Recht ergibt sich aus Art 1 Abs 1 lit b KSÜ iVm **Art 15 Abs 1 KSÜ** (RIS-Justiz RS0127234). Das KSÜ verfolgt – ähnlich dem HESÜ (Fall 19) – den Grundsatz des Gleichlaufs zwischen internationaler Zuständigkeit und anwendbarem Recht (Gleichlauf zwischen *forum* und *ius*). Dies bedeutet, dass die international zuständige Behörde oder das international zuständige Gericht grundsätzlich das **eigene Sachrecht** anwenden soll (*lex fori*). Demnach bestimmt Art 15 Abs 1 KSÜ, dass die Behörden und Gerichte der Vertragsstaaten bei der Ausübung ihrer internationalen Zuständigkeit ihr eigenes Sachrecht anwenden.

Für den gegenständlichen Fall folgt aus dieser Erkenntnis, dass die international zuständigen österreichischen Gerichte bei der Ausübung ihrer internationalen Zuständigkeit auf die Beurteilung aller Maßnahmen der elterlichen Verantwortung **österreichisches Recht** anwenden.[3] Dieser Verweisungsbefehl umfasst nach

[3] Dies gilt entgegen dem Wortlaut von Art 15 Abs 1 KSÜ auch, wenn sich die internationale Zuständigkeit wie hier aus der Brüssel IIb-VO ergibt (RIS-Justiz RS0127234, T1 noch zur Brüssel IIa-VO) und nicht nach Kapitel II des KSÜ, obwohl der vom KSÜ intendierte Gleichlauf aufgrund der Unterschiede zwischen KSÜ und Brüssel IIb-VO gestört sein kann, wenn sich die Zuständigkeit aus der Brüssel IIb-VO ergibt.

Art 21 Abs 1 KSÜ nicht das österreichische Kollisionsrecht, sondern spricht eine Sachnormverweisung auf das materielle österreichische Familienrecht aus.

Österreichisches Sachrecht: Wenn die Eltern eines Kindes im Zeitpunkt seiner Geburt nicht miteinander verheiratet sind, ist allein seine Mutter mit der Obsorge betraut (§ 177 Abs 2 ABGB). Hierzu sagt der OGH: „*Seit dem KindNamRÄG 2013 kann der Vater auch gegen den Willen der Mutter an der Obsorge beteiligt oder zur Gänze mit ihr betraut werden.*" Für die Betrauung mit der Obsorge ist nach Auffassung des OGH „*ausschließlich das Kindeswohl maßgeblich*". Zum Beurteilungsmaßstab heißt es: „*Die Obsorge beider Eltern setzt ein gewisses Mindestmaß an Kontakt zwischen den Eltern und zum Kind voraus, sodass bei räumlicher Entfernung der Eltern elektronische Kommunikationsmedien an Wichtigkeit gewinnen. Ob diese ausreichen, ist eine Frage des Einzellfalls*" (alle Zitate nach OGH 18.09.2019, 7 Ob 123/19t). Weder große geografische Distanzen zum Kind noch der Umstand, dass *Nora* einen Umzug plant, sprechen demnach aus der Sicht des materiellen österreichischen Familienrechts gegen die gemeinsame Obsorge.

Variante 1: Wenn *Zara* ihren gewöhnlichen Aufenthalt in Dänemark hat, richtet sich die **internationale Zuständigkeit** ausschließlich nach dem **KSÜ**, weil Dänemark aufgrund seiner primärrechtlichen Sonderstellung kein Mitgliedsstaat iSd Brüssel IIb-VO ist. Nach Art 5 KSÜ sind die Behörden oder Gerichte jenes Vertragsstaats international zuständig, in dem das Kind seinen gewöhnlichen Aufenthalt hat (hier: Dänemark). Da die Behörden und Gerichte nach Art 15 Abs 1 KSÜ bei der Ausübung ihrer internationalen Zuständigkeit ihr eigenes Recht anwenden, ist im Ergebnis dänisches Sachrecht anwendbar (Art 21 Abs 1 KSÜ).

Variante 2: Diese Situation erfasst **Art 15 Abs 3 KSÜ**. Wenn die Gerichte eine Maßnahme nach Art 15 Abs 1 KSÜ trafen, zu denen die Übertragung der alleinigen Obsorge an *Nora* zählt, aber später der gewöhnliche Aufenthalt des Kindes in einen anderen Vertragsstaat des KSÜ wechselt (hier: *Zaras* gewöhnlicher Aufenthalt verlagert sich nach Schweden), gilt Art 15 Abs 3 KSÜ, der anordnet, dass das Sachrecht dieses anderen Staates (hier: Schweden) ab dem Zeitpunkt des Wechsels des gewöhnlichen Aufenthalts die Bedingungen bestimmt, unter denen die im Staat des früheren gewöhnlichen Aufenthalts getroffenen Maßnahmen (hier: Österreich) angewendet werden. Die mit der Obsorge verbundenen Rechte und Pflichten richten sich insoweit nach schwedischem Sachrecht.

Lernhinweis: Wenn die Obsorge nicht – wie gegenständlich – auf einer gerichtlichen Maßnahme beruht, sondern auf dem Gesetz (Art 16 KSÜ), bestimmt sich die Ausübung der elterlichen Verantwortung nach Art 17 KSÜ, also nach dem Sachrecht des Staates des gewöhnlichen Aufenthalts des Kindes oder dem Sachrecht des Staates seines neuen gewöhnlichen Aufenthalts.

Literatur: *Huter* in *Gitschthaler*, Internationales Familienrecht Art 1, 3, 4, 15, 17 KSÜ; *Lurger/Melcher*, IPR[4] Rz 2/101-2/107; *Nademleinsky/Neumayr*, Internationales Familienrecht[3] Rz 8.07-8.12, 8.83-8.88; *Traar*, iFamZ 2011, 44 (44 ff); *Nademleinsky*, EF-Z 2011, 85 (85 ff); ferner OGH 18.09.2019, 7 Ob 123/19t EF-Z 2020, 20 (*Huter*).

Fall 121 *(Balthasar-Wach)*
Schwerpunkte: Ausweichklausel, Kindeswohl, Liegenschaftserwerb, pflegschaftsgerichtliche Genehmigung

Der minderjährige *Anton* hat seinen gewöhnlichen Aufenthalt in einem Staat und ist Eigentümer einer Liegenschaft, die sich in einem anderen Staat befindet. Diese Liegenschaft soll nun verkauft werden. Nach dem Sachrecht des Staates des gewöhnlichen Aufenthalts von *Anton* ist für die Veräußerung seiner Liegenschaft keine pflegschaftsgerichtliche Genehmigung erforderlich, wohl aber nach dem Sachrecht des Staates der Belegenheit seiner Liegenschaft. In diesem Staat, in dem sich seine Liegenschaft befindet, würde die grundbücherliche Durchführung eines Liegenschaftsverkaufes ohne pflegschaftsgerichtliche Genehmigung nach den sachrechtlichen Vorgaben dieses Staates erhebliche Probleme aufwerfen. Daher werden die Behörden des Staates des gewöhnlichen Aufenthalts des *Anton* ersucht, die Veräußerung der im Ausland befindlichen Liegenschaft von *Anton* unter Anwendung dieser fremden Sachrechtsvorschriften zu genehmigen.

Welches Sachrecht ist anwendbar? Welche Lösung sieht das KSÜ vor?

Beachte den *Lagarde*-Bericht Rz 89; ähnlicher Sachverhalt bei *Lurger/Melcher*, IPR[4] Rz 2/104; *Nademleinsky/Neumayr*, Internationales Familienrecht[3] Rz 8.87.

Nach Art 15 Abs 1 KSÜ wenden die international zuständigen Behörden oder Gerichte grundsätzlich ihr eigenes Sachrecht an (*lex fori*). Dies bedeutet, dass das Sachrecht des Staates des gewöhnlichen Aufenthalts von *Anton* zur Anwendung gelangt (Fall 120). Nach diesem Sachrecht ist eine pflegschaftsgerichtliche Genehmigung laut den Angaben im Sachverhalt nicht vorgesehen. Für *Anton* ist dieses Ergebnis insoweit problematisch, als es dazu führen könnte, dass die Behörden des Staates, in dem sich seine Liegenschaft befindet, die grundbücherliche Durchführung der Liegenschaftsveräußerung verweigern.

Als Ausnahme vom Grundsatz der Anwendung des Sachrechts des Forumstaates (Art 15 Abs 1 KSÜ) stellt **Art 15 Abs 2 KSÜ** eine **Ausweichklausel** auf, die auf dem Leitgedanken des Kindeswohls beruht. Soweit es der Schutz der Person oder des Vermögens des Kindes erfordert, können die international zuständigen Behörden oder Gerichte ausnahmsweise das Sachrecht eines anderen Staates anwenden oder berücksichtigen, zu dem der Sachverhalt eine enge Verbindung hat (Art 15 Abs 2 KSÜ). Denn es ist im Interesse des Kindes vorzugswürdig, dass die befasste Behörde des Staates des gewöhnlichen Aufenthalts von *Anton* das Sachrecht am Belegenheitsort der Liegenschaft anwendet und die nach diesem Sachrecht vorgesehene Genehmigung erteilt, selbst wenn das Sachrecht des Staates der befassten Behörde kein Genehmigungserfordernis aufstellt. Von dieser Ausweichklausel „*sollte jedoch nicht zu einfach Gebrauch gemacht werden*“ (*Lagarde*-Bericht zum KSÜ Rz 89).

Literatur: *Huter* in *Gitschthaler*, Internationales Familienrecht Art 15 KSÜ Rz 1 ff; *Lurger/Melcher*, IPR[4] Rz 2/101-2/111; *Nademleinsky/Neumayr*, Internationales Familienrecht[3] Rz 8.87; *Nademleinsky*, EF-Z 2011, 85 (89); *Lagarde*, Erläuternder Bericht zum KSÜ (1996); *Traar*, iFamZ 2011, 97 (98).

Fall 122 *(Balthasar-Wach)*

Schwerpunkte: Zuweisung der elterlichen Verantwortung kraft Gesetzes, Änderung des gewöhnlichen Aufenthalts

Jara (kroatische Staatsangehörige) und *Attila* (ungarischer Staatsangehöriger) lernen einander während eines Praktikums in Österreich kennen. Sie ziehen zusammen, leben eine Zeit lang in Wien und bekommen dann ihren Sohn *Daniel* (kroatisch-ungarischer Doppelstaatsbürger). *Jara* und *Attila* wollen noch nicht heiraten. Sie treffen auch keine Vereinbarung über die Obsorge. Allerdings erkennt *Attila* die Vaterschaft zu *Daniel* rechtswirksam an. Nach welchem Sachrecht bestimmt sich, wer von Gesetzes wegen die Obsorge hat?

Variante 1: Wenig später wird *Jara* aus beruflichen Gründen nach Tallinn (Estland) versetzt, wohin sie mit *Daniel* umzieht. Auch *Attila* schafft es, nach ein paar Monaten nachzukommen. Nach zwei weiteren Jahren geht ihre Beziehung jedoch in die Brüche. *Attila* zieht in eine andere Wohnung in Tallinn. Er besucht *Daniel* täglich. *Jara* möchte aber einen Neuanfang, weshalb sie überlegt, mit *Daniel* wieder nach Österreich zu gehen. Eine Freundin rät ihr, dieses Ansinnen mit *Attila* zu besprechen, weil nach estnischem Sachrecht auch der nicht mit der Mutter verheiratete Vater kraft Gesetzes die Obsorge für das gemeinsame Kind hat, wenn bei der Abgabe seiner Anerkennungserklärung nichts anderes vereinbart wurde (*Degener*, Estland, in *Rieck/Lettmaier*, Ausländisches Familienrecht [Stand: Oktober 2024] Rz 11). Nach welchem Sachrecht bestimmt sich, ob *Attila* die Obsorge hat?

Variante 2: Wie Variante 1. *Jara* zieht von Österreich mit *Daniel* nach Estland, aber *Attila* bleibt in Österreich. Ändert sich die Rechtslage?

Variante 3: Wie Variante 1. *Jara* hört aber nicht auf ihre Freundin und zieht von Estland zurück nach Österreich, ohne dieses Vorhaben mit *Attila* abzusprechen. Sie hofft, dass sich die Sache erledigt, sobald *Daniel* wieder seinen gewöhnlichen Aufenthalt in Österreich hat. Stimmt das?

Ähnlicher Sachverhalt bei *Nademleinsky*, EF-Z 2011, 85 (88 f); *Nademleinsky/Neumayr*, Internationales Familienrecht[3] Rz 8.80 f.

Das auf die Beurteilung der elterlichen Verantwortung anzuwendende Sachrecht ergibt sich aus dem KSÜ (zum Anwendungsbereich Fall 120). **Art 16 Abs 1 KSÜ** beruft für „*die Zuweisung oder das Erlöschen der elterlichen Verantwortung kraft Gesetzes ohne Einschreiten eines Gerichts oder einer Verwaltungsbe-*

hörde" das Sachrecht des Staates des **gewöhnlichen Aufenthalts des Kindes** zur Anwendung. Der Begriff „*gewöhnlicher Aufenthalt*" wird im KSÜ nicht definiert, weshalb er autonom auszulegen ist. Nach der Judikatur kommt es auf den tatsächlichen Daseinsmittelpunkt des Minderjährigen an, der im Grundfall unzweifelhaft in Österreich liegt. Folglich ist **österreichisches Sachrecht** anwendbar (Art 21 Abs 1 KSÜ). Nach § 177 Abs 2 ABGB ist *Jara* allein mit der Obsorge betraut, weil *Jara* und *Attila* zum Zeitpunkt der Geburt von *Daniel* nicht miteinander verheiratet sind. Auf die Anerkennung der Vaterschaft kommt es nach österreichischem Sachrecht für die Beurteilung der Frage nach der gesetzlichen Zuweisung der Obsorge nicht an.

Variante 1: Mit dem Umzug von *Jara* mit *Daniel* nach Estland erlangt *Attila* die gemeinsame Obsorge. Denn Art 16 Abs 4 KSÜ bestimmt, dass sich im Fall des Wechsels des gewöhnlichen Aufenthalts des Kindes (hier: von Österreich nach Estland) die Zuweisung der elterlichen Verantwortung kraft Gesetzes an eine Person, die diese Verantwortung bislang **nicht** hatte (hier: *Attila*), nach dem Sachrecht des Staates des **neuen gewöhnlichen Aufenthalts** des Kindes (hier: Estland) richtet. Da sich der neue gewöhnliche Aufenthalt von *Daniel* in Estland befindet, ist für die Zuweisung der elterlichen Verantwortung kraft Gesetzes das estnische Sachrecht berufen (Art 21 Abs 1 KSÜ). Nach dem anwendbaren estnischen Sachrecht ist *Attila* ebenfalls obsorgeberechtigt, weil er die Vaterschaft anerkannte und keine abweichende Regelung getroffen wurde.

Variante 2: Nein, es ändert sich nichts. Denn der Anknüpfungspunkt von Art 16 Abs 4 KSÜ ist der **gewöhnliche Aufenthalt des Kindes**. Selbst wenn *Attila* nicht nach Estland mitumzieht, richtet sich die Zuweisung der elterlichen Verantwortung kraft Gesetzes somit nach estnischem Sachrecht (Art 21 Abs 1 KSÜ), sobald *Daniel* seinen gewöhnlichen Aufenthalt in Estland begründet.

Variante 3: Nein, diese Auffassung ist falsch. Die **Rückverlegung** des gewöhnlichen Aufenthalts *Daniels* von Estland nach Österreich hat **keine Auswirkungen** auf das über Art 16 Abs 4 KSÜ erworbene Obsorgerecht des *Attila*. Denn Art 16 Abs 3 KSÜ bestimmt, dass „*die elterliche Verantwortung nach dem Recht des Staates des gewöhnlichen Aufenthalts des Kindes*" (hier: Estland) „*nach dem Wechsel dieses gewöhnlichen Aufenthalts in einen anderen Staat*" (hier: Österreich) fortbesteht (hierzu Fall 124).

Literatur: *Huter* in *Gitschthaler*, Internationales Familienrecht Art 15 KSÜ Rz 1 ff; *Lurger/Melcher*, IPR[4] Rz 2/101-2/111; *Nademleinsky*, EF-Z 2011, 85 (85 ff); *Nademleinsky/Neumayr*, Internationales Familienrecht[3] Rz 8.78-8.88.

Fall 123 *(Balthasar-Wach)*

Schwerpunkte: Zuweisung der elterlichen Verantwortung kraft Gesetzes, Kontaktrecht des leiblichen Vaters

Isa brachte am 17.07.2014 ihre Tochter *Emma* in Wien zur Welt. Zu diesem Zeitpunkt war sie seit zwei Monaten mit *Kilian* verheiratet. *Emma* wird von *Isa* und *Kilian* in Wien betreut. Dort behauptet *Charlie* (britischer Staatsangehöriger und wohnhaft in London) im Jahr 2025, der biologische Vater von *Emma* zu sein, weil *Isa* und *Charlie* von September bis November 2013 in London (England, Vereinigtes Königreich) eine Beziehung führten. *Isa* und *Kilian* möchten nicht, dass *Charlie Emma* kennenlernt. Deshalb beantragt *Charlie* bei einem österreichischen Bezirksgericht, ihm ein Kontaktrecht zu *Emma* einzuräumen, verbunden mit dem Antrag, seine Vaterschaft gegebenenfalls im Kontaktrechtsverfahren inzident festzustellen.

Nach welchem Sachrecht bestimmt sich, wer die Obsorge über *Emma* hat? Sind österreichische Gerichte für diese Anträge international zuständig? Nach welchem Sachrecht bestimmt sich, ob *Charlie* ein Kontaktrecht zusteht?

Sachverhalt nach OGH 21.02.2018, 3 Ob 130/17i.

Obsorge über *Emma*: Das auf die Beurteilung der elterlichen Verantwortung anzuwendende Sachrecht ergibt sich aus dem **KSÜ** (zu seinem persönlichen, räumlichen und sachlichen Anwendungsbereich siehe Fall 120). Nach Art 16 Abs 1 KSÜ bestimmt sich „*die Zuweisung der elterlichen Verantwortung kraft Gesetzes ohne Einschreiten eines Gerichts oder einer Verwaltungsbehörde* (…) *nach dem gewöhnlichen Aufenthalt des Kindes*“. Der gewöhnliche Aufenthalt von *Emma* liegt in Österreich, weshalb österreichisches Sachrecht anwendbar ist (Art 21 Abs 1 KSÜ). Nach österreichischem Sachrecht ist *Isa* die Mutter und *Kilian* der Vater von *Emma. Isa* und *Kilian* kommt die gemeinsame Obsorge über Emma zu (§ 143 ABGB iVm § 144 Abs 1 Z 1 ABGB iVm § 177 Abs 1 ABGB).

Anträge von *Charlie*: Die Regelung des Kontaktrechts ist von den sachlichen Anwendungsbereichen der Brüssel IIb-VO und des KSÜ umfasst. Die Brüssel IIb-VO verwendet die elterliche Verantwortung als Oberbegriff, der insbesondere das Sorgerecht und das Umgangsrecht umfasst (Art 2 Abs 2 Z 7 Brüssel IIb-VO). In seinen Entscheidungen verwendet der EuGH die Begriffe „*elterliche Verantwortung*“ und „*Träger der elterlichen Verantwortung*“, wobei er nicht zwischen Sorgerecht (Obsorge) einerseits und Umgangsrecht (Kontaktrecht) andererseits unterscheidet (OGH 26.02.2015, 8 Ob 14/15i). Die KSÜ-Maßnahmen umfassen nach Art 3 lit b KSÜ in sachlicher Hinsicht unter anderem „*das Sorgerecht einschließlich der Sorge für die Person des Kindes und insbesondere des Rechts, den Aufenthalt des Kindes zu bestimmen, sowie das Recht zum persönlichen Umgang einschließlich des Rechts, das Kind für eine begrenzte Zeit an einen anderen Ort als den seines gewöhnlichen Aufenthalts zu bringen*“.

Art 5 KSÜ und Art 7 Brüssel IIb-VO sehen für die Bestimmung der internationalen Zuständigkeit als allgemeine Regel vor, dass an den gewöhnlichen Aufenthalt des Kindes anzuknüpfen ist. Die Brüssel IIb-VO geht dem KSÜ in seinem Anwendungsbereich vor (siehe Fall 120). Hinsichtlich des anzuwendenden Sachrechts, für dessen Ermittlung die Brüssel IIb-VO keine Regelungen aufstellt, verfolgt das KSÜ den Grundsatz, dass das für die Entscheidung international zuständige Gericht sein **eigenes Sachrecht** anwenden soll (Art 15 Abs 1 KSÜ). Nach Art 21 Abs 1 KSÜ ist das Kollisionsrecht nicht vom Verweisungsbefehl umfasst, weshalb Art 15 Abs 1 KSÜ eine Sachnormverweisung ausspricht. Da *Emma* ihren gewöhnlichen Aufenthalt in Österreich hat (siehe Fall 122), sind die österreichischen Gerichte international zuständig, die im Ergebnis österreichisches Sachrecht anwenden.

Das Kontaktrecht ist in § 188 Abs 2 ABGB geregelt: „*Wenn persönliche Kontakte des minderjährigen Kindes mit einem dazu bereiten Dritten dem Kindeswohl dienen, hat das Gericht auf Antrag des Kindes, eines Elternteils oder des Dritten, sofern dieser zu dem Kind in einem besonderen persönlichen oder familiären Verhältnis steht oder gestanden ist, die zur Regelung der persönlichen Kontakte nötigen Verfügungen zu treffen.*“

Literatur: *Lurger/Melcher*, IPR[4] Rz 2/101-2/111; *Nademleinsky/Neumayr*, Internationales Familienrecht[3] Rz 6.7, 8.47-8.53; 8.76-8.88; ferner OGH 21.02.2018, 3 Ob 130/17i EF-Z 2018, 269 (*Kissich*).

f. Kindesentführung

Fall 124 *(Balthasar-Wach)*

Schwerpunkte: Definition der Kindesentführung, Rückgabeantrag, Anwendungsbereiche (HKÜ und Brüssel IIb-VO), gewöhnlicher Aufenthalt

Das Ehepaar *Fanni* (ungarische Staatsangehörige) und *Lukas* (österreichischer Staatsangehöriger) hat eine gemeinsame zwölfjährige Tochter namens *Petra*. Die Familie lebt in Österreich. Als *Fannis* Vater krank wird, pendelt *Fanni* mit *Petra* immer wieder nach Ungarn. Dort geht sie eine neue Beziehung ein, woraus die Trennung von *Lukas* resultiert. *Fanni* und *Petra* bleiben in Ungarn. *Lukas* ist zunächst damit einverstanden. Während des in Ungarn anhängigen Scheidungsverfahrens teilt ihm ein Bekannter mit, dass er den Verdacht hege, dass *Fanni* mit dem Gedanken spiele, *Petra* und sich selbst zu töten. Daraufhin nimmt *Lukas Petra* gegen den Willen von *Fanni* nach Österreich mit. Sie stellt daher sofort einen Rückgabeantrag.

Liegt eine Kindesentführung im Sinne eines widerrechtlichen Verbringens vor? Welches Gericht ist für den Rückgabeantrag international zuständig? Was könnte *Lukas* gegen die Rückgabe des Kindes nach Ungarn vorbringen? Was könnte *Fanni* unternehmen, wenn die international zuständigen Gerichte die Rückgabe ablehnen?

Hinweis: Nach materiellem ungarischem Familienrecht kommt die Obsorge in Ermangelung einer anderslautenden Vereinbarung beiden verheirateten Eltern *ex lege* zu (*Szabó*, Ungarn, in *Rieck/Lettmaier*, Ausländisches Familienrecht [Stand: Oktober 2024] Rz 11).

Variante 1: *Fanni* und *Lukas* sind nicht mehr miteinander verheiratet, sondern leben in Österreich in getrennten Wohnungen und teilen sich die Obsorge über *Petra*. *Fanni* wurde zum Domizilelternteil (§ 162 Abs 2 ABGB) bestimmt. Plötzlich zieht *Fanni* – ohne dieses Ansinnen gegenüber *Lukas* erwähnt zu haben – mit *Petra* zu ihrem kranken Vater nach Ungarn, um ihn zu pflegen. *Lukas* möchte sich dagegen wehren. Liegt eine Kindesentführung (widerrechtliches Verbringen) vor?

Variante 2: Wie Variante 1. *Fanni* und *Lukas* waren aber nie miteinander verheiratet. Bezüglich der Regelung der Obsorge über *Petra* haben sie nichts unternommen. Liegt eine Kindesentführung (widerrechtliches Verbringen) vor, wenn *Fanni* mit *Petra* gegen den Willen von *Lukas* nach Ungarn zieht?

Variante 3: Wie Variante 1. *Fanni*, *Lukas* und *Petra* leben aber in der Slowakei. *Fanni* ist allein obsorgeberechtigt. Nach § 35 des slowakischen Familiengesetzbuches muss auch der allein obsorgeberechtigte Elternteil für eine Verlegung des Wohnsitzes des Minderjährigen in das Ausland den anderen Elternteil oder das Gericht um Zustimmung ersuchen (*Fötschl*, EF-Z 2014, 100 [102]). Liegt eine Kindesentführung (widerrechtliches Verbringen) vor, wenn *Fanni* mit *Petra* nach Ungarn zieht, ohne diese Zustimmungen einzuholen?

Variante 4: *Fanni* und *Lukas* sind zunächst miteinander verheiratet und leben in Österreich. Nach ihrer Scheidung können sie sich nicht über die Obsorge und den Wohnort von *Petra* einigen. Das angerufene Gericht entscheidet, dass beide Elternteile die gemeinsame Obsorge haben. Ferner gestattet es, dass *Fanni* mit *Petra* zu ihrer Familie nach Ungarn ziehen darf. *Lukas* erhebt gegen diesen Beschluss ein Rechtsmittel. Während des Rechtsmittelverfahrens zieht *Fanni* mit *Petra* nach Ungarn. Ungefähr zwei Jahre nach ihrem Umzug entscheidet die zweite Gerichtsinstanz, dass *Lukas* die alleinige Obsorge bekommen und *Petra* mit *Lukas* in Österreich wohnen soll. Sofort stellt *Lukas* einen Rückgabeantrag in Ungarn. Liegt eine Kindesentführung (widerrechtliches Zurückhalten) vor?

Variante 5: *Fanni* und *Lukas* sind miteinander verheiratet und leben in Österreich. Sie haben vereinbart, dass *Fanni* das gemeinsame Kind in Ungarn bei ihrer Familie zur Welt bringen und nach einigen Monaten wieder nach Österreich zurückkehren soll. Die Monate vergehen. *Fanni* denkt mittlerweile nicht mehr daran, mit *Petra* nach Österreich zurückzukehren. Nach einem halben Jahr möchte *Lukas* etwas gegen diesen Zustand unternehmen. Liegt eine Kindesentführung (widerrechtliches Zurückhalten) vor?

Grundsachverhalt nach OGH 28.08.2020, 6 Ob 178/20z; Sachverhalt in Variante 1 nach

OGH 29.11.2016, 6 Ob 170/16t; Sachverhalt in Variante 3 nach OGH 22.04.2013, 6 Ob 75/13t; Sachverhalt in Variante 4 nach EuGH 09.10.2014, C-376/14 PPU, *C*; Sachverhalt in Variante 5 nach EuGH 08.06.2017, C-111/17 PPU, *OL*.

Das Haager Kindesentführungsübereinkommen (HKÜ) regelt das **Rückgabeverfahren** im Anschluss an Kindesentführungen, die den Überbegriff für widerrechtliches Verbringen und widerrechtliches Zurückhalten bilden. Für die Mitgliedsstaaten der Europäischen Union sieht die Brüssel IIb-VO (beachte ihr Kapitel III – Internationale Kindesentführung: Art 22-29 Brüssel IIb-VO) einige Modifikationen des Rückgabeverfahrens vor. Folgende Tatbestandselemente sind von entscheidender Bedeutung: „*Kind*", „*Grenzüberschreitung*" (vom Ursprungsstaat in den Verbringungsstaat oder späteren Verbringungsstaat im Fall des widerrechtlichen Zurückhaltens) sowie „*Sorgerechtsbruch*".

Beim HKÜ handelt es sich um ein **Rechtshilfeabkommen** mit dem Ziel, „*die sofortige Rückgabe widerrechtlich in einen anderen Vertragsstaat verbrachter oder dort zurückgehaltener Kinder sicherzustellen und zu gewährleisten, dass das in einem Vertragsstaat bestehende Sorgerecht und Recht auf persönlichen Verkehr in den anderen Vertragsstaaten tatsächlich beachtet wird*" (Art 1 HKÜ). Dem HKÜ geht es damit um die Wiederherstellung des *status quo ante*, womit der Zustand vor dem widerrechtlichen Verbringen oder Zurückhalten des Kindes gemeint ist.

Dem HKÜ liegt der Gedanke zugrunde, dass die Rückführung dem **Kindeswohl** dient. Es ist „*das wirkliche Opfer der Entführung*". Durch das HKÜ „*sollen Kindesentführungen verhindert werden*" (Zitate nach RIS-Justiz RS0106455). Um diese Ziele zu verwirklichen, sollen die Vertragsstaaten ihre schnellstmöglichen Verfahren anwenden (Art 2 HKÜ).

Das HKÜ wird auf Kinder bis zur Vollendung des **16. Lebensjahrs** angewandt (Art 4 HKÜ). Es gilt nur im Verhältnis zwischen den **Vertragsstaaten** (Art 35 Abs 1 HKÜ). Das grenzüberschreitende Verbringen oder Zurückhalten[4] eines Kindes gilt nach **Art 3 HKÜ** grundsätzlich dann als widerrechtlich, wenn hierdurch das tatsächlich ausgeübte alleinige oder gemeinsame **Sorgerecht verletzt** wird, das nach dem Recht jenes Staates zusteht, in dem das Kind unmittelbar **vor** dem Verbringen oder Zurückhalten seinen **gewöhnlichen Aufenthalt** hatte. Nach dem Verständnis des HKÜ umfasst das „*Sorgerecht*" die Sorge für die Person des Kindes einschließlich des Rechts, den Aufenthalt des Kindes zu bestimmen (Art 5 HKÜ). Es wird **zweistufig** geprüft, ob ein Sorgerechtsbruch vorliegt.

[4] Während beim widerrechtlichen Verbringen schon die Grenzüberschreitung in den Verbringungsstaat widerrechtlich ist, wie beim grenzüberschreitenden Umzug eines Elternteils mit dem Kind, ohne den anderen Elternteil hiervon zu verständigen, ist beim widerrechtlichen Zurückhalten die Grenzüberschreitung vom Konsens des anderen Elternteils getragen, nicht aber das spätere Zurückhalten des Kindes, wie im Falle der Einholung der Zustimmung eines Elternteils durch den anderen Elternteil zu einem gemeinsamen Urlaub mit dem Kind im Ausland, aus dem das Kind nach dem Ablauf der vereinbarten Urlaubsdauer nicht mehr in den Ursprungsstaat zurückkehrt.

1.) Ob der betreffende Elternteil ein (Mit-)Sorgerecht und welchen Inhalt dieses Recht gegebenenfalls hat, richtet sich nach Art 3 HKÜ (*Nademleinsky/Neumayr*, Internationales Familienrecht[3] Rz 9.14). Art 3 HKÜ wird überwiegend als **Kollisionsnorm** verstanden, die eine **Gesamtverweisung** auf das Recht des Staats des gewöhnlichen Aufenthalts des Kindes, wie er unmittelbar vor seiner Entführung bestand, anordnet (RIS-Justiz RS0074559). Hieraus folgt, dass der Verweisungsbefehl des Art 3 HKÜ das sorgerechtsbezogene Kollisionsrecht dieses Staates des gewöhnlichen Aufenthalts des Kindes umfasst. Hierbei handelt es entweder um das KSÜ oder um das nationale Kollisionsrecht des verwiesenen Staates. Allerdings gibt es auch Judikatur, die „*unmittelbar das Sachrecht des Herkunftslandes anwendet*“, um dem Kindeswohl bestmöglich zum Durchbruch zu verhelfen (*Nademleinsky/Neumayr*, Internationales Familienrecht[3] Rz 9.15 f).

2.) Nach dieser sachrechtlichen Beurteilung des Bestehens und des Inhalts der elterlichen Rechte wird **autonom** (HKÜ iVm Brüssel IIb-VO) geprüft, ob diese sachrechtlichen Befugnisse iSd Art 5 lit a HKÜ als Sorgerechte zu qualifizieren sind, deren Verletzung widerrechtlich ist, wodurch der Tatbestand der Kindesentführung erfüllt ist. Im Lichte des Wortlauts des Art 5 lit a HKÜ, der das elterliche Recht betont, den Aufenthalt des Kindes zu bestimmen, ist anzunehmen, dass nach dem HKÜ bereits die bloße Verletzung des Aufenthaltsbestimmungsrechts des zurückgelassenen Elternteils durch den entführenden Elternteil „*eine hinreichende Verletzung des Sorgerechts*“ begründet, die als Kindesentführung zu qualifizieren ist (*Nademleinsky/Neumayr*, Internationales Familienrecht[3] Rz 9.14, 9.17). Aus dem bisher Gesagten folgt für den gegenständlichen Fall:

Vorliegen einer Kindesentführung: Österreich und Ungarn sind Vertragsstaaten des HKÜ. Für sie gilt auch die Brüssel IIb-VO. *Petra* ist ein Kind iSd Art 4 HKÜ, weil sie ihr 16. Lebensjahr noch nicht vollendet hat. Ein Rückgabeantrag ist berechtigt, wenn eine Kindesentführung nach Art 3 HKÜ vorliegt. Das auf die Sorgerechtsverletzung anzuwendende Recht ist das Recht des Staates des gewöhnlichen Aufenthalts des Kindes unmittelbar vor seiner Entführung.

Dies ist – bei Annahme einer Gesamtverweisung (RIS-Justiz RS0074559) – das ungarische Recht einschließlich seines Kollisionsrechts (Art 3 HKÜ). Da Ungarn ein Vertragsstaat des KSÜ ist, richtet sich das ungarische IPR in Sorgerechtsangelegenheiten nach den Kollisionsnormen des KSÜ. Nach Art 16 Abs 1 KSÜ ist auf den gewöhnlichen Aufenthalt des Kindes abzustellen.

Nach der Judikatur kann ein „*gewöhnlicher Aufenthalt (…) auch gegen den Willen eines Sorgeberechtigten begründet werden, weil es auf den tatsächlichen Daseinsmittelpunkt des Minderjährigen ankommt. Der entgegenstehende Wille des (anderen) Sorgeberechtigten wirkt sich aber rein tatsächlich häufig dahin aus, dass der Aufenthalt des Minderjährigen in dem anderen Staat noch nicht als auf Dauer angelegt angesehen werden kann*“ (OGH 24.10.2013, 6 Ob 180/13h).

Somit kann der Umstand, dass *Fanni* gegen die Verbringung von *Petra* ist und sofort einen Rückgabeantrag stellt, dazu führen, dass der gewöhnliche Aufenthalt von *Petra* zunächst noch im Ursprungsstaat (hier: Ungarn) liegt. In diesem Fall ist das **ungarische Sachrecht** maßgeblich (Art 3 HKÜ iVm Art 16 Abs 1 KSÜ). Nach ungarischem Sachrecht teilen sich beide (noch verheirateten) Elternteile nach den Angaben im Sachverhalt das Sorgerecht. Indem *Lukas Petra* ohne *Fannis* Zustimmung von Ungarn nach Österreich verbringt, verletzt er das gemeinsame Sorgerecht von *Fanni*. *Lukas* verbringt *Petra* sohin widerrechtlich nach Österreich.

Rückgabeantrag: Das Rückgabeverfahren wird (zunächst) im **Verbringungsstaat** (hier: vor den österreichischen Gerichten) geführt. *Fanni* kann sich mit ihrem Rückgabeantrag entweder an die zentralen Behörden im Ursprungsstaat (hier: Ungarn) oder im Verbringungsstaat (hier: Österreich) wenden (Art 8 HKÜ). Die zentrale Behörde Österreichs ist das Bundesministerium für Justiz (BMJ).

Vorbringen von *Lukas*: *Lukas* könnte sich auf Art 13 lit b HKÜ stützen. Als Grundsatz gilt, dass das Gericht oder die Behörde die sofortige Rückgabe des Kindes anordnet, wenn ein Kind (Art 4 HKÜ) entführt wurde (Art 3 HKÜ) und der Rückgabeantrag innerhalb eines Jahres gestellt wurde (Art 12 HKÜ). Die **Ausnahmen** von diesem Grundsatz regelt Art 13 HKÜ. Ungeachtet des Art 12 HKÜ besteht keine Verpflichtung, die Rückgabe des Kindes anzuordnen, wenn der Nachweis gelingt, „*dass die Rückgabe mit der schwerwiegenden Gefahr eines körperlichen oder seelischen Schadens für das Kind verbunden ist oder das Kind auf andere Weise in eine unzumutbare Lage bringt*" (Art 13 lit b HKÜ). *Lukas* könnte also vorbringen, dass einer Rückkehr von *Petra* nach Ungarn ohne ihren Vater das Rückführungshindernis „*der schwerwiegenden Gefahr eines körperlichen oder seelischen Schadens*" entgegensteht.

Weitere Schritte von *Fanni*: Da der Ursprungs-Mitgliedsstaat (Ungarn) und der Verbringungs-Mitgliedsstaat (Österreich) beide Mitgliedsstaaten der Europäischen Union sind, weshalb die Modifikationen des Rückgabeverfahrens der Brüssel IIb-VO (Kapitel III) anwendbar sind, könnte *Fanni* versuchen – im Anschluss an die Ablehnung der Rückgabe des Kindes im Verbringungs-Mitgliedsstaat (Österreich) – im Ursprungs-Mitgliedsstaat (Ungarn) eine – privilegiert zu vollstreckende – positive Rückgabeentscheidung zu erwirken. Sie ist auch als „*Overriding-Mechanismus*", „*Overruling-System*" und „*Rückklappmechanismus*" bekannt (zu alldem *Fucik*, iFamZ 2022, 94 [94 ff]). Nach der Brüssel IIb-VO kann eine Entscheidung des Verbringungs-Mitgliedsstaates, welche die Rückgabe eines Kindes in einen anderen Mitgliedsstaat ausschließlich auf der Grundlage von Art 13 Abs 1 lit b HKÜ wegen einer schwerwiegenden Gefährdung des Kindes oder Art 13 Abs 2 HKÜ wegen einer Widersetzung des Kindes ablehnt, durch eine spätere Entscheidung des Ursprungs-Mitgliedsstaates ersetzt werden. Diese spätere Entscheidung muss allerdings in einem **Sorgerechtsverfahren** gefällt werden und die **Rückgabe** des Kindes zur Folge haben (ErwGr 48 Brüssel IIb-VO iVm Art 29 Brüssel IIb-VO). Eine „*isolierte Rückgabeanordnung*" ist nach der Brüssel IIb-VO – anders als nach der Brüssel IIa-VO – nicht mehr zulässig (*Nademleinsky/Neumayr*, Internationales Familienrecht^3 Rz 9.79). Dieses nachgeschaltete Verfahren der Brüssel IIb-VO, das bereits in der Brüssel IIa-VO enthalten war, soll nach der Auffassung der Europäischen Kommission, „*eine stärkere abschreckende Wirkung auf den möglichen entführenden Elternteil haben*", hatte „*sich aber in der Praxis als schwierig erwiesen*" (COM(2016) 411 final, 4), weshalb es gegenüber der Brüssel IIa-VO mittlerweile abgeschwächt wurde (*Rosenberg*, iFamZ 2017, 289 [289 ff]).

Variante 1: Nach dem anwendbaren österreichischen Sachrecht (Art 3 HKÜ iVm Art 16 KSÜ; siehe hierzu den Grundfall) hat nach § 162 Abs 2 ABGB bei gemeinsamer Obsorge zwar jener Elternteil, in dessen Haushalt das Kind hauptsächlich betreut wird (**Domizilelternteil**), das alleinige Recht, den Wohnort des Kindes zu bestimmen. Allerdings erklären die historischen Gesetzesmaterialien (JAB 2087 BlgNR 24. GP 3 zu § 162 ABGB), „*dass sich dieser Domizilelternteil im Hinblick auf das Einvernehmlichkeitsgebot (§ 137 Abs 2 ABGB) um eine Zustimmung des anderen Elternteils zu bemühen und bei Ablehnung dessen Äußerung zu berücksichtigen habe (§ 189 Abs 1 und 5 ABGB), wenn dies dem Wohl des Kindes besser entspreche*" (hierzu OGH 29.11.2016, 6 Ob 170/16t). Dieser „*eindeutig dokumentierte Wille des historischen Gesetzgebers*" und „*der Umstand, dass die Bedeutung des Domizilelternteils durch die Rechtsprechung* (VfGH 9.10.2015, G 152/2015; OGH 27.09.2016, 6 Ob 149/16d) *maßgeblich eingeschränkt wurde*", führt nach der Auffassung des OGH dazu, dass der hauptsächlich betreuende Elternteil (*Fanni*) „*bei gemeinsam ausgeübter Obsorge somit dann keinen „Sorgerechtsbruch" im Sinn des HKÜ*" begeht, wenn der hauptsächlich betreuende Elternteil (*Fanni*) vor dem Verbringen des Kindes (*Petra*) ins Ausland mit dem anderen Elternteil (*Lukas*) das Einvernehmen herstellt oder den anderen Elternteil (*Lukas*) wenigstens über die Umzugsabsichten informiert und der andere Elternteil (*Lukas*) hierauf nicht reagiert, etwa indem er keinen Antrag nach § 107 Abs 3 AußStrG stellt (zu alldem OGH 29.11.2016 6 Ob 170/16t). *Fanni* hat *Lukas* nicht in ihre Umzugsabsichten eingebunden. Sie hat also **kein Einvernehmen** gesucht. Vielmehr hat sie ihn nicht einmal hierüber informiert, weshalb eine Kindesentführung iSd HKÜ vorliegt, weil *Fanni Petra* widerrechtlich nach Ungarn verbringt.

Variante 2: Österreichisches Sachrecht ist anwendbar (Art 3 HKÜ iVm Art 16 KSÜ; siehe hierzu den Grundfall). Deshalb verbringt *Fanni Petra* nicht widerrechtlich nach Ungarn. Denn eine Kindesentführung verlangt zunächst einen **Sorgerechtsbruch**. Da die Mutter nach § 177 Abs 2 ABGB allein mit der Obsorge betraut ist, wenn die Eltern zum Zeitpunkt der Geburt des Kindes nicht miteinander verheiratet sind, hat *Fanni* die alleinige Obsorge über *Petra*, weshalb sie niemandes Obsorge verletzt. Unzweifelhaft ist diese alleinige Obsorge nach österreichischem Sachrecht ein Sorgerecht iSd Art 5 lit a HKÜ. Die Rechte, die *Lukas* nach österreichischem Sachrecht zukommen, zu denen im Wesentlichen Informationsrechte zählen, sind für sich allein keine Sorgerecht iSd Art 5 lit a HKÜ. Der Umzug *Fannis* mit *Petra* verletzt daher kein Sorgerecht von *Lukas*, weil er schlichtweg über kein Sorgerecht verfügt.

Variante 3: Nach Art 3 HKÜ richten sich die Rechte, die einem Elternteil zukommen, nach dem Recht des Staats des gewöhnlichen Aufenthalts des Kindes unmittelbar vor seinem (behaupteten) Verbringen (Ursprungsstaat). Im vorliegenden Fall handelt es sich hierbei um slowakisches Recht. Nimmt man keine Sachnormverweisung an, sondern geht man davon aus, dass Art 3 HKÜ eine Gesamtverweisung ausspricht (RIS-Justiz RS0074559), kommt man zur Anwendung der Kollisionsnorm des Art 16 Abs 1 KSÜ, weil die Slowakei ein Vertragsstaat des KSÜ ist. Nach Art 16 Abs 1 KSÜ ist das Recht des Staates des **gewöhnlichen Aufenthalts des Kindes** auf die Beurteilung der elterlichen Verantwortung anwendbar. Geht man davon aus, dass der gewöhnliche Aufenthalt des Kindes in der Slowakei liegt, ist nach Art 16 Abs 1 KSÜ slowakisches Sachrecht auf die elterliche Verantwortung anwendbar, nach dem auch der allein sorgeberechtigte Elternteil nur dann mit dem Kind aus der Slowakei wegziehen darf, wenn der andere Elternteil oder ein Gericht zustimmte (OGH 22.04.2013 6 Ob 75/13t).[5] Da diese Voraussetzung nicht erfüllt ist, liegt ein Sorgerechtsbruch gemäß Art 3 HKÜ vor, weshalb *Fanni Petra* widerrechtlich nach Ungarn verbringt.

Variante 4: In dieser Konstellation bildet der Umzug von *Fanni* und *Petra* von Österreich nach Ungarn kein widerrechtliches Verbringen des Kindes, weil ihr Umzug im Einklang mit einer **gerichtlichen Entscheidung** erfolgt, die erst später durch eine höherrangige gerichtliche Entscheidung aufgehoben wird. Allerdings könnte die unterlassene Rückführung von *Petra* nach Österreich im Anschluss an die Entscheidung der zweiten Gerichtsinstanz ein widerrechtliches Zurückhalten des Kindes begründen. Nach Art 3 lit a HKÜ gilt das Zurückhalten eines Kindes als widerrechtlich, „*wenn dadurch das Sorgerecht verletzt wird, das* (...) *nach dem Recht des Staates zusteht, in dem das Kind unmittelbar vor dem Zurückhalten seinen gewöhnlichen Aufenthalt hatte.*" Nur in diesen Staat kann die Rückgabe des Kindes erfolgen. Hieraus folgt, dass der Erfolg des Rückgabeantrags davon abhängt, wo *Petra* unmittelbar vor dem behaupteten widerrechtlichen Zurückhalten ihren gewöhnlichen Aufenthalt hatte. Wenn *Petra* zu diesem Zeitpunkt ihren gewöhnlichen Aufenthalt noch im Ursprungsstaat (Österreich) hatte, liegt eine Kindesentführung vor. Wenn *Petra* zu diesem Zeitpunkt ihren gewöhnlichen Aufenthalt nicht mehr im Ursprungsstaat (Österreich) hatte, ist der Rückgabeantrag zurückzuweisen (EuGH 09.10.2014, C-376/14 PPU, *C*, EF-Z 2015, 45 [*Nademleinsky*]).

Der Begriff des gewöhnlichen Aufenthalts des Kindes ist weder im HKÜ noch in der Brüssel IIb-VO legaldefiniert. Nach der EuGH-Judikatur ist dieser Anknüp-

5 Beachte Art 16 Abs 3 KSÜ, der bestimmt, dass die „*elterliche Verantwortung nach dem Recht des Staates des gewöhnlichen Aufenthalts des Kindes* (...) *nach dem Wechsel dieses gewöhnlichen Aufenthalts in einen anderen Staat*" fortbesteht. Zu alldem OGH 19.12.2012, 6 Ob 217/12y: „*Ein Wechsel des gewöhnlichen Aufenthalts des Kindes nach Dänemark* (= Verbringungsstaat) *führte nach Art 16 Abs 3 KSÜ nicht zum Wegfall des nach österreichischem Recht* (= Ursprungsstaat) *bestehenden Obsorgerechts der Mutter*" (= zurückgelassener Elternteil).

fungspunkt unter Berücksichtigung aller besonderen tatsächlichen Umstände des Einzelfalls zu bestimmen. So ist etwa relevant, ob das Kind seit dem Umzug in ein soziales und familiäres Umfeld integriert ist (siehe Fall 120). Laut EuGH darf allerdings die Zeit, die seit der zweitinstanzlichen Entscheidung vergangen ist, *„keinesfalls berücksichtigt werden“* (EuGH 09.10.2014, C-376/14 PPU, *C*). Für den EuGH lässt der Umstand, dass die Entscheidung mit einem Rechtsmittel angefochten war, *„nicht auf eine Verlagerung des gewöhnlichen Aufenthalts schließen, da der Elternteil zum Zeitpunkt der Verbringung nicht sicher sein konnte, dass der Aufenthalt nicht vorübergehend sein würde“* (EuGH 09.10.2014, C-376/14 PPU, *C*). Diese *„normative Aufladung“* des Begriffs *„gewöhnlicher Aufenthalt“* wurde in der Lehre kritisiert. Es ist allerdings eine **Gesamtbetrachtung** anzustellen. Je nachdem, welchen Kriterien im Einzelfall mehr Bedeutung beigemessen wird, kommt man zum Ergebnis, dass der gewöhnliche Aufenthalt *Petras* nach Ungarn übergegangen ist oder nicht. Da im vorliegenden Fall zwei Jahre zwischen ihrem Umzug nach Ungarn und der Rechtsmittelentscheidung liegen, weshalb die Integration *Petras* in den Verbringungsstaat (Ungarn) weit fortgeschritten ist, sprechen gewichtige Gründe für die Annahme, dass ihr gewöhnlicher Aufenthalt mittlerweile in Ungarn liegt. Dann liegt keine Kindesentführung vor, weshalb der Rückgabeantrag ihres Vaters ins Leere geht.

Variante 5: Nein, *Fanni* hält *Petra* in dieser Variante nicht widerrechtlich in Ungarn zurück. Denn in dieser Konstellation wurde *Petra* im Einklang mit dem gemeinsamen Willen ihrer Eltern in einem anderen Staat (Ungarn) als in jenem Staat (Österreich) geboren, in dem ihre Eltern vor ihrer Geburt ihren gewöhnlichen Aufenthalt hatten, und hielt sich dort (Ungarn) mehrere Monate lang ununterbrochen mit *Fanni* auf. Der Rückgabeantrag von *Lukas* kann nach Art 3 HKÜ nur dann Erfolg haben, wenn *Petra* ihren gewöhnlichen Aufenthalt unmittelbar vor dem behaupteten Zurückhalten in jenem Staat (Österreich) hatte, in den sie zurückkehren soll (hierzu schon Variante 4). Somit ist auch in dieser Variante der Begriff des gewöhnlichen Aufenthalts von *Petra* der entscheidende Gesichtspunkt der Beurteilung des Rückgabeantrags von *Lukas*. Nach der EuGH-Judikatur ist unter dem gewöhnlichen Aufenthalt jener Ort zu verstehen, der *„Ausdruck einer gewissen Integration des Kindes in ein soziales und familiäres Umfeld“* ist. Dieser Ort ist anhand *„aller tatsächlicher Umstände des Einzelfalls“* zu bestimmen. So kann auch die Intention der Eltern, mit dem Kind in einem bestimmten Mitgliedsstaat zu leben, ein *„Indiz“* darstellen, das allerdings durch ein *„Bündel anderer übereinstimmender Gesichtspunkte“* vervollständigt werden muss (EuGH 08.06.2017, C-111/17 PPU, *OL*). Es wäre gleichwohl schwer mit den Grundwertungen des HKÜ vereinbar, *„wenn der ursprünglichen Intention der Eltern, dass sich das Kind an einem bestimmten Ort aufhalten soll, größeres Gewicht zukäme als dem Umstand, dass es sich seit seiner Geburt ununterbrochen in einem anderen Staat aufhält“* (EuGH 08.06.2017, C-111/17 PPU, *OL*). Der gewöhnliche Aufenthalt von *Petra* liegt damit in ihrem **Geburtsstaat** Ungarn. Folglich kann in einer solchen Situation die Weigerung von *Fanni*, mit *Petra* nach Österreich zurückzukehren, nicht als widerrechtliches Zurückhalten angesehen werden, weil *Petra* ihren gewöhnlichen Aufenthalt nie in Österreich hatte. Der Rückgabeantrag von *Lukas* ist sohin mangels Vorliegens einer Kindesentführung erfolglos.

Lernhinweise: Das HKÜ zählt aktuell 103 Vertragsstaaten. Zuletzt ist das HKÜ für Botsuana (01.02.2023) und Cabo Verde (01.01.2023) in Kraft getreten.

Bei der österreichischen zentralen Behörde langten im Jahr 2020 aus dem Ausland 33 Rückgabeanträge ein, bei denen die Rückführung eines Kindes in das Ausland begehrt wurde. Im selben Zeitraum wurden aus Österreich in das Ausland 25 Rückführungsanträge gestellt (*Rosenberg/Nagl*, iFamZ 2022, 59 [59 ff]).

Literatur: *Balthasar-Wach*, Kindesentführungsfälle 1 ff; *Balthasar-Wach* in *Lanser/Potocnik-Manzouri/Safron/Tilian/Wieser*, Social Europe? 1 (1 ff); *Dutta*, ZEuP 2016, 427 (447); *Fötschl*, EF-Z 2014, 100 (100 ff); *Fucik*, EF-Z 2017, 285 (285 ff); *Fucik*, iFamZ 2022, 94 (94 ff); *Lurger/Melcher*, IPR[4] Rz 2/108-2/111; *Nademleinsky/Neumayr*, Internationales Familienrecht[3] Rz 1.63, 9.1-9.34, 9.54-9.56, 9.73-9.88; *Rosenberg*, iFamZ 2017, 289 (289 ff); ferner OGH 22.04.2013, 6 Ob 75/13t; OGH 08.05.2013, 6 Ob 86/13k iFamZ 2013/157 (*Fucik*); OGH 29.11.2016, 6 Ob 170/16t; OGH 28.08.2020, 6 Ob 178/20z; EuGH 09.10.2014, C-376/14 PPU, *C*; EuGH 08.06.2017, C-111/17 PPU, *OL*.

g. Unterhalt im Eltern-Kind-Verhältnis

Fall 125 *(Balthasar-Wach)*

Schwerpunkte: Anwendungsbereich (EuUntVO und HUP), objektive Anknüpfung, Unterhaltspflicht der Eltern gegenüber ihren Kindern

Lena lebt mit ihrer Mutter in Österreich. Ihr rechtlicher Vater *Liam* lebt in Irland. Aufgrund eines Beschlusses eines international zuständigen österreichischen Bezirksgerichts ist *Liam* zu einer monatlichen Unterhaltsleistung an *Lena* verpflichtet. Nun stellt *Liam* beim international zuständigen österreichischen Bezirksgericht einen Unterhaltsherabsetzungsantrag. Er bringt vor, dass sich seine Einkommensverhältnisse wesentlich verschlechtert hätten, weil das Unternehmen, bei dem er angestellt sei, seine Stunden reduziert habe. Welches Sachrecht ist auf dieses Kindesunterhaltsverfahren anwendbar?

Variante 1: Nach dem Abschluss des Unterhaltsherabsetzungsverfahrens findet *Liam* wieder einen lukrativen Job. Daher stellt *Lena*, die in Österreich lebt, in Irland einen Antrag auf Neufestsetzung ihres Kindesunterhalts. Während des laufenden Verfahrens übersiedelt *Lena* mit ihrer Mutter nach Deutschland, weil *Lena* dort an einer renommierten Privatschule angenommen wurde.

Welches Sachrecht ist auf welche Leistungszeiträume anwendbar? Inwiefern wäre es bedeutsam, wenn *Lena* nicht nach irischem Sachrecht, sondern ausschließlich nach deutschem Sachrecht Unterhalt erhalten könnte?

Variante 2: Nach dem Abschluss des Unterhaltsherabsetzungsverfahrens findet *Liam* wieder einen lukrativen Job. Daher stellt *Lena* in Österreich einen Antrag auf Neufestsetzung ihres Kindesunterhalts. Während des laufenden Verfahrens übersiedelt *Lena* mit ihrer Mutter nach Deutschland, weil *Lena* dort an einer renommierten Privatschule angenommen wurde.

Welches Sachrecht ist nach der Übersiedlung anwendbar?

Grundsachverhalt nach OGH 28.11.2018, 9 Ob 77/18s; Sachverhalte der Varianten nach OGH 22.02.2017, 3 Ob 234/16g.

Diese Frage ist nach der EuUntVO und dem HUP zu lösen.

Zur EuUntVO: Zeitlich ist die EuUntVO seit dem 18.06.2011 anwendbar (Art 76 EuUntVO). Räumlich unterliegen die Forumstaaten Österreich (im Grundsachverhalt und in Variante 2) und Irland (in Variante 1) jeweils der EuUntVO. Irland hat zwar in Bezug auf Titel V des dritten Teils des AEUV bezüglich des Raumes der Freiheit, der Sicherheit und des Rechts besondere primärrechtliche Opt-out-Rechte, die auch für die justizielle Zusammenarbeit in Zivilsachen im Wege der EuUntVO gelten, doch hat Irland mitgeteilt, an der EuUntVO teilzunehmen (ErwGr 46 EuUntVO). Sachlich umfasst die EuUntVO alle Unterhaltspflichten, die *„auf einem Familien-, Verwandtschafts- oder eherechtlichen Verhältnis oder auf Schwägerschaft beruhen“* (Art 1 Abs 1 EuUntVO). Diese Legaldefinition inkludiert die behauptete Geldunterhaltspflicht des Vaters *Liam* gegenüber seiner Tochter *Lena*.

Zum HUP: Das HUP ist zwar erst mit 01.08.2013 in Kraft getreten (Art 25 HUP), war in der Europäischen Union aber auf Grund des Ratsbeschlusses vom 30.11.2009 schon ab dem 18.06.2011 anwendbar. Nur Dänemark beteiligt sich nicht am HUP. Sachlich bestimmt das HUP *„das auf solche Unterhaltspflichten anzuwendende Recht, die sich aus Beziehungen der Familie, Verwandtschaft, Ehe oder Schwägerschaft ergeben, einschließlich der Unterhaltspflichten gegenüber einem Kind, ungeachtet des Zivilstands seiner Eltern“* (Art 1 HUP). Hiervon sind die Unterhaltspflichten von *Liam* gegenüber *Lena* umfasst. Das HUP enthält Sachnormverweisungen, weshalb Rück- und Weiterverweisungen ausgeschlossen sind (Art 12 HUP). Das HUP *„ist auch anzuwenden, wenn das darin bezeichnete Recht dasjenige eines Nichtvertragsstaats ist“* (Art 2 HUP: *loi uniforme*).

Anwendbares Recht: Nach Art 15 EuUntVO *„bestimmt sich das auf Unterhaltspflichten anwendbare Recht“* für die Mitgliedstaaten, die durch das HUP gebunden sind, nach dem HUP. Die allgemeine Regel des Art 3 Abs 1 HUP beruft für Unterhaltspflichten das Sachrecht jenes Staats zur Anwendung, in dem die berechtigte Person ihren gewöhnlichen Aufenthalt hat (**Gläubigeraufenthaltsstatut**: *Lurger/Melcher*, IPR[4] Rz 2/121). Der gewöhnliche Aufenthalt ist jener Ort, der Ausdruck der sozialen und familiären Integration des Kindes ist. Gegenständlich ist mangels weiterer Hinweise davon auszugehen, dass der gewöhnliche Aufenthalt von *Lena* in Österreich liegt. Folglich ist auf die Beurteilung der behaupteten Unterhaltspflichten österreichisches Sachrecht anzuwenden (§§ 231 ff ABGB).

Die Grundanknüpfung des Art 3 HUP an den gewöhnlichen Aufenthalt des Unterhaltsberechtigten soll „*den Unterhalt unter Berücksichtigung der rechtlichen und tatsächlichen Bedingungen des Landes, in dem die berechtigte Person lebt, (...) bestimmen und die Gleichbehandlung berechtigter Personen, die in demselben Staat leben*", sicherstellen. Auch führt diese Anknüpfung „*wegen der häufig in Anspruch genommenen Möglichkeit, den eigenen Aufenthaltsort* (= gewöhnlichen Aufenthalt der berechtigten Person) *als Gerichtsstand heranzuziehen, überdies zum wünschenswerten Ergebnis, dass das angerufene Gericht nicht fremdes Recht anwenden muss*", sondern sein eigenes Recht (*lex fori*) anwenden kann (alle Zitate nach OGH 22.02.2017, 3 Ob 234/16g).

Variante 1: Das HUP bestimmt das anwendbare Sachrecht auf Unterhaltspflichten von Eltern gegenüber ihren Kindern (Art 1 HUP).

Zeitraum vor dem Umzug: Für die Unterhaltsperioden bis zur Übersiedlung der Gläubigerin *Lena* nach Deutschland ergibt sich die Anwendung irischen Sachrechts aus Art 4 Abs 1 lit a HUP iVm Art 4 Abs 3 HUP. Denn Art 4 Abs 3 HUP verdrängt die allgemeine Anknüpfung nach Art 3 HUP zwingend, wenn der Unterhaltsberechtigte seinen Anspruch im Staat des gewöhnlichen Aufenthalts des Unterhaltspflichtigen geltend macht. Wenn die berechtigte Person (*Lena*) somit die zuständige Behörde jenes Staates anruft, in dem die verpflichtete Person (*Liam*) ihren gewöhnlichen Aufenthalt hat (Irland), ist ungeachtet des Art 3 HUP das am Ort des angerufenen Gerichts geltende Sachrecht (hier: irisches Sachrecht) anzuwenden. Art 4 Abs 3 HUP verwirklicht ein wesentliches Anliegen des HUP, das in der weitgehenden Anwendung der *lex fori* in Kindesunterhaltsverfahren besteht.

Zeitraum nach dem Umzug: Art 3 Abs 2 HUP sieht grundsätzlich vor, dass nach einem Wechsel des gewöhnlichen Aufenthalts der berechtigten Person ab diesem Zeitpunkt **das Sachrecht des Staates ihres neuen gewöhnlichen Aufenthalts anzuwenden** ist. Im Anwendungsbereich des Art 4 Abs 3 Satz 1 HUP bleibt jedoch irisches Sachrecht weiterhin anwendbar. Insoweit kommt es zu **keinem Statutenwechsel** (*Verschraegen* in *Rummel/Lukas/Geroldinger*, ABGB[4] Art 4 HUP Rz 23). Nach Art 4 Abs 3 Satz 2 HUP ist das Sachrecht des Staates des gewöhnlichen Aufenthalts der verpflichteten Partei nur dann nicht anzuwenden, wenn die berechtigte Person nach dem Sachrecht, das sich aus Art 4 Abs 3 Satz 1 HUP ergibt, überhaupt keinen Unterhalt erhalten kann (bloße Ungünstigkeit reicht demgegenüber nicht). Wenn die berechtigte Person somit nach diesem Sachrecht, das Art 4 Abs 3 Satz 1 HUP zur Anwendung beruft, keinen Unterhalt erhalten kann, ist das Sachrecht des Staates des gewöhnlichen Aufenthalts der berechtigten Person anzuwenden (Art 4 Abs 3 Satz 2 HUP).

Variante 2: Diese Variante zeigt den Anwendungsbereich von Art 3 Abs 2 HUP. Wenn die berechtigte Person (*Lena*) ihren gewöhnlichen Aufenthalt wechselt, was hier der Fall ist, weil sie von Österreich nach Deutschland zieht, „*ist vom Zeitpunkt des Aufenthaltswechsels an das Recht des Staates des neuen gewöhnlichen Aufenthalts anzuwenden*“ (Art 3 Abs 2 HUP). Hierbei handelt es sich demnach um deutsches Sachrecht. In anhängigen Verfahren kann daher im Verlauf der Zeit ein **Statutenwechsel** eintreten. Art 3 Abs 2 HUP ist – in Abgrenzung zu Art 4 Abs 3 HUP (Variante 1) – anzuwenden, wenn die unterhaltsberechtigte Person und die unterhaltspflichtige Person „*zum Zeitpunkt der Verfahrenseinleitung ihren gewöhnlichen Aufenthalt nicht in demselben Staat hatten und die unterhaltsberechtigte Person ihren Aktivgerichtsstand in Anspruch nahm*“ (OGH 22.02.2017, 3 Ob 234/16g).

Lernhinweis: „*Privilegierten Unterhaltsberechtigten wird – sofern der Unterhaltspflichtige nicht im selben Staat lebt – durch Art 4 Abs 3 HUP indirekt das Recht zuerkannt, durch die Wahl des Gerichts auch das auf die Unterhaltsforderung anzuwendende Recht zu wählen*“ (OGH 22.02.2017, 3 Ob 234/16g mit Verweis auf den *Bonomi*-Bericht Rz 68).

Literatur: *Balthasar*, ÖJZ 2015, 12 (12 ff); *Fucik*, iFamZ 2008, 90 (90 ff); *Lurger/Melcher*, IPR[4] Rz 2/112-2/115, 2/121-2/131; *Moser*, JAP 2013/14, 108 (108 ff); *Nademleinsky/Neumayr*, Internationales Familienrecht[3] Rz 10.1-10.10, 10.51-10.88; *Verschraegen* in *Rummel/Lukas/Geroldinger*, ABGB[4] Art 4 HUP Rz 1 ff; *Weber*, EF-Z 2019, 196 (196 ff); ferner OGH 28.11.2018, 9 Ob 77/18s iFamZ 2019, 144 (*Frohner*); Sachverhalt nach OGH 22.02.2017, 3 Ob 234/16g.

Fall 126 *(Balthasar-Wach)*

Schwerpunkte: Regressantrag einer öffentlichen Einrichtung, Unterhaltsanspruch von Eltern gegenüber ihren Kindern

Ute lebt in einem Alten- und Pflegeheim in Deutschland. Sie erhält vom deutschen *Landkreis Harburg* regelmäßig Sozialhilfe. Ihr Sohn *Theodor* wohnt in Österreich, wo er sich eines hohen Einkommens erfreut. Schon öfter hat *Ute* überlegt, ob sie von *Theodor* Elternunterhalt verlangen könnte, weshalb sie dieses Ansinnen mit dem zuständigen Sachbearbeiter des *Landkreises Harburg* bespricht.

Der *Landkreis Harburg* gelangt infolge dieser Unterredung zur Auffassung, dass *Utes* Ansprüche gegen *Theodor* aufgrund der erbrachten Leistungen an *Ute* auf den *Landkreis Harburg* übergegangen seien.

Deshalb leitet der *Landkreis Harburg* in Deutschland gegen *Theodor* ein Verfahren wegen der Begleichung der Unterhaltsforderungen von *Ute* ein.

Welches Sachrecht ist auf dieses Verfahren anwendbar?

Sachverhalt nach EuGH 17.09.2020, C-540/19, *Landkreis Harburg*.

Diese Frage ist nach der EuUntVO und dem HUP zu lösen (zu ihren Anwendungsbereichen siehe Fall 125).

Internationale Zuständigkeit: Der *Landkreis Harburg* kann die internationale Zuständigkeit des deutschen Gerichts auf Art 3 lit b EuUntVO stützen, weil es sich hierbei um ein Gericht jenes Staates (Deutschland) handelt, in dem die berechtigte Person (*Ute*) ihren gewöhnlichen Aufenthalt hat. Dies gilt auch dann, wenn der *Landkreis Harburg* im Regressweg von *Theodor* als unterhaltspflichtigem Sohn *Utes* jene Beträge einfordert, die gegenüber seiner unterhaltsberechtigten Mutter aushaften.

Anwendbares Recht: Das auf Unterhaltspflichten anwendbare Sachrecht bestimmt sich für vor einem international zuständigen Gericht eines Mitgliedsstaates der Europäischen Union nach dem HUP (Art 15 EuUntVO). Das HUP gilt auch für **Unterhaltspflichten von Kindern gegenüber ihren unterhaltsberechtigten Eltern** (Art 1 HUP iVm Art 4 Abs 1 lit c HUP). Soweit keine Sonderregelungen bestehen, ist nach Art 3 Abs 1 HUP für solche Unterhaltspflichten das Sachrecht (Art 12 HUP) jenes Staates maßgebend, in dem die berechtigte Person ihren gewöhnlichen Aufenthalt hat. Da die unterhaltsberechtigte *Ute* ihren gewöhnlichen Aufenthalt in Deutschland hat, ist deutsches Sachrecht anwendbar.

Gegenständlich ist ferner Art 10 HUP beachtlich. Nach Art 10 HUP (beachte überdies Art 64 Abs 2 EuUntVO) ist *„für das Recht einer öffentliche Aufgaben wahrnehmenden Einrichtung, die Erstattung einer der berechtigten Person anstelle von Unterhalt erbrachten Leistung zu verlangen,* (...) *das Recht maßgebend, dem diese Einrichtung untersteht"* (**Erstattungsstatut**: *Neumayr* in *Laimer*, IPR-Praxiskommentar Art 10 HUP Rz 1). Deshalb kommt es auf den Staat an, zu dessen Behördenstruktur die Einrichtung zählt. Im Ergebnis ist deutsches Sachrecht auf alle Rechtsfragen des beurteilungsgegenständlichen Verfahrens anwendbar. Dabei regeln Art 10 HUP die Frage, ob eine Erstattung zusteht, und Art 3 HUP iVm Art 11 lit f HUP, in welchem Umfang dieser Regress gebührt (zu alldem *Nademleinsky/Neumayr*, Internationales Familienrecht[3] Rz 10.94).

In den meisten Fällen befinden sich der Sitz der öffentlichen Einrichtung und der gewöhnliche Aufenthaltsort der unterhaltsberechtigten Person im selben Staat, weil die Regressfrage in aller Regel gerade die Erstattung der Kosten der dauerhaften Versorgung der unterhaltsberechtigten Person in einer Versorgungsstätte der öffentlichen Einrichtung betrifft. Somit liegt typischerweise eine **Parallelität** zwischen den Regeln zur Bestimmung der internationalen Zuständigkeit und den Regeln zur Bestimmung des anwendbaren Sachrechts vor. Dieser Gleichklang ist der zügigen Erledigung von Unterhaltssachen zuträglich (EuGH 17.09.2020, C-540/19, *Landkreis Harburg*).

Literatur: *Balthasar-Wach*, ecolex 2020, 1034 (1035 f); *Lurger/Melcher*, IPR[4] Rz 2/112-2/115, 2/121-2/131; *Neumayr* in *Laimer*, IPR-Praxiskommentar Art 10 HUP Rz 1 ff; *Moser*, JAP 2013/14, 108 (108 ff); *Nademleinsky/Neumayr*, Internationales Familienrecht[3] Rz 10.94-10.96; ferner EuGH 17.09.2020, C-540/19, *Landkreis Harburg*.

Fall 127 *(Balthasar-Wach)*

Schwerpunkte: Rechtswahl für die Zwecke eines einzelnen Verfahrens, Beteiligung von Minderjährigen

Kim (österreichische Staatsangehörige) und *Sven* (deutscher Staatsangehöriger) sind geschieden. Sie leben in Sankt Veit an der Glan (Österreich). Gemeinsam kümmern sie sich um ihren volljährigen Sohn *Veli*, der österreichischer Staatsangehöriger ist. Zwischen *Veli* und *Sven* gibt es regelmäßig Streit, weil *Sven* nicht versteht, dass es *Veli* ins Ausland zieht. Schließlich entscheidet sich *Veli* für ein Studium in Amsterdam (Niederlande), wohin er umzieht. *Sven* hat Sorge, dass *Veli* seine Zeit im Ausland nicht ernsthaft für seine Ausbildung, sondern nur zum Feiern nutzen wird. Daher einigen sich *Sven* und *Veli*, dass sie für alle Zukunft österreichisches Unterhaltsrecht für alle Streitigkeiten, die sich im Zusammenhang mit der elterlichen Unterhaltspflicht ergeben, gelten lassen wollen. *Sven* hat im Vorfeld recherchiert, dass er seinem volljährigen Sohn *Veli* nach österreichischem Unterhaltssachrecht kein Unterhalt zahlen muss, wenn er sein Studium nicht ernsthaft und zielstrebig verfolgt (RIS-Justiz RS0047580).

Können *Sven* und *Veli* österreichisches Sachrecht vereinbaren? Welche Gestaltungsmöglichkeiten bestehen alternativ? Ist die Rechtswahl in der Form eines elektronischen Dokuments – wie eines E-Mail-Wechsels oder WhatsApp-Chatverlaufs – zulässig?

Variante: Was ändert sich in Bezug auf die Rechtswahlmöglichkeiten, wenn *Veli* fünfzehn Jahre alt ist und seine restliche Schulzeit in einem Internat in Amsterdam (Niederlande) verbringen wird?

Nach der allgemeinen Regel ist für Unterhaltspflichten grundsätzlich das Sachrecht jenes Staates maßgeblich, in dem die berechtigte Person ihren gewöhnlichen Aufenthalt hat (Art 3 Abs 1 HUP). Sonderregeln sehen Art 4 HUP zugunsten bestimmter berechtigter Personen und Art 5 HUP für Ehegatten und frühere Ehegatten vor. Art 6 HUP enthält besondere Mittel zur Verteidigung.

Vor der objektiven Anknüpfung der erhobenen Unterhaltsansprüche ist aber zu prüfen, ob die Parteien eine wirksame **Rechtswahl** getroffen haben, die als subjektive Anknüpfung Vorrang genießt. Das HUP stellt hierfür **zwei Möglichkeiten** bereit: Nach **Art 7 HUP** können die Streitparteien für die Zwecke eines einzelnen Verfahrens in einem bestimmten Staat ausdrücklich das Sachrecht dieses Staates (*lex fori*) für anwendbar erklären. Im Unterschied zu Art 7 HUP regelt **Art 8 HUP** die Rechtswahl unabhängig von einem bestimmten Unterhaltsverfahren. Die in Art 8 Abs 1 HUP abschließend aufgezählten Wahlmöglichkeiten stellen sicher, dass zumindest eine der Parteien des Unterhaltsverhältnisses eine Nahebeziehung zum gewählten Sachrecht hat.

Wählbare Rechte: Da *Sven* und *Veli* nicht bloß für einen konkreten Konflikt über Unterhaltsansprüche eine Rechtswahl treffen wollen, scheidet die Wahlmöglichkeit nach Art 7 HUP aus. Nach Art 8 HUP können *Sven* und *Veli* folgende Rechtsordnungen wählen:

Nach Art 8 Abs 1 lit a HUP steht ihnen die Wahl des Rechts eines Staates offen, dem eine der Parteien im Zeitpunkt der Rechtswahl als **Staatsbürger** angehört. Hierbei handelt es um deutsches (*Sven*) oder österreichisches Recht (*Veli*).

Nach Art 8 Abs 1 lit b HUP ist das Recht jenes Staates wählbar, in dem eine der Parteien im Zeitpunkt der Rechtswahl ihren **gewöhnlichen Aufenthalt** hat. Hierbei handelt es um österreichisches (*Sven*) oder niederländisches Recht (*Veli*).

Nach Art 8 Abs 1 lit c HUP kann jenes Recht gewählt werden, das die Parteien als das auf ihren Güterstand anzuwendende Recht bestimmt haben, oder das tatsächlich darauf angewandte Recht. Diese Wahlmöglichkeit ist für **Eheleute** bedeutsam, nicht aber für den gegenständlichen Fall, weil zwischen *Sven* und *Veli* eine Eltern-Kind-Beziehung besteht.

Nach Art 8 Abs 1 lit d HUP steht den Parteien des Unterhaltsverhältnisses jenes Recht zur Wahl, das sie als das auf ihre **Ehescheidung** oder Trennung ohne Auflösung der Ehe anzuwendende Recht bestimmt haben, oder das tatsächlich auf diese Ehescheidung oder Trennung angewandte Recht. Diese Wahlmöglichkeit ist für den gegenständlichen Fall ebenfalls bedeutungslos.

Im Ergebnis steht ihnen die Wahl österreichischen, deutschen oder niederländischen Rechts offen (Art 8 Abs 1 lit a-b HUP).

Form: Nach Art 8 Abs 2 HUP ist „*eine solche Vereinbarung schriftlich zu erstellen oder auf einem Datenträger zu erfassen, dessen Inhalt für eine spätere Einsichtnahme zugänglich ist, und von beiden Parteien zu unterschreiben*“. Ein elektronisches Dokument reicht daher nur aus, wenn es mit einer elektronischen Unterschrift versehen ist. Diese Anforderung verwirklicht die rechtspolitisch gewünschte „*Klarstellungs-, Warn- und Beweisfunktion*“ und den „*Übereilungsschutz*“ (*Verschraegen* in *Rummel/Lukas/Geroldinger*, ABGB[4] Art 8 HUP Rz 52).

Variante: Eine Rechtswahl nach Art 8 Abs 1 HUP ist unzulässig, insoweit sie Unterhaltsansprüche einer Person betrifft, die ihr 18. Lebensjahr noch nicht vollendet hat (Art 8 Abs 3 HUP). Deshalb können *Sven* und *Veli* in der Variante keine allgemeine Rechtswahlvereinbarung treffen. In Ermangelung einer parallelen Ausnahme im Anwendungsbereich des Art 7 HUP besteht allerdings die Möglichkeit, für ein einzelnes Verfahren die *lex fori* zu wählen. Nach manchen Autoren soll dies jedoch nur für den fälligen Unterhalt gelten (*Nademleinsky/Neumayr*, Internationales Familienrecht[3] Rz 10.91).

Literatur: *Gitschthaler* in *Gitschthaler*, Internationales Familienrecht Art 7 HUP Rz 1 ff, Art 8 HUP Rz 1 ff; *Lurger/Melcher*, IPR[4] Rz 2/112-2/131; *Moser*, JAP 2013/14, 108 (108 ff); *Nademleinsky/Neumayr*, Internationales Familienrecht[3] Rz 10.89-10.93; *Nademleinsky*, EF-Z 2011, 130 (130 ff); *Verschraegen* in *Rummel/Lukas/Geroldinger*, ABGB[4] Art 8 HUP Rz 1 ff.

Fall 128 *(Balthasar-Wach)*
Schwerpunkte: Rechtswahl, Unterhaltsverzicht, Geschwisterunterhalt, besondere Mittel zur Verteidigung

Damian (polnischer Staatsangehöriger) ist in Polen aufgewachsen. Er lebt und arbeitet aber nunmehr in Österreich. Seine Schwester *Kamila* (polnische Staatsbürgerin) ist in Polen geblieben, wo sie sich als Künstlerin betätigt. *Damian* hat für die ständigen Bitten seiner Schwester *Kamila* um eine finanzielle Unterstützung keine Geduld mehr. Deshalb möchte er mit *Kamila* vereinbaren, dass auf ihre allfälligen Unterhaltsansprüche österreichisches Sachrecht zur Anwendung kommt. Denn das polnische Sachrecht kennt – anders als das österreichische Sachrecht – dem Grunde nach das Rechtsinstitut des Geschwisterunterhalts (*Blümel*, Polen, in *Rieck/Lettmaier*, Ausländisches Familienrecht [Stand: Oktober 2024] Rz 34).

Können *Damian* und *Kamila* österreichisches Sachrecht wählen?

Variante: *Damian* ist österreichischer Staatsbürger geworden. Kann er sich nunmehr auch auf eine andere Weise als durch Rechtswahl allfälligen Unterhaltszahlungen an *Kamila* entziehen?

Vorliegend ist zu prüfen, ob *Damian* und *Kamila* die Anwendung österreichischen Sachrechts auf zukünftige Unterhaltsstreitigkeiten wirksam vereinbaren können. Hierzu ist **Art 8 HUP** anzuwenden (beachte Fall 127 zur Abgrenzung zwischen Art 7 HUP und Art 8 HUP).

Nach Art 8 Abs lit b HUP können die Parteien das Recht jenes Staates wählen, in dem zumindest eine Partei im Zeitpunkt der Rechtswahl ihren **gewöhnlichen Aufenthalt** hat. Hierbei handelt es sich um jenen Ort, der Ausdruck einer gewissen sozialen und familiären Integration ist. Da *Damian* in Österreich lebt und arbeitet, ist davon auszugehen, dass sein gewöhnlicher Aufenthalt in Österreich liegt. *Damian* und *Kamila* können demnach grundsätzlich österreichisches Sachrecht wählen.

Zusätzlich muss allerdings noch die Voraussetzung des Art 8 Abs 4 HUP erfüllt sein. Die Wahl eines Sachrechts kann nämlich, wie im gegenständlichen Fall, der berechtigten Person ihren Anspruch auf Unterhaltsleistungen nehmen oder ihre Forderungen zumindest erheblich begrenzen. Daher sieht Art 8 HUP besondere Regelungen zur **Einschränkung** der Wirkung einer derartigen Rechtswahl vor. In diesem Sinne bestimmt Art 8 Abs 4 HUP, dass – ungeachtet des von den Parteien nach Art 8 Abs 1 HUP bestimmten Sachrechts (hier: österreichischen Sachrechts) – das Sachrecht jenes Staates, in dem die berechtigte Person (hier: *Kamila*) im Zeitpunkt der Rechtswahl ihren gewöhnlichen Aufenthalt hat (hier: Polen), dafür maßgebend ist, ob die berechtigte Person auf ihren Unterhaltsanspruch verzichten kann oder nicht. Diese Frage richtet sich somit nach polnischem Sachrecht.

Nach seinem Wortlaut umfasst Art 8 Abs 4 HUP ausschließlich jene Konstellation, in der die berechtigte Person auf ihre Ansprüche verzichtet, wobei ihr

Verzicht mit der Wahl einer Sachrechtsordnung einhergeht, die dessen Erklärung zulässt. Die Zielsetzung dieser Bestimmung lässt jedoch darauf schließen (*Bonomi*, Erläuternder Bericht, Nr 149), dass Art 8 Abs 4 HUP auch dann anzuwenden ist, wenn die Wahl eines bestimmten Sachrechts mittelbar einem explizit artikulierten Verzicht gleichkommt, weil das gewählte Sachrecht schlichtweg keine Unterhaltsleistung zugunsten der berechtigten Person vorsieht.

Da österreichisches Sachrecht (im Gegensatz zum polnischen Sachrecht) keinen gesetzlichen Geschwisterunterhalt kennt, würde die Vereinbarung von österreichischem Sachrecht im Unterschied zur allgemeinen objektiven Anknüpfung nach Art 3 HUP, die aufgrund des gewöhnlichen Aufenthalts der berechtigten *Kamila* in Polen zur Anwendung polnischen Sachrechts führen würde, einen Verzicht von *Kamila* auf Unterhalt von *Damian* zur Folge haben. Die Zulässigkeit dieses Verzichts ist somit nach Art 8 Abs 4 HUP nach dem gewöhnlichen Aufenthalt der berechtigten Person (*Kamila*) zu beurteilen. Da *Kamila* in Polen lebt, ist hierfür polnischem Sachrecht maßgeblich.

Variante: Zu prüfen ist, ob sich *Damian* auf das besondere Verteidigungsmittel des Art 6 HUP berufen kann. Art 6 HUP bietet der verpflichteten Person in bestimmten Fällen, also bei Unterhaltspflichten gegenüber einem Erwachsenen auf Grundlage eines Verwandtschaftsverhältnisses in der Seitenlinie, einer Schwägerschaft oder eines Verwandtschaftsverhältnisses in gerader Linie mit Ausnahme der Eltern-Kind-Beziehung, die Möglichkeit, eine **Unterhaltsleistung abzulehnen**, die sich aus dem von Art 3 HUP im Wege der objektiven Anknüpfung zur Anwendung berufenen Sachrecht ergibt, bei dem es sich um das Sachrecht des gewöhnlichen Aufenthalts der berechtigten Person handelt (*Bonomi*, Erläuternder Bericht, Nr 99). Hintergrund dieser Regelung ist, dass auf internationaler Ebene zwischen den Vertragsstaaten kein Konsens hinsichtlich der Zweckmäßigkeit von Unterhaltsverpflichtungen aufgrund dieser Familienbeziehungen gefunden wurde. Einige Vertragsstaaten setzten letztlich ihr politisches Regelungsziel durch, die Auswirkungen dieser Unterhaltspflichten in bestimmten Konstellationen beschränken zu können (*Bonomi*, Erläuternder Bericht, Nr 98).

Nach Art 6 HUP kann die verpflichtete Person (*Damian*), außer bei hier nicht einschlägigen Unterhaltspflichten gegenüber einem Kind, die sich aus einer Eltern-Kind-Beziehung ergeben, und bezüglich der für den vorliegenden Fall ebenso irrelevanten Besonderheiten des Art 5 HUP in Bezug auf Ehegatten und frühere Ehegatten, dem Anspruch der berechtigten Person (*Kamila*) entgegenhalten, dass eine solche Unterhaltspflicht weder nach dem Sachrecht des Staates des gewöhnlichen Aufenthalts der verpflichteten Person (hier: Österreich), noch gegebenenfalls nach dem Sachrecht des Staates, dem die Parteien gemeinsam angehören, besteht. Im vorliegenden Fall ist allein österreichisches Sachrecht für die Beurteilung des Einwands von *Damian* bedeutsam, weil *Damian* und *Kamila* nicht demselben Staat angehören.

Der Anwendungsbereich des Art 6 HUP ist gänzlich eröffnet: Art 6 HUP erfasst den Geschwisterunterhalt zwischen *Damian* und *Kamila*, weil sich dieser auf ein Verwandtschaftsverhältnis in der Seitenlinie gründet. Nach der allgemeinen Anknüpfung des Art 3 HUP käme polnisches Sachrecht zur Anwendung, das **Geschwisterunterhalt** vorsieht. Allerdings ist die Unterhaltspflicht zwischen Geschwistern nach dem Sachrecht des gewöhnlichen Aufenthalts des verpflichteten *Damian* (hier: österreichischem Sachrecht) nicht vorgesehen. Ferner gehören die beiden nicht mehr demselben Staat an. Im Ergebnis kann *Damian* seiner Schwester *Kamila* diesen Einwand nach Art 6 HUP somit erfolgreich entgegenhalten.

Literatur: *Bonomi*, Erläuternder Bericht über das Protokoll vom 23.11.2007 über das auf Unterhaltspflichten anzuwendende Recht (2009); *Gitschthaler* in *Gitschthaler*, Internationales Familienrecht Art 8 HUP Rz 1 ff; *Lurger/Melcher*, IPR[4] Rz 2/112-2/131; *Moser*, JAP 2013/14, 108 (108 ff); *Nademleinsky/Neumayr*, Internationales Familienrecht[3] Rz 10.88-10.93; *Nademleinsky*, EF-Z 2011, 130 (130 ff).

H. Erbrecht

I. Erbstatut der EuErbVO

Fall 129 *(Heindler/Galehr)*
Schwerpunkte: Hinzu- und Anrechnung, Schenkungsanfechtung

René erfährt von einer schweren Erkrankung. Er veräußert seine Unternehmen und bringt die Erträgnisse in die österreichische *Brilliant Privatstiftung* ein. Drei Rechtsanwälte in Wien werden Vorstand dieser Privatstiftung. Begünstigte der Privatstiftung ist *Renés* Mutter *Manuela*, die in Innsbruck (Österreich) lebt. Fünf Monate später, im Dezember 2024, stirbt *René*. Ein Testament liegt nicht vor. Seine beiden minderjährigen Söhne erben *Renés* verbliebenes Vermögen. *Silvia*, die Mutter der beiden Söhne, wird als deren Vertreterin bestellt und klagt in dieser Funktion die Stiftung auf Herausgabe des Vermögens an die Erben. *René* und *Silvia* haben seit Januar 2022 in Italien gelebt, davor lebten sie in Österreich. Von Oktober bis Dezember 2024 war *René* stationär zur Behandlung im Krankenhaus Innsbruck.

Welches Sachrecht ist anwendbar?

Hinweise: Art 568 Codice civile (deutsche Übersetzung) lautet: „*Wer stirbt und weder Nachkommen noch Brüder oder Schwestern oder deren Nachkommen hinterlässt, wird vom Vater und der Mutter zu gleichen Teilen oder vom überlebenden Elternteil beerbt.*“

Art 577 Codice civile (deutsche Übersetzung) lautete: „*Das außerhalb der Ehe geborene Kind beerbt den unmittelbaren ehelichen Vorfahren seines Elternteils, der die Erbschaft nicht annehmen kann oder will, wenn der Vorfahre weder den Ehegatten noch Nachkommen oder Vorfahren noch Brüder oder*

Schwestern oder deren Nachkommen noch andere eheliche Verwandte innerhalb des dritten Grades hinterlässt." Art 577 Codice civile wurde vom italienischen Verfassungsgerichtshof aufgehoben.[6]

Die Rechtsnachfolge von Todes wegen unterliegt kraft objektiver Anknüpfung gemäß Art 21 Abs 1 EuErbVO italienischem Recht, weil der gewöhnliche Aufenthalt von *René* im Zeitpunkt seines Todes in Italien lag. Die medizinische Behandlung von *René* in Innsbruck begründet keinen **gewöhnlichen Aufenthalt**. Sie führt zu keiner Verlagerung der sozialen und beruflichen Interessen nach Österreich und ist, vor allem im Hinblick auf ihre Dauer, nur eingeschränkt selbstbestimmt steuerbar. Entscheidend ist auch, dass der Aufenthalt nicht dauerhaft, sondern nur vorübergehend, zwischen Oktober und Dezember 2024, in Österreich war. Der Sachverhalt bietet keine Anhaltspunkte dafür, dass *René* nach Abschluss der Behandlung seinen gewöhnlichen Aufenthalt in Italien aufgegeben hätte und in Österreich geblieben wäre.

Vom **Erbstatut** ausgenommen ist die Anknüpfung gesellschaftsrechtlicher Fragen (Art 1 Abs 2 lit h EuErbVO). Zu diesen gesellschaftsrechtlichen Fragen zählen insbesondere die Gründung juristischer Personen, also ebenso die einer Privatstiftung österreichischen Rechts. Die Ausnahme für Trusts (Art 1 Abs 2 lit j EuErbVO) ist für Privatstiftungen im Sinne des österreichischen Rechts hingegen nicht maßgeblich. Aus diesem Grund unterliegt auch die Widmung des Gesellschaftsvermögens dem **Personalstatut** der juristischen Person. Da die Privatstiftung nach österreichischem Recht errichtet wurde und der Sitz der Hauptverwaltung in Österreich liegt – schließlich befindet sich auch der zentrale Organträger in Österreich, die Tätigkeit ist im Übrigen bloß vermögensverwaltend – verweisen sowohl **Gründungs- als auch Sitzortanknüpfung** auf österreichisches Recht. Die Widmung des Stiftungsvermögens unterliegt somit österreichischem Sachrecht und ist wirksam.

Allerdings ist die Ausgleichung und Anrechnung von Zuwendungen bei der Bestimmung der Anteile der einzelnen Berechtigten stets erbrechtlich anzuknüpfen (Art 23 Abs 2 lit i EuErbVO). Dazu zählt auch die in § 781 ABGB geregelte **Hinzu- und Anrechnung** von Schenkungen unter Lebenden. Da die Zuwendung an die Stiftung erfolgte, deren Begünstigte *Manuela* ist, die nach dem maßgeblichen italienischen Codice civile keinen Anspruch auf einen Teil des Nachlassvermögens hat (Art 568 Codice civile), scheitert *expressis verbis* eine Berufung auf Art 23 Abs 2 lit i EuErbVO („*when determining the shares of the different beneficiaries*"; „*lors du calcul des parts des différents bénéficiaires*"). Schließlich ist die Herausgabe nicht für die Berechnung der Quote entscheidend. Allerdings ist die

[6] Italienisches Zivilgesetzbuch – zweisprachige Fassung: https://assets-eu-01.kc-usercontent.com/e6f8f5ff-b94b-01fb-b36f-926b5e8f8000/0a4c6df7-5b10-4fb4-8579-962111028376/ZGB_Dezember_2024.pdf (zuletzt abgerufen am 20.02.2025).

Aufzählung in Art 23 Abs 2 EuErbVO nicht abschließend. Vielmehr sind uE auch **Anfechtungsansprüche** gegenüber Dritten vom Erbstatut erfasst. Sie unterliegen somit italienischem Sachrecht. Die Aufhebung des Art 577 Codice civile durch den italienischen Verfassungsgerichtshof wäre von den österreichischen Gerichten bei der Anwendung des italienischen Sachrechts zu beachten (§ 3 IPRG).

Literatur: *Heindler*, JEV 2020, 40 (40 ff); *Kerschner/Wagner/Aigner*, IPR[6] Rz 16/99b; *Lurger/Melcher*, IPR[4] Rz 3/15 ff; *Mankowski* in *Deixler-Hübner/Schauer*, EuErbVO[2] Art 23 EuErbVO Rz 111 ff; *Verschraegen* in *Rummel/Lukas/Geroldinger*, ABGB[4] Art 21 EuErbVO Rz 7, Art 23 EuErbVO Rz 62; *Zöchling-Jud/Aspöck*, IPR[3] 64 ff.

Fall 129a — *(Heindler/Galehr)*

Schwerpunkt: Vorliegen eines Erbvertrags

Carla, eine österreichische Staatsbürgerin, lebt seit Januar 2020 mit ihrem Ehegatten *Pierre* in Brüssel (Belgien). Zuvor hat sie gemeinsam sieben Jahre in einem Pariser Vorort gelebt. Am 01.06.2024 ist *Carla* in einer belgischen Klinik einer chronischen Lungenkrankheit erlegen.

Ihren Mann *Pierre* hatte *Carla* 2012 während ihres Studiums an einer Universität in Paris (Frankreich) kennengelernt. Als sie in einer Pariser Klinik von ihrer Diagnose erfuhr, schloss das Paar in Frankreich im Jahr 2018 eine schriftliche Vereinbarung: Falls *Carla* stirbt, soll *Pierre* das gesamte Vermögen von *Carla* erben. Die Vereinbarung sollte unwiderruflich sein. *Carlas* Eltern, die von Anfang an gegen die junge Ehe waren, sollten leer ausgehen. Als *Carlas* Eltern nach dem Tod ihrer Tochter von dem Vertrag erfahren, suchen sie rechtlichen Rat.

Welches Gericht ist international zuständig? Welches Recht ist anwendbar?

Hinweis: In Frankreich herrscht grundsätzlich ein allgemeines Verbot für Erbverträge. Art 968 des französischen Code civil lautet (deutsche Übersetzung): „*Ein Testament kann nicht von zwei oder mehreren Personen in einer und derselben Urkunde erreichtet werden, sei es zum Vorteile eines Dritten, oder unter dem Titel einer wechselseitigen Verfügung.*“[7]

Art 4 EuErbVO knüpft für die Bestimmung der gerichtlichen Zuständigkeit an den gewöhnlichen Aufenthalt des Erblassers an. Da *Carla* zuletzt mehrere Jahre in Brüssel wohnhaft war, ist ihr Lebensmittelpunkt und damit der gewöhnliche Aufenthalt im Sinne des EuErbVO in Belgien zu verorten. Somit sind *in casu* die belgischen Gerichte international zuständig.

Bei der in Paris getroffenen Vereinbarung zwischen *Carla* und *Pierre* handelt es sich um einen Erbvertrag im Sinne des Art 3 Abs 1 lit b EuErbVO. Der **Erbver-**

---

[7] *Loersch*, Der Code civil französisch und deutsch (1893), https://doi.org/10.3931/e-rara-77550 (zuletzt abgerufen am 05.06.2024).

tragsbegriff ist autonom auszulegen. Das nationale Begriffsverständnis ist deshalb nicht zu berücksichtigen. Voraussetzung für das Vorliegen eines Erbvertrags im Sinne des Art 3 Abs 1 lit b EuErbVO ist lediglich, dass eine Vereinbarung vorliegt, „*mit der Rechte am künftigen Nachlass der beteiligten Personen begründet, geändert oder entzogen werden*". Erfasst sind auch Verträge, die den Nachlass nur einer der beteiligten Personen umfassen. Im vorliegenden Fall handelt es sich um eine Vereinbarung, die *Pierre* Rechte am künftigen Nachlass von *Carla* verschaffen soll. Diese kann somit unter die weit gefasste Definition des Erbvertrags in der EuErbVO subsumiert werden.

Art 25 EuErbVO sieht vor, dass jenes Recht zur Anwendung kommt, das nach der EuErbVO zur Anwendung käme, wenn die Person, die den Erbvertrag abschließt, zu jenem Zeitpunkt verstorben wäre, in dem der Erbvertrag geschlossen wurde. Es wird wiederum auf den gewöhnlichen Aufenthalt zum Zeitpunkt des Abschließens des Erbvertrages im Sinne der EuErbVO abgestellt. Bei Abschluss des Erbvertrags hatte *Carla* ihren Lebensmittelpunkt in Paris, da sie mehrere Jahre bereits dort gelebt hatte. Auf die Zulässigkeit und materielle Wirksamkeit der Vereinbarung zwischen *Carla* und *Pierre* ist daher französisches Sachrecht anwendbar. Nach Art 968 des französischen Code civil ist der Vertrag jedoch ungültig.

Die gesamte Rechtsnachfolge von Todes wegen unterliegt mangels wirksamer letztwilliger Verfügung kraft objektiver Anknüpfung nach Art 21 Abs 1 EuErbVO demnach belgischem Sachrecht.

Die **formelle Wirksamkeit** ist an sich vorrangig nach dem Haager Testamentsformübereinkommen (HTFÜ) zu beurteilen, das aus belgischer Sicht zur Anwendung kommt (Art 75 Abs 1 Unterabs 2 EuErbVO). Allerdings erfasst das HTFÜ lediglich letztwillige Verfügungen, also Testamente und gemeinschaftliche Testamente. Bei schriftlichen Erbverträgen beurteilt sich die Formgültigkeit nach Art 27 EuErbVO.

Nach Art 27 Abs 1 lit a EuErbVO ist die Einhaltung der Formvorschriften nach dem am Errichtungsort maßgeblichen französischen Recht ausreichend. Nach Art 27 Abs 1 lit b EuErbVO ist Formgültigkeit auch dann gegeben, wenn das Recht, dessen Staatsbürgerschaft die Erblasserin im Zeitpunkt der Errichtung oder im Zeitpunkt des Todes besitzt, eingehalten ist. *In casu* wäre das österreichische Recht. Alternativ kann sich gemäß Art 27 Abs 1 lit d EuErbVO die Formgültigkeit auch nach dem Recht jenes Staates bestimmen, in dem die Erblasserin im Zeitpunkt des Todes ihren gewöhnlichen Aufenthalt hatte, *in casu* also belgisches Recht.

Auf die Frage der Formgültigkeit können die belgischen Gerichte demnach französisches, österreichisches oder belgisches Recht anwenden. Im Sinne des **Favorprinzips** bleibt der Erbvertrag auch dann formell gültig, wenn er beispielsweise nach dem Recht des Staatsangehörigkeitsstaates formgültig ist, nach dem Recht am Errichtungsort aber formungültig wäre.

Lernhinweis 1: Erbverträge werden nach Art 25 EuErbVO gesondert angeknüpft. Dies ist darauf zurückzuführen, dass sich die Zulässigkeit und Anerkennung von Staat zu Staat erheblich unterscheidet. Eine Regelung zur Bestimmung des anwendbaren Rechts war daher erforderlich, um über die materielle Gültigkeit und Bindungswirkung zu entscheiden.

Lernhinweis 2: Da das anzuwendende Sachrecht durch die EuErbVO bestimmt wird, die einen flächendeckend anwendbaren Kollisionsrechtsakt des unionseuropäischen Sekundärrechts darstellt, blieben die gewonnenen Verweisungsergebnisse auch bei internationaler Zuständigkeit österreichischer Gerichte unverändert. Das bedeutet, dass es in solchen Fällen unerheblich ist, ob ein österreichisches oder belgisches Gericht international zuständig ist. Ausnahmen bestehen in Bezug auf die Sonderstellungen Dänemarks und Irlands.

Literatur: *Fischer-Czermak* in *Deixler-Hübner/Schauer*, EuErbVO^2 Art 25 EuErbVO Rz 1 ff; *Egglmeier-Schmolke* in *Laimer*, IPR-Praxiskommentar Art 25 EuErbVO Rz 4; *Heindler* in *Rummel/Lukas/Geroldinger*, ABGB^4 Art 3 EuErbVO Rz 3 ff; *Lurger/Melcher*, IPR^4 Rz 3/40 ff.

Fall 129b *(Heindler/Galehr)*

Schwerpunkte: Faktische Lebensgemeinschaften, erbenloser Nachlass

Bekim hat 1998 während des Kosovo-Kriegs in Deutschland Schutz gesucht. Damals lebten seine Eltern und Großeltern sowie deren Nachkommen gemeinsam unter einem Dach. Kurz nach *Bekims* Flucht wurde die gesamte Familie bei einem Angriff auf das Dorf brutal ermordet. Zu allenfalls überlebenden entfernten Verwandten hat *Bekim* nach seiner Ankunft in Deutschland keinen Kontakt mehr. Seit 2002 ist er deutscher Staatsbürger. Er hat es geschafft, sich in Berlin (Deutschland) ein neues Leben aufzubauen. Seit 2022 lebt er mit seiner faktischen Lebensgefährtin *Manuela*, deutsche Staatsbürgerin, in Konstanz am Bodensee (Deutschland). Eine Ehe oder eingetragene Partnerschaft sind die beiden nicht eingegangen. Nach zwei gemeinsamen Jahren verunglückt *Bekim* plötzlich bei einer Radtour am See. *Bekim* hinterlässt mehrere Bankkonten sowie eine kleine Eigentumswohnung in Bregenz (Österreich), die er erst kurz vor seinem Tod als Wertanlage finanziert hatte. *Bekim* selbst ist kinderlos.

Eine letztwillige Verfügung wurde nicht errichtet. *Manuela* möchte ihre erbrechtlichen Ansprüche prüfen, um allfällige nächste Schritte einleiten zu können. Wie ist die Rechtslage?

Variante: *Bekim* konnte gemeinsam mit seinem Onkel *Besnik* und seiner Cousine *Arta* fliehen. *Besnik* verstarb 2004 in Berlin. *Arta* lebt mit ihrer Familie in Düsseldorf (Deutschland), jedoch pflegte *Bekim* keinerlei Kontakt zu seiner Cousine und deren Familie.

Hinweise: § 1931 Abs 1 Satz 1 BGB lautet: „*Der überlebende Ehegatte des Erblassers ist neben Verwandten der ersten Ordnung zu einem Viertel, neben Verwandten der zweiten Ordnung oder neben Großeltern zur Hälfte der Erbschaft als gesetzlicher Erbe berufen.*“

§ 1936 BGB lautet: „*Ist zur Zeit des Erbfalls kein Verwandter, Ehegatte oder Lebenspartner des Erblassers vorhanden, erbt das Land, in dem der Erblasser zur Zeit des Erbfalls seinen letzten Wohnsitz oder, wenn ein solcher nicht feststellbar ist, seinen gewöhnlichen Aufenthalt hatte. Im Übrigen erbt der Bund.*"

Der **gewöhnliche Aufenthalt** ist Tatbestand zur Bestimmung der allgemeinen Zuständigkeit nach Art 4 EuErbVO. Demnach ist das Gericht jenes Staates zuständig, in dem der Erblasser im Zeitpunkt seines Todes seinen gewöhnlichen Aufenthalt hatte. Da *Bekim* im Zeitpunkt seines Todes seinen Lebensmittelpunkt in Konstanz hatte, sind *in casu* entsprechend deutsche Gerichte zuständig. Ebenso unterliegt die Rechtsnachfolge von Todes wegen kraft objektiver Anknüpfung nach Art 21 Abs 1 EuErbVO deutschem Sachrecht. Die zuständigen Gerichte wenden ihr eigenes Erbrecht an, es kommt zu einem **Gleichlauf von *forum* und *ius*.**

Bei der gesetzlichen Erbfolge bestimmt das Erbstatut, welche Ordnungen von Erben es gibt (Art 23 Abs 2 lit b EuErbVO). Sofern eine Verwandtschaftsbeziehung vorausgesetzt wird, ist diese als **Vorfrage** selbständig über das IPR der *lex fori* anzuknüpfen. *Bekim* und *Manuela* leben in einer faktischen Lebensgemeinschaft. Das Bestehen einer faktischen Lebensgemeinschaft ist jedoch, da es sich um kein Statusverhältnis handelt, keine Vorfrage, die einem vom Erbstatut abweichenden Recht unterliegen würde. Ist ein faktischer Lebensgefährte nach der maßgeblichen *lex successionis* anspruchsberechtigt, bestimmt die *lex successionis* auch die Voraussetzungen, die für einen entsprechenden Anspruch bestehen. Nach dem maßgeblichen deutschen Erbrecht sind bloß faktische Lebensgefährten jedoch nicht erbberechtigt (siehe hierzu den Hinweis zu § 1931 BGB).

Da im vorliegenden Fall daher kein gesetzlicher Erbe im Sinne der §§ 1924-1929 BGB vorhanden ist und auch kein Testament vorliegt, ist der Nachlass erbenlos. Da die staatlichen Zugriffsrechte auf Nachlassvermögen unterschiedlich ausgestaltet sind, besteht Koordinierungsbedarf. Vorherrschend sind vor allem zwei Regelungsmodelle: Beim **Fiskuserbrecht** (zB in Italien und Deutschland) macht der Staat einen Erbanspruch auf das gesamte Nachlassvermögen, unabhängig davon, wo es sich befindet, geltend. Beim Aneignungsrecht (zB in Österreich und Belgien) hingegen ist der staatliche Anspruch auf das Vermögen im Hoheitsgebiet des jeweiligen Staates beschränkt. Der erbenlose Nachlass wird in Art 33 EuErbVO geregelt und soll diese Normdiskrepanz beseitigen.

Gemäß **ErwGr 56 EuErbVO** soll die Verordnung nicht verhindern, dass sich Staaten nach deren eigenem Recht im Hoheitsgebiet belegenes Nachlassvermögen aneignen können. Art 33 EuErbVO stellt nach hA vielmehr eine eigenständige Verweisungsvorschrift dar, die für das im Hoheitsgebiet eines aneignenden Mitgliedstaats befindliche Vermögen die *lex rei sitae* beruft. Für die Bestimmung der Erbenlosigkeit gilt hingegen weiterhin die *lex successionis*.

In casu fällt der Nachlass inklusive der diversen Bankkonten gemäß § 1931 BGB Deutschland zu. Allerdings ist aufgrund des Art 33 EuErbVO der mögliche

Heimfall der in Österreich gelegenen Eigentumswohnung nach österreichischem Sachrecht zu beurteilen (§ 750 Abs 2 ABGB).

Variante: In der Variante findet sich mit *Arta* eine gesetzliche Erbin dritter Ordnung im Sinne des § 1926 BGB. Die deutsche *lex successionis* verhindert somit den Heimfall der österreichischen Wohnung, sodass das gesamte Nachlassvermögen an die vom deutschen Erbstatut bestimmte Erbin übergeht.

Lernhinweis: Im Falle der internationalen Zuständigkeit österreichischer Gerichte blieben die gewonnenen Verweisungsergebnisse unverändert.

Literatur: *Cohen* in *Deixler-Hübner/Schauer*, EuErbVO[2] Art 33 EuErbVO Rz 1 ff; *Heindler* in *Rummel/Lukas/Geroldinger*, ABGB[4] Art 33 EuErbVO Rz 1 ff; *Kogler* in *Laimer*, IPR-Praxiskommentar Art 33 EuErbVO Rz 4 ff; *Lurger/Melcher*, IPR[4] Rz 3/56 ff.

Fall 130 *(Heindler/Galehr)*
Schwerpunkt: Schenkung auf den Todesfall

Kurt ist deutscher Staatsbürger mit gewöhnlichem Aufenthalt in der Schweiz. *Kurt* schenkt auf den Todesfall *Sabine*, der Mutter seiner früheren Ehefrau, aus Dankbarkeit für ihre Unterstützung bei der Pflege seiner Schwester ein wertvolles Gemälde, das sich in *Kurts* Ferienwohnung in Vorarlberg (Österreich) befindet. Vor einem österreichischen Notar wird der Schenkungsvertrag am 30.01.2017 formwirksam aufgesetzt. Die Parteien vereinbaren die Anwendung österreichischen Rechts. Ein Widerrufsvorbehalt wird nicht aufgenommen. Im November 2020 beschließt *Kurt*, den Schenkungsvertrag zu widerrufen. Ihm ist zu Ohren gekommen, dass *Sabine* im Zuge der Scheidung gemeinsam mit seiner früheren Ehefrau Bankguthaben von seinen Geschäftskonten abdisponiert hat. Als *Sabine* die Mitteilung von *Kurt* erhält, ist sie erbost und erhebt Klage auf Feststellung des aufrechten Vertrags beim österreichischen Bezirksgericht Bludenz.

Welches Recht ist anwendbar?

Hinweise: Art 95 Abs 1 des schweizerischen IPRG lautet: „*Der Erbvertrag untersteht dem Recht am Wohnsitz des Erblassers zur Zeit des Vertragsabschlusses*".

Art 95 Abs 2 des schweizerischen IPRG lautet: „*Unterstellt ein Erblasser im Vertrag den ganzen Nachlass seinem Heimatrecht, so tritt dieses an die Stelle des Wohnsitzrechts*."

In der Schweiz wird die Schenkung auf den Todesfall erbrechtlich qualifiziert.

Die **Qualifikation** der Schenkung auf den Todesfall als erbrechtlich oder schuldrechtlich ist strittig. Es geht um die Abgrenzung zwischen der EuErbVO und der Rom I-VO. Beide Rechtsvorschriften sind autonom-unionsrechtlich auszulegen. Der Einordnung im nationalen Recht kommt daher keine Bedeutung zu. Mit der Entscheidung des EuGH (09.09.2021, C-277/20, *UM*) dürfte allerdings die grundsätzlich **erbrechtliche Qualifikation** in den meisten Fällen zum Tragen kommen.

Gemäß Art 1 Abs 2 lit g EuErbVO sind Vermögenswerte, die durch unentgeltliche Zuwendungen übertragen werden, also auf andere Weise als durch Rechtsnachfolge von Todes wegen, von der EuErbVO nicht erfasst. Die Schenkung auf den Todesfall ist eine unentgeltliche Zuwendung, die erst im Todeszeitpunkt eine Vermögensverschiebung bewirkt. Vor dem Eintritt des Todes bestehen allerdings andere wechselseitige Rechte und Pflichten von Geschenknehmer und Geschenkgeber, etwa das Recht auf Widerruf der Schenkung in bestimmten Fällen. Solche Wirkungen *inter vivos* sind uE **schuldrechtlich** anzuknüpfen. Diese Frage wurde auch vom EuGH (09.09.2021, C-277/20, *UM*) nicht anderweitig entschieden.

Gemäß Art 12 Abs 1 lit d Rom I-VO unterliegen die verschiedenen Arten des Erlöschens von Verpflichtungen dem Vertragsstatut. *In casu* haben die Parteien eine wirksame Rechtswahl im Sinne von Art 3 Rom I-VO getroffen. Daher ist auf den Schenkungsvertrag und die Frage, ob ein Widerruf zulässig ist, österreichisches Sachrecht anzuwenden. Für die hier nicht relevierte **Teilfrage** des formell wirksamen Zustandekommens der Schenkung gilt nach Art 11 Abs 1 Rom I-VO ebenfalls österreichisches Sachrecht. Auch die Frage, ob der Widerruf formwirksam erfolgt ist, unterliegt nach Art 11 Abs 3 Rom I-VO österreichischem Sachrecht.

Hält man hingegen die EuErbVO für maßgeblich und befürwortet man insbesondere ihre Anwendung auf Rechtsfragen, die *inter vivos* auftreten, ist fraglich, ob österreichische Gerichte überhaupt international zuständig sind. Die allgemeine Zuständigkeit in Erbsachen liegt gemäß Art 4 EuErbVO bei den Gerichten jenes Staates, in dem der Erblasser im Zeitpunkt seines Todes den gewöhnlichen Aufenthalt hat. Dieser Gerichtsstand ist gar nicht bestimmbar, weil der gewöhnliche Aufenthalt im Zeitpunkt des Todes des lebenden Geschenkgebers noch nicht bekannt ist. Aus diesem Grund scheidet *expressis verbis* auch die Zuständigkeit nach Art 10 EuErbVO aus.

Sollten österreichische Gerichte auf einer anderen Grundlage eine internationale Zuständigkeit in Anspruch nehmen und dennoch die EuErbVO anwenden, wäre mit Art 25 Abs 1 EuErbVO die Zulässigkeit und Bindungswirkung der Schenkung auf den Todesfall dem Recht jenes Staates zu unterstellen, in dem der Geschenkgeber im Zeitpunkt des Vertragsabschlusses seinen gewöhnlichen Aufenthalt hatte, sofern, wovon im Sachverhalt nicht die Rede ist, keine Rechtswahl zugunsten des Heimatrechts vorliegt. Für die Möglichkeit eines Widerrufs wäre somit schweizerisches Recht maßgeblich, wobei nach Maßgabe von Art 34 Abs 1 EuErbVO eine allfällige **Rück- oder Weiterverweisung** zu beachten wäre.

Im System des EU-Kollisionsrechts, das grundsätzlich Sachnormverweisungen enthält, stellt Art 34 EuErbVO damit eine Ausnahme dar. Eine **Gesamtverweisung** hat dann keine Auswirkungen, wenn die Kollisionsnormen des berufenen

Rechts mit jenen der *lex fori* übereinstimmen, wie das bei den EU-Mitgliedsstaaten regelmäßig der Fall ist. Art 34 Abs 1 EuErbVO betrifft daher vor allem die Anwendung eines Drittstaatenrechts. Der Einbezug des IPR des Drittstaates in die Ermittlung des anzuwendenden Rechts soll den äußeren Entscheidungseinklang fördern. Dies geschieht jedoch nur, wenn die Rechtsfindung hierdurch vereinfacht wird, indem das Recht eines EU-Mitgliedstaates zur Anwendung kommt (Art 34 Abs 1 lit a EuErbVO), oder diese zumindest nicht erheblich erschwert wird, etwa durch den Verweis auf einen weiteren Drittstaat, der diesen annimmt (Art 34 Abs 1 lit b EuErbVO).

Die Wahl österreichischen Rechts wäre nach Art 25 EuErbVO ausgeschlossen. Die Parteien hätten lediglich deutsches Recht als Heimatrecht des Geschenkgebers wählen können (Art 25 Abs 3 EuErbVO). Daher wäre bei Anwendung der EuErbVO die **Rechtswahl** unwirksam.

Bejaht man also die Anwendung der EuErbVO sowie ihres Art 25 Abs 1, ist im nächsten Schritt zu prüfen, ob das schweizerische IPRG die Gesamtverweisung annimmt, oder eine Rück- oder Weiterverweisung ausspricht. Da die EuErbVO keine **kanalisierte Verweisung** ausspricht (strittig), hat im schweizerischen IPR eine erneute Qualifikation zu erfolgen. Die EuErbVO beruft mit anderen Worten das gesamte IPR der Schweiz und nicht bloß das schweizerische internationale Erbrecht. Allerdings wird in der Schweiz die Schenkung auf den Todesfall ohnehin erbrechtlich qualifiziert.

Art 95 Abs 1 des schweizerischen IPRG unterstellt Erbverträge dem Recht des Wohnsitzstaates des Erblassers zur Zeit des Vertragsabschlusses. Damit nimmt das schweizerische IPR die Gesamtverweisung an. Auch das schweizerische IPR lässt die Wahl österreichischen Rechts nicht zu. Daher wäre auf den Schenkungsvertrag und die Frage, ob ein Widerruf zulässig ist, bei erbrechtlicher Qualifikation schweizerisches Sachrecht anzuwenden, sofern man nicht zur Ansicht gelangt, dass lebzeitige Schenkungen schuldrechtlich zu qualifizieren sind und somit gemäß Art 116 des schweizerischen IPRG eine wirksame Rechtswahl vorliegt.

Für die **Formvorschriften** von Schenkungen auf den Todesfall und ihren Widerruf genügt auch bei erbrechtlicher Qualifikation die Einhaltung österreichischen Rechts. Art 27 Abs 1 EuErbVO lässt die Einhaltung der Formvorschriften am Errichtungsort ausreichen. Nach Art 27 Abs 2 EuErbVO ist die Einhaltung dieses Rechts auch für den Widerruf ausreichend. Das in erbrechtlichen Fragen an sich vorrangige **Haager Testamentsformübereinkommen** (HTFÜ) ist auf Schenkungen auf den Todesfall nicht anwendbar.

Literatur: *Heindler*, JEV 2020, 40 (40 ff); *Heindler* in *Rummel/Lukas/Geroldinger*, ABGB[4] Art 1 EuErbVO Rz 39; *Heindler*, EF-Z 2021, 283; *Lurger/Melcher*, IPR[4] Rz 3/4; *Mankowski* in *Deixler-Hübner/Schauer*, EuErbVO[2] Art 1 EuErbVO Rz 72; *Schwartze* in *Deixler-Hübner/Schauer*, EuErbVO[2] Art 34 EuErbVO Rz 3 ff; *Verschraegen* in *Rummel/Lukas/Geroldinger*, ABGB[4] Art 23 EuErbVO Rz 60.

Fall 131 *(Heindler/Galehr)*
Schwerpunkt: Todeserklärung

Xaver ist ungarischer Staatsbürger mit gewöhnlichem Aufenthalt in Österreich. Er fährt im Dezember 2020 auf Urlaub nach Indonesien. Aufgrund eines Vulkanausbruchs kommt es zu einem Tsunami, der das Dorf, in dem *Xaver* Urlaub gemacht hat, verwüstet. Von *Xaver* fehlt jede Spur. Seine Ehefrau *Dora*, eine österreichische Staatsbürgerin mit gewöhnlichem Aufenthalt in Österreich, möchte *Xaver* für tot erklären lassen und das Erbe über die ungarischen und österreichischen Liegenschaften von *Xaver* und das sonstige Vermögen antreten. *Xaver* hat kein Testament hinterlassen und keine Rechtswahl getroffen.

Welches Recht ist anwendbar?

Hinweise: Nach Art 21 Abs 1 des ungarischen IPRG richtet sich das auf die Todesvermutung und die Todeserklärung einer natürlichen Person anwendbare Recht nach ihrem Personalstatut. Dieses bestimmt sich nach Art 15 Abs 2 des ungarischen IPRG nach ihrer Staatsangehörigkeit.

Verschollenheit und Todesvermutung (hierzu auch Fall 6) sind von der EuErbVO ausgenommen (Art 1 Abs 2 lit c EuErbVO). Sie bilden erbrechtliche Vorfragen und sind nach nationalem Kollisionsrecht anzuknüpfen. *Dora* kann den Antrag auf Todeserklärung in Österreich stellen. Gleich drei der alternativen Zuständigkeitsvoraussetzungen liegen vor. *Xaver* hatte Vermögen in Österreich (§ 12 Z 2 TEG), die Tatsache des Todes von *Xaver* ist für ein im Inland zu beurteilendes Recht erheblich (§ 12 Z 3 TEG) und der Antrag wird von der Ehegattin gestellt, die über die österreichische Staatsbürgerschaft verfügt (§ 12 Z 4 TEG).

Österreichische Gerichte wenden auf Fragen der **Todeserklärung** und Beweisführung des Todes das nach § 14 IPRG maßgebliche Recht an. § 14 IPRG beruft das letzte bekannte Personalstatut des Verschollenen. *In casu* ist § 9 Abs 1 Satz 1 IPRG anzuwenden, der auf das Recht des Staates verweist, dem die Person angehört. Es kommt ungarisches Recht zur Anwendung. Nach § 5 Abs 1 IPRG umfasst die Verweisung auf eine fremde Rechtsordnung auch deren Verweisungsnormen. Demnach ist zu prüfen, ob das ungarische Kollisionsrecht die Gesamtverweisung annimmt, eine **Weiterverweisung** ausspricht, oder auf das österreichische Recht zurückverweist. Nach ungarischem Kollisionsrecht (Art 21 Abs 1 des ungarischen IPRG) ist auf Fragen der Todesvermutung und Todeserklärung das Personalstatut anzuwenden. Für das Personalstatut verweist das ungarische Kollisionsrecht *in casu* auf das Recht des Staates, dem die Person angehört (Art 15 Abs 2 des ungarischen IPRG). Damit liegt aus österreichischer Sicht eine Annahme der Gesamtverweisung vor. Für die Frage der Todesvermutung und Todeserklärung haben die österreichischen Gerichte daher ungarisches Sachrecht anzuwenden.

Wird *Xaver* nach ungarischem Recht für tot erklärt, unterliegen die erbrechtlichen Wirkungen der Todeserklärung dem Erbstatut. Da der Todeseintritt im Jahr 2020 vermutet wird, ist die EuErbVO anwendbar (Art 83 Abs 1 EuErbVO).

Nach der EuErbVO sind die Gerichte jenes EU-Mitgliedstaats zuständig, in dem der Erblasser im Zeitpunkt des vermuteten Todes seinen letzten gewöhnlichen Aufenthalt hatte (Art 4 EuErbVO). Dieser lag *in casu* in Österreich. Österreichische Gerichte sind für die Abhandlung des gesamten beweglichen und unbeweglichen Nachlasses in Österreich und im Ausland (hier: Ungarn) zuständig.

Mangels Rechtswahl ist auf die Rechtsnachfolge von Todes wegen das Recht jenes Staates anzuwenden, in dem der Erblasser im Zeitpunkt des vermuteten Todes seinen gewöhnlichen Aufenthalt hatte (Art 21 EuErbVO). Dieser lag in Österreich. Das Gericht hat daher auf die Rechtsnachfolge von Todes wegen österreichisches Sachrecht anzuwenden.

Literatur: *Egglmeier-Schmolke/Graf-Wintersberger*, IPR 299; *Fucik* in *Deixler-Hübner/Schauer*, EuErbVO[2] Art 83 EuErbVO Rz 3; *Heindler* in *Rummel/Lukas/Geroldinger*, ABGB[4] Art 83 EuErbVO Rz 1; *Heindler* in *Laimer*, IPR-Praxiskommentar § 14 IPRG Rz 1 ff; *Kerschner/Wagner/Aigner*, IPR[6] Rz 16/99a ff; *Lurger/Melcher*, IPR[4] Rz 2/3; *Verschraegen*, IPR Rz 300 ff; *Verschraegen* in *Rummel/Lukas/Geroldinger*, ABGB[4] § 14 IPRG Rz 3.

Fall 132 *(Heindler/Galehr)*
Schwerpunkt: Wohnungseigentum

Der österreichische Staatsbürger *Peter* verstirbt am 25. September 2023 in Spanien. Seit 2014 lebte er mit seiner Ehefrau *Lucía* und den gemeinsamen Kindern in Madrid (Spanien). Unter den Nachlassaktiva befinden sich unter anderem eine in Innsbruck (Österreich) gelegene Eigentumswohnung sowie diverse Geschäftsräume in Kufstein (Österreich). Die Geschäftsräume stehen im alleinigen Eigentum von *Peter*. Für die Eigentumswohnung besteht eine Eigentümerpartnerschaft mit *Lucía*.

Welches Recht ist anwendbar?

Hinweis: Die eigenständige Gemeinschaft Madrid hat kein autonomes Foralrecht.

Vgl OGH 25.07.2019, 2 Ob 225/18d.

Gemäß Art 4 EuErbVO sind die Gerichte jenes Mitgliedstaats zuständig, in deren Hoheitsgebiet der Erblasser im Zeitpunkt des Todes seinen gewöhnlichen Aufenthalt hat. Da sich *Peter* in den letzten neun Jahren seines Lebens in Spanien aufgehalten hat, ist dort sein **gewöhnlicher Aufenthalt** zu verorten, weshalb spanische Gerichte international für das gesamte bewegliche und unbewegliche Nachlassvermögen zuständig sind.

Der gewöhnliche Aufenthalt im Zeitpunkt des Todes ist, mangels Rechtswahl, auch für das anwendbare Recht maßgeblich (Art 21 Abs 1 EuErbVO). Art 21 Abs 1 EuErbVO verweist auf Spanien. Eine offensichtlich engere Verbindung zu Österreich im Sinne von Art 21 Abs 2 EuErbVO (**Ausweichklausel**) liegt bloß aufgrund der Staatsangehörigkeit und der in Österreich belegenen Immobilien nicht vor.

In Spanien ist das Erbrecht nicht einheitlich geregelt. Einige **Foralrechte**, die nur für bestimmte Gebiete gelten, sind vorrangig vor dem gemein-spanischen Recht anzuwenden (hierzu auch Fälle 56, 155). In Madrid gilt allerdings kein einschlägiges Foralrecht. Auch Bezüge zu anderen Regionen in Spanien mit Foralrechten, wie den Balearen, Katalonien, Navarra, Galizien, Aragonien oder dem Baskenland, bestehen laut Sachverhalt nicht. Die Regelung für **interlokal** gespaltenes Recht (Art 36 EuErbVO) wird daher nicht benötigt.

Der Erwerb der Liegenschaften im Rahmen der Erbfolge erfolgt nach Maßgabe des spanischen Erbrechts, ohne dass es dazu einer konstitutiven Eintragung gemäß den Bestimmungen des österreichischen Grundbuchrechts bedarf (vgl EuGH 12.10.2017, C-218/16, *Kubicka*). Wie auch im innerstaatlichen Erbrecht (RIS-Justiz RS0011263) kommt es zu einer Durchbrechung des Eintragungsgrundsatzes, es sei denn, das anwendbare spanische Erbrecht würde den Erbschaftserwerb von einer Eintragung nach dem jeweiligen Grundbuchrecht abhängig machen und auf diese Weise eine selbständige **Vorfragenanknüpfung** indizieren.

Für die Rechtsnachfolge bei österreichischen Wohnungseigentümerpartnerschaften sieht § 14 WEG eine Sonderregel vor. Die Einordnung von § 14 WEG in der Systematik der EuErbVO ist umstritten. Manche Autor:innen sind der Ansicht, es handle sich um eine Regelung für ***joint tenancy***, die nach Art 1 Abs 2 lit g EuErbVO außerhalb der EuErbVO anzuknüpfen sei. Nach der überwiegenden Ansicht fällt ein gesonderter Übergang im Sinne von § 14 WEG unter die spezielle **Sonderanknüpfung** des Art 30 EuErbVO. Demnach sind besondere Regelungen „*im Recht eines Staates, in dem sich bestimmte unbewegliche Sachen, Unternehmen oder andere besondere Arten von Vermögenswerten befinden, die die Rechtsnachfolge von Todes wegen in Bezug auf jene Vermögenswerte aus wirtschaftlichen, familiären oder sozialen Erwägungen beschränken oder berühren*“, unabhängig von dem sonst nach der EuErbVO für die Erbfolge maßgeblichen Recht zu beachten, „*soweit sie nach dem Recht dieses Staates unabhängig von dem auf die Rechtsnachfolge von Todes wegen anzuwendenden Recht anzuwenden sind*“. Der OGH hat die Sonderanknüpfung in einer jüngeren Entscheidung befürwortet, allerdings ohne auf die Anwendung des Art 30 EuErbVO einzugehen. Es ist daher davon auszugehen, dass die Anwendung von § 14 WEG aus familiären oder sozialen Erwägungen so bedeutsam im Sinne einer **Eingriffsnorm** ist, dass trotz des Grundsatzes der Nachlasseinheit (Art 23 Abs 1 EuErbVO) die Rechtsnachfolge nach dem österreichischen Lageortrecht beurteilt werden soll. Folgt man der überwiegenden Ansicht, unterliegt die Erbfolge betreffend den halben Mindestanteil an der Eigentumswohnung in Innsbruck österreichischem Sachrecht. Österreichisches Sachrecht ist demnach sowohl für die Bestimmung des Rechtsnachfolgers im Hinblick auf den halben Mindestanteil maßgeblich, als auch für die Frage, ob ein wirksamer Verzicht vorliegt und welche Rechtsfolge er zeitigt. Gleiches gilt für die Bestimmung der Anrechnung: Es gilt § 14 Abs 2

WEG. Da der Nachlass im Übrigen spanischem Sachrecht unterliegt, besteht unter Umständen **Anpassungsbedarf**. Mit der kollisionsrechtlichen Methode der Anpassung könnte etwa erreicht werden, dass trotz Sonderzuteilung der Wohnung spanische Erbquoten eingehalten werden. Die Anpassung erfolgt dann durch eine differenzierte Anwendung des spanischen Sachrechts.

Österreichische Gerichte können dabei die speziell im österreichischen Grundbuchsverfahren maßgeblichen Beurteilungen aufgrund des § 14 Abs 7 WEG vornehmen.

Die Rechtsnachfolge für die Geschäftsräumlichkeiten in Kufstein unterliegt hingegen spanischem Sachrecht. Sie sind vom Anwendungsbereich des § 14 WEG nicht erfasst, weil sie im Alleineigentum von *Peter* gestanden sind.

Lernhinweis: Im Falle der internationalen Zuständigkeit österreichischer Gerichte, etwa aufgrund eines letzten gewöhnlichen Aufenthalts des Erblassers in Österreich, blieben die gewonnenen Verweisungsergebnisse unverändert.

Literatur: *Deixler-Hübner/Ehgartner* in *Deixler-Hübner*, HB FamR² 797 (823 f); *Faber/Grünberger*, NZ 2011, 97 (110); *Heindler* in *Rummel/Lukas/Geroldinger*, ABGB⁴ Art 30 EuErbVO Rz 10; *Kerschner/Wagner/Aigner*, IPR⁶ Rz 16/98; *Krist*, NZ 2016, 361 (363); *Lurger/Melcher*, IPR⁴ Rz 2/3, 3/7, 3/54; *Mankowski* in *Deixler-Hübner/Schauer*, EuErbVO² Art 1 EuErbVO Rz 85 f; *Rudolf*, NZ 2013, 225 (237); *Verschraegen*, IPR Rz 6.

II. Rechtswahl nach der EuErbVO

Fall 133 *(Heindler/Galehr)*

Schwerpunkte: Doppelstaatsbürgerschaft, interlokales Recht, *ordre public*

Im März 2022 verstirbt *Gustav* und hinterlässt ein Immobilienvermögen in Österreich und Deutschland sowie ein Wertpapierdepot bei einer Bank in Wien. *Gustav* ist in New York geboren und hat neben der österreichischen Staatsbürgerschaft auch die Staatsbürgerschaft der Vereinigten Staaten. *Gustav* ist zunächst mit seinen Eltern in New York aufgewachsen. Während der Schulzeit übersiedelte er mit seiner Mutter infolge einer Trennung nach Graz (Österreich). In die Vereinigten Staaten reiste *Gustav* im Anschluss nur noch sporadisch, um seinen Vater zu besuchen. Sein Leben verbrachte er mit seiner Ehefrau *Berta* in Graz.

Drei Monate nach seinem Tod erscheint *Helene*, die sich als uneheliche Tochter von *Gustav* vorstellt, mit einem Testament. *Berta* und *Gustav* haben keine gemeinsamen Kinder. Das Testament wurde im Januar 2022 handschriftlich von *Gustav* in Graz verfasst und unterfertigt. Es enthält die Formulierung: „*Meine Verfügung von Todes wegen soll dem Recht von Amerika unterliegen*". In dem Testament wird *Helene* als Alleinerbin eingesetzt.

Welches Recht ist maßgeblich? Kann *Berta* bei einer allfälligen Wirksamkeit des Testaments einen Pflichtteilsanspruch geltend machen?

Hinweise: Auch in erbrechtlicher Hinsicht sind die USA ein Mehrrechtsstaat. Dabei ist für die Rechtspraxis in manchen Bundesstaaten das „*Restatement (Second) of Conflict of Laws*“ von Bedeutung. Nach diesem Restatement unterliegt der Erbgang betreffend bewegliches Vermögen dem Recht des Domizilstaats des Verstorbenen. Die Wirksamkeit letztwilliger Verfügungen über bewegliches Vermögen ist nach der *lex fori* der international zuständigen Gerichte des Domizilstaats zu beurteilen. Ihre Auslegung ist einer Rechtswahl zugänglich oder unterliegt in Ermangelung einer solchen dem Recht des Domizilstaats. Der Erbgang betreffend unbewegliches Vermögen unterliegt der *lex fori* der international zuständigen Gerichte des Lageorts der Immobilien.

Nach dem materiellen Recht des Bundesstaates New York hat die Ehefrau des Verstorbenen keinen Pflichtteilsanspruch.

Österreichische Gerichte sind nach Art 4 EuErbVO für die Abhandlung des gesamten Nachlassvermögens international zuständig, weil der gewöhnliche Aufenthalt *Gustavs* im Zeitpunkt seines Todes in Österreich lag.

Zur Bestimmung des anwendbaren Rechts ist zu prüfen, ob eine wirksame **Rechtswahl** erfolgt ist. Art 22 Abs 1 EuErbVO ermöglicht die Wahl des Heimatrechts. Besitzt eine Person mehr als eine Staatsbürgerschaft, kann sie das Recht eines der Staaten wählen, denen sie im Zeitpunkt des Todes angehört (Art 22 Abs 1 UAbs 1 EuErbVO). Eine Wahl zugunsten des Rechts der Vereinigten Staaten steht *Gustav* daher grundsätzlich offen. Auf die **effektive Staatsbürgerschaft** (§ 9 Abs 1 Satz 3 IPRG) kommt es nicht an. Auch die Bevorzugung der inländischen Staatsbürgerschaft (§ 9 Abs 1 Satz 2 IPRG) kommt bei Anwendung der EuErbVO nicht in Betracht.

Allerdings stellt sich die Frage, ob mit der Formulierung „*dem Recht von Amerika*“ eine wirksame Rechtswahl erfolgt ist, weil „*Amerika*“ nicht die Bezeichnung eines Staates darstellt. Die materielle Wirksamkeit einer Rechtswahl unterliegt gemäß Art 22 Abs 3 EuErbVO dem hypothetisch gewählten Recht (***bootstrap rule***). Es ist daher letztlich nach dem Recht der Vereinigten Staaten im Wege der Auslegung zu prüfen, ob mit „*dem Recht von Amerika*“ das Recht der Vereinigten Staaten zur Anwendung kommt.

An dieser Stelle kommt es zu einer weiteren Komplikation, weil das Erbrecht in den Vereinigten Staaten **interlokal** gespalten ist. Der Verweis in der Rechtswahl ist als Bezugnahme auf das Rechtssystem zu verstehen, das in den Vereinigten Staaten bei einem innerstaatlichen Konflikt entscheidet, welches Recht zur Anwendung kommt (vgl Art 36 Abs 1 EuErbVO). Es ist im Grunde das Recht jenes Bundesstaates berufen, zu dem nach dem Verständnis des gewählten Staates die engste Verbindung besteht. Fehlt es hingegen an solchen Vorschriften, so wird über Art 36 Abs 2-3 EuErbVO unmittelbar ein Teilrecht berufen. Die Vereinigten Staaten verfügen über kein kodifiziertes IPR. Zwar kommt dem **Restatement**

(Second) of Conflict of Laws in einigen Bundesstaaten Bedeutung zu, es kann jedoch nicht als Gesamtsystem für Kollisionen innerhalb der USA betrachtet werden, weil es in vielen Bundesstaaten nicht beachtet wird. Auch den Entwürfen eines Restatement (Third) of Conflict of Laws kommt keine ausreichende Orientierung in der Rechtspraxis zu. Allerdings ist für die Anwendung von Art 36 Abs 1 EuErbVO die im betreffenden Staat tatsächliche Rechtspraxis maßgeblich. Das bloße Fehlen eines kodifizierten Regelwerks führt daher nicht zur Anwendung von Art 36 Abs 2 EuErbVO.

Da § 260 des Restatement (Second) of Conflict of Laws für die Nachfolge in bewegliches Vermögen das im Domizilstaat („*domicile*") des Erblassers im Todeszeitpunkt anwendbare Recht beruft, kann wohl dahingestellt bleiben, ob eine ausreichende Beachtung besteht, da mit dieser Vorschrift ohnedies kein bundesstaatliches Recht berufen würde. Für die materielle Wirksamkeit („*Validity and Effect*") letztwilliger Verfügung über bewegliches Vermögen beruft § 263 des Restatement (Second) of Conflict of Laws die *lex fori* der im Domizilstaat des Erblassers zuständigen Gerichte. Die Auslegung („*Construction*") letztwilliger Verfügung über bewegliches Vermögen folgt dem vom Erblasser gewählten Recht oder in Ermangelung eines solchen, dem Recht des Domizilstaates (§ 264). Für die Rechtsnachfolge von Todes wegen in unbewegliches Vermögen sind nach § 236 die Gerichte des Lageortes zuständig. Sie wenden die *lex fori* an.

Bei der Analyse der Rechtslage der Vereinigten Staaten zeigt sich somit, dass eine überzeugende Bestimmung des interlokal maßgeblichen Rechts für die Frage der Wirksamkeit der letztwilligen Verfügung nach der ***bootstrap rule*** nicht möglich ist. Auch eine Rückverweisung kommt angesichts des Art 22 Abs 3 EuErbVO nicht in Betracht. Art 34 Abs 2 EuErbVO schließt Rück- und Weiterverweisungen bei der Anknüpfung über die Rechtswahl ausdrücklich aus. Gesamtverweisungen sind im Rahmen der EuErbVO ohnehin grundsätzlich die Ausnahme.

Somit ist nach der **Kegel'schen Anknüpfungsleiter** vorzugehen. Für den vorliegenden Sachverhalt ist Art 36 Abs 2 lit b EuErbVO maßgeblich. Demnach ist jeder Verweis auf das Recht der Vereinigten Staaten als Verweis auf das Recht des Bundesstaats New York zu verstehen, weil zu diesem Bundesstaat die engste Verbindung des Erblassers bestanden hat.

Ist die Rechtswahl nach dem Recht des Bundesstaates New York wirksam, muss die materielle und formelle Wirksamkeit der letztwilligen Verfügung angeknüpft werden. Für die **Form der letztwilligen Verfügung** bestimmt das Haager Testamentsformübereinkommen (HTFÜ), das gegenüber der EuErbVO vorrangig anzuwenden ist (Art 75 Abs 1 UAbs 2 EuErbVO), das anwendbare Recht. Nach dem HTFÜ ist die Einhaltung des am Errichtungsort maßgeblichen österreichischen Rechts ausreichend (Art 1 lit a HTFÜ). Die materielle Wirksamkeit des Testaments unterliegt bei Wirksamkeit der Rechtswahl dem Recht des Bundesstaates New York (Art 24 Abs 2 EuErbVO). Auch diesbezüglich kommt eine Rückverweisung nicht in Betracht (Art 34 Abs 2 EuErbVO).

Ist die letztwillige Verfügung nach dem Recht des Bundesstaates New York materiell wirksam, stehen ihr also nach dessen Recht keine der in Art 26 EuErbVO angeführten Punkte entgegen, ist *Helene* testamentarische Erbin nach *Gustav*.

Bei der gegenwärtigen Formulierung ist auch keine Teilrechtswahl anzunehmen, was durch Auslegung nach dem Recht von New York zu ermitteln wäre, weshalb auch Pflichtteilsansprüche von *Berta* dessen Recht unterliegen. Auch dahingehend kommt es aufgrund der Rechtswahl zu keinem Rückverweis. Nach dem Recht des Bundesstaates New York bestehen keine Pflichtteilsansprüche.

Denkbar ist, darin ein Ergebnis zu sehen, das mit den Grundwertungen der österreichischen Rechtsordnung offensichtlich unvereinbar wäre. In diesem Fall müsste gemäß Art 35 EuErbVO von der Anwendung des Rechts von New York abgesehen werden. Das kann isoliert für die Verlassenschaftsabhandlung nicht beurteilt werden. Der Tod von *Gustav* löst auch ehegüterrechtliche Folgen aus, sodass kaum davon auszugehen ist, dass *Berta* völlig leer ausgeht, was für die Beurteilung des Einzelfalls relevant ist. Ferner sind allfällige Ansprüche auf die eheliche Wohnung, die einer Sonderanknüpfung unterliegen können (Fall 132), zu berücksichtigen. Allein der Umstand, dass das ausländische Recht keine Pflichtteilsansprüche vorsieht, kann die Anwendung des österreichischen Pflichtteilsrechts auf der Grundlage der **Vorbehaltsklausel** nicht begründen. Der OGH hat bei Fehlen eines versorgungsunabhängigen Pflichtteilsanspruchs im englischen Recht keinen Gebrauch vom *Ordre-public*-Vorbehalt gemacht (OGH 25.02.2021, 2 Ob 214/20i). Bedeutend für die Annahme einer ***Ordre public***-Widrigkeit ist allerdings die enge Beziehung zu Österreich, während zu New York im Grunde gar kein Kontakt mehr besteht. Allerdings ist dieser Umstand allein ebenfalls nicht ausreichend. Vielmehr muss das Ergebnis der Anwendung fremden Rechts mit den Grundwertungen der österreichischen Rechtsordnung „*offensichtlich*" unvereinbar sein.

Die Anwendung der **Ausweichklausel** (Art 21 Abs 2 EuErbVO) ist ausgeschlossen. Sie kommt bei einer wirksamen Rechtswahl nicht zur Anwendung.

Eine Anwendung des Pflichtteilsrechts als **Eingriffsnorm** kommt nicht in Betracht.

Literatur: *Egglmeier-Schmolke/Graf-Wintersberger*, IPR 288 f, 297 f; *Galligan*, Trust & Trustees 2017, 325 (325 ff); *Kerschner/Wagner/Aigner*, IPR[6] Rz 16/99d, 16/99g; *Lurger/Melcher*, IPR[4] Rz 3/24 ff, 3/66 f; *Perner/Spitzer/Kodek*, BR[7] 718 f; *Schwartze* in *Deixler-Hübner/Schauer*, EuErbVO[2] Art 36 EuErbVO Rz 11; *Verschraegen*, IPR Rz 328; *Verschraegen* in *Rummel/Lukas/Geroldinger*, ABGB[4] Art 22 EuErbVO Rz 18, Art 38 EuErbVO Rz 11; *Zöchling-Jud/Aspöck*, IPR[3] 66; vgl auch *Holly* in *Perner/Spitzer/Kodek*, Ö-CB[3] 617 ff.

Fall 133a *(Heindler/Galehr)*

Schwerpunkte: Übergangsbestimmungen, indirekte Rechtswahl, gewöhnlicher Aufenthalt

Elisabeth und *Rudolf* sind österreichische Staatsbürger. Sie waren seit 2004 verheiratet und lebten und arbeiteten bis März 2024 in Österreich. Im März 2024 übersiedelten sie gemeinsam nach Luxemburg, weil Elisabeth dort ein neues Beschäftigungsverhältnis einging. Sie erwarben eine Wohnung in Luxemburg und gaben ihre österreichische Wohnung auf. Im Mai 2024 verstarb *Rudolf*, der in Luxemburg noch auf Arbeitssuche war, dort nach einem Verkehrsunfall. Noch im Jahr 2013 hatte er in Österreich handschriftlich ein Testament errichtet, das auf verschiedene Bestimmungen des ABGB Bezug nimmt. Eine explizite Rechtswahl enthält das Testament nicht.

Welches Gericht ist für die Abhandlung des Erbfalls zuständig und welches Recht ist auf die Erbfolge sowie die materielle und formelle Wirksamkeit des Testaments anzuwenden?

Die Zuständigkeit für den gesamten Nachlass ergibt sich im vorliegenden Fall aus Art 4 EuErbVO. Zuständig sind die Gerichte jenes Staates, in dem der Erblasser im Zeitpunkt seines Todes seinen **gewöhnlichen Aufenthalt** hatte. Eine Unzuständigkeitserklärung bei Rechtswahl wäre gemäß Art 6 EuErbVO im Fall einer Rechtswahl nach Art 22 EuErbVO im Einzelfall denkbar, wenn die Voraussetzungen des Art 6 lit a EuErbVO vorliegen.

Bei der Bestimmung des gewöhnlichen Aufenthalts ist eine **Gesamtbeurteilung der Lebensumstände** des Erblassers in den Jahren vor seinem Tod und im Zeitpunkt seines Todes vorzunehmen, wobei alle relevanten Tatsachen zu beachten sind (ErwGr 23 EuErbVO). Das sind nach ErwGr 23 EuErbVO insbesondere die Dauer und die Regelmäßigkeit des Aufenthalts des Erblassers in dem betreffenden Staat sowie damit zusammenhängende Umstände und Gründe, wobei der gewöhnliche Aufenthalt eine besonders enge und fest Bindung zu dem betreffenden Staat erkennen lassen muss. ErwGr 25 EuErbVO hebt hervor, dass die Ausweichklausel („*offensichtlich engere Verbindung*") zum Tragen kommen kann, wenn der Erblasser erst kurz vor seinem Tod in den Staat seines gewöhnlichen Aufenthalts umgezogen ist.

Was die Dauer und Regelmäßigkeit des gewöhnlichen Aufenthalts in Luxemburg angeht, ist zu beobachten, dass mit der gemeinsamen Übersiedlung dorthin, der Aufgabe der österreichischen Wohnung und dem Erwerb einer Wohnung in Luxemburg ein **dauerhafter und regelmäßiger Aufenthalt** in Luxemburg vorliegt. Zwar wurde dieser Aufenthalt erst kurz vor dem Tod des Erblassers begründet, dies steht einem gewöhnlichen Aufenthalt jedoch nicht entgegen, wenn der Erblasser die Absicht hatte, sich dauerhaft in dem Staat niederzulassen. Insbesondere zeigt ErwGr 25 EuErbVO, dass ein gewöhnlicher Aufenthalt vorliegen kann, wenn der Erblasser erst kurz vor dem Tod umgezogen ist. Für das anwendbare Recht ist bei objektiver Anknüpfung in diesem Fall die Anwendung der Ausweichklausel denkbar (Art 21 Abs 2 EuErbVO). Für die internationale Zuständigkeit bleibt es grundsätzlich bei der Anwendung des Art 4 EuErbVO, wobei im Fall einer entsprechenden Antragstellung auch eine Zuständigkeit nach Art 6 EuErbVO vorstellbar wäre. Sieht man von dieser Möglichkeit ab, sind die Gerichte von Luxemburg gemäß Art 4 EuErbVO international zuständig.

Für die Frage des auf die Erbfolge anwendbaren Rechts ist zunächst zu prüfen, ob eine wirksame **Rechtswahl** vorliegt. Da das Testament vor dem 17.08.2015 errichtet wurde, ist die Übergangsbestimmung in Art 83 Abs 4 EuErbVO zu beachten. Nach dieser Bestimmung gilt jenes Recht als das auf die Rechtsfolge von Todes wegen anzuwendende gewählte Recht, nach dem der Erblasser eine Verfügung von Todes wegen errichtet hat, und dieses Recht gemäß der EuErbVO ebenfalls gewählt hätte werden können. Art 22 Abs 1 EuErbVO sieht vor, dass eine Person das Recht jenes Staates wählen kann, dem sie im Zeitpunkt der Rechtswahl angehört. Dies ist im vorliegenden Fall österreichisches Recht.

Art 83 Abs 4 EuErbVO ordnet eine **fingierte Rechtswahl** an, die den Erblasser im Fall einer letztwilligen Verfügung davor schützen soll, dass es durch die Änderung des Erbstatuts infolge des Inkrafttretens der EuErbVO ohne sein Zutun zu einem inhaltlichen Eingriff in seine Nachlassplanung kommt. Da es sich in diesem Fall bloß um eine fingierte Rechtswahl handelt, steht der Anwendung des Art 83 Abs 4 EuErbVO eine echte Rechtswahl, selbst wenn sie nur indirekt oder konkludent erfolgt, entgegen.

Art 83 Abs 2 EuErbVO sieht vor, dass eine vor dem 17.08.2015 getroffene Rechtswahl wirksam ist, wenn sie 1.) die Voraussetzungen des Kapitels III der EuErbVO erfüllt, oder wenn sie 2.) nach den zum Zeitpunkt der Rechtswahl geltenden Vorschriften des Internationalen Privatrechts in dem Staat, in dem der Erblasser seinen gewöhnlichen Aufenthalt hatte, oder in einem Staat, dessen Staatsangehörigkeit er besaß, wirksam ist. Beide Anknüpfungspunkte stellen auf den **Zeitpunkt der Errichtung der Rechtswahl** ab und verweisen somit in Alternative 2 auf das nationale österreichische Internationale Privatrecht. Dieses sah in den mittlerweile aufgehobenen §§ 28-30 IPRG keine Rechtswahlmöglichkeit vor. Demnach wäre eine Rechtswahl nur möglich, wenn diese den Anforderungen des Kapitels III der EuErbVO entspricht. Diesbezüglich sieht Art 22 Abs 1 EuErbVO vor, dass die Wahl des Rechts jenes Staates möglich ist, dem der Erblasser im Zeitpunkt der Rechtswahl oder im Zeitpunkt des Todes angehört. Art 22 Abs 2 EuErbVO regelt, dass die Rechtswahl ausdrücklich in einer Erklärung in Form einer Verfügung von Todes wegen erfolgen oder sich aus den Bestimmungen einer solchen Verfügung ergeben muss. ErwGr 39 EuErbVO enthält den Hinweis, dass sich eine Rechtswahl als durch eine Verfügung von Todes wegen ergebend angesehen werden könnte, wenn der Erblasser in seiner Verfügung Bezug auf spezifische Bestimmungen des Rechts des Staates, dem er angehört, genommen hat. Gemäß Sachverhalt nahm *Rudolf „auf verschiedene Bestimmungen des ABGB Bezug*".

Somit bleibt lediglich noch zu klären, ob österreichisches Recht aufgrund einer nach der EuErbVO wirksamen Rechtswahl infolge der Übergangsvorschrift des Art 83 Abs 2 EuErbVO oder auf Basis einer fingierten Rechtswahl gemäß Art 83 Abs 4 EuErbVO anzuwenden ist. Richtig ist es, **Art 83 Abs 4 EuErbVO** heranzuziehen. Im Zeitpunkt der Errichtung der letztwilligen Verfügung bestand keine Rechtswahlmöglichkeit und *Rudolf* konnte nach dem damals geltenden Internationalen Privatrecht nur aufgrund einer objektiven Anknüpfung von der Anwendung österreichischen Rechts ausgehen. Es wäre wohl trotz der Erwähnung von Bestimmungen des ABGB in dieser Konstellation konstruiert, *Rudolf* einen Rechtswahlwillen zu unterstellen. Die Erbfolge unterliegt demnach gemäß Art 83 Abs 4 EuErbVO österreichischem Recht.

Für die **formelle und materielle Wirksamkeit** der letztwilligen Verfügung ist wegen der Errichtung vor dem 17.08.2015 auf Art 83 Abs 3 EuErbVO abzustellen. Demnach gilt die letztwillige Verfügung als materiell und formell wirksam, wenn sie die Voraussetzungen des Kapitels III erfüllt, oder wenn sie nach den zum Zeitpunkt der Errichtung geltenden Vorschriften des Internationalen Privatrechts in dem Staat, in dem der Erblasser seinen gewöhnlichen Aufenthalt hatte, oder in einem Staat, dessen Staatsangehörigkeit er besaß, zulässig sowie materiell und formell wirksam ist.

Für die **formelle Wirksamkeit** gilt jedoch vorrangig das **Haager Testamentsformübereinkommen (HTFÜ)**, da auch Luxemburg, dessen Gerichte nach Art 4 EuErbVO international zuständig sind, das Übereinkommen ratifiziert hat und es in Luxemburg am 05.02.1979 in Kraft getreten ist. Art 1 HTFÜ sieht eine Vielzahl alternativer Anknüpfungen vor. Demnach genügt für die formelle Wirksamkeit die Einhaltung österreichischen Rechts, weil dort letztwillig verfügt wurde (Art 1 lit a HTFÜ), der Erblasser österreichischer Staatsbürger ist (Art 1 lit b HTFÜ) und der Erblasser dort im Zeitpunkt der Errichtung seinen Wohnsitz (Art 1 lit c Alt 1 HTFÜ) sowie seinen letzten gewöhnlichen Aufenthalt hatte (Art 1 lit d Alt 1 HTFÜ). Alternativ wäre auch die Einhaltung luxemburgischen Rechts ausreichend, da der Erblasser dort im Zeitpunkt seines Todes seinen Wohnsitz (Art 1 lit c Alt 2 HTFÜ) und letzten gewöhnlichen Aufenthalt hatte (Art 1 lit d Alt 2 HTFÜ).

Für die **materielle Wirksamkeit** genügt die Einhaltung österreichischen Rechts, weil gemäß Art 83 Abs 3 EuErbVO iVm § 30 IPRG für die Testierfähigkeit und die materiellen Voraussetzungen von letztwilligen Verfügungen das Personalstatut (§ 9 IPRG) des Erblassers im Zeitpunkt der Rechtshandlung maßgeblich ist. Dieses war, da § 9 Abs 1 Satz 1 IPRG das Recht der Staatsangehörigkeit beruft, im maßgeblichen Zeitpunkt österreichisches Recht. Alternativ ordnet Art 83 Abs 3 EuErbVO die materielle Wirksamkeit an, wenn die Voraussetzungen des Kapitels III erfüllt sind. Diesbezüglich gilt für Testamente nach Art 24 EuErbVO das Recht, das nach der EuErbVO auf die Rechtsnachfolge von Todes wegen anzuwenden wäre, wenn die Person, die die Verfügung errichtet hat, zu diesem Zeitpunkt verstorben wäre. Art 24 Abs 2 EuErbVO eröffnet eine Rechtswahlmöglichkeit für die Zulässigkeit und materielle Wirksamkeit einer letztwilligen Verfügung nach Maßgabe des Art 22 EuErbVO.

Da eine implizite Rechtswahl hier wohl nicht anzunehmen ist, und somit auch für die Zulässigkeit und materielle Wirksamkeit der letztwilligen Verfügung nicht greifen würde (dazu oben), bleibt es bei der **objektiven Anknüpfung**. Abzustellen ist somit auf den gewöhnlichen Aufenthalt im Zeitpunkt der Errichtung der letztwilligen Verfügung. Dieser lag in Österreich. Auch bei Heranziehung dieser Alternative kommt es somit zur Anwendung österreichischen Rechts.

Lernhinweis: Bei internationaler Zuständigkeit österreichischer Gerichte, etwa im Fall einer Unzuständigkeitserklärung aufgrund einer Rechtswahl nach Art 6 EuErbVO, blieben die gewonnenen Verweisungsergebnisse unverändert.

Literatur: *Fucik* in *Deixler-Hübner/Schauer*, EuErbVO[2] Art 83 EuErbVO Rz 13 ff; *Heindler* in *Rummel/Lukas/Geroldinger*, ABGB[4] Art 80-84 EuErbVO Rz 14; *Kerschner/Wagner/Aigner*, IPR[6] Rz 16/99d; *Lurger/Melcher*, IPR[4] Rz 3/25; *Veziroglu* in *Laimer*, IPR-Praxiskommentar Art 83 EuErbVO Rz 15.

Fall 133b — *(Heindler/Galehr)*
Schwerpunkt: Erbverzicht

Alfred, ein deutscher Staatsbürger, starb im Mai 2024 nach langer Krankheit im Alter von 85 Jahren in Salzburg (Österreich). In den letzten vierzehn Lebensjahren war *Alfred* dement und konnte sich nur noch an lange zurückliegende Ereignisse erinnern. Er hinterlässt eine Tochter (*Frieda*) und eine Ehefrau (*Berta*). Seine Tochter hat in einem bereits 2004 mit *Alfred* in Salzburg geschlossenen Vertrag auf ihr Erb- und Pflichtteilsrecht verzichtet und dafür eine Abfindung in Höhe von € 400.000,– erhalten. Darüber wurde ein Notariatsakt errichtet.

Alfred lebte mit seiner österreichischen Ehefrau *Berta*, die nach der Hochzeit im Jahr 1966 zu *Alfred* nach Düsseldorf (Deutschland) übersiedelte, seit seinem Pensionsantritt im Jahr 2003 in Hof bei Salzburg.

Nach dem Tod von *Alfred* macht *Frieda* geltend, dass der Erbverzicht ungültig oder wirksam aufgehoben worden sei. Sie hätte über das wahre Ausmaß des Vermögens nicht Bescheid gewusst und sei bei der Vereinbarung im Jahr 2004 getäuscht worden. Zudem beruft sie sich auf eine 2020 mit *Alfred* ebenfalls in Salzburg getroffene schriftliche Vereinbarung, mit der sie den Erbverzicht einvernehmlich aufgehoben hätten. Sie macht daher ihr gesetzliches Erbrecht geltend.

Welches Recht ist für die Rechtsnachfolge von Todes wegen und auf die Wirksamkeit und Anfechtung des Erbverzichts durch *Frieda* maßgeblich?

Österreichische Gerichte sind nach Art 4 EuErbVO für die Abhandlung des gesamten Nachlassvermögens international zuständig, weil der gewöhnliche Aufenthalt von *Alfred* in Österreich lag.

Da keine Rechtswahl vorliegt, kommt auf die Rechtsnachfolge von Todes wegen das Recht jenes Staats zur Anwendung, in dem der Erblasser im Zeitpunkt des Todes seinen **gewöhnlichen Aufenthalt** hatte (Art 21 Abs 1 EuErbVO). Zwar ist der Erblasser deutscher Staatsbürger, doch bestehen darüber hinaus keine Anhaltspunkte für eine starke Verbindung zu Deutschland, die geeignet scheinen, die Grundanknüpfung im Sinne einer offensichtlich engeren Verbindung (Art 21 Abs 2 EuErbVO) zu durchbrechen. Immerhin war *Alfred* bereits 2010 an Demenz erkrankt, was die Möglichkeit, einen gewöhnlichen Aufenthalt selbstbestimmt zu begründen, beeinträchtigen könnte, doch wurde der gewöhnliche Aufenthalt bereits vor Eintritt der Erkrankung im Jahr 2004 begründet und anschließend lediglich beibehalten, sodass keine Bedenken gegenüber der selbstbestimmten Begründung des gewöhnlichen Aufenthalts und damit der Anwendbarkeit des österreichischen Sachrechts bestehen.

Das Erbstatut umfasst insbesondere auch die Bedingungen für die **Annahme oder Ausschlagung der Erbschaft** (Art 23 Abs 2 lit e EuErbVO). Nach hA zählen Erbverzichtsverträge zu den Erbverträgen im Sinne des Art 3 Abs 1 lit b EuErbVO und unterliegen somit Art 25 EuErbVO. Mangels Rechtswahl unterliegen Zulässigkeit, materielle Wirksamkeit und die Bindungswirkungen des Vertrages jenem Recht, das anzuwenden gewesen wäre, wenn der Erblasser im Zeitpunkt des Vertragsschlusses gestorben wäre (Art 25 Abs 1 EuErbVO). Da bei Abschluss des Verzichtsvertrages bereits der gewöhnliche Aufenthalt des Erblassers in Österreich vorgelegen ist, unterliegt dieser österreichischem Sachrecht. Die intertemporale Überleitungsbestimmung des Art 83 EuErbVO gilt auch für Erbverträge, die nach der Definition des Art 3 Abs 1 lit d EuErbVO unter den Begriff der „*letztwilligen Verfügung*" nach der EuErbVO fallen. Nach Art 83 Abs 3 EuErbVO ist ein Erbvertrag auch dann wirksam, wenn er nach dem Internationalen Privatrecht im Staat, in dem der Erblasser bei Errichtung seinen gewöhnlichen Aufenthalt hatte, oder dessen Staatsangehörigkeit er besaß oder dessen Behörde mit der Erbsache befasst ist, zulässig sowie materiell wirksam gewesen wäre. Im Jahr 2004 war für Erbverzichtsverträge in Österreich § 30 IPRG aF anzuwenden. Für diesen Fall verweist § 30 IPRG aF iVm § 9 Abs 1 Satz 1 IPRG auf das deutsche Recht aufgrund des kraft deutscher Staatsbürgerschaft deutschen Personalstatuts des Erblassers. Der Erbverzichtsvertrag ist demnach zulässig und materiell wirksam, wenn er entweder nach deutschem oder nach österreichischem materiellem Recht zulässig und materiell wirksam ist. Die Prüfung nach dem deutschen Internationalen Privatrecht würde ebenfalls zur alternativen Anwendung deutschen Rechts führen. Zur materiellen Wirksamkeit zählt insbesondere die Rechtsfolge einer Täuschung für den Erbvertrag (Art 26 Abs 1 lit e EuErbVO).

Die im Jahr 2020 vereinbarte **Aufhebung des Erbverzichtsvertrages** fällt bereits in den Zeitraum nach dem Inkrafttreten der EuErbVO, weshalb das Günstigkeitsprinzip des Art 83 Abs 3 EuErbVO dafür nicht zum Tragen kommt. Es gilt für die Frage der materiellen Wirksamkeit und Zulässigkeit der Aufhebung des Verzichtsvertrages somit ausschließlich österreichisches Sachrecht, da im Jahr

2020 als maßgeblicher Zeitraum für die Wirksamkeit der Aufhebung der gewöhnliche Aufenthalt des Erblassers weiterhin in Österreich gelegen ist. Bei der materiellen Wirksamkeit stellt sich insbesondere die Frage, ob der Erblasser im Jahr 2020 bei Abschluss des Vertrages über die Aufhebung des Erbverzichtsvertrages testierfähig bzw geschäftsfähig war (Art 26 Abs 1 lit a EuErbVO). Nach hA unterliegt die Fähigkeit, einen Pflichtteilsverzichtsvertrag zu errichten, dem Art 26 EuErbVO, sodass die Ausnahme gemäß Art 1 Abs 2 lit b EuErbVO für Mängel der Geschäftsfähigkeit nicht greift. Damit ist uE konsequentermaßen auch die mangelnde Fähigkeit des Erblassers, im Jahr 2020 der Aufhebung des Pflichtteilsverzichtsvertrages zuzustimmen, erbrechtlich zu qualifizieren.

Sofern Fragen der **Formwirksamkeit** auftreten, fallen sie nach hA nicht unter das Haager Testamentsformübereinkommen, weil dieses Erbverzichtsverträge und Verträge über deren Aufhebung nicht erfasst. Für Formfragen gilt daher Art 27 EuErbVO und hinsichtlich des Erbverzichtsvertrages aus dem Jahr 2004 Art 83 Abs 3 EuErbVO, der auf die günstigeren Bestimmungen des österreichischen oder deutschen Internationalen Privatrechts verweist. Für Österreich käme nach hA und Rsp § 8 IPRG zur Anwendung.

Hinweis: Nach einer vereinzelten Auffassung sollen Schuld- und Erbstatut in Abhängigkeit vom Sachrecht kumulativ anzuwenden sein. Dies führt wohl rasch zu **Normenhäufung** und widersprüchlichen Ergebnissen und ist uE mit der hA abzulehnen. Überlegenswert wäre es uE jedoch, die Geschäftsfähigkeit des verzichtenden Erben schuldrechtlich zu qualifizieren und nicht dem vom Erblasser abhängigen und uU von diesem bestimmten Erbstatut zu unterstellen.

Literatur: *Christandl* in *Laimer*, IPR-Praxiskommentar Art 23 EuErbVO Rz 37; *Croon-Gestefeld*, IPRax 2024, 184 (184 ff); *Egglmeier-Schmolke* in *Laimer*, IPR-Praxiskommentar Art 26 EuErbVO Rz 3; *Heindler* in *Rummel/Lukas/Geroldinger*, ABGB[4] Art 3 EuErbVO Rz 3; *Kerschner/Wagner/Aigner*, IPR[6] Rz 16/99b; *Lurger/Melcher*, IPR[4] Rz 3/21; *Verschraegen* in *Rummel/Lukas/Geroldinger*, ABGB[4] Art 23 EuErbVO Rz 41; *Weber*, ZEV 2015, 503 (503 ff).

Fall 134 *(Heindler/Galehr)*
Schwerpunkte: Doppelstaatsbürgerschaft, Form

Im Dezember 2023 verstirbt der österreichische Staatsbürger *Felix* in Schweden, wo er seit zwanzig Jahren lebte. In seinem Testament, das er im Einklang mit schwedischem Recht im Mai 2010 vor einem schwedischen Notar errichtet hat, setzte er unter Bezugnahme auf §§ 552 ff ABGB aF seine beiden Schwestern *Leopoldine* und *Anna* zu gleichen Teilen als Erbinnen ein. Seine Frau *Ilse* soll unter Anrechnung auf den Pflichtteil sein Guthaben bei seiner Bank in Stuttgart (Deutschland) erhalten.

> Gehen Sie davon aus, dass die Abhandlung des Erbfalls vor einem schwedischen Gericht stattfindet.
>
> Welches Recht ist auf die Erbfolge anzuwenden?
>
> **Hinweis**: Das autonome schwedische und österreichische IPR sahen jeweils vor, dass die Rechtsnachfolge von Todes wegen dem Recht des Heimatstaates des Verstorbenen untersteht. Eine Rechtswahl war nach keiner der beiden Rechtsordnungen möglich.

Schwedische Gerichte sind nach Art 4 EuErbVO für die Abhandlung des gesamten Nachlassvermögens international zuständig, weil der gewöhnliche Aufenthalt von *Felix* im Todeszeitpunkt in Schweden lag.

Zur Bestimmung des anwendbaren Rechts ist zu prüfen, ob eine Rechtswahl vorliegt. Eine wirksame **Rechtswahl** kann ausdrücklich erklärt werden oder sich aus den Bestimmungen einer letztwilligen Verfügung ergeben (Art 22 Abs 2 EuErbVO). Art 83 Abs 2 EuErbVO sieht für eine Rechtswahl, die vor dem 17.08.2015 erfolgt ist, vor, dass sie wirksam ist, wenn sie die Voraussetzungen des Kapitels III erfüllt oder wenn sie nach den zum Zeitpunkt der **Rechtswahl** geltenden Vorschriften des IPR des Aufenthalts- oder Heimatstaates wirksam gewesen ist. Die Rechtswahl ist demnach wirksam, wenn sie entweder den Bestimmungen des Kapitels III, den Bestimmungen des vom schwedischen IPR aF berufenen oder den Bestimmungen des vom österreichischen IPR aF berufenen Rechts entspricht.

Das internationale Erbrecht des IPRG sah keine **Rechtswahl** vor, weshalb eine Berufung des IPRG ausscheidet. Auch das schwedische internationale Erbrecht vor der EuErbVO sah keine Rechtswahlmöglichkeit vor, es berief aber – wie das österreichische internationale Erbrecht – grundsätzlich das Heimatrecht des Erblassers. *Felix* konnte daher bei Erstellung des Testaments von der Anwendung österreichischen Sachrechts ausgehen, ohne eine Rechtswahl treffen zu müssen.

Insoweit wäre bei Inkrafttreten der EuErbVO ein **Statutenwechsel** eingetreten, weil nunmehr statt des Heimatrechts das Sachrecht des gewöhnlichen Aufenthalts im Todeszeitpunkt maßgeblich wäre. Allerdings kann aufgrund der Hinweise auf das ABGB im Testament nach Art 22 Abs 2 EuErbVO eine **konkludente Rechtswahl** angenommen werden. Nach Art 22 Abs 2 EuErbVO kann eine Rechtswahl, die im Zeitpunkt ihrer Vornahme nicht wirksam war, durch das Inkrafttreten der EuErbVO wirksam werden. Dies ist hier der Fall. Die Voraussetzungen von Kapitel III der EuErbVO liegen vor, weil die Wahl im Rahmen einer letztwilligen Verfügung getroffen wurde und der Erblasser sein Heimatrecht gewählt hat.

Die Rechtsnachfolge von Todes wegen unterliegt somit österreichischem Sachrecht.

Schweden ist wie Österreich Vertragspartei des Haager Testamentsformübereinkommens (HTFÜ). Für die **Teilfrage**, ob die Formvorschriften eingehalten wurden, gilt daher das HTFÜ. Gemäß den alternativen Anknüpfungen in Art 1 HTFÜ ist bereits aufgrund der Einhaltung des am Errichtungsort maßgeblichen schwedischen Rechts die Einhaltung der schwedischen Formvorschriften ausreichend (Art 1 lit a HTFÜ).

Lernhinweis: Bei internationaler Zuständigkeit österreichischer Gerichte blieben die gewonnenen Verweisungsergebnisse unverändert.

Literatur: *Fucik* in *Deixler-Hübner/Schauer*, EuErbVO[2] Art 83 EuErbVO Rz 7 ff; *Heindler* in *Rummel/Lukas/Geroldinger*, ABGB[4] Art 80-84 EuErbVO Rz 5; *Kerschner/ Wagner/Aigner*, IPR[6] Rz 16/99d, 16/99e; *Lurger/Melcher*, IPR[4] Rz 2/3, 3/25, 3/32; *Perner/ Spitzer/Kodek*, BR[7] 718 f; *Verschraegen* in *Rummel/Lukas/Geroldinger*, ABGB[4] Art 22 EuErbVO Rz 15; *Zöchling-Jud/Aspöck*, IPR[3] 66, 69.

Fall 135 *(Heindler/Galehr)*
Schwerpunkt: Gewöhnlicher Aufenthalt

Bengt ist schwedischer Staatsbürger und verbringt die Wintersaisonen seit mehreren Jahren als Saisonarbeitskraft im Skigebiet St. Anton am Arlberg (Österreich). Den Rest des Jahres verbringt er als selbständiger Gastronom in Schweden. Im Januar 2024 kommt *Bengt* bei einem Skiunfall ums Leben.

In seiner handschriftlich verfassten und unterfertigten letztwilligen Verfügung hält *Bengt* fest, seine kleine Eigentumswohnung, die er im Winter belegt, nach österreichischem Recht, den Rest seines Vermögens nach schwedischem Recht an seine Nachkommen weitergeben zu wollen.

Wie ist die Rechtslage?

Schwedische Gerichte sind nach Art 4 EuErbVO für die Abhandlung des gesamten Nachlassvermögens international zuständig, weil der gewöhnliche Aufenthalt *Bengts* in Schweden liegt. Die vorübergehende Tätigkeit von *Bengt* als Saisonarbeitskraft in Österreich begründet dort keinen **gewöhnlichen Aufenthalt**. Es ist anzunehmen, dass der Schwerpunkt des persönlichen Lebensbereichs nach wie vor in Schweden liegt und sich daran durch die bloß berufsbezogenen Aufenthalte in Österreich nichts ändert. Die Wintersaison dauert überdies in aller Regel von Dezember bis April, also verbringt *Bengt* den größeren Teil des Jahres in Schweden.

Schwedische Gerichte wenden die EuErbVO an. Maßgeblich ist das Recht jenes Staates, in dem *Bengt* im Zeitpunkt des Todes seinen gewöhnlichen Aufenthalt hatte (Art 21 Abs 1 EuErbVO). Das ist im Kontext des vorstehend Gesagten Schweden. Eine **Teilrechtswahl (subjektive *dépeçage*)** kann nur zugunsten des Heimatrechts erfolgen (Art 22 Abs 1 EuErbVO). Mangels österreichischer Staatsangehörigkeit ist die Wahl österreichischen Rechts somit unabhängig von weiteren Schwierigkeiten, wie der Einhaltung der Formvorschriften, unwirksam.

Die Anwendung österreichischen Rechts kann sich auch nicht durch die Anwendung der **Ausweichklausel** ergeben (Art 21 Abs 2 EuErbVO). Art 21 Abs 2

EuErbVO bezweckt kein Abgehen vom Grundsatz der Nachlasseinheit. Die Belegenheit einzelner Nachlassgegenstände führt daher zu keiner **objektiven *dépeçage*** und kann in dieser Konstellation nicht zur Anwendung österreichischen Rechts führen. Auch die unwirksame Rechtswahl begründet keine „*offensichtlich*" engere Verbindung im Sinne des Art 21 Abs 1 EuErbVO.

Die Abweichung vom Grundsatz der Nachlasseinheit, die eine **Teilrechtswahl** zur Folge hätte, würde einer solchen Rechtswahl allerdings nicht entgegenstehen, weil der Grundsatz der Nachlasseinheit in Art 21 Abs 1 EuErbVO festgehalten wird, während Art 22 Abs 1 EuErbVO nicht auf die „*gesamte*" Rechtsnachfolge von Todes wegen abstellt.

Der Erwerb der österreichischen Liegenschaft durch die vom schwedischen Erbstatut bestimmten Erben erfolgt außerbücherlich nach Maßgabe schwedischen Sachrechts (EuGH 12.10.2017, C-218/16, *Kubicka*). Österreichisches Registerrecht ist allein auf registerrechtliche Fragen anzuwenden (Art 1 Abs 2 lit l EuErbVO).

Schweden ist wie Österreich Vertragspartei des Haager Testamentsformübereinkommens (HTFÜ). Für die **Teilfrage** der Einhaltung der Formvorschriften gilt daher das HTFÜ.

Lernhinweis: Auch im Falle der internationalen Zuständigkeit österreichischer Gerichte, etwa bei abweichenden Sachverhaltsfeststellungen und der hieraus resultierenden Rechtsbeurteilung, dass der gewöhnliche Aufenthalt des Erblassers doch in Österreich lag, blieben die gewonnenen Verweisungsergebnisse unverändert.

Literatur: *Kerschner/Wagner/Aigner*, IPR[6] Rz 16/99d f; *Lurger/Melcher*, IPR[4] Rz 2/3, 3/25, 3/32; *Perner/Spitzer/Kodek*, BR[7] 719; *Schauer* in *Deixler-Hübner/Schauer*, EuErbVO[2] Art 21 EuErbVO Rz 1 ff; *Verschraegen* in *Rummel/Lukas/Geroldinger*, ABGB[4] Art 21 EuErbVO Rz 10; *Zöchling-Jud/Aspöck*, IPR[3] 66, 69.

III. Objektive Anknüpfung nach der EuErbVO

Fall 136 *(Heindler/Galehr)*
Schwerpunkt: Testierfähigkeit

István ist ungarischer Staatsbürger und lebt in Eisenstadt (Österreich). Im September 2023 besucht er seine Tochter *Réka*, die in Budapest (Ungarn) lebt. *Réka* geht mit ihrem betagten Vater zum ungarischen Notar *Tamás*. Dort unterfertigt *István* vor dem Notar und einer Hilfskraft das von *Réka* vorbereitete Testament, mit dem *Réka* als Alleinerbin eingesetzt wird. Das Testament wird von *Tamás* im ungarischen Testamentsregister eingetragen.

Nach der Unterfertigung fährt *Réka* mit *István* nach Wien (Österreich) und lässt von Notar *Manfred* beurkunden, dass bei *István* der Vorsorgefall eingetreten ist. Damit wird auch die bei Notar *Manfred* bereits im Januar 2023 unterfertigte Vorsorgevollmacht wirksam. Als *Fanni*, die zweite Tochter von *István*, von den Vorkehrungen erfährt, bricht familiärer Streit aus. *Fanny* versucht, die Vorsorgevollmacht für unwirksam erklären zu lassen, kurz darauf stirbt jedoch *István*.

Welches Recht ist auf die Rechtsnachfolge von Todes wegen anzuwenden?

Gemäß Art 4 EuErbVO sind die österreichischen Gerichte international zuständig, weil der **gewöhnliche Aufenthalt** von *István* im Zeitpunkt des Todes in Eisenstadt war. Da keine Rechtswahl getroffen wurde, wenden die zuständigen österreichischen Gerichte gemäß Art 21 Abs 1 EuErbVO österreichisches Sachrecht an, wiederum weil *István* im Zeitpunkt des Todes seinen gewöhnlichen Aufenthalt in Österreich hatte. Eine offensichtlich engere Verbindung zum ungarischen Recht liegt bloß aufgrund der ungarischen Staatsbürgerschaft und der Testierung in Ungarn nicht vor.

Für die Form der letztwilligen Verfügung (**Teilfrage**) gilt das Haager Testamentsformübereinkommen (HTFÜ), das gemäß Art 75 Abs 1 UAbs 2 EuErbVO vorrangig anzuwenden ist. Das HTFÜ ist unabhängig davon anwendbar, ob seine Verweisungsvorschriften zum Recht eines Vertragsstaates führen (Art 6 HTFÜ). Es folgt also dem Grundsatz der universellen Anwendbarkeit. Es schadet sohin nicht, dass Ungarn kein Vertragsstaat des HTFÜ ist. Das HTFÜ enthält in Art 1 eine Reihe **alternativer Anknüpfungen**. Nach Art 1 lit a HTFÜ ist ein Testament formwirksam, wenn es den Formvorschriften am Errichtungsort entspricht. Es genügt also die Einhaltung der ungarischen Formvorschriften.

Die **Zulässigkeit und materielle Wirksamkeit des Testaments** unterliegt mangels Rechtswahl dem Recht jenes Staates, das bei Errichtung der letztwilligen Verfügung nach der EuErbVO auf die Rechtsnachfolge von Todes wegen anzuwenden wäre (Art 24 Abs 1 EuErbVO). Da *István* auch bei Errichtung der letztwilligen Verfügung seinen gewöhnlichen Aufenthalt in Eisenstadt hatte, gilt österreichisches Sachrecht. Voraussetzung für die Wirksamkeit ist insbesondere die Testierfähigkeit einer Person, die ebenfalls der EuErbVO unterliegt (Art 26 Abs 1 lit a EuErbVO). Daher gilt auch für die Frage der Testierfähigkeit österreichisches Sachrecht. Die Ausnahme der Geschäftsfähigkeit von der EuErbVO betrifft nicht die von Art 26 EuErbVO erfassten Fragen (siehe Art 1 Abs 2 lit b EuErbVO). Die Testierfähigkeit ist daher nicht selbständig nach dem Personalstatut anzuknüpfen.

Die Anwendung ungarischen Sachrechts auf die Testierfähigkeit käme nur bei einer Rechtswahl im Sinne von Art 24 Abs 2 EuErbVO iVm Art 22 EuErbVO in Betracht. Eine solche Rechtswahl müsste ausdrücklich erfolgt sein (Art 22 Abs 2 EuErbVO). Dem Sachverhalt ist kein entsprechender Hinweis zu entnehmen. Für die materielle Wirksamkeit einer Rechtswahl käme die ***bootstrap rule*** zur Anwendung (Art 22 Abs 3 EuErbVO). Die Wahl zugunsten ungarischen Rechts wäre daher nach diesem zu beurteilen.

Literatur: *Egglmeier-Schmolke/Graf-Wintersberger*, IPR 291, 297; *Lurger/Melcher*, IPR[4] Rz 2/5, 3/36, 3/38, 3/52; *Mankowski* in *Deixler-Hübner/Schauer*, EuErbVO[2] Art 1 EuErbVO Rz 28; *Perner/Spitzer/Kodek*, BR[7] 718 ff; *Zöchling-Jud/Aspöck*, IPR[3] 64; *Verschraegen* in *Rummel/Lukas/Geroldinger*, ABGB[4] Art 21 EuErbVO Rz 1; *Verschraegen* in *Rummel/Lukas/Geroldinger*, ABGB[4] Art 22 EuErbVO Rz 18; zum Erwachsenenschutzrecht siehe oben Fälle 17 ff.

Fall 137 *(Heindler/Galehr)*
Schwerpunkte: Drittstaatensachverhalt, Rechtswahl, Form

David, ein österreichischer Staatsbürger, stirbt in Folge einer langen Krankheit im August 2024 in Salzburg (Österreich). *David* war in den letzten 10 Jahren bis zu seiner Krankheit beruflich in Kathmandu (Nepal) tätig. In seiner in Salzburg im Juli 2024 handschriftlich verfassten und unterfertigten letztwilligen Verfügung bestimmt *David* ausdrücklich die Anwendung österreichischen Erbrechts auf seinen gesamten Nachlass.

Ein Teil des ansehnlichen Nachlassvermögens befindet sich in Kathmandu, darunter mehrere Wohnungen, für die sein Sohn *Samuel*, der in Nepal lebt, dort bereits ein Verlassenschaftsverfahren eingeleitet hat. *Amrit*, die Ehefrau von *David*, wendet sich mit der letztwilligen Verfügung an die österreichischen Gerichte.

Wie ist die Rechtslage?

Vgl Sachverhalt nach OGH 26.02.2019, 2 Ob 124/18a.

Österreichische Gerichte sind nach Art 10 Abs 1 lit a EuErbVO für die Abhandlung des gesamten Nachlassvermögens international zuständig. Allerdings können die österreichischen Gerichte gemäß Art 12 Abs 1 EuErbVO beschließen, von der Abhandlung von **Vermögenswerten in Drittstaaten** abzusehen, wenn zu erwarten ist, dass die Entscheidung im Drittstaat nicht anerkannt oder gegebenenfalls nicht für vollstreckbar erklärt wird. Dazu muss das Gericht eine **Anerkennungsprognose** treffen, die auf die Möglichkeit einer Anerkennung oder gegebenenfalls einer Vollstreckung in Nepal eingeht. Geht das Gericht nicht von einer Anerkennung oder Vollstreckung aus, wird der Grundsatz der **Nachlasseinheit** ausnahmsweise durchbrochen.

Da zwischen Österreich und Nepal kein völkerrechtliches Übereinkommen besteht, das die Anerkennung und Vollstreckung von Entscheidungen in Erbsachen regelt, sind diese nach dem innerstaatlichen nepalesischen Recht zu beurteilen. Würde die **Anerkennungsprognose**, was aufgrund des anhängigen Verfahrens zu erwarten ist, negativ ausfallen, kann das österreichische Gericht beschließen, über die nepalesischen Vermögenswerte nicht abzusprechen. Es kommt dann zu einer **Nachlassspaltung**.

Für die übrigen Vermögenswerte ist das österreichische Gericht allerdings weiterhin international zuständig.

Zur Ermittlung des anwendbaren Rechts ist zunächst zu prüfen, ob die **Rechtswahl** wirksam zustande gekommen ist. Die Wahl des Heimatrechts ist gemäß Art 22 Abs 1 EuErbVO zulässig. Darüber hinaus gelten autonome Formvorschriften. Auch diese wurden *in casu* eingehalten. So ist die Rechtswahl in einer Erklärung in Form einer Verfügung von Todes wegen erfolgt (Art 22 Abs 2 EuErbVO).

Die Formgültigkeit einer schriftlichen Verfügung von Todes wegen ist als **Teilfrage** nach dem Haager Testamentsformübereinkommen (HTFÜ) zu beurteilen, das gegenüber der EuErbVO vorrangig anzuwenden ist (Art 75 Abs 1 UAbs 2 EuErbVO). Gemäß den alternativen Anknüpfungen in Art 1 HTFÜ ist bereits aufgrund der Einhaltung des am Errichtungsort maßgeblichen österreichischen Rechts die Einhaltung der österreichischen Formvorschriften ausreichend (Art 1 lit a HTFÜ). Das Gericht wendet demnach österreichisches Sachrecht an.

Literatur: *Bajons* in *Heindler*, FS 40 Jahre IPRG 273 (273 ff); *Egglmeier-Schmolke/Graf-Wintersberger*, IPR 299 f; *Heindler*, JEV 2019, 59 (59 ff); *Perner/Spitzer/Kodek*, BR[7] 718 ff; *Verschraegen* in *Rummel/Lukas/Geroldinger*, ABGB[4] Art 22 EuErbVO Rz 12.

IV. Vorbehaltsklausel (*ordre public*)

Fall 138 *(Heindler/Galehr)*

Schwerpunkt: Diskriminierung nach dem Geschlecht

Navid ist iranischer Staatsbürger schiitischen Glaubens, lebt aber bereits seit 1995 in Österreich. *Navid* verstirbt im Dezember 2024 im Krankenhaus Wels (Österreich). Er ist verwitwet und hinterlässt einen Sohn *Farzad* und eine Tochter *Giti*. *Navid* hat gegenüber seiner Schwester *Mehrnaz* im Krankenhaus gesagt, dass sein Bruder *Kaveh* sein Erbe sein soll. Die Kinder sollten den Pflichtteil bekommen.

Variante: *Navid* ist iranischer Staatsbürger schiitischen Glaubens, lebt aber bereits seit 1995 in Österreich. *Navid* verstirbt im Dezember 2024 im Krankenhaus Wels (Österreich). Er ist verwitwet und hinterlässt einen Sohn *Farzad* und eine Tochter *Giti*. *Navid* ist mit der Lebensführung seiner Tochter unzufrieden. Er hat daher bereits im Jahr 2012 in Wels ein handschriftlich verfasstes und unterfertigtes Testament errichtet. Testamentarischer Erbe ist sein Sohn *Farzad*, während seine Tochter *Giti* nur den Pflichtteil erhalten soll.

Welches Recht ist auf die Rechtsfolge von Todes wegen anzuwenden?

Hinweis: Nach iranischem Erbrecht für Angehörige der schiitischen Glaubensrichtung sind mündliche letztwillige Verfügungen unwirksam. Die gesetzliche Erbquote eines Sohnes beträgt das Doppelte von jener einer Tochter (Koran, Sure 4 Vers 11). Letztwillig kann höchstens über ein Drittel (1/3) des Nachlasses verfügt werden.

Vgl Sachverhalt nach OGH 29.01.2019, 2 Ob 170/18s.

Aus österreichischer Sicht unterliegt die Rechtsnachfolge von Todes wegen bei iranischen Staatsbürgern dem iranischen Recht. Gemäß Art 10 Abs 3 des Freundschafts- und Niederlassungsvertrags zwischen der Republik Österreich und dem Kaiserreich Iran (BGBl 1966/45) sind nämlich in „*Angelegenheiten (…) der gesetzlichen und testamentarischen Erbfolge (…) die Angehörigen einer Hohen Vertragsschließenden Partei auf dem Gebiete der anderen Partei den Bestimmungen des in ihrem Heimatstaat geltenden Rechts unterworfen*". Der Freundschafts- und Niederlassungsvertrag ist gegenüber der EuErbVO vorrangig anzuwenden (Art 75 Abs 1 EuErbVO).

Die Verweisung auf iranisches Recht ist eine **Sachnormverweisung**.

Eine **Teilfrage** stellt die Gültigkeit einer testamentarischen Verfügung dar. Diese Frage ist vorrangig nach dem Haager Testamentsformübereinkommen (HTFÜ) anzuknüpfen, weil dieses als zeitlich früherer völkerrechtlicher Vertrag Vorrang vor dem bilateralen Freundschafts- und Niederlassungsvertrag genießt. Österreich hat von der Möglichkeit des Vorbehalts nach Art 10 HTFÜ keinen Gebrauch gemacht. Das HTFÜ ist daher auch für mündliche Nottestamente gültig. Es ist überdies auch dann anwendbar, wenn es auf das Recht eines Nichtvertragsstaates verweist (Art 6 HTFÜ). Nach den Anknüpfungsbestimmungen ist die Formwirksamkeit anhand des österreichischen (Art 1 lit a, c, d HTFÜ) sowie alternativ anhand des iranischen Rechts zu prüfen (Art 1 lit b HTFÜ). Weder nach österreichischem noch nach iranischem Recht ist die mündliche Verfügung allerdings wirksam.

Das iranische Erbrecht ist **interreligiös** gespalten. Der Verweis gemäß Art 10 Abs 3 des Freundschafts- und Niederlassungsvertrags ist als Bezugnahme auf das Rechtssystem zu verstehen, das das im Iran für die jeweiligen Personen geltende Recht beruft. Nach dem interreligiös anwendbaren iranischen Sachrecht erbt der Sohn zwei Drittel (2/3) des Vermögens und die Tochter ein Drittel (1/3) des Vermögens, weil weibliche Nachkommen in der gesetzlichen Erbfolge benachteiligt werden. Dieses Ergebnis weicht vom österreichischen Sachrecht ab. Nach österreichischem Intestaterbrecht beträgt die Erbquote der Tochter die Hälfte (1/2). Da die Unterscheidung auf einer Ungleichbehandlung nach dem Geschlecht beruht, ist zu prüfen, ob die Anwendung ausländischen Sachrechts *in casu* zu einem Ergebnis führt, das mit den Grundwertungen der österreichischen Rechtsordnung, insbesondere mit dem verfassungsrechtlichen **Gleichheitssatz** (Art 7 B-VG), unvereinbar ist (§ 6 IPRG). Der Freundschafts- und Niederlassungsvertrag enthält zwar keine explizite **Vorbehaltsklausel**, ermöglicht aber nach seinem Art 10 Abs 4, dass Staaten vom Vertrag abweichen können, soweit dies einer „*auch allen* *anderen ausländischen Staaten gegenüber gepflogenen Übung entspricht*". Damit wird es ermöglicht, die Vorbehaltsklausel (§ 6 IPRG) auch im Rahmen des Freundschafts- und Niederlassungsvertrags anzuwenden.

Für die Beurteilung der *Ordre-public*-Widrigkeit ist zu prüfen, ob ein ausreichend starker Inlandsbezug vorliegt und das Ergebnis der Anwendung ausländischen Sachrechts mit den Grundwertungen der österreichischen Rechtsordnung unvereinbar ist. Ein bloßes Abweichen ist nicht ausreichend. Zwar scheint die Reduktion des Erbteils von der Hälfte (1/2) auf ein Drittel (1/3) nicht allzu gravierend, doch beruht aufgrund der im iranischen Sachrecht gesetzlich vorgegebenen Diskriminierung von Frauen die Reduktion allein auf dem Umstand, dass *Giti* eine Frau ist. Auch zeigt der Sachverhalt, dass *Navid* nicht die Absicht hatte, seine Tochter schlechter zu stellen als seinen Sohn, was nach österreichischem Testaterbrecht möglich gewesen wäre. Vielmehr hätte *Navid* eine dritte Person als Erben eingesetzt und wäre mit gleich hohen Pflichtteilen seiner Kinder einverstanden gewesen. Der Inlandsbezug ist sehr stark ausgeprägt, weil der Erblasser bereits seit Jahrzehnten in Österreich aufhältig ist.

Die Reduktion des gesetzlichen Erbteils von *Giti* auf ein Drittel (1/3) statt der Hälfte (1/2) ist daher als Ergebnis der Anwendung iranischen Erbrechts mit den Grundwertungen der österreichischen Rechtsordnung unvereinbar. Die Erbquoten müssen daher ohne diese diskriminierende Vorschrift bestimmt werden, sodass beide Kinder jeweils die Hälfte (1/2) erhalten.

Variante: Als **Teilfrage** ist erneut zu prüfen, ob das Testament formwirksam erstellt wurde. Diese Frage ist vorrangig nach dem Haager Testamentsformübereinkommen (HTFÜ) anzuknüpfen, weil dieses als zeitlich früherer völkerrechtlicher Vertrag Vorrang vor dem bilateralen Freundschafts- und Niederlassungsvertrag genießt. Nach dem HTFÜ ist bereits die Einhaltung der österreichischen Vorschriften ausreichend, da das Testament in Österreich errichtet wurde (Art 1 lit a HTFÜ). Das Testament ist demnach formwirksam.

Aufgrund der iranischen Staatsangehörigkeit unterliegt die Rechtsnachfolge von Todes wegen im Übrigen gemäß Art 10 Abs 3 des Freundschafts- und Niederlassungsvertrags dem interreligiös anwendbaren iranischen Erbrecht. Nach dem interreligiös anwendbaren iranischen Erbrecht kann allerdings nur über ein Drittel (1/3) des Vermögens testamentarisch verfügt werden. Für den übrigen Erbteil gilt das gesetzliche Erbrecht zwingend. Auf den Fall angewendet erhält der Sohn aus der testamentarischen Zuwendung somit ein Drittel (1/3) und aufgrund der gesetzlichen Erbfolge von den verbleibenden zwei Dritteln (2/3) wiederum doppelt so viel wie seine Schwester, somit vier Neuntel (4/9), insgesamt also sieben Neuntel (7/9), während seine Schwester *Giti* zwei Neuntel (2/9) aus der gesetzlichen Erbfolge erhält. Nach österreichischem Sachrecht würde *Giti* bei entsprechender testamentarischer Verfügung hingegen ein Viertel (1/4) erhalten. Erneut ist ihr Erbteil im iranischen Sachrecht geringer.

Die Wirksamkeit der testamentarischen Verfügung bleibt von der Vorbehaltsklausel unberührt, weil es auch nach österreichischem Erbrecht möglich wäre, einer Person ein Drittel (1/3) des Nachlassvermögens zuzuweisen. Fraglich ist jedoch, ob die ungleiche Zuweisung des gesetzlichen Erbteils auch in diesem Fall ein mit den Grundwertungen der österreichischen Rechtsordnung unvereinbares Ergebnis darstellt. Schließlich entspricht es in dieser Variante dem Willen des Erblassers, dass die Kinder ungleich viel erhalten. Einen solchen Willen könnte der Erblasser auch nach österreichischem Sachrecht durchsetzen. Dass im iranischen Sachrecht der gesetzlich zwingende Teil etwas niedriger ausfällt als im österreichischen Sachrecht, sollte uE nicht die Anwendung der Vorbehaltsklausel nach sich ziehen. Die Variante unterscheidet sich vom Hauptfall grundlegend dahingehend, dass die Ungleichbehandlung nicht durch den Gesetzgeber erfolgt, sondern auch vom Erblasser intendiert ist. Daher bleibt es bei der Anwendung iranischen Sachrechts.

Literatur: *Egglmeier-Schmolke/Graf-Wintersberger*, IPR 43; *Heindler*, JBl 2019, 724 (724 ff); *Kerschner/Wagner/Aigner*, IPR[6] Rz 16/99g; *Lurger/Melcher*, IPR[4] Rz 3/68; *Rapatz* in *Laimer*, IPR-Praxiskommentar Art 35 EuErbVO Rz 24 f; *Schwartze* in *Deixler-Hübner/Schauer*, EuErbVO[2] Art 35 EuErbVO Rz 14; *Verschraegen*, IPR Rz 1310 ff; *Verschraegen* in *Rummel/Lukas/Geroldinger*, ABGB[4] Art 35 EuErbVO Rz 12; *Zöchling-Jud/Aspöck*, IPR[3] 16.

I. Ausgewähltes Sonderprivatrecht

I. Versicherungsrecht

Fall 139 *(Weichbold)*

Schwerpunkt: Umfang des Versicherungsstatuts der Rom I-VO

Die in Wien lebende österreichische Staatsbürgerin *Laila* schließt beim österreichischen Versicherer *AON AG* einen Haushaltsversicherungsvertrag für ihre in den Monaten Juli und August benutzte Ferienwohnung in Palermo (Italien) ab.

Variante 1: *Laila*, die österreichische Staatsbürgerin ist und in Wien lebt, benötigt auch für ihre Winterferienwohnung in Kapstadt (Südafrika) eine Haushaltsversicherung. Diese schließt sie ebenfalls beim österreichischen Versicherer *AON AG* ab.

Variante 2: Seit ihrer Pensionierung lebt *Laila* (österreichische Staatsbürgerin) dauerhaft in Italien und schließt nun einen Lebensversicherungsvertrag mit dem österreichischen Versicherer *AON AG*.

Variante 3: Wie in Variante 2. Können *Laila* und die *AON AG* im Lebensversicherungsvertrag die Anwendung österreichischen Sachrechts vereinbaren?

Der Anwendungsbereich der Rom I-VO ist vollumfänglich eröffnet (hierzu oben Fall 36). Bei der Haushaltsversicherung von *Laila* handelt es sich um einen **Versicherungsvertrag** iSd Art 7 Rom I-VO. Diese Qualifikation lässt sich konkretisieren: Es liegt ein Versicherungsvertrag vor, der weder ein Rückversicherungsvertrag zwischen einem Versicherer und einem Rückversicherer (Art 7 Abs 1 Satz 2 Rom I-VO: Anwendung von Art 3, 4 Rom I-VO) noch ein Versicherungsvertrag über Großrisiken (Art 7 Abs 2 Rom I-VO) ist.

Für die Anwendbarkeit von Art 7 Rom I-VO ist zunächst zu klären, ob das **versicherte Risiko in einem Mitgliedsstaat** (inklusive Dänemark) belegen ist. Aufgrund des Verweises in Art 7 Abs 6 Rom I-VO ist der Belegenheitsort nach Art 2 lit d der Schadensversicherungs-RL (RL 88/357/EWG) zu beurteilen. Danach ist bei Versicherungen über Gebäude oder den darin befindlichen Sachen das Risiko an jenem Ort belegen, an dem sich die Gegenstände befinden (*lex rei sitae*). Dies ist im vorliegenden Fall Italien. Da das Risiko somit in einem Mitgliedsstaat belegen ist, ist Art 7 Rom I-VO anwendbar (Art 7 Abs 1 Satz 1 Rom I-VO), weshalb sich die objektive Anknüpfung nach Art 7 Abs 3 aE Rom I-VO bestimmt. Dieser verweist für die **Bestimmung des anwendbaren Sachrechts** (Art 20 Rom I-VO) wiederum auf jenen **Ort**, an dem das **versicherte Risiko belegen** ist. Dies ist – wie bereits ausgeführt – Italien, womit auf den Versicherungsvertrag italienisches Sachrecht anzuwenden ist.

Variante 1: Für die Anwendbarkeit von Art 7 Rom I-VO ist wiederum zu klären, ob das versicherte Risiko in einem Mitgliedsstaat belegen ist. Aufgrund des Verweises von Art 7 Abs 6 Rom I-VO auf Art 2 lit d Schadensversicherungs-RL (RL 88/357/EWG) ist für den Belegenheitsort des versicherten Risikos abermals auf jenen Ort abzustellen, an dem sich die versicherten Gegenstände befinden. Da es sich dabei um Südafrika handelt, ist das **versicherte Risiko nicht in einem Mitgliedsstaat belegen**. Das anwendbare Sachrecht bestimmt sich somit nicht nach Art 7 Rom I-VO. Für seine Ermittlung ist vielmehr auf die **Anknüpfung nach Art 3 ff Rom I-VO** zurückzugreifen. Es gilt die allgemeine Prüfungsreihenfolge. Eine Rechtswahl, die eine subjektive Anknüpfung ermöglichte, liegt gegenwärtig nicht vor (Art 3 Rom I-VO). Im Rahmen der objektiven Anknüpfung ist zunächst die Anwendung des Verbraucherstatuts nach Art 6 Rom I-VO zu prüfen. Für die Eröffnung seines Anwendungsbereiches (Fall 39) enthält der Sachverhalt jedoch keine Anhaltspunkte, weshalb nach Art 4 Rom I-VO vorzugehen ist. Da beim Versicherungsvertrag die vertragscharakteristische Leistung in der Gefahrenübernahme durch den Versicherer besteht (Art 4 Abs 2 Rom I-VO), ist auf den gewöhnlichen Aufenthalt der *AON AG* abzustellen. Da diese ihre Hauptverwaltung in Österreich hat (Art 19 Abs 1 Rom I-VO), gelangt österreichisches Sachrecht zur Anwendung.

Variante 2: Bei der Lebensversicherung handelt es sich um einen Versicherungsvertrag iSd Art 7 Rom I-VO. Für Lebensversicherungsverträge verweist Art 7 Abs 6 Rom I-VO auf Art 1 Abs 1 lit g der Lebensversicherungs-RL (RL 2002/83/EG). Danach ist für den **Belegenheitsort des versicherten Risikos auf den gewöhnlichen Aufenthalt des Versicherungsnehmers** abzustellen. Diesen hat *Laila* im Zeitpunkt des Vertragsabschlusses mittlerweile in Italien. Da das

Risiko somit in einem Mitgliedsstaat belegen ist, ist abermals Art 7 Rom I-VO anwendbar (Art 7 Abs 1 Satz 1 Rom I-VO). Deshalb bestimmt sich die objektive Anknüpfung des Lebensversicherungsvertrages nach Art 7 Abs 3 aE Rom I-VO. Da diese Kollisionsnorm für das anwendbare Sachrecht auf den **Belegenheitsort des Risikos** verweist, ist auf den Versicherungsvertrag italienisches Sachrecht anzuwenden, weil *Laila* ihr Leben in Italien verbringt.

Variante 3: Art 7 Abs 3 Rom I-VO **beschränkt die Rechtswahlmöglichkeit der Vertragsparteien**. Danach dürfen die Vertragsparteien nur die in Art 7 Abs 3 lit a-e Rom I-VO genannten Rechtsordnungen auswählen. Art 7 Abs 3 lit c Rom I-VO erlaubt für Lebensversicherungsverträge explizit die Wahl jener mitgliedsstaatlichen Rechtsordnung, dessen Staatsangehörigkeit der Versicherungsnehmer besitzt. Da *Laila* österreichische Staatsbürgerin ist, ist die Vereinbarung österreichischen Sachrechts zulässig.

Lernhinweis: Die beiden Richtlinien, auf die Art 7 Abs 6 Rom I-VO verweist, wurden bereits durch die RL 2009/138 (Solvabilität II-RL) ersetzt und aufgehoben. Die Verweise sind daher nach Art 310 Solvabilität II-RL, der auf ihre Entsprechungstabelle in Anhang VII weiterverweist, nunmehr als Verweise auf Art 13 Z 13-14 Solvabilität II-RL zu verstehen (*Lurger/Melcher*, IPR[4] Rz 4/83 FN 75).

Literatur: *Zöchling-Jud/Aspöck*, IPR[3] 34; *Lurger/Melcher*, IPR[4] Rz 4/82 ff; *Lurger/Melcher*, HB IPR[2] Rz 4/125 ff; *Heindler* in *Rummel/Lukas/Geroldinger*, ABGB[4] Art 7 Rom I-VO Rz 1 ff; *Perner* in *Fenyves/Perner/Riedler*, VersVG Anhang: Internationales Versicherungsrecht Rz 1 ff.

Fall 140 *(Weichbold)*
Schwerpunkt: Direktklage gegen den Haftpflichtversicherer

Die in Gramatneusiedl (Österreich) ansässige *Christina* (österreichische Staatsbürgerin) unternimmt auf Madeira (Portugal) einen Tragschrauberrundflug im Rahmen einer Grundstücksbesichtigung. Bei einem Tragschrauber handelt es sich um ein Fluggerät, das mit einem kleinen Helikopter vergleichbar ist. Es kommt zu einem Absturz des Tragschraubers, den *Christina* schwer verletzt überlebt. Sie erleidet starke Schmerzen, verzeichnet erhebliche Verdienstausfälle und muss hohe Behandlungskosten tragen. Halter des Tragschraubers ist der in Portugal lebende *Andreas* (deutscher Staatsbürger).

Für dessen Verwendung hat *Andreas* eine Haftpflichtversicherung beim portugiesischen Versicherungsunternehmen *Segurança S.A.* abgeschlossen. Im Versicherungsvertrag wurde wirksam die Anwendung deutschen Sachrechts vereinbart. *Christina* möchte das portugiesische Versicherungsunternehmen *Segurança S.A.* direkt in Anspruch nehmen.

Unter welchen Voraussetzungen ist eine Direktklage *Christinas* gegen den Haftpflichtversicherer *Segurança S.A.* zulässig?

Hinweis: Gehen Sie für die Falllösung davon aus, dass das Montrealer Übereinkommen (Fälle 45 f) auf den vorliegenden Sachverhalt nicht anwendbar ist (Art 1 Abs 1 MÜ).

Angelehnt an EuGH 09.09.2015, C-240/14, *Prüller-Frey*.

Der Anwendungsbereich der Rom II-VO ist vollumfänglich eröffnet (Fälle 60 ff). Nach Art 18 Rom II-VO ist eine **Direktklage** des Geschädigten gegen den **Haftpflichtversicherer zulässig**, sofern ein solcher Direktanspruch nach dem auf das außervertragliche Schuldverhältnis anzuwendenden Sachrecht (**Deliktsstatut**) **oder** nach dem auf den Versicherungsvertrag anzuwendenden Sachrecht (**Versicherungsvertragsstatut**) vorgesehen ist. Art 18 Rom II-VO statuiert folglich ein Günstigkeitsprinzip zugunsten des Geschädigten, der immer dann eine Direktklage gegen den Haftpflichtversicherer erheben kann, wenn ihm diese Befugnis nach einer der beiden Rechtsordnungen zukommt.

Während der Versicherungsvertrag explizit die Anwendung von deutschem Sachrecht vorsieht, ergibt sich das Deliktsstatut bei der gebotenen objektiven Anknüpfung aus Art 4 Abs 1 Rom II-VO, der auch Ansprüche aus Gefährdungshaftungen erfasst (ErwGr 11 Rom II-VO). Da der Schaden im vorliegenden Fall in Portugal eingetreten ist, ist auf die Schadenersatzansprüche *Christinas* nach der objektiven Anknüpfung portugiesisches Sachrecht anzuwenden.

Christina kann demnach unmittelbar gegen die *Segurança S.A.* vorgehen, wenn eine solche Direktklage des Geschädigten gegen den Haftpflichtversicherer des Tragschrauberhalters entweder nach deutschem oder portugiesischem Sachrecht vorgesehen ist.

Literatur: *Zöchling-Jud/Aspöck*, IPR³ 42; *Lurger/Melcher*, IPR⁴ Rz 5/73 f; *Lurger/Melcher*, HB IPR² Rz 5/113 ff; *Heindler* in *Rummel/Lukas/Geroldinger*, ABGB⁴ Art 18 Rom II-VO Rz 1 ff.

II. Kartellschadenersatz

Fall 141 *(Drobnik)*
Schwerpunkt: Kartellschadenersatz (Marktaufteilung)

Die *X-AG* möchte ihren Geschäftssitz in Innsbruck (Österreich) ausbauen und schreibt den Auftrag öffentlich aus. Den Zuschlag erhält die *Y-SE* mit Sitz in München (Deutschland), die das mit Abstand günstigste Angebot abgegeben hat. Die Angebote der übrigen Bieter (der *D-GmbH* mit Sitz in Villach und der *F-GmbH* mit Sitz in Wien, jeweils in Österreich) waren völlig überteuert.

Wenig später stellt sich heraus, dass die drei Bieter Teil eines nach Art 101 AEUV illegalen Marktaufteilungskartells sind: Die Kartellanten haben vereinbart, dass nur die *Y-SE* ernsthafte Angebote für Bauaufträge in Westösterreich abgibt. Dasselbe gilt in Ostösterreich zugunsten der *F-GmbH* und in Südösterreich zugunsten der *D-GmbH*. Aufgrund des dadurch fehlenden Wettbewerbs lag der Preis des Angebots der *Y-SE* 15 % über jenem Preis, der bei normalen Wettbewerbsbedingungen hätte verlangt werden können. Die *X-AG* verlangt Schadenersatz von den Kartellanten.

Variante: Die Marktaufteilung erstreckt sich auch auf den süddeutschen Markt. Die *X-AG* wurde auch bei einer Bauführung im bayrischen Rosenheim (Deutschland), für die ebenfalls die *Y-SE* kartellbedingt als günstigste Bieterin den Zuschlag erhalten hatte, geschädigt.

Für Schäden, die eine Person durch eine unerlaubte Kartellabsprache erleidet, müssen die Kartellanten Schadenersatz leisten („*private enforcement*"). Der Anwendungsbereich der Rom II-VO ist vollumfänglich eröffnet (Fälle 60 ff). Das anwendbare Sachrecht (Art 24 Rom II-VO) bestimmt sich nach Art 6 Abs 3 Rom II-VO, weil eine Kartellabsprache ein „*den freien Wettbewerb einschränkendes Verhalten*" darstellt (zu „*unlauterem Wettbewerbsverhalten*" siehe noch Fälle 142 f). Anzuwenden ist das Sachrecht jenes Staates, **dessen Markt beeinträchtigt wird** (Art 6 Abs 3 lit a Rom II-VO). Hier wurde (nur) der österreichische Markt aufgeteilt (und damit beeinträchtigt), weshalb österreichisches Sachrecht Anwendung findet.

Variante: Hier liegt ein sogenannter Streuschaden vor: Ein und dieselbe unerlaubte Handlung (hier: unerlaubte Marktaufteilung) hat unmittelbar Schäden in **mehreren Mitgliedsstaaten** ausgelöst. Nach der „*Mosaiktheorie*" (Fall 144) gilt für den in Deutschland eingetretenen Schaden somit deutsches Sachrecht, für den in Österreich eingetretenen Schaden österreichisches Sachrecht.

Art 6 Abs 3 lit b Rom II-VO eröffnet aber eine **Alternative**. Kartellanten haften solidarisch und können daher gemeinsam vor Gerichten eines Mitgliedsstaates, in dem einer von ihnen seinen „*Wohnsitz*" (Art 63 Abs 1 EuGVVO 2012 [Brüssel Ia-VO]: satzungsmäßiger Sitz, Hauptverwaltung oder Hauptniederlassung) hat, verklagt werden (Art 8 Z 1 EuGVVO 2012 [Brüssel Ia-VO]). Im vorliegenden Fall kann die *X-AG* also zwischen österreichischen und deutschen Gerichten **wählen**. Entscheidet sie sich zB für ein österreichisches Gericht, so kann sie von allen Kartellanten Ersatz des gesamten (also auch des in Deutschland eingetretenen) Schadens nach österreichischem Sachrecht verlangen (Art 6 Abs 3 lit b Rom II-VO): In Österreich liegt der Wohnsitz von zwei der drei Beklagten; außerdem bezog sich die Marktaufteilung auch auf den österreichischen Markt (Art 6 Abs 3 lit b Halbsatz 1 Rom II-VO). Schließlich bezog sich auch das anspruchsbegründende wettbewerbsbeschränkende Verhalten aller Beklagten auf den österreichischen Markt (Art 6 Abs 3 lit b Halbsatz 2 Rom II-VO). Wählt die *X-AG* hingegen ein deutsches Gericht, so kann der Ersatz des gesamten Schadens auf deutsches Sachrecht gestützt werden. Denn der Wohnsitz der *Y-SE* liegt in Deutschland, die Marktaufteilung betraf auch den deutschen Markt und die *D-GmbH* und die *F-GmbH* waren auch an der Aufteilung des deutschen Markts beteiligt.

Literatur: *Zöchling-Jud/Aspöck*, IPR[3] 40; *Lurger/Melcher*, IPR[4] Rz 5/37 ff; *Kerschner/Wagner/Aigner*, IPR[6] Rz 16/67 f; *Verschraegen*, IPR Rz 944 ff; *Lurger/Melcher*, HB IPR[2] Rz 5/70 ff; *Neumayr* in KBB[7] Art 6 Rom II-VO Rz 1 ff; *Thiede* in *Laimer*, IPR-Praxiskommentar Art 6 Rom II-VO Rz 1 ff; *Heindler* in *Rummel/Lukas/Geroldinger*, ABGB[4] Art 6 Rom II-VO Rz 1 ff.

III. Unlauterer Wettbewerb

Fall 142 *(Drobnik)*
Schwerpunkt: Unlauterer Wettbewerb (*cold calling*)

Die *Melville S.A.* mit Sitz in Luxemburg ist im Bereich des Versandhandels tätig. Sie hat in Österreich weder eine Niederlassung noch eine Tochtergesellschaft. Sie vertreibt Waren in Österreich, indem sie Personen ohne deren vorherige Einwilligung anruft (*cold calling*) und ihnen Waren zum Verkauf anbietet, was nach österreichischem Sachrecht unzulässig ist (§ 174 TKG iVm § 1a UWG). Ein österreichischer Mitbewerber möchte die *Melville S.A.* daher auf Unterlassung klagen.

Welches Sachrecht ist auf die Beurteilung dieses Anspruches anwendbar?

Der Anwendungsbereich der Rom II-VO ist vollumfänglich eröffnet (Fälle 60 ff). *Cold calling* ist eine unerlaubte Handlung iSd Art 2 Abs 1 Rom II-VO und stellt zudem ein **unlauteres Wettbewerbsverhalten** iSd Art 6 Abs 1-2 Rom II-VO dar.

Die zweitgenannte Bestimmung über den unlauteren Wettbewerb kennt zwei Anknüpfungspunkte: Beeinträchtigt das unlautere Verhalten nur die Interessen eines bestimmten Wettbewerbers (betriebsbezogene Wettbewerbsverstöße), so ist am **Erfolgsort** anzuknüpfen (Art 6 Abs 2 Rom II-VO iVm Art 4 Rom II-VO; beachte auch Fall 143). Für marktbezogene Wettbewerbsverstöße gilt hingegen das Sachrecht jenes Staates, in dessen Gebiet die Wettbewerbsbeziehungen oder kollektiven Verbraucherinteressen verletzt wurden (**Marktortprinzip**: Art 6 Abs 1 Rom II-VO).

Im vorliegenden Fall werden die Interessen der österreichischen **Verbraucher** verletzt, was nach dem Marktortprinzip (Art 6 Abs 1 Rom II-VO) zur Anwendung österreichischen Sachrechts führt.

Literatur: *Zöchling-Jud/Aspöck*, IPR[3] 40; *Lurger/Melcher*, IPR[4] Rz 5/37 ff; *Kerschner/Wagner/Aigner*, IPR[6] Rz 16/67 f; *Verschraegen*, IPR Rz 939 ff; *Lurger/Melcher*, HB IPR[2] Rz 5/60 ff; *Neumayr* in KBB[7] Art 6 Rom II-VO Rz 1 ff; *Thiede* in *Laimer*, IPR-Praxiskommentar Art 6 Rom II-VO Rz 1 ff; *Heindler* in *Rummel/Lukas/Geroldinger*, ABGB[4] Art 6 Rom II-VO Rz 1 ff.

Fall 143 *(Drobnik)*
Schwerpunkt: Unlauterer Wettbewerb (Abwerben von Mitarbeitern)

Die *BluePharm S.A.* mit Sitz in Frankreich und die *Forster Pharmaceutical PLC* mit Sitz in Irland konkurrieren bei der Entwicklung eines Impfstoffs gegen eine verbreitete Lungenkrankheit. Um den unliebsamen Konkurrenten auszubremsen, versucht die *BluePharm S.A.*, führende Wissenschaftlerinnen der *Forster Pharmaceutical PLC* abzuwerben. Dazu werden nicht nur hohe Wechselprämien angeboten, sondern auch gezielt Falschinformationen gestreut: Die *Forster Pharmaceutical PLC* sei nahezu zahlungsunfähig und habe außerdem mit hohen Strafen der irischen Arzneimittelbehörde zu rechnen. Die *Forster Pharmaceutical PLC* klagt auf Unterlassung und Schadenersatz.

Welches Sachrecht ist auf die Beurteilung dieser Ansprüche anwendbar?

Der Anwendungsbereich der Rom II-VO ist vollumfänglich eröffnet (Fälle 60 ff). Auch das Abwerben von Mitarbeitern stellt ein *„unlauteres Wettbewerbsverhalten"* iSd Art 6 Abs 1-2 Rom II-VO dar, wenn dabei verwerfliche Mittel (hier: gezielte Falschinformation) eingesetzt werden. Da im vorliegenden Fall aber nicht die *„Wettbewerbsbeziehungen oder kollektiven Interessen der Verbraucher"* (Art 6 Abs 1 Rom II-VO), sondern lediglich die **Interessen eines bestimmten Wettbewerbers** (Art 6 Abs 2 Rom II-VO) verletzt werden, kommt die **Erfolgsortanknüpfung** nach Art 4 Rom II-VO zur Anwendung (beachte Fall 142).

Da *BluePharm S.A.* und *Forster Pharmaceutical PLC* weder ihren Verwaltungssitz im selben Mitgliedsstaat haben (Art 4 Abs 2 Rom II-VO) noch eine offensichtlich engere Verbindung zum Recht eines anderen Staates besteht (Art 4 Abs 3 Rom II-VO), ist das Sachrecht (Art 24 Rom II-VO) jenes Staates anzuwenden, in dem der **Schaden** aus dem unlauteren Wettbewerbsverhalten **eintritt** (Art 4 Abs 1 Rom II-VO) oder einzutreten droht (ErwGr 22 Rom II-VO). Das führt zur Anwendung irischen Sachrechts.

Literatur: *Zöchling-Jud/Aspöck*, IPR[3] 40; *Lurger/Melcher*, IPR[4] Rz 5/42 f; *Kerschner/Wagner/Aigner*, IPR[6] Rz 16/67; *Verschraegen*, IPR Rz 944 ff; *Lurger/Melcher*, HB IPR[2] Rz 5/60 ff; *Neumayr* in KBB[7] Art 6 Rom II-VO Rz 1 ff; *Thiede* in *Laimer*, IPR-Praxiskommentar Art 6 Rom II-VO Rz 1 ff; *Heindler* in *Rummel/Lukas/Geroldinger*, ABGB[4] Art 6 Rom II-VO Rz 1 ff.

IV. Immaterialgüterrecht

Fall 144 *(Drobnik)*
Schwerpunkt: Immaterialgüterrecht (Marken)

Celestina ist Inhaberin der Unionswortbildmarke „*Porcellina*", unter der sie hochwertiges Fleisch in der gesamten EU vertreibt. Durch Zufall findet sie heraus, dass eine belgische Gesellschaft (*Agromeat s.à r.l.*) das von ihr geschützte Zeichen ebenfalls verwendet, um Fleisch in Belgien, Frankreich und Deutschland zu vermarkten. *Celestina* klagt die *Agromeat s.à r.l.* auf Unterlassung und Schadenersatz.

Welches Sachrecht ist auf die Beurteilung dieser Ansprüche anwendbar?

Variante: Bei der Wortbildmarke „*Porcellina*" handelt es sich um eine nationale französische Marke.

Der Anwendungsbereich der Rom II-VO ist vollumfänglich eröffnet (Fälle 60 ff). Die unerlaubte Benutzung einer fremden Marke fällt als **unerlaubte Handlung** unter die Rom II-VO. Eine Unionsmarke ist ein „*Recht des geistigen Eigentums*", weshalb Art 8 Rom II-VO einschlägig ist. Die unerlaubte Benutzung einer fremden Marke ist weiters eine unlautere Handlung iSd Art 6 Abs 1-2 Rom II-VO (beachte in Österreich: § 9 UWG). Allerdings hat Art 8 Rom II-VO als *lex specialis* Vorrang.

Eine Unionsmarke ist ein „*gemeinschaftsweit einheitliches Recht*", sodass nach Art 8 Abs 2 Rom II-VO vorrangig das materielle Recht der **einschlägigen EU-Rechtsakte** zu prüfen ist. Der Unterlassungsanspruch ergibt sich bereits aus Art 130 Abs 1 Satz 1 Unionsmarkenverordnung (VO (EU) 2017/1001).

In Bezug auf Schadenersatzansprüche enthält die Unionsmarkenverordnung hingegen keine Regelung, weshalb nach Art 8 Abs 2 Rom II-VO das Sachrecht (Art 24 Rom II-VO) jenes Staates anzuwenden ist, in dem die Verletzung begangen wurde. Weil die **Verletzungshandlung** gerade im Vertrieb von Fleisch unter verbotener Verwendung der Marke liegt, begeht die *Agromeat s.à r.l.* Verletzungen in Belgien, Frankreich und Deutschland. Damit würde es grundsätzlich zu einer **Mosaikbetrachtung** des Schadens kommen: Jener Schaden, der *Celestina* durch den unerlaubten Vertrieb in Deutschland entsteht, würde nach Maßgabe des deutschen Sachrechts ersetzt. Dasselbe würde sinngemäß für die Schäden durch den unerlaubten Vertrieb in Belgien (Anwendung belgischen Sachrechts) und Frankreich (Anwendung französischen Sachrechts) gelten. Laut EuGH ist der Anknüpfungspunkt in solchen Streufällen jedoch anders zu bestimmen: Statt auf die einzelnen Verletzungshandlungen im jeweiligen Mitgliedstaat abzustellen, sei eine „*Gesamtwürdigung*" des „*Verhaltens vorzunehmen, um den Ort zu bestimmen, an dem die ursprüngliche Verletzungshandlung, auf die das vorgeworfene Verhalten zurückgeht, begangen worden ist*" (EuGH 27.09.2017, C-24/16 und C-25/16, *Nintendo*). Diese Vorgangsweise vermeidet die Zersplitterung bei der Anknüpfung, sodass auf alle Ansprüche dieselbe Sachrechtsordnung anwendbar ist. Das ist bei Immaterialgüterrechtsverletzungen im Internet jener Ort, an dem die Veröffentlichung in Gang gesetzt – also in den Computer eingegeben – wird. Bei offline begangenen Verletzungen soll es nach der Literatur auf den **Herstellungsort** der Waren oder jenen Ort, an dem eine Werbung konzipiert wurde, ankommen (*Dobler* in *Laimer*, IPR-Praxiskommentar Art 8 Rom II-VO Rz 35).

Variante: Verletzungen nationaler Markenrechte fallen unter Art 8 Abs 1 Rom II-VO. Anzuwenden ist daher das Sachrecht jenes Staates, für den der Schutz beansprucht wird (**Schutzlandprinzip**). Klagt *Celestina* also zB auf Unterlassung der Verwendung ihrer nationalen Marke in Deutschland, Belgien und Frankreich, so beansprucht sie Schutz für diese drei Länder. Ob ihr Anspruch auf Unterlassung in Bezug auf Deutschland besteht, richtet sich also nach deutschem Sachrecht. Ob Unterlassung auch in Bezug auf Frankreich verlangt werden kann, ist nach französischem Sachrecht zu prüfen. Dasselbe gilt sinngemäß für Belgien.

Auf der Ebene des Sachrechts wird sie mit diesem markenrechtlichen Anspruch freilich nur in Frankreich durchdringen, weil das mit ihrer französischen Marke verbundene Ausschließlichkeitsrecht nur innerhalb Frankreichs gilt. Ob eine **einheitliche Anknüpfung** nach dem Vorbild der *Nintendo*-Entscheidung des EuGH (hierzu im Grundfall) auch im Anwendungsbereich des Art 8 Abs 1 Rom II-VO möglich ist, ist umstritten und derzeit noch ungeklärt.

Literatur: *Zöchling-Jud/Aspöck*, IPR[3] 40 f; *Lurger/Melcher*, IPR[4] Rz 5/50 ff; *Kerschner/Wagner/Aigner*, IPR[6] Rz 16/70 f; *Verschraegen*, IPR Rz 1010 ff *Lurger/Melcher*, HB IPR[2] Rz 5/78 ff; *Neumayr* in KBB[7] Art 8 Rom II-VO Rz 1 ff; *Dobler* in *Laimer*, IPR-Praxiskommentar Art 8 Rom II-VO Rz 1 ff; *Heindler* in *Rummel/Lukas/Geroldinger*, ABGB[4] Art 8 Rom II-VO Rz 1 ff.

V. Gesellschaftsrecht

Fall 145 *(Drobnik)*

Schwerpunkt: Internationales Gesellschaftsrecht (Zweigniederlassungen, Haftung des Organwalters)

Die *Pioneer Tourism Services B.V.* vermittelt weltweit Tourismus-Dienstleistungen. Ihre Hauptverwaltung und ihr Satzungssitz liegen in Utrecht (Niederlande). Sie betreibt aber auch eine Zweigniederlassung in Österreich. *Mark* ist einzelvertretungsbefugter Geschäftsführer der *Pioneer Tourism Services B.V.* und für das Österreich-Geschäft zuständig. In dieser Funktion schließt er wiederholt hochriskante Swapgeschäfte ab. Eines davon endet mit einem erheblichen finanziellen Verlust der *Pioneer Tourism B.V.*, die *Mark* nunmehr auf Schadenersatz klagt. Welches Sachrecht ist hierauf anzuwenden?

Hinweis: Das niederländische IPR folgt der Gründungstheorie (*van Helden/van Eck*, Niederlande, in *Wegen/Spahlinger/Barth*, GesR des Auslands [Stand: Februar 2023] Rz 202 f).

Die organschaftliche Haftung eines Gesellschaftsorgans hängt eng mit der Binnenorganisation der Gesellschaft zusammen und ist daher vom Anwendungsbereich der Rom II-VO ausgenommen (Art 1 Abs 2 lit d Rom II-VO). Anzuknüpfen ist stattdessen an das Personalstatut der Gesellschaft (**Gesellschaftsstatut**), das regelt, wie die Gesellschaft „*lebt, entsteht und vergeht*" (*Gerhard Kegel*). Nach § 10 IPRG ist – per Gesamtverweisung (§ 5 Abs 1 IPRG) – das Recht jenes Staates maßgeblich, in dem der Rechtsträger den „*tatsächlichen Sitz seiner Hauptverwaltung*" (kurz: Verwaltungssitz) hat (**Sitztheorie**). Der Verwaltungssitz ist jener Ort, an dem die **leitenden Entscheidungen des laufenden Geschäfts- und Verwaltungsbetriebs** getroffen werden und der sich in Form einer äußerlich sichtbaren Organisation (wie Büroräumlichkeiten) manifestiert. Er ist vom Satzungssitz, also jenem Ort, der im Gesellschaftsvertrag als Sitz der Gesellschaft bestimmt ist, zu unterscheiden, der nicht notwendigerweise mit dem Verwaltungssitz übereinstimmt (hierzu Fall 147). Österreichische Zweigniederlassungen ausländischer Rechtsträger sind nicht rechtsfähig und teilen daher das Personalstatut ihrer Gesellschaft.

§ 10 IPRG verweist auf niederländisches Recht, weil der Verwaltungssitz der *Pioneer Tourism Services B.V.* in den Niederlanden liegt. Diese **Gesamtverweisung** (§ 5 Abs 1 IPRG) nimmt das niederländische IPR, das der Gründungstheorie folgt (hierzu auch Fall 148) letztlich an, weil die *Pioneer Tourism Services B.V.* nach niederländischem Recht gegründet wurde und ihr Satzungssitz daher in den Niederlanden liegt. Somit ist niederländisches Sachrecht anwendbar.

Literatur: *Zöchling-Jud/Aspöck*, IPR[3] 20; *Lurger/Melcher*, IPR[4] Rz 7/2 f; *Lurger/Melcher*, HB IPR[2] Rz 7/8a; *Eckert*, Internationales Gesellschaftsrecht 29 ff, 356 ff; *Adensamer* in FAH, GmbHG[2] Exkurs: Internationales Gesellschaftsrecht (§§ 10, 12 IPRG) Rz 3 ff, 26; *Eckert* in *Laimer*, IPR-Praxiskommentar § 10 IPRG Rz 1 ff; *Heindler* in *Rummel/Lukas/Geroldinger*, ABGB[4] § 10 IPRG Rz 1 ff.

Fall 146 *(Drobnik)*

Schwerpunkt: Internationales Gesellschaftsrecht (organschaftliche und rechtsgeschäftliche Vertretungsmacht)

Martin wohnt in Klagenfurt (Österreich). Im Rahmen eines Slowenien-Urlaubs verkauft er sein Auto an die in Slowenien ordnungsgemäß gegründete *Kocbek Import d.o.o.* mit Verwaltungssitz in Piran (Slowenien), die hierbei durch ihren Geschäftsführer vertreten wird. Obwohl *Martin* das Auto bereits an die *Kocbek Import d.o.o.* übergeben hat, verweigert diese die Kaufpreiszahlung: Der Vertrag sei ungültig, weil der Geschäftsführer die erforderliche Zustimmung der Gesellschafterversammlung nicht eingeholt habe.

Variante: Die *Kocbek Import d.o.o.* betreibt eine Zweigniederlassung in Österreich, die als *Kocbek Import d.o.o. (Zweigniederlassung Österreich)* ins österreichische Firmenbuch eingetragen ist (§ 107 Abs 1 GmbHG). Zur Filialprokuristin (§ 50 Abs 3 UGB) der österreichischen Zweigniederlassung wurde *Alenka* bestellt. In dieser Funktion verkauft *Alenka* eigenmächtig eine Liegenschaft der Gesellschaft in Triest (Italien).

Hinweis: Das slowenische IPR folgt der Gründungstheorie (*Großerichter/Zwirlein-Forschner* in Beck-OGK Internationales Gesellschaftsrecht Rz 84 [Stand: 01.04.2023]).

Bezüglich der als schuldrechtlich zu qualifizierenden Aspekte des Sachverhalts ist der Anwendungsbereich der Rom I-VO vollumfänglich eröffnet (Fall 36). Auf **Kaufverträge** findet nach Art 4 Abs 1 lit a Rom I-VO das Sachrecht jenes Staates Anwendung, in dem der Verkäufer seinen gewöhnlichen Aufenthalt hat. Diese objektive Anknüpfung führt grundsätzlich zum österreichischen Sachrecht, weil der Verkäufer *Martin* seinen gewöhnlichen Aufenthalt in Österreich hat. Bei „*Platzkäufen*", die vor Ort abgewickelt werden, besteht aber eine „*offensichtlich engere Verbindung*" zum Sachrecht jenes Staates, in dem der Kaufvertrag abgeschlossen und abgewickelt wird (Art 4 Abs 3 Rom I-VO; hierzu auch oben Fall 41). Das ist hier Slowenien, weshalb slowenisches Sachrecht Anwendung findet.

Die für das Zustandekommen des Kaufvertrages maßgebliche Frage nach der Vertretungsmacht des Geschäftsführers ist jedoch eine (selbstständig anzuknüpfende) **Vorfrage**. Der Umfang der Vertretungsmacht der Gesellschaftsorgane ist ein bedeutender Bestandteil der **Organisationsverfassung** einer Gesellschaft und daher dem **Gesellschaftsstatut** (§§ 10, 12 IPRG) zu unterstellen. Dies führt hier ebenfalls zur Anwendbarkeit slowenischen Sachrechts auf diese Rechtsfrage, weil das slowenische IPR aufgrund seiner Orientierung an der Gründungstheorie die österreichische Gesamtverweisung (§ 5 Abs 1 IPRG), die auf den slowenischen Verwaltungssitz abstellt (§§ 10, 12 IPRG), annimmt.

Variante: Auf den Kaufvertrag findet italienisches Sachrecht Anwendung, weil der Kaufgegenstand die Übertragung eines dinglichen Rechts bezweckt und die Liegenschaft in Italien liegt (Art 4 Abs 1 lit c Rom I-VO). Ob *Alenka* auch die notwendige Vertretungsmacht zum Abschluss hatte, ist wiederum als Vorfrage selbstständig anzuknüpfen. Bei der (Filial-)Prokura handelt es sich um eine Form der **gewillkürten Stellvertretung** (hierzu Fälle 13 ff) und nicht um eine organschaftliche Stellvertretung. Mit dem Gesellschaftsverhältnis im engeren Sinn hat sie nichts zu tun, weil auch Einzelunternehmer (in Ö: bei Firmenbucheintragung nach § 48 Abs 1 UGB) Prokuristen bestellen können. Maßgebliche Kollisionsnorm ist daher § 49 IPRG. Da keine Rechtswahl nach § 49 Abs 1 IPRG getroffen wurde, „*ist das Recht des Staates maßgebend, in dem der Stellvertreter nach dem dem Dritten erkennbaren Willen des Geschäftsherrn tätig werden soll*" (§ 49 Abs 2 IPRG). Das führt zur Anwendung österreichischen Sachrechts, weil sich die Filialprokura auf den Betrieb der österreichischen Zweigniederlassung beschränkt und dieser Umstand aufgrund seiner Eintragung im Firmenbuch für Dritte erkennbar ist (zu alldem auch oben Fall 16).

Literatur: *Zöchling-Jud/Aspöck*, IPR[3] 20; *Lurger/Melcher*, IPR[4] Rz 7/2 f; *Lurger/Melcher*, HB IPR[2] Rz 7/5 ff; *Eckert*, Internationales Gesellschaftsrecht 253; *Adensamer* in FAH, GmbHG[2] Exkurs: Internationales Gesellschaftsrecht (§§ 10, 12 IPRG) Rz 18; *Ratka* in *Straube/Ratka/Rauter*, WK-GmbHG § 114 GmbHG Rz 83, 118 ff; *Eckert* in *Laimer*, IPR-Praxiskommentar § 10 IPRG Rz 1 ff; *Heindler* in *Rummel/Lukas/Geroldinger*, ABGB[4] § 10 IPRG Rz 1 ff.

Fall 147 *(Drobnik)*

Schwerpunkt: Internationales Gesellschaftsrecht (Einfluss des EU-Primärrechts)

Die *X-Limited* hat ihren Satzungssitz in Dublin (Irland), wo sie auch im irischen Companies Registration Office eingetragen ist. Ihr Verwaltungssitz befindet sich aber in St. Pölten (Österreich), wo sie auch ihre gesamte Geschäftstätigkeit entfaltet. In einem von der *X-Limited* angestrengten Prozess wendet die Gegenseite ein, die *X-Limited* sei gar nicht rechtsfähig, weshalb sie nicht vor einem österreichischen Gericht klagen könne.

Variante 1: Wie im Grundfall; an die Stelle der *X-Limited* tritt aber die *X-GmbH* mit Sitz in Vaduz (Liechtenstein).

Variante 2: Wie im Grundfall; an die Stelle der *X-Limited* tritt aber die *X-AG* mit Sitz in Zürich (Schweiz).

Hinweise: Gehen Sie davon aus, dass Irland und Liechtenstein (Art 232 Abs 1 PGR) der Gründungstheorie folgen (*Harrington/Ranalow*, Irland, in *Wegen/Spahlinger/Barth*, GesR des Auslands [Stand: März 2023] Rz 210 f; *Batliner/Perez Sancho-Vogt*, Liechtenstein, in *Wegen/Spahlinger/Barth*, GesR des Auslands [Stand: Februar 2022] Rz 395 ff; *Großerichter/Zwirlein-Forschner* in Beck-OGK Internationales Gesellschaftsrecht Rz 76 ff [Stand: 01.04.2023]).

Variante 1 angelehnt an BGH 19.09.2005, II ZR 372/03. Variante 2 angelehnt an BGH 27.10.2008, II ZR 158/06.

Die Rechtsfähigkeit (und folglich auch die Parteifähigkeit) einer juristischen Person richtet sich nach österreichischem IPR nach dem Recht jenes Staates, in dem der Rechtsträger den tatsächlichen Sitz seiner Hauptverwaltung hat (§ 10 IPRG: **Sitztheorie**). Hier liegt zwar der Satzungssitz im Ausland, weil die laufenden Geschäftsführungsentscheidungen aber in Österreich getroffen werden, liegt der Verwaltungssitz in Österreich. Anwendbar ist somit grundsätzlich österreichisches Sachrecht. Nach österreichischem Sachrecht bedarf eine Gesellschaft mit beschränkter Haftung, der die irische Limited bei funktionaler Betrachtung entspricht, der Eintragung ins Firmenbuch, um Rechtsfähigkeit zu erlangen (§ 2 Abs 1 Satz 1 GmbHG). Daran fehlt es bei der *X-Limited.*

Zu beachten ist allerdings, dass die in § 10 IPRG verkörperte Verwaltungssitzanknüpfung durch das (vorrangig anzuwendende) Unionsrecht überlagert ist. Gesellschaften, die nach dem Recht eines Mitgliedsstaats gegründet wurden, genießen auf Basis der unionsrechtlichen **Niederlassungsfreiheit** das Recht, ihren Verwaltungssitz frei innerhalb der Europäischen Union zu wählen, ohne fürchten zu müssen, dass dies ihre Rechtsfähigkeit, die ihnen nach dem Gründungsrecht zukommt, berühren würde (EuGH 19.03.1999, C-212/97, *Centros*; EuGH 05.11.2002, C-208/00, *Überseering*, EuGH 30.09.2003, C-167/01, *Inspire Art* sowie EuGH 25.04.2024, C-276/22, *Edil Work 2*). Diese europarechtliche Mobilität steht allerdings unter der Voraussetzung, dass es das Recht des Gründungsstaats erlaubt, den Verwaltungssitz unter Wahrung der Rechtsform aus dem Hoheitsgebiet des Gründungsstaats in einen anderen Staat zu verlegen (EuGH 27.09.1988, C-81/87, *Daily Mail*; EuGH 16.12.2008, C-210/06, *Cartesio*).

Irland ist Mitglied der Europäischen Union. Zudem folgt das irische IPR – in der Tradition des anglo-amerikanischen Rechtskreises – der Gründungstheorie: Irisches Gesellschaftsrecht findet Anwendung auf alle Gesellschaften, die nach irischem Recht gegründet wurden, auch wenn ihr Verwaltungssitz im Ausland liegt. Anders gesagt: Das irische Recht erlaubt den Wegzug. Somit kommt solchen Gesellschaften nach irischem IPR uneingeschränkt Rechtsfähigkeit zu. In der Nichtanerkennung der Rechtsfähigkeit der irischen Gesellschaft liegt eine **Beschränkung ihrer Niederlassungsfreiheit**. Daher wird die österreichische Verwaltungssitzanknüpfung (§ 10 IPRG) durch das unionseuropäische Primärrecht insoweit **verdrängt**. Die Rechtsfähigkeit (und nach der Judikatur auch alle anderen Fragen des Gesellschaftsrechts) sind somit nach dem Gründungsrecht (hier: irischem Sachrecht) zu beurteilen.

Variante 1: Liechtenstein ist zwar nicht EU-Mitgliedsstaat, gehört aber (wie Norwegen und Island) dem EWR an. Nach Art 31 EWR-Abkommen gilt die Niederlassungsfreiheit auch für **EWR-Staaten**. Liechtensteinische Gesellschaften können sich daher auf die Niederlassungsfreiheit berufen, weshalb für sie dasselbe wie für Gesellschaften aus EU-Mitgliedsstaaten gilt (hierzu bereits oben), weil Liechtenstein der Gründungstheorie folgt (Art 232 Abs 1 PGR) und seinen Gesellschaften daher den Wegzug gestattet.

Variante 2: Die Schweiz ist zwar EFTA-Mitglied, nicht aber Mitgliedsstaat der EU oder des EWR, weshalb sich die *X-AG* **nicht auf die Niederlassungsfreiheit berufen** kann. Rechts- und Parteifähigkeit der *X-AG* richten sich daher nach der Verwaltungssitzanknüpfung des § 10 IPRG, der wegen des österreichischen Verwaltungssitzes der *X-AG* auf österreichisches Sachrecht verweist. Da die *X-AG* nicht ins österreichische Firmenbuch eingetragen ist, fehlt es ihr grundsätzlich an den Voraussetzungen, um in Österreich als rechtsfähig anerkannt zu werden (hierzu im Grundfall). Was das genau bedeutet, ist **umstritten**: Nach verbreiteter Auffassung in der Literatur sind derartige Auslandsgesellschaften dennoch rechtsfähig. Andernfalls sei die Auslandsgesellschaft nämlich auch nicht passivlegitimiert, was mit dem von der Sitztheorie bezweckten Schutz des inländischen Rechtsverkehrs unvereinbar wäre. Zur Begründung stützt man sich teils auf eine teleologische Reduktion von § 10 IPRG, teils auf sachrechtliche Argumente, die ins Treffen führen, dass das Kapitalgesellschaftsrecht auch in anderen, vergleichbaren Fällen einen Fortbestand der Rechtsfähigkeit fehlerhafter Kapitalgesellschaften anordne. Der OGH hat diese Argumente jedoch (mit zweifelhafter Begründung) abgelehnt (OGH 27.01.2022, 9 Ob 74/21d; OGH 25.01.2023, 6 Ob 31/22k) und seine ältere Judikatur bestätigt, wonach solche Auslandsgesellschaften als „*rechtliches nullum*" zu betrachten und daher nicht rechtsfähig seien.

Literatur: *Zöchling-Jud/Aspöck*, IPR[3] 21; *Perner/Spitzer/Kodek*, BR[7] 723 f; *Lurger/Melcher*, IPR[4] Rz 7/8 ff; *Lurger/Melcher*, HB IPR[2] Rz 7/14 ff (mit einem der Variante 2 ähnlichen Fall bei Rz 7/20); *Eckert*, Internationales Gesellschaftsrecht 29 ff; *Adensamer* in FAH, GmbHG[2] Exkurs: Internationales Gesellschaftsrecht (§§ 10, 12 IPRG) Rz 6 f; *Karollus/Huemer/Haglmüller*, CB UR[7] 156 ff; *Eckert* in *Laimer*, IPR-Praxiskommentar § 10 IPRG Rz 1 ff; *Heindler* in *Rummel/Lukas/Geroldinger*, ABGB[4] § 10 IPRG Rz 1 ff; *Drobnik*, ZfRV 2023, 37 (37 ff).

Fall 148 *(Drobnik)*
Schwerpunkt: Internationales Gesellschaftsrecht (grenzüberschreitende Umwandlung)

Die *Pallmann Business Services GmbH* hat ihren Satzungs- und Verwaltungssitz in Zirl (Österreich). Sie vermittelt Reisedienstleistungen, und zwar vorwiegend an niederländische Kunden. Um den geschäftlichen Kontakt zu erleichtern, beschließt Alleingesellschafter-Geschäftsführer *Franz*, seine Geschäfte nunmehr ausschließlich von den Niederlanden aus zu führen.

Dafür verlegt er nicht nur seine Büroräumlichkeiten in die Niederlande, sondern verlegt auch den Satzungssitz der *Pallmann Business Services GmbH* nach Amsterdam (Niederlande), um die Gesellschaft dadurch in eine „*besloten vennootschap*" (= niederländisches Äquivalent zur GmbH) umzuwandeln. Das zuständige österreichische Firmenbuchgericht weigert sich, diese Umwandlung einzutragen.

Variante: *Franz* möchte seine Aktivitäten weiterhin von Zirl (Österreich) aus führen, weshalb er den Verwaltungssitz der Gesellschaft dort belassen will.

Hinweis: Das niederländische IPR folgt der Gründungstheorie (*van Helden/van Eck*, Niederlande, in *Wegen/Spahlinger/Barth*, GesR des Auslands [Stand: Februar 2023] Rz 202 f).

Die *Pallmann Business Services GmbH* kann sich auf die Niederlassungsfreiheit (Art 49 AEUV) berufen, weil sie *„nach den Rechtsvorschriften eines Mitgliedstaats gegründet"* wurde (Art 54 AEUV). Daraus folgt nach dem EuGH auch das **Recht, sich in die Rechtsform eines anderen Mitgliedsstaats umzuwandeln** (EuGH 12.07.2012, C-378/10, *Vale*; EuGH 25.10.2017, C-106/17, *Polbud*). Österreich darf die grenzüberschreitende formwechselnde Umwandlung daher nicht dadurch behindern, dass es die Umwandlung nicht einträgt. Der genaue Ablauf eines solchen Formwechsels wird durch die EU-Mobilitäts-RL (2019/2121) geregelt, die in Österreich mit dem EU-UmgrG umgesetzt wurde. Dieses regelt in §§ 9-21 EU-UmgrG die sogenannte *„Heraus-Umwandlung"*.

Variante: Die *Pallmann Business Services GmbH* möchte eine sogenannte *„isolierte Satzungssitzverlegung"* durchführen. Darunter versteht man eine formwechselnde Umwandlung, bei welcher der **Verwaltungssitz in Österreich** verbleibt. Die Gesellschaft verlegt lediglich ihren **Satzungssitz ins Ausland**, wodurch sie ihr österreichisches Rechtskleid gegen ein niederländisches Rechtskleid eintauscht. Auch dieser Vorgang ist sowohl nach der EuGH-Rechtsprechung (EuGH 25.10.2017, C-106/17, *Polbud*) als auch nach dem EU-UmgrG zulässig. Es gelten dieselben Regeln wie für sonstige Heraus-Umwandlungen.

Dabei ist zu beachten, dass manche Staaten von den nach ihrem Recht gegründeten Gesellschaften verlangen, eine bestimmte **Verknüpfung mit ihrem Hoheitsgebiet** aufzuweisen, etwa indem sie ihren Verwaltungssitz im Inland haben (*genuine link*). Das Rechtskleid einer solchen Gesellschaft kann daher nur dann gewechselt werden, wenn das Erfordernis des *genuine link* erfüllt wird. Das bedeutet also, dass eine isolierte Satzungssitzverlegung, bei welcher der Verwaltungssitz im Herkunftsstaat verbleibt, unter Umständen nicht möglich ist, weil dann kein *genuine link* vorhanden ist.

Da sich die *Pallmann Business Services GmbH* in eine niederländische Gesellschaftsform umwandeln will, ist daher zu prüfen, ob die Niederlande einen solchen *genuine link* verlangen. Das ist nicht der Fall, weil die Niederlande der **Gründungstheorie** folgen, weshalb ihr Recht den Wegzug erlaubt (Fall 145): Nach niederländischem Recht ist es also zulässig, dass eine niederländische Gesellschaft lediglich ihren Satzungssitz (als bloße Briefkastenadresse) in den Niederlanden hat, während ihr Verwaltungssitz im Ausland liegt. Die isolierte Satzungssitzverlegung (und der damit einhergehende grenzüberschreitende Rechtsformwechsel) ist daher zulässig und auch vom österreichischen Firmenbuchgericht einzutragen. Die Möglichkeit einer solchen isolierten Satzungssitzverlegung hat der EuGH bestätigt (EuGH 25.10.2017, C-106/17, *Polbud*). Auch das EU-UmgrG steht diesem Vorgang nicht entgegen. Zwar hat das österreichische Firmenbuchgericht nach § 21 Abs 7 EU-UmgrG zu prüfen, ob die Umwandlung *„zu missbräuchlichen oder betrügerischen Zwecken"* erfolgt. Wenn das der Fall ist, ist die Umwandlung nicht einzutragen. Allein der Umstand, dass sich die Gesellschaft ein neues, für attraktiver befundenes Rechtskleid zulegen möchte, ist aber nicht missbräuchlich.

Literatur: *Lurger/Melcher*, IPR[4] Rz 7/23 ff; *Lurger/Melcher*, HB IPR[2] Rz 7/32 ff; *Adensamer* in FAH, GmbHG[2] Exkurs: Internationales Gesellschaftsrecht (§§ 10, 12 IPRG) Rz 35 ff; *Adensamer/Eckert*, GeS 2004, 52 (54 f) mit einem dem Übungsfall ähnelnden Sachverhalt; *Karollus/Huemer/Haglmüller*, CB UR[7] 159 f; *Potyka/Rieder*, Kommentar zum EU-UmgrG (2023).

Fall 149 *(Drobnik)*

Schwerpunkt: Internationales Gesellschaftsrecht (Rückverweisung, Geschöpftheorie)

Julia wohnt in Wien (Österreich) und ist einzige Gesellschafterin und Geschäftsführerin der *Sinostylo GmbH*. Die Gesellschaft hat ihren Sitz und ihre Geschäftsräumlichkeiten ebenfalls in Wien und vertreibt Freizeitmode in der gesamten EU. Der Liebe wegen zieht sie 2017 zu ihrem Freund *Dejan* nach Zadar (Kroatien), von wo aus sie seither auch die Geschäfte der *Sinostylo GmbH* führt. Die Büroräumlichkeiten in Wien gibt *Julia* auf. Als einer ihrer Kunden beharrlich die Zahlung offener Rechnungen verweigert, erhebt *Julia* namens der *Sinostylo GmbH* Klage beim zuständigen Handelsgericht Wien. Der beklagte Kunde wendet ein, die *Sinostylo GmbH* sei aufgrund ihres ausländischen Verwaltungssitzes gar nicht rechtsfähig, weshalb sie nicht als Klägerin auftreten könne.

Variante: *Julia* zieht stattdessen nach Hamburg (Deutschland).

Hinweis: Gehen Sie bei der Falllösung davon aus, dass das kroatische IPR der Gründungstheorie folgt (*Großerichter/Zwirlein-Forschner* in Beck-OGK Internationales Gesellschaftsrecht Rz 84 [Stand: 01.04.2023]).

Das deutsche IPR bestimmt das Gesellschaftsstatut hingegen durch die Sitztheorie (*Götze*, Deutschland, in *Wegen/Spahlinger/Barth*, GesR des Auslands [Stand: August 2023] Rz 416 ff). Als Außengesellschaften, die am Rechtsverkehr teilnehmen, sind Gesellschaften bürgerlichen Rechts nach deutschem Sachrecht teilrechtsfähig (§ 705 Abs 2 BGB).

Die Rechtsfähigkeit einschließlich der Parteifähigkeit einer juristischen Person richtet sich nach dem Recht jenes Staates, in dem sie ihren **Verwaltungssitz** hat (§§ 10, 12 IPRG). Die *Sinostylo GmbH* hat ihren Verwaltungssitz seit 2017 in Zadar (Kroatien), weil *Julia* als einzige Geschäftsführerin und Gesellschafterin dort die laufenden Entscheidungen im Rahmen des Geschäfts- und Verwaltungsbetriebs trifft (zum Verwaltungssitz bereits oben Fall 145). Damit verweisen §§ 10, 12 IPRG also auf kroatisches Recht. Da das IPRG **Gesamtverweisungen** ausspricht (§ 5 Abs 1 IPRG), ist zusätzlich zu prüfen, ob das ausländische IPR diese österreichische Verweisung auch annimmt. Das kroatische Recht folgt in Bezug auf Gesellschaften der Gründungstheorie, weshalb es auf das österreichische Recht zurückverweist (*renvoi*), weil die *Sinostylo GmbH* nach österreichischem Recht gegründet wurde. Die GmbH ist nach österreichischem Sachrecht rechtsfähig (§ 26 ABGB iVm §§ 1 ff GmbHG), das zur Anwendung kommt, weil das österreichische IPR die kroatische **Rückverweisung** annimmt (§ 5 Abs 2 IPRG), weshalb sie im eigenem Namen klagen und geklagt werden kann.

Variante: Da der Verwaltungssitz der *Sinostylo GmbH* in Deutschland liegt, verweisen §§ 10, 12 IPRG auf deutsches Recht. Dieses **nimmt die Gesamtverweisung an**, weil es ebenfalls der Sitztheorie folgt. Die Rechts- und Parteifähigkeit der *Sinostylo GmbH* richten sich damit nach deutschem Sachrecht. Mangels Handelsregistereintragung gilt die *Sinostylo GmbH* nach deutschem Sachrecht zwar nicht als (deutsche) GmbH, doch sind ausländische Gesellschaften nach der Judikatur des deutschen BGH als nach deutschem Sachrecht (§ 705 Abs 2 BGB) teilrechtsfähige Gesellschaften bürgerlichen Rechts zu behandeln. Auch in dieser Konstellation kann die Gesellschaft daher im eigenen Namen klagen.

Zu ergänzen ist noch, dass hierin **kein Eingriff in die Niederlassungsfreiheit** liegt (Art 49 AEUV). Die Niederlassungsfreiheit verpflichtet den Zuzugsstaat (hier: Deutschland) zwar dazu, ausländische Gesellschaften in ihrer ausländischen Rechtsform anzuerkennen (oben Fälle 147 f). Dies gilt aber nur dann, wenn der Herkunftsstaat die Gesellschaft trotz Verlegung ihres Verwaltungssitzes noch als „*Geschöpf*" seiner Rechtsordnung anerkennt (**Geschöpftheorie**). Das liegt daran, dass Art 54 AEUV auf die „*nach den Rechtsvorschriften eines Mitgliedstaats gegründeten Gesellschaften*" abstellt. Ob eine solche Gesellschaft besteht, die sich in weiterer Folge auf die Niederlassungsfreiheit berufen könnte, ist nach dem EuGH eine „*Vorfrage*", die nur das nationale Gesellschaftsrecht des Gründungsstaats beantworten könne. Der Gründungsstaat kann also „*sowohl die Anknüpfung bestimmen, die eine Gesellschaft aufweisen muss, um als nach seinem innerstaatlichen Recht gegründet angesehen werden und damit in den Genuss der Niederlassungsfreiheit gelangen zu können, als auch die Anknüpfung, die erforderlich ist, damit diese Eigenschaft später erhalten bleibt*" (EuGH 12.07.2012, C-378/10, *Vale* Rz 29 mwN). Österreich folgt für seine eigenen Gesellschaftsformen der Sitztheorie (§ 10 IPRG), betrachtet sie also nicht mehr als Geschöpfe seiner Rechtsordnung, wenn sie ihren Verwaltungssitz ins Ausland verlegen. Nach der Logik des EuGH kann sich eine österreichische Rechtsform, die ihren Verwaltungssitz ins Ausland verlegt hat, demnach auch nicht auf die Niederlassungsfreiheit berufen.

Literatur: *Zöchling-Jud/Aspöck*, IPR[3] 21; *Lurger/Melcher*, IPR[4] Rz 7/9; *Lurger/Melcher*, HB IPR[2] Rz 7/15, 7/24 ff; *Eckert*, Internationales Gesellschaftsrecht 104 ff; *Adensamer* in FAH, GmbHG[2] Exkurs: Internationales Gesellschaftsrecht (§§ 10, 12 IPRG) Rz 5, 38 ff; *Karollus/Huemer/Haglmüller*, CB UR[7] 156 ff; *Eckert* in *Laimer*, IPR-Praxiskommentar § 10 IPRG Rz 1 ff; *Heindler* in *Rummel/Lukas/Geroldinger*, ABGB[4] § 10 IPRG Rz 1 ff.

VI. Insolvenzrecht

Fall 150 *(Eichmüller/Wodniansky-Wildenfeld)*
Schwerpunkt: Anwendungsbereich der EuInsVO

> *Susanne* ist die Alleingesellschafterin und Geschäftsführerin der *Make me rich Ltd*, einer nach irischem Recht gegründeten und in Irland eingetragenen Gesellschaft. 2012 gründete die *Make me rich Ltd* eine Zweigniederlassung in Wien. Seitdem war sie wirtschaftlich vor allem in Österreich tätig. Die Geschäfte laufen anfangs gut, weshalb *Susanne* beschließt, ihren Sohn *Leon* während der acht Jahre seines Jusstudiums für 20 Stunden pro Woche als Teamassistent anzustellen, wofür er € 3.000,– brutto pro Monat erhält.
>
> Nach einigen Jahren verschlechtert sich die wirtschaftliche Lage, weshalb die *Make me rich Ltd* in die Insolvenz schlittert. Am Handelsgericht Wien wird ein Insolvenzverfahren eröffnet und *Katharina* als Insolvenzverwalterin bestellt. Sie möchte die Insolvenzmasse zum Schutz der Gläubiger:innen möglichst vergrößern. Insbesondere die Zahlungen an *Leon* stören sie.
>
> Welches Sachrecht bestimmt ihre Rückforderbarkeit?
>
> **Hinweis**: Das irische Sachrecht enthält keine Anordnungen, die mit dem Verbot der Einlagenrückgewähr (§§ 82, 83 GmbHG) vergleichbar wären.

Sachverhalt angelehnt an EuGH 10.12.2015, C-594/14, *Kornhaas*.

Ob die Insolvenzverwalterin das an *Leon* gezahlte Geld zurückverlangen kann, hängt davon ab, ob die Bestimmungen der §§ 82, 83 GmbHG zum Verbot der **Einlagenrückgewähr** anwendbar sind. Denn nach materiellem österreichischem Recht würde es sich bei der Zahlung an *Leon* um eine verdeckte Einlagenrückgewähr handeln. Die Zahlungen an *Leon*, der ein naher Angehöriger der einzigen GmbH-Gesellschafterin ist, wäre bei Anwendung der §§ 82, 83 GmbHG somit nichtig und daher zurückzuerstatten, weil *Leons* Beschäftigungsverhältnis mit einer gesellschaftsfremden Person nicht zu denselben Bedingungen geschlossen worden wäre (*Bauer/Zehetner* in *Straube/Ratka/Rauter*, WK-GmbHG § 82 GmbHG Rz 59, 61/1, 72).

Daher ist zu prüfen, ob die österreichischen Sachvorschriften zum Verbot der Einlagenrückgewähr durch das IPR überhaupt zur Anwendung berufen werden. Die zentrale Frage ist dabei jene der **Qualifikation**: Sind die Regelungsansätze der §§ 82, 83 GmbHG zur Einlagenrückgewähr aus der Sicht des IPR insolvenzrechtlicher oder gesellschaftsrechtlicher Natur?

Qualifiziert man sie gesellschaftsrechtlich, bestimmt sich das anwendbare Recht nach § 10 IPRG und somit – per Gesamtverweisung (§ 5 Abs 1 IPRG) – nach dem Sitz der Hauptverwaltung der Gesellschaft (Verwaltungssitz). Da die *Make me rich Ltd* aber in einem EU-Mitgliedsstaat ordnungsgemäß gegründet wurde, modifizieren die unionsrechtlichen Bestimmungen zur Niederlassungsfreiheit den Anknüpfungspunkt, sodass das Gesellschaftsstatut nach hA allein nach dem Gründungsrecht bestimmt wird (Fall 147 sowie *Heindler* in *Rummel/Lukas/Geroldinger*, ABGB[4] § 10 IPRG Rz 12). Es käme also irisches Sachrecht zur Anwendung, welches kein den §§ 82, 83 GmbHG vergleichbares Verbot der Einlagenrückgewähr kennt.

Qualifiziert man den Regelungsgehalt der §§ 82, 83 GmbHG hingegen **insolvenzrechtlich**, kommt es nach Art 7 Abs 1 EuInsVO zu einem Gleichlauf von *forum* und *ius*. Da der Center of Main Interest (COMI) der *Make me rich Ltd* in Österreich liegt, wurde das Insolvenzverfahren nach Art 3 EuInsVO am Handelsgericht Wien eröffnet, weshalb österreichisches Sachrecht auf insolvenzrechtliche Fragestellungen anzuwenden ist.

Da das Insolvenzstatut durch die EuInsVO unionsrechtlich vorgegeben ist, verdrängt die insolvenzrechtliche Anknüpfung im Anwendungsbereich der EuInsVO aufgrund des Anwendungsvorrangs des Unionsrechts die gesellschaftsrechtliche Anknüpfung nach dem nationalen IPRG. Die Abgrenzung zwischen Gesellschafts- und Insolvenzstatut muss unabhängig von nationalen Maßstäben – sprich: unionsrechtsautonom – erfolgen.

Diese Abgrenzung stellte der EuGH klar. Es kommt dafür nicht auf die Verortung eines Rechtsinstituts im konkreten nationalen Rechtsakt an. Auch das Zahlungsverbot nach Zahlungsunfähigkeit in § 64 Abs 2 dGmbHG aF ist insolvenzrechtlich zu qualifizieren, obwohl es im dGmbHG steht. Ebenso wenig ist die Einleitung eines Insolvenzverfahrens als Tatbestandsmerkmal notwendig, um eine Frage insolvenzrechtlich anzuknüpfen (EuGH 10.12.2015, C-594/14, *Kornhaas*, Rz 20). Vielmehr sind bei der Abgrenzung nur teleologische Gesichtspunkte maßgeblich.

Der **Gläubigerschutz** ist ein elementarer Zweck sowohl des Insolvenzrechts als auch des Gesellschaftsrechts. Die Besonderheit gesellschaftsrechtlicher Bestimmungen ist allerdings, dass sie neben dem Gläubigerschutz immer auch den **Schutz von Minderheitsgesellschaftern** verwirklichen. Unter das Insolvenzstatut fallen hingegen diejenigen gläubigerschützenden Bestimmungen, die keinen Minderheitenschutz verfolgen (*Thomale*, JBl 2021, 14 [14 ff]).

Durch das Verbot der Einlagenrückgewähr werden nicht bloß die Stammeinlagen, sondern das **allgemeine Gesellschaftsvermögen** vor Abfluss gesichert. Gerade Minderheitsgesellschafter:innen sollen auf diese Weise davor geschützt werden, dass der Mehrheit aufgrund ihres Einflusses auf die Geschäftsführung mehr als der ihnen zustehende Anteil zufließt. Dies wird auch durch die Entstehungsgeschichte des GmbHG bestätigt (*Reich-Rohrwig*, Kapitalerhaltung 100).

Da §§ 82, 83 GmbHG vor allem den Schutz der Gesellschafter bezwecken, handelt es sich beim Verbot der Einlagenrückgewähr um eine **gesellschaftsrechtliche Bestimmung**, die nicht dem Anwendungsbereich der EuInsVO unterfällt (OGH 23.01.2020, 6 Ob 202/19b). Damit gelangt irisches Sachrecht auf Fragen der Kapitalerhaltung zur Anwendung (hierzu oben). Die Insolvenzverwalterin *Katharina* kann sohin keine Rückzahlung des Gehaltes von *Leon* verlangen, weil das irische Sachrecht keine mit §§ 82, 83 GmbHG vergleichbaren Anordnungen trifft.

Lernhinweis: Dass *Susanne* im konkreten Fall Alleingesellschafterin ist, weshalb es keine Mitgesellschafter:innen gibt, die durch das Verbot der Einlagenrückgewähr geschützt werden könnten, ist für die Qualifikation dieses Rechtsinstituts irrelevant. Denn die Qualifikation einer Norm im IPR hat immer auf abstrakter Basis zu erfolgen.

Literatur: *Lurger/Melcher*, IPR[4] Rz 7/5; *Mair* in *Graf-Schimek/Koller*, CB ZVR[5] 315 ff; *Dellinger/Oberhammer/Koller*, Insolvenzrecht[5] Rz 543 ff; *Adensamer* in FAH, GmbHG[2] Exkurs: Internationales Gesellschaftsrecht (§§ 10, 12 IPRG) Rz 15, 34; *Eckert* in *Laimer*, IPR-Praxiskommentar § 10 IPRG Rz 12; *Heindler* in *Rummel/Lukas/Geroldinger*, ABGB[4] § 10 IPRG Rz 44, 52; *Trenker* in *Laimer*, IPR-Praxiskommentar Art 7 EuInsVO Rz 8 ff.

Fall 151 *(Wodniansky-Wildenfeld)*
Schwerpunkt: Insolvenzanfechtung

Die *Tulpen GmbH* betreibt im Stadtzentrum von Schladming (Österreich) ein Blumengeschäft, das gleichzeitig den Verwaltungssitz des Unternehmens bildet. Die Geschäftsführerin *Lilly* bestellt aus ihrem Büro hinter dem Schauraum im Sommer 2023 bei der niederländischen *Bloemen B.V.* Tulpenzwiebeln im Wert von € 10.000,–. Die Tulpenzwiebeln werden vereinbarungsgemäß am 25.10.2023 geliefert. Die *Tulpen GmbH* bezahlt die Rechnung vollständig am 09.11.2023. Da die Nachfrage nach den teuren holländischen Tulpenzwiebeln zurückgeht und die Inflation stetig steigt, gerät die *Tulpen GmbH* jedoch mit Jahresende 2023 in finanzielle Schwierigkeiten. Am 01.04.2024 wird am österreichischen Landesgericht Leoben ein Insolvenzverfahren über ihr Vermögen eröffnet. Der Insolvenzverwalter der *Tulpen GmbH* ist sich sicher, dass die Zahlung von € 10.000,– angefochten werden kann, weshalb er ihre Rückzahlung von der *Bloemen B.V.* fordert.

Hinweis: Gehen Sie davon aus, dass diese Zahlung nach niederländischem Sachrecht nicht anfechtbar wäre, nach österreichischem Sachrecht jedoch schon.

Sachverhalt inspiriert von EuGH 22.04.2021, C-73/20, *Oeltrans Befrachtungsgesellschaft*.

Die Parteien schlossen einen grenzüberschreitenden Kaufvertrag über Waren, wobei die *Tulpen GmbH* ihren Sitz in Österreich und die *Bloemen B.V.* ihren Sitz in den Niederlanden hat. Damit sind die Voraussetzungen des Art 1 Abs 1 lit a **UN-K** erfüllt. Da die Vertragsparteien das UN-K nicht ausschlossen, sind seine Bestimmungen auf den Kaufvertrag anzuwenden (zu alldem Fälle 21 ff). Das UN-K enthält jedoch keine Regelungen zur Insolvenzanfechtung, weshalb die Frage der Anfechtbarkeit der Zahlung nach dem kollisionsrechtlich ermittelten Sachrecht zu beurteilen ist. Nach Art 4 lit a UN-K richtet sich die Wirksamkeit von Verträgen ebenfalls nach nationalem Sachrecht, das durch kollisionsrechtliche Prüfung zu ermitteln ist.

Das auf das Insolvenzverfahren und seine Wirkungen anzuwendende Sachrecht bestimmt sich nach der **EuInsVO**. Sie findet Anwendung, weil es sich bei der vorliegenden Fragestellung um eine Anfechtung im Rahmen eines Insolvenzverfahrens handelt und ein Auslandsbezug vorliegt (Art 1 Abs 1 EuInsVO).

Nach Art 3 Abs 1 EuInsVO sind für die Eröffnung des Insolvenzverfahrens jene Gerichte international zuständig, in dessen Gebiet die Schuldnerin (hier: *Tulpen GmbH*) ihren **Mittelpunkt der hauptsächlichen Interessen (Center of Main Interest: COMI)** hat. Die *Tulpen GmbH* übt **die Verwaltung ihrer Interessen gewöhnlich** in der Schladminger Innenstadt aus. Dies ist auch für Außenstehende erkennbar, weil das Büro hinter dem Schauraum auf den Verwaltungssitz vor Ort hinweist. Daher liegt der COMI der *Tulpen GmbH* in Österreich, weshalb das Insolvenzverfahren zu Recht in diesem Mitgliedstaat eröffnet wurde.

Das auf die **Insolvenzanfechtung** anzuwendende Sachrecht bestimmt sich gemäß Art 7 Abs 1 EuInsVO nach der *lex fori concursus*, also nach dem Sachrecht des Staates der Insolvenzeröffnung. Als *lex specialis* geht Art 7 EuInsVO grundsätzlich der Rom I-VO vor (EuGH 08.06.2017, C-54/16, *Vinyls Italia*, Rz 48). Da das Verfahren in Österreich eröffnet wurde, ist auf das Insolvenzverfahren und seine Wirkungen grundsätzlich österreichisches Sachrecht anzuwenden.

Allerdings sieht Art 16 EuInsVO vor, dass die Anfechtbarkeit einer Rechtshandlung nach Art 7 Abs 2 lit m EuInsVO **ausgeschlossen** ist, wenn die aus ihrer Vornahme ursprünglich begünstigte Partei, also die Anfechtungsgegnerin (hier: *Bloemen B.V.*), nachweist, dass die fragliche Rechtshandlung nach dem für diese Rechtshandlung maßgeblichen Sachrecht eines anderen Mitgliedstaats nicht anfechtbar wäre.

Für die Bestimmung des auf die Zahlung anwendbaren Sachrechts ist die Rom I-VO heranzuziehen. Obwohl das UN-Kaufrecht zwar das Zustandekommen und die Wirkungen des Kaufvertrags regelt, sieht es keine Vorschriften über die **Insolvenzfestigkeit** als Sonderfrage der Wirksamkeit des Vertrags vor (Art 4 lit a UN-K). Insoweit weist das UN-K eine externe Lücke auf, die durch die subsidiäre Anwendung jenes Sachrechts zu schließen ist, das die Kollisionsnormen der Rom I-VO zur Anwendung berufen (zu ihrem Anwendungsbereich oben Fälle 36 ff).

Nach Art 4 Abs 1 lit a Rom I-VO iVm Art 12 Abs 1 lit d Rom I-VO ist auf einen Kaufvertrag über Waren zwischen zwei Unternehmern mangels Rechtswahl (Art 3 Rom I-VO) das Sachrecht (Art 20 Rom I-VO) jenes Staates anzuwenden, in dem der Verkäufer seinen **gewöhnlichen Aufenthalt** hat. Diese objektive Anknüpfung führt zur Anwendung niederländischen Sachrechts, weil die Verkäuferin *Bloemen B.V.* ihren gewöhnlichen Aufenthalt in den Niederlanden hat (Art 19 Abs 1 Rom I-VO). Da die Zahlung nach niederländischem Sachrecht laut den Informationen in der Angabe nicht anfechtbar ist, findet Art 7 Abs 2 lit m EuInsVO keine Anwendung, weshalb die Kaufpreiszahlung nicht angefochten werden kann (Art 16 EuInsVO).

Lernhinweis: Im unionseuropäischen Insolvenzrecht spielt der Mittelpunkt der hauptsächlichen Interessen des Schuldners – im Englischen als Center of Main Interest (COMI) bezeichnet – eine zentrale Rolle. Dieser liegt an jenem Ort, an dem der Schuldner gewöhnlich der Verwaltung seiner Interessen nachgeht und der für Dritte feststellbar ist (EuGH 16.07.2020, C-253/19, *Novo Banco*, Rz 19). Entscheidend sind ausschließlich objektive Kriterien, wobei wirtschaftliche Aspekte besonders zu berücksichtigen sind. Zur Bestimmung des COMI ist eine Gesamtbetrachtung vorzunehmen, die Faktoren wie den Ort der zentralen Verwaltung, die Lage wesentlicher Vermögenswerte und das Zentrum des Zahlungs- und Rechnungsverkehrs berücksichtigt. Für Gesellschaften und juristische Personen wird gemäß Art 3 Abs 1 UAbs 2 EuInsVO vermutet, dass sich der Mittelpunkt ihrer hauptsächlichen Interessen am Ort ihres satzungsmäßigen Sitzes befindet (siehe ausführlich *Koller* in *Koller/Lovrek/Spitzer*, IO[2] Art 3 EuInsVO Rz 5 ff).

Literatur: *Lurger/Melcher*, IPR[4] Rz 7/5; *Mair* in *Graf-Schimek/Koller*, CB ZVR[5] 315 ff; *Dellinger/Oberhammer/Koller*, Insolvenzrecht[5] Rz 543 ff; *Trenker*, ZIK 2021, 145 (145 ff).

Fall 152 *(Eichmüller)*
Schwerpunkt: Gutgläubige Zahlung an den Insolvenzschuldner

Jean betreibt in Frankreich und Österreich einen Weinhandel als Einzelunternehmen. Die Wiener Niederlassung ist wirtschaftlich wesentlich bedeutsamer als ihr Pariser Pendant. Überdies führt *Jean* sein Unternehmen hauptsächlich von Wien aus. Der französische Rechtsanwalt *François* hat für *Jean* in einem französischen Verfahren Schadenersatz in der Höhe von € 5.000,– erstritten. Dieser Betrag wurde vom unterlegenen Beklagten direkt an *François* überwiesen, der es auf *Jeans* französisches Konto weiterüberweisen sollte.

Da *Jeans* Unternehmen in finanziellen Schwierigkeiten ist, bittet er *François* aber um Aushändigung des Geldes in bar. *François*, der mit *Jean* eigentlich nichts mehr zu tun haben möchte, händigt ihm das Geld in bar aus. Obwohl *François* die Zahlungsschwierigkeiten von *Jean* schon vermutet, unterlässt er es, vor der Überlassung der Barmittel in Insolvenzdatenbanken nach potenziellen Insolvenzerfahren zu suchen. Daher weiß *François* nicht, dass am Tag vor der Auszahlung des Bargeldes an *Jean* die Eröffnung eines Insolvenzverfahrens nach der EuInsVO am Handelsgericht Wien in der österreichischen Ediktsdatei kundgemacht wurde.

Der bestellte Insolvenzverwalter *Alexander* akzeptiert unter Berufung auf § 3 Abs 2 IO *François*' Zahlung an *Jean* nicht als schuldbefreiend, weshalb er die neuerliche Zahlung an ihn als Verwalter verlangt.

Ist dieses Begehren von *Alexander* stichhaltig?

Für die Eröffnung eines Insolvenzverfahrens sind die Gerichte jenes Staates zuständig, an dem der Schuldner den „*Mittelpunkt seiner hauptsächlichen Interessen*" hat, der auch „*Center of Main Interest*" (COMI) genannt wird (Art 3 Abs 1 EuInsVO; siehe auch Fälle 79, 150, 151). Bei unternehmerisch tätigen natürlichen Personen vermutet Art 3 Abs 1 UAbs 3 EuInsVO ihren COMI am Sitz ihrer **Hauptniederlassung**. Laut Sachverhalt ist keine Hauptniederlassung bekannt.

Da die Unternehmensführung aber von Wien ausgeht, ist anzunehmen, dass sich *Jeans* COMI in Wien befindet. Das Hauptinsolvenzverfahren in Wien wurde dort somit rechtmäßig eröffnet. Dieses Insolvenzverfahren und seine Wirkungen werden nach Art 19 EuInsVO in der gesamten Europäischen Union *ex lege* anerkannt.

Obwohl Art 19 Abs 1 EuInsVO explizit auf das Vorliegen einer Zuständigkeit nach Art 3 EuInsVO verweist, ist die korrekte Lokalisierung des COMI keine Voraussetzung für die Anerkennung der Ergebnisse des Insolvenzverfahrens. Denn der **Grundsatz des gegenseitigen Vertrauens** zwischen den Mitgliedstaaten **verbietet eine Nachprüfung der Zuständigkeit** des Insolvenzgerichts in den anderen Mitgliedstaaten (*Mock* in BeckOK-Insolvenzrecht[38] [Stand: 01.02.2025] Art 19 EuInsVO Rz 7). Es kommt daher nur darauf an, dass das Insolvenzgericht – wie hier – eine Zuständigkeit nach Art 3 EuInsVO in Anspruch genommen hat, also dass es die internationale Dimension des Insolvenzfalls überhaupt erkannt hat (*Thole* in MüKoInsO[4] Art 19 EuInsVO Rz 22).

Die Rechtsfolgen der Insolvenzeröffnung bestimmen sich nach Art 7 EuInsVO nach der ***lex fori concursus***. Da das österreichische Verfahren nach Art 19 EuInsVO in allen anderen Mitgliedstaaten **anzuerkennen** ist, treten die Rechtsfolgen des österreichischen Sachrechts *ex lege* auch in Frankreich ein. Nach österreichischem Sachrecht zieht die Insolvenzeröffnung die Anwendung des § 3 Abs 2 IO nach sich, wonach eine Zahlung mit schuldbefreiender Wirkung nur an den Insolvenzverwalter möglich ist. Dies hätte zur Folge, dass *François* nochmals an *Alexander* leisten müsste.

Im internationalen Kontext ist allerdings oft nicht einfach zu erkennen, ob in den verschiedenen Mitgliedstaaten ein Insolvenzverfahren gegen einen der eigenen Gläubiger anhängig ist. Da eine Person, die in **Unkenntnis der Einleitung eines Insolvenzverfahrens** an ihren insolventen Gläubiger statt dessen Insolvenzverwalter leistet, besonders schutzbedürfig ist, enthält die EuInsVO spezielle **Schutzvorschriften**. Nach Art 31 EuInsVO sind Zahlungen an insolvente Personen unter bestimmten Bedingungen trotz der generellen Anerkennung des Insolvenzverfahrens und seiner Wirkungen, die nach der maßgeblichen Sachrechtsordnung die abermalige Zahlung erforderten, aufgrund des Vorranges des Unionssekundärrechts schuldbefreiend.

Diese Sonderregelung ist nur dann einschlägig, wenn die **Leistung in einem anderen Staat erbracht** wird als jenem, in dem das Insolvenzverfahren eröffnet wurde. Bei der Verortung der Leistung ist strittig, ob es auf den rechtlichen Erfüllungsort nach der *lex causae* oder den Ort der faktischen Erfüllung ankommt (*Scholz-Berger* in *Koller/Lovrek/Spitzer*, IO[2] Art 31 EuInsVO Rz 7). Für den vorliegenden Fall ist diese Kontroverse jedoch bedeutungslos. Denn die rechtlichen und faktischen Erfüllungsorte liegen gleichermaßen in Frankreich.

Für die Verortung des rechtlichen Erfüllungsorts ist das auf die Verpflichtung anwendbare Sachrecht zu bestimmen: Der Auftrag zur Prozessführung ist ein **Dienstleistungsvertrag** nach Art 4 Abs 1 lit b Rom I-VO, der dem Sachrecht (Art 20 Rom I-VO) jenes Staates unterliegt, in dem der Dienstleister (hier: der

Rechtsanwalt *François*) seinen gewöhnlichen Aufenthalt hat. Da *François* in Frankreich lebt, ist französisches Sachrecht anwendbar. Art 1343-4 des französischen Code civil sieht zwar grundsätzlich vor, dass Geldschulden Bringschulden sind, doch haben die Parteien im vorliegenden Fall in zulässiger Abweichung von dieser Grundregel vereinbart, dass die Erfüllung durch Überweisung auf ein französisches Bankkonto erfolgen soll. Auch faktisch wird das Geld in Paris übergeben, weshalb der faktische Erfüllungsort ebenso in Frankreich zu verorten ist.

Weiters wird gefordert, dass der Leistende **keine Kenntnis** vom eröffneten Insolvenzverfahren haben darf, um den Gutglaubensschutz des Art 31 EuInsVO zur Anwendung zu bringen. Schädlich ist hierfür nur positive Kenntnis: Selbst grobe Fahrlässigkeit schadet nicht (*Thole* in MüKoInsO[4] Art 31 EuInsVO Rz 11). Dass *François* die Zahlungsschwierigkeiten von *Jean* erkannte, hindert die Anwendung des Art 31 EuInsVO demnach nicht, weil *François* vom österreichischen Insolvenzverfahren nichts wusste.

Allerdings enthält Art 31 Abs 2 Satz 2 EuInsVO eine widerlegliche **Zweifelsregel**, wonach Kenntnis vom Insolvenzverfahren immer dann vermutet wird, wenn die Eröffnung des Insolvenzverfahrens bereits öffentlich bekanntgemacht wurde. Ist dies nicht der Fall, wird die Unkenntnis des Leistenden vermutet. Damit ist allerdings nicht die Veröffentlichung in einem nationalen Insolvenzregister wie der österreichischen Ediktsdatei gemeint, sondern eine **Bekanntmachung nach Art 28 EuInsVO**. Eine solche Bekanntmachung wird auf Antrag des Verwalters oder des Schuldners im nationalen Insolvenzregister jedes Staates, in dem der Schuldner eine Niederlassung hat, veröffentlicht. Dies ist laut Sachverhalt noch nicht erfolgt, weshalb *François*' Unkenntnis des Insolvenzverfahrens weiterhin vermutet wird.

Da die Voraussetzungen der Gutglaubensschutznorm des Art 31 Abs 1 EuInsVO erfüllt sind, ist die Zahlung von *François* an *Jean* trotz der Insolvenzeröffnung schuldbefreiend. *François* muss daher nicht erneut an *Alexander* leisten.

Literatur: *Lurger/Melcher*, IPR[4] Rz 7/5; *Mair* in *Graf-Schimek/Koller*, CB ZVR[5] 315 ff; *Dellinger/Oberhammer/Koller*, Insolvenzrecht[5] Rz 543 ff; *Klauser/Weber* in *Konecny*, Insolvenzgesetze Art 31 EuInsVO Rz 1 ff (Stand: 01.09.2018); *Scholz-Berger* in *Koller/Lovrek/Spitzer*, IO[2] Art 31 EuInsVO Rz 1 ff.

Anhang: Gemischte Übungsfälle

Fall 153 *(Klever)*

Schwerpunkte: Vertragliche und außervertragliche Schuldverhältnisse

Die italienische Staatsbürgerin *Federica* und der tschechische Staatsbürger *Antonín* sind ein Paar. Sie sind Zirkusartisten. Deshalb sind sie die meiste Zeit des Jahres auf Reisen. Dennoch leben sie immer wieder gemeinsam für ein paar Wochen in Mailand (Italien) einerseits und in München (Deutschland) andererseits, wo sie jeweils zusammen gemietete Wohnungen unterhalten.

Als Musikliebhaber möchte *Antonín* sein Telefon mit seinem in München (Deutschland) zugelassenen Auto verbinden, damit er unterwegs seine Lieblingswerke über sein im Fahrzeug installiertes Surround-Soundsystem nutzen kann. Er kauft auf der Website der in England (Vereinigtes Königreich) ansässigen Elektronikhändlerin *Elektro Ltd* ein Autoradio-Softwarepaket um umgerechnet € 50,– und bezahlt es über den Zahlungsdienstleister *PayPal (Europe) S.à r.l. et Cie, S.C.A*, deren Sitz in Luxemburg liegt. Die Website der *Elektro Ltd* ist zwar nur auf Englisch verfügbar, doch schreckt *Antonín* dies nicht ab, weil die Lieferung sowohl innerhalb des Vereinigten Königreichs als auch in die Europäische Union angeboten wird. In den AGB der *Elektro Ltd* findet sich ein Passus, wonach auf alle von ihr abgeschlossenen Verträge englisches Sachrecht anwendbar ist. Unmittelbar vor dem Vertragsabschluss wird *Antonín* im Zuge des Bestellvorgangs noch einmal auf diesen Umstand aufmerksam gemacht. Hiermit erklärt er sich durch Setzen eines Häkchens einverstanden.

Die auf einer CD gespeicherte Software und das Kabel werden am 20.06.2024 mit der Post geliefert. Nachdem *Antonín* die Software – wie in der beigefügten Anleitung vorgesehen – installiert hat, machen sich *Antonín* und *Federica* mit *Antoníns* Auto am 03.07.2024 von München (Deutschland) aus auf den Weg Richtung Italien. Auf einer Tiroler Landstraße (Österreich) schaltet sich *Antoníns* Surround-Soundsystem plötzlich und unvermittelt auf die höchstmögliche Lautstärke. *Antonín* erschreckt sich über den ohrenbetäubenden Lärm so sehr, dass er kurz die Kontrolle über sein Fahrzeug verliert, auf die Gegenfahrbahn gerät und dort das entgegenkommende, in Hamburg (Deutschland) zugelassene Auto des in Stuttgart (Deutschland) lebenden deutschen Staatsbürgers *Mohammed* touchiert. Am Auto von *Antonín* platzt ein Reifen und der Außenspiegel wird beschädigt. Bei jenem von *Mohammed* entsteht ein Schaden in Höhe von € 2.000,–. *Antoníns* Auto wird abgeschleppt. Er lässt einen neuen Reifen und einen Außenspiegel montieren, wofür ihm € 650,– in Rechnung gestellt werden. Später wird festgestellt, dass ein Teil der Serie der von *Antonín* erstandenen Software einen Programmierfehler aufweist, weshalb die Funktionsstörung eingetreten ist. Dies ist bei der Herstellerin, der *Diànxiàn JV* mit Sitz in Guangdong (Volksrepublik China) passiert. Die *Elektro Ltd* hat den Fehler nicht erkennen können. Sie ist auch nicht dazu in der Lage, diese Fehlerhaftigkeit zu beseitigen. Wie ist die Rechtslage?

Variante: Ändert sich etwas, wenn *Mohammed* nicht vor einem österreichischen Gericht (am Gerichtsstand des Schadensorts), sondern an *Antoníns* Wohnsitz in Deutschland klagt?

Teil 1 (Autounfall): *Mohammed* ist Deutscher und *Antonín* Tscheche. Der Unfall ereignet sich in Österreich. Es liegt ein Fall mit Auslandsbezug vor.

Österreich ist Mitgliedsstaat des HStVÜ (Fall 59). Wird vor einem international zuständigen österreichischen Gericht geklagt, hat dieses daher das HStVÜ anzuwenden. Bei der Kollision zwischen *Antonín* und *Mohammed* handelt es sich um einen Straßenverkehrsunfall iSd Art 1 HStVÜ, weshalb sich das von österreichischen Gerichten auf die außervertragliche zivilrechtliche Haftung anwendbare Sachrecht nach diesem Übereinkommen bestimmt. Dieses genießt nach Art 28 Abs 1 Rom II-VO Vorrang vor der Rom II-VO.

Nach der Generalklausel des Art 3 HStVÜ ist das anzuwendende Sachrecht das innerstaatliche Sachrecht jenes Staates, in dessen Hoheitsgebiet sich der Unfall ereignet hat. Demnach wäre österreichisches Sachrecht anwendbar. Allerdings sind hier beide Fahrzeuge in Deutschland zugelassen, weshalb sich die Haftung gemäß Art 4 lit b HStVÜ nach Art 4 lit a HStVÜ richtet. Die Haftung gegenüber dem Fahrzeugführer *Mohammed* (in Ö: verschuldensabhängig nach §§ 1293 ff ABGB oder verschuldensunabhängig nach §§ 1, 5 EKHG) richtet sich demnach nach dem Sachrecht des Zulassungsstaates, also nach deutschem Sachrecht. Dass die Anknüpfung zur Anwendbarkeit des Sachrechts eines Nichtvertragsstaates (Deutschland) führt, schadet nach Art 11 HStVÜ nicht: Das Übereinkommen ist auch dann anzuwenden, wenn das anzuwendende Sachrecht nicht das Sachrecht eines Vertragsstaats ist (*loi uniforme*).

Die Voraussetzungen und der Umfang der Haftung (Art 8 Z 1 HStVÜ) sind damit von einem österreichischen Gericht nach deutschem Sachrecht zu bestimmen. Das HStVÜ enthält Sachnormverweisungen (siehe oben Fall 59).

Fraglich ist, ob der geschädigte Dritte (*Mohammed*) die ihm gegen den schadenstiftenden Versicherten (*Antonín*) zustehenden Schadenersatzansprüche direkt gegen dessen Pflichthaftpflichtversicherer geltend machen kann (in Ö: § 26 KHVG iVm § 2 KHVG). Diese Frage, ob ein Direktanspruch besteht, richtet sich nach Art 9 HStVÜ nach deutschem Sachrecht (§ 115 Abs 1 Z 1 VVG iVm § 1 PflVG). Auf den Umfang des Direktklagerechts ist das HStVÜ demgegenüber nicht anzuwenden. Vielmehr ist dieser nach dem Statut des Versicherungsvertrags zu ermitteln (OGH 26.01.2017, 2 Ob 50/16s JBl 2017, 459).

Das Gesagte gilt auch für die Schadenersatzansprüche *Antoníns* gegen *Mohammed* (in Ö: nach §§ 1, 5 EKHG).

Anmerkung zur Variante: Deutschland ist kein Mitgliedsstaat des HStVÜ. Klagt *Mohammed* vor einem international zuständigen deutschen Gericht, richtet sich das anwendbare Sachrecht damit nach der Rom II-VO. Grundsätzlich wäre sohin nach Art 4 Abs 1 Rom II-VO der Ort des Schadenseintritts maßgeblich. Deshalb wäre österreichisches Sachrecht anwendbar (Art 24 Rom II-VO).

Wenn allerdings sowohl Schädiger als auch Geschädigter ihren gewöhnlichen Aufenthalt in demselben Mitgliedstaat haben, ist nach Art 4 Abs 2 Rom II-VO das Sachrecht dieses Mitgliedsstaats anwendbar. *Mohammed* lebt in Stuttgart und hat damit seinen gewöhnlichen Aufenthalt in Deutschland. Schwieriger ist dies bei *Antonín* zu beurteilen. Der Begriff des gewöhnlichen Aufenthalts, wie ihn die Rom II-VO verwendet, ohne ihn zu definieren, ist unionsrechtlich-autonom auszulegen. Die Lehre beschreibt ihn im Wesentlichen als denjenigen Ort, an dem jemand seinen Lebensmittelpunkt hat und an den er immer wieder zurückkehrt. Indizien für einen gewöhnlichen Aufenthalt sind neben der sozialen Integration etwa die Aufenthaltsdauer, die zwingend zu einer gewissen Integration führt, und die familiären Verhältnisse.

Antonín ist ständig auf Reisen und hält sich nirgendwo lange auf, wenngleich er immer wieder in Deutschland und in Italien lebt. Ob eine natürliche Person mehrere gewöhnliche Aufenthalte haben kann, ist im Schrifttum nicht eindeutig beantwortet. Für die Rom I-VO und die Rom II-VO wird das überwiegend befürwortet. Bei der EuErbVO ist das hingegen ausgeschlossen, weil ein Nachlass nur nach einer Rechtsordnung abgehandelt werden kann (zum Grundsatz der Nachlasseinheit siehe Fälle 135, 137). Für einen gewöhnlichen Aufenthalt in Deutschland spricht konkret neben der Wohnung, die er dort zusammen mit *Federica* gemietet hat, auch der Umstand, dass er sein Kraftfahrzeug dort zugelassen hat. Ein deutsches Gericht würde sich daher, sollte tatsächlich ein gewöhnlicher Aufenthalt jeweils sowohl in Italien als auch in Deutschland bestehen, auf den gewöhnlichen Aufenthalt in Deutschland stützen. Da somit *Mohammed* und *Antonín* einen gewöhnlichen Aufenthalt in Deutschland haben, ist auch bei einer Klage in Deutschland nach Art 4 Abs 2 Rom II-VO im Ergebnis deutsches Sachrecht anwendbar.

Hier führen also zufällig beide Gerichtsstände zur Anwendung desselben materiellen Rechts. Dieses Ergebnis ist freilich nicht in allen Fällen zwingend.

Hinsichtlich eines allfälligen Direktklageanspruches gegen den Pflichthaftpflichtversicherer gilt: Art 18 Rom II-VO sieht eine Direktklage gegen den Versicherer vor, wenn entweder das Deliktsstatut (hier: das deutsche Sachrecht) oder das Vertragsstatut aus dem Versicherungsvertrag (Art 7 Rom I-VO) eine solche Direktklage erlaubt. Das international zuständige Gericht hat dann amtswegig das günstigere Sachrecht zu ermitteln (siehe hierzu oben Fall 140).

Teil 2 (Produkthaftungsanspruch von *Mohammed* gegen *Elektro Ltd* und *Diànxiàn JV*): Nach Art 1 Abs 1 Satz 1 Rom II-VO ist auf den Sachverhalt das Kollisionsrecht der Rom II-VO anzuwenden. Die Anknüpfung der Produkthaftung (in Ö: §§ 1 ff PHG) richtet sich nach Art 5 Rom II-VO (Fall 68). Dabei ist nach ErwGr 11 Rom II-VO unerheblich, ob die Produkthaftung im nationalen Recht als Verschuldenshaftung oder als Haftung ohne Verschulden ausgestaltet ist. Bei der Einordnung, ob es sich um einen Anspruch aus Produkthaftung handelt, ist auf Art 2 Produkthaftungs-RL zurückzugreifen. Damit richten sich nach hA auch Ersatzansprüche infolge fehlerhafter Software, die auf Datenträgern verkörpert ist, immer schon nach Art 5 Rom II-VO (*Neumayr* in KBB[7] Art 5 Rom II-VO Rz 3).

Art 4 Abs 2 Rom II-VO kommt nicht zur Anwendung, weil die *Elektro Ltd* den Ort ihrer Hauptverwaltung (Art 23 Abs 1 Rom II-VO) in England hat, während *Antoníns* gewöhnlicher Aufenthalt in Deutschland – oder (je nach Argumentation) auch in Italien – liegt. Da weder Art 5 Abs 1 Satz 2 Rom II-VO noch Art 5 Abs 2 Rom II-VO einschlägig sind, ist eine Stufenprüfung nach Art 5 Abs 1 Satz 1 Rom II-VO vorzunehmen.

Auf der ersten Stufe ist nach Art 5 Abs 1 lit a Rom II-VO das Sachrecht jenes Staates anzuwenden, in dem der Geschädigte zum Zeitpunkt des Schadenseintritts seinen gewöhnlichen Aufenthalt hatte, sofern das Produkt in diesem Staat in Verkehr gebracht wurde. *Mohammed* hat seinen gewöhnlichen Aufenthalt in Deutschland.

In Verkehr gebracht ist ein Produkt überall dort, wo es an seine bestimmungsgemäßen Adressaten gelangt. Das ist beim Fernabsatz der Ort der Empfangnahme (*Junker* in MüKoBGB[9] Art 5 Rom II-VO Rz 42). Durch den Versand an *Antonín* wurde das Produkt (auch) in Deutschland in Verkehr gebracht (*Lurger/Melcher*, IPR[4] Rz 5/32). Wenn die *Elektro Ltd* ihre Software nach Deutschland versendet, muss sie damit rechnen, in Deutschland einer allfälligen Haftung ausgesetzt zu sein, weshalb auch die Voraussetzung des vorhersehbaren Inverkehrbringens (Art 5 Abs 1 letzter Satz Rom II-VO) erfüllt ist.

Es ist daher nach Art 5 Abs 1 lit a Rom II-VO deutsches Sachrecht anwendbar. Die Reichweite des Deliktsstatuts ergibt sich aus Art 15 Rom II-VO. Die Glaubhaftmachung der Fehlerlosigkeit des Produkts im Zeitpunkt seines Inverkehrbringens (in Ö: § 7 Abs 2 PHG) wäre als Beweisfrage nach Art 22 Abs 1 Rom II-VO ebenfalls dem deutschen Deliktsstatut zu unterstellen.

Das bisher Gesagte gilt auch im Verhältnis von *Mohammed* gegen die *Diànxiàn JV*. Da durch den Versand an *Antonín* das Produkt (auch) in Deutschland in Verkehr gebracht wurde, führt eine Anknüpfung nach Art 5 Abs 1 lit a Rom II-VO zu einer Anwendung deutschen Sachrechts. Praktisch ist allerdings die Durchsetzung dieses gerichtlich geltend gemachten Anspruchs im Zwangsvollstreckungsweg in China faktisch schwierig.

Teil 3 (Ansprüche *Mohammeds* aus dem Vertrag mit Schutzwirkung zugunsten Dritter im Verhältnis zur *Diànxiàn JV*): Verträge mit Schutzwirkung zugunsten Dritter sind nach hA deliktisch und nicht nach der Rom I-VO anzuknüpfen (*Zöchling-Jud/Aspöck*, IPR[3] 28, 37; *Lurger/Melcher*, IPR[4] Rz 5/7; hierzu auch oben Fall 63). Art 4 Abs 3 Rom II-VO erlaubt dabei eine akzessorische Anknüpfung an das Vertragsstatut (*Freitag* in *Rauscher*, EuZPR / EuIPR[5] Art 12 Rom I-VO Rz 4). Demnach wäre nach Art 4 Abs 3 Rom II-VO iVm Art 4 Abs 1 lit a Rom I-VO (Kaufvertragsstatut) chinesisches Sachrecht anzuwenden, weil die *Diànxiàn JV*, die im Rechtsverhältnis zur Käuferin *Elektro Ltd* als Verkäuferin auftritt, ihren gewöhnlichen Aufenthalt in der Volksrepublik China hat (Art 23

Abs 1 Rom II-VO). Auch wenn man mit *Lurger/Melcher* (IPR[4] Rz 4/17) nach Art 5 Abs 2 Rom II-VO anknüpft, ergibt sich eine *„offenbar engere Verbindung“* aus dem zwischen der *Diànxiàn JV* und der *Elektro Ltd* bestehenden Kaufvertrag. Es gelangt daher in allen Fällen chinesisches Sachrecht zur Anwendung.

Teil 4 (Schadenersatzansprüche von *Antonín* gegen die *Elektro Ltd*): Hier gibt es eine Rechtswahl zugunsten englischen Sachrechts. Dabei müsste durch Auslegung der Rechtswahlklausel ermittelt werden, ob diese auch Ansprüche aus Produkthaftung erfassen soll. Hier kann diese Frage allerdings dahinstehen: Nach Art 14 Abs 1 Rom II-VO ist eine Rechtswahl mit Verbrauchern hinsichtlich deliktischer Ansprüche nur nach Eintritt des schädigenden Ereignisses möglich (Art 14 Abs 1 lit a Rom II-VO). Vor dem Eintritt des schädigenden Ereignisses ist eine Rechtswahl nur zwischen zwei Unternehmern wirksam (Art 14 Abs 1 lit b Rom II-VO). *Antonín* ist Verbraucher, weshalb es hier ungeachtet der Rechtswahl zu einer objektiven Anknüpfung kommt. Weil *Antonín* (zumindest auch) einen gewöhnlichen Aufenthalt in Deutschland hat und das Produkt in Deutschland in Verkehr gebracht wurde, ist nach Art 5 Abs 1 lit a Rom II-VO deutsches Sachrecht anwendbar. Zu beachten ist hier, dass sich auch eine Anknüpfung nach Art 5 Abs 2 Rom II-VO argumentieren ließe, weil der Vertrag qua Rechtswahl englischem Sachrecht (Art 3 Rom I-VO) unterliegt und sich eine offensichtlich engere Verbindung insbesondere aus einer Verbindung zu einem Vertrag ergeben kann. Bei einer solchen Annexanknüpfung an das Vertragsstatut ist aber hier eine unzulässige Umgehung der Rechtswahlschranke des Art 14 Abs 1 lit a Rom II-VO gut argumentierbar, wenn sich die offensichtlich engere Verbindung auf einen Vertrag stützt, der diese Wirkung für den deliktischen Bereich gerade nicht herbeizuführen vermag.

Teil 5 (Ansprüche von *Antonín* wegen Schlechterfüllung): Da *Antonín* die Software für seinen persönlichen Gebrauch erwirbt, ist das UN-K nach Art 2 lit a UN-K nicht anwendbar (Fall 23). Der persönliche Gebrauch ergibt sich aus dem Umstand, dass *Antonín* die Software in seinem privaten PKW installiert. Bei einer Bestellung von nur einer Einheit ist der persönliche Gebrauch für die *Elektro Ltd* auch nicht unerkennbar (*Huber* in MüKoBGB[9] Art 2 CISG Rz 13).

Nach Art 1 Abs 1 Rom I-VO ist die Rom I-VO anzuwenden. International zuständige Gerichte der Mitgliedsstaaten wenden nach Art 2 Rom I-VO das anhand ihrer Kollisionsnormen ermittelte Sachrecht auch dann an, wenn es nicht das Recht eines Mitgliedsstaats (wie etwa englisches Sachrecht) ist. Hier liegt eine Rechtswahl iSd Art 3 Rom I-VO zugunsten englischen Sachrechts vor. Die Gültigkeit einer Rechtswahl ist jeweils in Bezug auf ihr Zustandekommen, ihre Form und ihre materielle Gültigkeit anzuknüpfen. Ihr Zustandekommen ist autonom nach der Rom I-VO zu beurteilen, wenn – wie hier – die Rom I-VO selbst die Rechtswahl einschränkt (dazu sogleich). Hinsichtlich der Form ist nach Art 3 Abs 5 Rom I-VO iVm Art 11 Rom I-VO ein Günstigkeitsvergleich anzustellen. Die materielle Gültigkeit ihrer Vereinbarung richtet sich wiederum grundsätzlich nach der *lex causae*, also nach dem gewählten Sachrecht (Art 3 Abs 5 Rom I-VO iVm Art 10 Abs 1 Rom I-VO).

Hier liegt ein Verbrauchergeschäft iSd Art 6 Rom I-VO vor (hierzu oben Fälle 39 f). Der Verbraucherbegriff ist unionsrechtlich-autonom auszulegen: Erfolgt der Abschluss durch eine natürliche Person und zu einer nicht gewerblichen oder beruflichen Tätigkeit mit einer Person im Rahmen ihrer beruflichen oder gewerblichen Tätigkeit, liegt ein Verbrauchergeschäft iSd Art 6 Rom I-VO vor. Die *Elektro Ltd* bietet eine Lieferung in die EU an. Das genügt für ein „*Ausrichten*" iSd Art 6 Abs 1 lit b Rom I-VO. Damit gelangt Art 6 Rom I-VO grundsätzlich zur Anwendung. Die objektive Anknüpfung nach dem Verbraucherstatut ergibt sohin die Anwendung deutschen Sachrechts, weil der Verbraucher *Antonín* dort seinen gewöhnlichen Aufenthalt hat. Eine Rechtswahl ist auch im Anwendungsbereich des Art 6 Rom I-VO nach Art 6 Abs 2 Satz 1 Rom I-VO grundsätzlich gültig. Sie ist nach Art 6 Abs 2 Satz 2 Rom I-VO aber insofern unbeachtlich, als hierdurch zum Nachteil des Verbrauchers von zwingenden Bestimmungen des bei objektiver Anknüpfung maßgeblichen Sachrechts abgewichen würde. Damit ist im Ergebnis ein Günstigkeitsvergleich zwischen dem gewählten Sachrecht und dem im Wege der objektiven Anknüpfung nach dem Verbraucherstatut des Art 6 Rom I-VO ermittelten Sachrecht anzustellen.[8] Beachte ferner: In Österreich sind nach § 9 KSchG im Verbrauchergeschäft die Gewährleistungsrechte des Verbrauchers vor Kenntnis des Mangels zwingend. Bei der Wahl einer Rechtsordnung eines Nicht-EWR-Staats, wie bei der Wahl englischen Sachrechts, würden österreichische Gerichte § 13a Abs 1 KSchG zur Anwendung bringen (hierzu oben Fall 39). Auch in diesem Fall wäre ein Günstigkeitsvergleich vorzunehmen (ErläutRV 422 BlgNR 21. GP 26).

Das solcherart ermittelte Vertragsstatut des Art 6 Rom I-VO erfasst nach Art 12 Abs 1 lit b Rom I-VO auch die Frage nach dem Umstand, ob mangelhaft geleistet wurde, sowie eine bereicherungsrechtliche Rückabwicklung (Art 12 Abs 1 lit c Rom I-VO), die aus dieser mangelhaften Leistung resultiert. Art 12 Abs 1 lit c Rom I-VO geht als *lex specialis* der bereicherungsrechtlichen Kollisionsnorm des Art 10 Rom II-VO vor (Art 27 Rom II-VO; ferner *Zöchling-Jud/Aspöck*, IPR[3] 27; *Lurger/Melcher*, IPR[4] Rz 4/15). Im Übrigen unterliegen auch Vermutungsregeln – wie nach § 924 Satz 2 ABGB, § 11 VGG und § 19 VGG – dem Vertragsstatut (Art 18 Rom I-VO; hierzu *Lurger/Melcher*, IPR[4] Rz 4/19).

Auch vertragliche Schadenersatzansprüche aus einer Schlechterfüllung sind nach der Rom I-VO anzuknüpfen. Sie richten sich nach Art 12 Abs 1 lit c Rom I-VO nach dem auf den Vertrag anzuwendenden Sachrecht (*Lurger/Melcher*, IPR[4] Rz 4/15). Es ist daher insoweit englisches Sachrecht anzuwenden, als nicht zwingende Bestimmungen des deutschen Sachrechts dem entgegenstehen. Solche Sachnormen wären gem Art 6 Abs 2 Satz 2 Rom I-VO ungeachtet einer

---

8 Erweckt die Klausel den Eindruck, es gäbe keinen Günstigkeitsvergleich, ist sie missbräuchlich, wenn sie nicht im Einzelnen ausgehandelt wurde: EuGH 28.07.2016, C-191/15, *VKI vs. Amazon.*

gültigen Rechtswahl anzuwenden. Nach Art 18 Rom I-VO unterliegen materiellrechtliche Beweislastregeln (wie in Ö: § 1298 ABGB) ebenfalls dem Vertragsstatut (hier: Verbraucherstatut nach Art 6 Rom I-VO; zu alldem *Musger* in KBB[7] Art 18 Rom I-VO Rz 1).

Teil 6 (Ansprüche von *Antonín* aus der Unwirksamkeit des Vertrags): Nach Art 10 Rom I-VO unterliegen das Zustandekommen und die Wirksamkeit eines Vertrags dem Vertragsstatut, das sich nach Art 3 Rom I-VO aus einer Rechtswahl zugunsten englischen Sachrechts ergibt. Dies gilt aus österreichischer Sicht auch für die Irrtumsanfechtung samt Rückabwicklung des Vertrags (§ 877 ABGB iVm § 871 ABGB; hierzu *Kleinschmidt* in MüKoBGB[9] Art 10 Rom I-VO Rz 59 ff; nach *Lurger/Melcher*, IPR[4] Rz 4/15 erfolgt die Anknüpfung aber nach Art 12 Abs 1 lit e Rom I-VO, der auf die *„Folgen der Nichtigkeit des Vertrages"* abstellt). Die Irrtumsanfechtung unterliegt daher nach Art 3 Rom I-VO englischem Sachrecht (abgesehen von günstigeren zwingenden Bestimmungen des deutschen Sachrechts: Art 6 Abs 2 Satz 2 Rom I-VO).

Teil 7 (Ansprüche von *Antonín* nach erfolgtem Vertragsrücktritt): Die kollisionsrechtliche Einordnung des Widerrufs (nach österreichischer Terminologie: des Rücktritts nach Maßgabe des § 11 FAGG) ist verordnungsautonom zu bestimmen. Dabei ist nicht eindeutig beantwortet, ob der Rücktritt einen Willensmangel bildet, oder ob er die Wirksamkeit des Rechtsgeschäfts beeinträchtigt (*Kleinschmidt* in MüKoBGB[9] Art 10 Rom I-VO Rz 127). Im Ergebnis kann die Antwort auf diese Frage dahinstehen: Auch nach Art 10 Rom I-VO ist an das Schuldstatut anzuknüpfen (*Lurger/Melcher*, IPR[4] Rz 4/14). Es somit englisches Sachrecht zur Anwendung berufen (Art 3 Rom I-VO), wobei hinsichtlich zwingender Bestimmungen des deutschen Sachrechts wiederum aufgrund von Art 6 Abs 2 Satz 2 Rom I-VO ein Günstigkeitsvergleich vorzunehmen ist.

Teil 8 (Regressanspruch von *Antonín* gegen die *Elektro Ltd*): Wird *Antonín* von *Mohammed* (in Ö: nach §§ 1 ff EKHG) in Höhe von € 2.000,– in Anspruch genommen, wird er bei der *Elektro Ltd* Regress nehmen wollen (in Ö: nach § 896 ABGB).

Nach Art 2 Z 4 HStVÜ ist dieses Übereinkommen nicht auf Rückgriffsansprüche zwischen mehreren haftpflichtigen Personen anzuwenden. Diese Haftung ist daher nach Art 1 Abs 1 Rom II-VO iVm Art 2 Abs 1 Rom II-VO nach den Kollisionsnormen der Rom II-VO anzuknüpfen. Bei einer Haftung mehrerer Solidarschuldner, in deren Folge einer der Solidarschuldner den Gläubiger befriedigt hat, richtet sich nach Art 20 Rom II-VO der Rückgriff nach jenem Sachrecht, nach dem die außervertragliche Verpflichtung zu beurteilen war, aufgrund welcher der erste Schuldner (= der Regressgläubiger) den ursprünglichen Gläubiger (= Geschädigten) befriedigt hat.

Lernhinweise: Weder das HStVÜ noch die Rom II-VO differenzieren grundsätzlich nach dem Haftungsgrund zwischen Verschuldens- und Gefährdungshaftung. Das HStVÜ regelt insgesamt die außervertragliche zivilrechtliche Haftung aus einem Straßenverkehrsunfall, unabhängig vom Haftungsgrund. Die Rom II-VO sieht für die Anknüpfung aus unerlaubten Handlungen zwar zusätzlich zum allgemeinen Deliktsstatut des Art 4 Rom II-VO auch noch die Sonderanknüpfungstatbestände der Art 5 ff Rom II-VO vor. Dort wird aber die Haftung aus Verkehrsunfällen (wie in Ö: nach dem EKHG) – anders als die Produkthaftung (Art 5 Rom II-VO) – nicht gesondert angeknüpft. Es ist daher auf den Anspruch sowohl bei einer Klage in Österreich nach Art 4 HStVÜ als auch bei einer Klage in Deutschland nach Art 4 Abs 2 Rom II-VO deutsches Sachrecht anwendbar.

Literatur: zum HStVÜ siehe oben Fall 59; zum Anwendungsbereich der Rom II-VO siehe oben Fälle 60 ff; zur Produkthaftung siehe oben Fall 68; zur bereicherungsrechtlichen Rückabwicklung siehe oben Fälle 55 f, 76; zum Verbraucherstatut siehe oben Fälle 39 f.

Fall 154 *(Klever)*
Schwerpunkte: Familienrecht, Erbrecht

Der volljährige *Gilbert*, der die österreichische und britische Staatsbürgerschaft besitzt, genießt das Leben in vollen Zügen. Bei einer Party in seiner Villa am Wörthersee (Österreich) lernt er *Iulia* (ukrainische Staatsbürgerin) kennen.

Bald ist *Gilbert* hoffnungslos in *Iulia* verliebt. Als er von ihr erfährt, dass sie schwanger ist, macht er ihr kurzerhand einen Heiratsantrag. Sie willigt ein, gesteht *Gilbert* aber, nicht – wie ursprünglich behauptet – 21 Jahre alt, sondern erst 17 Jahre alt zu sein. *Gilbert* ist überrascht, es stört ihn aber nicht weiter. Nachdem alle erforderlichen behördlichen Bewilligungen eingeholt wurden, heiraten die beiden in Österreich am 08.08.2020 kurz nach der Geburt ihres Sohnes *Sebastian*, aber noch vor *Iulias* 18. Geburtstag. Zwei Jahre später, kurz nach der Geburt ihres zweiten Kindes, *Sophia*, beschließen die beiden, dass *Iulia* ihre Berufsausbildung als Bürokauffrau abbrechen und sich in Zukunft um die Kinder kümmern wird, weil *Gilbert* ohnehin Geld für die gesamte Familie verdient.

Im Laufe der Jahre verliert *Gilbert* das Interesse an *Iulia*. Die beiden vereinbaren, zur Betreuung der Kinder zusammen zu bleiben, verbringen aber ihren Alltag ansonsten getrennt. Nachdem *Gilbert* und *Iulia* über vier Jahre mehr nebeneinander als miteinander gelebt haben, erklärt *Iulia* eines Tages gegenüber *Gilbert* wahrheitsgemäß, innerhalb der Woche, in der Sohn *Sebastian* gezeugt wurde, nicht nur ihm (*Gilbert*), sondern auch seinem eineiigen Zwillingsbruder *Emil* intim begegnet zu sein. Als *Gilbert* davon erfährt, ist er aufgebracht, weshalb er die Lebensgemeinschaft und Ehe unter keinen Umständen aufrechterhalten will. *Iulia* ist mit diesem Trennungswunsch einverstanden, verlässt die Ehewohnung und besteht darauf, dass ihre Tochter *Sophia* bei ihr wohnen soll, worin *Gilbert* einwilligt.

Später will *Iulia* die inzwischen zehnjährige *Sophia* in ein privates Musikgymnasium schicken. *Gilbert* hält davon gar nichts, weil *Sophia* bisher kein besonderes Interesse an Musik gezeigt hat. Er ist auch nicht bereit, sich an den hierfür anfallenden Kosten zu beteiligen. Da *Iulia* ihn nach der Trennung überhaupt nicht mehr in die Erziehung einbezieht, stellt *Gilbert* die Unterhaltszahlungen für die Kinder ein. *Iulia*, die sich das nicht bieten lassen will, verkündet *Gilbert* daraufhin, dass er die Kinder vorerst nicht mehr sehen dürfe, bis er wieder Unterhalt zahlt. *Gilbert* sieht nicht ein, dass er seine Kinder nicht besuchen darf, insbesondere weil ihm das Sorgerecht nie abgesprochen wurde.

Wie ist die Rechtslage?

Hinweis: Nach dem ukrainischen IPR richten sich die materiellen Voraussetzungen der Eheschließung nach dem Personalstatut jedes Ehewilligen, damit die Ehe auch in der Ukraine anerkannt werden kann. Das Personalstatut natürlicher Personen wird durch ihre Staatsangehörigkeit bestimmt (*Himmelreich*, Ukraine, in *Süß/Ring*, Eherecht in Europa[4] Rz 17 ff). Als ehefähig gilt nach ukrainischem materiellem Familienrecht, wer das 18. Lebensjahr vollendet hat, wobei das Gericht die Eheschließung ab der Vollendung des 16. Lebensjahres auf Antrag des Ehewilligen gestatten kann (*Himmelreich*, Ukraine, in *Süß/Ring*, Eherecht in Europa[4] Rz 1).

Variante: Schließlich verstirbt *Gilbert* bei einem Unfall. In einem Testament, das er in Velden am Wörthersee (Österreich) in englischer Sprache eigenhändig geschrieben und unterzeichnet hat, hat er seine neue Freundin *Valeria* (italienische Staatsbürgerin) zur Alleinerbin eingesetzt, die er dort mit einem Kosenamen bezeichnet. Außerdem schreibt er dort, *Sebastian* solle so wenig wie gesetzlich möglich bekommen. *Sebastian* behauptet allerdings unzutreffend, *Gilbert* wäre zum Zeitpunkt der Errichtung wegen einer angeblichen Schizophrenie „*geistig völlig umnachtet*" und sohin nicht mehr Herr seiner Sinne gewesen. Zweieinhalb Jahre vor seinem Tod hat *Gilbert* die liechtensteinische *P-Privatstiftung* gegründet und die Hälfte seines Vermögens in diese Stiftung eingebracht. Kurz vor seinem Tod hat er *Sophia* als Begünstigte dieser Stiftung eingesetzt.

Nach welcher Sachrechtsordnung beurteilen sich die einzelnen Aspekte der Erbfolge nach *Gilbert*?

Hinweis: Gehen Sie davon aus, dass Liechtenstein (Art 232 Abs 1 PGR) der Gründungstheorie folgt (Quellen: *Batliner/Perez Sancho-Vogt*, Liechtenstein, in *Wegen/Spahlinger/Barth*, GesR des Auslands [Stand: Februar 2022] Rz 395 ff).

Teil 1 (Eheschließung): Da ein Sachverhalt mit Auslandsberührung vorliegt (*Iulia* ist ukrainische Staatsbürgerin) und der Fall weder staatsvertraglichem IPR noch (insofern) einer unionsrechtlichen Kollisionsrechtsquelle unterliegt, ist das IPRG anzuwenden (§ 53 Abs 1 IPRG). Die Formvorschriften der Eheschließung richten sich im Inland nach § 16 IPRG nach österreichischem Sachrecht. Die materiellen Voraussetzungen der Eheschließung bestimmen sich für jeden Verlobten nach seinem Personalstatut (§ 17 IPRG). Dieses ergibt sich für natürliche Personen in erster Linie aus ihrer Staatsangehörigkeit (§ 9 Abs 1 IPRG). Demnach ist für *Gilbert* nach § 9 Abs 1 Satz 2 IPRG österreichisches Sachrecht und für *Iulia* nach § 9 Abs 1 Satz 1 IPRG ukrainisches Recht einschließlich seiner Kollisionsnormen maßgeblich (§ 5 Abs 1 IPRG).

Als materielle Ehevoraussetzung richtet sich die Ehefähigkeit aufgrund *Iulias* minderjährigen Alters nach § 17 Abs 1 IPRG nach ihrem Personalstatut im Zeitpunkt der Eheschließung. Das ukrainische IPR nimmt die österreichische Gesamtverweisung (§ 5 Abs 1 IPRG) an, weil es ebenfalls auf *Iulias* ukrainische Staatsangehörigkeit abstellt. Laut Sachverhalt hat *Iulia* für ihre Eheschließung „*alle behördlichen Bewilligungen eingeholt*", weshalb von ihrer Ehefähigkeit nach ukrainischem Sachrecht ausgegangen werden kann. Dieses Ergebnis verstößt nicht gegen den österreichischen *ordre public*, weil Personen ab der Vollendung ihres 16. Lebensjahres nach österreichischem Sachrecht mit pflegschaftsgerichtlicher Genehmigung heiraten können (§ 1 Abs 2 EheG).

Teil 2 (Elternschaft): Die unproblematische Mutterschaft *Iulias* ergibt sich in sinngemäßer Anwendung der §§ 21, 25 IPRG (§ 1 Abs 1 IPRG) aus dem österreichischen Sachrecht (§ 143 ABGB).

Da *Gilbert* und *Iulia* zum Zeitpunkt der Geburt von *Sebastian* nicht verheiratet sind, richtet sich die kollisionsrechtliche Beurteilung der Vaterschaft nach § 25 IPRG, weshalb österreichisches Sachrecht aufgrund der alleinigen Maßgeblichkeit des Personalstatuts des Kindes im Zeitpunkt seiner Geburt anzuwenden ist. Kinder eines österreichischen Elternteils erwerben mit der Geburt die österreichische Staatsbürgerschaft (§ 7 Abs 1 Z 2-4 StbG). Auch wenn *Sebastian* zusätzlich die ukrainische oder britische Staatsbürgerschaft besitzen sollte, wäre nach § 9 Abs 1 Satz 2 IPRG nur seine österreichische Staatsbürgerschaft maßgeblich.

§ 25 IPRG erfasst alle Fragen der Begründung der Vaterschaft gegenüber einem unehelich geborenen Kind, sei es durch Anerkenntnis, sei es im Wege der gerichtlichen Feststellung der Vaterschaft. Auch die Bestreitung der Abstammung ist bei einem unehelich geborenen Kind nach § 25 IPRG zu beurteilen. *Gilbert* wird damit zum rechtlichen Vater *Sebastians*, wenn er ein Anerkenntnis abgibt oder gerichtlich als Vater festgestellt wird (§ 144 Abs 1 Z 2-3 ABGB).

Da *Gilbert* und *Iulia* zum Zeitpunkt der Geburt von *Sophia* miteinander verheiratet sind, richtet sich die Beurteilung der Vaterschaft nach § 21 IPRG. Da die Eltern von *Sophia* kein gemeinsames Personalstatut haben, ist österreichisches Sachrecht aufgrund der alleinigen Maßgeblichkeit des Personalstatuts des Kindes im Zeitpunkt seiner Geburt anzuwenden. Auch hier gilt § 9 Abs 1 Satz 2 IPRG: Die österreichische Staatsbürgerschaft *Sophias* ist allein maßgeblich, selbst wenn sie über eine weitere Staatsangehörigkeit verfügt. *Sophia* hat jedenfalls die österreichische Staatsbürgerschaft, weil ihr Vater im Zeitpunkt ihrer Geburt österreichischer Staatsbürger ist (§ 7 Abs 1 Z 2 StbG).

Teil 3 (Auflösung der Ehe): *Gilbert* möchte die Ehe nicht aufrechterhalten. Hier kommt sowohl eine Aufhebung als auch eine Scheidung der Ehe in Betracht.

Während das Kollisionsrecht der Ehescheidung nach Art 1 Abs 1 Rom III-VO durch die Rom III-VO für jene Mitgliedsstaaten der Europäischen Union, die an dieser Verstärkten Zusammenarbeit teilnehmen, harmonisiert ist, sind Fragen des Bestehens oder der Gültigkeit einer Ehe nach Art 1 Abs 2 lit b Rom III-VO und der Ungültigerklärung einer Ehe nach Art 1 Abs 2 lit c Rom III-VO vom Anwendungsbereich der Rom III-VO ausgenommen, weshalb sie unter Rückgriff auf nationales IPR anzuknüpfen sind. Der Begriff der „*Ehescheidung*" des Art 1 Abs 1 Rom III-VO umfasst alle Eheauflösungsarten mit Wirkung *ex nunc*, während die Eheaufhebung und Ehenichtigkeit nach dem Eheeingehungsstatut (§ 17 IPRG) anzuknüpfen sind. Der Bestand der Ehe ist in allen Fällen als Vorfrage zu klären (hierzu bei Teil 1), weil nur beendet werden kann, was einmal bestand.

Die Voraussetzungen der Aufhebung der Ehe wegen Willensmängeln sind für jeden der Verlobten nach seinem Personalstatut zu beurteilen (§ 17 Abs 1 IPRG). Eine Aufhebungsklage von *Gilbert* ist nach § 17 Abs 1 IPRG nach seinem Personalstatut zum Zeitpunkt der Eheschließung zu beurteilen. Insoweit verweist § 9 Abs 1 Satz 2 IPRG auf österreichisches Sachrecht. Nach diesem Aufhebungsstatut richtet sich auch eine allfällige sachrechtliche Heilung, wie sie in Österreich § 37 Abs 2 EheG und § 38 Abs 2 EheG vorsehen.

Das anwendbare Recht für die Scheidung richtet sich hingegen nach den Kollisionsnormen der Rom III-VO. Weil *Gilbert* und *Iulia* einen gemeinsamen gewöhnlichen Aufenthalt in Österreich haben, kommt nach Art 8 lit a Rom III-VO österreichisches Sachrecht zur Anwendung. Das gilt unabhängig davon, auf welchen Rechtsgrund sich das Scheidungsbegehren stützt.

Dahinstehen kann, ob die Kollision von Scheidungs- und Eheauflösungsgründen (in Österreich: § 18 1. DVEheG) nach der Rom III-VO oder nach nationalem IPR anzuknüpfen ist. Denn im vorliegenden Fall richten sich sowohl Eheaufhebung als auch Scheidung nach österreichischem Sachrecht, weshalb auch die Abgrenzung der Rechtsfolgen jedenfalls nach österreichischem Sachrecht (§ 18 1. DVEheG) zu erfolgen hat.

Die Güteraufteilung richtet sich nach Art 26 Abs 1 EuGüVO nach dem Sachrecht des ersten gemeinsamen gewöhnlichen Aufenthaltes nach der Eheschließung. Damit kommt österreichisches Sachrecht zur Anwendung.

Das auf die Obsorge anwendbare Recht bestimmt sich nach dem KSÜ. Für die *ex lege* bestehende Obsorge vor und nach der Trennung richtet sich das anwendbare Sachrecht nach Art 16 Abs 1 KSÜ, der das Sachrecht des gewöhnlichen Aufenthalts des Kindes für anwendbar erklärt. Hieraus folgt die Anwendbarkeit österreichischen Sachrechts. Das anwendbare Sachrecht für die Vereinbarung des Domizilelternteils richtet sich nach Art 16 Abs 2 KSÜ. Anzuknüpfen ist an den gewöhnlichen Aufenthalt des Kindes im Zeitpunkt der Vereinbarung, weshalb österreichisches Sachrecht anzuwenden ist. Für die gerichtliche Entscheidung gilt Art 15 KSÜ, der auf die *lex fori* und damit wiederum auf österreichisches Sachrecht verweist.

Das Recht der Unterhaltsfolgen richtet sich nach Art 15 EuUntVO nach dem HUP. Auf den Ehegattenunterhalt ist nach Art 15 EuUntVO iVm Art 3 Abs 1 HUP das Sachrecht des gewöhnlichen Aufenthalts der berechtigten Person anzuwenden. Das ist österreichisches Sachrecht. Die Ausnahme des Art 5 HUP führt hier zu keinem anderen Ergebnis, weil der letzte gemeinsame gewöhnliche Aufenthalt der Eheleute ebenfalls in Österreich lag, weshalb auch nach dieser Kollisionsnorm österreichisches Sachrecht zur Anwendung käme.

Gleiches gilt für den Kindesunterhalt für *Sophia*: Auch er unterliegt nach Art 15 EuUntVO iVm Art 3 Abs 1 HUP österreichischem Sachrecht als Recht des gewöhnlichen Aufenthalts der berechtigten Person *Sophia*. Dasselbe gilt für Unterhaltsansprüche von *Sebastian*.

Teil 4 (Erbfolge nach *Gilbert*): Eine Person kann nach Art 22 Abs 1 EuErbVO zur Beurteilung der Rechtsnachfolge von Todes wegen auch das Sachrecht ihrer Staatsangehörigkeit oder das Sachrecht eines der Staaten, denen sie angehört, wählen. Das kann sich nach Art 22 Abs 2 EuErbVO auch „*aus den Bestimmungen einer solchen Verfügung ergeben*", also konkludent erfolgen. Dies muss in der Form einer Verfügung von Todes wegen geschehen, also etwa nach Art 3 Abs 1 lit d EuErbVO in der Form eines Testaments, das in formeller Hinsicht einer der Voraussetzungen des Art 1 HTFÜ genügen muss (dazu sogleich). Der Rechtswahlwille des Testators muss sich dabei aus der Verfügung ergeben. Die Abfassung in englischer Sprache ist ein Indiz für eine konkludente Rechtswahl. Allerdings nimmt *Gilbert* mit seiner Klausel, wonach *Sebastian* so wenig wie gesetzlich möglich bekommen soll, wohl auf *Sebastians* Pflichtteilsanspruch Bezug, bei dem es sich um eine Rechtsfigur des österreichischen Sachrechts handelt. Dieser Aspekt spricht wiederum für eine Wahl österreichischen Sachrechts (ErwGr 39 EuErbVO). Insgesamt gestatten *Gilberts* Ausführungen nicht die Annahme, dass seine letztwillige Verfügung eine eindeutige Rechtswahl zugunsten englischen oder österreichischen Sachrechts enthielte.

Auf die Erbfolge nach *Gilbert* ist nach Art 21 Abs 1 EuErbVO das Sachrecht des gewöhnlichen Aufenthalts im Todeszeitpunkt von *Gilbert* anzuwenden. Das ergibt österreichisches Sachrecht. Dem Erbstatut unterliegen nach Art 23 Abs 2 lit h EuErbVO auch die Pflichtteilsansprüche von *Sophia* und allenfalls von *Sebastian*, wenn die rechtliche Verwandtschaft zwischen ihm und *Gilbert* nicht mit Rückwirkung beseitigt wurde.

Auf die Frage nach der Formgültigkeit der letztwilligen Verfügung ist nach Art 1 Abs 2 lit f EuErbVO das HTFÜ anzuwenden. Art 27 EuErbVO gilt demgegenüber aus österreichischer Sicht nur für die Form schriftlicher Erbverträge (Fall 129a). Es reicht die Einhaltung einer der Formvorschriften, die sich aus ihrer Anknüpfung nach Art 1 HTFÜ ergeben. Da am Ort der Testamentserrichtung – Velden am Wörthersee (Österreich) – ein eigenhändig geschriebenes und unterschriebenes Testament nach § 578 ABGB formwirksam ist, ist die letztwillige Verfügung nach Art 1 lit a HTFÜ formell gültig.

Die Behauptung, wonach es *Gilbert* an der Testierfähigkeit gefehlt hätte, gehört nach Art 26 Abs 1 lit a EuErbVO zur materiellen Wirksamkeit der letztwilligen Verfügung (Fall 136). Diese richtet sich nach Art 24 Abs 1 EuErbVO nach dem hypothetischen Erbstatut, das gelten würde, wenn der Verfügende im Zeitpunkt der Errichtung der letztwilligen Verfügung gestorben wäre. Auch zu diesem Zeitpunkt hatte *Gilbert* seinen gewöhnlichen Aufenthalt in Österreich, weshalb Fragen der materiellen Wirksamkeit nach der objektiven Anknüpfung nach österreichischem Sachrecht zu beurteilen sind. Neben dem erörterten Einwand hinsichtlich *Gilberts* Testierfähigkeit ist auch die Auslegung der letztwilligen Verfügung, nach Art 26 Abs 1 lit d EuErbVO zur materiellen Wirksamkeit zu zählen, weshalb diese ebenfalls nach österreichischem Sachrecht zu beurteilen ist. Dies setzt freilich voraus, dass die materielle Wirksamkeit der letztwilligen Verfügung nicht bereits an *Gilberts* angeblicher Testierunfähigkeit scheitert.

Vom Erbstatut sind nach Art 23 Abs 2 lit d EuErbVO außerdem eine allfällige Enterbung aufgrund *Gilberts* letztwilliger Verfügung und eine allfällige Erbunwürdigkeit, die sich aus der unzutreffenden Behauptung der fehlenden Testierfähigkeit im verwiesenen Sachrecht ergeben könnte, erfasst.

Nach Art 1 Abs 2 lit e EuErbVO sind nur solche Unterhaltsansprüche vom sachlichen Anwendungsbereich der EuErbVO ausgeschlossen, die nicht erst mit dem Tod des Erblassers entstehen. Damit sind die nach österreichischem Verständnis erst mit dem Tod des Erblassers entstehenden Unterhaltsansprüche nach § 233 ABGB und § 747 ABGB sehr wohl nach der EuErbVO zu beurteilen (*Lurger/Melcher*, IPR[4] Rz 3/8). Diese Unterhaltsansprüche sind nach Art 23 Abs 2 lit h EuErbVO vom ermittelten Erbstatut erfasst. Dasselbe gilt wohl für den notwendigen Unterhalt nach § 777 ABGB, der *Sebastian* auch bei einer Erbunwürdigkeit oder einer gültigen Enterbung zustünde.

Fragen der Gründung und der Organisation der *P-Privatstiftung* sind nach § 12 IPRG nach dem Personalstatut der Stiftung anzuknüpfen. § 10 IPRG verweist insoweit auf liechtensteinisches Recht, weil die *P-Privatstiftung* den tatsächlichen Sitz ihrer Hauptverwaltung in Liechtenstein hat. Das liechtensteinische IPR nimmt die von § 10 IPRG ausgesprochene Gesamtverweisung (§ 5 IPRG) laut Sachverhalt an, weil es der Gründungstheorie folgt. Damit unterliegen die Gründung und die Organisation der *P-Privatstiftung* liechtensteinischem Sachrecht.

Rechte und Vermögenswerte, die auf andere Weise als durch Rechtsnachfolge von Todes wegen begründet oder übertragen werden, sind vom sachlichen Anwendungsbereich der EuErbVO ausgenommen (Art 1 Abs 2 lit g EuErbVO). Sehr wohl dem sachlichen Anwendungsbereich der EuErbVO unterfällt aber kraft ausdrücklicher Anordnung in Art 23 Abs 2 lit i EuErbVO die Schenkungsanrechnung (Fall 129). Diese unterliegt damit österreichischem Sachrecht. Damit lässt sich der Rechtsfragenkomplex, der sich aus der Vermögenseinbringung in die *P-Privatstiftung* ergibt, kollisionsrechtlich wie folgt vereinfachen: §§ 10, 12 IPRG gelten für alle Aspekte, die mit den intern-organisationsrechtlichen Vorgängen in der *P-Privatstiftung* verwoben sind, während Art 23 Abs 2 lit i EuErbVO für alle Geschehnisse gilt, die sich zwischen der *P-Privatstiftung* und dem Verstorbenen abspielten.

Lernhinweise: Nichtigerklärung und Aufhebung der Ehe sind nicht vom sachlichen Anwendungsbereich der Rom III-VO erfasst. Ehenichtigkeits- und Eheaufhebungsklagen sind somit nach § 17 IPRG für jeden Teil getrennt nach seinem Personalstatut (§ 9 IPRG) im Zeitpunkt der Eheschließung, also ohne Bedachtnahme auf Staatsangehörigkeitserwerb oder -änderung infolge der Eheschließung, unter Berücksichtigung von Rück- und Weiterverweisungen (§ 5 Abs 1 IPRG) anzuknüpfen.

Das Erbstatut der EuErbVO umfasst auch Pflichtteilsansprüche, die Schenkungsanrechnung, die Erbunwürdigkeit und Enterbung sowie Unterhaltsansprüche, die von Todes wegen entstehen. Auf Formfragen in Bezug auf letztwillige Verfügungen ist hingegen nach Art 1 Abs 2 lit f EuErbVO das HTFÜ anzuwenden.

Literatur: zur Begründung und Beendigung der Ehe und deren Folgen siehe oben Fälle 89 ff; zur EuErbVO siehe oben Fälle 129 ff.

Fall 155 *(Eichmüller/Wodniansky-Wildenfeld)*
Schwerpunkte: Schuldrecht, Sachenrecht, Erbrecht

Nach dem Tod der Österreicherin *Theresa* im Dezember 2022 stellt ein spanischer Notar im Februar 2023 ein Europäisches Nachlasszeugnis aus, das ihre Tochter *Susanne* als Alleinerbin ausweist. *Theresa* lebte im Jahr vor ihrem Tod mit ihrem neuen Lebensgefährten *Carlos* (spanischer Staatsbürger) in Barcelona (Katalonien, Spanien). Ihr Haus in Fuschl am See (Österreich) steht seither leer.

Im März 2023 verkauft *Susanne* das Haus in Fuschl am See unter Vorlage des Europäischen Nachlasszeugnisses um € 700.000,– als Ferienresidenz an die deutsche Staatsbürgerin *Klara*. *Klara* überweist *Susanne* das Geld wenig später auf deren Konto bei der Sparkasse Salzburg und wird im Mai 2023 als Eigentümerin ins österreichische Grundbuch eingetragen.

Im Juni 2023 beauftragt *Klara* auf Empfehlung einer Freundin aus München die *Solar GmbH* mit Sitz in Regensburg (Deutschland) mit der Installation von fünf Solarmodulen auf dem Dach des Hauses. *Klara* wohnt zwar eigentlich in Prag (Tschechische Republik), möchte aber die Sommermonate am österreichischen See verbringen. Der vereinbarte Preis beträgt € 15.000,–. Davon entfallen € 8.000,– auf die Installation und € 7.000,– auf die Paneele. Besonders erfreut ist *Klara* darüber, dass ihr trotz der Information auf der Website der *Solar GmbH*, wonach innerhalb Österreichs, Tschechiens und Deutschlands € 500,– Anfahrtsgebühren anfallen, keine zusätzlichen Kosten für die Anreise der Handwerker verrechnet wurden. Nach der Montage ist *Klara* zunächst sehr zufrieden und bezahlt die Rechnung sofort. Drei Tage danach bemerkt sie jedoch, dass die Stromproduktion unterbrochen ist. Rasch stellt sich heraus, dass die Verkabelung der Anlage mangelhaft isoliert wurde. *Klara* verlangt von der *Solar GmbH* sowohl eine Nachbesserung der Verkabelung als auch Schadenersatz für die entgangene Stromproduktion, weil der Ausfall genau in die sonnenreichsten Tage des Hochsommers fällt.

Damit nicht genug: Im Oktober 2023 entdeckt *Carlos* in den persönlichen Unterlagen von *Theresa* ein handschriftliches Testament, in dem sie ihn als Alleinerben einsetzte. Das Dokument ist vollständig handschriftlich verfasst und von *Theresa* unter dem eigenhändigen Zusatz „*mein letzter Wille*" unterschrieben. Allerdings fehlen Angaben zu Ort und Datum der Errichtung. Nunmehr verlangt *Carlos* das Haus von *Karla* heraus.

Hinweis: In Katalonien gilt ein eigenes Erbrecht (Foralrecht), das vom allgemeinen spanischen Erbrecht abweicht. Nach materiellem katalanischem Erbrecht ist der Lebensgefährte erbrechtlich dem Ehegatten gleichgestellt, doch gilt dies erst nach zweijährigem Zusammenleben. Ein Testament ist nach katalanischem Sachrecht (Art 421-8 des katalanischen Zivilgesetzbuches) nur dann formgültig, wenn es vollständig handschriftlich abgefasst und am Ende eigenhändig unterschrieben ist sowie Ort und Datum der Errichtung enthält. Der Pflichtteil der Kinder beträgt ein Viertel des Nachlasses und richtet sich auf Geld gegen die Erben (*Lamarca i Marques*, Katalonien, in *Süß*, Erbrecht in Europa[4] 860 ff).

Nach Art 13 ff des gesamtspanischen Código Civil ist das regionale Erbrecht jener Gebietseinheit, in welcher der Erblasser zuletzt seinen gewöhnlichen Aufenthalt hatte, anwendbar.

Teil 1 (Erbrecht): Auf die Rechtsfolge von Todes wegen nach dem Ableben von *Theresa* findet die EuErbVO Anwendung. Nach Art 21 Abs 1 EuErbVO richtet sich das Erbstatut grundsätzlich nach dem gewöhnlichen Aufenthalt der Erblasserin im Zeitpunkt ihres Todes, sofern keine Rechtswahl nach Art 22 EuErbVO getroffen wurde. *Theresa* lebte zuletzt in Barcelona, weshalb die objektive Anknüpfung auf das Recht Spaniens zu verweisen scheint. Spanien ist jedoch ein Staat mit territorial gegliedertem Privatrecht. Nach Art 36 Abs 2 EuErbVO ist bei der Verweisung auf das Recht eines Staates mit mehreren Rechtssystemen jene lokale Rechtsordnung maßgeblich, die durch die internen Kollisionsregeln dieses Staates bestimmt wird. In Spanien ist nach Art 13 ff des gesamtspanischen Código Civil das regionale Erbrecht jener Gebietseinheit, in welcher der Erblasser zuletzt seinen gewöhnlichen Aufenthalt hatte, anwendbar. Daher ist für den Erbgang nach *Theresa* katalanisches materielles Erbrecht maßgeblich. Die Ausweichklausel des Art 21 Abs 2 EuErbVO ist nicht einschlägig, weil *Theresa* keine stärkere Verbindung zu Österreich oder einem anderen Staat vor ihrem Tod hatte. Art 34 EuErbVO, der einen Renvoi vorsieht, ist nicht anwendbar, weil die objektive Anknüpfung nicht auf die Rechtsordnung eines Drittstaates verweist.

Teil 2 (Testament): Die Formgültigkeit des Testaments wird nach dem HTFÜ beurteilt, das nach Art 75 EuErbVO Vorrang genießt. Nach Art 1 HTFÜ ist eine Alternativanknüpfung vorzunehmen. Im vorliegenden Fall kommen österreichisches (Art 1 lit b, e HTFÜ) und katalanisches Sachrecht (Art 1 lit c-d HTFÜ) in Betracht. Es reicht aus, dass das Testament nach einem dieser Sachrechte formgültig ist (*favor testamenti*). Nach katalanischem Sachrecht (Art 421-8 des katalanischen Zivilgesetzbuchs) müsste das Testament zusätzlich mit Datum und Ort versehen sein. Da diese Angaben fehlen, ist es nach katalanischem Sachrecht ungültig. Nach österreichischem Sachrecht (§ 578 Satz 1 ABGB) ist ein eigenhändiges Testament hingegen gültig, wenn es vollständig handschriftlich verfasst und eigenhändig unterschrieben ist. Angaben zu Ort und Datum sind demgegenüber nicht erforderlich, sondern lediglich empfehlenswert (§ 578 Satz 2 ABGB). Da die Formgültigkeit nach einem der in Art 1 HTFÜ bezeichneten Sachrechtsordnungen genügt, ist das Testament formgültig.

Die materielle Wirksamkeit der letztwilligen Verfügung richtet sich nach der EuErbVO. Entscheidend ist die Frage, ob die Verfügung die Anforderungen des hypothetischen Erbstatuts zum Zeitpunkt ihrer Errichtung erfüllt oder nicht (Art 24 Abs 1 EuErbVO). Mangels Datums und Ortsangabe kann nicht genau festgestellt werden, was das hypothetische Erbstatut im Zeitpunkt der Errichtung war. Für den vorliegenden Fall ist diese Nichtfeststellbarkeit jedoch unschädlich: Denn es bestehen weder nach katalanischem noch österreichischem Sachrecht Vorbehalte gegen die materielle Wirksamkeit des Testaments. Somit ist das Testament im Ergebnis formell und materiell wirksam.

Teil 3 (Haus): Nachdem *Carlos* erfahren hat, dass er tatsächlich Alleinerbe des Vermögens von *Theresa* ist, verlangt er laut Sachverhalt das Haus in Fuschl von *Karla* heraus. Mangels vorrangiger unionseuropäischer oder staatsvertraglicher Regelungen für sachenrechtliche Herausgabeansprüche an unbeweglichen Sachen kommt das nationale Kollisionsrecht zur Anwendung. Nach § 31 Abs 1 IPRG richtet sich das anwendbare Recht nach dem Belegenheitsort der Sache (*lex rei sitae*). Damit ist österreichisches Sachrecht anwendbar.

Da *Klara* allerdings auf das von *Susanne* vorgelegte Europäische Nachlasszeugnis (ENZ) vertraute, ist sie durch Art 69 Abs 4 EuErbVO in ihrem guten Glauben besonders geschützt. Zentrale Rechtsfolge des Art 69 Abs 4 EuErbVO ist, dass *Klara* so gestellt wird, als hätte sie von der über das betreffende Vermögen verfügungsberechtigten Person erworben. *Klara* vertraute auf die Angaben im ENZ, weshalb ihr Vertrauen insoweit dem besonderen Schutz des Art 69 Abs 4 EuErbVO unterliegt. Zwar richtet sich die Wirksamkeit des Eigentumsübergangs nach § 31 Abs 1 IPRG nach österreichischem Sachrecht, wie etwa hinsichtlich der Notwendigkeit der Eintragung des Erwerbsvorganges im Grundbuch als sachenrechtlichem Modus, doch geht Art 69 Abs 4 EuErbVO dem vom nationalen Kollisionsrecht bestimmten Sachrecht aufgrund des Anwendungsvorranges des Unionssekundärrechts vor. *Klara* wurde daher wirksam Eigentümerin, weshalb ein Herausgabeanspruch von *Carlos* nicht besteht.

Teil 4 (Kaufpreis): Da *Carlos* das Haus nicht von *Karla* herausverlangen kann, wird er gegen *Susanne* einen Anspruch auf Herausgabe des Kaufpreises geltend machen, den sie durch den Verkauf des Hauses erzielt hat. Dieser Anspruch ist nicht als erbrechtlicher Anspruch zu qualifizieren, weil er nicht von Todes wegen iSd Art 3 Abs 1 lit a EuErbVO entstanden ist. Der Herausgabeanspruch beruht vielmehr auf einem außervertraglichen Schuldverhältnis. Deshalb ist der sachliche Anwendungsbereich der Rom II-VO nach Art 1 Rom II-VO eröffnet. Es handelt sich um einen Anspruch aus ungerechtfertigter Bereicherung nach Art 10 Rom II-VO. Art 10 Abs 1 Rom II-VO kommt nicht zur Anwendung, weil sich das Bereicherungsverhältnis im vorliegenden Fall nicht aus einem anderen Rechtsverhältnis zwischen den Parteien ableitet. Zwar ist es kausal eng mit dem Erbgang nach *Theresa* verbunden, doch entsteht hierdurch noch kein Rechtsverhältnis zwischen *Carlos* und *Susanne*, das eine akzessorische Anknüpfung rechtfertigen würde. Da *Carlos* und *Susanne* außerdem keinen gewöhnlichen Aufenthalt im selben Staat haben (Art 10 Abs 2 Rom II-VO), ist das Sachrecht jenes Staates anzuwenden, in dem die Bereicherung eingetreten ist (Art 10 Abs 3 Rom II-VO). Hiernach ist österreichisches Sachrecht auf den Bereicherungsanspruch anzuwenden, weil kein Sachverhaltselement auf eine Bereicherung im Ausland hinweist: Die streitgegenständliche Liegenschaft ist in Österreich belegen und der Kaufpreis wurde auf Susannes Konto in *Österreich* überwiesen, wo sie außerdem ihren gewöhnlichen Aufenthalt hat. Der Bereicherungsanspruch weist auch keine offensichtlich engere Verbindung zu einem anderen Staat als Österreich auf, dessen Sachrecht nach Art 10 Abs 4 Rom II-VO zur Anwendung gelangen könnte. Auf den Bereicherungsanspruch von *Carlos* gegen *Susanne* ist damit österreichisches Sachrecht anwendbar (Verwendungsanspruch nach § 1041 ABGB).

Teil 5 (Pflichtteil und Aufrechnung): *Susanne* hat nach materiellem katalanischem Erbrecht, das nach Art 21 Abs 1 EuErbVO iVm Art 23 Abs 2 lit h EuErbVO auch für Rechtsfragen zu Pflichtteilsansprüchen gilt, einen Pflichtteilsanspruch in der Höhe von einem Viertel des Nachlasses.

Fraglich ist, ob sie diesen Pflichtteilsanspruch im Wege der Aufrechnung gegen den bereicherungsrechtlichen Anspruch, den *Carlos* gegen sie erhebt, einwenden kann. Die Möglichkeit der Aufrechnung richtet sich im unionseuropäischen Kollisionsrecht grundsätzlich nach jenem Sachrecht, dem die Hauptforderung unterliegt. Art 17 Rom I-VO ordnet dieses Anknüpfungsmoment für vertragliche Schuldverhältnisse ausdrücklich an (hierzu Fall 58). Der EuErbVO fehlt zwar eine ausdrückliche Regelung zur Aufrechnung, doch lässt sich der in Art 17 Rom I-VO positivierte Rechtsgedanke auf die Aufrechnung mit erbrechtlichen Ansprüchen übertragen (hierzu ausführlich *Thole* in Beck-OGK Art 17 Rom I-VO Rz 10 ff). Demnach bestimmt sich die Aufrechenbarkeit nach jenem Sachrecht, das auf den Anspruch von *Carlos* als Hauptforderung, gegen die nach *Susannes* Wunsch aufgerechnet werden soll, anzuwenden ist. Für die Aufrechenbarkeit des Pflichtteilsanspruchs von *Susanne* gegen den Auskehrungsanspruch des Kaufpreises von *Carlos* ist daher österreichisches Sachrecht maßgebend, weil dieser Bereicherungsanspruch von *Carlos* als Hauptforderung dieser Sachrechtsordnung unterliegt (hierzu soeben Teil 4).

Teil 6 (Solarpaneele): Auf die Ansprüche von *Klara* gegen die *Solar GmbH* findet das UN-Kaufrecht (UN-K) keine Anwendung, weil die Solarpaneele eindeutig für den persönlichen Gebrauch von *Klara* bestimmt sind (Art 2 lit a UN-K).

Das anwendbare Sachrecht bestimmt sich nach der Rom I-VO, weil zwischen *Klara* und der *Solar GmbH* ein vertragliches Schuldverhältnis besteht. Es liegt ein Verbrauchervertrag iSd Art 6 Rom I-VO vor, weil die *Solar GmbH* als Unternehmerin und *Klara* als Verbraucherin agiert. Die Anwendungsvoraussetzung des Art 6 Abs 1 lit b Rom I-VO ist ebenfalls erfüllt, weil die Website der *Solar GmbH* aufgrund der Bezifferung der Liefergebühren für Kunden in Tschechien, wo *Klara* ihren gewöhnlichen Aufenthalt hat, auch auf den tschechischen Markt ausgerichtet ist. Dass zwischen der Ausrichtung und dem Vertragsschluss kein Kausalzusammenhang besteht, ist unerheblich.

Fraglich ist jedoch, ob die Errichtung der Solaranlage nach unionsrechtlich-autonomem Verständnis einen Dienstleistungsvertrag darstellt. Das unionseuropäische Kollisionsrecht unterscheidet seinen Dienstleistungsvertragsbegriff vom österreichischen Begriff des Dienstvertrages im Sinne des § 1151 ABGB. Für die Annahme eines Dienstleistungsvertrags nach unionsrechtlich-autonomem Verständnis ist vielmehr erforderlich, dass eine bestimmte Tätigkeit gegen Entgelt erbracht wird (EuGH 19.12.2013, C-9/12, *Corman-Collins SA*, Rz 37 und EuGH 23.04.2009, C-533/07, *Falco Privatstiftung*, Rz 29 ff). Dieser Begriff ist weit auszulegen. Weist ein Vertrag neben Dienstleistungselementen auch Kaufvertragselemente auf, ist darauf abzustellen, welches Element überwiegt. Da die Installationsarbeiten finanziell den Schwerpunkt des Vertragsverhältnisses bilden, ist der Vertrag zwischen *Klara* und der *Solar GmbH* als Dienstleistungsvertrag im Sinne des Art 6 Abs 4 lit b Rom I-VO zu qualifizieren. Die Dienstleistungen wurden ausschließlich in Österreich erbracht. Deshalb erfolgte die vollständige Leistungserbringung nicht am gewöhnlichen Aufenthaltsort von *Klara* (Tschechien). Daher ist nach Art 6 Abs 4 lit a Rom I-VO nicht das nach Art 6 Abs 1 Rom I-VO bestimmte Sachrecht anzuwenden.

Stattdessen erfolgt die Anknüpfung nach Art 4 Abs 1 lit b Rom I-VO, wonach das Sachrecht jenes Staates anzuwenden ist, in dem der Dienstleister seinen gewöhnlichen Aufenthalt hat. Dieser liegt nach Art 19 Abs 1 UAbs 2 Rom I-VO am Ort der Hauptniederlassung der *Solar GmbH*, der sich in Deutschland befindet. Deutsches Sachrecht ist daher gemäß Art 12 Abs 1 lit c Rom I-VO auf alle Fragen der Schlechterfüllung und des vertraglichen Schadenersatzes anzuwenden.

Lernhinweis: Die Regelung des Art 36 EuErbVO über territorial gespaltene Mehrrechtsstaaten weicht von den entsprechenden Parallelregelungen der Rom I-VO, Rom II-VO und Rom III-VO ab. Während Art 36 EuErbVO auf das innerstaatliche Kollisionsrecht des jeweiligen Staates verweist, legen Art 22 Rom I-VO, Art 25 Rom II-VO und Art 14 Rom III-VO die anzuwendende Teilrechtsordnung selbst fest. Jede Teilrechtsordnung wird nach Art 22 Rom I-VO, Art 25 Rom II-VO und Art 14 Rom III-VO wie ein eigenständiger Staat behandelt, wodurch eine innerstaatliche Verweisung nicht erforderlich ist. Parallel zu Art 36 EuErbVO sind demgegenüber Art 33 EuGüVO, Art 33 EuPartVO, Art 48 lit a KSÜ, Art 46 lit a HESÜ und Art 16 Abs 2 lit a HUP konzipiert (zu alldem *Uitz* in *Laimer*, IPR-Praxiskommentar Art 33 EuGüVO/EuPartVO Rz 1).

Literatur: zum Schuldrecht siehe oben Fälle 21 ff; zum Sachenrecht siehe oben Fälle 77 ff; zum Erbrecht siehe oben Fälle 129 ff.

Stichwortverzeichnis

Die Zahlenangaben beziehen sich auf die Nummern der Übungsfälle.